国家精品课程配套教

普通高等教育“十二五”规

细胞生物学

主编　桑建利

编者（按姓氏笔画排序）

王卫东　湖北师范大学

荆艳萍　北京林业大学

桑建利　北京师范大学

梁前进　北京师范大学

谭　信　北京理工大学

科学出版社

北　京

内 容 简 介

本书由北京师范大学组织多所高校共同编写，也是国家精品课程细胞生物学的建设成果。本书阐述了细胞的基本结构与功能、细胞重大生命活动的规律与调控机制，力求为读者准确展现出细胞生物学的基本知识体系。全书包括11章，内容主要涵盖：生物膜系统，包括细胞质膜与物质跨膜转运、细胞间连接与细胞外基质、细胞质基质与内膜系统；能量转换细胞器与能量合成机制，包括线粒体的结构与功能、叶绿体的结构与功能；遗传信息荷载系统，包括细胞核及染色体的结构与功能；细胞骨架系统，包括微丝、微管、中间丝及其结合蛋白的结构与功能；细胞重大生命活动及其调控机制，包括细胞信号转导、细胞增殖调控与癌细胞、细胞衰老与细胞死亡、细胞分化与干细胞等。

本书可作为高等教育综合、师范、理工、农林类院校本科生的细胞生物学课程教材，也可供相关学科研究生、教师和科研人员参考。

图书在版编目（CIP）数据

细胞生物学/桑建利主编. —北京：科学出版社，2016.6
国家精品课程配套教材 · 普通高等教育“十二五”规划教材
ISBN 978-7-03-046746-1

Ⅰ.①细⋯ Ⅱ.①桑⋯ Ⅲ.①细胞生物学-高等学校-教材 Ⅳ.①Q2

中国版本图书馆CIP数据核字（2015）第322580号

责任编辑：刘　畅 / 责任校对：张怡君
责任印制：吴兆东 / 封面设计：迷底书装

科学出版社出版
北京东黄城根北街16号
邮政编码：100717
http://www.sciencep.com
涿州市般润文化传播有限公司印刷
科学出版社发行　各地新华书店经销
*
2016年6月第　一　版　开本：787 × 1092　1/16
2025年1月第四次印刷　印张：26 1/2
字数：678 000

定价：79.00 元

（如有印装质量问题，我社负责调换）

前　言

细胞是组成生物体结构与功能的基本单位。细胞生物学是研究细胞的结构与功能以阐明其生命活动基本规律的科学。它从细胞的显微、亚显微和分子等多个结构层次，以及细胞间的相互关系来研究生命的基本规律，如细胞的增殖和生长、发育和分化、遗传和变异、兴奋传导和运动、细胞通讯、细胞识别和免疫、衰老和死亡等。

著名生物学家Wilson曾指出：每个生物学问题的答案最终都必须从细胞中寻求。对各种生命现象的探索都需要深入到细胞，因此细胞生物学既是生命科学中的重要分支学科，也是不可或缺基础学科。生物学中，形态学、解剖学、分类学、组织学、胚胎学、生理学、遗传学等学科的发展，均离不开细胞研究的基础。从生命的结构层次来看，细胞生物学位于分子生物学和个体生物学之间，与分子和个体生物学相互衔接、相互渗透，从这个意义上说，细胞生物学又是一门承上启下的学科。

细胞生物学是生命科学中一门发展十分迅速的学科。从细胞学的诞生到细胞生物学的确立，按其自然发展经历了细胞显微、亚显微和分子水平的发展时期，从不同的结构层次上研究细胞的结构和功能，以阐明生命活动基本规律。细胞的结构与功能、细胞重大生命活动及其分子机制的研究已成为21世纪生命科学研究的重要领域，并以空前的广度、深度强有力地影响和改变着人类的生活。生物的生殖发育、遗传、神经活动等重大生命现象的研究都以细胞为基础，多细胞生物的生长发育依靠细胞增殖、分化与死亡来实现，复杂的人脑活动靠神经细胞相互协调整合完成，一切疾病的发病机制也以细胞的病变作为基础。

北京师范大学是全国高等院校中最早开设细胞生物学课程的院校之一。20世纪60年代初就采用自编的讲义，开始开设细胞学理论及实验课。70年代，在汪堃仁院士的带领下，经过薛绍白、王永潮、柳惠图、刘凌云等教师的共同努力，在全国率先建立起细胞生物学教学和研究基地，进行了一系列的学术研讨和教学交流工作。北京师范大学细胞生物学学科早在1981年就获得博士学位授予权，1994年被评为第一批国家重点学科，这些学科的优势为课程的开设和发展提供了强大支撑，也为教材编写提供了坚实的基础和有力的保证。

我国高等院校已将细胞生物学列为生物学及其相关专业的必修课或选修课，一些各有侧重和特色的细胞生物学教材陆续出版，一些英文版的细胞生物学教材和分子细胞生物学教材在我国也很有影响。编者通过分析国内外近十几年来出版的细胞生物学和分子细胞生物学教材，根据多年的教学经验和体会以及大多数院校细胞生物学的教学情况，确定了本书的编写内容与特点。

本书以真核细胞的结构与功能为重点，突出细胞生物学最主要的基本内容，在具体内容的选取上尽量避免与相关学科的内容重复。各章对细胞的主要结构与功能的阐述由浅入深，在显微、亚显微及分子等不同层次上加以阐述，并尽量与学科的前沿或热点相联系，介绍新的已明确的科学结论。依照细胞中自然的内在联系，由表及里、由结构到功能依次论述。同时突出细胞各部分相互联系、相互作用、相互协调地完成各种生命活动。力图使读者对细胞的主要结构、功能及其复杂的关系和作用等有较系统全面的了解和认识。本书没有专门设一章介绍细胞生物学研究方法，而是在某些章节后面结合内容重点介绍一些研究方法。在内容叙述方式上注意系统性和逻辑性，在文字表述上力求准确、简明、通顺。

本书共11章，内容主要涵盖：生物膜系统，包括细胞质膜与物质跨膜转运、内膜系统细胞器与蛋白质合成及分选、细胞间连接与细胞外基质、能量转换细胞器与能量合成机制、线粒体和叶绿体的结构与功能；细胞骨架系统，包括微丝、微管、中间丝及其结合蛋白的结构与功能；遗传信息荷载系统，包括细胞核及染色体的结构与功能；细胞重大生命活动及其调控机制，包括细胞信号转导、细胞增殖调控与癌细胞、细胞衰老与细胞死亡、细胞分化与干细胞等。

由于细胞生物学内容十分广博复杂，编写工作量庞大，本书由多位编者共同撰写。参加本书撰写的人员都是从事相关教学与科研多年的教师，有着丰富的教学经验和细胞生物学领域的研究经历。

在本书编写过程中，北京师范大学的邱小波教授、任海云教授、张俊杰教授，德国美因茨大学的怀济森博士分别审阅了部分章节，在此我们对几位专家的辛勤劳动和热情帮助表示衷心的感谢。

与本书相配套的实验教材《细胞生物学实验指导》已由科学出版社出版。

尽管我们努力想编写一本受到广大教师和学生欢迎的教材，但书中难免会有不妥或疏漏之处，恳请读者赐教与指正。

编　者

2016年2月于北京师范大学

目　录

1

第一章　绪　　论

地球上的绝大部分生命体，从单细胞的细菌到多细胞的动物、植物，包括人类，都是由细胞构成的。**细胞**（cell）成为生命体结构和功能的基本单位。根据结构差异，细胞可分为**原核细胞**（prokaryotic cell）和**真核细胞**（eukaryotic cell）两大类。原核细胞没有典型的细胞核，其蛋白质合成的转录与翻译过程同时进行，细胞质中没有膜性细胞器等结构，细菌和蓝藻是其中的典型代表。真核细胞具有核膜包被的细胞核，细胞质中含有多种膜性细胞器和细胞骨架，其蛋白质合成的转录与翻译过程在时空上被分隔开来，真菌、植物、动物及人类都由真核细胞构成。病毒（virus）主要由蛋白质和核酸构成，虽然它是非细胞形态的生命体，但所有病毒只有在细胞内才能增殖。因此，病毒并不能独立于细胞宿主之外。

细胞生物学（cell biology）是指以细胞为研究对象，从细胞社会、细胞整体水平、亚显微水平和分子水平等不同结构层次，研究细胞及其组分的结构和功能，阐明其生命活动基本规律及其分子调控机制的科学。正如著名的生物学家E. B. Wilson于1925年所说的，“一切生物学问题的答案最终都要到细胞中去寻找”（long ago it became evident that the key to every biological problem must finally be sought in the cell，for every living organism is，or at some time has been，a cell），细胞生物学在现代生命科学中占据着核心地位。

第一节　细胞生物学概述

一、细胞生物学在现代生命科学中的地位

现代生命科学是基于对生命现象观察和实验基础上形成的庞大科学体系。根据不同分类方式可分为不同类型。例如，按生物类群或研究对象可分为植物学、动物学、微生物学、病毒学等；按研究的生命现象或生命过程可分为形态学、生理学、分类学、解剖学、遗传学、生态学等；按生物结构的层次可分为种群生物学、细胞生物学、分子生物学等；按与其他学科的关系可分为生物物理学、生物化学、生物数学、生物地理学等。

细胞既是生命科学研究的出发点，又是生命科学微观和宏观研究的汇聚点，因此，细胞生命活动基本规律的研究是一切生命科学研究的基础，这也使得细胞生物学成为现代生命科学中的一门核心基础学科和前沿学科。

现代生命科学各分支学科的交叉、渗透和融合是当前生命科学研究的发展趋势。细胞生物学在分子生物学与个体生物学之间架起了桥梁，与它们相互衔接、相互渗透。现代生命科

学中的诸多分支学科，如生理学、遗传学、免疫学、发育生物学、分子生物学等，都需要在细胞层次上来阐明各自研究领域中生命现象的机制。细胞生物学的研究进展必然有力地渗透入这些学科并促进其发展，反之，其他分支学科所取得的进展同样也会推动细胞生物学的发展。

回顾人类对生命的认识过程可以发现，生命科学研究的基本方向是由个体水平到细胞水平再到分子水平逐渐深入的。从1953年DNA 双螺旋结构模型的建立、2003年人类基因组计划的完成到后基因组时代的到来，分子生物学从建立到飞速发展，取得了令人瞩目的成就，不断启发着人们从分子水平上去揭示生命现象的本质。分子生物学的进步也推动着细胞生物学向更深层次迅速发展。虽然许多生命现象可以用生物大分子的结构属性来解释，但是生命体最基本的结构功能单位是细胞，生物大分子只是构成细胞的基本组件，它所表现出来的一些属性只有在细胞这一结构体系中才能得到证实并表现出生命意义。细胞外生物大分子变化，即便再复杂也仅仅是生物化学反应，而不是生命活动。并且，脱离细胞微环境，许多大分子的性质也可能发生变化。因此，从分子水平上阐明生命现象的本质时，绝不能忽视细胞这一基本结构的整体性。在后基因组时代，细胞生物学必将取得更大发展空间，把生命科学研究推向更高水平。

二、细胞生物学的主要研究内容

细胞生物学研究的对象是细胞。细胞是生物结构与功能的基本单位。细胞生命活动基本规律的研究是一切生命科学研究的基础。随着科学技术的发展，一些现代物理学、化学和实验生物学技术在细胞研究中的应用，对细胞结构与功能认识的不断深入、更新与拓展，特别是分子生物学取得的成就与新技术方法的引入，深刻地影响着对细胞的研究和认识。细胞学主要是从显微和亚显微两个结构层次研究细胞的结构与功能，而细胞生物学是在此基础上从分子水平研究细胞的结构与生命活动。

细胞生物学是研究细胞的结构与功能以阐明其生命活动基本规律的科学。现代细胞生物学以“完整细胞的生命活动”为着眼点，从分子、亚细胞、细胞和细胞间相互作用的不同层次，用动态和系统的观点来探索和阐述细胞的结构和功能、重大生命活动及其分子调控机制。当前细胞生物学研究的主要内容包括以下几个方面。

1. 细胞的结构与功能

（1）生物膜系统与细胞器。生物膜系统和细胞器的结构与功能研究是细胞生物学研究的重要内容之一。生物膜系统由细胞质膜、细胞核膜，以及内质网、高尔基体、溶酶体、线粒体等细胞器膜所构成，它们在结构和功能上形成紧密联系的统一整体。细胞质膜及其相关结构的主要功能是进行选择性物质跨膜运输、信息跨膜传递、能量转换和细胞识别。细胞核膜将细胞内部分隔成两大区域——细胞质与细胞核，从而使基因表达得以精密调控。细胞质中有很多由膜包裹形成的重要细胞器：线粒体与叶绿体是主要的供能与产能结构；内质网是生物大分子合成的基地，脂质、糖类与很多蛋白质分子是在内质网表面合成并分选运输的；高尔基体是对内质网上合成的物质进行加工、包装与分选运输的细胞器；溶酶体是细胞内起消化作用的细胞器。生物膜还为生命的化学反应提供了表面，很多重要的酶定位在膜上，大部分生物化学反应在膜的表面进行。

（2）细胞骨架系统。细胞骨架系统是指由一系列特异的结构蛋白装配而成的网架系统，可分为胞质骨架与核骨架。胞质骨架主要由微丝、微管与中等纤维（也称为中间丝）构成。核骨架包括核纤层（nuclear lamina）与核基质（nuclear matrix）。细胞骨架不仅对细胞形态与内部结构的合理排布起支架作用，而且还与细胞的运动、物质运输、生长调控及跨膜信息传递等功能密切相关。

（3）遗传信息传递与表达系统。遗传信息的储存、传递与表达系统是由DNA、RNA和蛋白质组成的复合体。细胞核是细胞生命活动的控制中心，由核被膜、染色质、核仁和核基质组成。细胞核内DNA与组蛋白构成了染色质的基本结构——**核小体**（nucleosome）；核小体进一步盘绕与折叠成紧密程度不同的**染色质**（chromatin），在细胞分裂阶段染色质又进一步包装形成**染色体**（chromosome）。染色质结构、DNA修饰酶和转录因子等共同调控着基因的转录。研究染色质结构在不同时期的动态变化及其与基因表达调控的关系是细胞生物学、遗传学和发育生物学的重要研究课题。核仁是转录rRNA 与核糖体亚单位装配的场所。核糖体是由rRNA 与数十种蛋白质构成的颗粒结构，其功能是将tRNA 携带的氨基酸根据mRNA 的指令连接成肽链。

2. 细胞重大生命活动及其分子调控机制

（1）细胞分裂与细胞周期调控。**细胞增殖**（cell proliferation）是生命的基本特征之一。细胞增殖最直观的表现是**细胞分裂**（cell division），即由原来的一个亲代细胞变为两个子代细胞，使细胞的数量增加。细胞增殖过程也称为**细胞周期**（cell cycle），从分子水平阐明细胞增殖的基本规律及其调控机制，对揭示生物体生长、发育、遗传和变异的机制，以及研究细胞癌变的发生与防治具有重要意义。目前，细胞周期调控研究主要从两个方面进行：一是分别从环境和机体中寻找控制细胞增殖的因子，并阐明它们的作用机制；二是深入研究与细胞周期进程主要检验点相关的周期蛋白与依赖于周期蛋白的激酶的调控机制，其中包括多种调控因子的协同作用，以及蛋白质磷酸化和泛素依赖性的蛋白酶体降解途径对调控因子活性的影响。癌基因与抑癌基因的产物是细胞周期的重要调控因子，也是深入了解肿瘤发生机制和探索肿瘤治疗的重要途径。

（2）细胞分化与干细胞。**细胞分化**（cell differentiation）是指细胞后代在形态、结构和功能上形成稳定性差异，产生不同细胞类群的过程，其实质是在信号介导下由组合调控引发的基因在特定的时间和空间的选择性表达。细胞分化是多细胞生物体发育的基础，阐明个体发育过程中基因选择性表达的时空调控机制，是揭示细胞分化奥秘的主要研究策略。**干细胞**（stem cell）是指具有自我更新和分化潜能的未分化或低分化细胞。目前，干细胞生物学的研究主要集中在干细胞的基本生物学属性、定向诱导分化的调控机制、微环境对干细胞及其分化的影响，以及与组织工程和再生医学相关的一些问题。

（3）细胞衰老与死亡。**细胞衰老**（cell aging）是指细胞在执行生命活动的过程中，随着时间的推移，细胞增殖、分化能力和生理功能逐渐衰退的变化过程。细胞衰老将导致细胞的形态结构、功能、生化反应和相关衰老特征性生物学标志的变化。一般认为，细胞衰老不能逆转，衰老的最终结果将导致细胞死亡。目前的研究表明，细胞衰老主要由细胞内部因素决定，环境因素也对细胞衰老有着重要影响。细胞衰老与个体衰老有着密切联系但又是不同的概念，个体衰老不等于构成机体的所有细胞都已发生衰老。最近有研究认为，干细胞的衰老是个体衰老的本质所在。对单细胞生物来说，**细胞死亡**（cell death）即为个体的死亡。对于多细胞生物，细胞增殖与细胞死亡之间的平衡是其正常发育及生存的基础，一旦平衡被打破，就可能发生胚胎发育异常、退行性疾病或癌症等。因此，细胞死亡是维持多细胞生物体正常生长发育及生命活动的必要条件。细胞死亡的形式多种多样，基于形态学特征和分子机制，细胞死亡可分为细胞凋亡（apoptosis）、坏死性细胞死亡（necrosis）和自噬性细胞死亡（autophagy cell death）三种类型。目前，细胞死亡研究主要聚焦在对细胞死亡过程的分子机制和调控机制的解析、细胞死亡的生物学意义阐述等方面。

3. 细胞社会学

细胞社会学（cell sociology）是研究细胞社会性的科学，它从系统论的观点出发，研究细胞和细胞群体中细胞间的社会行为（如细胞间识别、通讯、集合和相互作用等），以及机体和细胞群体对细胞生长、分化和死亡等活动的调控。**细胞信号转导**（signal transduction）是细胞社会学研究的重要内容之一。细胞作为生命活动的基本单位，如何识别周围环境中存在的各种信号，并将其转变成细胞内部各种分子功能上的变化，从而影响细胞的代谢、发育、增殖、衰老、死亡等。明晰细胞信号转导通路及其网络调控，对于阐明生命活动机制有着重要意义。

当然，细胞生物学的研究内容不仅仅限于上述几个方面，如细胞的起源与进化、细胞工程、免疫细胞生物学、神经细胞生物学及肿瘤细胞生物学等也属于细胞生物学的研究范畴。

第二节　细胞生物学发展简史

细胞的发现至今已有300多年的历史。随着观测工具的不断发明和改进、实验分析技术手段的不断进步，以及生命科学相关学科新理论、新概念和新技术的引入，人类对细胞的认识逐步深入，先后经历了以下几个主要阶段：①细胞的发现；②细胞学说的建立；③细胞学经典时期；④实验细胞学时期；⑤细胞生物学的形成和发展。

一、显微镜的发明与细胞的发现

显微镜（microscope）是人类16世纪末期最伟大的发明之一。在它被发明之前，人类关于周围世界的观念局限于用肉眼或靠手持透镜帮助肉眼所看到的东西。显微镜将一个全新的世界展现在人类的视野里。显微镜分为单式显微镜（只有一个透镜）和复式显微镜（有物镜和目镜）两类，至于显微镜到底是谁发明的，目前还存在争议。一种普遍的说法是，第一台原始显微镜是荷兰眼镜制造商汉斯·詹森（Hans Jansen）和他的儿子札恰里亚斯·詹森（Zacharias Jansen）于1590年（或1595年）制造出来的，其放大倍数只有10~30倍。詹森虽然是发明显微镜的第一人，但这种分辨率的显微镜的生物学价值不太大，并且詹森也没有用它做过任何重要的观察。也许正是因为这个原因，詹森的发明并没有引起世人的重视。“microscope”一词是由德国医生、植物学家乔瓦尼·法贝尔（Giovanni Faber）于1625年首先提出并使用的，一直沿用至今。

17世纪中叶后，显微镜的制造水平有了较大发展。1665年，英国物理学家罗伯特·胡克（Robert Hooke）出版了一本名为《显微图谱》（*Micrographia*）的著作，书中记录了他用自制的显微镜（放大倍数为40~140倍）对许多物质观察的结果，包括矿物、动物和植物标本等。其中，他描述了在显微镜下所观察到的软木薄切片结构，发现软木是由许多小空洞所组成，他将这些小空洞称为“cell”（小室）。由此可见，当时“cell”一词实际上是指死的植物细胞壁所围成的空腔。Cell中是否有其他内含物？胡克没有给出明确的答案（真正的细胞基本结构直到19世纪30年代才全部被发现）。因此，从胡克的主观来看，“cell”没有现代细胞的含义，他只是“cell”一词的创用者，而不是真正细胞的发现者。尽管如此，“cell”这个名词还是被沿用了下来（1858年清代著名学者李善兰在与英国传教士Alexander Williamson合作编译的《植物学》一书中将“cell”翻译为中文“细胞”）。胡克的重大贡献在于，他出版的《显微图谱》一书标志着人类对物质世界的认知进入了显微观察的时代。

现在普遍认为，荷兰商人与科学家安东尼·范·列文虎克（Antoni van Leeuwenhoek）是真正活细胞的发现者。他改进了显微镜，将其放大倍数提升到了约300倍，并且开始将显微镜真正用于科学研究试验，发现了大量前人从未见到过的活细胞（1674~1677年，他用自制的显微镜先后发现了池塘水中的原生动物、人口腔牙垢中的细菌、植物细胞中的液泡，观察到了人和哺乳动物的精子）。

此后长达100 多年的时间里，显微镜制作技术改进不大，限制了人们对细胞的进一步认识。虽然利用显微镜对细胞进行观察的资料在不断积累，但是人们对细胞与生物体之间的关系并没有进行科学概括和总结，更没有上升到具有普遍意义的理论高度。

二、细胞学说的建立

直到19世纪30年代显微镜制作技术才有了明显进步，分辨率提高到1μm以内，同时，切片机的发明与应用使显微镜观察手段大为改进，取得了大量成果。例如，1831年，英国植物学家布朗（Robert Brown）发现，在兰科植物和其他几种植物叶表皮细胞的细胞质液中有一小球形结构，称之为细胞核（nuclei）。

在总结前人和自己研究工作的基础上，德国植物学家施莱登（Matthias Jakob Schleiden）于1838 年发表了《植物发生论》，指出所有植物体都是由细胞组合而成的；同年，德国动物学家施旺（Theodor Schwann）将施莱登在植物中的发现扩展到了动物中，认为动物体也是由细胞组成的，正式提出了“细胞学说”（cell theory）这一术语，并于1839 年发表了《关于动植物结构和生长一致性的显微研究》，指出动物、植物都是由细胞构成的，细胞是构成有机体的基本单位。因此，细胞学说的创立被认为归功于施莱登和施旺两人，年份被定为是1839年。1858年德国医生和病理学家魏尔肖（Rudolf Virchow）提出“所有的细胞都来源于先前存在的细胞”的著名论断，进一步完善了细胞学说。

至此，完整的细胞学说才最终建立，它包括三个要点：①所有生物体都是由一个或多个细胞构成的；②细胞是生命的基本单位；③所有的细胞都来源于已有细胞的分裂。

细胞学说的提出极大地推进了人类对生命的认识，有力地证实了生物界的统一性和生命的共同起源原则，为现代生物学发展奠定了重要基石。恩格斯曾给予细胞学说高度评价，并将它与进化论和能量守恒定律并列为19世纪自然科学的三大发现。

三、细胞学经典时期

细胞学说建立后，引起了人们对多种细胞进行观察与描述的兴趣，有力地推动了对细胞的研究。但在接下来的近100年，由于技术方法和手段的限制，对细胞的研究主要局限在细胞和部分细胞器的形态结构观察及细胞化学成分分析方面，这一阶段被称为“细胞学”（cytology）时期。其中19世纪的最后25年被称为细胞学经典时期，这一时期主要进行细胞形态显微结构的研究，获得了一些有意义的成果，从原生质理论的提出、细胞分裂和受精的研究到中心体、高尔基体和线粒体等各种重要细胞器的发现，使人们对细胞的基本认识逐渐丰富，对细胞结构的复杂性也有了更加深入的了解。

1. 原生质理论的提出

1835年，杜亚丁（Félix Dujardin）将低等动物根足虫和多孔虫细胞中的黏稠物质称为“肉样质”（sarcode）。1839年，著名的显微解剖学家浦肯野（Jan Evangelista Purkyně）首先提出用“原生质”（protoplasm）一词来描述细胞内的胶状液体物质；1846年，植物学家莫尔（Hugo von Mohl）和纳哲里（Carl Nägeli）描述了植物细胞内的原生质为“黏稠的、颗粒状、半流体”的物质，并证实了这种物质在植物细胞中的重要性，还首次将植物细胞壁与植物细胞中的原生质区分开。

1861年，德国动物学家舒尔策（Max Schultze）在总结前人研究资料的基础上，认为动物细胞中的“肉样质”和植物细胞中的原生质实质上是同一种物质。他在发表的论文中强调，有机体的组织单位是一小团原生质，原生质是“生命的物质基础”，并证明在所有的细胞里，不论是动物还是植物，也不论它们的结构是非常复杂还是非常简单，它们的原生质基本上都是相似的。这就是“原生质理论”（protoplasm theory）的主要内容。同时，他将细胞学说中的“cell”明确地定义为：“细胞是具有细胞核和细胞膜的活物质”。1880年，德国植物学家汉斯坦（J. von Hanstein）提出原生质体（protoplast）的概念，将细胞概念演变成由细胞膜包围着的原生质，分化为细胞核和细胞质。至此，人们认识到动物、植物细胞具有最基本的共性成分——原生质。原生质理论丰富了细胞的内容，细胞并不仅仅是胡克所说的小孔或小室，而是一团生活物质或原生质，在空间上有一定界限，有一个核和一层细胞膜。这些见解虽然比原来意义的cell（细胞、小室）内涵更深，但由于cell一词已被广泛接受，故一直沿用至今。后来，学者们更明确地将围绕在细胞核周围的原生质称为细胞质（cytoplasm），而将细胞核内的物质称为核质（karyoplasm）。

2. 受精和细胞分裂的研究

19世纪的最后20年，生物学家对细胞分裂和受精作用进行了大量研究。1875年，赫特维希（O. Hertwig）在观察海胆卵的受精作用时，发现了卵、精两个原核的融合现象。1870年，福莱明（W. Flemming）肯定了细胞核在保持细胞连续性方面具有重要作用。斯特拉斯布格（E. Strasburger）与W. Flemming分别用植物材料和动物材料进行研究，表明细胞核从一代细胞到下一代细胞保持着物质上的连续性。1878 年，K. Schneider将染色质纵裂为二，并均分到两个子细胞的过程称为核分裂（karyokinesis）。由于分裂过程中细胞核内呈现出丝状染色质，1880 年，W. Flemming 将这种形式的分裂称为有丝分裂（mitosis）。E. Strasburger 根据染色体的行为把有丝分裂期分为前期、中期、晚期、末期。1885 年，瑞包（Rubl）首次提出一个物种中两代细胞染色体数目不变的定律。1890 年，瓦尔德耶（Waldeyer）认为，有丝分裂的基本变化是形成核丝——染色体（chromosome）。

19世纪80年代末，T. Boveri报道，动物配子在形成过程中染色体数目减少，不久E. Strasburger在植物细胞中也发现了这种现象。1905年，法莫（J. Farmer）和穆尔（J. Moore）将进行有性生殖生物的生殖细胞通过分裂使染色体数减半的分裂方式称为减数分裂（meiosis）。这样就既明确了核在两代个体间保持了连续性，也明确了染色体在减数分裂过程中减少一半，通过受精在下一代又恢复原来数目的现象。

3. 一些重要细胞器的发现

19世纪下半叶是细胞研究的繁荣时期，相继发现了许多重要的细胞器。1883年，比利时人E. van Beneden在动物细胞中发现了中心体，后来（1888年）由德国人T. Boveri 对其进行了命名。1898年，意大利人C. Golgi 用银染法观察到高尔基体。1894年，德国人R. Altmann发现了线粒体，1898年由C. Benda对其进行了命名。

四、实验细胞学时期

20世纪前半叶，实验手段与分析方法被广泛应用来研究细胞学中的一些重要问题，为细胞学的研究开辟了一些新的领域和方向，这一时期被称为实验细胞学时期。其特点是从形态结构的观察深入到生理功能、生物化学、遗传发育机制的研究。由于实验研究不断与生物学其他领域相结合、渗透，导致了一些重要分支学科的建立和发展，如细胞遗传学（cytogenetics）、细胞生理学（cytophysiology）、细胞化学（cytochemistry）等。尤为重要的是，体外培养技术的应用使实验细胞学得以迅速发展。

五、细胞生物学的形成与发展

1933年，德国科学家鲁斯卡（Ernst Ruska）设计制造出了第一台电子显微镜。随后，在电子显微镜与超薄切片技术相结合对细胞超微结构（ultrastructure）的观察，以及大量现代物理学和化学新技术应用于细胞的结构功能探索中，开创了细胞学发展的新时期。

20世纪50年代以来，电子显微镜超薄切片技术的发展和细胞超微结构的不断发现，为细胞生物学学科早期的形成奠定了基础。例如，研究者利用高分辨率电子显微镜先后观察到了细胞的多种超微结构，如内质网（Portor、Claude和Fullan，1945年）、叶绿体（Porter和Granick，1947年）、高尔基体（Daltond Felixsjastrand，1950年）、核膜（Callon和Tombin，1950年）、溶酶体（DeDave，1952年）、线粒体（Palade、Porter、Sjostrand，20世纪50年代初）、核糖体（Palade，1953年）和单位膜（Robertson，1958年）等。电子显微镜下观察到的各种细胞器结构远比在光学显微镜下看到的要复杂得多。

1953年，英国科学家J. D. Watson 和F. Crick 提出的DNA 双螺旋结构模型和遗传信息传递的**“中心法则”**（central dogma）标志着分子生物学的诞生。随着分子生物学学科的问世和分子生物学概念与技术的引入，以及分子生物学、生物化学、遗传学等学科与细胞学之间的相互渗透和结合，使人们对细胞结构与功能的研究达到了新的高度。通过对生物大分子的系列研究，研究者逐渐认识到，细胞的各种生命活动与细胞内大分子的结构及大分子之间相互作用的关系非常密切，对细胞的研究必然要从细胞微细结构观察逐渐深入到生物大分子结构功能探索的水平，必须要从细胞、亚细胞、分子等多个层次来研究细胞的结构与功能，研究细胞中各种重要的生命现象。1965年，E. Derobetis将其编著的《普通细胞学》第4版更名为《细胞生物学》，第一次出现了以细胞生物学为标题的书籍。

细胞生物学是分子生物学发展的基础，同时分子生物学的发展又给细胞生物学以新的内涵。实际上两者有着密不可分的关系，分子细胞生物学就是将细胞生物学与分子生物学相结合，并且以细胞为研究对象，侧重于在分子水平上研究细胞生命活动的分子机制，即研究细胞器、生物大分子与生命活动之间的变化发展过程，研究它们之间的相互关系，以及它们与环境之间的相互作用。现代分子细胞生物学还包括细胞在发育、遗传、信息传递中的活动，以及细胞生物工程等内容。

从20世纪60年代以来，特别是80年代以后，细胞生物学和分子生物学之间相互渗透，相得益彰，细胞生物学在分子水平上逐渐获得了全方位的进展。例如，细胞膜的结构与功能的研究在分子水平上的深化、已知细胞器新功能的发现、活细胞内蛋白质的折叠、蛋白质通过分选信号的分选和定向运输、细胞核染色质的DNA复制与转录、蛋白质和DNA的表达调控、细胞骨架、细胞周期的调控等研究均在分子水平上取得了迅速进展。细胞通讯、信号转导通路的发现，发展为更深层次的研究——信息相互对话（cross talking）。细胞分化的研究使人们认识到分化需要多个基因及一系列调控因子的作用。对高等动物发育的研究取得了惊人进展，从卵子发生到形态发生等方面正在基因水平上进行全面分析。对细胞衰老、死亡等的研究也在基因水平上取得了很大进展。另外，基因工程技术也在不断发展，如基因分离、重组、转基因及基因治疗等。通过研究，人们逐渐认识到生理过程或病理过程不仅涉及单个基因，也涉及不同的基因网络。

第三节　细胞生物学研究的实践意义

作为生命科学重要分支的细胞生物学，在研究生命奥秘的过程中，应用和发展了许多新的手段和思路，其研究结果为医药和农业的发展奠定了重要的基础。

一、医药方面

细胞是人体正常结构和功能的基本单位，也是疾病病理的基本单位。细胞生物学的基础研究对了解如细胞衰老、癌变、射线损伤、激素作用、免疫和病毒感染机制等均有重要意义。细胞生物学是现代医学的基础和支柱学科。现代医学要解决的问题是阐明人的生、老、病、死等生命现象的机制和规律，并对疾病进行诊断、治疗和预防。生命全过程是以细胞为单位进行的。细胞正常结构的损伤和功能的紊乱，必然导致人体组织器官病变。例如，癌症是正常细胞癌变的结果，动脉粥样硬化的发生与动脉壁内皮细胞的特性改变有关，阿尔茨海默病等神经疾病是神经元选择性变性死亡的结果，等等。因此，细胞是体现人类生、老、病、死的基本单位，这使细胞生物学与医学有了极为密切的关系。细胞生物学理论与技术的研究成果不断向医学领域渗透，在很大程度上促进了医学的进步。

对于细胞来说，无论是细胞器的结构与功能，还是重要生命活动的调控，都与各种疾病有着直接的联系。线粒体疾病（mitochondrial disease）就是由于线粒体的功能不正常而导致的一些疾病。线粒体是细胞内产生能量的细胞器，除了红血细胞外，它存在于人体内的每一个细胞中。线粒体疾病往往是由于线粒体DNA或细胞核编码线粒体蛋白质的DNA的突变造成的。由于线粒体在细胞内起关键的作用，这些疾病又往往是严重的。线粒体疾病主要影响大脑、心脏和肌肉等。根据细胞的体内受到影响，症状可能包括生长缓慢，失去肌肉的协调性，肌肉无力，视觉或听觉有问题，发育迟缓，学习障碍，心脏、肝脏或肾脏疾病，胃肠功能紊乱，呼吸系统疾病，糖尿病，帕金森综合征（Parkinson’s disease，PD），甲状腺功能异常，等等。

溶酶体结构或功能异常所引起的疾病统称为溶酶体病。溶酶体酶中某些酶的缺乏或缺陷所引起的疾病多为一些先天性疾病。由于溶酶体酶的缺乏或缺陷，功能丧失，导致相应的底物在溶酶体中大量储积，进而影响细胞功能，所以称为溶酶体贮积病（lysosomal storage disease）。受到某些理化或生物因素的影响，使溶酶体膜的稳定性发生改变，可导致酶被释放，结果造成细胞、组织的损伤或疾病。例如，矽肺，就是一种因溶酶体膜受损而导致溶酶体酶释放所引发的最常见的职业病。

多种信号转导通路参与帕金森综合征的发病机制，从分子基础上决定帕金森病的发病。它主要包括丝裂酶原活化蛋白激酶（mitogen activated protein kinase，MAPK）通路，核因子κB（nuclear transcription factor，NF-κB）通路，一氧化氮（nitric oxide，NO）、一氧化氮合酶（nitric oxide synthase，NOS）通路等。这些细胞信号转导通路的异常与多巴胺能神经元活性及神经元凋亡存在明显关系。

细胞周期调控的正常进行和遗传物质的稳定性与多种恶性肿瘤的发生、发展密切相关。因此，鉴定参与调控细胞周期各个环节的蛋白质，并且评价这些蛋白质在调控细胞周期的各个阶段、维持基因组稳定性中的作用机制，以及蛋白质之间的相互作用对肿瘤研究至关重要。例如，周期蛋白（cyclin）和周期蛋白依赖性激酶（Cdk）所构成的细胞周期复合体，以及Cdk抑制因子（CKI）功能的紊乱在多种肿瘤中被发现，因此了解cyclin/Cdk/CKI的功能及相互关系，对于临床早期诊断恶性肿瘤和有效防治肿瘤具有重要意义。

细胞周期的异常运转是肿瘤细胞恶性增殖的核心环节，其中S期的DNA合成和G_2/ M期的细胞有丝分裂对维持肿瘤细胞的恶性增殖尤为重要。各种抗肿瘤药物对肿瘤细胞的生长抑制大都体现在对细胞周期这两个时相的调控上。因此，针对这两个时相及相应药物的研究对了解细胞周期和化学治疗（后简称为化疗）药物的相互关系起着重要作用。例如，作用于S期的化疗药物主要使细胞阻滞在S期。作用于G_2/M期的化疗药物主要使肿瘤细胞阻滞在G_2/M期，导致cyclin/Cdk复合体，特别是cyclinB1/Cdk1复合体难以形成，最终阻止细胞的有丝分裂，促进肿瘤细胞凋亡。

在调控神经细胞死亡和维持神经系统稳态方面，自噬扮演着至关重要的角色，在自嗜启动阶段具有重要作用的Beclin 1在神经系统退行性疾病的发生和发展中发挥着重要的调控功能。研究结果显示，在阿尔茨海默病患者脑内的小胶质细胞中，Beclin 1的表达水平低于在正常细胞中的表达水平。

干细胞研究的应用前景更加诱人，如果自体来源的诱导性多能干细胞能够分化为期望的细胞类型，则可以用来移植或替代组织，且其相对胚胎干细胞移植具有明显的优势。由于诱导性多能干细胞来源于自身组织，所以不需要免疫抑制治疗。此外，还可以采用同源DNA重组技术修复由于疾病原因造成的突变。小鼠实验证明，采用诱导性多功能干细胞技术治疗遗传性疾病是有可能的。当然，诱导性多能干细胞技术在人类的应用还有许多需要解决的问题，这其中有很多问题的解决依赖于细胞生物学的研究。

二、 农业方面

细胞生物学的理论与技术对农业的发展具有重要意义。在农作物方面，作物的生长发育、物质运输与分配、遗传变异、抗逆性、育种途径的探索等基本问题都与细胞生物学的基础研究相关。例如，抗逆性，植物在逆境（高温、低温、干旱、碱、病原菌及环境污染等）中受到的损伤，以及对恶劣环境的抗性和适应性，均可在细胞结构和功能中反映出来。

人们通过克隆毒蛋白的基因，如苏云金杆菌中的毒蛋白基因（*Bt*基因），并把这些基因转移到植物细胞中，获得能抗虫的转基因植物。目前，*Bt*基因已被转入烟草、番茄、马铃薯、水稻、玉米及棉花等多种植物。利用转基因育种技术把抗病毒基因导入植物体，现已成功地培育出抗病毒的烟草、马铃薯、苜蓿及一些蔬菜。此外，人们还利用病毒的卫星RNA、反义RNA、运动蛋白基因及植物自身的抗病毒基因对植物进行转化，也取得了明显的成效。

改善植物品质方面，主要通过基因转移改变植物中氨基酸或脂肪的含量等品质特性。例如，通过遗传操作能使油菜种子的油产量大幅度提高，帮助人类解决如种子油的含量及成分等许多问题。将从大豆中提取的蛋白质合成基因导入马铃薯后，经过培育得到高蛋白质马铃薯品种，其蛋白质含量接近大豆的。将甜味基因导入玉米，获得了转基因甜玉米，用作食品或糖浆的致甜剂。

通过动物转基因育种，可改良家畜、家禽的经济性状，通过转基因动物可进行药物或蛋白质的生产。目前已培育出转基因猪、羊、牛和鱼等，而在获得转基因动物的技术中，细胞生物学研究成果是其不可或缺的基础。

本章提要

细胞是生物体结构和功能的基本单位。细胞生物学是以细胞为研究对象，从细胞社会、细胞整体水平、亚显微水平和分子水平等不同结构层次，研究细胞及其组分的结构和功能，阐明其生命活动基本规律及其分子调控机制的学科。细胞生物学在现代生命科学中占据核心地位。细胞生物学研究的主要内容包括细胞的结构与功能（生物膜系统与细胞器、细胞骨架系统、遗传信息传递与表达系统等）、细胞重大生命活动及其分子调控机制（细胞分裂与细胞周期调控、细胞分化与干细胞、细胞衰老与死亡等）、细胞社会学（细胞信号转导等）等。

细胞生物学的发展历史，经历了细胞的发现和细胞学说的建立、细胞学经典时期和实验细胞学时期、细胞生物学的形成与发展及分子细胞生物学的兴起等阶段。细胞生物学的形成和发展与仪器、技术的发明和改进密不可分，同时也与其他相关学科的相互交叉、渗透、融合密切相关。

作为生命科学重要分支的细胞生物学，在研究生命奥秘的过程中应用和发展了许多新的手段和思路，其研究结果为医药和农业的发展奠定了重要的基础。细胞是人体正常结构和功能的基本单位，也是疾病病理的基本单位。细胞生物学的基础研究对了解如细胞衰老、癌变、射线损伤、激素作用、免疫和病毒感染机制均有重要意义。细胞生物学的理论与技术对农业的发展也具有重要意义。在农作物方面，作物的生长发育、物质运输与分配、遗传变异、抗逆性、育种途径的探索等基本问题都与细胞生物学的基础研究相关。

思考题

1. 结合细胞生物学的主要研究内容，分析细胞生物学在现代生命科学中的地位？
2. 回顾细胞生物学发展历史，如何认识细胞学说的重要意义？

参考文献

韩贻仁. 2012. 分子细胞生物学. 4版. 北京：科学出版社.

王金发. 2003. 细胞生物学. 北京：科学出版社.

杨恬. 2014. 医学细胞生物学. 3版. 北京：人民卫生出版社.

翟中和，王喜忠，丁明孝. 2011. 细胞生物学. 4版. 北京：高等教育出版社.

Welch G R，Clegg J S. 2010. From protoplasmic theory to cellular systems biology：a 150-year reflection. Am J Physiol Cell Physiol，298（6）：C1280-C1290.

2 第二章 细胞质膜与物质跨膜运输

细胞质膜（plasma membrane）是指包裹在细胞质表面的一层薄膜，由脂类、蛋白质和糖类组成，也称为**细胞膜**（cell membrane）。除细胞质膜外，真核细胞内还存在各种膜性细胞器，如内质网、高尔基体、溶酶体、线粒体等，这些膜结构统称为**细胞内的膜系统**。细胞质膜与细胞内的膜系统合称为**生物膜**（biomembrane），它们在化学组成、结构和功能活动等方面具有很多共同特征，因此，对细胞质膜结构与功能的了解，也有助于对其他生物膜结构与功能的基本认知。

细胞质膜将细胞与周围环境分隔开，不仅为细胞生命活动维持了一个相对稳定的内环境，而且在细胞与周围环境之间的物质转运、能量转换、信息传递及细胞识别过程中起着重要作用。细胞质膜介导了细胞与细胞之间、细胞与细胞外环境之间的相互作用，还与细胞生物学中的许多基本问题，如细胞增殖、分化、凋亡等密切相关。细胞质膜结构和功能的改变会导致相关疾病的发生。因此，细胞质膜的研究对深入认识细胞生命活动的奥秘具有重要意义。

物质跨膜运输是细胞质膜的一项重要功能。细胞质膜通过自身结构和特性，不仅可以控制细胞对营养物质的摄取，调节细胞内离子浓度、物质分泌乃至细胞质膜构成，还参与了信号转导通路调节，对维持细胞内环境相对稳定，调节细胞生长、发育、代谢及增殖等生命活动起着重要作用。

目前已知，离子或小分子物质的跨膜运输途径分为三种类型：简单扩散、被动运输（又称为协助扩散）和主动运输，而大分子和颗粒物质则是通过胞吞和胞吐作用完成跨膜转运的。

第一节 细胞质膜

细胞质膜主要由脂类和蛋白质组成（图2-1）。膜脂是一类两性分子，一端亲水（极性端），另一端疏水（非极性端），排列成脂双分子层，构成细胞质膜的基本骨架，形成了对水溶性分子相对不通透的屏障。膜蛋白种类繁多，以多种形式与脂双分子层结合，并赋予细胞质膜重要的生物学功能。动物细胞质膜外表面还覆盖着一层富含糖类物质的结构，称为**细胞外被**（cell coat）或糖萼（glycocalyx），它是细胞质膜结构的一部分，由构成细胞质膜的糖蛋白和糖脂伸出的寡糖链组成。

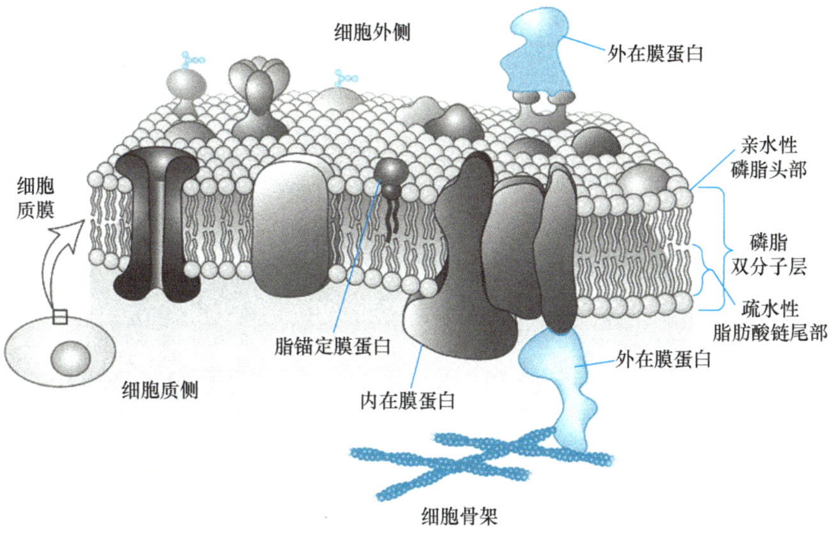

图2-1　细胞质膜的结构与化学组成（参照Lodish et al.，2013）

一、细胞质膜的化学组成

（一）膜脂

膜脂是细胞质膜的基本组成成分，主要有三种类型：甘油磷脂（phosphoglyceride）、鞘脂（sphingolipid）和固醇（sterol）。

1. 甘油磷脂

甘油磷脂的含量占整个膜脂总量的50%以上，包括磷脂酰胆碱（phosphatidylcholine，PC，卵磷脂）、磷脂酰丝氨酸（phosphatidylserine，PS）、磷脂酰乙醇胺（phosphatidylethanolamine，PE）和磷脂酰肌醇（phosphatidylinositol，PI）等（图2-2），主要在内质网膜上合成（参见本书第四章第三节）。甘油磷脂是磷脂酸的衍生物，其分子中有两个脂肪酸以酯键与甘油的C_1和C_2相接（脂肪酸链为非极性的疏水尾），C_3上的羟基与磷酸基团形成酯键。带负电荷的磷酸基团分别与胆碱、乙醇胺、丝氨酸或肌醇等取代基团结合，共同形成高极性或具电荷的亲水极性头。脂分子极性头的空间占位可以影响脂双层的曲度[图2-3（b）、（c）]。

甘油磷脂中的每条脂肪酸链通常含14~24个偶数碳原子，一般其中一条链不含双键（饱和的），而另一条链则含有一个或几个顺式双键（不饱和的），每个顺式双键处烃链产生约30°角的弯折。烃链的不同长度及不饱和程度可以影响细胞质膜的流动性。甘油磷脂不仅是细胞质膜的基本组分，而且其中的某些成分在细胞生命活动中起着重要作用，如PI参与细胞信号转导、PS参与凋亡细胞的清除等。

2. 鞘脂

与甘油磷脂相比，鞘脂以鞘氨醇代替甘油为骨架（图2-2），主要在高尔基体合成。鞘氨醇是一种长链不饱和氨基二元醇，分子末端有一个氨基和两个羟基。鞘脂的长脂肪酸链共价结合在鞘氨醇的氨基上，一个磷酸酰胆碱基团与鞘氨醇分子末端的一个羟基结合（构成亲水头），另一个游离羟基使头部基团带有极性，可与相邻脂分子的极性头部、水分子或膜蛋

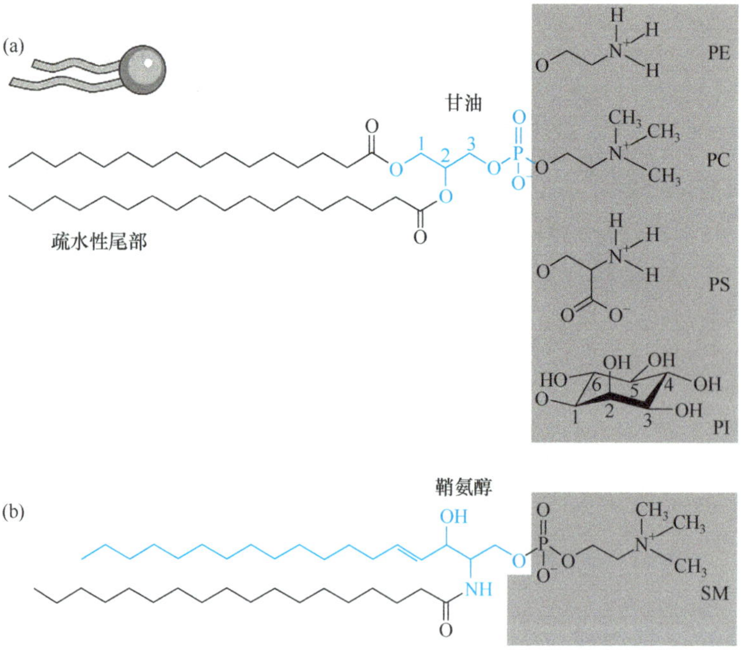

图2-2　膜脂的基本类型（参照Lodish et al.，2013）

（a）甘油磷脂；（b）鞘脂

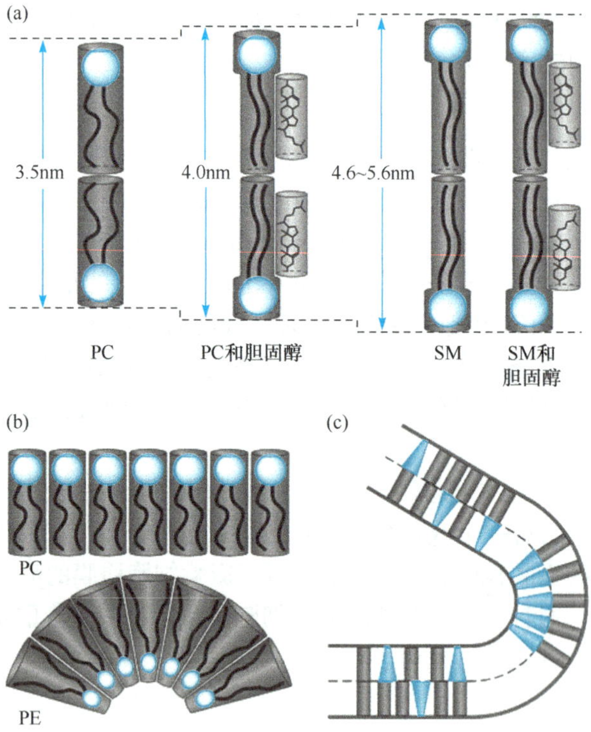

图2-3　不同膜脂成分的脂双层厚度及脂分子极性头对脂双层曲度的影响（参照Lodish et al.，2013）

（a）不同膜脂成分的脂双层厚度比较；（b）PC极性头较大，PE极性头较小，与PC相比，PE更倾向于形成曲面膜；（c）PE更多地分布在脂双层曲率较大的一侧

白形成氢键。鞘磷脂（sphingomyelin，SM）形成的脂双层的厚度较甘油磷脂形成的脂双层的厚度更大，如SM 为4.6~5.6nm，而PC约为3.5nm[图2-3（a）]。

3. 糖脂

动物细胞质膜中还有一类以鞘氨醇为骨架的鞘糖脂（glycosylsphingolipid），也是两性分子，它的极性头部是直接共价结合到鞘氨醇上的一个糖分子或寡糖链。糖脂普遍存在于原核细胞和真核细胞质膜表面，其含量不足膜脂总量的5%，对于细菌和植物细胞，几乎所有糖脂均是甘油磷脂的衍生物；而动物细胞质膜中的糖脂则几乎都是鞘氨醇的衍生物，以糖基取代磷脂酰胆碱基团作为极性头部。不同的细胞中所含糖脂的种类不同，目前已发现40 余种糖脂，主要区别在于其极性头部不同。细胞质膜中的糖脂均位于非细胞质面，糖基暴露于细胞表面，其作用可能作为细胞表面受体，与细胞识别、黏附和信号转导相关。例如，神经细胞含有神经节苷脂、人红细胞表面含有ABO血型糖脂等，它们均具有重要的生物学功能。

最简单的糖脂是半乳糖脑苷脂，它仅含有一个半乳糖残基作为极性头部（图2-4）。在髓鞘的多层膜中含量丰富、变化最多、最复杂的糖脂是神经节苷脂，在其分子的头部包含一个或几个唾液酸及糖的残基。神经节苷脂具有膜受体的功能，已知破伤风毒素、霍乱毒素、干扰素、促甲状腺素、绒毛膜促性腺激素等的受体就属于不同的神经节苷脂。

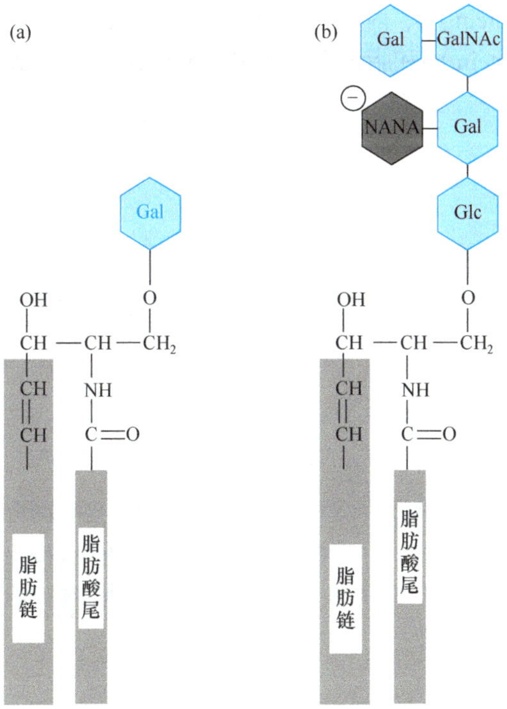

图2-4　糖脂的基本结构

（a）半乳糖脑苷脂；（b）神经节苷脂。Gal. 半乳糖；Glc. 葡萄糖；GalNAc. *N*-乙酰半乳糖胺；NANA.唾液酸

4. 固醇

固醇又称为甾醇，是胆固醇及其类似物的统称。除甘油磷脂和鞘脂外，许多细胞质膜中还含有固醇，如动物细胞质膜中的胆固醇（cholesterol）、植物细胞质膜中的豆固醇

(stigmasterol)和真菌细胞质膜中的麦角固醇(ergosterol)等。多数细菌细胞质膜中则不含固醇成分。固醇是一类含有4个闭环的碳氢化合物，其亲水头部为一个羟基，是一种分子刚性很强的两性化合物。与磷脂不同的是因其分子的特殊结构和疏水性太强，自身不能形成脂双层，只能插入磷脂分子之间，参与生物膜的形成。

胆固醇存在于动物细胞和极少数原核细胞中，在哺乳动物细胞质膜中尤为丰富。胆固醇与甘油磷脂相互作用会增加磷脂分子的有序性及脂双层的厚度，但对SM没有明显影响[图2-3(a)]。胆固醇是在动物细胞胞质和内质网中合成的，但动物体内胆固醇多数来自于食物。它在调节膜的流动性、增加膜的稳定性及降低水溶性物质的通透性等方面都起着重要作用。同时，它又是脂筏的基本结构成分。胆固醇除了作为生物膜的主要结构成分外，还是很多重要生物活性分子，如固醇类激素、维生素D 和胆酸等的前体化合物。

不同种类的细胞、同一细胞中不同类型的生物膜，甚至同一细胞质膜的不同部位，其膜组分可能有明显的差别，这也赋予不同膜不同的特性。

(二)膜蛋白

细胞质膜的特定功能主要由**膜蛋白**(membrane protein)完成。膜蛋白种类极多，它们以多种形式与膜脂结合，根据膜蛋白在膜上的位置及其与脂双层结合的方式不同，膜蛋白可分为三种基本类型(图2-5)：外在膜蛋白(extrinsic membrane protein)[或称为外周膜蛋白(peripheral membrane protein)]、内在膜蛋白(intrinsic membrane protein)[或称为整合膜蛋白(integral membrane protein)]和脂锚定膜蛋白(lipid anchored protein)。

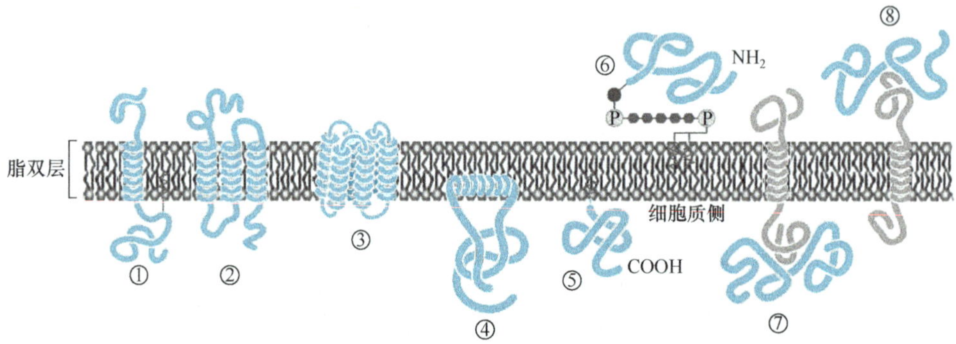

图2-5 膜蛋白的类型

①单次跨膜蛋白(单个α螺旋)；②多次跨膜蛋白(多个α螺旋)；③ β折叠筒形式的跨膜蛋白；④位于细胞质面，由双亲性α螺旋的疏水面锚定在脂双层的细胞质侧单层；⑤以共价结合的一个脂肪酸链或异戊二烯基锚定在脂双层的细胞质侧；⑥糖基磷脂酰肌醇(GPI)锚定的蛋白质，位于细胞质膜外表面；⑦、⑧外在膜蛋白，仅通过与其他内在膜蛋白的非共价相互作用间接与膜结合

1. 外在膜蛋白

外在膜蛋白为水溶性蛋白质，分布在细胞质膜细胞质侧或细胞外侧，靠离子键或其他较弱的非共价键(如静电相互作用)与膜表面的膜蛋白分子或膜脂分子结合，因此使用一些温和的方法，如改变溶液的离子强度或pH，甚至提高温度就可以将其从膜上分离下来，而不需破坏膜的基本结构，如线粒体内膜外侧的细胞色素c和红细胞膜中的血影蛋白等。

2. 内在膜蛋白

内在膜蛋白均为两性分子，非极性区插在脂双分子层中，极性区则朝向细胞质膜表面。内在膜蛋白与膜的结合比较紧密，只能用去垢剂或有机溶剂处理，解除膜脂与膜蛋白的相互作用，使膜崩解后才可分离出来。内在膜蛋白的含量占膜蛋白总量的70%~80%，据估计人类基因中，1/4~1/3的基因编码的蛋白质为内在膜蛋白，如Na^+-K^+ATPase等。

目前所了解的内在膜蛋白均为跨膜蛋白（transmembrane protein），有的为单次穿膜，有的为多次穿膜。跨膜蛋白在结构上可分为胞外结构域、跨膜结构域和胞内结构域三个组成部分。它与膜结合的主要方式有：跨膜结构域与脂双层分子的疏水核心相互作用，这是内在膜蛋白与膜脂结合的最主要和最基本的结合方式；跨膜结构域两端携带正电荷的氨基酸残基，如精氨酸、赖氨酸等与磷脂分子带负电荷的极性头部形成离子键，或带负电荷的氨基酸残基通过Ca^{2+}、Mg^{2+}等阳离子与带负电荷的磷脂极性头部相互作用；某些膜蛋白通过自身在细胞质一侧的半胱氨酸残基共价结合到脂肪酸分子上，后者插入脂双层中进一步加强膜蛋白与脂双层的结合力。

内在膜蛋白的跨膜结构域大多为疏水氨基酸残基形成的α螺旋，其外部疏水侧链通过范德华力与脂双层分子脂肪酸链相互作用。单次跨膜蛋白（single-pass transmembrane protein），如红细胞质膜上的血型糖蛋白A（glycophorin A），其跨膜的α螺旋由23个氨基酸残基组成。多次跨膜蛋白（multipass transmembrane protein）含有几个跨膜α螺旋区，如G蛋白偶联信号通路的细胞表面受体就是一类跨膜7次的膜蛋白。跨膜结构域α螺旋的方向，有的与膜面垂直，有的则与膜面呈一定的角度。因此，跨膜结构域的α螺旋长度也各有差异。某些α螺旋既具有极性侧链又具有非极性侧链，α螺旋的外侧是非极性链，与膜脂相互作用。内侧是极性链，形成特异极性分子的跨膜通道。例如，人红细胞膜上的带3（band 3）蛋白，它介导Cl^-/HCO_3^-的跨膜运输。

内在膜蛋白的跨膜结构域有的为β折叠片，每个折叠片一般由10~12个氨基酸残基组成，如线粒体、叶绿体外膜及大肠杆菌外膜上的孔蛋白（porin）。β折叠片多次穿膜，并卷曲围成筒状结构，称为β折叠筒（β barrel），其中央为可选择性允许水溶性小分子通过的亲水通道，极性氨基酸衬在通道内侧，非极性氨基酸朝向β折叠筒外侧，并于脂双层相互作用。目前已知，并不是所有β折叠筒蛋白都形成亲水性通道，如大肠杆菌细胞质膜上的FepA蛋白是通过构象变化特异性转运铁离子的。此外，有的β折叠筒蛋白是作为受体或酶发挥作用的。

由于内在膜蛋白难以形成晶体，因而其三维结构的测定存在较多困难。目前仅对150余种膜蛋白结构获得了高分辨率的解析结果，其三维结构分析主要是应用低温电子显微镜技术和X射线晶体衍射技术。

3. 脂锚定膜蛋白

脂锚定膜蛋白可位于细胞质膜的两侧，通过与之共价相连的脂分子（脂肪酸或糖脂）插入脂双分子而锚定在细胞质膜上（图2-6）。脂锚定膜蛋白可分两种类型：一种脂锚定膜蛋白位于细胞质膜的胞质侧，某些细胞内信号蛋白的氨基酸残基直接与脂双分子层中的脂肪酸链或异戊二烯基形成共价键而锚定在脂双层上。例如，与肿瘤发生相关的酪氨酸蛋白激酶突变体v-Src蛋白，通过N端的甘氨酸残基与脂双分子层细胞质面中的豆蔻酸形成共价键而锚定在细胞质膜上；GTPase超家族的Ras蛋白和Rab蛋白则是通过其C端的两个半胱氨酸残基分别与异戊二烯基和棕榈酸形成共价键而锚定在细胞质膜上，前者参与细胞信号转导，后者介导膜泡的融合；在信号转导中起重要作用的G蛋白也是脂锚定蛋白。另一种脂锚定膜蛋白位于细胞质膜外表面，通过共价键与脂双层外层中磷脂酰肌醇分子相连的寡糖链结合而间接锚定在细胞质膜上，称为糖基磷脂酰肌醇（glycosylphosphatidylinositol，GPI）锚定方式，简称为GPI锚定方式，如乙酰胆碱酯酶、碱性磷酸酶和大分子的蛋白聚糖（proteoglycan）等的锚定方式。磷脂酰肌醇特异性的磷脂酶C或磷脂酶D可从细胞外表面将GPI锚定的蛋白质释放出来。

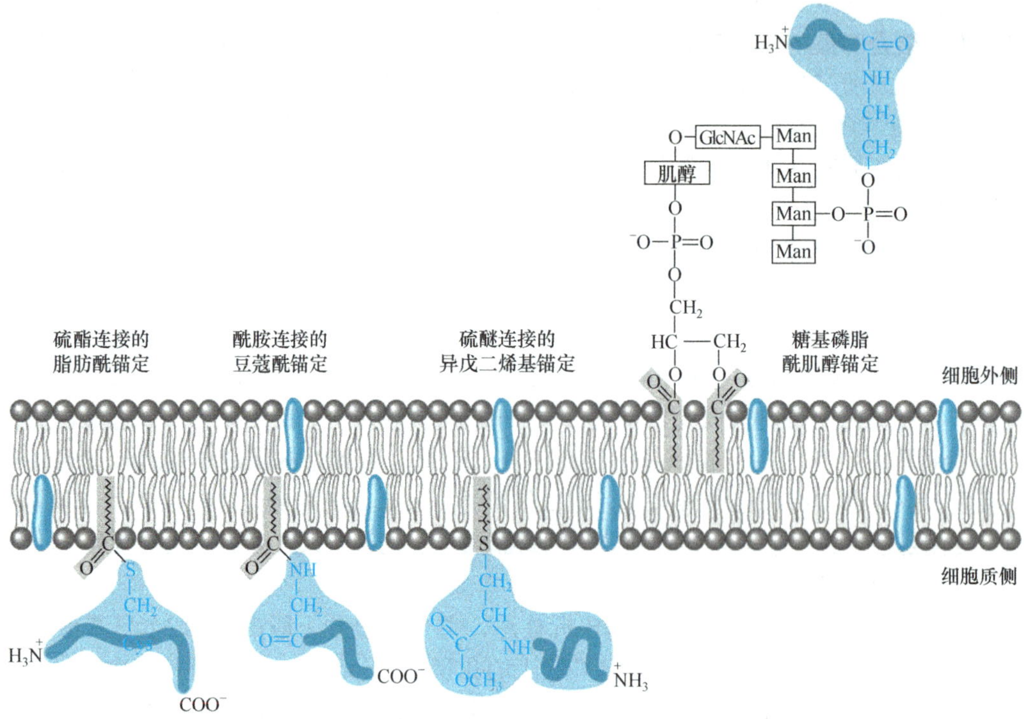

图2-6　脂锚定膜蛋白的类型（参照Nelson and Cox，2008）

二、细胞质膜的结构模型

关于细胞质膜分子结构的认识始于19世纪末，但是直到20 世纪50 年代初，随着电子显微镜技术的发展，细胞质膜的超微结构才得以显示（图2-7）。

19世纪90年代，瑞士苏黎世大学（University of Zurich）的Ernst Overton通过实验发现，能溶于脂质的物质比能溶于水的物质更容易进入植物根毛细胞，他据此推测细胞的表面有类脂层，初步明确了细胞质膜的化学组成。1925年，两位荷兰科学家E. Gorter和F. Grendel将用有机溶剂抽提的人红细胞质膜的膜脂在水面上铺成单分子层，测得其所占面积与所用红细胞质膜总表面积之比为1.8：1~2.2：1，他们推测实际比值应该为2：1，据此他们认为红细胞质膜由双层脂分子构成，第一次提出脂双分子层是细胞质膜基本结构的概念。随着研究不断深入，人们在此基础上提出了许多膜分子结构模型。

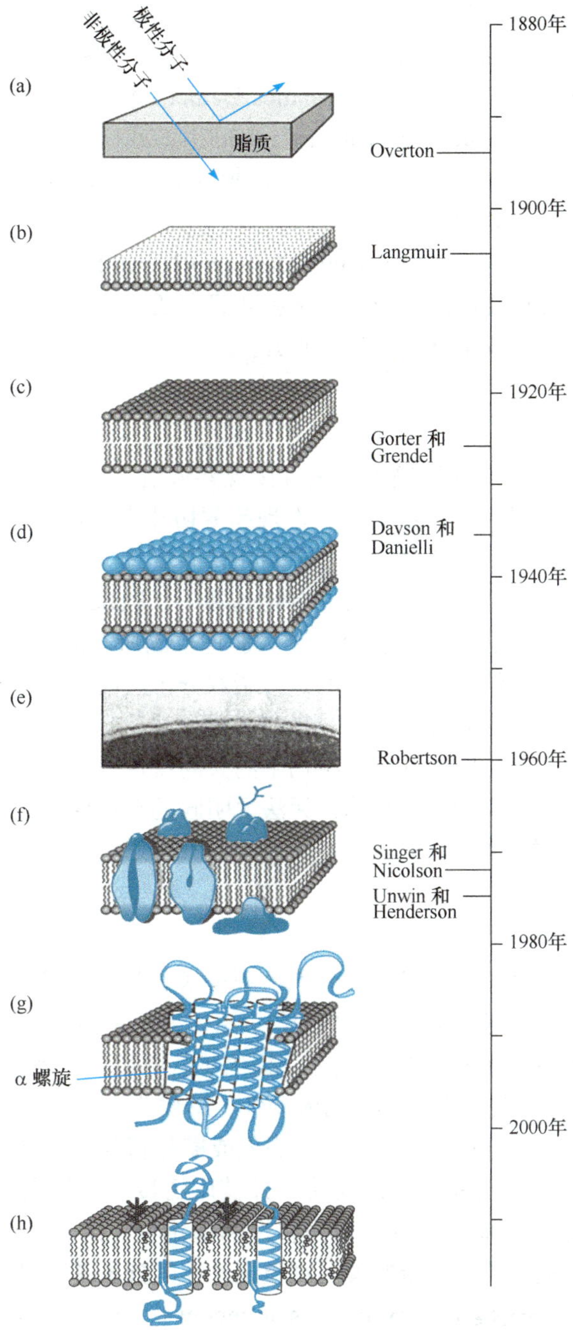

图2-7　细胞质膜的研究历程（参照Hardin et al.，2010）

（a）细胞质膜含类脂层；（b）脂单分子层表面积测定；（c）脂双层；（d）片层结构模型；（e）单位膜模型；（f）流动镶嵌模型；（g）膜蛋白结构；（h）脂筏模型

（一）片层结构模型

20世纪二三十年代，细胞生理学家们的实验证据表明，细胞质膜并不仅仅是单纯的脂双分子层结构。例如，脂溶性不是物质能否渗透细胞质膜的唯一决定因素；细胞质膜的表面张力比纯脂双分子层结构的表面张力低得多。1935年，根据已知脂滴表面如果吸附有蛋白质成分则表面张力降低的现象，Hugh Davson和James Danielli认为细胞质膜中含有蛋白质成分，并提出了“片层结构模型”（lamella structure model），或称为三明治式模型。这一模型认为细胞质膜由脂双层构成，在其内外两侧表面还覆盖着一层球形蛋白质分子，形成“蛋白质-脂质-蛋白质”的三明治式结构。

为了解释细胞质膜的选择透过性，Hugh Davson和James Danielli于1954年对该模型进行了修订：认为除了外侧和内侧的蛋白质层，细胞质膜上还有一些由蛋白质分子围成的小孔穿过脂双层，作为极性分子和离子进出细胞的通道。

（二）单位膜模型

细胞质膜非常薄，在光学显微镜下无法直接观察清楚。1959 年，J. D. Robertson 使用电子显微镜对各种膜结构进行了详细研究，发现超薄切片中生物膜均呈“暗-明-暗”的三层式结构，称为单位膜，总厚度约为7.5nm、中间亮带厚度约为3.5nm、两侧的暗带厚度各约为2nm，并推测暗带是蛋白质，亮带为脂。在此基础上，Robertson提出了单位膜模型（unit membrane model），发展了三明治式模型，并大胆地推断所有的生物膜都由蛋白质-脂质-蛋白质的单位膜构成。与片层结构模型不同的是，脂双分子层内外两侧的蛋白质并非球形，而是单层伸展的β 折叠片，通过静电作用与磷脂极性端结合。

单位膜模型提出了各种生物膜在形态结构上的共同特点，并能对膜的一些基本特性作出解释，但是它将膜看成是静止的单一结构，无法说明膜的动态变化，也不能解释不同生物膜的厚度一般为5~10nm，并不都是7.5nm。

（三）流动镶嵌模型

20世纪60年代发展起来的新技术（如冷冻蚀刻技术）及其在膜分子结构研究中的应用，使得人们对细胞质膜的认识越来越深入。1972年，S. J. Singer 和G. L. Nicolson在总结了当时有关膜结构模型及各种新研究成就的基础上，提出了生物膜的流动镶嵌模型（fluid mosaic model）。这一模型主要强调两点：①膜的流动性，即膜蛋白和膜脂均可侧向运动；②膜蛋白分布的不对称性，有的结合在膜表面，有的嵌入或横跨脂双分子层。

流动镶嵌模型得到许多实验结果的支持，并被广泛接受，但它不能解释具有流动性的细胞质膜在变化过程中如何保持膜的相对完整性和稳定性，忽视了膜各部分流动性的不均匀，等等。因此，有人提出了一些新的模型对膜流动性的分子基础进行了补充。例如，1975年，Wallach提出了晶格镶嵌模型（crystal mosaic model），进一步强调生物膜中流动性脂质的可逆性变化，即流动的脂类是在可逆地进行无序（液态）和有序（晶态）的相变，膜蛋白对脂类分子的运动具有限制作用。1977年，Jain和White提出了板块镶嵌模型（block mosaic model），其内容本质上与晶格镶嵌模型相同。他们认为，在流动的脂双分子层中存在许多大小不同的、刚度较大的、彼此独立运动的脂质“板块”（有序结构区），板块之间被无序的、流动的脂质区所分割，这两种区域处于一种连续的动态平衡之中，因此，生物膜是由同时存在不同流动性的板块镶嵌而成的动态结构。

（四）脂筏模型

20世纪末提出的脂筏模型（lipid raft model）是对细胞质膜分子结构新的理解。该模型虽然还不尽完善，但得到了越来越多实验证据的支持。研究表明，细胞质膜的脂双层不是一个完全均匀的二维流体，膜上一些特殊的脂质和蛋白质能形成稍厚的微区（microdomain）。微区中富含鞘脂和胆固醇，其中聚集着特定种类的膜蛋白，包括受体、酶、通道蛋白和运输蛋白等，它们在细胞信号转导、物质跨膜运输及人类免疫缺陷病毒（human immunodeficiency virus，HIV）等病原微生物侵染细胞的过程中起着重要作用。由于鞘脂的脂肪酸尾较长，因此这一区域比细胞质膜的其他部分稍厚（图2-8）。此外，由于鞘脂分子彼此之间，以及与胆固醇分子之间的亲水和疏水作用，使微区的脂分子紧密结合在一起，形成相对稳定的凝胶状态或液态有序状态，其周围则是富含甘油磷脂的流动性较高的液态区。这些微区如同漂浮在液态甘油磷脂海洋中的"筏"，被称为脂筏（lipid raft）。

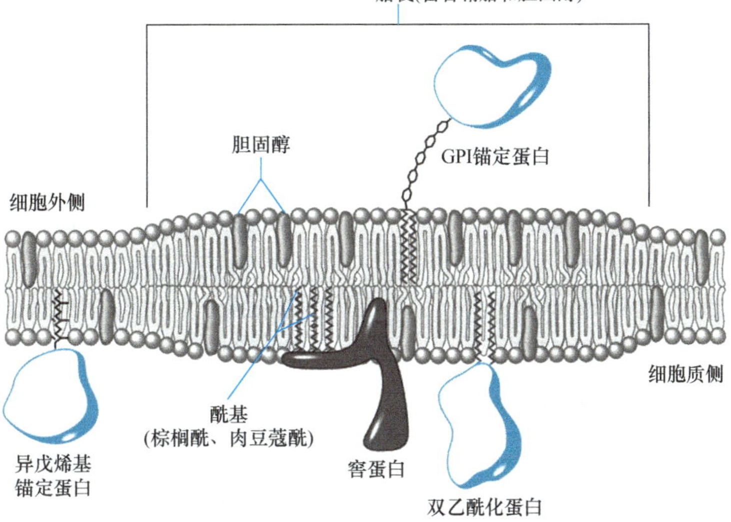

图2-8　脂筏的结构（参照Nelson and Cox，2008）

脂筏微区脂双层的外小叶主要含有鞘脂、胆固醇及GPI锚定蛋白，内小叶主要含有许多乙酰化的锚定蛋白（如G蛋白的G_α亚基、Src等）、异戊烯基锚定蛋白和窖蛋白（胞膜窖的标志蛋白，多数学者认为胞膜窖是脂筏的一种）

脂筏是动态结构，其大小和成分随细胞生理状态不同而变化，最初可能在高尔基体上形成，最终转移到细胞质膜上，有些脂筏可在不同程度上与膜下细胞骨架蛋白交联。脂筏不仅存在于哺乳动物细胞，植物膜组织中也有类似于脂筏的结构。

三、细胞质膜的生物学特性

细胞质膜的主要生物学特性是不对称性（asymmetry）和流动性（fluidity）。这也是所有生物膜的生物学特性。

（一）细胞质膜的不对称性

细胞质膜的不对称性是指构成细胞质膜的各种组分在细胞质膜上的不对称或不均匀分

布。例如，膜蛋白在细胞质膜上有明确的方向性，膜脂分子种类和数量在脂双层的内外两层中明显不同，糖蛋白和糖脂的糖基部分均位于细胞质膜的外侧，等等。膜脂、膜蛋白和膜糖组分的不对称性是细胞质膜功能不对称性和方向性的基础。

1. 膜脂的不对称性

膜脂的不对称性是指同一种膜脂分子在脂双层中的分布比例不同。多数磷脂存在于脂双层的内外两侧，但往往在某一侧含量高，呈不均匀分布（图2-9）。例如，人的红细胞质膜中，PC和SM多分布在脂双层的外小叶，而PS、PE和PI则主要分布在脂双层的内小叶。因为PS和PE的头部基团带负电荷，所以细胞质膜脂双层两侧有明显的电荷差异，内侧负电荷大于外侧负电荷。胆固醇在生物膜脂双层内外小叶中的分布一般比较均匀。糖脂的糖侧链都分布在细胞质膜的外表面或细胞内膜系统脂双层的非细胞质侧（腔面）。糖脂的不对称分布是完成其生理功能的结构基础。

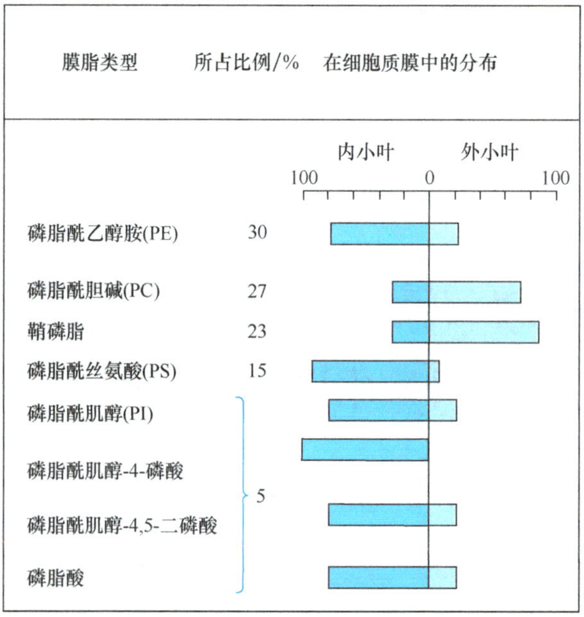

图2-9 膜脂的不对称分布（参照Nelson and Cox，2008）

大多数磷脂在脂双层中的不对称分布是相对的，仅表现为在含量所占比例上的差异，而糖脂的不对称分布是绝对的，表现为在脂双层上的完全不对称分布。各种细胞的膜脂不对称性差异很大，这种差异有人认为可能主要是由于膜脂分子在光面内质网的细胞质侧合成后，帮助其由细胞质基质侧转向内质网腔面的磷脂转位蛋白（phospholipid translocator）对不同脂类分子的转位能力不同所致（参见本书第四章）。

膜脂分子不对称分布的生物学功能还不是很清楚，但已知某些膜脂的不对称分布有重要的生物学意义。例如，细胞质膜上，所有磷酸化的磷脂酰肌醇的头部基团都面向细胞质一侧；在G蛋白偶联的信号转导过程中，磷脂酰肌醇-4，5-二磷酸（PIP_2）可被磷脂酶C（PLC-β）水解成1，4，5-三磷酸肌醇（IP_3）和二酰基甘油（DG）两个第二信使，将胞外信号转换为胞内信号。又如，在血小板的细胞质膜上，PS通常主要分布在细胞质膜的内小叶中，当受到血浆刺激后，其很快翻转到外小叶上，活化参与凝血的酶类。动物细胞凋亡后，通常局限在细胞质膜脂双层内小叶的PS会快速地转移到外小叶，被巨噬细胞所识别。

2. 膜蛋白的不对称性

膜蛋白的不对称性是指每种膜蛋白分子在细胞质膜上都具有明确的方向性（图2-10）。所有的膜蛋白，无论是外在膜蛋白还是内在膜蛋白在细胞质膜上都呈不对称分布。例如，细胞表面的受体、膜上载体蛋白等都是按一定的取向传递信号和转运物质的。与细胞质膜相关的酶促反应也都发生在膜的某一侧面。与糖脂一样，糖蛋白的寡糖链也位于细胞质膜的非细胞质侧，它们与胞外基质、生长因子、凝集素和抗体等相互作用，如人的ABO 血型抗原糖蛋白分子。

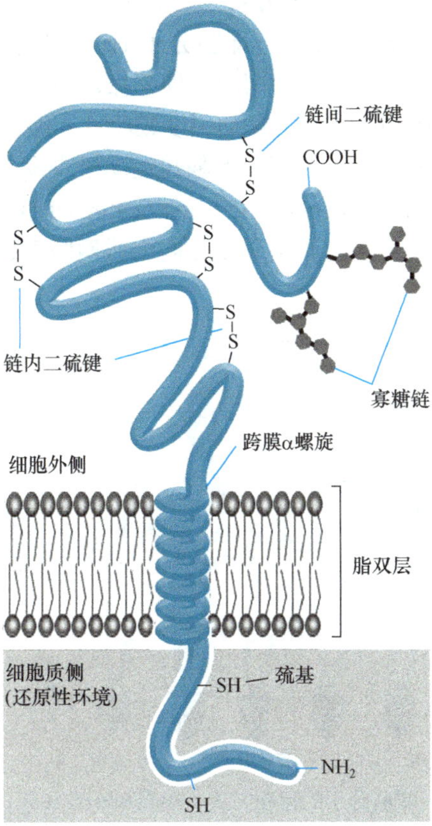

图2-10　膜蛋白及其寡糖链的不对称性

膜蛋白在其在内质网上合成时就已经确定了它的不对称性，在随后的一系列转运过程中其拓扑学结构始终保持不变直至蛋白质降解，而不会像膜脂那样发生翻转运动。此外，细胞质中的还原性环境减少了细胞质侧多肽链内或多肽链间半胱氨酸形成的二硫键，因此，质膜蛋白的二硫键通常只在非细胞质一侧形成，以稳定蛋白质结构或蛋白质-蛋白质的相互作用。

各种生物膜的特征及其生物学功能主要是由膜蛋白决定的。膜蛋白的不对称性是生物膜在时间与空间上有序完成各种复杂生理功能的根本保证。

（二）膜的流动性

膜的流动性是指膜脂和膜蛋白处于持续的运动状态。膜的流动性是细胞质膜也是所有生物膜的基本特征之一，是细胞进行生命活动的必要条件，与细胞的许多重要功能密切相关，如物质跨膜运输、信号传递、膜上的酶分子活性等。

1. 膜脂的流动性及其影响因素

膜脂分子的不断运动，使膜脂具有流动性。由于细胞内外的水环境阻止膜脂分子从脂双层中溢出，因此脂双层可以看成是一个二维流体，脂质分子只能在脂双层中运动或交换位置。膜脂分子及其不同部分的运动可以用电子自旋共振、核磁共振、差示扫描量热等多种物理学技术来测量。研究表明，膜脂分子有4种运动方式（图2-11）：①**侧向扩散**（lateral diffusion），即在同一单分子层内膜脂分子间交换位置，这种快速侧向扩散是膜脂分子的基本运动方式，其交换频率约10^7次/s，大约每秒可移动2μm的距离，相当于一个大细菌胞体的长度；②**旋转运动**（rotation），即脂分子围绕自身长轴的自旋运动；③**弯曲运动**（flexion），即脂质分子脂肪酸链尾部的摆动、伸缩振荡运动，靠近尾部的脂肪酸链摆动幅度较大，而靠近极性头部区域的脂肪酸链摆动幅度较小；④**翻转运动**（flip-flop），即膜脂分子从脂双层的一层翻转至另一层，一般情况下翻转运动极少发生，但胆固醇例外。此外，内质网膜上有一种磷脂转位蛋白（phospholipid translocator）或称为转位酶（flippase），可以帮助新合成的磷脂分子快速地由细胞质基质侧转向内质网腔面，在新的脂双层形成过程中起着重要作用。

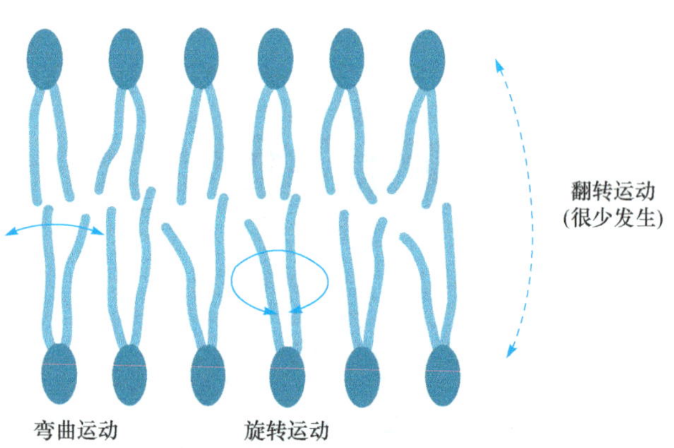

图2-11　膜脂分子的运动方式（参照Alberts et al.，2014）

膜脂的流动性对细胞质膜发挥正常功能有重要作用，如果将脂双层的黏度增加到超过一定阈值时，一些跨膜运输会终止，膜上酶的活性会降低。因此，膜的流动性必须维持在一定限度内。膜脂的流动性主要依赖于其本身组成成分和环境理化因素（如温度、pH、离子强度、药物等）。影响其流动性的自身因素主要有：①脂肪酸链的饱和程度及其长度。一般来说，脂肪酸链越短，不饱和程度越高，膜脂的流动性越大。短链能降低脂肪酸链尾部彼此相互作用的倾向；而脂肪酸链不饱和键的存在，会降低膜脂分子间排列的有序性，从而增加膜的流动性。脂肪酸链的不饱和程度主要通过细胞代谢来调节，这是细胞适应温度及其他变化而调节膜流动性的主要途径。一些随着环境温度而改变温度的生物，如细菌和酵母，可以通过调节膜脂脂肪酸链的组成维持一个相对恒定的膜脂流动性：当温度降低时，它们合成更多含顺式双键的脂肪酸，避免因为温度降低而减少脂双层的流动性。②胆固醇的调节。动物细胞质膜含有大量胆固醇，从而使脂质在脂双层中的堆积更为紧密。胆固醇对膜的流动性有双重调节作用，胆固醇分子既有与磷脂的疏水尾部相结合使其更为有序、相互作用增强及限制其运动的作用，也有将磷脂分子隔开使其更易流动的功能，其最终效应取决于胆固醇在脂膜中的相对含量及上述两种作用的综合效果（双重调节作用还包括在相变温度以上和以下时起相反的调节作用）。此外，胆固醇对膜流动性的调节还受温度影响。**相变温度**（phase transition temperature）是指膜脂的相态由液态转变为较为刚性的晶态（凝胶状态）时的温度。膜脂的相变温度是由组成生物膜的各种脂分子的相变温度（和胆固醇含量）决定的，鞘脂的相变温度一般高于磷脂的相变温度。在相变温度以上，胆固醇可使磷脂的脂肪酸链末端甲基运动减小，即限制膜的流动性；在相变温度以下，胆固醇可增加脂类分子脂肪酸链的运动，增强膜的流动性。大部分动物细胞质膜中胆固醇的含量足以阻碍磷脂脂肪酸链汇集、凝胶化，抑制温度引起的相变，使低温下膜的流动性不会剧烈降低。③卵磷脂/鞘磷脂的值。卵磷脂中脂肪酸链不饱和程度高，相变温度较低；而鞘磷脂刚好相反，其中的脂肪酸链饱和程度高，相变温度也较高。二者的比值越高，膜脂的流动性越强。在细胞衰老过程中，细胞质膜中卵磷脂/鞘磷脂的值逐渐下降，其流动性也随之逐渐降低。④膜蛋白的影响。膜脂与蛋白质结合后，相互之间复杂的相互作用也可影响膜脂的流动性。

2. 膜蛋白的流动性及其影响因素

膜蛋白的运动形式大致分为旋转运动和侧向扩散。与脂质一样，膜蛋白也难以在脂双层之间翻转。旋转运动是指膜蛋白能围绕着与膜平面相垂直的轴进行旋转。膜蛋白更多的运动形式是在膜上的侧向扩散。

膜蛋白的流动性已被一系列实验所证明，其中一个经典的例子是荧光抗体免疫标记实验（图2-12）。L. D. Frye 和M. Edidin（1970年）分别用抗鼠细胞质膜蛋白的荧光抗体（显绿色荧光）和抗人细胞质膜蛋白的荧光抗体（显红色荧光）标记小鼠和人的细胞表面，然后用灭活的仙台病毒介导两种细胞融合。37℃、10min后不同颜色的荧光开始在融合细胞表面扩散，40min后，两种颜色的荧光点呈均匀分布，已分辨不出融合细胞表面的绿色荧光区域或红色荧光区域。这一实验结果表明，与抗体结合的质膜蛋白在细胞质膜上经侧向扩散而发生了重新分布。淋巴细胞的成斑、成帽现象进一步证实了质膜蛋白的流动性。所谓成斑（patching）、成帽现象（capping），是指淋巴细胞表面的蛋白质抗原与用荧光染料标记的相应抗体结合后，随着荧光抗体标记时间继续延长，已均匀分布在细胞表面的标记荧光会重新排布，聚集在细胞表面的某些部位（成斑），或聚集在细胞的一端（成帽）。对这两种现象的解释是二价的抗体分子可交联相邻的质膜蛋白分子，诱导质膜蛋白抗原聚集。另外，成斑、成帽现象与质膜蛋白和膜下骨架系统的相互作用，以及细胞质膜与细胞内膜系统之间的膜泡运输相关。

质膜蛋白的运动受到许多因素的影响和限制（图2-13）。极性细胞的质膜蛋白被某些特殊结构，如紧密连接限定在细胞表面的某个特定区域；质膜内在蛋白聚集形成复合物，可以使质膜内在蛋白运动减慢；质膜内在蛋白与外在蛋白、细胞骨架成分及膜脂分子的相互作用均能影响或限制其运动。用阻断微丝形成的药物细胞松弛素B 处理细胞后，质膜蛋白的流动性大大增加，原因就是某些质膜蛋白与膜下微丝相结合，限制了其运动。用非离子去垢剂处理细胞使细胞质膜系统崩解，多数质膜蛋白流失，但仍能观察到有部分质膜蛋白结合在细胞骨架上。红细胞的细胞骨架一方面通过与质膜蛋白的相互作用，决定了红细胞的特征双凹盘形状，并使红细胞在通过狭窄的毛细血管时具有较好的变形能力；另一方面，其也会限制与它相互作用的许多质膜蛋白的侧向扩散能力。在细胞和细胞间，有一些特别的蛋白质可通过相互作用形成细胞间的连接，但这些参与形成细胞间连接的质膜蛋白的侧向扩散会受到限制。

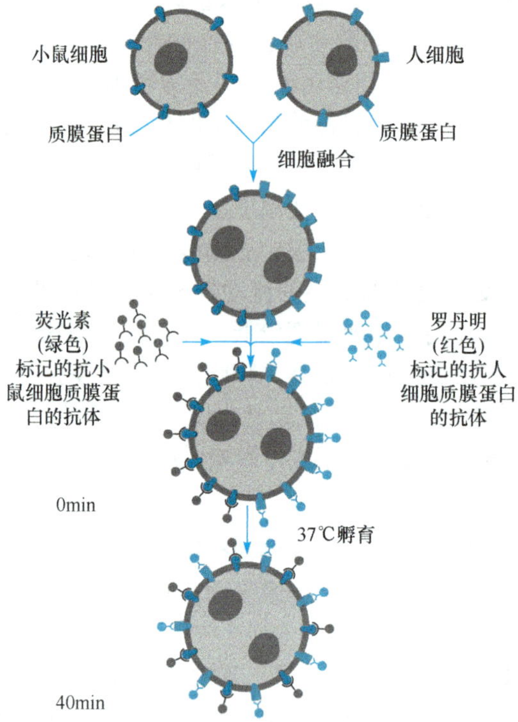

图2-12　证明质膜蛋白流动性的细胞融合实验（参照Alberts et al.，2014）

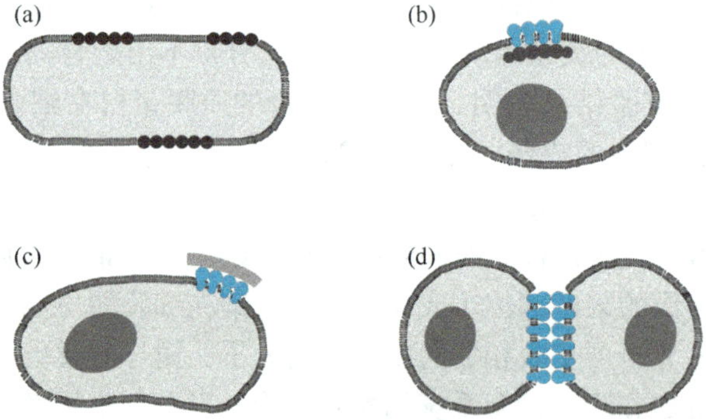

图2-13　质膜蛋白运动的限制因素

（a）细胞质膜内在蛋白聚集形成复合物（如盐杆菌细胞质膜上的细菌视紫红质形成紫膜）；（b）与细胞质膜内的外在蛋白或细胞质骨架成分相互作用；（c）与细胞质膜外的外在蛋白或细胞外基质成分相互作用；（d）参与形成细胞连接

用药物抑制细胞能量转换、蛋白质合成等代谢途径，对质膜蛋白运动没有影响，但是降低环境温度，则质膜蛋白的扩散速率可降低至原来的1/20~1/10。表明质膜蛋白在脂双层二维溶液中的运动是自发的热运动，不需要能量，也不需要细胞代谢产物的参与。

四、细胞质膜的基本功能

细胞质膜作为细胞内外的边界，其主要功能概括如下（图2-14）。

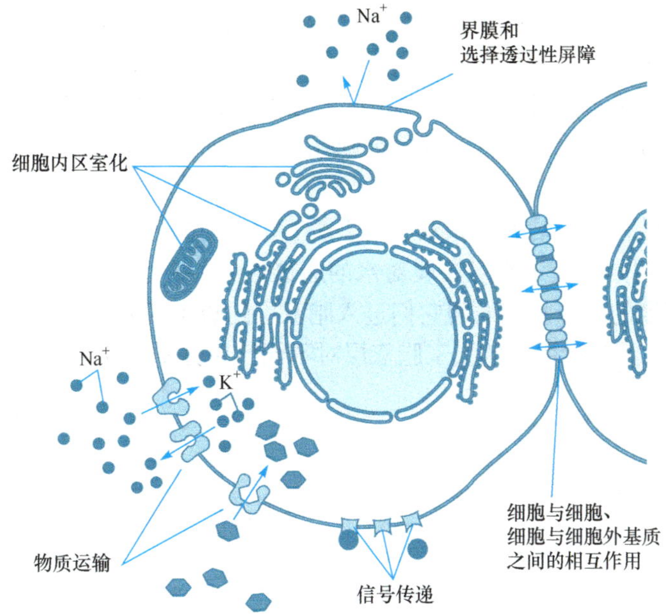

图2-14　生物膜的基本功能（参照Hardin et al.，2010）

（1）界膜。细胞质膜一方面可以为细胞提供相对稳定的内环境，保证细胞生命活动的正常进行；另一方面可以为多种酶提供结合位点，使酶促反应高效而有序地进行。

（2）选择透过性屏障。细胞质膜为两侧的物质交换（包括代谢底物的输入与代谢产物的排出）提供了一个屏障。物质跨膜运输具有选择性（见本章第二节）。

（3）信号传递。细胞质膜上的受体蛋白能够识别并结合特异性的配体，进行信号传递，引起细胞内的应答反应。

（4）介导细胞与细胞、细胞与细胞外基质之间的相互作用。在多细胞生物中，细胞质膜提供细胞识别位点，介导细胞与细胞、细胞与细胞外基质之间的连接或黏着。病毒等病原微生物识别和侵染特异性宿主细胞的受体也存在于细胞质膜上。

此外，细胞质膜还参与形成具有不同功能的细胞表面特化结构，如鞭毛、纤毛和微绒毛等。

第二节　小分子和离子的跨膜运输

目前已知，细胞质膜对离子或小分子物质的跨膜运输途径分为三种类型：简单扩散、被动运输（又称为协助扩散）和主动运输，而大分子和颗粒物质则是通过胞吞作用和胞吐作用完成跨膜转运的。

一、细胞质膜的选择通透性

（一）脂双层的通透选择性

通常采用人工脂双层膜来研究细胞质膜对小分子和离子的通透性。如果给予足够时间，任何分子都可能从高浓度向低浓度方向通过人工脂双层膜，但是不同性质的小分子物质跨膜扩散速率差异极大，这主要取决于分子大小及其在脂质中的相对溶解度。一般来说，脂溶性越大、分子质量越小，越容易穿过脂双层膜。小的非极性分子，如O_2、N_2易溶于脂双层，可以迅速穿膜。不带电荷的极性小分子，如CO_2、乙醇和尿素也能迅速通过脂双层膜。但较大的分子，如甘油通过脂双层膜较慢，葡萄糖则几乎不能通过。水分子虽不溶于脂，却能迅速通过脂双层。

没有专一性膜转运蛋白的人工脂双层对于所有带电荷的分子和离子，不管它多么小，都是高度不通透的。例如，人工脂双层膜对水的通透性为Na^+、K^+的10^9倍，因为这些分子和离子所带电荷及高度的水合状态妨碍它们进入脂双层的疏水区域，其跨膜运动需要更高的自由能。图2-15显示无膜转运蛋白的人工脂双层对不同性质分子的通透性。

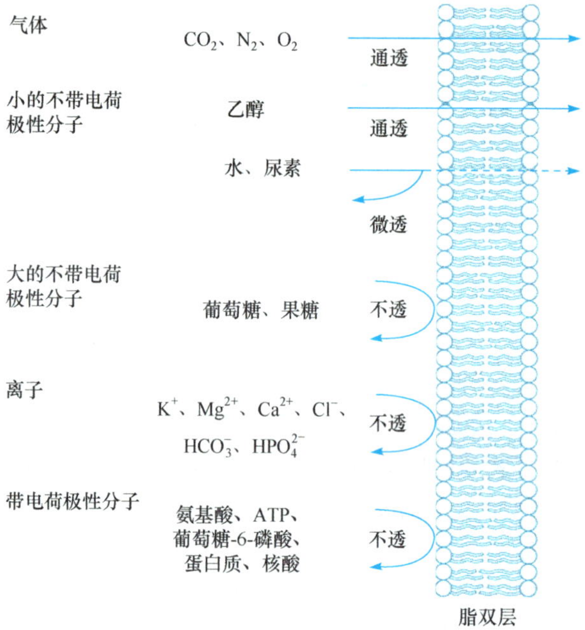

图2-15　人工脂双层对不同性质分子的通透性（参照Lodish et al.，2013）

（二）膜转运蛋白的类型：载体蛋白和通道蛋白

绝大多数溶质，如各种离子、葡萄糖、氨基酸、核苷酸及许多细胞代谢产物都需要依靠特定的膜蛋白协助才能实现跨膜转运，这类蛋白质称为膜转运蛋白（membrane transport protein）。膜转运蛋白的量占膜结合蛋白总量的15%~30%，所有膜转运蛋白均为跨膜蛋白，它们的肽链穿越脂双层，能使被转运的物质通过细胞质膜。通常每种膜转运蛋白只转运一种特定类型的溶质（如离子、糖或氨基酸等）。

膜转运蛋白主要包括两类：一类为**载体蛋白**（carrier protein，transporter），另一类为**通道蛋白**（channel protein）。载体蛋白与特定溶质结合，通过构象改变使溶质分子穿越细胞质膜。通道蛋白则是形成一种水溶性通道，贯穿脂双层，当通道开放时特定的溶质（一般是无机离子）可经过通道穿越细胞质膜。

多种载体蛋白和通道蛋白介导溶质跨膜转运时不消耗能量，称为被动运输（passive transport）。在被动运输中，如果转运的溶质是不带电荷的（非电解质），则膜两侧的浓度梯度，即膜两侧的浓度差决定溶质的转运方向（顺浓度梯度）。如果被转运的溶质是电解质，则其在两个区域间的转运方向取决于两个梯度，即两个区域间该物质浓度差决定的化学梯度和电荷差决定的电位梯度，这两个梯度结合起来形成的电化学梯度（electrochemical gradient）决定溶质转运的方向（顺电化学梯度）。当细胞外的溶质浓度高于细胞内的，并且细胞质膜中存在相应的通道蛋白或载体蛋白，则该溶质将以被动运输的方式穿过细胞质膜进入细胞内，此过程中运输蛋白不消耗代谢能，消耗的是存在于浓度梯度中的势能。然而，细胞也需要逆电化学梯度转运一些溶质，这时不但需要运输蛋白的参与，还需要消耗能量（多数是ATP），这种细胞利用代谢产生的能量来驱动物质的逆电化学梯度的转运称为主动运输（active transport）。载体蛋白既可介导被动运输，也可介导逆电化学梯度的主动运输；而通道蛋白只能介导顺电化学梯度的被动运输。

1. 载体蛋白

载体蛋白几乎存在于所有类型的生物膜上，属于多次跨膜蛋白。每种载体蛋白能与特定的溶质分子结合，通过一系列构象改变介导溶质分子的跨膜转运。载体蛋白对所运载的物质具有高度选择性，并具有饱和动力学的特征，当物质的浓度达到一定阈值后其转运速率不会再继续增大。载体蛋白与被转运物质结合，不对被转运物质作任何共价修饰，而是通过其自身发生可逆性的构象变化，改变与被转运分子的亲和力，进而实现物质的跨膜转运过程。通常一种载体蛋白只转运一种类型的分子。转运过程与酶和底物的作用相似，可被其类似物竞争性抑制，也可被特定抑制剂非竞争性抑制，所以有人将载体蛋白称为通透酶（permease）。综上所述，载体蛋白具有饱和性、特异性、可竞争性的特点。糖、氨基酸、核苷酸等水溶性分子一般由载体蛋白运载。

载体蛋白通常分为单向转运蛋白（uniporter）和协同转运蛋白（cotransporter）两类（图2-16）。单向转运蛋白介导一种物质沿细胞内外浓度梯度进行的跨膜转运过程，如哺乳动物细胞中葡萄糖和氨基酸的跨膜转运。而协同转运蛋白是介导两种分子偶联转运的载体蛋白，按照分子转运的方向，协同转运蛋白又可以分为同向协同转运蛋白（symporter）和反向协同转运蛋白（antiporter）。同向协同转运时偶联物的运输方向相同，如小肠上皮细胞和肾小管上皮细胞中葡萄糖或氨基酸的吸收伴随着钠离子同向流入；反向协同转运时偶联物的运输方向相反，如细胞质膜上质子的输出同时伴随钠离子的输入。协同转运可以将一种物质逆化学梯度或浓度梯度的转运与另一种物质顺化学梯度或浓度梯度的转运偶联起来，是一种间接消耗能量的转运方式。

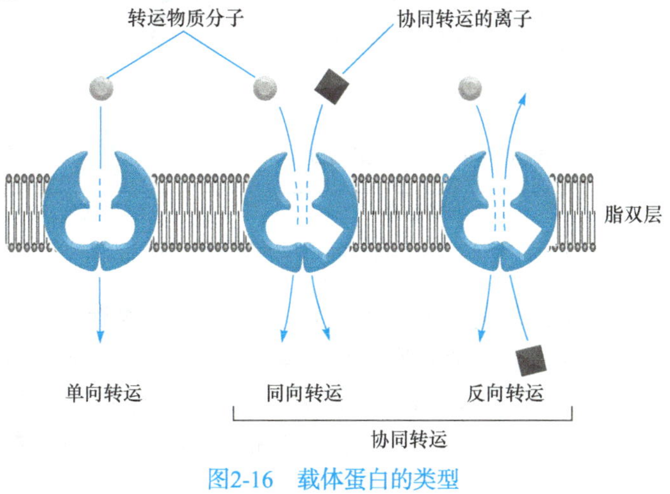

图2-16 载体蛋白的类型

2. 通道蛋白

通道蛋白中由亲水基团形成的具有一定几何大小的亲水通道，允许一定大小的亲水性分子和离子跨膜转运。通道蛋白能在细胞内外理化因子作用下迅速激活开放，随后迅速失活或关闭。通道蛋白主要包括离子通道蛋白（ion channel）、孔蛋白（porin）及水通道蛋白（AQP）。通道蛋白具有选择性和门控性。选择性主要取决于通道的直径、形状及通道内带电荷氨基酸的分布。门控性是指通道并非连续性开放，其开启与关闭受到严格的调控。现已发现的通道蛋白达百余种，大多数是离子通道，普遍存在于细胞的质膜和内膜上。因为对离子的选择性取决于通道的直径、形状及通道内带电荷氨基酸的分布，所以离子通道介导被动运输时不需要与溶质分子结合，只有大小和电荷适宜的离子才能通过，它最早发现于神经细胞。孔蛋白存在于革兰氏阴性菌的外膜，以及线粒体和叶绿体的外膜上，跨膜区域由β折叠片层形成柱状亲水性通道。与离子通道蛋白相比，孔蛋白选择性很低，但能通过较大的分子，如线粒体外膜上的孔蛋白可允许相对分子质量为5×10^3的分子通过，有关孔蛋白的介绍详见本书第五章。水通道蛋白是近年来发现的一类新的通道蛋白，其转运机制随后介绍。

二、跨膜运输类型

（一）简单扩散

简单扩散（simple diffusion）是小分子物质跨膜运输的最简单方式（图2-17）。能透过细胞质膜的小分子物质的热运动可使其顺着浓度梯度直接通过脂双层进出细胞，所需能量来自浓度梯度本身所包含的势能，不需要细胞提供能量，也无需膜转运蛋白的协助，所以也称为被动扩散（passive diffusion）或自由扩散（free diffusion）。

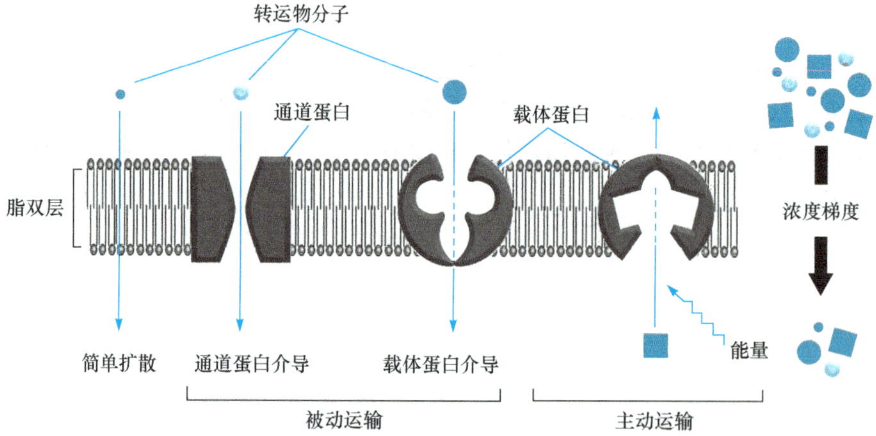

图2-17　小分子物质跨膜运输类型

简单扩散速率除依赖浓度梯度的大小外，还与分子大小及极性有关。疏水的非极性小分子很容易通过简单扩散进出细胞。通常物质的脂溶性越大，其通过脂双层的速率越快。疏水性的非极性小分子，如O_2、N_2、苯、甾醇类激素等可通过简单扩散的方式穿过脂双层。此外，一些不带电荷的极性分子，如H_2O、尿素、甘油、CO_2、乙醇等也能以简单扩散的方式实现跨膜运输。

（二）被动运输

被动运输（passive transport）又称为协助扩散（facilitated diffusion），是指在膜转运蛋白（通道蛋白和载体蛋白）的协助下，溶质顺电化学梯度或浓度梯度进行跨膜转运的方式。被动运输不需要细胞代谢提供能量，其转运动力来自物质的电化学梯度或浓度梯度（图2-17）。多种极性小分子和无机离子，如水分子、糖、氨基酸、核苷酸等都可以通过这种方式顺电化学梯度或浓度梯度实现跨膜转运。

1. 离子通道介导的被动运输

脂双层对带电离子是高度不通透的，但在特定情况下，活细胞对各种离子跨膜转运的速率很高，可在数毫秒内完成。这种高效率的转运是借助膜上离子通道蛋白完成的。**离子通道**（ion channel）最早发现于神经细胞，它与离子泵（如Na^+-K^+泵）一起，调节细胞内的离子浓度和跨膜电位。

离子通道由内在膜蛋白构成，它们可以在膜上形成亲水性的穿膜孔道，快速并有选择地让某些离子通过，扩散到细胞质膜的另一侧，驱动离子跨膜转运的动力来自跨膜电化学梯度，运输方向顺电化学梯度进行。离子通道有以下几个显著特点：①介导的是被动运输，通道是双向的，离子通道没有饱和值，离子的净通量取决于电化学梯度，通道蛋白在转运过程中不与溶质分子结合。②离子通道对被转运离子的大小和所带电荷都有高度的选择性，只有大小和电荷适宜的离子才能通过。例如，K^+通道只允许K^+通过，而不允许Na^+通过。③转运速率高，通道可以在每秒钟内允许10^6~10^8个特定离子通过，比载体蛋白所介导的最快转运速率高约1000倍。

根据离子通道对离子的选择通透性不同，可分为门控通道（gated channel）及非门控通道（non-gated channel）。只有少数离子通道是非门控通道，如控制静息膜电位的钾漏通道始终处于开放状态。大多数离子通道都是门控通道，不是持续开放的，其大部分时间处于关闭状态，仅在特定信号刺激下，通道蛋白的构象发生改变，门控通道才可能瞬间开放，而且是瞬时开放，然后瞬时关闭。在几毫秒的开放时间里，一些离子、代谢物或其他溶质顺着浓度梯度扩散通过细胞质膜。离子通道的活性由通道开放或关闭两种构象调节，以对一定的信号做出适当反应。根据激活信号的不同，门控通道主要包括配体门控通道（ligand-gated channel）、电位门控通道（voltage-gated channel）和应力激活通道（stress-activated channel）三大类（图2-18）。

1）配体门控通道

配体门控通道实际上是离子通道型受体，当其与某些特定小分子配体（ligand）结合后，蛋白质构象发生改变，从而使离子通道开启或关闭。

烟碱型乙酰胆碱受体（nicotinic acetylcholine receptor，nAChR）是典型的配体门控通道，广泛分布于神经肌肉接头、中枢神经及其他细胞表面（图2-19）。它是由4 种不同亚蛋白质单位组成的五聚体跨膜蛋白（$\alpha_2\beta\gamma\delta$），每个亚单位均由1个大的胞外N端（约210 氨基酸）结构域、4段跨膜序列（Ml~ M4）及1个短的胞外C 端组成。各亚单位通过氢键等非共价键形成梅花状的通道结构，乙酰胆碱（ACh）在其通道表面上有两个结合位点。在无乙酰胆碱结合的情况下，受体各亚基中由M2共同组成的孔区处于关闭状态，M2 亚基上的亮氨酸残基伸向孔内形成一个纽扣结构。当乙酰胆碱与受体结合后，M2 亚基上的亮氨酸残基从孔道旋转出去，其形成的孔径大小允许膜外高浓度Na^+内流、膜内高浓度K^+外流，最终引起肌细胞的兴奋和收缩等生理反应。

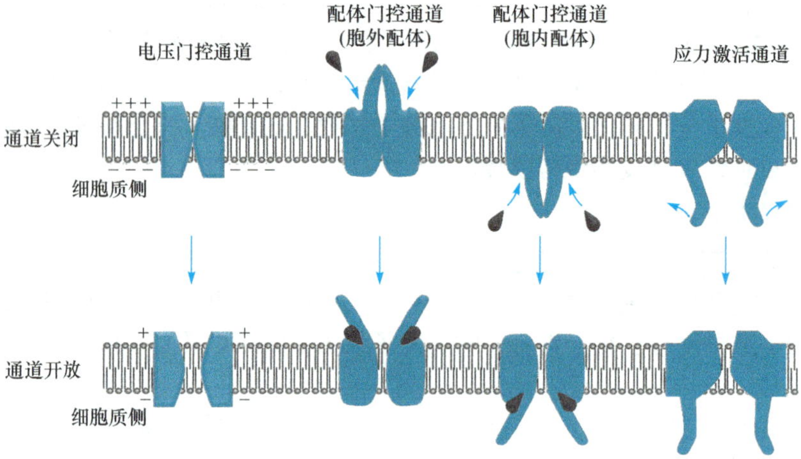

图2-18　离子通道蛋白的类型

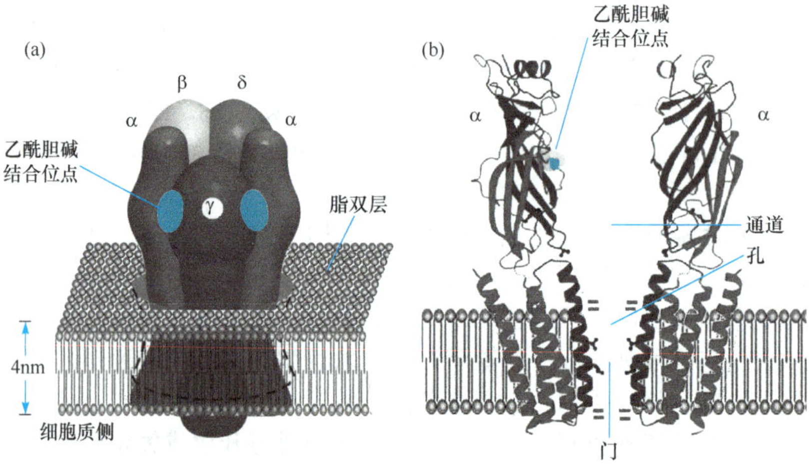

图2-19　烟碱型乙酰胆碱受体结构模型

（a）5个亚基（$\alpha_2\beta\gamma\delta$）结合形成跨膜通道；（b）每个α亚基含有1个乙酰胆碱结合位点

2）电压门控通道

细胞质膜两侧跨膜电位的改变，是控制电压门控通道开放与关闭的直接因素。电压门控通道的共同特点是通道蛋白分子结构中存在着一些对膜电位改变敏感的基团或亚单位，可诱发通道蛋白构象改变，从而引发其分子功能状态的改变，将“闸门”打开，一些离子顺浓度梯度扩散通过细胞质膜。闸门开放时间非常短，只有几毫秒时间，随即迅速自发关闭。电压门控通道在神经细胞电信号传递中发挥着重要作用，也存在于肌细胞及腺上皮细胞等可兴奋细胞中，主要包括钾通道、钙通道、钠通道和氯通道。

细胞质膜上的主要离子通道家族见表2-1。图2-20所示为以神经-肌肉接头处神经冲动的传递引发肌肉细胞收缩为例，说明配体门控离子通道和电压门控离子通道离子之间的协同活动。

表2-1　细胞质膜上的主要离子通道家族

通道类型		示例
电压门控阳离子通道		电压门控钠离子通道 电压门控钾离子通道 电压门控钙离子通道
配体门控离子通道	兴奋型	乙酰胆碱门控阳离子通道 谷氨酸门控钙离子通道 5-羟色胺门控阳离子通道
	抑制型	γ-氨基丁酸门控氯离子通道 甘氨酸门控氯离子通道

资料来源：Alberts et al.，2014

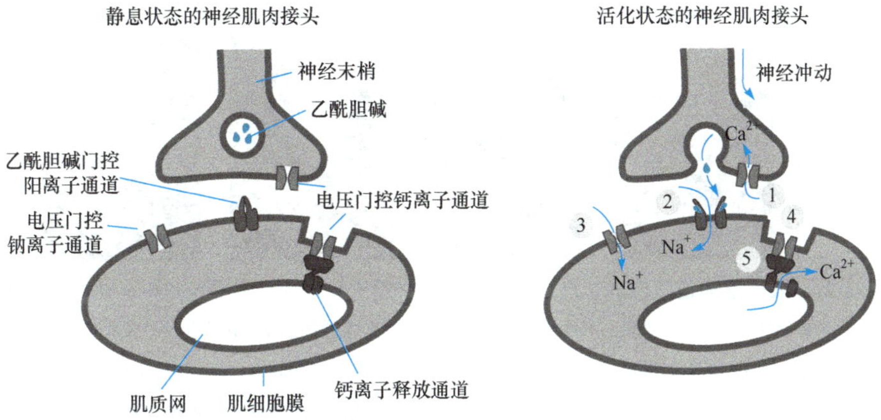

图2-20　神经-肌肉接头处神经冲动的传递（参照Alberts et al.，2014）

1. 神经冲动传至神经末梢，引起膜上电压门控钙离子通道开放，钙离子内流触发突触小泡与突触前膜融合，释放乙酰胆碱至突触间隙；2. 乙酰胆碱与突触后膜上的受体结合，配体门控离子通道开放，钠离子内流引起突触后膜局部去极化；3. 局部去极化诱发电压门控钠离子通道开放，大量钠离子涌入使突触后膜去极化扩展到整个肌细胞膜；4、5. 肌细胞膜去极化，导致细胞质膜上电压门控钙离子通道和肌质网膜上钙离子通道开放，肌细胞质内钙离子浓度升高，触发肌细胞收缩

3）应力激活通道

应力激活通道是通道蛋白感应应力而改变构象，从而开启通道形成离子流，引起膜电位变化，产生电信号。当活细胞和有机体受到环境中的机械刺激，如高频振动、渗透压的变化、静水压和液体的剪切力时，机械信号可随即转化成生物信号，应力激活通道在此过程中发挥着重要作用。生物体内存在很多具有应力激活通道的细胞，如内耳毛细胞、心肌细胞、神经元等，其中内耳毛细胞是依赖于这类通道的典型例子。当声音传至内耳时，引起毛细胞下方基膜发生震动，使听毛触及上方的盖膜，迫使听毛发生倾斜产生弯曲，在这种机械应力的作用下，应力门控通道开放，允许离子进入内耳毛细胞，膜电位改变，从而将声波信号传递给听觉神经元。

2. 水通道蛋白与水的跨膜运输

水分子不带电荷但具有极性，虽然其可以通过简单扩散方式缓慢穿过细胞质膜，但是有许多细胞，如肾小管的近曲小管细胞、肠上皮细胞、血细胞、植物根细胞及细菌等对水的吸收极为快速。于是人们猜想这些细胞的细胞膜上可能存在水分子实现快速跨膜转运的专一通道，但水分子结构简单，很难进行修饰，因而水通道蛋白不易分离与鉴定。1988年，美国科学家Peter Agre在分离纯化红细胞膜Rh血型抗原核心多肽时，偶然发现了一个28kDa的疏水性跨膜蛋白CHIP28（channel-forming integral protein28），当时并不知道该蛋白质的功能。在进行功能鉴定时，将体外转录合成的CHIP28 cDNA注入非洲爪蟾卵母细胞中（该细胞质膜上不含水通道蛋白），发现在低渗溶液中，卵母细胞迅速膨胀（图2-21），并于5min内破裂。为进一步确定其功能，又将其重构于脂质体上，通过活化能和渗透系数的测定，以及后来的抑制剂敏感性等研究，证实其为水通道蛋白，从此确定了细胞质膜上存在转运水的特异性通道蛋白，并称CHIP28为水孔蛋白1（aquaporin 1，AQP1），Peter Agre也因此获得了2003年诺贝尔化学奖。

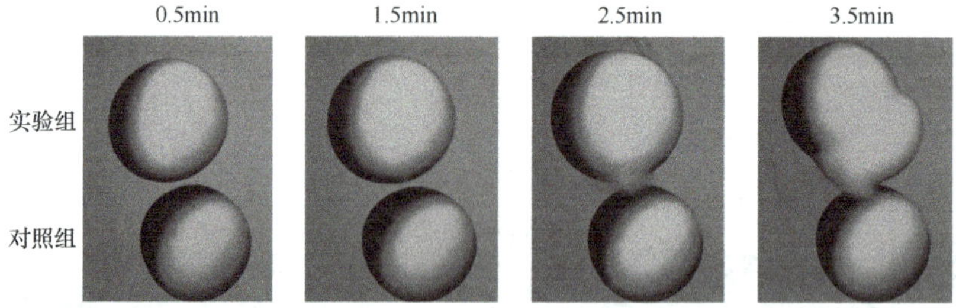

图2-21　表达水通道蛋白的非洲爪蟾卵母细胞水通透性增加（参照Lodish et al.，2013）

对照组. 正常非洲爪蟾卵母细胞（细胞质膜上不含水通道蛋白）；实验组. 显微注射体外转录合成的水通道蛋白cDNA（可表达水通道蛋白）。两组细胞分别从等渗盐溶液（0.1mol/L）转移到低渗盐溶液（0.035mol/L）中，不同时间点观察细胞形态的变化，对照组细胞体积保持不变（对水不通透），实验组细胞逐渐吸水膨胀直至破裂

1）水通道蛋白的分类

水通道是选择性转运水分子及某些小分子的特异性孔道，超过200种水通道蛋白陆续被发现，广泛存在于原核和真核细胞质膜中，其对细胞渗透压，以及生理和病理的调节作用十分重要。例如，人肾近曲小管对原尿中水的重吸收作用，通常一个正常成年人每天要产生180L原尿，其中的大部分水分经近曲小管上皮细胞水通道蛋白重吸收，被人体循环利用，最终仅有约1L尿液排出人体。

水通道蛋白属于主要内在蛋白（major intrinsic protein，MIP）超家族，仅哺乳动物细胞已发现至少13种水通道蛋白（AQP0~AQP12）。根据其通透特性分为三个亚家族：水选择通道（water channel）、水甘油通道蛋白（aquaglyceroporin）和超级水通道蛋白（superaquaporin）。水选择通道亚家族属于经典的选择性水通道，包括AQP0、AQP1、AQP2、AQP4、AQP5、AQP6和AQP8，其中AQP0、AQP1和AQP6也可通透硝酸根离子和氯离子。水甘油通道蛋白亚家族成员包括AQP3、AQP7、AQP9和AQP10，大多可选择通透水、甘油、尿素和一定数量的中性小分子。超级水通道蛋白亚家族包括AQP11和AQP12，其底物特异性未知，功能有待深入研究。

2）水通道蛋白的结构

水通道蛋白家族中AQP1的结构研究得比较清楚（图2-22）。AQPl在细胞质膜中以四聚体形式存在，每个亚基由6个跨膜α螺旋构成基本骨架，其间还有两个半跨膜（嵌入但不贯穿膜）的短α螺旋。每个亚基的中空部分都形成具有高度选择性的中央孔，孔的直径稍大于水分子直径，约为0.28nm。尽管目前还没有完全揭示为何AQP1 在对水分子快速通过的同时能有效阻止质子或其他离子、小分子溶质通过，但已有数据表明，这种特异性与两个半跨膜区的Asn-Pro-Ala 模式有关。AQP1 中央孔的孔径无法通过比水分子大的物质，而两个Asn-Pro-Ala 中的Asn 残基所带的正电荷也排除了质子的通过。

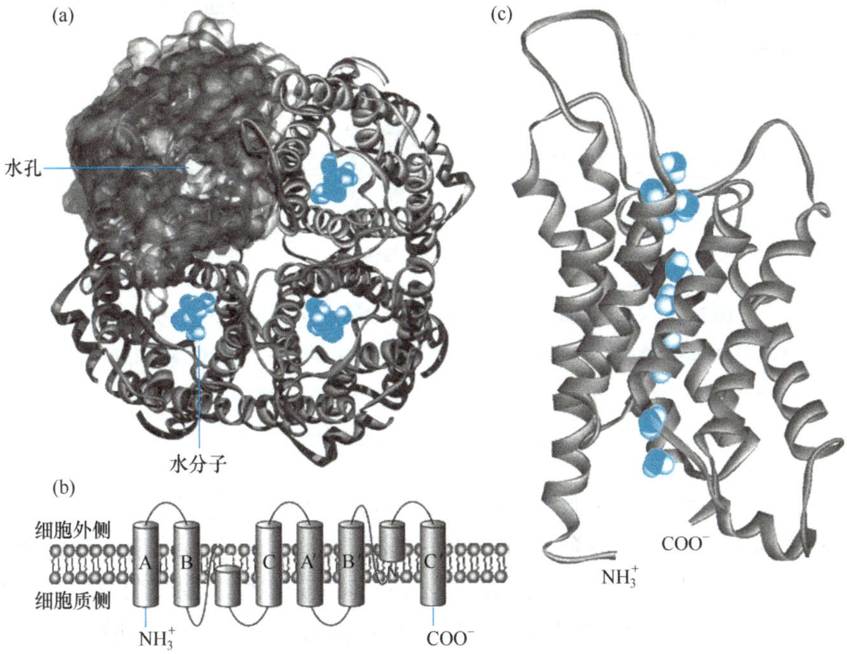

图2-22　水通道蛋白的结构（参照Lodish et al.，2013）

（a）四聚体AQP1蛋白结构模型，每个亚基形成一个水通道；（b）细胞质膜中单个AQP1亚基结构示意图；（c）单个AQP1亚基结构侧面观

水通道蛋白基因的突变与多种病理过程密切相关，如AQP0突变可引起白内障、AQPl突变导致机体尿浓缩能力降低、AQP2突变与肾源性尿崩症密切相关等。植物细胞的水通道蛋白在种子萌发、细胞伸长、气孔运动及受精等过程中调节水分的快速跨膜转运。此外，有些水孔蛋白还在植物逆境应答，如抗旱性中起着重要作用。

3. 载体蛋白介导的被动运输

糖、氨基酸及细胞代谢物等小分子顺电化学梯度或浓度梯度进行的跨膜运输主要是通过载体蛋白介导的被动运输途径来实现的，一个经典的例子就是葡萄糖转运蛋白（glucose transporter，GLUT）介导的葡萄糖被动运输。

GLUT家族是一类重要的葡萄糖转运蛋白，人体中GLUT家族至少包括14个成员，它们具有高度同源的氨基酸序列，都含有12次跨膜的α螺旋。GLUT通过可逆构象变化，交替将底物结合位点暴露于细胞质膜的不同侧，从而实现对葡萄糖的跨膜转运（图2-23）。以红细胞细胞质膜上的GLUT1载体蛋白为例，它至少能以A和B两种构象状态存在。A构象状态，载体蛋白与葡萄糖的结合位点暴露于脂双层的细胞外侧；B构象状态，载体蛋白与葡萄糖的结合位点暴露于脂双层的细胞质侧。GLUT1载体蛋白构象变化可随机可逆发生，并不依赖于结合位点是否被底物结合，转运方向取决于葡萄糖的浓度梯度，因此，如果细胞外侧葡萄糖浓度高，则会有更多葡萄糖分子与A构象状态的载体蛋白结合，其净转运结果是葡萄糖可顺浓度梯度，从细胞外侧转运至细胞质侧，反之则向细胞外侧转运。对GLUT1的深入研究发现，其多肽跨膜部分主要由疏水性氨基酸残基组成，但有些α螺旋带有丝氨酸（Ser）、苏氨酸（Thr）、天冬氨酸（Asp）和谷氨酸（Glu）残基，它们的侧链可以同葡萄糖羟基形成氢键。这些氨基酸残基被认为可形成载体蛋白内部朝内和朝外的葡萄糖结合位点，从而通过构象改变完成葡萄糖的协助扩散。

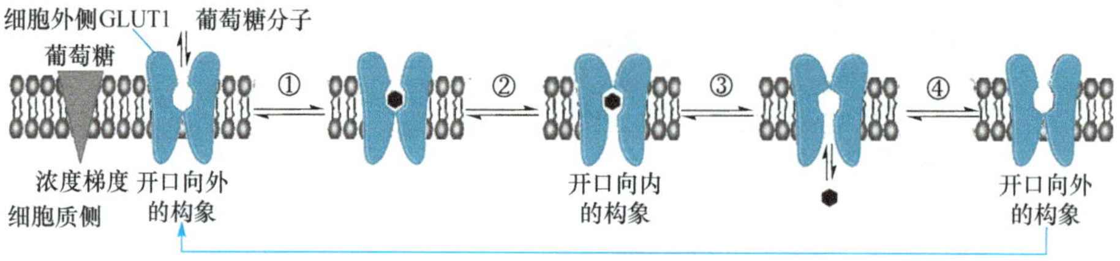

图2-23　GLUT1载体蛋白转运模型（参照Lodish et al.，2013）

葡萄糖分子与暴露于载体蛋白细胞外侧的位点结合（①），触发转运蛋白构象变化，使葡萄糖结合位点暴露于细胞质侧（②）；然后葡萄糖分子被释放到细胞质（③）。最后，该转运蛋白经历反向构象变化，葡萄糖结合位点再次暴露于细胞外侧（④）。如果细胞内葡萄糖浓度比细胞外的高，则葡萄糖向细胞外转运（④→①）

葡萄糖载体蛋白在维持机体血糖平衡中发挥着重要作用，它们不仅决定葡萄糖的摄入，而且在血糖降低时促进肝脏释放葡萄糖。GLUT家族不同成员在表达谱、动力学特征及底物专一性方面各有不同，因而调控其基因表达及亚细胞的分布可以调节葡萄糖的组织特异性吸收。载体蛋白介导的葡萄糖转运过程既能以被动运输方式完成，也能通过主动运输方式实现，葡萄糖主动运输方式将在本节协同转运部分介绍。

（三）主动运输

主动运输（active transport）是一种物质逆电化学梯度或浓度梯度的跨膜转运方式。该运输方式有两个基本特征：一是需要载体蛋白的参与；二是需要细胞代谢提供能量。主动运输普遍存在于动物细胞、植物细胞和微生物细胞。根据能量来源的不同，可将主动运输分为ATP驱动泵（ATP直接提供能量）、协同转运（ATP间接提供能量）及光驱动泵三种主要类型（图2-24）。

1. ATP驱动泵

ATP驱动泵（ATP-driven pump）是一种ATP 酶，通过水解ATP 产生能量，实现离子或小分子逆浓度梯度或电化学梯度的跨膜运输。根据结构不同，ATP驱动泵通常被分为P型泵、V型质子泵、F型质子泵和ABC转运蛋白4类，前三种转运离子，后一种主要转运小分子（图2-25）。

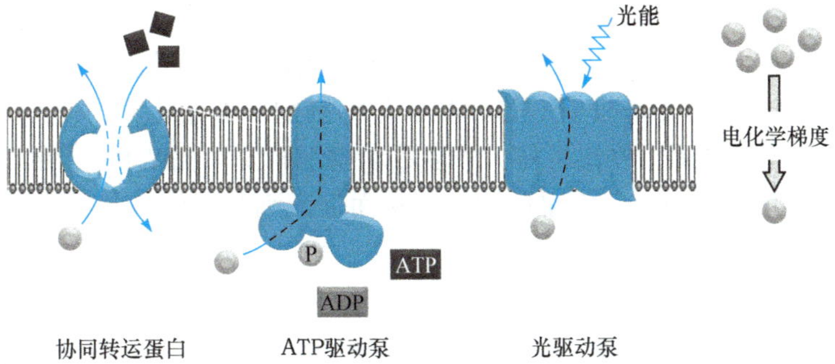

图2-24 主动运输的三种类型

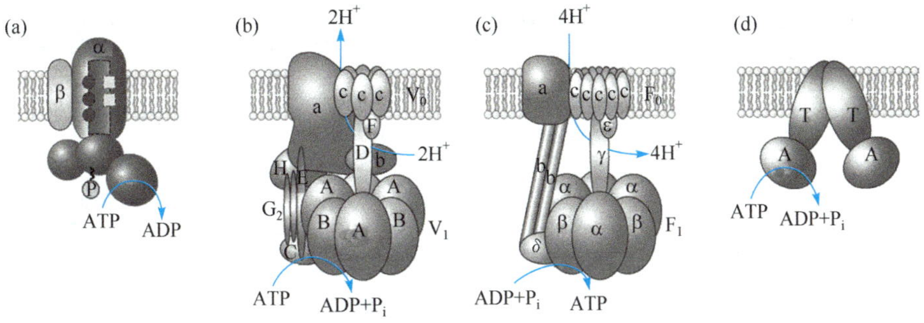

图2-25 ATP驱动泵的4种类型

（a）P型泵；（b）V型质子泵；（c）F型质子泵；（d）ABC转运蛋白

1）P型泵

P型泵（P-type pump）大多数是离子泵，它们都有2个独立的α催化亚基，具有ATP结合位点，绝大多数还具有2个起调节作用的小β亚基。P型泵在水解ATP驱动离子转运过程中，至少有1个α亚基发生磷酸化和去磷酸化反应，使自身形成磷酸化的中间体（“P”代表磷酸化，故名P型泵），从而改变构象，实现离子的跨膜转运。动物细胞的Na^+-K^+泵、Ca^{2+}泵和哺乳动物胃腺分泌细胞上的H^+-K^+泵等都属于此种类型。

（1）Na^+-K^+泵。Na^+-K^+ 泵（Na^+-K^+ pump）又称为Na^+-K^+ ATPase，位于动物细胞的细胞质膜上，是由2个α亚基和2 个β亚基组成的四聚体。α亚基的分子质量为120kDa，是一个多次跨膜的膜整合蛋白，具有ATP 酶活性。β亚基的分子质量为50kDa，是具有组织特异性的糖蛋白，并不直接参与离子跨膜转运，但能帮助在内质网膜上新合成的α亚基进行折叠。当把α亚基与β亚基分开时，α亚基的酶活性即丧失，其他功能还不清楚。α亚基在细胞质侧有3个高亲和Na^+结合位点；在细胞外侧有2个高亲和K^+结合位点，也是Na^+-K^+泵抑制剂乌苯苷的高亲和结合位点。

动物细胞胞外Na^+浓度比细胞内高，而K^+浓度比细胞内低。这种浓度梯度主要靠Na^+-K^+泵来维持。每消耗1个ATP分子，Na^+-K^+泵可以逆电化学梯度泵出3个Na^+和泵入2个K^+。Na^+-K^+泵的转运机制如图2-26所示，在细胞质侧，α亚基与3个Na^+结合后，促进ATP 水解为ADP 和磷酸基团，α亚基上的一个天冬氨酸残基磷酸化引起α亚基构象发生变化，使与Na^+结合的位点转向膜外侧，酶蛋白失去对Na^+的亲和性，从而将其释放到细胞外，同时细胞外的2 个K^+与α亚基的另一位点结合，使其去磷酸化，α亚基构象恢复原状，并失去对K^+的亲和力，将K^+释放到细胞内，完成一个循环。Na^+依赖的磷酸化和K^+依赖的去磷酸化如此有序交替进行，每秒钟可发生1000次左右。当Na^+-K^+泵抑制剂乌本苷在膜外侧占据K^+的结合位点后，Na^+-K^+ ATPase酶活性可被抑制；当生物氧化抑制剂，如氰化物，使ATP 供应中断时，Na^+-K^+泵会因失去能量来源而停止工作。大多数动物细胞要消耗ATP总量的1/3（神经细胞要消耗总ATP的2/3）用于维持Na^+-K^+泵的活动，从而保证细胞内低Na^+高K^+的离子环境，这具有重要的生理意义。

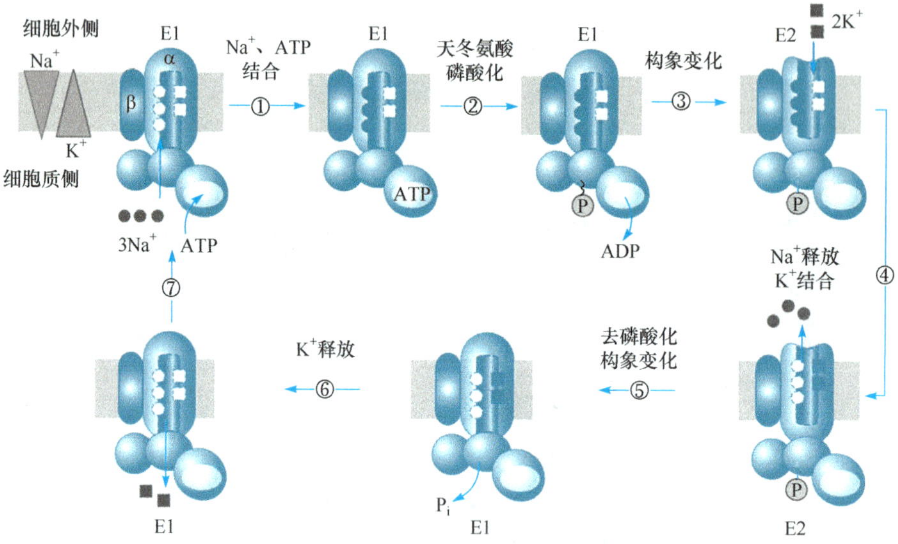

图2-26 Na^+-K^+泵工作原理示意图（参照Lodish et al.，2013）

Na^+-K^+泵的主要生理功能体现在以下几个方面：①维持细胞膜电位。膜电位是膜两侧的离子浓度不同形成的，细胞在静息状态时膜电位在质膜内侧为负、在质膜外侧为正，膜电位的保持是神经细胞和肌肉细胞传导兴奋的基础。Na^+-K^+泵每个工作循环从细胞内泵出3个Na^+、由细胞外泵入2个K^+，这种不对称转运有利于膜电位的形成与维持。②维持细胞的渗透平衡和正常体积。动物细胞通过Na^+-K^+泵的作用，利用ATP化学能调节细胞内外渗透压的平衡，维持跨细胞膜的离子梯度，从而起到调节水流向的作用。动物细胞内含有多种不能自由扩散到细胞外的溶质，包括多种阴离子、阳离子及蛋白质等生物大分子，这些物质造成细胞内外的渗透压差，从而使水由细胞外流入细胞内。如果没有Na^+-K^+泵的工作将Na^+泵出细胞，那么水分子将由于渗透压的缘故大量进入细胞引起细胞吸水膨胀。显然，Na^+-K^+泵不断地将Na^+泵到细胞外维持了细胞的渗透平衡。细胞外除了高浓度的Na^+外，还有Cl^-（靠膜电位停留在细胞外）参与维持动物细胞的渗透压平衡。人红细胞的细胞质膜上含有丰富的水孔蛋白，如果利用Na^+-K^+泵抑制剂乌本苷处理，红细胞将因为细胞外Na^+浓度降低而不断吸水膨胀，甚至破裂。③吸收营养物质。动物细胞利用Na^+-K^+泵工作形成的细胞质膜两侧的Na^+电化学梯度，以协同转运的方式吸收葡萄糖或氨基酸等营养物质（参见本节“协同转运”部分）。

（2）Ca^{2+}泵。Ca^{2+}泵（Ca^{2+} pump）又称为Ca^{2+}-ATPase，分布于所有真核细胞的质膜和某些细胞器（如内质网、叶绿体和液泡等）的膜上。目前研究最多的是细胞质膜Ca^{2+}泵和肌质网Ca^{2+}泵。肌质网膜上Ca^{2+}泵的三维结构已获得高分辨解析，它是一个约由1000个氨基酸残基组成的膜整合蛋白，与Na^+-K^+泵的α亚基同源，含有10个跨膜α螺旋，其中3个α螺旋形成了跨脂双层的中央通道。

Ca^{2+}泵是另外一类P型泵，其在驱动Ca^{2+}跨膜转运过程中也有磷酸化和去磷酸化反应，并通过两种构象改变，结合与释放Ca^{2+}（图2-27）。在Ca^{2+}泵处于去磷酸化状态时，其细胞质侧结合2个Ca^{2+}；ATP在细胞质侧与其结合位点结合、水解，使相邻结构域天冬氨酸残基磷酸化，导致跨膜螺旋结构重排，进而破坏Ca^{2+}结合位点，使其被释放进入膜的另一侧。每水解1个ATP 分子，能逆浓度梯度从细胞质基质转运2个Ca^{2+}进入肌质网或泵出细胞。

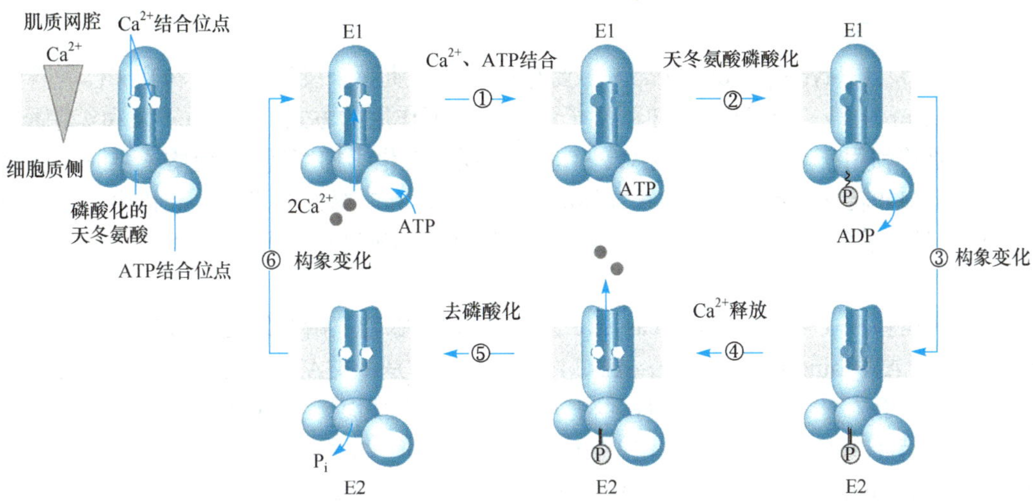

图2-27　Ca^{2+}泵工作原理示意图（参照Lodish et al.，2013）

Ca^{2+}是细胞内重要的信号分子，在神经传导、肌肉收缩、基因表达、细胞凋亡、腺体细胞的分泌等生理过程中发挥重要的调节作用。Ca^{2+}作为细胞内信号分子的基础是细胞质Ca^{2+}与细胞内钙库或细胞外Ca^{2+}之间存在浓度梯度。通常，真核细胞基质中含有极低浓度的Ca^{2+}（约10^{-7}mol/L），而细胞外Ca^{2+}浓度却高得多（约10^{-3}mol/L）。Ca^{2+}泵在维持细胞内外Ca^{2+}浓度梯度中发挥着重要作用，除此之外，细胞质膜上还有另一类不直接与ATP水解偶联的Ca^{2+}运输方式，即Na^+/Ca^{2+}交换体系，它利用细胞质膜两侧的Na^+浓度梯度通过Na^+/Ca^{2+}交换将Ca^{2+}排到细胞外。

细胞内外较大的Ca^{2+}浓度差对维持正常生命活动非常重要。细胞外信号只要引起少量Ca^{2+}进入细胞质基质，即可引起细胞内游离Ca^{2+}浓度显著升高（约提高至5×10^{6}mol/L），这可以激活一些Ca^{2+}反应蛋白，如钙调蛋白（calmodulin）、肌钙蛋白等，引起细胞的多种重要活动。例如，当肌细胞膜去极化时，Ca^{2+}由肌质网释放到细胞质基质中，引起肌细胞收缩，然后通过Ca^{2+}泵又迅速将Ca^{2+}泵回肌质网内储存，使肌肉松弛。

（3）P 型质子泵。P型质子泵广泛存在于植物、真菌（包括酵母）和细菌的细胞质膜上（没有Na^+-K^+泵），能利用ATP水解释放的能量，将细胞质膜内侧的质子泵到细胞质膜外侧，从而在细胞质膜两侧建立和维持跨膜的H^+电化学梯度，并用来驱动转运各种离子和小分子代谢产物进入细胞（参见本节“协同转运部分”）。P型质子泵参与调节植物细胞渗透压、营养物质吸收、极性生长过程，控制种子萌发，影响气孔和叶柄运动，以及植物细胞对逆环境的反应与适应等生理过程。细菌细胞对糖和氨基酸的摄取主要也是由H^+驱动的同向协同转运完成的。P型质子泵的工作使细胞周围环境呈酸性。

2）V型质子泵

V型质子泵（V-type proton pump）既广泛存在于动物细胞的胞内体膜、溶酶体膜，以及植物、酵母和其他真菌细胞的液泡膜上（V为vesicle第一个字母），也存在于某些分泌质子的特化细胞（如破骨细胞和肾小管上皮细胞）的质膜上。V型质子泵由多个跨膜和胞质侧的亚基组成，其作用是利用ATP水解供能，将H^+从细胞质基质中逆H^+电化学梯度泵入上述细胞器、囊泡中或细胞外，以维持细胞质基质pH中性和细胞器内或细胞外pH酸性。V型质子泵在转运H^+时需要ATP供能，但不形成磷酸化中间体。

3）F型质子泵

F型质子泵（F-type proton pump）主要存在于细菌质膜、线粒体内膜和叶绿体类囊体膜上（F 为factor 的第一个字母）。F型质子泵发挥生理作用的方式与P型质子泵和V型质子泵相反，它通常利用H^+动力势来合成ATP，即当H^+顺着电化学梯度通过F型质子泵时，所释放的能量驱使ADP转化成ATP，这在线粒体的氧化磷酸化和叶绿体的光合磷酸化中起着重要作用，因此F型质子泵也被称为H^+-ATP合酶，其详细结构和机制见本书第五章。

4）ABC转运蛋白

ABC转运蛋白（ATP-binding cassette transporter，腺苷三磷酸结合盒转运蛋白）因含有ATP结合盒（ATP-binding cassette，ABC）而得名，也是一类ATP驱动泵，目前已发现几百种，广泛分布于从细菌到人类的各种生物体中，形成ABC超家族（ABC superfamily）。

ABC转运蛋白是膜整合蛋白，其核心结构通常由4个结构域组成：2个高度疏水的跨膜结构域（transmembrane domain，TMD）和2个核苷酸结合域（nucleotide-binding domain，NBD）。跨膜结构域一般由6个α螺旋构成，形成一个跨膜通道以实现底物分子的跨膜运输，同时还参与底物的识别过程，决定底物的特异性。核苷酸结合域又称为ABC结构域，位于细胞质侧，具有ATPase 活性，可结合和水解ATP。

ABC转运蛋白通过结合和水解ATP获得能量，驱动多种物质的跨膜运输，其转运的底物包括糖、氨基酸、金属离子、多肽、蛋白质、细胞代谢产物和药物等。它们既可作为输入转运蛋白（importer）将营养和其他分子摄入到细胞内，又可以作为输出转运蛋白（exporter）将毒素、药物和脂类泵出细胞。ABC超家族成员广泛存在于各种生物体中，其中输出型转运蛋白广泛分布于真核生物和原核生物中，输入型转运蛋白主要存在于原核生物中。在人体中，ABC转运蛋白参与胆固醇和脂质的运输、多药抗性、抗原提呈、维持线粒体离子平衡、离子通道的调节等生物学过程。

尽管ABC转运蛋白跨膜运输的精确分子机制尚不清楚，但已有的研究表明，无论是输入型ABC转运蛋白还是输出型ABC转运蛋白都可在两种构象间转换，内向构象底物运转通道向细胞质开放，外向构象底物运转通道向细胞外开放。ATP的结合和水解可引起转运蛋白发生构象改变，从而使底物结合位点交替暴露于细胞质膜的两侧。两种构象对底物亲和力的不同在很大程度上决定了物质转运的方向。例如，输入性转运蛋白的外向构象对底物的亲和力比内向构象的高，而输出型转运蛋白的外向构象对底物的亲和力比内向构象的低。

2. 协同转运

协同转运（cotransport）是指由协同转运蛋白（cotransporter）或偶联转运蛋白（coupled transporter）所介导的各种离子和分子的跨膜运动。这类转运蛋白包括两种基本类型：同向协同转运蛋白（symporter）和反向协同转运蛋白（antiporter）。协同转运是一种间接消耗能量的主动运输方式，物质跨膜转运所需要的直接动力来自膜两侧离子电化学梯度中的能量，而维持这种离子电化学梯度是通过Na^+-K^+泵（或H^+泵）消耗ATP实现的。动物细胞协同转运利用膜两侧的Na^+电化学梯度来驱动，而植物细胞、细菌细胞和酵母细胞的被膜细胞器则利用H^+电化学梯度来驱动（表2-2）。根据溶质分子运输方向与顺电化学梯度转移的离子（Na^+或H^+）方向的关系，协同转运又可分为同向协同转运（symport）与反向（对向）协同转运（antiport）。同向协同转运是指偶联物的运输方向相同。例如，小肠上皮细胞和肾小管上皮细胞吸收葡萄糖或氨基酸等有机物，就是伴随Na^+由细胞外流入细胞内而完成的（图2-28）。反向协同转运是指偶联物的运输方向相反。例如，细胞质膜上Na^+/H^+交换载体在完成H^+输出细胞的同时伴随着Na^+输入细胞。

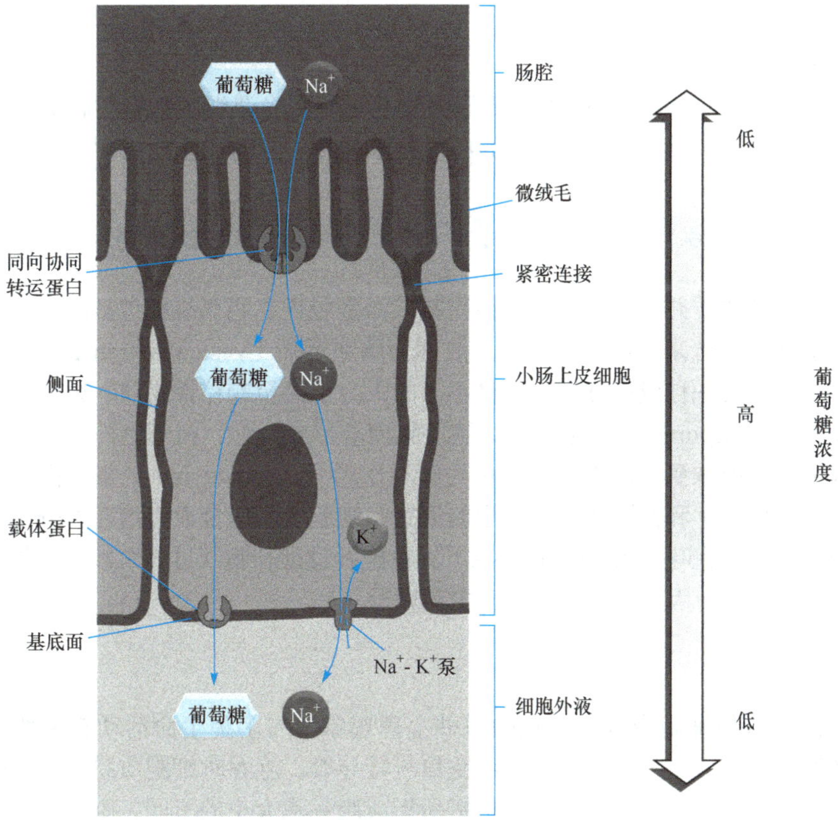

图2-28　小肠上皮细胞吸收葡萄糖示意图（参照Alberts et al., 2014）

小肠上皮细胞顶端质膜中的Na^+/葡萄糖同向协同转运蛋白，在转运2个Na^+的同时转运1分子葡萄糖；质膜基底面和侧面的葡萄糖转运载体蛋白通过协助扩散方式转运葡萄糖离开细胞；Na^+-K^+泵将回流到细胞质中的Na^+转运出细胞，维持跨膜梯度

表2-2 Na^+或H^+电化学梯度驱动的协同转运

生物/组织/细胞类型	转运的离子或分子（逆浓度梯度）	参与协同转动的离子（顺浓度梯度）	协同转运类型
大肠杆菌	乳糖	H^+	同向
	脯氨酸	H^+	同向
	二羧酸	H^+	同向
脊椎动物的小肠和肾脏	葡萄糖	Na^+	同向
	氨基酸	Na^+	同向
多种脊椎动物细胞	Ca^{2+}	Na^+	反向
高等植物	K^+	H^+	反向
真菌（脉孢菌）	K^+	H^+	反向

资料来源：Nelson et al.，2008

3. 光驱动泵

光驱动泵（light-driven pump）主要是指发现于一些光合细菌细胞质膜上的H^+泵（如菌紫红质），它们被光激活后，形成跨膜的H^+电化学梯度，驱动溶质的主动运输。

第三节　大分子和颗粒物质的跨膜运输

大分子和颗粒物质并不直接穿过细胞质膜，而是包裹在脂双层膜包被的囊泡中，通过一系列囊泡的形成与融合来完成转运过程，故称为**膜泡运输**（vesicular transport）。这种运输方式常常可同时转运一种或一种以上数量不等的大分子甚至颗粒性物质，因此也有人称之为批量运输（bulk transport）。细胞通过细胞质膜内陷形成囊泡，将细胞外的生物大分子、颗粒性物质或液体等摄取到细胞内的过程称为胞吞作用（endocytosis）。细胞内合成的生物分子（蛋白质和脂质等）和代谢物以分泌泡的形式与细胞质膜融合而将内含物分泌到细胞表面或细胞外的过程称为胞吐作用（exocytosis）。在胞吞过程和胞吐过程中涉及生物膜的断裂与融合，需要消耗能量，因此，二者都属于主动转运。

一、胞吞作用

胞吞作用是真核细胞中普遍存在的一种生理现象，与多种生命活动有密切关系，如免疫应答、神经递质运输、病原体入侵和细胞信号转导等。胞吞时细胞质膜内陷脱落形成的囊泡，称为胞吞泡（endocytic vesicle）。根据所形成胞吞泡大小的不同，胞吞作用可分为吞噬作用（phagocytosis）和胞饮作用（pinocytosis）（图2-29）。吞噬作用一般是指细胞吞噬大的颗粒状物质，其所形成的吞噬泡直径一般大于250nm，如巨噬细胞（macrophage）吞噬微生物和死细胞的作用。胞饮作用是细胞汲取水溶性物质和液体的一种方式，其所形成的胞饮泡一般较小，直径约为100nm。在真核生物体中，大多数细胞能进行胞饮作用，而只有一些特化的细胞才能发生吞噬作用。

（一）吞噬作用

吞噬作用是细胞摄取较大的颗粒物质或多分子复合物的方式，其过程包括细胞质膜凹陷形成伪足包绕颗粒物质；形成称为吞噬体（phagosome）或吞噬泡（phagocytic vesicle）的胞吞泡；吞噬体与溶酶体融合，吞噬物被降解（图2-29）。

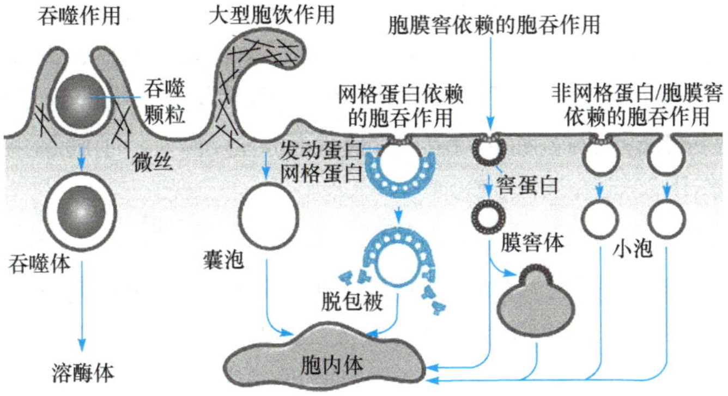

图2-29　胞吞作用的类型（参照Mayor and Pagano，2007）

吞噬作用是原生动物从体外摄取营养物质的重要方式。细胞外物质通过吞噬作用进入原生动物细胞内，然后在溶酶体中消化，释放出小分子物质供细胞利用。在高等多细胞动物体内，吞噬作用不仅仅是细胞获取营养物质的一种方式，它还主要是机体进行自我保护和抵御侵害的重要手段。哺乳动物体内具有吞噬作用的细胞主要有三种：巨噬细胞、嗜中性粒细胞（neutrophil）和树突状细胞（dendritic cell）。这些细胞能通过吞噬作用清除侵染机体的病原微生物。此外，巨噬细胞还能吞噬体内衰老或凋亡的细胞。

吞噬作用是一种被高度调控的细胞生理活动。吞噬过程中，被吞噬物首先结合并激活吞噬细胞质膜表面的特异性受体，进而将信号传递到细胞内并引起一系列应答反应，如胞内肌动蛋白（actin）的聚合和重排等。目前，对抗体诱发的白细胞吞噬作用研究得最为清楚（图2-30）。抗体通过其Fab 端特异性识别、结合并包裹侵入的微生物抗原，而其尾部的Fc 端向外伸出。暴露出的Fc 端能被巨噬细胞或嗜中性粒细胞表面的Fc受体识别，从而诱发吞噬细胞伸出伪足（pseudopod），将病原微生物包裹起来形成吞噬体，最后与溶酶体融合，并在其中被各种水解酶降解。吞噬过程中，血清蛋白（调理素）与外来颗粒（如病原体）的结合，有助于特异性巨噬细胞受体对其的识别。伪足的生成与细胞内微丝及其结合蛋白在细胞质膜下的局部装配密切相关，这一装配过程需要Rho 家族蛋白的GTP 酶活性，以及活化的Rho-鸟苷酸交换因子（Rho-GEF）。吞噬细胞表面的受体除了能识别Fc 启动吞噬作用以外，目前还发现其具有其他几类启动吞噬作用的受体。例如，有些受体可以识别补体（complement），从而与抗体一道吞噬降解病原微生物；有些受体可以直接识别某些微生物表面的寡糖链；还有些受体可以识别凋亡的细胞；等等。

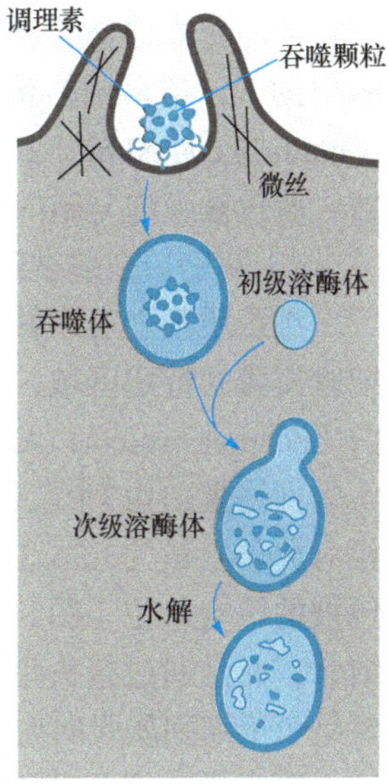

图2-30　吞噬作用（参照Stern et al.，2012）

（二）胞饮作用

胞饮作用几乎发生于所有类型的真核细胞中。根据胞吞泡形成的分子机制及其大小不同，**胞饮作用**可以分为大型胞饮作用（macropinocytosis）、网格蛋白依赖的胞吞作用（clathrin dependent endocytosis）、胞膜窖依赖的胞吞作用（caveolae dependent endocytosis）及非网格蛋白/ 胞膜窖依赖的胞吞作用（clathrin and caveolae independent endocytosis）（图2-29）。此外，根据胞吞的物质是否具有专一性，可将胞饮作用分为受体介导的胞吞作用（receptor mediated endocytosis）和非特异性的胞吞作用。其中，了解最多的胞饮作用就是网格蛋白依赖的胞吞作用。

1. 大型胞饮作用

大型胞饮作用是指细胞通过细胞质膜皱褶包裹内吞物形成囊泡完成的胞吞作用。与吞噬作用类似，大型胞饮作用形成的胞吞泡也比较大，细胞质膜皱褶的形成过程也依赖Rho家族GTP酶激活的微丝肌动蛋白的聚合，但二者也有着明显区别。例如，启动吞噬作用的受体往往位于特异细胞表面。启动大型胞饮作用的受体位于多种类型的细胞表面，而且受体还能启动其他生理功能，如有些受体就是与细胞生长相关的生长因子；在许多细胞中，大型胞饮作用能够被生长因子或其他信号瞬时诱导发生，它在体内具有多方面的功能，如下调激活的信号分子等。

2. 网格蛋白依赖的胞吞作用

网格蛋白依赖的胞吞作用是指细胞利用**网格蛋白**（clathrin）包被的胞吞泡将物质摄入细胞的一种胞吞作用方式，其主要过程包括：被转运的大分子物质[配体（ligand）]与细胞表面互补性的受体结合后，细胞质膜在接头蛋白（adaptor protein，AP）（如AP2）及其结合蛋白的帮助下，招募网格蛋白，促进细胞质膜内陷包裹受体-配体复合物形成网格蛋白包被小窝（clathrin coated pit）；网格蛋白包被小窝从细胞质膜脱离形成网格蛋白包被膜泡；膜泡脱包被；脱包被膜泡与胞内体融合；受体与配体解离，进入不同分选途径。

1）网格蛋白包被膜泡的形成

细胞质膜上有多种配体的受体，如激素、生长因子、酶和血浆蛋白等。受体通常集中在细胞质膜的特定区域，称为包被小窝（coated pit），其细胞质侧含有大量网格蛋白和接头蛋白（adaptor protein，AP）。

网格蛋白由3个二聚体组成，每个二聚体包括1 条相对分子质量为1.8×10^5的重链和1条相对分子质量为3.5×10^4~4×10^4的轻链。3 个二聚体形成三脚蛋白复合体（triskelion），是包被的结构单位（图2-31）。网格蛋白并不直接与细胞质膜或运载物受体（cargo receptor）结合，而是通过接头蛋白，如AP2及其结合蛋白，被募集到细胞质膜上。网格蛋白的作用主要是牵拉细胞质膜向内凹陷，参与捕获特定的膜受体使其聚集于网格蛋白包被小窝。

接头蛋白在运载物的跨膜受体胞质端和网格蛋白之间起连接作用，它既能结合网格蛋白，又能识别跨膜受体细胞质侧的尾部肽信号（peptide signal），从而通过网格蛋白包被膜泡介导跨膜受体及其结合配体的选择性运输。不同类型的细胞存在不同的接头蛋白分子，它们可与不同受体分子结合。目前发现，细胞内至少有4类不同的接头蛋白，即AP1、AP2、AP3、AP4。已经明确的是，AP1参与了高尔基体反面网状结构（TGN）处网格蛋白包被膜泡的形成；AP2参与了细胞质膜下网格蛋白包被膜泡的形成；AP3参与了某些特殊溶酶体的生物发生，如黑色素细胞中储存色素的黑色素体（melanosome）、皮毛颜色缺陷小鼠通常有*AP3*基因的突变等；AP4的功能目前未知。

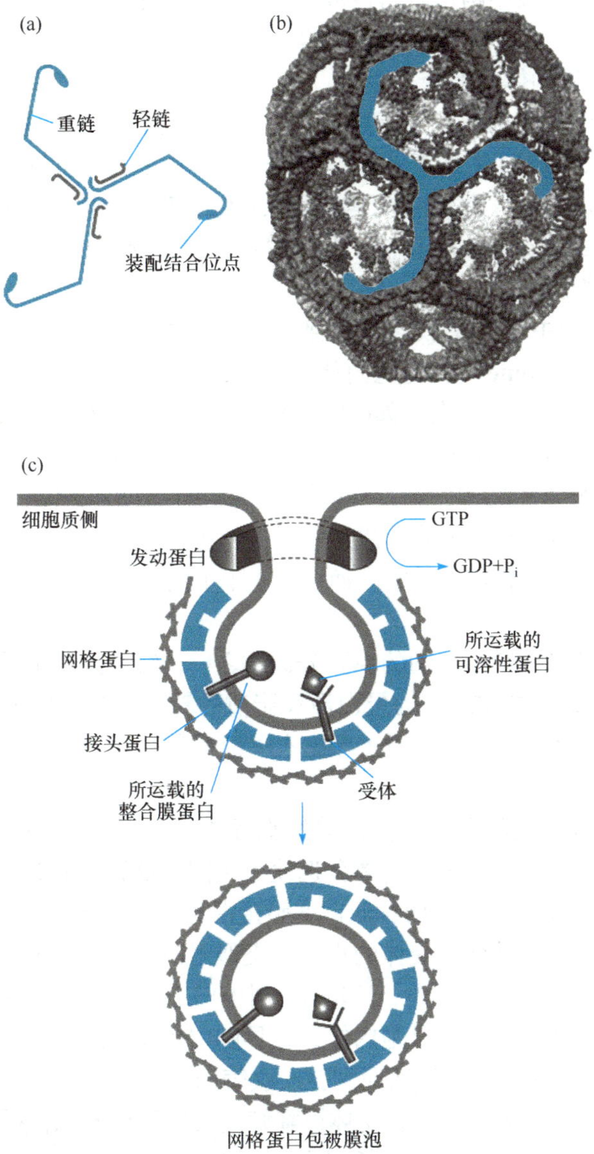

图2-31　网格蛋白及其包被膜泡（参照Lodish et al.，2013）

（a）三脚蛋白复合体结构；（b）网格蛋白组装成的笼形结构；（c）网格蛋白包被膜泡

被转运的大分子物质（配体）与受体蛋白结合后形成配体-受体复合物，并在包被小窝处积累，细胞质侧的网格蛋白在AP2及其结合蛋白的帮助下开始装配，由3个网格蛋白二聚体形成的三脚蛋白复合物直接从细胞质被募集到细胞质膜上，36个三脚蛋白复合物组装成六角形或五角形的篮网状结构，覆盖于小窝的细胞质侧表面，称为网格蛋白包被小窝。通过一些六边形网格转变成五边形网格，促进网格蛋白包被弯曲转变成笼形结构，牵动细胞质膜凹陷。网格蛋白包被小窝开始内陷并出芽。

出芽的网格蛋白包被小窝要从细胞质膜上缢缩掐断，进入细胞质，形成网格蛋白包被膜泡（clathrin-coated vesicle），需依赖于一种小分子GTP 结合蛋白——发动蛋白（dynamin）的帮助。该蛋白质被募集到深陷的包被小窝颈部组装成环，水解与其结合的GTP 引起颈部缢缩和后续的膜融合过程，最终网格蛋白包被的结构脱离细胞质膜形成网格蛋白包被膜泡（图2-31、图4-50）。

2）脱包被膜泡与胞内体的融合

网格蛋白包被膜泡一旦从细胞质膜上脱离下来便开始了去装配过程，在热休克同源蛋白70（heat shock cognate70，HSC70）及其辅助因子的作用下，几秒钟之内，网格蛋白便从网格结构回复到三脚蛋白结构，脱离包被膜泡返回细胞质膜附近区域以便重复使用。脱包被的膜泡与早胞内体（early endosome）融合，形成晚胞内体（late endosome），从而将转运的物质及胞外液体摄入到细胞中。

胞内体是真核细胞中由单层膜包围的细胞器。根据细胞内吞作用的不同时间阶段分为早胞内体（early endosome）、晚胞内体（late endosome）及再循环胞内体（recycling endosome），三者可通过标志蛋白（如GTP结合蛋白Rab）来区分。胞内体膜上有ATP 驱动的质子泵，可以将H^+泵入胞内体腔中，使腔内pH降低（pH5~6）。大多数情况下，胞内体中的低pH改变了受体分子和配体分子的亲和状态，从而释放出与其结合的配体分子。受体与配体分离后，晚胞内体以出芽的方式形成运载受体的小泡（再循环胞内体），返回细胞质膜或高尔基体反面网络，受体重新利用，而含有配体的晚胞内体将与溶酶体（lysosome）融合。

胞内体被认为是细胞内膜泡运输的主要分选站之一，特别是细胞质膜、高尔基体反面网络及液泡/溶酶体等亚细胞结构之间的蛋白质和脂质的转运。胞内体可以分选来自内吞途径或内质网合成经高尔基体转运的蛋白质（参见本书第四章）。

3）受体的分选途径

胞内体中的酸性环境在经网格蛋白依赖的胞吞作用进入细胞的受体分选过程中起关键作用。不同类型的受体具有不同的胞内体分选途径（图2-32）。①受体再循环。大部分受体返回它们原来的细胞质膜区域。例如，低密度脂蛋白（low-density lipoprotein，LDL）受体循环到细胞质膜再利用。载铁蛋白受体的再循环类似于LDL受体，区别在于配体和受体同时再循环。载铁蛋白是一种可溶性蛋白，运输血液中的Fe^{3+}，细胞表面的载铁蛋白受体通过网格蛋白介导的胞吞作用将其运输到早胞内体，在早胞内体低pH环境中，Fe^{3+}被释放出来并转化为Fe^{2+}，而载铁蛋白与受体结合被运回细胞质膜表面，在中性条件下，载铁蛋白与受体分离，可进行下一轮循环（图2-33）。②受体被降解。有些受体不能再循环而是与配体一起进入溶酶体最后被消化。例如，与表皮生长因子（epidermal growth factor，EGF）结合的细胞表面受体，大部分在溶酶体内被降解，从而导致细胞表面EGF 受体浓度降低，使细胞对EGF的敏感性降低，这种现象称为受体下行调节（receptor down regulation）。③跨细胞转运。有些受体内吞后被运至细胞另一侧的细胞质膜，该过程称为跨细胞转运（transcytosis）。在具有极性的上皮细胞中，这是一种将胞吞作用与胞吐作用相结合的物质跨细胞转运方式，即转运的物质通过胞吞作用从上皮细胞的一侧被摄入细胞，再通过胞吐作用从细胞的另一侧释放出去。例如，母鼠的抗体从血液通过上皮细胞进入母乳中，乳鼠从母乳中获得抗体，在肠道中经肠上皮细胞将抗体转运到血液中，都是通过跨细胞转运完成的（图2-34）。

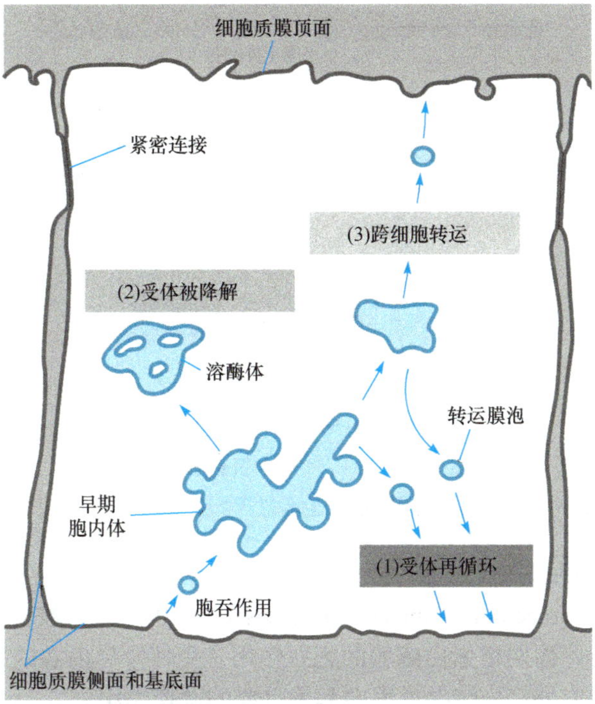

图2-32　受体的分选途径（参照Alberts et al.，2014）

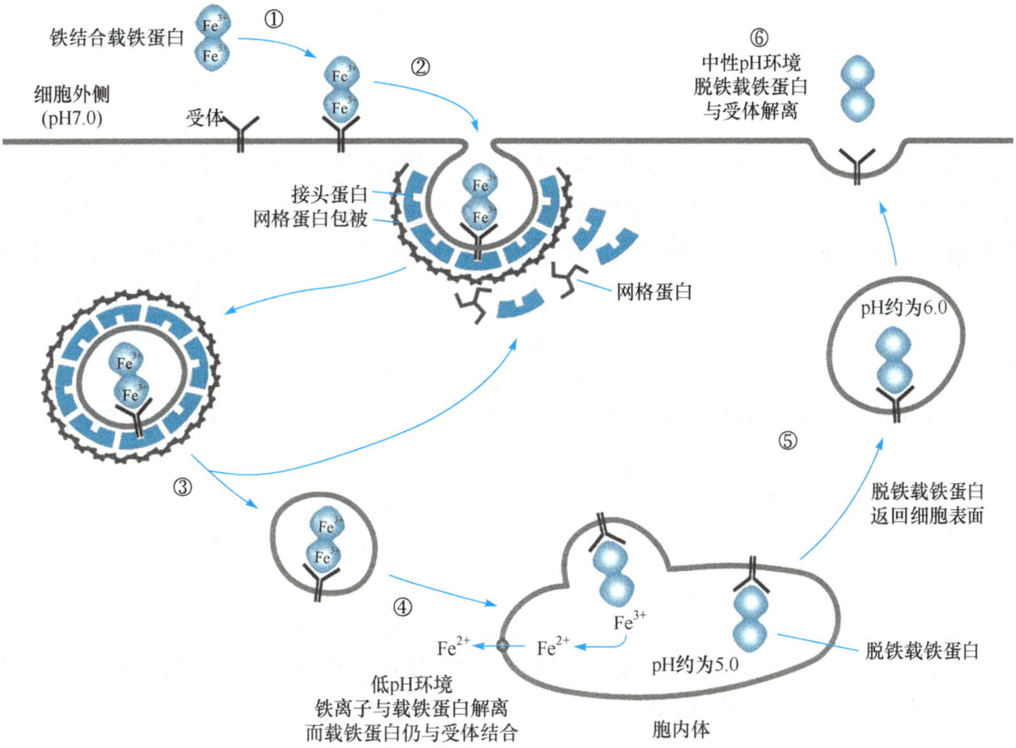

图2-33　载铁蛋白与受体一起再循环（参照Lodish et al.，2013）

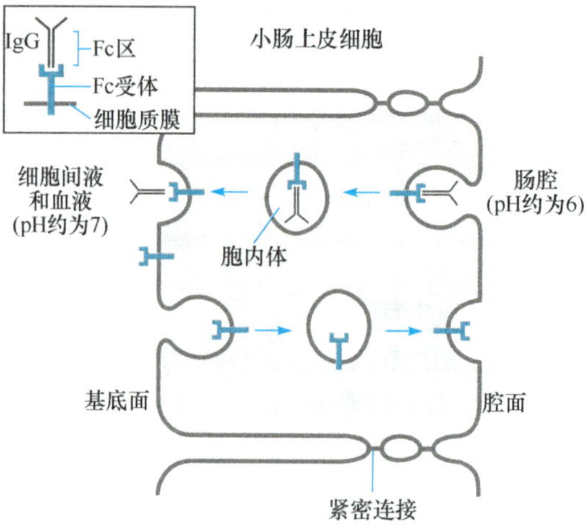

图2-34 母体抗体的跨细胞转运示意图（参照Lodish et al.，2003）

4）受体介导的内吞

受体介导的内吞（receptor mediated endocytosis）作用是大多数动物细胞从细胞外摄取特定大分子的有效途径，而网格蛋白依赖的胞吞作用是受体介导内吞的主要方式之一，在细胞质膜蛋白内吞及细胞内外信号转导过程中起着重要的调控作用。

受体介导的胞吞作用是指细胞依靠细胞质膜上的受体特异性地摄取细胞外蛋白质或其他化合物的过程。细胞表面的受体具有高度特异性，与相应配体（被内吞的分子）结合形成复合体，继而此部分细胞质膜凹陷形成网格蛋白包被小窝，小窝与细胞质膜脱离形成网格蛋白包被膜泡，将细胞外物质摄入细胞内。小泡进入细胞后，脱去包被，与胞内体融合，在胞内体酸性环境中受体与配体分离。带有受体的部分膜结构通过出芽、脱落，再与细胞质膜融合，完成受体的再循环。

受体介导内吞的经典例子是动物细胞对胆固醇的摄取（图2-35）。胆固醇是动物细胞质膜的脂类成分，也是合成类固醇激素的前体。胆固醇主要在肝细胞中合成，是极端不溶的，它在血液中的运输通过与磷脂和蛋白质结合形成LDL颗粒的形式进行。LDL 是相对分子质量为3×10^6、直径为22nm的多分子复合物，通过与细胞表面的LDL受体特异地结合形成受体-LDL复合物，几分钟内便通过网格蛋白包被膜泡的内化作用进入细胞，经脱包被作用并与胞内体融合。胞内体腔中的低pH 环境引起LDL 与受体分离，而胞内体以出芽的方式形成含有受体的小囊泡，返回细胞质膜，受体重复使用。然后含有LDL的胞内体与溶酶体融合，LDL被水解，释放出胆固醇和脂肪酸供细胞利用。

受体介导的内吞作用是一种选择性浓缩机制（selective concentrating mechanism），避免摄入细胞外大量的液体。除动物细胞对胆固醇的摄取外，鸟类卵细胞摄取卵黄蛋白，肝细胞摄入转铁蛋白，某些激素（如胰岛素）与靶细胞表面受体结合进入细胞，巨噬细胞通过表面受体对免疫球蛋白及其复合物、病毒、细菌乃至衰老细胞的识别和摄入，以及其他一些基本代谢物（如合成血红蛋白所必需的维生素B_{12}和铁的摄取）也都是通过受体介导的胞吞作用进行的。受体介导的胞吞作用还可以被某些病毒所利用，流感病毒和HIV就是通过这种胞吞途径侵染细胞的。

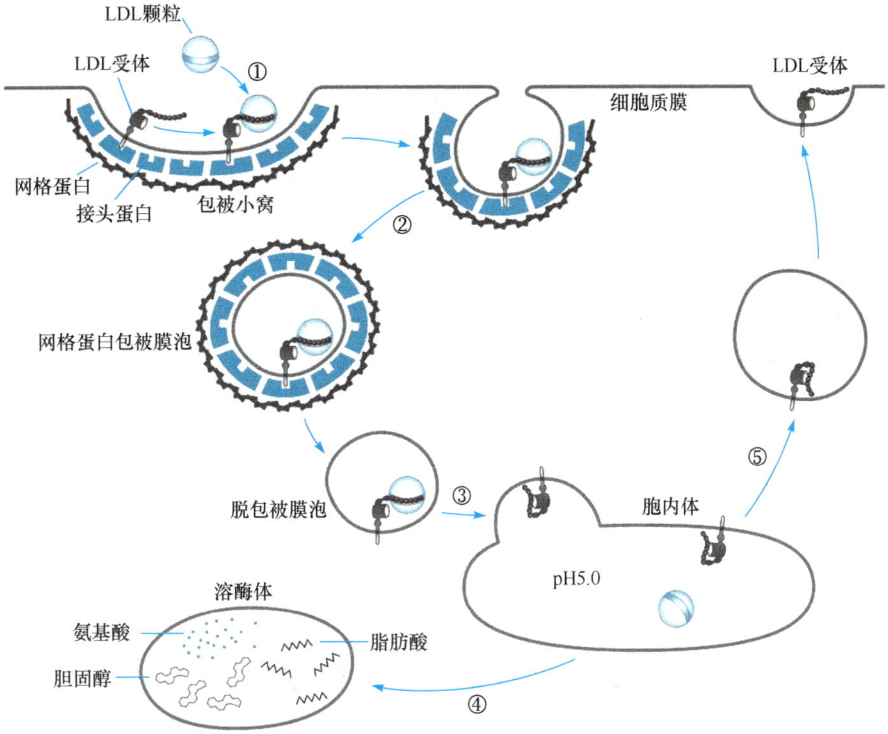

图2-35 受体介导LDL内吞作用示意图（参照Lodish et al.，2013）

3. 胞膜窖依赖的胞吞作用

胞膜窖（caveolae）是细胞质膜上的一种表面光滑、内陷的瓶状结构，其直径为50~80nm，主要形成部位位于细胞质膜的脂筏区域。胞膜窖的分布具有组织特异性，如脂肪细胞、内皮细胞和肌肉细胞含有大量的胞膜窖，而在另外一些细胞中，如淋巴细胞和许多神经细胞中没有发现胞膜窖的存在。这说明胞膜窖可能具有特殊的功能。

胞膜窖的主要结构特征是含有窖蛋白（caveolin），目前发现有三种类型：caveolin-1、caveolin-2和caveolin-3。窖蛋白的C端能够发生棕榈酰化（palmitoylation），帮助其与胆固醇结合，以及胆固醇到胞膜窖的运输（图2-7）。窖蛋白一般以二聚体形式存在，通过发卡环状结构插入细胞质膜的内表面，其N端和C端暴露在细胞质面，并在内凹的细胞质膜内表面形成条纹状的窖蛋白包被。

胞膜窖依赖的胞吞作用是目前关注较多的另一种胞饮作用。与网格蛋白包被膜泡的形成不同，胞膜窖的形成部位位于细胞质膜的脂筏区域。胞吞时，胞膜窖携带内吞物，利用发动蛋白的收缩作用从细胞质膜上脱落，然后转交给胞内体样的细胞器——膜窖体（caveosome），或跨细胞转运到细胞质膜的另一侧。因为是整合膜蛋白，窖蛋白始终不会从胞吞泡膜上解离下来。胞膜窖介导的胞吞作用并不是持续发生的。只有在特定信号刺激下，窖蛋白中的酪氨酸残基被磷酸化，才激活胞吞作用的发生。因此，磷酸酶抑制剂可以促进胞膜窖依赖的胞吞作用。

胞膜窖介导的胞吞作用在体内具有重要功能。许多信号分子的受体和蛋白激酶等定位在胞膜窖上，表明胞膜窖能够调控细胞信号转导。胞膜窖参与了胆固醇的胞内运输及胞内胆固醇含量的维持。在极性细胞中，如血管内皮细胞，胞膜窖可以运送内吞物从细胞的一侧跨细胞转运到另一侧，这个过程也属于跨细胞运输。

4. 非网格蛋白/胞膜窖依赖的胞吞作用

某些细胞质膜上还有一些特化区域，如位于淋巴细胞质膜的特定微环境中的白细胞介素2（interleukin-2，IL-2）受体，可以介导非网格蛋白/胞膜窖依赖的胞吞作用。目前，对非网格蛋白/胞膜窖依赖的胞吞作用的形成机制及其功能还知之甚少，有待进一步研究。

二、胞吐作用

胞吐作用又称为外排作用或出胞作用，是指细胞内合成的物质通过膜泡转运至细胞膜，与细胞质膜融合后将物质排出细胞外的过程，在此过程中，转运膜泡不断由高尔基体将部分胞内膜带到细胞膜，构成细胞质膜成分。胞吐作用是将细胞分泌产生的酶、激素及一些未被分解的物质排出细胞外的重要方式。根据方式的不同，胞吐作用分为持续型分泌和调节型分泌两种途径（图2-36）。

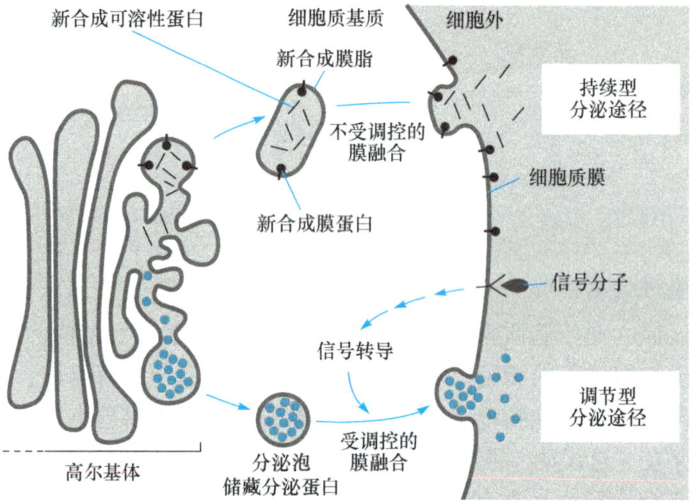

图2-36　两种类型的胞吐作用（参照Alberts et al.，2014）

（一）持续型分泌途径

持续型分泌途径（constitutive exocytosis pathway）又称为组成型分泌途径，是指新合成的蛋白质和脂质在糙面内质网合成之后，以囊泡形式转运至高尔基复合体，经修饰、浓缩、分选，形成分泌泡，连续不断地与细胞质膜融合供应细胞质膜更新，从而确保细胞分裂前细胞质膜的生长；同时，囊泡内可溶性蛋白分泌到细胞外，有的成为质膜外周蛋白，有的形成细胞外基质组分，有的作为营养成分或信号分子扩散到细胞外液。持续型分泌是不受调节持续不断的细胞分泌途径，普遍存在于动物细胞中。

（二）调节型分泌途径

调节型分泌途径（regulated exocytosis pathway）是指一些特化的分泌细胞内，分泌物（如激素、黏液、消化酶或神经递质等）合成后先储存在分泌泡中，只有当细胞接受到细胞外信号（如激素）的刺激，引起细胞内Ca^{2+}浓度瞬时升高，才能启动胞吐过程，分泌泡与细胞膜融合，将分泌物释放到细胞外。调节型分泌是细胞外信号调控的选择性分泌途径。

真核细胞无论是通过胞吞作用摄取大分子还是通过胞吐作用分泌大分子，都是通过膜泡运输方式进行的，并且转运膜泡只与特定靶膜融合，从而保证了物质有序地跨膜转运（参见本书第四章）。此外，当分泌泡或转运膜泡与细胞质膜融合并通过胞吐作用释放其内含物后，会使细胞质膜表面积增加，但发生在细胞质膜其他区域的胞吞作用则会减少其表面积，这种动态平衡过程对细胞质膜成分的更新和维持细胞的生存与生长是必要的。

本章提要

细胞质膜主要由膜脂与膜蛋白构成。膜脂主要包括磷脂、鞘脂和固醇，它们是两性分子，排列成脂双分子层，构成细胞质膜的基本骨架，形成了对水溶性分子相对不通透的屏障。膜蛋白可分为外在膜蛋白、内在膜蛋白及脂锚定蛋白，它们以多种形式与脂双分子层结合，并赋予细胞质膜重要的生物学功能。细胞质膜不仅为细胞的生命活动提供了稳定的内环境，而且还具有物质转运、信号传递、细胞识别等多种复杂的功能。流动性和不对称性是包括细胞质膜在内所有生物膜的基本特征，也是完成其生理功能的必要保证。

细胞质膜是细胞与细胞外环境之间的选择性通透屏障。绝大多数小分子和无机离子的跨膜转运都需要膜转运蛋白的帮助。膜转运蛋白可分为两类：一类是通过构象改变介导溶质分子跨膜转运的载体蛋白；另一类是通过形成跨膜亲水性通道介导溶质分子跨膜转运的通道蛋白。载体蛋白可分为单向转运蛋白和协同转运蛋白两类。通道蛋白主要包括离子通道蛋白、孔蛋白及水通道蛋白。

小分子物质跨膜运输有三种类型，即简单扩散、被动运输与主动运输。简单扩散是指小分子物质以热自由运动的方式顺着电化学梯度或浓度梯度直接通过脂双层进出细胞，不需要细胞提供能量，也无需膜转运蛋白的协助。被动运输不需要细胞提供代谢能量，但需要膜转运蛋白的协助，转运的动力来自物质的电化学梯度或浓度梯度。主动运输是由载体蛋白所介导，物质逆着电化学梯度进行的一种耗能的跨膜转运，根据其能量来源可分为由ATP直接提供能量（ATP驱动泵）、ATP间接提供能量（协同转运或偶联转运）及光能驱动三种基本类型。ATP驱动泵又可分为4类：P型泵、V型质子泵、F型质子泵和ABC超家族。前3种只转运离子，后一种主要是转运小分子。

大分子与颗粒性物质的跨膜运输通过胞吞作用和胞吐作用完成。胞吞作用可分为胞饮作用和吞噬作用两种类型。胞饮作用又可分为网格蛋白依赖的胞吞作用、胞膜窖依赖的胞吞作用、非网格蛋白/胞膜窖依赖的胞吞作用及大型胞饮作用，其中网格蛋白依赖的胞吞作用了解得最为清楚，它是受体介导内吞的主要方式之一。胞吞作用与细胞信号转导等多种生命活动有着密切关系。胞吐作用是细胞内合成的物质通过膜泡转运至细胞质膜，与细胞质膜融合后将物质排出至细胞外的过程，可分为持续型分泌和调节型分泌两种途径。胞吐作用不仅是细胞分泌物排出细胞外的重要方式，也是细胞质膜组分更新的重要途径。

思考题

1. 细胞质膜包括哪些主要组分？各有何作用？
2. 生物膜的基本特征是什么？分别可以通过什么实验手段加以证明？
3. 影响和限制膜蛋白运动的主要因素有哪些？

4. 结合细胞质膜结构模型的演变，谈谈人类对生物膜的认识过程？
5. 小分子和离子的跨膜运输方式有哪几种？各有何特点？
6. 以动物细胞摄入低密度脂蛋白（LDL）为例，说明受体介导内吞的过程？

补充材料1　冷冻蚀刻技术——膜不对称性的研究方法

研究膜不对称性的方法有多种，如冷冻蚀刻技术、放射性同位素标记、分别用胰蛋白酶和磷脂酶处理法来研究膜蛋白及膜脂的定位等，其中最重要的是**冷冻蚀刻技术**（freeze etching）（图2-37）。

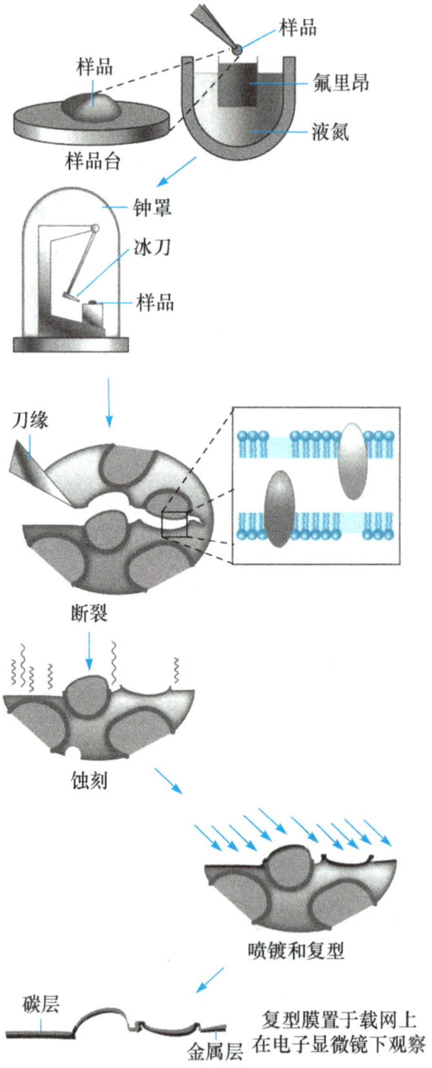

图2-37　冷冻蚀刻技术示意图（参照Karp，2013）

为了便于研究细胞质膜及其他生物膜的不对称性，通常将细胞质膜的各个面命名如下（图2-38）：与细胞外环境接触的膜面称为细胞外表面（extrocytoplasmic surface，ES），对应脂双层中靠外表面这一层的脂分子和膜蛋白组成的结构称为细胞质膜的外小叶（outer leaflet）。与细胞质基质接触的膜面称为原生质表面（protoplasmic surface，PS），对应脂双层中靠原生质表面这一层的脂分子和膜蛋白组成的结构称为细胞质膜的内小叶（inner leaflet）。细胞内的膜系统（包括各种膜性细胞器和转运膜泡等）也根据类似的原理命名。例如，细胞内的囊泡，与细胞质基质接触的膜面为PS 面，而与囊泡腔内液体接触的面为ES面，在膜泡出芽、融合及转运过程中，其拓扑学结构保持不变。在脂肪细胞（adipocyte）和很多其他细胞中都含有一种储存脂肪（主要是甘油三酯和胆固醇）的细胞器，称为脂滴（lipid droplet）。脂滴外周仅由一层磷脂分子包被，相当于细胞质膜的内小叶。储存脂肪的合成部位在内质网膜的内外小叶之间，然后以出芽的方式披上内质网膜的内小叶，形成游离的脂滴。其膜周围有多种膜蛋白，其中包括与脂代谢相关的酶类。

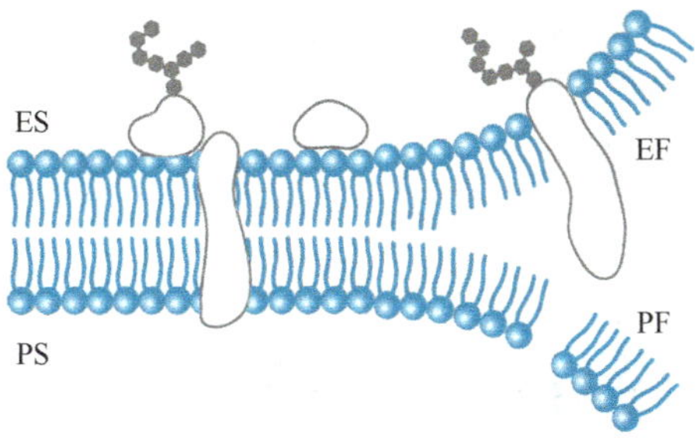

图2-38　细胞质膜各膜面的名称（参照翟中和等，2011）

冷冻蚀刻技术是一种透射电子显微镜样品制备技术，其过程包括冰冻断裂与蚀刻复型两步，因此又称为冰冻断裂-蚀刻复型技术。主要步骤为先将样品在液氮（–196℃）或液氦中迅速冷冻，防止形成冰晶。然后将样品迅速转移到冷冻装置中，抽真空。在低温真空环境中，用冰刀横切样品，这时冷冻样品往往从其结构相对“脆弱”的部位断裂，如细胞质膜样品可在膜脂双分子层的疏水端断裂，这样就产生了细胞质膜的细胞外小叶断裂面（extrocytoplasmic face，EF）和原生质小叶断裂面（protoplasmic face，PF），同时可以显示出膜脂内、外小叶中的镶嵌蛋白。将冷冻断裂后的样品温度稍微升高一段时间，让样品中的冰在真空条件下升华（又称为蚀刻），可进一步增强图像“浮雕”样的效果。再用铂等重金属对“浮雕”表面进行倾斜喷镀，以形成对应于凹凸断裂面的电子反差。接着用碳进行垂直喷镀，在断裂面上形成一层连续的碳膜。最后用消化液将生物样品消化掉，将复型膜（碳膜及其被碳膜包裹的，含有图像信息的金属微粒膜）清洗后移到载网上，在透射电子显微镜下进行观察（图2-37）。

冷冻蚀刻技术主要用来观察膜断裂面上的蛋白质颗粒和膜表面形貌特征，图像富有立体感，样品不需包埋，甚至也不需要固定，因而能更好地保持样品的真实结构。近年来，在此基础上发展起来的快速冷冻深度蚀刻技术（quick freeze deep etching）可用于观察组织细胞接近生活状态的三维超微结构，从而拓宽了这项技术的应用范围。

补充材料2　荧光漂白恢复技术——膜流动性的研究方法

荧光漂白恢复（fluorescence recovery after photobleaching，FRAP）技术是研究膜蛋白或膜脂流动性的基本实验技术之一，可以用来测定膜蛋白或膜脂的侧向扩散速率（图2-39）。具体方法是：先用荧光素标记膜蛋白或膜脂，然后用激光束照射细胞表面某一区域，使该区域内标记的荧光分子发生不可逆的猝灭，这一区域称光漂白（photobleaching）区。随后，由于膜的流动性，周围非光漂白区的荧光分子不断向光漂白区迁移，结果使光漂白区的荧光强度逐渐增加，最后恢复到与周围区域的荧光强度相等，这一过程称为荧光恢复（fluorescence recovery）。通过测定相邻未光漂白区的荧光基团扩散进入光漂白区的时间，或使用激光束持续漂白某一区域，测定周围膜上的荧光标记分子减少的速率，可以推算出膜蛋白或膜脂的扩散速率。例如，细胞质膜中磷脂的扩散常数（diffusion constant）为$10^{-8}cm^2/s$、膜蛋白的扩散常数一般为5×10^{-11}~$5\times10^{-9}cm^2/s$，而蛋白质在水溶液中的扩散常数为$10^{-7}cm^2/s$，要比膜蛋白在磷脂中的扩散常数大100~10 000倍，显然脂分子与蛋白质分子之间及蛋白质分子之间的相互作用束缚了膜蛋白的自由扩散。

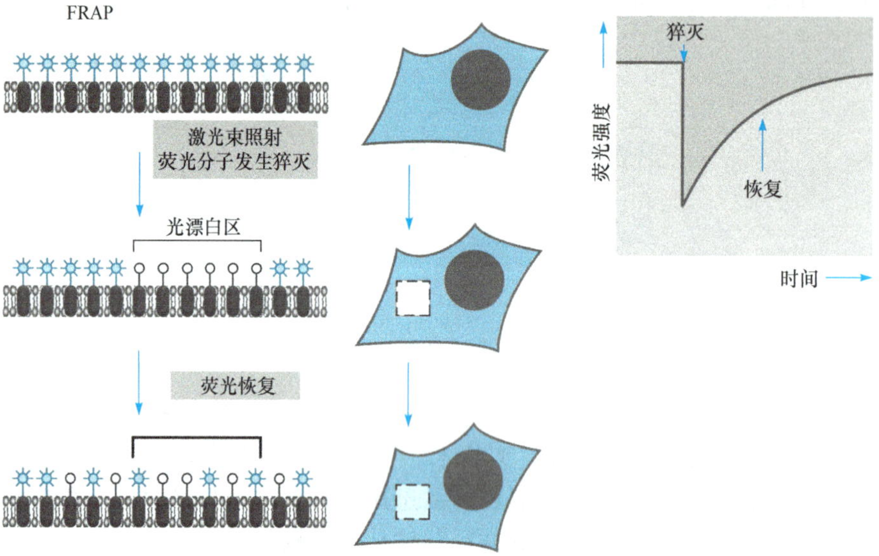

图2-39 荧光漂白恢复技术示意图（参照Alberts et al.，2014）

荧光漂白恢复技术不仅能给出活细胞内脂质或蛋白质运动的定性结果，而且还可以获得某些定量的信息，如膜脂分子的扩散系数和蛋白质的迁移率等，从而有助于了解细胞内脂质和蛋白质分子的动态变化，以及它们与其他成分的相互作用。

补充材料3 荧光标记技术

荧光标记技术是指将能发射荧光的物质通过共价结合或物理吸附等方式标记于所研究分子的某个基团上，用它的荧光特性来反映研究对象的信息。作为一种非放射性标记技术，荧光标记具有操作简便、稳定性高、灵敏度高和选择性好等特点，可广泛应用于细胞内外物质检测、组织及活体动物标记成像、药物分析、病理模型研究及疾病早期诊断等，在生物医学研究领域发挥着重要的作用。

荧光标记技术主要包括荧光素或荧光染料直接标记技术、免疫荧光标记技术和绿色荧光蛋白标记技术等。

1. 荧光素或荧光染料直接标记技术

荧光素类标记试剂包括标准荧光素及其衍生物，如异硫氰酸荧光素（FITC）、羟基荧光素（FAM）、四氯荧光素（TET）等。FITC 常用于各种抗体蛋白标记，FAM、TET 则主要用于DNA自动测序和核酸探针标记等。由于不同荧光素所激发出的荧光波长不同，因此同一样品可以用两种以上的荧光素标记，从而可同时显示不同组分在细胞中的定位。

荧光染料染色也是一种常用的直接标记技术。例如，4′，6-二脒基-2-苯基吲哚（4′，6-diamidino-2-phenylindole，DAPI）可特异性地与细胞中的DNA结合，从而显示出细胞核或染色体在细胞中的定位。

2. 免疫荧光标记技术

免疫荧光标记技术是将免疫学方法（抗原-抗体特异结合）与荧光标记技术相结合，用来研究特异蛋白抗原在细胞内分布的方法。免疫荧光技术可分为直接免疫荧光技术和间接免疫荧光技术两种类型。

直接免疫荧光技术：将荧光素直接标记在抗体（第一抗体）上，然后与相应抗原反应。特点是每检查一种抗原就需要制备一种荧光抗体。

间接免疫荧光技术：将荧光素标记在第二抗体上，利用第二抗体对相应抗原与第一抗体复合物的识别，间接检测相应抗原在细胞内的分布情况（图2-40）。

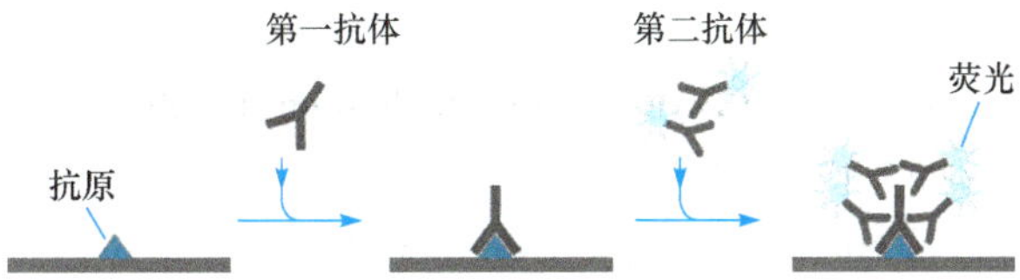

图2-40　间接免疫荧光标记技术（参照Alberts et al.，2014）

先将第一抗体与抗原反应，然后加入荧光素标记的第二抗体与第一抗体反应

3. 绿色荧光蛋白标记技术

以**绿色荧光蛋白**（green fluorescent protein，GFP）为标记物，构建绿色荧光蛋白基因与靶蛋白基因相连接的重组表达质粒，利用荧光显微镜监测该融合蛋白在活细胞内的表达情况，就可以获取靶蛋白在细胞内的定位和动态变化信息（图2-41）。

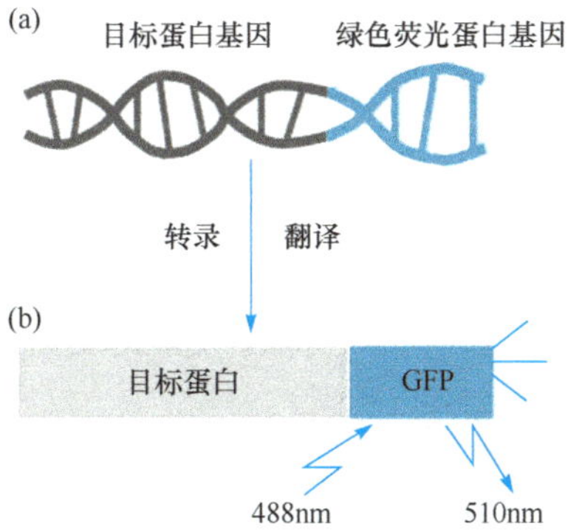

图2-41　绿色荧光蛋白标记技术（参照Wang Y and Wang N，2009）

（a）含靶蛋白基因与绿色荧光蛋白基因的重组cDNA分子示意图；（b）融合基因表达的重组蛋白用绿色荧光蛋白的488nm波长激发光激发，可检测到510nm波长的发射光

用来检测荧光标记的常用工具或技术主要有荧光显微镜（fluorescence microscope）、激光扫描共聚焦显微镜（laser scanning confocal microscope，LSCM）、流式细胞术（flow cytometry，FCM）及荧光共振能量转移技术（fluorescence resonance energy transfer，FRET）等。

参考文献

柳惠图，王永潮，桑建利. 2012. 分子细胞生物学. 北京：高等教育出版社.

吴超柱，徐凡，郜炎龙，等. 2014. 荧光标记技术在生物学和医学研究中的应用. 重庆理工大学学报（自然科学），28（5）：55-62.

Alberts B，Johnson A，Lewis J，et al. 2014. Molecular Biology of the Cell. 6th ed. New York：Garland Science.

Hardin J，Bertoni G，Kleinsmith L. 2011. Becker' s world of the cell. 8th ed. San Francisco：Pearson.

Karp G. 2013. Cell and Molecular Biology. 7th ed. New York：John Wiley and Sons Inc.

Lodish H，Berk A，Kaiser C，et al. 2013. Molecular Cell Biology. 7th ed. New York：WH Freeman and Company.

Lodish H，Berk A，Kaiser C，et al. 2003. Molecular Cell Biology. 5th ed. New York：WH Freeman and Company.

Mayor S，Pagano R E. 2007. Pathways of clathrin-independent endocytosis. Nat Rev Mol Cell Biol，8（8）：603-612.

Nelson D L，Cox M M. 2008. Lehninger Principles of Biochemistry. 5th ed. New York：WH Freeman and Company.

Stern S T，Adiseshaiah P P，Crist R M. 2012. Autophagy and lysosomal dysfunction as emerging mechanisms of nanomaterial toxicity. Part Fibre Toxicol，9：20.

Wang Y，Wang N. 2009. FRET and mechanobiology. Integr Biol（Camb），1（10）：565-573.

3 第三章 细胞间连接与细胞外基质

多细胞生物体由数以亿计的不同细胞通过恰当的组织排列而构成组织、器官、系统等不同等级结构。这些细胞在细胞分化的基础上不同程度地失去各自的独立性，其自身的形态和功能在很大程度上取决于细胞外基质及周围细胞的种类和状况，并接受由体液和神经系统传送的各种信号的调控。机体内的细胞既可以与周围细胞形成相对固定的物理上的连接结构，也可以只与细胞外的某些非细胞成分形成某种连接。另外，有些细胞，如血细胞，虽然不固定依附于任何组织和细胞外基质，但它们仍然可能通过细胞间的短暂连接实现信号的传递。例如，淋巴细胞和抗原提呈细胞之间的连接和抗原提呈。细胞之间，以及细胞和细胞外基质的连接不仅起着固定细胞的位置、形成组织结构的作用，而且通过彼此的信号传递形成在结构和功能上的相互协调，制约各自的分化途径和过程，或起到对激素和细胞因子等远程信号接力和提呈的作用。

细胞质膜或细胞壁是细胞与外界连接和传递信号的中介，不同细胞在细胞质膜上具有的不同特异结构决定了细胞外连接的类型，这些膜表面结构包括膜蛋白、膜脂、多糖等分子和它们的组合，但细胞质膜作为相对脆弱的脂膜不能够独立完成细胞外的种种连接，还需要细胞骨架和细胞质膜下结构的支撑作用。细胞质膜上的连接分子一方面与相邻细胞的质膜蛋白相连，另一方面借助细胞质膜内侧蛋白和细胞骨架相连，来完成细胞自身形态的维持并与周围的细胞形态相配合。此外，这些细胞内结构还负责将细胞连接形成的信号向细胞内部传递的作用，对细胞的生长、分化和生理活动产生作用。

活细胞生活在液态环境中，但除了循环系统的细胞外，多数细胞存在于主要以细胞外蛋白质和多糖为主要成分的被称为细胞外基质的胶体环境中，在细胞外基质中这些生物分子相互键合形成具有一定结构的巨大分子，将细胞局限于特定的功能场所，形成了细胞存活、生长和行使功能活动的微环境，并对细胞的游走、转运起调节作用。

本章主要介绍动物细胞连接，首先介绍细胞连接的不同类型及它们的作用；其次介绍通过细胞识别和细胞黏附建立细胞连接的过程，以及所涉及的与细胞连接相关的重要分子；再次对细胞所存在的外部环境，即细胞外基质的组成和功能做一介绍；最后对植物细胞的细胞外基质和细胞间的通讯做简略介绍。

第一节　细胞连接和通讯

细胞连接（cell junction）是指细胞与细胞之间，或细胞与细胞外基质之间形成的稳定的结构连接，存在于不同的组织类型中，但连接的对象和方式有所不同。例如，上皮组织中细胞密集，细胞外基质很少，细胞之间连接非常丰富；结缔组织中细胞外基质丰富，散落的细胞分布其中，细胞主要与细胞外基质形成连接。细胞一般连接同种类型的组织细胞，但也可用于不同组织细胞之间的通讯和信息传递，如神经细胞和所控制的肌肉细胞之间的突触连接。细胞连接不仅需要细胞质膜表面分子相互间的黏合，还需要细胞质膜下结构和细胞内骨架的配合，整个结构包括细胞质膜内、细胞膜和细胞质膜外等几个部分。有些细胞质膜外结构与另外一个细胞的膜外结构形成连接；而有些细胞质膜外结构则与细胞外基质相连，或借细胞外基质与其他细胞连接。有些细胞连接主要起形成组织形态或隔离不同空间的作用，这些细胞连接包括封闭连接和锚定连接；而有些细胞连接则除了机械连接外，细胞间还可以通过连接结构进行信号分子的交换，起信号传递的作用，这类连接统称为通讯连接。封闭连接、锚定连接和通讯连接构成了动物细胞连接的三种类型。

一、封闭连接

封闭连接（occluding junction）是指上皮组织中将相邻上皮细胞的质膜紧密连接在一起，隔离上皮组织内外空间的一种连接方式。上皮组织存在于动物体表和体内各种管腔的内表面，如消化道、呼吸道、泌尿道、生殖道、血管、淋巴管等表面相衬的内皮细胞。此外，由上皮组织特化形成的各种内分泌腺、外分泌腺及肝脏的主要部分也属于上皮组织。这些上皮组织可以是单层细胞（如血管内皮细胞等），也可以形成多层细胞结构（如体表的鳞状上皮细胞等）。不管是单层还是多层，细胞之间都需要彼此紧密结合，形成具有一定机械强度的结构，起到阻止各种分子透过细胞之间缝隙在皮下组织与管腔或体表之间移动，相对隔绝体内外环境的作用。在消化道和血管的内皮，各种离子和有机分子跨过内皮的移动具有高度选择性，这种选择性移动依赖于内皮细胞腔表面膜转运蛋白和基底面膜转运蛋白的差异，可促成营养物质由管腔向皮下方向移动。为了防止进入皮下的物质透过内皮细胞之间的间隙重新返回管腔，细胞之间需要封闭连接紧密黏合在一起，并通过这种连接使不同的上皮细胞相互嵌合成平展的一层。

（一）紧密连接

紧密连接（tight junction）见于脊椎动物的上皮组织中，它存在于两个相邻的上皮细胞之间，通过电子显微镜可见紧密连接是黏合两个细胞的细胞质膜的条索结构，它们彼此交叉，形成一种网状图案。这些条索结构称为封闭索（sealing strand），起到封闭上皮细胞平面各细胞侧面间空隙的作用。封闭索由成串排列的特定跨膜黏合蛋白构成，这些蛋白质的膜外部分与另一个细胞的对应蛋白质相互交连，形成类似于拉链的结构，将两个细胞的细胞质膜连接在一起。封闭蛋白（oceludin，一种60kDa 4次跨膜蛋白）和闭合蛋白（claudin）是形成紧密连接的主要蛋白质，这两种蛋白质在细胞质膜内的部分与ZO蛋白结合，后者再与细胞骨架成分微丝结合，由此使有关细胞的细胞骨架系统相互连接，构成一个整体，给予铺展的整个上皮细胞层一定的机械强度。

紧密连接的功能主要有：①选择性的通透屏障，部分隔绝上皮细胞层表层外空间与细胞基底面的空间联系，客观上造成上皮细胞层表层外的细胞外液成分与细胞基底外的细胞外液成分的差别，从而保证了物质跨膜运输的进行。例如，小肠中的氨基酸、葡萄糖等营养物质只能通过内皮细胞肠腔面的膜受体转运进入细胞，再通过基底细胞质膜上的转运蛋白进入细胞外皮下组织，进而扩散进入血液循环。细胞间紧密连接的存在使通过基底膜的营养物质不会通过扩散再返回到肠腔中，从而保障了运输的单向进行。脑毛细血管内皮和睾丸支持细胞之间存在的紧密连接对特定生物分子和药物分子通透的屏障作用构成了脑血屏障和睾血屏障的结构基础，可以保护这些重要器官和组织免受异物侵害（图3-1）。②紧密连接有助于保持细胞质膜的功能分区和细胞的极性。从上述过程可以得知，上皮细胞腔表面的细胞质膜成分与基底面细胞质膜成分不同，它们带有不同类型的转运蛋白。假如这些转运蛋白通过双层质膜的流动性沿细胞质膜扩散到对侧，将破坏上皮细胞的极性。紧密连接的存在可成为一些质膜蛋白和膜脂侧向扩散的障碍，并能维持细胞质膜表面的极性。研究显示，通过降低细胞外Ca^{2+}浓度破坏紧密连接，随之带来的是细胞两极不同转运蛋白的混合，使营养物质的单向运输不能实现。③紧密连接将上皮细胞侧向连接，形成上皮组织片层结构，并保持这一结构的机械强度。

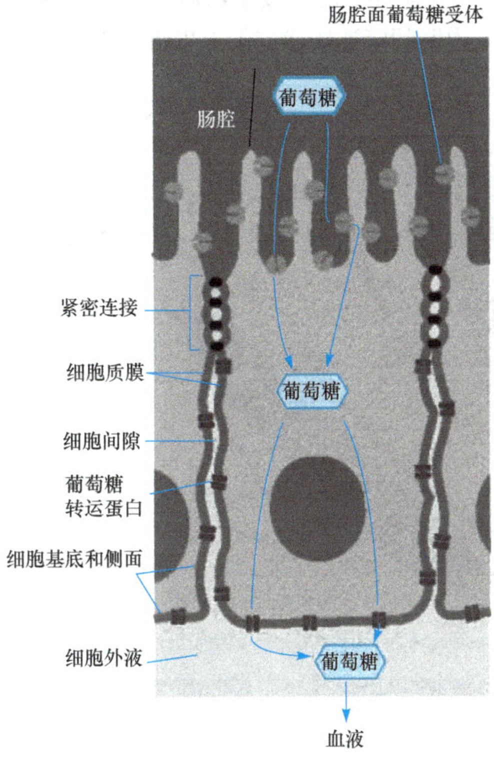

图3-1　紧密连接的选择性通透屏障

在上皮组织中，紧密连接起着封闭各细胞侧面之间空隙的作用。图中显示肠道内皮细胞之间的紧密连接将细胞肠腔面和基底面的细胞外液分割成两个不相连的空间。在细胞肠腔面存在的葡萄糖受体，以及细胞基底和侧面存在的葡萄糖转运蛋白保证了葡萄糖从肠腔向细胞基底面的细胞外液的单向运输。紧密连接由两个相邻细胞质膜上成串排列的封闭蛋白和闭合蛋白等跨膜黏合蛋白质构成。这些蛋白质的膜外部分与另一个细胞的对应蛋白质相互交连，将两个细胞的细胞质膜连接在一起

影响紧密连接形成和通透性的相关因素：①紧密连接的通透屏障作用与紧密连接自身结构有关。一般来说，所有紧密连接都不通透大分子物质，但不同上皮组织对小分子物质的通透性差别较大，如小肠内膜对Na^{+}等无机离子的通透性比膀胱内膜大1万倍，这可能与构

成紧密连接的蛋白质类型有关。例如，已发现在肾脏中的一种特殊封闭蛋白可促进Mg^{2+}从尿液中的重吸收。紧密连接对离子的通透屏蔽作用还与封闭索的条数有关，条数越多，封闭的越彻底。②紧密连接的通透屏障作用受一些调节因素的调节。例如，进食后肠腔内氨基酸和单糖的浓度增加，然后可通过紧密连接的减弱进行细胞侧向被动运输加快转运速率。③Ca^{2+}是形成紧密连接的必需因素，使用螯合剂去除Ca^{2+}后，上皮组织紧密连接结构消失，给予Ca^{2+}后紧密连接结构恢复。

（二）间壁连接

间壁连接（septate junction）是指存在于无脊椎动物上皮细胞间的主要的封闭连接形式。这种连接也呈连续的索条结构，这些索条相互平行，其上的连接蛋白形成规则的周期排列，间壁连接的细胞内骨架成分也为肌动蛋白纤维（图3-2）。在果蝇中一种与ZO蛋白类似的discs-large蛋白参与了间壁连接形成，该蛋白质如果发生突变，则不仅不能形成间壁连接，而且会产生上皮肿瘤，说明间壁连接参与了上皮组织生长信号的调控。

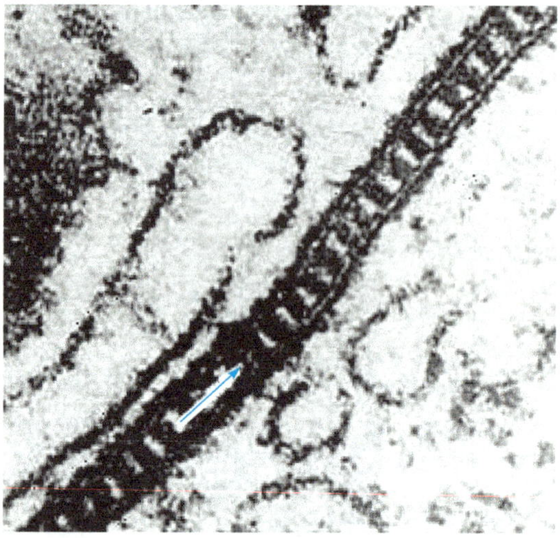

图3-2　间壁连接

间壁连接的透射电子显微镜图像。可以观察到间壁连接呈连续的索条结构，它们相互平行，形成规则的周期排列。间壁连接存在于无脊椎动物的上皮细胞之间，起着封闭相邻细胞外通道的作用

二、锚定连接

锚定连接（anchoring junction）是另一类细胞间连接方式，存在的范围较紧密连接广泛，除上皮细胞外，心肌细胞、骨骼肌细胞、细胞与黏附的基膜之间都有锚定连接存在。它的主要作用是使细胞之间、细胞与基质之间形成牢固的黏合，形成有序的、具有一定韧性的细胞群体，在需要经受较大机械张力的组织细胞中有较大丰度。与紧密连接类似的是，鉴于细胞质膜的柔软性，锚定连接仅依靠细胞质膜表面的结构相连是不够的，在连接处的细胞质膜下还要通过细胞内的附着蛋白与细胞骨架成分相连。这样不同细胞的细胞骨架就可通过锚定连接相互衔接，在细胞群体中形成更大规模的骨架结构，用以维持各种组织的立体结构。根据参与锚定连接的蛋白质的不同对锚定连接作如表3-1所示的分类。

表3-1　锚定连接的类型和成分

参与的细胞骨架成分	跨膜连接蛋白类型	连接名称	细胞外连接的结构
微丝	钙粘连蛋白	黏着带	其他细胞
	整联蛋白	黏着斑	细胞外基质
中间纤维	钙粘连蛋白	桥粒	其他细胞
	整联蛋白	半桥粒	细胞外基质

由微丝参与形成的锚定连接包括参与细胞之间连接的黏着带（adhesion belt）和参与细胞与细胞外基质连接的黏着斑（adhesion plaque，focal adhesion），由中间纤维参与形成的锚定连接包括桥粒（desmosome）和半桥粒（hemidesmosome）。黏着带和桥粒参与细胞与细胞的连接，黏着斑和半桥粒将细胞连接在细胞外基质上。由表3-1还可得知，在两个细胞进行连接时，跨膜蛋白为一类依赖于Ca^{2+}的钙粘连蛋白（cadherin）家族成员；当细胞与细胞外基质连接时，跨膜蛋白改为整联蛋白（integrin）家族成员。两种连接都包括：①跨膜连接蛋白，在细胞外与另一个细胞的同类跨膜连接蛋白连接，或与细胞外基质的某些成分结合，细胞内侧则与附着蛋白结合；②细胞内附着蛋白，起着将中间纤维或微丝与跨膜连接蛋白连接在一起的作用。

（一）细胞间的连接结构

（1）**黏着带**位于柱状上皮细胞的侧表面，呈带状环绕细胞，一般位于紧密连接的下方和桥粒的上方，因此又称为中间连接（intermediate junction）。黏着带处相邻细胞质膜并不紧密接触，而是留有15~20nm的间隙，由跨膜的钙粘连蛋白的细胞外部分相互黏着。钙粘连蛋白在细胞内与附着蛋白质结合，这些附着蛋白质包括一系列连锁蛋白（catenin）、黏着斑蛋白（vinculin）、α-辅肌动蛋白（α-actinin）等。附着蛋白质再与平行于细胞外表面的微丝束相连。通过微丝束的作用将不同细胞在二维平面上连接在一起，形成跨细胞网络。如果这些与细胞质膜平行的微丝束收缩，则可以使每个细胞的外表面较细胞基底面缩窄，许多细胞共同缩窄的结果造成上皮组织表面的内陷，这种机制与许多上皮组织来源的附属结构形成有关，如神经管的形成。

在许多非上皮组织中也存在与黏着带类似的细胞连接结构，只是它们不呈连续的带状，而是呈斑点或条纹状将不同细胞粘连在一起。相应的细胞膜下同样以微丝纤维束支撑细胞结构。

（2）**桥粒**是细胞膜上的一种类似纽扣的结构，相邻的细胞相同的桥粒结构将两个细胞铆合在一起，桥粒在上皮细胞中位于黏着带的下方。其跨膜连接蛋白属于钙粘连蛋白家族的另一些成员，即桥粒胶蛋白（desmocollin）和桥粒芯蛋白（desmoglein）。这些蛋白质的细胞外部分与另一个细胞的相应部分相连，细胞内部分与斑珠蛋白（plakoglobin）和桥粒斑蛋白（desmoplakin）等附着蛋白连接，后者在细胞质膜下形成致密的、具有一定厚度的胞质斑（cytoplasmic plaque），提供了与中间纤维相联系的锚定位点。中间纤维作为稳定存在的细胞骨架成分，可通过自身的网状结构对细胞起支撑作用。桥粒通过与细胞内中间纤维和相邻细胞的桥粒及中间纤维的连接，使相邻细胞的中间纤维网络连成一体，起到形成细胞群体结构，以及抵抗外界压力和张力的作用。由于中间纤维种类繁多，具有组织特异性，因此不同组织中桥粒所连接的中间纤维种类也不同，如在上皮细胞中为角蛋白、在心肌细胞中为结蛋白等。在承受较强拉力的组织中，如表皮和心肌中有较多桥粒分布。

黏着带和桥粒是构成细胞间连接的主要结构，它们分别以细胞的两种骨架结构，即微丝和中间纤维为支撑，从两个方面加强多细胞结构的稳定性和有序排列。由于两者的跨膜连接蛋白类型都属于钙粘连蛋白家族，都需要Ca^{2+}维持结构，故Ca^{2+}螯合剂可使连接结构遭到破坏（图3-3）。

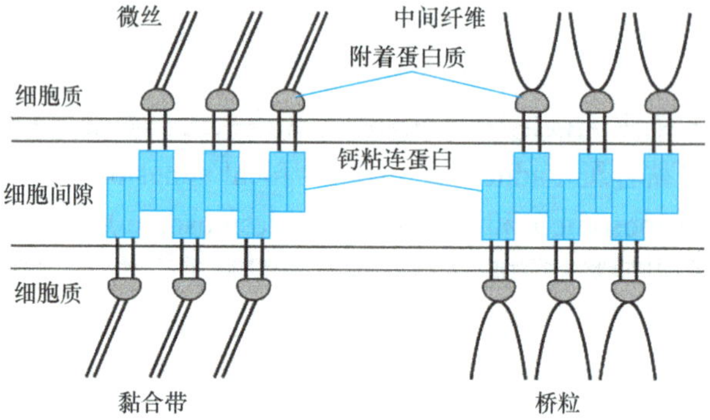

图3-3　细胞之间的锚定连接

细胞之间通过锚定连接形成牢固的黏合。细胞之间的锚定连接有三种基本结构：①跨膜连接蛋白，为依赖于Ca^{2+}的钙粘连蛋白，该蛋白质横跨细胞质膜，位于细胞质膜外侧的部分将两个细胞相互黏着在一起；②位于细胞质膜内侧的附着蛋白质，起着连接细胞骨架蛋白和跨膜连接蛋白的作用；③细胞骨架蛋白，与细胞质膜内附着蛋白质相互连接，并起着支撑整个细胞结构的作用。黏着带和桥粒是细胞之间两种不同的锚定连接结构。黏着带的细胞骨架成分是微丝，桥粒的细胞骨架成分是中间纤维，两者的附着蛋白质和钙粘连蛋白的种类也不相同

（二）细胞与细胞外基质的连接结构

细胞与细胞外基质连接以整联蛋白为跨膜连接蛋白质，根据细胞内所连接的细胞骨架结构的不同分为黏着斑和半桥粒。

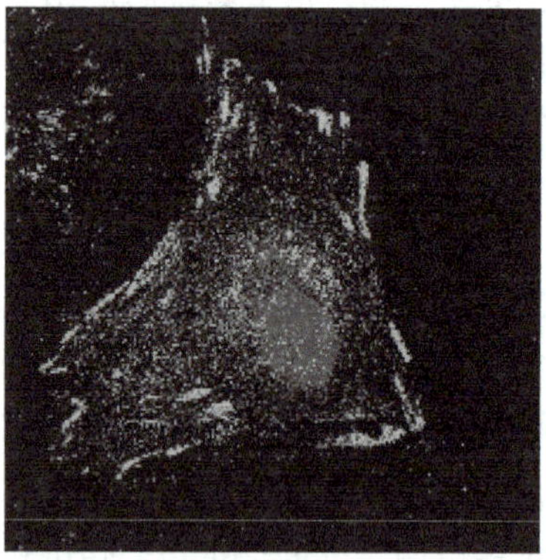

图3-4　黏着斑

黏着斑是细胞与细胞外基质的一种连接方式，是体外培养的细胞与培养瓶或培养皿表面黏附的主要形式，贴壁形成黏着斑的细胞易于生长。图中显示一个培养细胞的免疫荧光染色结果，位于细胞突起的点状荧光显示一种黏着斑蛋白（vinculin），细胞中央的荧光显示细胞核

（1）**黏着斑**为细胞与细胞外基质的连接，其接触点呈斑块状。跨膜连接蛋白为整联蛋白的二聚体，该蛋白质二聚体的细胞外部分与细胞外基质中的纤连蛋白（fibronectin）相连，再通过后者与胶原蛋白、黏多糖及众多细胞外基质成分结合。整联蛋白的细胞内结构域通过人踝蛋白（talin）、黏着斑蛋白、α-辅肌动蛋白、细丝蛋白（filamin）等附着蛋白质与细胞质膜下的肌动蛋白束连接。上皮细胞可通过黏着斑黏附在基膜上，肌肉细胞则通过黏着斑与肌腱相连。在体外细胞培养中，实验者可将细胞种植在纤连蛋白包被的培养瓶中，利用黏着斑的形成使细胞易于贴壁生长（图3-4）。

（2）**半桥粒**位于上皮细胞的基底处，其结构与桥粒类似，在细胞内侧与上皮细胞特有的中间纤维类型角蛋白丝相连。所不同的是：①跨膜连接蛋白由整联蛋白替代钙粘连蛋白。②整联蛋白在细胞外侧与细胞外基质的层粘连蛋白（laminin）结合，再通过层粘连蛋白与细胞外基质中的胶原蛋白和黏多糖结合，促使上皮细胞粘连于基膜上。由于它缺乏桥粒所具有的另一个细胞所对应的另一半桥粒结构，故称为半桥粒。③细胞内侧的锚定蛋白为网蛋白（plectin）。网蛋白可以与细胞骨架的角蛋白丝连接，这样的结构可防止机械力造成细胞与基膜相分离。

细胞与细胞外基质的基本连接类型见图3-5。

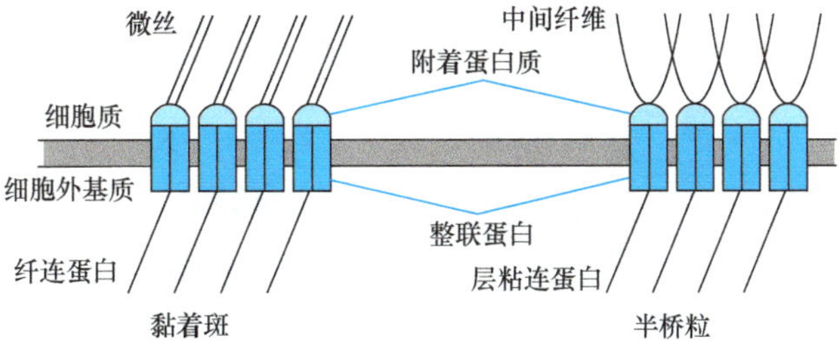

图3-5　细胞与细胞外基质的锚定连接

细胞与细胞外基质通过锚定连接形成牢固的黏合。细胞与细胞外基质的锚定连接有三种基本结构：①跨膜连接蛋白，为整联蛋白，该蛋白质横跨细胞质膜，位于细胞质膜外侧的部分与基质中某种黏附蛋白黏着在一起；②位于细胞质膜内侧的附着蛋白质，起着连接细胞骨架蛋白和跨膜连接蛋白的作用；③细胞骨架蛋白，与细胞质膜内侧的附着蛋白质相互连接，并起着支撑整个细胞结构的作用。黏着斑和半桥粒是细胞与细胞外基质之间的两种不同锚定连接结构。黏着斑的细胞骨架成分是微丝，在细胞外与纤连蛋白相连；半桥粒的细胞骨架成分是中间纤维，在细胞外与层粘连蛋白相连。两者附着蛋白质的种类也不相同

三、通讯连接

通讯连接（communicating junction）在此泛指可以造成细胞间物质交换和信号传递的连接方式。主要的通讯连接类型包括间隙连接（gap junction）、化学突触（chemical synapse）和植物细胞间的胞间连丝。狭义的通讯连接就是间隙连接。

（一）间隙连接

脊椎动物两个相互接触的细胞之间借助**连接蛋白**（connexin）建立亲水性跨膜通道，允许无机离子和水溶性小分子通过通道，进入另一个细胞的细胞质中，使两个细胞建立电荷的和代谢的联系，有利于细胞间生理过程的相互协调和功能活动的统一。对其中一个细胞注射染料的实验确认连接渠道的最大孔径约为1.5nm。这一口径可以确保无机离子，以及诸如单糖、氨基酸、核苷酸、维生素及第二信使等分子质量小于1000Da的有机分子通过，但蛋白质、核酸和多糖等大分子不能通过。

1. 间隙连接的结构

细胞膜上一种被称为**连接子**（connexon）的跨膜蛋白复合体与相邻细胞的相同结构相互连接，形成由蛋白质围成的亲水通道并将两个细胞连接在一起。在一个细胞间接触平面上可形成几个至几千个这样的连接结构，使两个细胞的细胞质膜间保持2~4nm的间隙。连接蛋白是构成连接子的基本单位。它是一个4次跨膜蛋白质，它的C端和N端都位于细胞质一侧，6

个连接蛋白相互围成一个圆孔通道（图3-6），这样的一个六聚体结构便是连接子。不同的组织间隙连接的通透性质并不相同，说明连接蛋白的种类不同，已发现人类有20种以上的不同连接蛋白，分子质量为26~60kDa，由不同的基因编码。一个特定的细胞可以表达两种以上不同的连接蛋白，两种不同的连接蛋白可以组合进一个连接子中，形成多种多样的连接子。此外，构成间隙连接的两个细胞细胞质膜上的连接子也有可能是由不同连接蛋白构成的，从而赋予间隙连接通透特征的多样性。

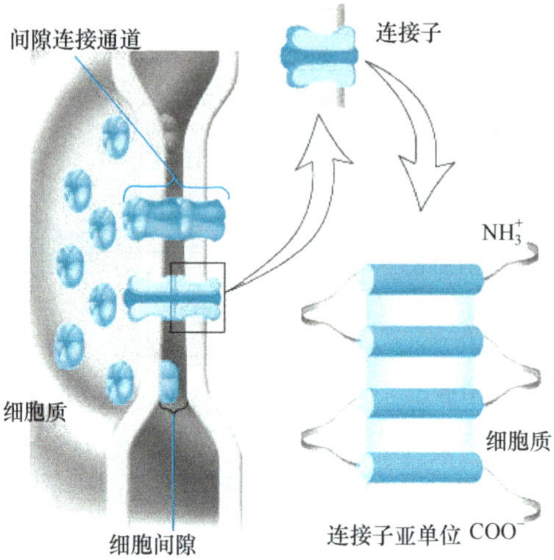

图3-6　间隙连接

图中显示两个细胞之间借助间隙连接建立亲水性的跨膜通道

2. 间隙连接的功能

间隙连接是脊椎动物细胞间最广泛存在的细胞连接方式。除了少数如骨骼肌和血细胞等终末分化的细胞外，多数细胞类型都存在间隙连接。在未分化的成肌细胞中也存在间隙连接，只是在成熟的骨骼肌细胞中间隙连接消失。提示间隙连接对细胞分化过程起着关键的协调作用。已知间隙连接功能广泛，在细胞生长、增殖与分化、细胞行为的同步和功能的协调、伤口愈合等过程中都有重要作用。

（1）偶联细胞间的代谢活动。不同的细胞通过间隙连接分享小分子代谢物和信号分子，达到功能上的协调一致。例如，在低血糖时交感神经会促使肝细胞产生第二信使cAMP，激发糖原的分解和葡萄糖的释放。cAMP可通过间隙连接进入邻近肝细胞，使之同时进行糖原分解代谢。在卵泡中，卵丘细胞通过间隙连接将产生的cAMP输入卵母细胞以抑制卵母细胞的成熟分裂，而发育了的卵母细胞通过减少与卵丘细胞的间隙连接使自身减数分裂恢复。

（2）通过间隙连接建立细胞间的电偶联。由于带电离子可以通过间隙连接进入相邻细胞，使动作电位可以在细胞之间快速传播，这一特征在具有电兴奋性细胞构成的组织中被广泛利用。例如，一些神经细胞之间通过间隙连接形成电突触（electrical synapse），通过带电离子的传递使动作电位迅速在神经细胞之间传递，其传递速率较化学突触快得多。这一结构见于脑中的许多神经核团。鱼类和昆虫等动物的快速逃逸反应也是通过电突触完成的。心肌或平滑肌细胞间也是通过间隙连接的电偶联实现细胞的同步去极化和收缩的。

（3）在胚胎发育和细胞分化中的作用。胚胎发育需要不同细胞在生长、分化和组织构建上的高度协调一致，间隙连接在这些过程中是必不可少的。在小鼠胚胎8细胞阶段即开始建立间隙连接。不同胚胎细胞通过间隙连接的偶联提供信号分子的通路，为特定细胞提供位置和分化信息，依此决定其增殖、迁徙或分化过程。在细胞分化及建立组织和器官的过程中，不同组织的相邻细胞之间没有间隙连接，而同一组织类型的细胞之间则建立间隙连接，由此调节各细胞群体细胞向不同方向分化并最终形成组织和器官。间隙连接的破坏和异常造成各种发育异常和病理结果。间隙连接基因的突变导致几种人类遗传性疾病的发生。由于皮肤的分化和增殖高度依赖间隙连接通讯的调节，因此这类遗传病常影响到皮肤。神经系统的梅茨巴赫病和多发性硬化也与间隙连接缺陷有关。此外，肿瘤细胞之间的间隙连接明显减少或消失是肿瘤细胞生长失控的重要原因，这也说明间隙连接对细胞增殖的控制作用。如果诱使转化细胞与正常细胞之间建立间隙连接，则转化细胞的生长受到一定抑制。

3. 间隙连接通透性的调节

一系列因素可以通过使连接蛋白构型的可逆改变调节间隙连接的通透性。细胞内pH的降低和Ca^{2+}浓度的升高可逆地降低了间隙连接的通透性。Ca^{2+}造成通透性降低的生理意义在于，当细胞受损导致细胞内Ca^{2+}浓度升高时，间隙连接的关闭可防止相邻的细胞受损。一些细胞外因子，如神经递质也可调节间隙连接的开合。例如，在强光的作用下，多巴胺可减少视网膜中神经细胞的间隙连接通讯，这促使视神经减少接受视杆细胞的信号，更多接受视锥细胞的信号，前者对暗光敏感，后者接受强光信号。

（二）化学突触

化学突触为可兴奋细胞之间形成的一种细胞连接，见于神经细胞之间和神经-肌肉细胞的连接处，负责在细胞间传递以动作电位的形式形成的电信号。形成化学突触的细胞并不像上述细胞连接那样由跨膜连接蛋白彼此连接在一起，而是通过被称为突触间隙的特殊细胞外基膜相互靠近。细胞质膜在突触的部位特化成突触前膜和突触后膜。两个细胞之间借助突触前膜胞吐释放的神经递质传递动作电位。突触传递的电信号是单向的。

在电子显微镜下可以观察到神经细胞的轴突末梢膨大，形成被称为突触小体的杯状或球状结构；突触小体与其他神经细胞的胞体或树突靠近形成突触。这种突触是由突触小体（包括突触前膜）、突触间隙和突触后膜三部分构成的。突触前膜是准备传递动作电位的神经细胞在突触部位特化的细胞质膜结构，突触后膜是接受动作电位的细胞在突触处特化的细胞质膜结构。突触间隙介于突触前膜和突触后膜之间，宽20~30nm，里面含有特定成分，如被称为集聚蛋白（agrin）的蛋白聚糖等。在突触小体内含有装载神经递质的突触小泡。动作电位到来时突触前膜中的Ca^{2+}通道开放，Ca^{2+}顺浓度差流进突触小体，促使突触小泡向突触前膜移动，并通过胞吐作用将神经递质排到突触间隙中。神经递质扩散到突触后膜后与膜上的受体结合，触发突触后膜开放离子通道，离子流所携带的电流使突触后膜出现去极化，称为兴奋性突触后电位；或使突触后膜出现超极化，称为抑制性突触后电位。突触后膜出现去极化，形成新的动作电位沿着神经突起继续传播。如果是形成抑制性突触后电位，则本身不会产生动作电位，并抑制其他突触诱发的动作电位（图3-7）。

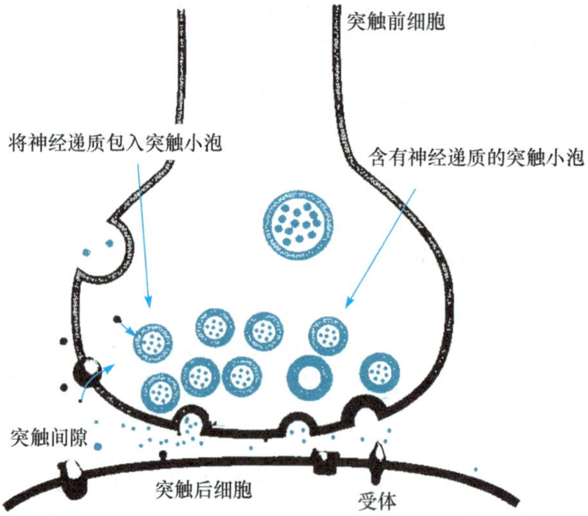

图3-7 化学突触

化学突触由突触小体、突触前膜、突触间隙和突触后膜等组成。突触小体是突触前细胞末端膨大的部分，含有装载神经递质的突触小泡。神经冲动到来时，突触小泡通过胞吐作用将神经递质排到突触间隙中。神经递质与突触后膜上的受体结合，触发突触后细胞产生兴奋性突触后电位或抑制性突触后电位，从而调节突触后细胞的生理活动。化学突触见于神经细胞之间和神经-肌肉细胞的连接处，是神经信号向下一个细胞传递的主要方式

化学突触除了形成于两个相继的神经细胞之间外，也在神经-肌肉接头处形成。此时突触后膜是肌肉细胞膜的一部分。突触间隙中的基膜中含有V型胶原蛋白的异构体、层粘连蛋白和集聚蛋白。在神经-肌肉接头被破坏后，这些特定的基膜成分有利于新突触的重建。

化学突触和电突触都负责在细胞间传递电信号，所不同的是前者要借助于被称为神经递质的化合物实现传递，而后者通过带电离子在细胞间的转移直接将电信号传到下一个细胞。化学突触传递信号的速率虽慢，但因为是单向传递，可保证信号传递的方向性；电突触传递信号的速率快，为双向传递。电突触主要见于鱼类和两栖动物。哺乳动物神经系统中几乎都是化学突触，也存在少量间隙连接形成的电突触。

第二节 细胞识别与黏着分子

细胞识别和细胞黏附是建立细胞连接的基础。在了解了细胞之间和细胞与细胞外基质之间连接的结构类型的基础上，本节进一步说明这些连接的形成过程、形成机制，以及所涉及的黏着分子的类型和特性。细胞连接是在胚胎发育过程中，随着细胞数量的不断增多和细胞的分化过程逐渐形成的。细胞在分化过程中会分泌或在细胞表面形成各种分化信号的信息分子和这些信息分子的受体，相对游走的细胞依赖这些信息分子进行细胞识别并在此基础上产生细胞黏附和细胞聚集，随之构建各种细胞连接和细胞骨架系统。细胞连接的建立为细胞的继续分化、增殖，以及组织和器官的构建打下了基础。

一、细胞识别

细胞识别（cell recognition）是指细胞通过其表面的分子与其他细胞表面的或细胞外基

质上的信号分子选择性地相互作用，是细胞对周围环境的一种辨识，从而引发细胞的一系列生理生化变化，导致细胞黏附、增殖和分化等后果。

细胞黏附（cell adhesion）是指通过细胞表面黏附分子形成细胞与细胞或细胞与细胞外基质的吸附，细胞黏附是建立细胞连接的基础。在细胞黏附过程中动物细胞不断移动，通过对细胞表面信号分子的相互识别，以一定的规则相互粘连，细胞进一步分化，装配成各种组织和器官。

细胞识别和黏附对多细胞共存具有十分重要的意义。即使是某些单细胞生物，在一定环境条件下也会通过细胞识别形成多细胞体。多细胞生物要经历一个从单细胞到多细胞的发育和分化过程，细胞识别是其中必不可少的步骤。通过以细胞识别为基础的细胞迁徙和细胞黏附，细胞逐渐形成组织和器官。对于十分复杂的器官，细胞识别还必须与细胞迁徙过程结合才能完成器官构建。此时一些细胞通过分泌信号分子，在胚胎中形成信号分子浓度梯度，再通过化学趋向性或化学排斥性指引细胞的定向迁徙来实现相关细胞的相互靠近和细胞识别。若细胞识别过程发生障碍，则组织和器官构建受阻，最终造成发育畸形。

细胞识别依赖于细胞表面的大分子结构，一般是糖蛋白或蛋白聚糖。这些生物大分子的复杂糖链结构构成了识别信号，可被凝集素（lectin）或具有凝集素结构域的蛋白质识别，或被糖代谢酶类识别。这些识别具有极高的特异性。在细胞分化过程中，细胞表面会出现分化细胞特有的信号分子。同种类型的细胞通过相互识别聚拢在一起进行组织构建。同类聚合是细胞黏附的特点，海绵是最简单的多细胞生物，如果用机械方法使海绵分散成单个细胞，再将不同种属不同颜色的细胞混合，同种细胞会迅速聚拢在一起。对具有胚层分化特征的两栖动物原肠胚的研究表明，早期的胚细胞之间具有相似的黏附性，随着细胞分化成不同胚层的细胞，细胞的黏附性具有了选择性。如果使用蛋白酶或二价离子螯合剂将胚层细胞打散，再将它们混合，同一胚层的细胞将会自动聚合在一起。随着分化的继续，细胞将具有更加特异的选择性。如果将脊椎动物不同组织器官的细胞，如肝细胞或视网膜细胞混合在一起，细胞会根据它们的起源自动分成不同来源的细胞，而同一来源的细胞逐渐聚拢。细胞识别还具有种属特异性，如果将游离的哺乳动物和鸟类的胚胎肝细胞混合，它们分别只与同类细胞聚合；如果将两种哺乳动物的肝细胞和鸟类的肝细胞混合，则由于种属关系的邻近，两种哺乳动物的肝细胞可以混合，而不与鸟类肝细胞结合。以上实验说明了细胞识别的种属特异性和组织特异性。如果将不同种动物的胚胎细胞打散后再混合，不同种动物的同一组织类型的细胞可以检出形成聚合体，但同一胚胎的不同组织类型的细胞则不聚集。说明细胞识别的组织特异性强于种属特异性。

当两种生物具有寄生、共生和感染关系时，它们之间也会发生细胞识别，这是一种生物细胞对另一种生物细胞的鉴别和黏附。例如，动物和植物的病原菌细胞通过对宿主细胞的识别，只对某一类细胞类型进行侵染，导致特定的疾病发生。

与细胞识别和黏附相关的细胞表面信号分子统称为细胞黏附分子（cell adhesion molecule，CAM）。这些分子多为糖蛋白，其基本特征是单次或多次跨膜蛋白质，分为三个区域，即由肽链的N端形成的胞外区，一般比较大且带有糖链；α螺旋构成的跨膜区；由肽链的C端形成胞质部分，这部分与膜下的其他蛋白质发生作用，进一步与细胞骨架结构结合，或影响信号传递系统。通过细胞骨架或信号传递系统将细胞识别和黏附信息传至细胞内，从而影响细胞的生长、分化乃至基因表达等生理活动。许多CAM依赖Ca^{2+}、Mg^{2+}等二价离子才起作用，也有些不需要，据此可将CAM分成Ca^{2+}依赖和非Ca^{2+}依赖的两种类型。前者可通过二价离子螯合剂解除细胞黏附。CAM分子之间的结合方式有：①同亲性，同种的CAM相互识别与结合；②异亲性，不同种的CAM相互识别与结合；③CAM借助两个细胞间的多价连接分子间接结合在一起。下面分别介绍不同的CAM和它们在细胞黏附中的作用。

二、钙粘连蛋白

钙粘连蛋白（cadherin）是一类跨膜蛋白质，是细胞黏附的主要连接蛋白之一，它的功能依赖于Ca^{2+}。钙粘连蛋白只与表达同类钙粘连蛋白的细胞黏附，属于同亲性CAM。钙粘连蛋白家族有众多成员，根据所发现的组织不同，不同的钙粘连蛋白冠以不同的字头，如P -钙粘连蛋白主要见于胚胎组织、E-钙粘连蛋白发现于上皮组织等。但要注意的是，P-钙粘连蛋白除了胚胎外也见于上皮组织，E-钙粘连蛋白也在脑的部分区域表达，其他如此命名的钙粘连蛋白都是如此。钙粘连蛋白与其他的同源蛋白质共同组成钙粘连蛋白超家族。新发现的非经典的钙粘连蛋白超家族成员中很多同样具有细胞黏附功能，但也有的没有细胞黏附能力，如T-钙粘连蛋白缺乏跨膜区，需要糖基磷酸肌醇脂（GPI）锚定在神经和肌肉的细胞膜上。钙粘连蛋白超家族的主要成员见表3-2。

表3-2　钙粘连蛋白超家族的主要成员

名称	主要分布组织	连接类型
经典成员		
E-钙粘连蛋白	上皮组织，植入前胚胎	致密带、桥粒
N-钙粘连蛋白	神经元、心脏、骨骼肌、晶状体、成纤维细胞	致密带、桥粒、化学突触
P-钙粘连蛋白	胎盘、上皮组织、乳腺上皮	致密带、桥粒
VE-钙粘连蛋白	内皮细胞	致密带、桥粒
非经典成员		
桥粒胶蛋白	皮肤	桥粒
桥粒芯蛋白	皮肤	桥粒
T-钙粘连蛋白	神经元，肌肉	无
Fat（果蝇）	上皮细胞、中枢神经系统	无
原钙粘连蛋白	神经元	化学突触

资料来源：Alberts et al.，2002

在胚胎发育中，不同类型钙粘连蛋白的选择性表达对细胞的粘连、迁徙和分化十分重要。钙粘连蛋白是哺乳动物胚胎中最早表达的CAM之一，在小鼠8细胞胚时即可见E-钙粘连蛋白的表达。如果用E-钙粘连蛋白抗体处理胚，则胚细胞不能结合成卵裂球。在胚层形成时，E-钙粘连蛋白在外胚层中表达，随后一些细胞不再表达E-钙粘连蛋白，这些细胞由此离开外胚层形成中胚层。当外胚层形成神经管时，细胞转而表达N-钙粘连蛋白；随后一些神经管细胞停止表达N-钙粘连蛋白，并脱离神经管进行迁徙，至神经结所在区域分化成神经元，此时N-钙粘连蛋白重新表达，从而在早期胚胎发育中起着重要作用。如表3-2所示，不同类型的钙粘连蛋白对成体组织器官的构成也行使功能。除了在细胞连接中起作用外，一些钙粘连蛋白家族成员协助接受细胞外信号，在信号转导通路中起作用。例如，血管内皮生长因子（VEGF）在细胞质膜上的受体需要VE-钙粘连蛋白作为共同受体，一些上皮细胞在缺乏VE-钙粘连蛋白时无法生长。

钙粘连蛋白是一种单次跨膜糖蛋白，在细胞膜上形成二聚体或寡聚体，它的胞外区较大，由5个或6个重复结构域构成，是结合相邻细胞的钙粘连蛋白胞外区的部分。在每两个重复结构域之间有一个Ca^{2+}结合位点。胞外区结合的Ca^{2+}越多越具有韧性。去除Ca^{2+}后胞外区变得脆弱，易被蛋白酶水解掉而破坏细胞连接。

三、选择素

选择素（selectin）是一类异亲性的、Ca^{2+}依赖的CAM，能与特异糖基识别并结合，主要参与白细胞与血管内皮细胞之间的识别与黏着。血液中的白细胞不像红细胞那样为血液中的常住细胞，它是一种游走细胞。骨髓产生的白细胞经血液运输后通过血管内皮间隙进入需要的组织。白细胞在离开血管时需要与血管内皮细胞整联蛋白相互识别并进行短暂的黏附。选择素在其中起着关键作用。已发现有三种类型的选择素：位于白细胞上的L-选择素、血小板和内皮细胞上的P-选择素、位于活化内皮细胞上的E-选择素。

选择素也是单次跨膜糖蛋白，不同选择素的胞外区结构相似，都有三种结构域：①N端的C型凝集素结构域，可识别并结合相邻细胞表面特异性的寡糖基团，是选择素的配体结合部位；②表皮生长因子（EGF）样结构域，为维持选择素构型所必需；③近膜端的重复次数不等的补体结合结构域。不同选择素的跨膜区和胞质部分缺乏同源性。

淋巴器官的内皮细胞上存在着可被L-选择素识别的寡糖链，当带有L-选择素的淋巴细胞经过时会被内皮细胞黏附，进而离开脉管进入淋巴器官，实现淋巴细胞在体内的循环。当组织发生炎症时，炎症部位的血管内皮细胞的P-选择素被运送至细胞膜表面，识别位于白细胞和血小板上的特定寡糖链并启动白细胞对血管内皮细胞的黏附。由于血流的冲刷，单纯选择素与配体的结合不够牢固，还需要整联蛋白的参与。首先，选择素与配体的结合激活了白细胞表面的整联蛋白；其次，整联蛋白与其配体细胞间黏附分子（一种IgSF，见下文）形成牢固结合。这种结合促使白细胞穿过内皮细胞之间的间隙进入炎症所在部位。炎症活化的血管内皮细胞还可合成E-选择素，由于是从头合成，E-选择素晚于P-选择素出现在细胞表面。在炎症过程中，因选择素也可能参与血小板与白细胞和内皮细胞之间的黏合，从而与血栓形成有关。

除了白细胞外，选择素识别的特定寡糖结构还分布于多种细胞表面，包括多种肿瘤细胞表面，因而癌细胞有可能通过与白细胞黏附类似的机制与血管内皮细胞结合，造成癌细胞经血液的转移。

四、免疫球蛋白超家族

免疫球蛋白超家族（immunoglobulin superfamily，IgSF）泛指与免疫球蛋白具有一定同源性的各种蛋白质成员，这类成员都含有一个或多个Ig样的结构域。IgSF的多数成员是细胞膜蛋白，存在于淋巴细胞的表面，参与各种免疫反应，介导淋巴细胞与其他免疫细胞的黏合和免疫信息的传递。某些IgSF成员也在其他细胞中表达，起着CAM的作用。

免疫球蛋白超家族的一些成员可以以非Ca^{2+}依赖的方式进行同亲性的细胞识别和黏附。例如，神经细胞黏附分子（N-CAM）是研究较为透彻的起CAM作用的IgSF，在多数神经细胞中表达，它通过非Ca^{2+}依赖的方式与相邻细胞的N-CAM结合，参与神经系统发育过程中神经突起和突触的形成。另一些成员可以以Ca^{2+}依赖的方式进行异亲性细胞的识别和黏附。例如，血管内皮细胞上的细胞间黏附分子（intercellular adhesion molecule，ICAM）可以和整联蛋白黏附，参与选择素介导的白细胞与血管内皮细胞的黏着和游出。

钙粘连蛋白和IgSF成员常共同存在于细胞表面参与细胞识别和黏附，两者的强度不同。钙粘连蛋白可以提供较强的细胞黏附并形成持久的细胞连接，而IgSF成员提供较弱的、精细的细胞黏附。如果在胚胎发育时缺乏N-钙粘连蛋白，则胚胎不能存活，但如果缺乏IgSF黏附蛋白，则仅仅造成神经系统发育的异常。一些IgSF成员参与细胞外信号向细胞内的转导，在神经细胞中一些N-CAM参与Src信号通路的转导；一些IgSF成员是一种酪氨酸磷酸酶，可以促进轴突向靶细胞方向生长。

五、整联蛋白

整联蛋白（integrin）属异亲性、作用依赖于Ca^{2+}的CAM。在细胞质膜上以α和β亚单位的异二聚体形式存在。这两个亚单位都是单次跨膜蛋白质，其中α亚单位的胞外部分有4个重叠部分可以与Ca^{2+}结合，通过结合Ca^{2+}改变整联蛋白的亲和性。它除了已提到的介导细胞与细胞外基质之间的连接，形成黏着斑和半桥粒外，还参与细胞与细胞之间黏附、细胞信号传递、细胞周期和细胞运动的调节等。上文提到的参与血管内皮细胞与白细胞之间的黏附即是一例。

整联蛋白是一个大的蛋白质家族，α和β亚单位都具有多种形式，目前在哺乳动物中至少发现18种α亚单位和10种β亚单位，一些亚单位的基因在表达时通过可变剪接形成不同的变种。它们相互组合在细胞表面形成数目繁多的异二聚体，各自与不同的配体结合，含β_1亚单位的整联蛋白主要参与细胞与细胞外基质的黏附，它们的配体包括胶原蛋白、纤连蛋白、层粘连蛋白等。含β_2亚单位的整联蛋白主要存在于各种白细胞表面，与ICAM-1、ICAM-2等配子结合，介导细胞间的相互作用。含β_3亚单位的整联蛋白主要存在于血小板表面，与纤维蛋白原等配子结合，介导血小板的聚集，并参与血栓形成。整联蛋白几乎分布于机体的所有细胞表面。每个细胞常有多种整联蛋白并存。整联蛋白在发挥细胞黏附功能时常与钙粘连蛋白、选择素和IgSF成员相互配合，共同发挥作用。

参与细胞之间黏附的整联蛋白通常需要某些因素的活化后才能与其配体结合。例如，白细胞与血管内皮细胞之间的识别与黏着，首先是选择素与配体寡糖链识别，然后整联蛋白被激活产生黏附活性。血小板表面的整联蛋白是$\alpha_{2b}\beta_3$，正常情况下其并不引起血小板的凝聚，只有在血管内皮破损导致基膜的胶原蛋白暴露，血小板与胶原蛋白接触，或血小板通过血液中凝血酶的作用而活化后，血小板表面的$\alpha_{2b}\beta_3$因构象发生改变与纤维蛋白原结合才能触发凝血。免疫反应中T淋巴细胞与抗原提呈细胞之间的结合涉及整联蛋白$\alpha_L\beta_2$（LFA-1）的活化及与抗原提呈细胞上ICAM-1的结合。在整联蛋白的活化过程中，细胞外因素通过另外的途径导致细胞内部生理发生变化而作用于整联蛋白的胞内结构，触发胞外部分构型的改变，进而使整联蛋白与配体的亲和性提高。整联蛋白与配体结合后，又可以将细胞外的信号传至细胞内，引起细胞的各种反应，如细胞增殖、分化、迁徙等。某些体外培养的细胞只有通过黏附才能使其发生增殖，如果通过整合素介导的细胞与细胞外基质的黏附发生障碍则可导致细胞凋亡。

第三节　细胞外基质

生物体并不仅仅由不同细胞构建形成。由个体表层结构封闭的空间内除了细胞外还有相当大的空间由细胞外结构所占据。细胞外基质（extracellular matrix，ECM）是多细胞有机体细胞存在的体内环境，它是含有一定渗透压和营养物质的水环境，充满了成分复杂多样的蛋白质和多糖分子且高度结构化。这些生物高分子由细胞内的基因指导合成，在细胞内或细胞外组装形成复杂有序的结构。这些结构维持机体的组织和器官的形态，传导细胞间的各种信号，并具有一定的强度和抗牵拉及抗压特性，控制和协调包裹在其中的细胞的各种生理活动。

一、细胞外基质的基本构成和功能

细胞外基质的多少和构成与组织类型和功能有关。上皮组织、神经组织、肌肉组织的细胞密度大，细胞外基质相对较少，而结缔组织的细胞密度相对较小，细胞外基质的容量超过细胞。细胞外基质中的大分子主要包括：①糖胺聚糖及它们与特定蛋白质结合形成的蛋白聚糖，这类大分子具有高度的亲水性，形成亲水胶质，各种水溶性分子可以往来其中；②各种纤维性结构蛋白质，如胶原蛋白和弹性蛋白，它们构成坚硬的束状或网格包埋于蛋白聚糖的胶质中，赋予细胞外基质一定的强度和韧性；③黏着蛋白，如纤连蛋白和层粘连蛋白等，它们与细胞表面相互粘连，将细胞固定于组织的恰当位置并形成多细胞群体，这些蛋白质作为连接各种细胞外基质的纽带，与结构蛋白质和蛋白聚糖都有接合，使细胞外基质成分和其中的细胞共同构成完整的有机整体。

多数结缔组织的细胞外基质分子由成纤维细胞合成分泌。由于没有细胞本身容积的限制，作为细胞群体支架的生物大分子通常体积巨大，甚至超过细胞本身的尺度。许多巨大分子要分步骤进行组装。首先由细胞初步合成蛋白质和糖类物质并分泌到细胞外，然后在细胞外各种酶的进一步作用下继续组装，彼此键合形成巨大的生物分子。

细胞外基质的类型复杂多样，在体内占据广大的物理空间，不仅构成一些组织器官的主要成分，其复杂的网架结构对调节组织的发生和细胞的生理活动也十分重要。细胞与特定细胞外基质的连接影响着细胞的存活、生长、分化、迁徙及细胞本身的形态和功能。许多细胞外信号分子首先与细胞外基质成分结合，通过细胞外基质的介导实现对细胞的作用。

细胞外基质具有以下功能。

（1）支持机体结构、抗压和抗拉伸、连接组织器官。一些具有坚强韧性结构的组织以胶原蛋白为重要成分，如软骨组织、骨组织等均含有大量胶原。被包埋在细胞外基质中的细胞特化成软骨细胞或骨细胞，如骨骼肌借助肌腱与骨组织相连，而肌腱主要是细胞外基质特化形成的。细胞外基质也可以形成如晶状体那样具有良好透光性的组织。在上皮组织和皮下组织之间，细胞外基质特化成一层基膜，对维持上皮组织的片层结构和实现上皮组织的各种功能非常重要。

（2）影响细胞的存活、生长与死亡。多数真核细胞必须黏附于特定细胞外基质上才能存活并具有正常的生理功能，称为贴壁依赖性（anchorage dependence）。这也是体外培养细胞时必须贴壁的原因。不同的细胞外基质对细胞增殖的影响不同。例如，成纤维细胞的纤连蛋白主要促进中胚层来源的细胞生长，层粘连蛋白则主要促进内胚层和外胚层来源的细胞生长。在培养上皮样细胞时，层粘连蛋白可以防止成纤维细胞过度生长。肿瘤细胞通常失去贴壁依赖性，不再受细胞外基质对生长的控制。

（3）影响细胞的形态 。细胞的形态受到所黏附细胞外基质的影响。例如，上皮细胞只有黏附于基膜上才显示出特有的极性。细胞外基质中的特定分子通过受体影响细胞骨架的组装使细胞表现出应有的形态特征，细胞黏附于一定的细胞外基质时诱导黏着斑的形成和细胞骨架的改变。反之，细胞外基质的形态与走向与细胞的形态与构造相互匹配，如细胞内细胞骨架的走向与所合成的基质的走向一致。细胞一旦脱离了固有的细胞外基质将改变其原有的形态，游离的细胞多呈球形。

（4）调控细胞的分化。细胞分化受到细胞外基质成分的制约。例如，未分化的间质细胞在IV型胶原蛋白和层粘连蛋白形成的基膜上可分化为具有极性的上皮细胞，而在I型胶原蛋白和纤连蛋白基质中分化成结缔组织的成纤维细胞。

（5）调控细胞的迁移。细胞迁移的发生既取决于细胞本身的分化特征，也取决于细胞外基质的组成和变化。细胞外基质成分为细胞的移动提供连续的附着点，并控制细胞的移动速率与方向。例如，早期胚胎形成的纤连蛋白促进细胞的迁徙和增殖，在成体组织创伤时特定纤连蛋白的表达促进创伤的修复；层粘连蛋白可促进多种肿瘤细胞的迁移。细胞的迁移过程伴随着细胞识别、黏附的不断发生与细胞骨架的组装。

细胞外基质的异常与某些病理状态相伴随。例如，恶性肿瘤的发生、发展、侵袭和转移常伴有细胞外基质和细胞表面受体表达的变化。正常肝细胞外不存在基膜，细胞表面也不表达与层粘连蛋白特异性结合的整合素 $\alpha_6\beta_1$。在肝细胞癌组织中，层粘连蛋白和 $\alpha_6\beta_1$不仅表达水平升高，而且呈明显的共同分布，其表达水平与肝癌患者的预后不良相关，提示肝癌细胞质膜 $\alpha_6\beta_1$与层粘连蛋白的结合与肝癌细胞的侵袭有关。基质金属蛋白酶对细胞外基质的降解是肿瘤细胞侵袭和转移的关键环节之一，多种恶性肿瘤都伴有基质金属蛋白酶分泌水平和活性的增高。

二、氨基聚糖与蛋白聚糖

（一）氨基聚糖

氨基聚糖（glycosaminoglycan，GAG）是由重复的二糖单位构成的无分支长链多糖。其二糖单位通常由氨基己糖（*N*-乙酰葡萄糖胺或*N*-乙酰半乳糖胺）和糖醛酸组成，多数氨基己糖与硫酸基团结合。硫酸和羧基基团的存在使氨基聚糖带大量负电荷。根据糖基组成、糖基连接方式、硫酸化与否及位置，GAG分为透明质酸（hyaluronic acid，HA）、4-硫酸软骨素、6-硫酸软骨素、硫酸皮肤素、硫酸乙酰肝素、肝素和硫酸角质素等。在硫酸角质素中糖醛酸由半乳糖代替。除HA及肝素外，其他几种GAG均不是以游离的方式存在，而是以蛋白聚糖的形式与蛋白质共价结合，HA则可与蛋白聚糖以非共价的形式结合。

多糖链不像多肽链那样具有较强的柔韧性，难以折叠成球状结构。因此GAG具有高度的伸展性，需要占据较大的空间。GAG带有的大量负电荷可吸引大量阳离子（主要是Na^+）在其周围，这些离子的渗透压效应使细胞外基质中保留了大量的水分子，在浓度较低的情况下可以形成黏稠的胶体，也赋予基质对抗压力的能力。

HA堪称生物体内最长的链状分子，可含有长达2.5万个糖基残基，其分子长度可达

20μm。HA由葡萄糖醛酸及乙酰氨基葡萄糖二糖单位重复排列构成，这些二糖单位不像其他GAG那样硫酸化。由于HA分子表面有大量带负电荷的亲水性基团，其周围结合水分后体积可以50倍于自身，因此HA分子占据很大的空间。胚胎发育时，由于HA的合成首先产生一定的空间，为各种细胞随后的内迁和分化形成各种组织提供了前提条件。心脏、角膜等器官的形成即与HA的先期合成有关。HA的这种性质还可以用于润滑关节，调节蛋白质、水、电解质的扩散，促进创伤的愈合等。HA在细胞外合成，合成HA的糖基转移酶位于细胞质膜上。HA可以与细胞表面的CD44结合而与细胞连接。所有能结合HA的分子都具有被称为透明质酸黏素（hyaladherin）的相似结构域，包括CD44和形成聚合GAG的核心蛋白等。

（二）蛋白聚糖

蛋白聚糖（proteoglycan）是许多GAG以共价键与一个核心蛋白（coreprotein）分子聚合的产物，除HA外的GAG均可参与形成蛋白聚糖。与一个核心蛋白分子相连的GAG可以是同种的也可以不是同种的。GAG与核心蛋白的结合具有特定模式，即在核心蛋白上相隔一段距离出现一个带有丝氨酸残基的多肽序列（通常是丝氨酸-甘氨酸-X-甘氨酸序列，X是任意氨基酸）。丝氨酸残基的羟基在糖基转移酶的作用下首先与木糖形成糖苷键，然后依次连上半乳糖、半乳糖、葡萄糖醛酸。这4个糖基组成的寡糖系列称为连接糖（linking sugar）。在葡萄糖醛酸残基上再依一定规则接入糖基的重复二单位，然后对合成好的重复二糖单位进行硫酸化及差向异构化修饰便形成新的GAG。根据在葡萄糖醛酸残基后面接入的糖基重复二单位的不同，形成不同类型的GAG。蛋白聚糖的合成和修饰场所是高尔基复合体，一个核心蛋白分子上可以连接1~100个或100个以上的GAG链，然后通过分泌小泡运送到细胞外。

核心蛋白的N端具有可与HA结合的hyaladherin结构域，故蛋白聚糖常以非共价键与HA结合，一种连接蛋白（link protein）可以加强这种结合。一个HA长链可以结合许多蛋白聚糖，形成超大分子（图3-8）。

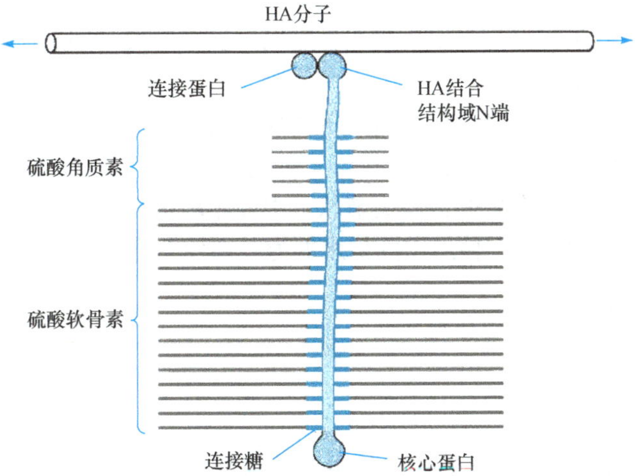

图3-8　蛋白聚糖

蛋白聚糖是由一个核心蛋白上连接许多GAG构成的。首先核心蛋白上的丝氨酸残基与被称为连接糖的4亚基寡糖相连（蓝色短线），最后再连接不同的氨基多糖。许多蛋白聚糖又可以连接到一个HA长链上形成超级大分子。这种连接常需要连接蛋白的参与

（三）蛋白聚糖的功能

根据GAG种类和分子大小的差异，蛋白聚糖有多种类型。一些类型广泛分布在细胞外基质中，起着支持、抗压、润滑等作用。另一些类型则有选择性地分布在软骨、肾小球基膜、结缔组织、动脉壁及一些细胞表面等处，执行特定的功能。

蛋白聚糖的多孔结构和电荷密度可以构成一种网筛，根据生物分子或细胞的大小、带电荷情况，或允许其流动和通过，或使其滞留在一定区域。一种带有硫酸肝素的蛋白聚糖perecan存在于肾小球的基膜上，可以在血液透过基膜形成尿液时对血流中的分子进行过筛。

蛋白聚糖与细胞外基质的蛋白质结合，通过如下方式对这些蛋白质的活动进行调节。①限制某些蛋白质的活动空间，防止邻近细胞分泌的蛋白质扩散到远方。例如，在局部感染时，蛋白聚糖可以使具有趋化稳定作用的细胞因子固定在局部感染的血管内皮处，有助于吸引白细胞到达感染区域。②通过结合阻断蛋白质的活性。例如，有的生长因子与蛋白聚糖的核心蛋白结合，而这种结合抑制了生长因子的活性。③可以在局部存积某种蛋白质，在需要时释放。④通过结合增加蛋白质的稳定性，防止其被蛋白水解酶降解。⑤通过改变或浓缩蛋白质使之更有效地与相应受体结合。⑥一些蛋白聚糖可以通过与细胞外生长因子和其他细胞因子的结合而对信号转导产生影响。例如，某些蛋白聚糖上的硫酸肝素可以结合成纤维细胞生长因子（FGF），引起FGF的寡聚化，有利于FGF与细胞质膜受体结合而刺激细胞生长。有的蛋白聚糖可以和生长因子产生协同作用，增强生长因子的效应。

蛋白聚糖可以与细胞外纤维状基质蛋白质结合，形成复杂的细胞外分子复合体。一种蛋白聚糖Decorin与胶原原纤维的结合对胶原纤维的形成是必需的。缺乏Decorin的小鼠难以形成胶原纤维，造成皮肤脆弱，抗牵拉性降低。

一些蛋白聚糖因其核心蛋白本身是细胞质膜蛋白而成为细胞质膜的组成部分。有些蛋白聚糖可穿入细胞质膜而与微丝骨架相连，这种蛋白聚糖可以通过与细胞和细胞外基质的双重连接将细胞固定在细胞外基质中，并可能参与细胞信号的转导。核心蛋白也可以通过细胞质膜上糖基化的磷酸肌醇脂连接到细胞质膜上，可以以这种方式与细胞质膜受体在接受细胞外各种信号时产生协同作用。

蛋白聚糖含量不足或代谢障碍时可造成各种病理状态。例如，构成软骨基质的蛋白聚糖Aggrecan的异常造成软骨发育障碍，进而引起长骨发育不良，造成个体四肢短小。蛋白聚糖的成分在发育过程中是不断变化的，在关节软骨中随年龄增长其总量不断减少，多糖所占比例下降，蛋白质含量相对上升，使组织的保水能力及弹性下降，造成关节功能减弱。

三、胶原蛋白与弹性纤维

（一）胶原蛋白

胶原蛋白（collagen）是细胞外基质的主要结构蛋白质，也是动物体内含量最丰富的蛋白质。所有的多细胞生物都有胶原蛋白存在，在哺乳动物中达到蛋白质总量的25%~35%。胶原蛋白遍布于体内各种器官和组织中。机体内纤维性的、承担机械作用的组织中，如肌腱、韧带、骨组织、软骨组织等，大部分蛋白质为胶原蛋白；皮肤、角膜、血管中也有大量胶原蛋白存在，赋予组织结构一定的强度和韧性。胶原蛋白分子是质量巨大，由成纤维细胞、软骨细胞、成骨细胞及某些上皮细胞合成原纤维并分泌到细胞外，在细胞外聚合成称为胶原纤维的高度有序的聚合体。许多胶原纤维进一步聚合后组装成坚韧的纤维结构。

目前已发现25种以上编码胶原蛋白的基因，它们的多肽产物具有不同的免疫学特性，可以组装成至少28种胶原蛋白，各种胶原蛋白都是由不同肽链形成三股螺旋，一般情况下由两条相同的α_1链和一条化学构成略有不同的α_2链构成，也有的胶原蛋白由完全相同的肽链（如Ⅴ型胶原蛋白）或三条完全不同的肽链（如Ⅸ型胶原蛋白）组成。Ⅰ型、Ⅱ型、Ⅲ型、Ⅴ型及Ⅺ型胶原蛋白是主要的纤维状胶原蛋白，形成的胶原纤维具有横纹，广泛分布在不同的组织中。Ⅺ型胶原蛋白可相互缔结成网络状，是基膜的成分之一（表3-3）。

表3-3　一些主要胶原蛋白的分布

胶原蛋白类型	分布
纤维状胶原蛋白	
Ⅰ型胶原蛋白	广泛分布于皮肤、肌腱、韧带、牙质、骨骼（是骨骼有机部分的主要成分）、血管等处
Ⅱ型胶原蛋白	软骨的主要成分、玻璃体
Ⅲ型胶原蛋白	皮肤、肌肉、血管、网状纤维，常与Ⅰ型胶原蛋白结合
Ⅴ型胶原蛋白	细胞表面、头发、胎盘等，常与Ⅰ型胶原蛋白伴随
原纤维结合胶原蛋白：其本身不形成纤维，但与纤维性胶原纤维的表面相连	
Ⅵ型胶原蛋白	与Ⅰ型胶原蛋白侧向连接，具有周期性的球形结构域，存在于多数间质组织
Ⅸ型胶原蛋白	与Ⅱ型胶原蛋白侧向连接，N端球形结构域可与糖胺聚糖连接
基膜胶原蛋白	
Ⅳ型胶原蛋白	相互连接成网状，细胞基膜的主要成分
Ⅶ型胶原蛋白	将复层鳞状上皮的基膜连接在基膜下结缔组织上

Ⅰ型胶原蛋白分布最广，结构典型，占所有胶原蛋白总量的90%。下面以Ⅰ型胶原蛋白为例说明胶原蛋白的结构和组装。

Ⅰ型胶原蛋白每条α链约含1050个氨基酸残基，其基本序列是甘氨酸-X-Y三联氨基酸的重复序列，其中甘氨酸-脯氨酸-X和甘氨酸-X-羟脯氨酸序列占半数左右。人α_1（Ⅰ）链的基因含51个外显子，其中约半数只含有54个碱基，编码6个甘氨酸-X-Y重复序列。推测胶原蛋白最初的原始基因类似于这样一个外显子，在进化过程中经过多次重复和突变形成了多外显子的基因结构及胶原蛋白基因家族的众多成员。由于胶原蛋白的氨基酸构成与一般蛋白质的氨基酸构成有较大差异，胶原蛋白并不像很多人想象的那样是优质的营养蛋白质。

胶原蛋白基因转录后各外显子经过复杂的拼接，然后翻译形成的肽链称为前α链。前α链要经过一系列的翻译后加工、分泌、再加工才能最终形成胶原纤维，其基本过程如下所述。

（1）甘氨酸-X-Y重复序列促使合成的前α链卷曲成左手螺旋，每圈含有一个重复单元。前α链的脯氨酸及赖氨酸残基通过羟化酶进行羟基化修饰，并进行部分糖基化修饰。脯氨酸残基羟基化所需的羟化酶以维生素C为辅助因子。维生素C缺乏时胶原蛋白的羟化反应受阻，结果未羟化的前α链在细胞内被降解而不能形成胶原纤维，造成血管、肌腱、皮肤变脆，易出血等坏血病症状。

（2）前α链肽链两端各含有一段不含甘氨酸-X-Y序列的前肽。三条前α链的C端通过二硫键形成链间交联，然后从C端开始，三股α链左手螺旋再相互盘绕形成更大的右手螺旋一直向N端延伸。这种带有前肽的三股螺旋分子称为前胶原（procollagen）。在前胶原中甘氨酸残基都位于每个左手螺旋的内侧，由于甘氨酸是体积最小的氨基酸，这种排列有利于胶原蛋白三股螺旋形成紧密的结构，而脯氨酸的环状结构也有利于稳定α链的螺旋结构。羟化的氨基酸残基可以与其他氨基酸形成氢键，有利于维持三螺旋的结构。除胶原蛋白之外，其他纤维状结构蛋白，如丝心蛋白和弹性蛋白等都富含甘氨酸，并有类似的重复序列。三螺旋结构是所有胶原蛋白的基本结构。

（3）前胶原在高尔基体继续被糖基化，然后包入分泌小泡被转移到细胞外。

（4）前胶原在细胞外通过特异胶原肽酶的作用切除前肽形成长约300nm的原胶原（tropocollagen）。成熟纤维状的胶原蛋白变性后不能自然复性重新形成三股螺旋结构，就是因为肽链中已不含有前肽。

（5）原胶原分子的赖氨酸或羟赖氨酸残基经氧化后形成醛基，相邻原胶原分子的赖氨酸或羟赖氨酸醛衍生物相互缩合形成醇醛交联，将不同原胶原分子侧向共价连接在一起，共价相连的两个平行原胶原相错67nm，每个原胶原再以同样相错的方式共价结合其他原胶原，形成具有间隔67nm周期性横纹的、直径达50~200nm、长度在150nm至数微米的原纤维。原纤维之间进一步聚合形成粗大的、在光学显微镜下可见的不溶性胶原纤维。成束的胶原纤维形成肌腱、韧带等结构，其抗张强度十分强大，甚至超过钢筋（图3-9）。

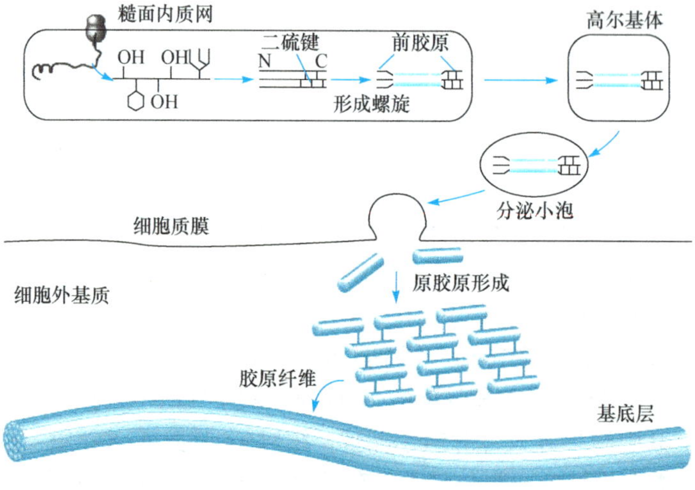

图3-9　胶原的形成

胶原的合成经过了一系列的复杂步骤。首先在糙面内质网合成前α链。三条前α链的C端通过二硫键交联，再进一步形成三股右手螺旋，称为前胶原。前胶原在高尔基体中糖基化加工后，通过分泌小泡排到细胞外，切除部分肽段后形成原胶原。不同原胶原分子通过侧向的醇醛交联共价连接在一起，形成长度为150nm至数微米的原纤维。原纤维之间进一步聚合，形成胶原纤维

胶原蛋白结构紧密，代谢缓慢，不易被组织蛋白酶降解。但胚胎及新生儿的胶原蛋白因缺少分子间的交联而易于分解。随年龄增长，分子间的交联逐渐增多，皮肤、血管及各种组织变得僵硬，是老化的一个特征。

（二）弹性纤维

弹性纤维（elastic fiber）是结缔组织胶原纤维之外另一种细胞外蛋白纤维，主要存在于韧带、皮肤、肺脏、脉管壁等需要一定弹性牵张的组织，由成纤维细胞和平滑肌细胞产生。弹性纤维可以延展至自身长度的1.5倍，常与胶原纤维共同存在，赋予组织以弹性和抗张能力。弹性蛋白（elastin）是其主要成分。

弹性蛋白和许多纤维性蛋白质一样含有大量疏水性氨基酸（含量高达95%），如甘氨酸和脯氨酸等，并含有羟脯氨酸，但不含羟赖氨酸。细胞首先合成水溶性的，称为原弹性蛋白（tropoelastin）的弹性蛋白前体，经过将部分脯氨酸羟化生成羟脯氨酸的修饰后分泌至细胞外。弹性蛋白肽链主要由两种类型的肽段交替排列构成，它们由相互分离的外显子编码。一种是疏水短肽，赋予分子以弹性；另一种是富含丙氨酸和赖氨酸残基的短肽，形成α螺旋，该部分赖氨酸残基经氧化酶催化氧化生成醛基，并与相邻分子的赖氨酸的ε-氨基缩合成醇醛衍生物，形成富于弹性的网状结构。这一交联过程与前文提到的胶原蛋白的细胞外交联类似。

除了弹性蛋白外还有其他糖蛋白分子参与弹性纤维的组成。在弹性蛋白外面有一个由微原纤维（microfibril）形成的外壳。微原纤维是一组糖蛋白，其中原纤维蛋白（fibrillin）与弹性蛋白的结合是形成完整弹性纤维所必需的。微原纤维出现在弹性蛋白组装之前，为细胞分泌的弹性蛋白提供组装框架。马凡氏综合征是一种常染色体显性遗传病，患者的原纤维蛋白突变，导致弹性纤维合成障碍，表现为由弹性纤维参与构成的结缔组织缺陷，患者易发生主动脉破裂。

弹性纤维常与胶原纤维共存于细胞外基质，分别赋予组织以弹性和抗张能力。组织的弹性通过改变散布在弹性纤维中胶原蛋白的量来控制。老年组织中弹性蛋白的生成减少，降解增强，以致组织失去弹性。

四、纤连蛋白

纤连蛋白（fibronectin，FN）是一类多功能的高分子糖蛋白，其上有多种细胞表面分子和各种细胞外基质分子的结合区，作为连接各种成分的纽带，可以起到连接细胞使之附着于细胞外基质上，整合细胞外基质成分形成网络的作用（图3-10）。纤连蛋白存在于所有脊椎动物体内。

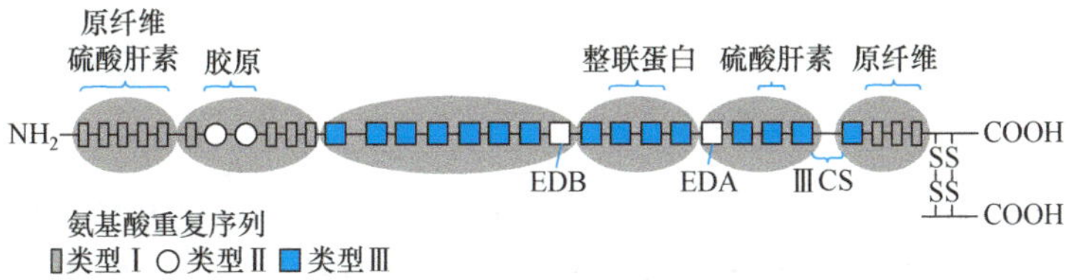

图3-10　纤连蛋白的结构

纤连蛋白是细胞外基质的基本成分之一，起着连接细胞和其他细胞外基质分子的枢纽作用。纤连蛋白基因通过可变剪切形成不同的纤连蛋白异构体。整个纤连蛋白肽链由Ⅰ、Ⅱ、Ⅲ三种类型的模块交错重复排列构成，组合成5~7个特定结构域，分别与细胞质膜上的整联蛋白和各种细胞外基质成分结合

各种纤连蛋白由一个基因编码，该基因约有50个外显子，通过可变剪切形成不同的纤连蛋白异构体，其中除了一种水溶性血浆纤连蛋白在血液及体液中起促进凝血、创伤恢复和吞噬作用外，其他纤连蛋白都在细胞表面聚合成不亲水的纤连蛋白纤维，成为细胞外基质的成分。整个纤连蛋白肽链由Ⅰ、Ⅱ、Ⅲ三种类型的模块（module）相间重复排列构成，每个亚单位由独立的外显子编码，说明纤连蛋白基因可能由一个祖先外显子经过反复重复、突变进化而来。这些模块组合成5~7个有特定功能的结构域，它们之间由柔软易折的对蛋白酶敏感的肽段连接。这些结构域中含有细胞质膜上的整联蛋白和各种细胞外基质成分的受体。在一种Ⅲ型重复序列中存在一个精氨酸-甘氨酸-天冬氨酸的三肽序列（RGD），RGD序列是许多整联蛋白识别的基本序列，可使纤连蛋白结合在细胞质膜上。除了纤连蛋白外，RGD序列还存在于细胞表面、细胞外和血液中与细胞黏附有关的许多蛋白质上，如凝血因子纤维蛋白原。基于RGD序列可以设计药物，用于血栓病、骨质疏松及癌症的治疗。

纤连蛋白在细胞内翻译形成后通过C端的二硫键相互交联形成二聚体，并进行糖基化修饰，糖链结构依组织细胞来源及分化状态而不同。可溶性的纤连蛋白二聚体被分泌到细胞外，或形成可溶性的血浆纤连蛋白，或与其他纤连蛋白分子经过新的二硫键键合组装成不溶性的纤连蛋白纤维网状结构。纤连蛋白纤维的组装是在细胞表面整联蛋白受体参与下进行的。组装的纤连蛋白纤维通过整联蛋白与细胞微丝骨架连接，微丝促进纤连蛋白分子组装成纤维网络并决定纤连蛋白纤维的走向。微丝被破坏，纤连蛋白纤维网络不能形成。例如，在有丝分裂时微丝骨架结构崩解，细胞变圆并脱离原有的细胞外基质。除了与细胞质膜上的整联蛋白结合形成黏着斑或半桥粒外，纤连蛋白上的不同结构域与细胞外基质的不同成分，如胶原、硫酸乙酰肝素蛋白聚糖、纤维蛋白（fibrin）等结合，形成细胞外基质网络结构。

纤连蛋白参与和调控细胞的黏附、生长、迁徙及分化过程。这些过程与胚胎发育、创伤愈合、肿瘤的发生和转移等密切相关。在不同的组织和个体发育的不同阶段，纤连蛋白通过可变剪接形成各种异构体，执行不同的功能。早期胚胎中的纤连蛋白适合细胞的黏附和迁徙。纤连蛋白基因失活造成胚胎死亡。发生创伤时，血浆纤连蛋白连同纤维蛋白等沉积在创伤区域形成血栓，然后成纤维细胞和巨噬细胞介入，降解血栓并重建细胞外基质。由蛋白酶降解的纤连蛋白碎片有促进组织愈合的作用。它们可以使表达$\alpha_4\beta_1$整联蛋白的细胞黏附在周围基质上并形成新的纤连蛋白，新纤连蛋白mRNA的拼接方式类似于早期胚胎纤连蛋白，提示这种类型的纤连蛋白促进细胞的增殖和迁徙。纤连蛋白还促进胶原纤维在创伤部位的沉着。一些转化细胞及肿瘤细胞表面的纤连蛋白纤维减少或缺失，可能是肿瘤细胞表面的纤连蛋白受体异常所致。但一些肺癌，特别是非小细胞肺癌中的纤连蛋白表达增加，有可能促进肺癌的存活和生长。

五、基膜

基膜（basal lamina）是支持细胞的薄而坚韧的网膜，是细胞外基质特化的结构区域，由不同的蛋白纤维组成，厚度为40~120nm。基膜主要出现在：①上皮组织的基底面；②包绕在肌细胞、施万细胞和脂肪细胞的周围，将上述细胞与周围结缔组织分开；③在肾小球，位于两个细胞层之间；④二胚层胚盘两个胚层之间；⑤神经-肌肉接头处的突触间隙。

基膜的成分由邻近的细胞分泌而产生。例如，上皮细胞基底的基膜靠近上皮的部分由上皮细胞的分泌物形成，与结缔组织相接的部分则由结缔组织的成纤维细胞分泌物形成。基膜的主要成分有层粘连蛋白、Ⅳ型胶原蛋白、基底膜蛋白聚糖（perlecan）、巢蛋白（nidogen/

entactin）等。在不同组织或同一膜的不同部位基膜的成分会有很大不同，如复层鳞状上皮的基膜中有VII型胶原蛋白存在。

（一）层粘连蛋白

层粘连蛋白（laminin，LN）与纤连蛋白相似，也是一种高分子质量的糖蛋白，是胚胎发育中最早的细胞外基质成分。层粘连蛋白是由三条肽链（A链、B1链和B2链）通过二硫键交联形成的十字形结构（图3-11），十字形结构的三条短臂为三条肽链的N端序列，由球区和短杆区交错排列构成；长臂则由三条肽链的近C端共同构成杆区，末端由A链的C端单独盘曲形成的球区构成。每种肽链都有多种亚型，由不同的结构基因编码，它们的组合形成多种层粘连蛋白分子，可根据链的构成命名层粘连蛋白。例如，laminin-511说明层粘连蛋白的组成是α_5、β_1和γ_1。层粘连蛋白的含糖量很高，是迄今所知糖链结构最复杂的糖蛋白，层粘连蛋白上的特异糖链结构是许多受体分子识别并与之结合的部位。

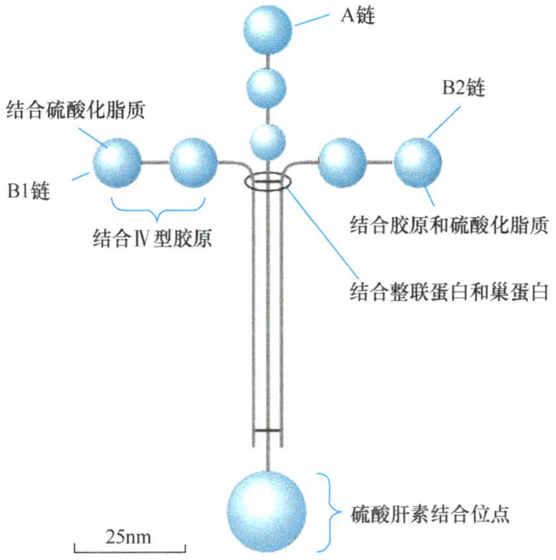

图3-11　层粘连蛋白

层粘连蛋白是基膜的基本成分之一，由A、B1和B2三条肽链通过二硫键交联形成。每条肽链有球区和短杆区交错排列，并都有多种亚型。它们相互组合形成多种层粘连蛋白分子。层粘连蛋白分子上存在一系列结构域，分别与氨基聚糖、巢蛋白胶原及细胞表面的整联蛋白结合。层粘连蛋白的这些结合位点使层粘连蛋白成为一个桥梁分子，介导细胞和基膜不同成分的结合

层粘连蛋白分子上存在一系列结构域，分别与基底膜蛋白聚糖、巢蛋白及细胞表面受体分子结合。巢蛋白是另一种基膜蛋白质，介导层粘连蛋白与IV型胶原蛋白的结合。层粘连蛋白分子存在一些特殊的细胞结合位点。例如，长臂靠近球区的五肽序列可与神经细胞结合，并促进神经生长。鼠层粘连蛋白的α_1链上存在RGD序列，可与整联蛋白结合。层粘连蛋白的这些结合位点使层粘连蛋白成为一个桥梁分子，介导细胞和基膜不同成分的结合。

（二）Ⅳ型胶原蛋白

IV型胶原蛋白是主要的网状胶原蛋白。网状胶原蛋白不像纤维状胶原蛋白那样坚韧，IV

型胶原蛋白在26个区域没有形成三股螺旋，因而有较多的弯曲。网状胶原蛋白前体在分泌到细胞外后前肽不被去除。两条Ⅳ型前胶原肽链的羧基端进行端-端相连，不同前胶原肽相互交联成多层的三维网状结构。

胚胎发育早期，基膜中主要是层粘连蛋白分子。层粘连蛋白是基膜的组织者，然后IV型胶原蛋白加入，通过基底膜蛋白聚糖和巢蛋白与层粘连蛋白相连，构成基膜的基本成分。

（三）基膜的功能

基膜包括以下功能。①支持和连接细胞。②作为一种过滤器选择性地过滤分子和细胞。例如，在肾小球输血管内皮和上皮细胞层之间的基膜允许小分子和水进入尿液，留下蛋白质等大分子物质，起到选择性滤过膜的作用。又如，上皮细胞的基膜屏蔽膜两侧细胞的接触和穿膜移动，但不防止巨噬细胞、淋巴细胞和神经细胞穿过。当组织损伤时，基膜保存下来作为细胞迁移和再生的支架。③决定上皮细胞的形态和极性。④影响细胞的代谢、增殖、分化。

整个基膜的结构示意图见图3-12。

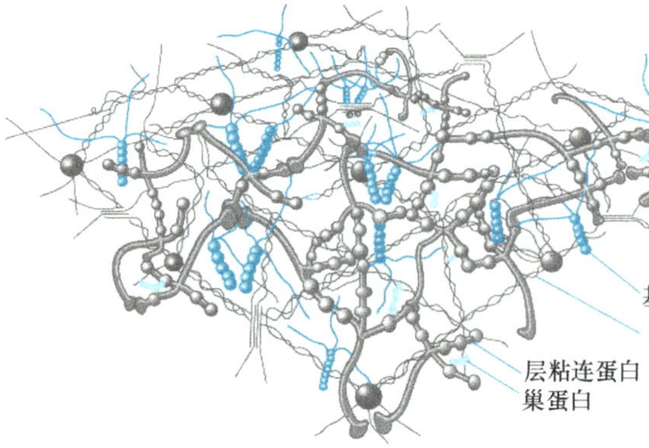

图3-12 基膜的结构示意图

基膜主要由层粘连蛋白、IV型胶原蛋白、基底膜蛋白聚糖和巢蛋白等成分组成。它们之间相互结合，形成薄而坚韧的网膜。其中IV型胶原蛋白是网状胶原蛋白，层粘连蛋白连接细胞和基膜的其他组分。基膜在不同组织或同一膜的不同部位成分通常不同

第四节 植物细胞壁和细胞间的连接

细胞壁（cell wall）是包裹细胞的特殊细胞外基质，也是罗伯特·胡克于1663年在显微镜下首次观察到的“细胞”结构。植物、藻类、真菌和原核生物的细胞都具有细胞壁，而动物细胞不具有细胞壁。植物细胞壁厚实、坚固，使相邻的植物细胞结合在一起支撑完整的植株。植物细胞生活在细胞壁内，受到厚壁保护的同时也丧失了游走的能力。细胞壁具有保持细胞形状、保护和支持细胞的作用，与植物细胞的吸收、蒸腾和物质的运输有关，还是植物进行营养物运输和代谢的场所。与细胞壁有关的酶可将细胞外营养物转变成能透入细胞壁的小分子化合物。植物细胞之间可以通过一种被称为胞间连丝的结构进行物质和信息交换。

一、植物细胞壁

同动物的细胞外基质一样，构成植物细胞壁的分子是由细胞制造并分泌到细胞外的。两

者不同的是，动物细胞外基质的主要成分是蛋白质、多糖及它们的复合体蛋白多糖；而植物细胞则主要产生纤维性的多糖，其主要成分是纤维素和果胶。纤维素所起的支撑、连接和保护作用与动物细胞的胶原蛋白类似。除了纤维素和果胶外，细胞壁中的其他生物大分子还有半纤维素、木质素、糖蛋白等。不同植物细胞的细胞壁厚度和成分不同，植物细胞分化时会出现相适应的细胞壁类型。

（一）植物细胞壁的结构

植物细胞壁的形成是在植物生长发育过程中逐步完成的。细胞壁从外到内依次分为胞间层（中层）、初生壁和次生壁三个部分。并不是所有的细胞壁都有这三个部分。

胞间层位于细胞壁的最外层，是最先形成的细胞壁结构。细胞质分裂时果胶（pectin）沉积在细胞板处形成胞间层。胞间层将相邻细胞粘连在一起形成组织，可缓冲细胞间的挤压并具有延展性，不会阻碍细胞的长大。如果用果胶酶分解果胶，相邻的细胞将分开。

初生壁是细胞生长过程中由细胞分泌物所形成的，位于胞间层和细胞质膜之间，一般厚度为1~3μm，有些组织也可能具有较厚的初生壁。初生壁以纤维素为骨架，半纤维素和果胶等为基质，其内还包括壁结构蛋白、凝集素和各种酶类。初生壁具有较大的可塑性，既可使细胞保持一定形状，又能随细胞生长而延展。初生壁在所有植物细胞中都存在。

次生壁是细胞壁的最内层，位于细胞质膜和初生壁之间，是细胞停止生长后细胞分泌物在初生壁下的沉积，一般较厚。在光学显微镜下其又可分为外（S_1）、中（S_2）、内（S_3）三层。次生壁只在植物体中起输导、支持和保护作用的细胞上才存在，其主要成分是纤维素，还可含有少量的半纤维素、木质素、木栓质、角质和蜡质等，填充物的差异造成细胞壁发生木质化、角质化、栓质化、矿质化等不同变化。这样的厚壁形成了物质通透的屏障（图3-13）。

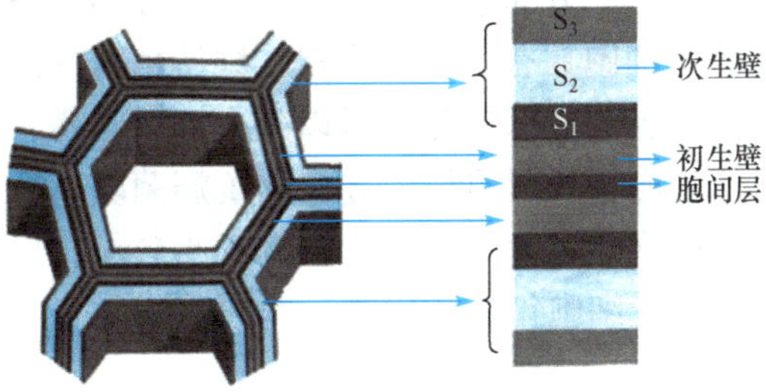

图3-13 植物细胞壁的结构

植物细胞壁在植物发育过程中逐步完成。胞间层最先形成，然后依次形成初生壁和次生壁。其主要成分是纤维性多糖，构成厚实、坚固的细胞外支撑结构，并对物质的通透具有选择性

（二）植物细胞壁的化学组成与装配

纤维素（cellulose）是地球上含量最丰富的高分子有机化合物。它是由许多葡萄糖通过β-1，4-糖苷键结合成的长链多糖，其葡萄糖残基量可高达7000~15 000个，构成了细胞壁的基本框架。在细胞壁中50~60个纤维素分子集成一束，形成微纤维，不同微纤丝基本上是横向平行排列，形成片层。不同片层的微纤维交错排列成网，形成很大的强度。不同植物细胞壁的纤维素组成差异很大。例如，棉花的细胞壁基本由纤维素构成，而某些植物幼苗细胞壁

中纤维素的含量不到1%。微纤丝之间的空间常被其他物质填充。

半纤维素（hemicellulose）是由几种不同的六碳糖或五碳糖通过糖苷键结合成的，并带有分支的一类杂多糖总称，其化学结构各不相同，在植物细胞壁中与纤维素共存。其抗拉强度不及纤维素，但半纤维素具有亲水性，可造成细胞壁的润胀而赋予纤维弹性，并易于水解。半纤维素主要分为三类，聚木糖类、聚葡萄甘露糖类和聚半乳糖葡萄甘露糖类。

果胶（pectin）是半乳糖醛酸与其他单糖聚合成的一类杂多糖，存在于初生壁和胞间层，与其他多糖或蛋白质相互交联，使各种细胞壁组织黏合在一起，表现出固有的形态。

木质素是由4种醇单体形成的一种复杂酚类聚合物，存在于一些成熟和加厚的次生壁中，具有使细胞相连的作用，在植物组织中具有增强细胞壁及黏合纤维的作用。

在构成细胞壁的成分中，除了多糖外还有10%左右的蛋白质、酶类及脂肪酸。另外，在一些植物表皮细胞壁中常有蜡质、角质、木栓质等物质。

新的细胞壁在细胞分裂的末期开始形成。在染色体分离后，原赤道平面上先形成由纺锤丝微管集合成的成膜体。由高尔基复合体形成的带有多糖的小泡与微管集合在赤道面上成为细胞板。小泡相互融合形成新的细胞质膜，果胶质和少量纤维素分子在细胞板上沉积形成胞间层，随后新合成的纤维素分泌到细胞外，聚集成微纤维，成为初生壁的骨架结构。初生壁每添加一层，微纤维排列的方向就改变一次，形成彼此交错的网状结构。这样加厚的结果，使整个植物体的机械支持有了基础。纤维素分子的定向分层沉积与微管的作用有关。微管的另一个重要作用是使新形成的细胞板上形成胞间连丝，使原生质在两个子细胞间能保持物质交换。当细胞成熟停止生长以后，一层层新的纤维素、半纤维素及木质素陆续添加在初生壁上，就建成了次生壁。

（三）细胞壁的主要作用

细胞壁主要有以下作用。①一方面细胞壁赋予细胞刚性的外壁，承受着原生质体由于液泡吸水而产生的膨压，从而使细胞具有一定的形状，维持植株的固有形态；另一方面细胞壁限制了细胞的生长。②保护细胞的外部屏障。可以减少水分蒸腾，防止机械损伤、微生物入侵等。细胞壁多糖水解时产生的寡糖素可以诱导植物抗病菌防御反应。③物质运输与信息传递。细胞壁上存在的纹孔或胞间连丝允许离子、多糖等小分子，以及低分子质量的蛋白质和化学信号分子通过，其通透性受细胞年龄和代谢活动的调节。

二、胞间连丝

胞间连丝（plasmodesmata）是植物细胞之间特有的一种通讯连接，是由穿过细胞壁的细胞质膜围成的细胞质通道，直径为20~40nm，将两个细胞的细胞质连接起来，因此可将植物体细胞看成是一个巨大的合胞体。通道中有一个由膜围成的筒状结构，称为连丝小管（desmotubule）。连丝小管的两端分别与各自细胞的内质网相连。因此，胞间连丝将相邻细胞的细胞质膜、细胞质和内膜系统都连在一起，使之可以进行物质和信息交换。胞间连丝常在细胞壁较薄的部位形成，这些部位称为纹孔。

胞间连丝的主要功能是进行细胞间物质的运输和转移，胞间连丝容许离子和相对分子质量在1000以下的分子通过。但不同细胞的通透性不一致，受到许多因子的调节。电刺激也可以通过胞间连丝传导。通过胞间连丝进行细胞间的信号转导可以影响细胞的生长、发育和分化。例如，高等植物顶端分生组织的分化状况与胞间连丝的分布有关。

胞间连丝的孔径受不同因素的调节，在一定条件下允许蛋白质和RNA等大分子通过。细胞可以合成移动蛋白调节细胞间大分子的通过。Ca^{2+}也是胞间连丝孔径的重要调节因素，在高浓度Ca^{2+}时分子通过胞间连丝的扩散受到抑制。降低细胞内ATP含量时，小麦根细胞胞间连丝的通过性增加，提示胞间连丝通道受控于ATP依赖的蛋白质磷酸化。病毒有时也可经胞间连丝传播，有的病毒可以编码一种与胞间连丝相互作用的移动蛋白。

本章提要

细胞外基质和周围细胞的组成是细胞赖以生存的环境。细胞的分化方向和细胞的功能状态在很大程度上取决于细胞外基质成分和所接触的细胞类型。远程的信号分子通过细胞外基质到达细胞表面，实现对细胞功能的调控。机体的细胞通过细胞间的连接和在细胞外基质的附着得以固定位置，不同细胞之间得以形成组织结构。

细胞连接是细胞与细胞之间，或细胞与细胞外基质间形成的稳定的连接结构。细胞连接结构包括细胞质膜表面分子，以及它们之间的相互黏合、细胞质膜下结构和细胞内骨架系统。封闭连接、锚定连接和通讯连接构成了动物细胞连接的三种主要类型。

紧密连接是脊椎动物体内封闭连接的主要形式，主要起着封闭上皮细胞平面各细胞侧面间空隙、确定细胞极性、保持细胞连接的机械强度的作用。锚定连接的主要作用是使细胞之间、细胞与基质之间形成牢固的黏合，并形成具有结构的细胞群体。根据跨膜连接蛋白类型、参与的细胞骨架成分的不同，锚定连接又分为黏着带、黏着斑、桥粒、半桥粒等类型。其中黏着带和桥粒用于与其他细胞的连接，黏着斑和半桥粒用于与细胞外基质的连接。通讯连接是可以造成细胞间物质交换和信号传递的连接方式，包括间隙连接、化学突触和植物细胞间的胞间连丝。间隙连接使细胞间交换小分子物质，建立电的和代谢的联系，起到偶联细胞间的代谢活动、调节细胞分化过程的作用。

细胞识别是建立细胞黏附的基础。通过细胞间的相互黏附，一些细胞之间进一步建立细胞连接。与细胞识别和黏附相关的细胞表面信号分子统称为细胞黏附分子（CAM）。可将CAM分成Ca^{2+}依赖和非Ca^{2+}依赖两类，前者包括钙粘连蛋白、选择素、整联蛋白等，后者包括免疫球蛋白超家族的一些成员。它们各自在不同的细胞识别和黏附中起作用。

细胞外基质是复杂的、高度结构化的细胞外环境，其构成与组织类型和功能密切相关。细胞外基质中的大分子包括糖胺聚糖及它们与特定蛋白质结合形成的蛋白聚糖、胶原蛋白和弹性蛋白等纤维性结构蛋白质、纤连蛋白和层粘连蛋白等黏着蛋白。这些基质分子由成纤维细胞合成分泌到细胞外；它们之间有机结合，并与其中的细胞共同构成完整的有机整体。细胞外基质的功能包括：支持机体结构、抗压抗拉伸、连接组织器官，影响细胞的存活、生长与死亡，影响细胞的形态，调控细胞的分化，调控细胞的迁移，等等。

基膜是支持细胞的薄而坚韧的网膜，是细胞外基质特化的结构区域，其主要成分有层粘连蛋白、IV型胶原蛋白、基底膜蛋白聚糖、巢蛋白等。基膜的主要功能包括支持和连接细胞、选择性地过滤分子和细胞、作为细胞迁移和再生的支架、决定上皮细胞的形态和极性、影响细胞的功能等。

植物的细胞外结构主要是植物细胞壁，具有保持细胞形状、保护和支持细胞的作用，并与植物细胞的吸收、蒸腾和物质运输有关，还是植物进行营养物运输和代谢的场所。植物细胞壁包括胞间层、初生壁和次生壁等结构。纤维素、半纤维素、果胶、木质素等是植物细胞壁的主要成分。

胞间连丝是植物细胞之间的一种通讯连接，借此不同植物细胞间进行物质和信息交换。

思考题

1. 什么是细胞连接？细胞连接和细胞通讯的关系是什么？
2. 简述细胞连接的种类，各有什么结构和功能？
3. 锚定连接的主要类型和分子成分是什么？它们各自起什么作用？
4. 在培养细胞传代过程中，使用胰蛋白酶处理可以使贴壁的细胞脱离培养瓶底而悬浮起来，其原理是什么？涉及哪类细胞连接结构的破坏？
5. 间隙连接如何实现细胞间选择性分子的运输？间隙连接在发育过程中的意义是什么？
6. 简述细胞识别与细胞黏附的概念。细胞间如何实现细胞识别？
7. 细胞黏附分子的基本结构特征有哪些？
8. 钙粘连蛋白、选择素、免疫球蛋白超家族、整联蛋白的基本结构和各自的功能有哪些？
9. 构成细胞外基质的大分子主要有哪些类型？它们各自的作用是什么？
10. 细胞外基质的基本功能有哪些？细胞外基质异常与哪些病理过程有关？
11. 胶原蛋白、弹性蛋白、纤连蛋白、层粘连蛋白在细胞外基质中各起什么作用？
12. 简述植物细胞壁的基本结构和功能。

参考文献

陈晔光，张传茂. 2011. 分子细胞生物学. 2版. 北京：清华大学出版社.

成军. 2012. 现代细胞外基质分子生物学. 2版. 北京：科学出版社.

何玉池. 2012. 细胞生物学辅导与题解. 武汉：华中科技大学出版社.

卢因 B，卡西梅里斯 L，林加帕 V R，等. 细胞.桑建利，连慕兰，译. 北京：科学出版社.

杨恬. 2014. 医学细胞生物学. 3版. 北京：人民卫生出版社.

杨维才，贾鹏飞，郑国锠. 2015.细胞生物学. 北京：科学出版社.

翟中和，王喜忠，丁明孝. 2011. 细胞生物学. 4版. 北京：高等教育出版社.

Alberts B，Johnson A，Lewis J，et al. 2002. Molecular Biology of the Cell. 4th ed. New York：Garland Science.

Verma P S，Agarwal V K. 2012. Cell Biology. *In*：Genetics，Molecular Biology，Evolution and Ecology. New Delhi：S. Chand & Company Ltd.

4

第四章　细胞质基质与内膜系统

细胞质（cytoplasm）又称为胞浆，是细胞质膜包围的除核区外的一切半透明、凝胶状、颗粒状物质的总称。细胞质通常为无色，其中大约80%的成分是水。在真核细胞中，它主要由细胞质基质（cytoplasmic matrix）、除细胞核外的细胞器（organelles）和内含物（inclusions）组成。**细胞质基质**是细胞质中除去细胞器和内含物以外，占据着细胞质膜内、细胞核外的细胞内空间的胶状物质。**内含物**是细胞质中没有代谢活性，却有特定形态的结构。有的是储存的能源物质，如糖原颗粒、脂滴；有的是细胞产物，如分泌颗粒、黑色素颗粒等。它们的存在形式、数量和形状因细胞类型及细胞功能状态的不同而改变。

作为真核细胞区别于原核细胞的重要标志之一，真核细胞的细胞质中形成了很多以膜包被的重要细胞器，它们可以分为两类结构：**内膜系统**（endomembrane system）和其他由膜包被的细胞器。**内膜系统**是指在结构、功能乃至发生上相互关联、由单层膜包被的细胞器或细胞结构，主要包括内质网、高尔基体、溶酶体、胞内体和分泌泡等。其他由膜包被的细胞器则主要是指线粒体、叶绿体、过氧化物酶体和细胞核。这些细胞器将细胞质分割成许多功能不同的**区室**（compartment）。虽然这些区室各自有独立的结构和功能，但是它们彼此之间借助**蛋白质分选**（protein sorting）和**膜泡运输**（vesicular traffic）进行着广泛的物质和信息交流。

第一节　细胞内区室化与蛋白质分选

一、细胞内区室化

光学显微镜下，活的真核细胞质内几乎看不到什么结构。直到20 世纪40年代电子显微镜技术出现以后，形态学观察和生化证据才使人们确认，真核细胞内具有复杂的膜相结构，将细胞质分成不同的区室。真核细胞内的**区室化**（compartmentalization），即细胞内形成了许多结构和功能独特的膜包被细胞器（膜性细胞器），是真核细胞区别于原核细胞的一个重要特点，也是真核细胞结构和功能的基本特征之一。

膜性细胞器是指细胞质中所有膜包被的细胞器，包括细胞核、内质网、高尔基体、溶酶体、分泌泡、线粒体、质体和过氧化物酶体等。在这些膜性细胞器中，线粒体、叶绿体、过氧化物酶体和细胞核的独立性相对较强；其他几种膜性细胞器，如内质网、高尔基体、溶酶体和分泌泡等，在结构、功能或发生上相关，形成了一个特别的细胞内膜系统。内膜系统各种膜结构均处于流动状态，将细胞的合成、分泌活动和内吞活动连成了网络。

膜性细胞器在细胞内的分布有相对的层次（图4-1）。双层膜结构的细胞核位于细胞中央，它是细胞中最重要的细胞器。细胞核的外膜与内质网膜联系在一起，可以看成是糙面内质网的一部分。由于内质网与核外膜相连，所以内质网位于细胞核的外侧。高尔基体在内质网的外侧，接受内质网转运的蛋白质和脂类，然后对它们进行修饰和分选。溶酶体是含有酸性水解酶的囊泡，这些酸性水解酶由高尔基体分选转运而来。胞内体是具有分选作用的细胞器，一般位于细胞质的外侧，它能向溶酶体输送通过内吞作用从细胞外摄取的物质。另外还有线粒体、过氧化物酶体等，它们分布在细胞内不同部位。植物细胞中还有叶绿体和中央液泡。

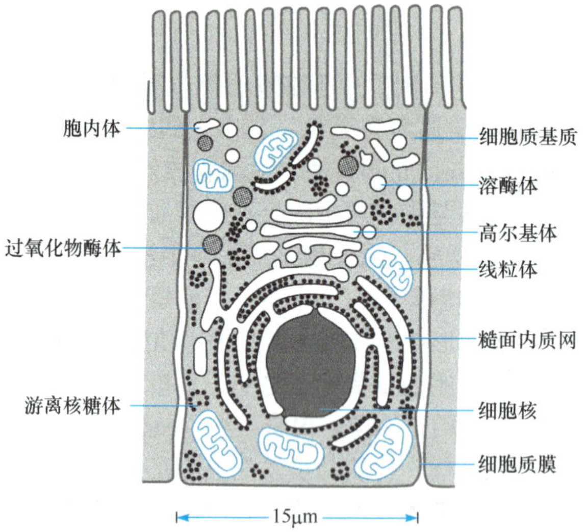

图4-1 典型动物细胞内区室化示意图（参照Alberts et al.，2014）

一般认为，真核细胞膜性细胞器的进化有两种途径：一种是线粒体和叶绿体的进化模式，即内共生途径；另一种是内膜系统的形成模式，即细胞质膜内陷分化途径。

真核细胞内的区室化，特别是内膜系统的形成对细胞的生命活动具有十分重要的生物学意义。①扩大膜的总面积，有效地增加了细胞内有限空间的表面积，为酶提供附着的支架，如脂肪代谢、氧化磷酸化相关的酶都结合在膜上。②将细胞内部区分为不同的功能区域和微环境，使细胞内不同的生理、生化过程能够彼此相对独立、互不干扰地在一定的区域中进行；相对提高了重要分子的浓度，从而极大地提高了细胞整体的代谢水平和反应效率。

二、蛋白质分选

蛋白质不仅是组成细胞的结构分子，也是细胞生命活动的功能分子。真核细胞中除少数蛋白质在线粒体和质体内的核糖体上合成外，绝大多数蛋白质都是由核基因编码，或在游离核糖体上合成，或在糙面内质网膜结合核糖体上合成。每一种新合成的蛋白质都会被特异性地运送到需要它的区室或结构中去。因此，细胞内必然存在不同的机制以确保不同蛋白质分类、转运至细胞的特定部位，也只有蛋白质各就各位并组装成一定结构与功能的复合体，才能参与实现细胞的各种生命活动。

由于细胞各部位所需蛋白质在结构和功能方面各不相同，为了能准确地运送蛋白质，蛋白质分子中的一些特定氨基酸组成了信号序列（signal sequence），也称为分选信号（sorting signal），引导蛋白质运送到细胞质基质外的其他位置，决定其在细胞中的最终定位。没有分选信号的蛋白质，只能停留在细胞质基质中。含有特定分选信号的蛋白质将从细胞质基质转运到相应的细胞核、内质网、线粒体、质体或过氧化物酶体等细胞器。分选信号还可以引导蛋白质经内质网运送到细胞内膜系统的其他目的地。通过追踪蛋白质在细胞内区室间运输的通路，可以对错综复杂的细胞的内膜性细胞器有一个清晰的了解。

蛋白质依靠自身信号序列，从起始合成部位转运到其功能发挥部位的过程，称为**蛋白质分选**（protein sorting）或蛋白质寻靶（protein targeting）。蛋白质分选运输是细胞中最重要的生命活动之一，它不仅保证了蛋白质的正确定位，也保证了蛋白质的生物学活性。

（一）蛋白质分选信号

细胞内的蛋白质至少存在两类分选信号（图4-2）。一类分选信号为连续的氨基酸序列[图4-2（a）]，一般长15~60个氨基酸残基。一旦蛋白质被运送至目的地，完成分选过程，这类分选信号中有些信号序列会被特异性的酶从成熟蛋白质上切除。例如，指导分泌蛋白从细胞质基质转运到内质网完成合成过程的**信号肽**（signal peptide），在进入内质网腔后会被**信号肽酶**（signal peptidase）从新生肽链上切除。也有些信号序列不会从成熟蛋白质上切除。例如，指导蛋白质向细胞核内转运的**核定位信号**（nuclear localization sequence），在完成转运后就不被切除。另一类分选信号为三维结构的**信号斑**（signal patch）[图4-2（b）]，是在蛋白质折叠完成后，其表面的原子按一定的空间结构排布形成的。形成信号斑的氨基酸残基可能在线性氨基酸序列上相距很远。信号斑会保留在成熟蛋白质中不被切除。例如，溶酶体酶蛋白在高尔基体中加工时，其上的信号斑可被*N*-乙酰葡萄糖胺磷酸转移酶（*N*-acetylglucosamine phosphotransferase）特异性识别。

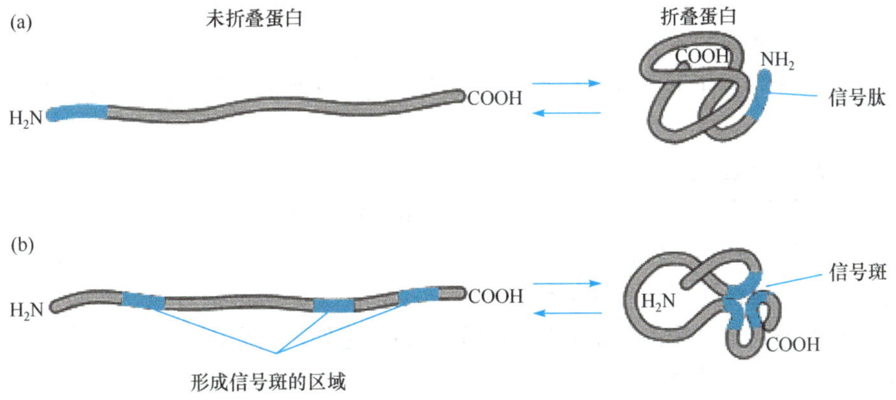

图4-2　蛋白质中的两类分选信号（参照Alberts et al.，2014）

信号序列决定蛋白质运输的正确方向。每一种信号序列都具体对应细胞内的一个特定目的地。表4-1列举了一些特异性的信号序列。已有实验表明，信号序列在蛋白质定位过程中发挥了重要作用。例如，利用基因工程技术将N端内质网信号序列从一种内质网驻留蛋白转移至一种细胞质基质蛋白上后，结果本应在细胞质中的细胞质基质蛋白转移至内质网中，而被去除了内质网定位信号的内质网驻留蛋白则留在了细胞质基质中。因此，信号序列的存在是蛋白质定位的充分必要条件。

表4-1　几种典型的蛋白质信号序列

蛋白质定向部位	信号序列是否切除	信号序列组成
内质网输入蛋白	切除	$^{+}H_3N$-Met-Met-Ser-Phe-Val-Ser-Leu-Leu-Leu-Val-Gly-Ile-Leu-Phe-Trp-Ala-Thr-Glu-Ala-Glu-Gln-Leu-Thr-Lys-Cys-Glu-Val-Phe-Gln-
内质网驻留蛋白	不被切除	-Lys-Asp-Glu-Leu-COO^{-}
核输入蛋白	不被切除	-Pro-Pro-Lys-Lys-Lys-Arg-Lys-Val-
核输出蛋白	不被切除	-Leu-Ala-Leu-Lys-Leu-Ala-Gly-Leu-Asp-Ile-
过氧化物酶体输入蛋白	不被切除	-Ser-Lys-Leu-COO^{-}
线粒体输入蛋白	切除	$^{+}H_3N$-Met-Leu-Ser-Leu-Arg-Gln-Ser-Ile-Arg-Phe-Phe-Lys-Pro-Ala-Thr-Arg-Thr-Leu-Cys-Ser-Ser-Arg-Tyr-Leu-Leu-
质体输入蛋白	切除	$^{+}H_3N$-Met-Val-Ala-Met-Ala-Met-Ala-Ser-Leu-Gln-Ser-Ser-Met-Ser-Ser-Leu-Ser-Leu-Ser-Ser-Asn-Ser-Phe-Leu-Cly-Gln-Pro-Leu-Ser-Pro-Ile-Thr-Leu-Ser-Pro-Phe-Leu-Gln-Gly-

需要注意的是，在蛋白质定向、定位分选转运过程中，蛋白质自身所携带的分选信号都需要被互补的**分选受体**所识别，然后在分选受体的帮助下，才能引导蛋白质转运到目的地。受体行使着类似催化剂的功能，当完成一次定位后，它们会回到原来的位置以供再次使用。

（二）蛋白质分选的途径与类型

1. 蛋白质分选转运的基本途径

核基因编码的蛋白质分选转运主要有两条基本途径。

（1）**后翻译转运途径**（图4-3右侧），即在细胞质基质游离核糖体上完成多肽链的合成，然后根据其所携带的不同分选信号转运至相应的膜性细胞器，如线粒体、叶绿体、过氧化物酶体及细胞核等，而不含分选信号的蛋白质则成为细胞质基质中的可溶性驻留蛋白或细胞质骨架蛋白。

（2）**共翻译转运途径**（图4-3左侧），即蛋白质合成在游离核糖体上起始之后，暴露出的N 端信号肽被细胞质基质中的**信号识别颗粒**（signal recognition particle，SRP）所识别并相互结合，引导核糖体转移至糙面内质网，然后新生肽链边继续合成边转入糙面内质网腔或定位在内质网膜上。最终这些蛋白质同样根据其所携带的不同分选信号经转运膜泡转运至高尔基体加工包装再分选至溶酶体、细胞质膜或分泌到细胞外。内质网与高尔基体本身驻留蛋白的分选也是通过这一途径完成的。

2. 蛋白质分选的主要类型

分选信号的差异最终决定蛋白质合成起始后继续合成的不同形式、各自的运输途径及去向。根据转运方式或机制的不同，可将蛋白质转运分为以下几种类型（图4-4）。

（1）**跨膜转运**（transmembrane transport）。一方面是指共翻译转运途径中，在细胞质基质中起始合成的蛋白质，在信号肽-SRP介导下转移至内质网，然后边合成边转运或进入内质网腔或插入内质网膜；另一方面是指后翻译转运途径中，在细胞质基质核糖体上完成合成的多肽链在不同靶向信号序列指导下，依不同的机制转运到线粒体、叶绿体和过氧化物酶体等细胞器。

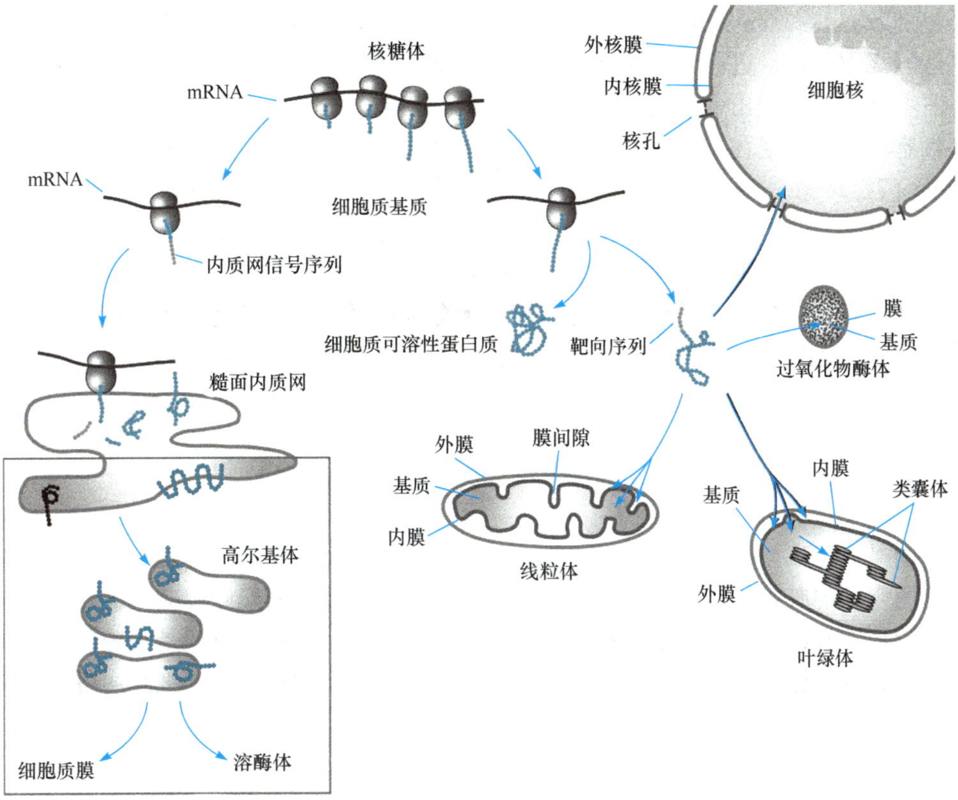

图4-3　蛋白质分选转运的基本途径（参照Lodish et al.，2013）

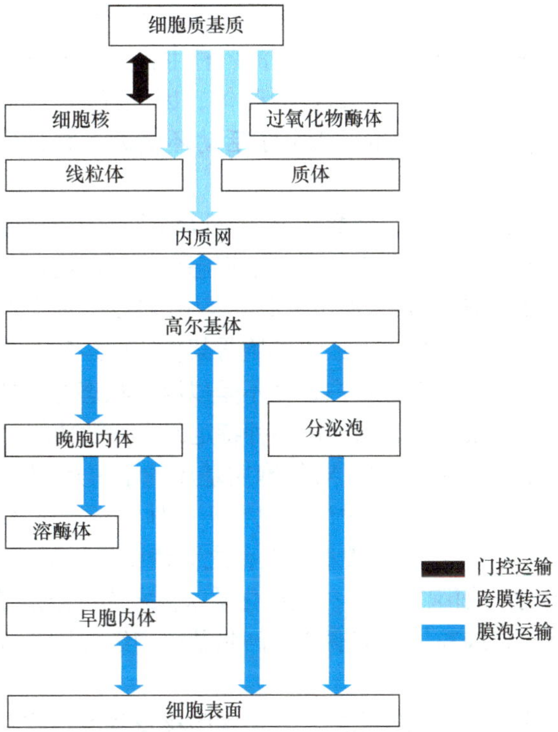

图4-4　蛋白质分选的主要类型示意图（参照Alberts et al.，2014）

（2）**膜泡运输**（vesicular transport）。蛋白质被不同类型的转运膜泡从糙面内质网合成部位转运至高尔基体，进而分选转运至溶酶体、胞内体、分泌泡或细胞膜（细胞外）等不同部位，其中涉及供体膜出芽形成不同的转运膜泡、膜泡运输，以及转运膜泡与靶膜的融合等过程。细胞在分泌和胞吞过程中，大分子和颗粒物质的转运就是以这种运输形式实现的。

（3）**门控运输**（gated transport）。在细胞质基质中合成的蛋白质由特定的分选信号介导，通过核孔复合体在细胞核-细胞质间双向选择性地完成核输入或核输出（参见本书第六章）。植物细胞间通过胞间连丝转运蛋白质的方式也属于此类。

除上述三种蛋白质分选转运类型外，那些无分选信号、永久性地滞留于细胞质基质中的蛋白质也存在转运过程，这一过程显然与细胞骨架系统的分布和活动密切相关，但由于细胞质基质的结构尚不完全清楚，因此对蛋白质分子在其中的转运方式了解甚少。

第二节　细胞质基质

细胞质基质是真核细胞的细胞质中除去细胞器和内含物以外，占据着细胞膜内、细胞核外的细胞内空间的胶状物质。细胞质基质中主要含有与各种中间代谢反应相关的酶类，以及与维持细胞形态和细胞内物质运输有关的细胞质骨架结构。细胞质骨架是细胞质基质结构体系的组织者，为细胞质基质中的各种成分和细跑器提供锚定位点，保证细胞内各种复杂代谢反应高效而有序的进行。

一、细胞质基质的组成

细胞质基质的主要成分包括约占总体积70% 的水和溶于其中的离子，以及蛋白质、多糖和核糖核酸等生物大分子。此外，细胞质基质中还含有各种代谢产物，如氨基酸、单糖、脂肪酸、核苷酸及其衍生物。细胞质基质中存在的各种生物大分子约占细胞容积的20%~30%，总浓度可达80~200mg/ml，形成一种黏稠的胶体，因此任何一种大分子都处于一个充满其他大分子的拥挤环境中，这样的生物大分子活动环境称为**大分子拥挤**（macromolecular crowding）。

在细胞质基质这种拥挤环境中，多数水分子是以水化物的形式紧密地结合在蛋白质和其他大分子表面的极性部位，只有部分水分子以游离态存在，起溶剂作用。细胞质基质中，蛋白质分子和颗粒性物质的扩散速率仅为其在水溶液中的1/5，而分泌泡和细胞器等更大的结构则固定在细胞质基质的某些部位上，或沿细胞骨架作定向运动。近年来的研究发现，细胞质基质中的多数蛋白质，包括水溶性蛋白，并不是以溶解状态存在的。它们直接或间接地与细胞质骨架结合，或与生物膜结合，以完成各种特定的生物学功能。

尽管与细胞核和其他细胞器相比，对细胞质基质的了解还相当肤浅，但是随着研究方法与手段的改进，人们对细胞质基质的认识也在不断地更新与深入。在研究过程中，细胞质基质曾被赋予多个名称。例如，显微水平上称之为**透明质**（hyaloplasm）或细胞液（cell sap）；亚显微水平上称之为细胞质基质；生物化学家称之为**胞质溶胶**（cytosol），即细胞匀浆经差速离心除去细胞核、线粒体、溶酶体、高尔基体和细胞质膜等细胞器或细胞结构后的上清液部分。

细胞质基质的化学成分是动态变化的，它与细胞核及各种细胞器之间不断地进行着物质交换。例如，细胞核与细胞质基质之间通过核孔复合体进行着双向物质运输，许多在细胞核内行使功能的蛋白质都是在细胞质基质内合成后运送到细胞核内的，而tRNA和mRNA等是在细胞核内合成后运送到细胞质基质中的。细胞质基质与各种细胞器之间也有着类似的物质交换。例如，大分子物质在溶酶体内被降解，降解产物透过溶酶体膜进入细胞质基质，这些降解产物可在细胞质基质中或进入其他细胞器被重新利用。

关于细胞质基质与细胞质骨架之间的关系还存在争议。有科学家根据越来越多的实验证据推测，细胞质基质很可能是一种高度有序的体系，细胞质骨架纤维贯穿其中，起着重要的组织作用。各种细胞器有机地定位于这一网络体系中，细胞质基质中的蛋白质、mRNA等生物大分子也直接或间接地与骨架纤维结合或与细胞器的膜结构结合，从而锚定在特定的位置，在细胞质基质中形成一系列精细的区域，使各种代谢过程有序地进行。细胞质骨架不仅为细胞器和生物大分子提供了空间定位的场所，而且还为它们在细胞内的定向移动提供了有效的轨道。也有学者主张细胞质骨架作为相对独立的主要结构体系不应纳入细胞质基质范畴。然而离开了细胞质骨架的支持与组织，细胞质基质便无法维系这种复杂的高度有序的结构，也就无法完成各种生物学功能。此外，从细胞骨架的角度来看，细胞质骨架的主要成分，特别是微管和微丝的装配和解聚与周围的液相始终处在一种动态平衡之中，离开这种特定的环境，骨架系统也难以行使其功能。

二、细胞质基质的功能

细胞质基质担负着多种重要功能。细胞与周围环境、细胞质与细胞核及细胞器之间的物质运输、信息传递、能量交换等过程都要通过细胞质基质来完成，许多重要的中间代谢反应也发生在细胞质基质中。

（一）在细胞物质代谢中起着重要作用

细胞内的许多中间代谢过程，如糖酵解过程、磷酸戊糖途径、糖醛酸途径、糖原的合成与部分分解、脂肪酸合成等，都发生在细胞质基质中。尽管人们对这些代谢反应的生化步骤研究得比较清楚，但对于它们在细胞质基质中是如何进行的细节，特别是反应底物和产物如何定向转运的机制还了解不多。

细胞质基质还是蛋白质合成的场所。除线粒体和质体基因组编码的蛋白质外，细胞内所有蛋白质合成的起始步骤都发生在细胞质基质的游离核糖体上，具有特殊N端信号序列的蛋白质合成起始后很快转移到内质网膜上，边合成边转移到内质网腔或膜上，然后再以膜泡运输的方式由内质网转运至高尔基体并进一步完成蛋白质分选。其他蛋白质的合成则均在细胞质基质中的游离核糖体上完成，然后再根据蛋白质自身所携带的信号，分别转运至线粒体、叶绿体、微体或细胞核中，也有些蛋白质驻留在细胞质基质中，构成其自身的结构成分。

（二）细胞质基质中的复杂结构体系执行重要功能

细胞质骨架是一种高度动态的结构体系，主要包括微丝、微管和中间丝三种结构组分。细胞质骨架作为细胞质基质结构体系的组织者，不仅与细胞形态维持、细胞运动、细胞内的物质运输及能量传递有关，而且为细胞质基质中其他成分和细胞器提供锚定位点，从而在细胞质基质中形成更为精细的三维立体特定区域。同时，细胞内的各种膜相细胞器也使细胞质基质产生区室化，从而通过生物膜结构将蛋白质等生物大分子限定在膜的二维平面上，使各种复杂的代谢反应高效而有序地进行。

细胞质骨架不仅为细胞器和生物大分子提供了空间定位的场所，而且也为它们在细胞内的定向移动提供了有效轨道。细胞内的大颗粒物质，如细胞器和运输小泡等，常常在马达蛋白的驱动下沿着微管或微丝运动。

此外，细胞质基质内环境稳态（离子浓度、pH等）的维持依赖于细胞质膜或细胞器膜上的各种膜转运蛋白的正常运转，为细胞质基质行使正常生理生化功能提供保障。

（三）细胞质基质中蛋白质的修饰、选择性降解和折叠

1. 蛋白质的修饰

从核糖体释放出的新生多肽链不具有生物活性，必须经过翻译后加工才能转变为具有一定构象和功能的蛋白质。侧链修饰是蛋白质翻译后加工的重要形式，对细胞的生命活动十分重要，但很多修饰的生物学意义至今尚不清楚。目前已知的蛋白质侧链修饰方式有100余种，其中的绝大多数修饰都是由专一的酶作用于蛋白质侧链特定位点上。

细胞质基质中进行的蛋白质修饰类型主要有：辅酶或辅基与酶的共价结合；用以调节细胞内多种蛋白质生物活性的磷酸化与去磷酸化；将*N*-乙酰葡萄糖胺（*N*-acetylglucosamine）分子加到蛋白质丝氨酸残基的羟基上的糖基化；某些蛋白质（如很多细胞骨架蛋白、组蛋白等）N 端发生的甲基化；将软脂酸链共价连接到某些跨膜蛋白暴露在细胞质基质侧的结构域上，或将脂肪酸链共价结合到某些癌基因（如*src*、*ras*等）表达产物的特定位点上的酰基化；等等。

2. 蛋白质的选择性降解

细胞质基质中的各种蛋白质处于不断降解与更新的动态变化过程中。尽管大部分蛋白质寿命较长，其生物活性可维持几天甚至数月，但也有一些寿命很短，合成后几分钟就被降解了，其中包括在某些代谢途径中催化限速反应步骤的酶。此外，细胞质基质中的变性蛋白质、错误折叠的蛋白质、含有被氧化或其他非正常修饰氨基酸的蛋白质，通常也很快被降解清除。

已知在蛋白质分子的氨基酸序列中，除含有决定蛋白质分选定位的靶向信号和与蛋白质功能有关的修饰信号外，还含有决定蛋白质寿命的信号，这种信号位于蛋白质N 端的第一个氨基酸残基。如果N 端的第一个氨基酸残基是甲硫氨酸（Met）、丝氨酸（Ser）、苏氨酸（Thr）、丙氨酸（Ala）、缬氨酸（Val）、半胱氨酸（Cys）、甘氨酸（Gly）或脯氨酸（Pro），则该蛋白质通常是稳定的；如果是其他氨基酸残基，则往往是不稳定的。目前对其控制机制还了解不多。

细胞质基质中，有一种识别并降解这些不稳定的短寿命蛋白质，或变性、错误折叠蛋白质的机制——**泛素介导的蛋白质降解途径**（ubiquitin-mediated protein degradation pathway）。以色列科学家阿龙•切哈诺沃（Aaron Ciechanover）、阿夫拉姆·赫什科（Avram Hershko）和美国科学家欧文•罗斯（Irwin Rose）因此项发现而获得2004 年诺贝尔化学奖。

细胞内蛋白质的降解主要有两条途径：溶酶体降解和泛素介导的降解。前者主要降解从细胞外内吞的蛋白质，如LDL，对所降解蛋白质选择的特异性相对不高，只要进入溶酶体的蛋白质大部分都会被降解；后者则主要降解细胞内的蛋白质，其特性是底物蛋白质先

经多聚泛素化修饰，再通过蛋白酶体（proteasome）降解。泛素介导的蛋白质降解途径具有多种生物学功能，包括蛋白质质量监控、影响细胞代谢、信号转导和受体调整（receptor modulation）、免疫反应、细胞周期、转录调节和DNA修复等。

泛素（ubiquitin，Ub）是由76个氨基酸残基组成的小分子球蛋白，具热稳定性，普遍存在于真核细胞中，由于其广泛存在且序列高度保守，故名泛素。泛素具有多种生物学功能。

蛋白质的**泛素化**是一个依赖ATP的三步酶促反应过程，需要经过E1[泛素活化酶（ubiquitin activating enzyme）]、E2[泛素结合酶（ubiquitin conjugating enzyme）]和E3[泛素连接酶（ubiquitin ligase）]三种酶的顺序催化来完成，此种构成方式也决定了泛素介导蛋白质降解的多样性。至今发现有2种E1、50多种E2和上千种E3，通过E1、E2、E3的不同组合，可以非常特异性地降解不同底物，当然此特异性主要是由E3和底物的特性（如构象变化和磷酸化修饰等）所决定。

蛋白质泛素化的具体步骤如图4-5所示：①E1活化泛素分子，在一个ATP分子参与下，泛素活化酶（E1）通过催化泛素C端的甘氨酸（Gly）残基形成酰基-腺苷酸中间产物，使泛素分子C 端被激活，然后激活的泛素被转移至E1酶的半胱氨酸（Cys）残基上，形成高能硫酯键，释放AMP；②泛素分子转移至E2，活化的泛素通过转酰基作用进一步转移到泛素结合酶（E2）的Cys残基上，形成E2-泛素巯基酯；③E3催化形成异肽键（isopeptide bond），即在泛素连接酶（E3）催化下，与E2 结合的泛素羧基末端和靶蛋白赖氨酸（Lys）残基侧链的氨基之间以一个酰胺异构肽腱连接，E2被释放。

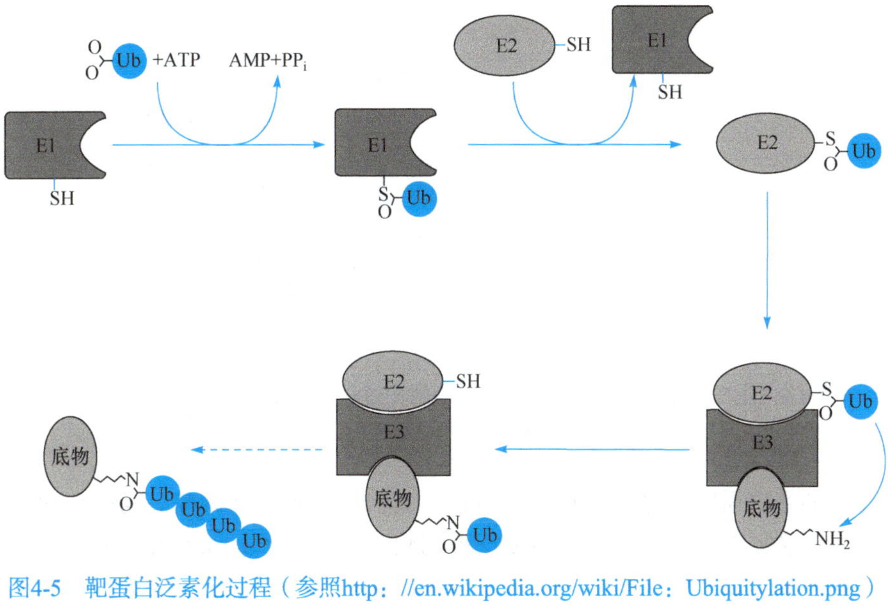

图4-5　靶蛋白泛素化过程（参照http：//en.wikipedia.org/wiki/File：Ubiquitylation.png）
Ub. 泛素

单个连接的泛素分子尚不足以引起靶蛋白的降解，活细胞中有一系列的泛素单体可通过重复上述步骤不断加到前一个泛素分子的第48位Lys残基上，形成多聚泛素链。最终带有多聚泛素化标签的靶蛋白被一种沉降系数为26S 的蛋白酶体所识别并降解，同时由**泛素C端水解酶**（ubiquitin carboxy-terminal hydrolase）释放泛素供再循环利用。

泛素蛋白本身含有7个赖氨酸残基，这些赖氨酸残基都可以被泛素化修饰，因此它们之间也可以通过这些位点互相连接发生**多聚泛素化**（polyubiquitination）而形成不同的多聚泛素链，这些多聚泛素链在细胞生命活动中起着不同作用。目前的研究显示，泛素单体之间的连接位点主要是第48位和第63位的Lys残基。各泛素单体之间连接位点的差异和泛素单体的多少决定着底物蛋白质的命运。例如，第48位赖氨酸形成的多聚泛素链是蛋白质降解的信号，而第63位赖氨酸形成的多聚泛素链则是转录调控、细胞内吞或激酶活化相关的信号。此外，还有一些蛋白质，如组蛋白H2A和H2B等经单泛素蛋白修饰后也可以发挥调控作用而不会被降解。因此，泛素修饰广泛存在于生命活动中，渗透于生命活动的各个方面。

蛋白酶体是泛素介导蛋白质降解途径的最后一个环节。它是由约50 种蛋白质亚基组成的大分子复合体，具有ATP依赖的蛋白酶活性。在真核生物中，蛋白酶体位于细胞核和细胞质中。蛋白酶体的组分通常根据它们的沉降系数（S）来命名。最普遍的蛋白酶体形式是26S蛋白酶体，其分子质量约为2000kDa，呈中空桶状结构，包含中间一个由28种蛋白质亚基组成的20S催化核心和两端各一个由16~18种蛋白质亚基组成的起调节和识别作用的19S帽，其中6种蛋白质亚基具有ATPase活性，负责为蛋白质降解活动提供能量。带有多聚泛素化链标签的靶蛋白可被蛋白酶体19S帽识别，并利用ATP水解提供的能量驱动泛素分子的切除和靶蛋白解折叠，去折叠的蛋白质被转移至蛋白酶体20S核心腔内降解。经过蛋白酶体的降解，靶蛋白被切割为约7个或8个氨基酸长的肽段（图4-6），这些肽段可以被进一步降解为单个氨基酸分子，然后被用于合成新的蛋白质。

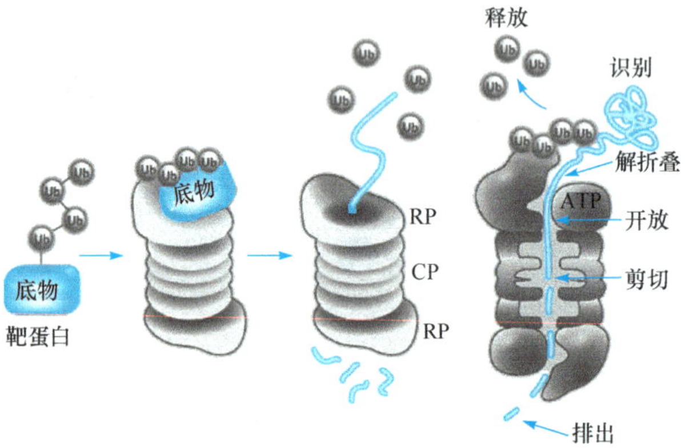

图4-6　蛋白酶体识别泛素化靶蛋白并降解的过程（参照Hochstrasser，2009）

RP. 调节颗粒；CP. 核心颗粒；Ub. 泛素

泛素介导的蛋白质降解是高度特异的过程，其自身受到严格调控。与磷酸化修饰途径一样，泛素化修饰途径也是可逆的，其中**去泛素化酶**（deubiquitinating enzyme，DUB）的调节就是一个重要环节。去泛素化酶是一类数量很大的蛋白酶家族，它主要通过水解泛素羧基末端的酯键、肽键或异肽键，将泛素分子特异性地从底物蛋白质上水解下来，起到去泛素化的作用，对蛋白质降解进行反向调节，从而影响蛋白质的功能。去泛素化酶可以影响或调节细胞的生长发育、细胞周期、信号转导，以及神经病变或肿瘤等许多细胞生理和病理过程。

3. 帮助变性或错误折叠的蛋白质重新折叠形成正确的分子构象

细胞中有一类在序列上没有相关性但有共同功能的蛋白质，它们能帮助其他含多肽的结构正确折叠和装配，但是在组装完毕后与之分离，不构成这些蛋白质结构执行功能时的组分，这类蛋白质被称为**分子伴侣**（molecular chaperone）。1987 年，Lasky发现细胞核内的核质蛋白（nucleoplasmin）能与组蛋白结合并介导核小体有序组装，首先提出了分子伴侣的概念。

细胞质基质中的**热休克蛋白**（heat shock protein，HSP）就是一大类分子伴侣，在正常细胞中，它们能选择性地与变性或错误折叠的蛋白质结合形成聚合物，利用水解ATP释放的能量使聚集的蛋白质溶解，并进一步折叠成正确构象的蛋白质。此外，它们还能协助细胞内蛋白质合成、分选、折叠与装配等。热休克蛋白是一类在进化上高度保守的蛋白质家族，在人类、果蝇和植物中发现的热休克蛋白都有相似的序列和功能，其中的大多数是组成型表达和执行多种基本功能，但有些则是细胞在胁迫条件下才高水平表达，以便在维持细胞稳态中发挥核心作用，减少异常环境对细胞的损伤。根据分子质量大小、结构和功能，热休克蛋白被区分为HSP100、HSP90、HSP70、HSP60等几个家族，每一家族中都有由不同基因编码的数种蛋白质成员。

第三节　细胞内膜系统

真核细胞内膜系统是指在结构和功能乃至发生上相互关联的、由单层膜包被的细胞器或细胞结构，主要包括内质网、高尔基体、胞内体、溶酶体、液泡和分泌泡等。线粒体、叶绿体和细胞核不属于内膜系统。目前的证据表明，过氧化物酶体有双重起源，其包膜被认为来源于内质网出芽的前体膜泡，而绝大部分的膜蛋白和可溶性的过氧化物酶体蛋白是在细胞质基质中合成后，再分选转运输入其中的，因此将放在本节介绍。

一、内质网

内质网（endoplasmic reticulum，ER）是真核细胞中广泛存在的重要细胞器。早在1897年，Garnier在光学显微镜下发现，染色的胰腺和唾液腺细胞中有嗜碱性区域，其形态结构和数量随细胞的分泌活动而变化，称之为动质（ergastoplasm）。1945年，K. R. Porter 等在电子显微镜下对培养的小鼠成纤维细胞内部结构进行了深入观察，初次发现细胞质的内质区分布着一些由小管、小泡相互连接吻合形成的网状结构，根据该结构的分布及形态特征，当时将其命名为内质网，即光学显微镜下观察到的动质。随着超薄切片和固定技术的改进，Palade 和Porter等于1954年证实内质网是由膜围绕的囊泡所组成。虽然后来更多的观察研究表明，内质网不仅仅存在于细胞的内质部位，常常扩展、延伸至靠近细胞质膜的外质区，但仍习惯延用此名称。

大量研究资料证实：内质网通常占整个细胞膜系统组成的50%左右，体积占细胞总体积的10%以上。在不同类型的细胞中，内质网的数量、类型与形态差异很大。同一细胞在不同发育阶段、不同生理状态下，内质网的结构与功能也随之显著变化。在细胞周期不同阶段，内质网也发生很大变化。细胞分裂时，内质网要经历解体与重建的过程。

内质网是细胞内蛋白质与脂质合成的基地，几乎全部的脂质和多种重要的蛋白质都是在内质网上合成的。根据结构与功能，内质网可分为两种基本类型：**糙面内质网**（rough endoplasmic reticulum，rER）和**光面内质网**（smooth endoplasmic reticulum，sER）。

（一）内质网的化学组成

内质网是由封闭的管状或扁平囊状膜系统及其包被的腔形成互相沟通的三维网络结构。要研究内质网的组成、结构和功能，需要对其进行分离和纯化。在细胞匀浆和离心分离过程中，内质网断裂成碎片并自发重新封闭，形成近似球形的囊泡结构，直径约100nm，称为**微粒体**（microsome）。通过密度梯度离心分离技术得到的微粒体包括颗粒型和光滑型两种类型（图4-7）。颗粒型微粒体上附着有核糖体，来自于糙面内质网；而光滑型微粒体一部分来自光面内质网，一部分则可能来自细胞质膜、高尔基体、胞内体、线粒体等，因此光滑型微粒体很难区分其起源，不过肝细胞和肌肉细胞提取的微粒体例外，因为它们分别含有大量的光面内质网和肌质网，因此，从这两种细胞中分离到的光滑型微粒体几乎都来源于光面内质网。

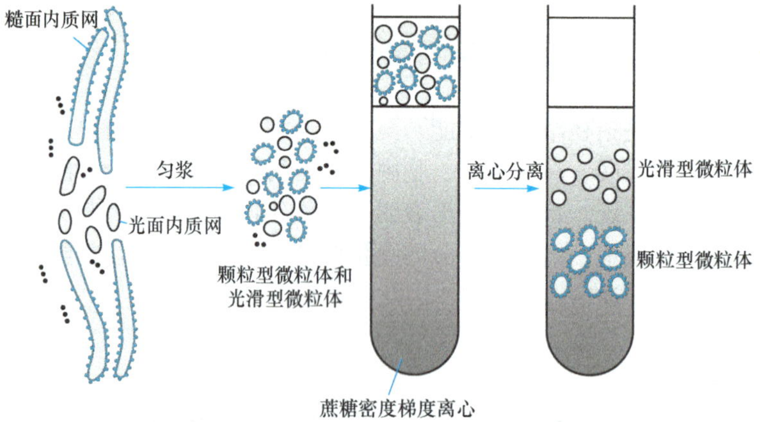

图4-7　通过蔗糖密度梯度离心技术可获得颗粒型和光滑型两种微粒体（参照Alberts et al.，2014）

虽然微粒体是形态上的人工产物，但大量生化分析及体外实验证明，微粒体不仅包含内质网膜与核糖体两种基本组分，而且可行使内质网的一些基本功能。因此在生化与功能研究中，常常把微粒体和内质网等同看待。目前对内质网的生化特征与功能的认识，大多是通过对微粒体的体外实验分析研究获得的。

内质网膜厚度为5~6nm，比细胞质膜薄，但仍具有典型的“暗-明-暗”式的单位膜结构。脂类和蛋白质分子是内质网膜的主要化学成分。内质网膜中脂类占30%~40%、蛋白质占60%~70%。脂类的主要成分为磷脂，其中磷脂酰胆碱含量较高，鞘磷脂含量较少，很少含胆固醇。内质网膜中的蛋白质含量较细胞质膜的高，部分蛋白质的分布具有异质性。例如，作为核糖体结合位点的核糖体结合蛋白（ribophorin）只分布在糙面内质网膜上，而细胞色素P450酶系只分布在光面内质网膜膜上。

内质网膜中含有30~40种酶，其中**葡萄糖-6-磷酸酶**为内质网的主要标志性酶。它们大致可分为以下几种类型：①与甘油三酯、磷脂和胆固醇合成有关的酶类，如脂肪酸CoA 连接酶、磷脂醛磷酸酶、胆固醇羟基化酶、转磷酸胆碱酶及磷脂转位酶等；②与解毒功能密切相关的电子传递体系，主要由细胞色素P450、NADPH-细胞色素P450还原酶、细胞色素b_5、NADH-细胞色素b_5还原酶、NADPH-细胞色素c还原酶等构成，其中细胞色素P450是光面内质网特有的标志酶；③与碳水化合物代谢相关的酶类，主要包括葡萄糖-6-磷酸酶、β-葡萄糖苷酸酶、葡萄糖醛酸转移酶和GDP-甘露糖基转移酶等。这些蛋白质在内质网膜上的分布不对称，有的偏向内质网腔面，有的偏向细胞质面。例如，细胞色素b_5、NADH-细胞色素b_5还原酶、NADPH-细胞色素c还原酶和细胞色素P450位于细胞质面，而葡萄糖-6-磷酸酶、β-葡萄糖苷酸酶和核苷二磷酸酶等则位于内质网腔面。

内质网腔中也含有30多种蛋白质，它们的共同特点是在其多肽链的羧基端（C端）含有一个被简称为**KDEL序列**（Lys-Asp-Glu-Leu，即赖氨酸-天冬氨酸-谷氨酸-亮氨酸）或**HDEL序列**（His-Asp-Glu-Leu，即组氨酸-天冬氨酸-谷氨酸-亮氨酸）的**内质网驻留信号**（retention signal）。驻留信号可通过与内质网膜上相应受体识别结合而使驻留蛋白滞留于内质网腔不被转运。目前已知的内质网驻留蛋白主要有：①免疫球蛋白重链结合蛋白（immunoglobulin heavy chain binding protein，**Bip蛋白**），因其能与IgG抗体重链结合而得名。Bip是一类分子伴侣，与热休克蛋白70（heat shock protein 70，HSP70）同源，具有阻止蛋白质聚集或发生不可逆变性，并协助蛋白质折叠的重要作用。②内质蛋白（endoplasmin），又称为葡萄糖调节蛋白94（glucose regulated protein 94），为二聚体糖蛋白，广泛存在于真核细胞，可与钙离子结合。作为内质网中的分子伴侣，它被蛋白酶激活后，可参与新生成肽链的折叠和转运。③钙网蛋白（calreticulin），一种普遍存在的内质网钙结合蛋白。具有一个高亲和性和多个低亲和性的钙离子结合位点，在内质网钙平衡调节、蛋白质折叠和加工、抗原提呈、血管发生及凋亡等生命活动过程中发挥重要作用。④钙连蛋白（calnexin），内质网中一种钙离子依赖的凝集素样伴侣蛋白。它们能够与未完成折叠新生肽链上的寡糖链结合，避免蛋白质彼此凝集与泛素化；阻止折叠尚不完全的蛋白质离开内质网，并进而促使其完全折叠。⑤**蛋白质二硫键异构酶**（protein disulphide isomerase，PDI），内质网腔内的PDI可通过催化蛋白质中二硫键的正确形成以保证蛋白质的正常折叠。

（二）内质网的形态结构与类型

内质网在细胞核周围形成了网状的三维结构，在细胞质内铺展成树枝状，形成了复杂的网络。有些区域内质网的细胞质面附着有核糖体，称为**糙面内质网**；有些区域内质网的细胞质面无核糖体附着，称为**光面内质网**（图4-8）。

超微结构研究表明，向内折叠的细胞质膜有时与内质网相连接，甚至有管道相通。原核细胞的细胞膜内侧有时附着大量核糖体，因而一些人认为在细胞进化过程中，内质网可能由细胞质膜演化而来。内质网膜常与外层核膜连接，内质网的腔与核周隙相通，而且外层核膜有时也附着大量的核糖体，这种结构上的联系不仅反映了细胞核-细胞质间的物质交换，同时也提示内质网与核膜在发生上有同源关系。在间期细胞中，内质网的分布常常与微管的走向一致，且总是沿微管向细胞周缘延伸。已发现与微管运输相关的马达蛋白——驱动蛋白（kinesin）与内质网结合，有可能内质网一端固定在核膜上，另一端在驱动蛋白的牵引下沿微管向外延伸形成复杂的网状结构。

1. 糙面内质网

糙面内质网是内质网与核糖体共同形成的复合机能结构，多呈扁囊状，排列较为整齐，其膜上有**核糖体结合蛋白**，供核糖体大亚基与内质网膜结合。糙面内质网的主要功能是合成分泌性蛋白和多种膜蛋白。糙面内质网膜上有一种称为**移位子**（translocon）的蛋白质复合体，直径约为8.5nm，中心有一个直径为2nm的“通道”，核糖体上新合成的多肽链即由此通道向内质网膜或内质网腔内转移。

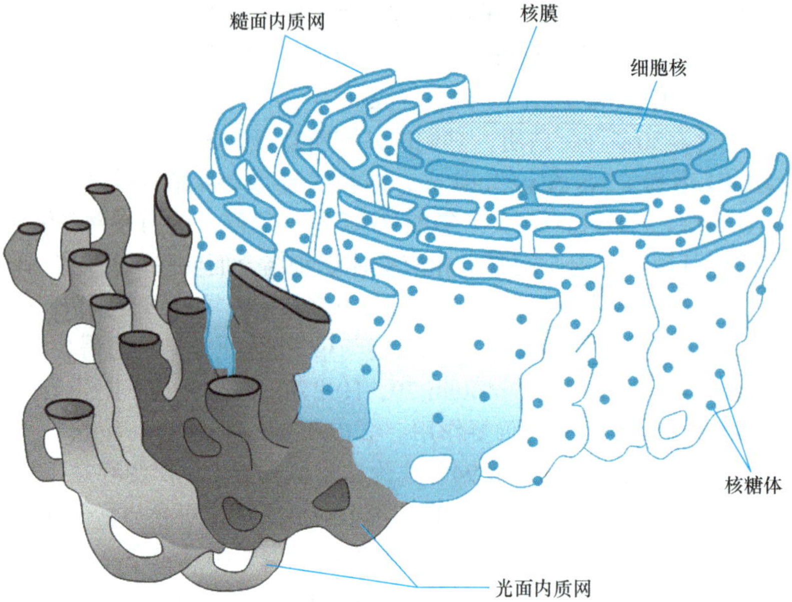

图4-8　内质网形态结构模式图（参照http：//cronodon.com/files/Cell_ER_labeled.jpg）

不同细胞中，糙面内质网的形状、数量和分布有很大差异。例如，在分泌细胞（如胰腺腺泡细胞）和分泌抗体的浆细胞中，糙面内质网非常发达；而在一些未分化的细胞，以及分化程度低、生长快的肿瘤细胞中，糙面内质网则较为稀少。此外，在合成代谢旺盛的细胞内，糙面内质网总是与线粒体紧密相依，这与线粒体为内质网执行功能提供所需能量直接相关，最近还发现这种分布上的联系与脂质的转移及Ca^{2+}释放的调节也密切相关。

内质网对外界因素（如射线、化学毒物、病毒等）的作用非常敏感，糙面内质网发生的最普遍的病理变化是内质网腔扩大并形成空泡，继而核糖体从内质网膜上脱落，蛋白质合成受阻。

2. 光面内质网

光面内质网膜上无核糖体结合蛋白，表面没有核糖体附着，常为分支管状，形成较为复杂的膜性网状立体结构。光面内质网是脂质合成的重要场所。细胞中几乎不含有纯的光面内质网，它们只是作为内质网这一连续结构的一部分，其中光面内质网所占的区域通常较小，往往作为出芽的位点，将内质网上合成的蛋白质或脂质转移到高尔基体内。因此，光面内质网与高尔基体在结构、功能与发生上的关系更为密切。

在某些细胞中，光面内质网非常发达并具有特殊的功能。例如，合成类固醇激素的细胞，其光面内质网膜上含有大量的将胆固醇转化成类固醇激素的酶。肝细胞中也含有丰富的光面内质网，它们是形成脂蛋白颗粒的主要场所，脂蛋白通过血液将脂类物质运输到身体的其他部位，脂蛋白颗粒中的脂类合成酶分布在光面内质网膜上。此外，肝细胞的光面内质网膜上也含有一些催化解毒反应的酶，研究得最多的是细胞色素P450 家族，这类酶将有毒物质由脂溶性转化成水溶性，最后经尿或胆汁排出体外。

肌质网（sarcoplasmic reticulum）是心肌细胞和骨骼肌细胞中特化的光面内质网，其复杂的管状系统位于横小管（T小管）之间，纵行包绕在每条肌原纤维周围。

（三）糙面内质网的功能

糙面内质网是细胞分泌蛋白、内膜系统各细胞器中可溶性驻留蛋白和整合膜蛋白合成、加工，以及输送到胞外或转运到内膜系统其他细胞器的重要场所。

1. 蛋白质的合成

核糖体主要由rRNA和蛋白质构成，是细胞内蛋白质合成的分子机器。细胞质中的核糖体在进行蛋白质合成时，既可以游离在细胞质基质中，称为游离核糖体；也可附着在糙面内质网的表面，称为**膜结合核糖体**或**附着核糖体**。二者在细胞质中有共同的核糖体大、小亚基库（图4-9）。

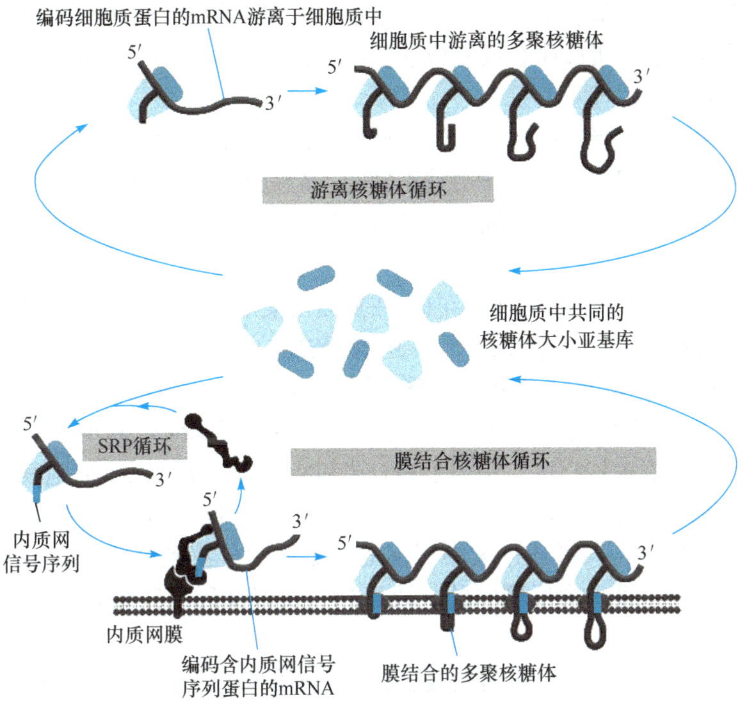

图4-9　游离核糖体和膜结合核糖体（参照Alberts et al.，2014）

核基因编码蛋白质的合成都起始于细胞质基质中的游离核糖体。游离核糖体和膜结合核糖体在结构和功能上是相同的，不同点在于游离核糖体上起始合成的蛋白质是否具有内质网信号肽。如果游离核糖体上起始合成的蛋白质不具有信号肽，该蛋白质的合成就在细胞质基质中的游离核糖体上完成。如果游离核糖体上起始合成的蛋白质具有内质网信号肽，此信号肽便会指导核糖体转移到糙面内质网膜上，多肽链边延伸边穿过内质网膜，或进入内质网腔中，或留在内质网膜上，最终完成该蛋白质的合成。因此，糙面内质网是核糖体合成蛋白质的重要场所。

糙面内质网上合成的蛋白质主要包括三类。第一类是向细胞外分泌的蛋白质，包括胰腺细胞分泌的酶、浆细胞分泌的抗体、小肠杯状细胞分泌的黏蛋白、内分泌腺分泌的多肽类激素和胞外基质成分等。这类蛋白质常以分泌泡的形式通过细胞的胞吐作用运送到细胞外。第二类是整合膜蛋白，包括细胞质膜上的膜蛋白，以及内质网、高尔基体和溶酶体膜上的膜蛋白，其构象都具有方向性，并且在内质网上合成时就已确定，在后续的转运过程中，其拓扑学特性始终保持不变。第三类是内膜系统各细胞器中的可溶性驻留蛋白，如溶酶体与植物液泡中的酸性水解酶类，内质网、高尔基体和胞内体中的可溶性驻留蛋白，以及其他有重要生物活性的蛋白质。其中第一、三类蛋白质在合成后进入内质网腔，然后再进一步包装分选。此外，有些蛋白质在合成后需进行修饰和加工，这是在转运过程中由内质网和高尔基体中的一系列酶来完成的。

1）分泌蛋白和可溶性驻留蛋白的合成

分泌蛋白和可溶性驻留蛋白的合成同样起始于细胞质基质中的游离核糖体，它们如何转移到糙面内质网膜上继续合成并释放到内质网腔中？这一问题的答案，目前较为公认的是G. Blobel 和D. Sabatini 等于1975年提出的**信号假说**（signal hypothesis）。他们认为，分泌蛋白的N 端含有一段信号肽，它指导新生的多肽和核糖体转至内质网上合成，并转位进入内质网腔内，然后信号肽在蛋白质合成完成前被内质网腔内的信号肽酶水解。Blobel 因此获得1999 年诺贝尔生理学或医学奖。

信号假说解释了分泌蛋白如何定位到内质网。此后，信号假说不仅在真核细胞中被证明是正确的，而且在原核细胞中也被证明是正确的。最重要的是，使信号介导的蛋白质靶向运输的概念得以拓展，也有助于解释细胞质基质中游离核糖体上合成的蛋白质是如何定向转运到相应正确部位的。

随后的研究也发现了指导分泌性蛋白质在糙面内质网上合成和输入的几个关键部件，除蛋白质N端的**信号肽**（signal peptide）外，还需要SRP、内质网膜上**信号识别颗粒的受体**[又称为停泊蛋白（docking protein，DP）]和**移位子**（translocon）等因子共同协助完成。

（1）信号肽。位于蛋白质的N端，一般由16~26个氨基酸残基组成，其中包括由非极性氨基酸残基组成的疏水核心区、信号肽的C端和N端三部分。原核细胞某些分泌性蛋白的N端也具有信号序列。信号肽似乎没有严格的专一性。例如，大鼠的胰岛素原蛋白接上真核或原核细胞的信号肽，均可通过大肠杆菌的细胞质膜分泌到细胞外。由于信号肽又是引导新生肽链穿过移位子进入内质网腔的一段序列，所以又称为**开始转移序列**（start transfer sequence）。

（2）SRP。SRP是一种核糖核蛋白复合体，由6 条多肽链和一个7S RNA（长约300个核苷酸）结合组成，为一种GTP结合蛋白（GTP-binding protein）。SRP通常存在于细胞质基质中，其上有三个功能部位：翻译暂停结构域（P9/P14）、信号肽识别结合位点（P54）、SRP受体蛋白结合位点（P68/P72）。因此，SRP能够识别刚从游离核糖体上合成出来的信号肽，并与信号肽和核糖体大亚基结合，暂时中止新生肽链的延伸，蛋白质合成暂停；同时与SRP受体结合，使核糖体附着到内质网膜上，然后进行新生肽链的转移。SRP对正在合成的其他无信号序列的蛋白质无作用，因此，这些游离核糖体也就不能附着到内质网膜上。

（3）SRP受体。SRP受体是内质网膜的整合蛋白，相对分子质量为7.2×10^4，是由α 和β 亚基组成的异二聚体，可特异性地与结合有信号肽的SRP结合，使正在合成多肽链的核糖体停靠到内质网膜上。SRP 受体与SRP 同样也是一种GTP 结合蛋白，当SRP中的P54 亚基和SRP 受体的α 亚基与GTP 结合时，会增进 SRP/ 新生肽/ 核糖体复合物与SRP 受体结合的强度。随后，当结合在SRP 的P54 亚基和SRP 受体α 亚基上的GTP 分子水解，促使SRP从糙面内质网膜上释放，启动新生肽链通过移位子的跨膜转移。SRP则在糙面内质网膜和细胞质基质中循环。

（4）移位子。移位子又称为转位因子（translocator），是糙面内质网膜上的多蛋白复合体，外径约8.5nm，中心有直径为2nm的亲水性通道，新生多肽经由此通道进入内质网（图4-10）。哺乳动物细胞中移位子是由α、β、γ三种亚基构成的Sec61 复合物（Sec61 complex）。晶体结构研究表明，最大的亚基形成的α螺旋围绕形成中央通道，通道口有一个短的螺旋，不运输蛋白质时短的螺旋堵住通道口，运输蛋白质时则移至旁边，所以移位子是一个动态的门通道，核糖体的结合是转运体中央通道开放所必需的条件，这样可保证离子，如Ca^{2+}，不会渗漏出去。Sec61复合物还可以沿着侧面的缝合线开孔，这个开口使蛋白质还可以从侧面进入膜的疏水区，这个过程对于被切除的信号肽的释放及膜蛋白的整合都很重要。

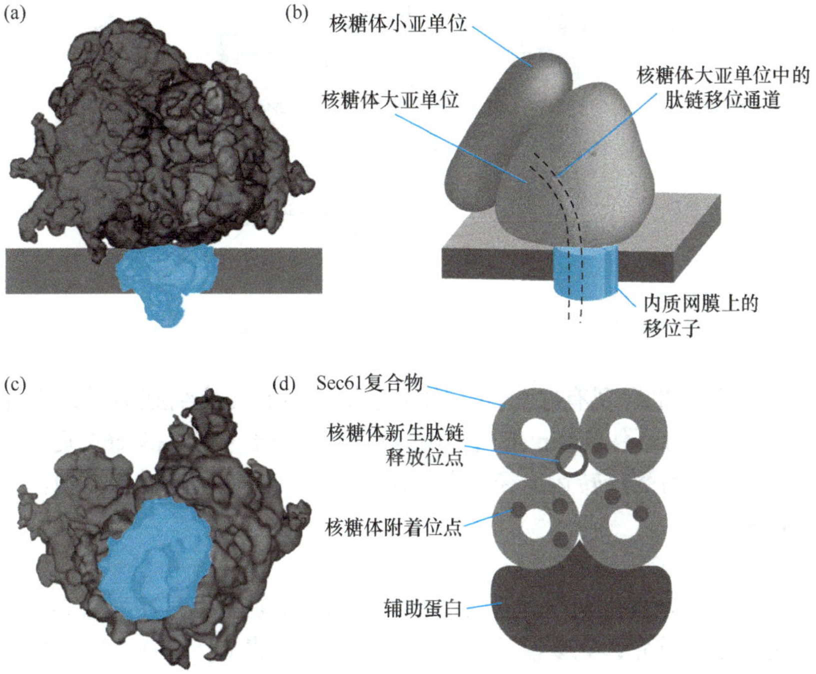

图4-10　核糖体与移位子（Sec61蛋白复合体）的结合（参照Alberts et al.，2014）

（a）复合体侧向电子显微镜照片的重建；（b）结合于移位子的核糖体；（c）复合体俯视图（向内质网膜方向俯视）；（d）移位子与核糖体结合位点示意图

移位子不仅是新生多肽链合成时进入内质网腔的通道，而且还能够利用水解ATP将内质网腔中的错误折叠蛋白质转运到细胞质基质中去。

（5）合成的蛋白质转入内质网腔的过程。分泌蛋白（或可溶性内膜系统驻留蛋白）在信号肽引导下边翻译边跨膜转运进入内质网腔的过程属于**共翻译转运**（cotranslational translocation），其转运过程可概括如下（图4-11）：蛋白质首先在细胞质基质游离核糖体上起始合成①，当多肽链延伸至80 个左右氨基酸残基时，N 端的内质网信号序列暴露出核糖体并与SRP结合，导致肽链延伸暂时停止②，防止新生肽N 端损伤和成熟前折叠，直至SRP与内质网膜上的SRP受体结合，这种结合的相互作用被GTP 与SRP 和SRP 受体（DP）的结合所强化③。核糖体/ 新生肽与内质网膜的移位子结合，随后结合在SRP和SRP 受体上的GTP 分子水解，促使SRP从糙面内质网膜上释放，返回细胞质基质中重复使用，肽链又开始延伸。

以环化构象存在的信号肽与移位子组分结合并使孔道打开，信号肽穿入内质网膜并引导肽链以袢环的形式进入内质网腔中，这是一个耗能过程④。与此同时，内质网腔面上的信号肽酶切除信号肽并快速使之降解⑤。肽链继续延伸⑥，直至完成整个多肽链的合成，蛋白质进入内质网腔内并折叠，核糖体释放⑦，移位子关闭⑧。

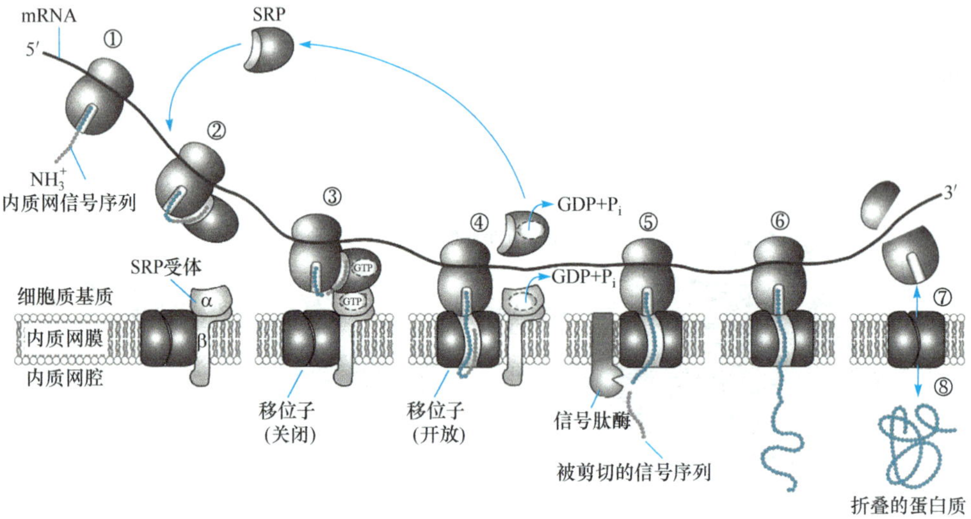

图4-11　分泌蛋白共翻译转运过程（参照Lodish et al.，2013）

最近在酵母细胞中也发现有些分泌蛋白不是像大多数真核细胞那样，边合成边跨膜转运，而是由结合ATP的分子伴侣Bip 蛋白（Bip-ATP）与整合膜蛋白Sec63 复合物相互作用，水解ATP提供动力驱动后翻译转运途径，即分泌蛋白在细胞质基质游离核糖体上合成，然后再转运至内质网中。

2）整合膜蛋白的合成

虽然整合膜蛋白的合成机制与分泌蛋白基本相同，也是由信号序列引导，但是其合成转运过程相对较为复杂。首先，它要靠疏水区滞留在内质网膜上；其次，膜蛋白分单次跨膜和多次跨膜。另外，膜蛋白在膜上的定向问题，即羧基端和氨基端是分别位于内质网腔面或细胞质基质侧，还是位于同一侧。

（1）单次跨膜蛋白的插入转移机制。单次跨膜蛋白插入内质网膜的共翻译转运有三种可能的机制。

最简单的一种机制是在新生跨膜蛋白的肽链中既有N端的信号肽，又有**停止转移信号**（stop transfer signal）。停止转移信号是肽链上的一段特殊的疏水序列，与内质网膜有很高的亲合力。N端的内质网信号肽作为开始转移信号，可使移位子通道开放，肽链续继合成并向内质网腔转移。当停止转移序列进入移位子通道，即可与其结合位点相互作用，使移位子处于钝化状态。最终，内质网信号肽被切除，停止转移序列则从移位子的侧面通道被转移到脂双层中，并保持单个α螺旋结构，同时阻止肽链继续进入内质网腔，使其成为单次跨膜的蛋白质，其N端在内质网腔内，C 端在细胞质基质一侧（图4-12）。

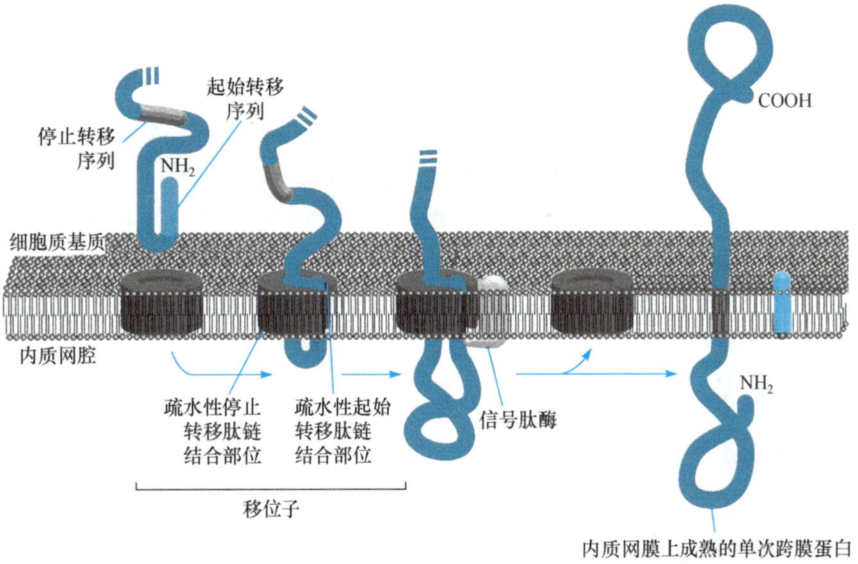

图4-12 带有N端信号肽的单次跨膜蛋白的合成

另外两种机制的单次跨膜蛋白没有N 端信号肽，只有**内部信号序列**（internal signal sequence）。内部信号序列也能被SRP识别、结合，并作为起始转移信号启动肽链的转移过程。肽链从移位子中释放后，内部信号序列仍停留在脂双层中形成单次跨膜的α螺旋。内部信号序列可以从两个不同的方向与移位子结合，这就决定了蛋白质的N端还是C端进入内质网腔，从而决定了多肽链的跨膜取向。内部信号序列的转位方向主要取决于其侧翼氨基酸残基电荷的分布。一般而言，带正电荷的氨基酸残基一侧朝向细胞质基质一侧（图4-13）。

（2）多次跨膜蛋白的转移插入机制。多次跨膜蛋白的转移插入过程虽然远比单次跨膜蛋白的要复杂得多，但是其基本机制是大致相同的。在多次跨膜蛋白肽链中，常常有两个或两个以上的疏水性开始转移信号序列（start-transfer sequence）和停止转移信号序列（stop-transfer sequence）。一般认为，多次跨膜蛋白是以内部信号序列（internal signal sequence）作为其开始转移信号（start-transfer signal）的。

对于多次跨膜蛋白，其多肽链中的第一个信号序列作为起始转移信号，下一个疏水区域便是停止转移序列，第二个起始转移序列重新启动下游序列的转位，直到下一个停止转移序列引起多肽链的释放，依此类推。多肽链中的疏水转移序列是作为起始转移信号还是作为停止转移信号是由它们在多肽链中的位置决定的。SRP按照蛋白质的合成方向从N端向C端扫描其疏水序列，第一个疏水区作为起始转移信号，开始转位多肽，下一个疏水区就作为停止转移信号（图4-14）。

同一种膜蛋白的所有拷贝有相同的插入方向，从而使内质网膜形成不对称性，这种不对称性在膜泡转运过程中一直保持到其他靶膜上，因此，膜蛋白在内质网上的方向也决定了其在其他膜上的方向。

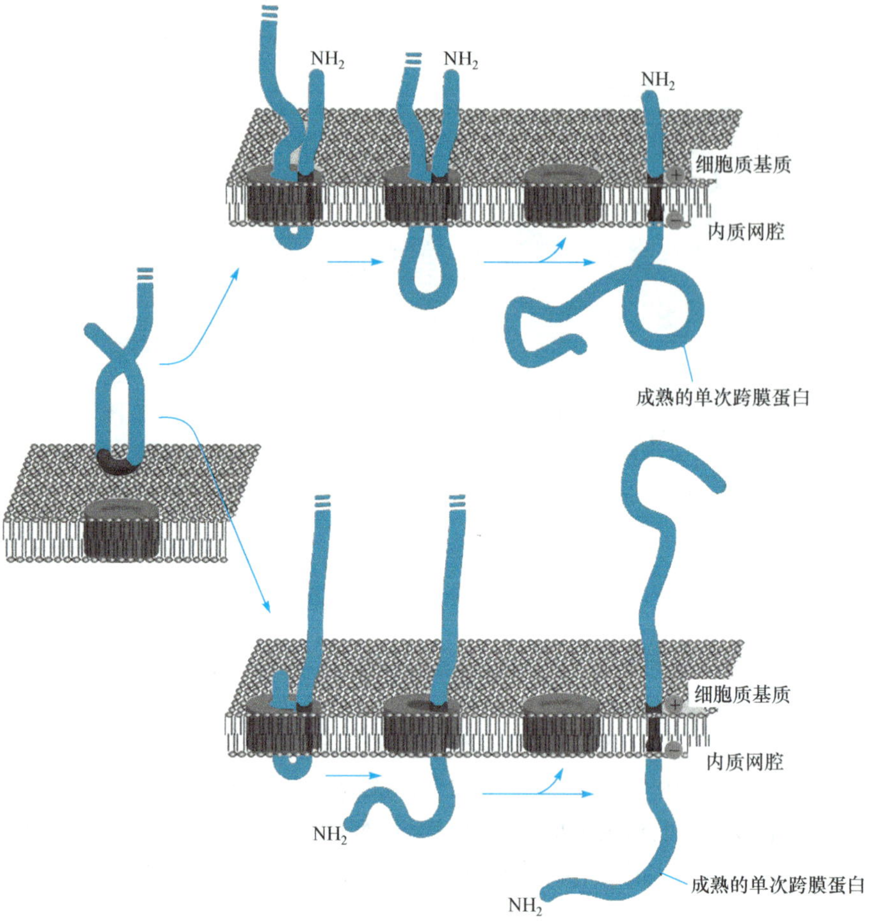

图4-13　带有内部信号序列的单次跨膜蛋白合成的两种情况

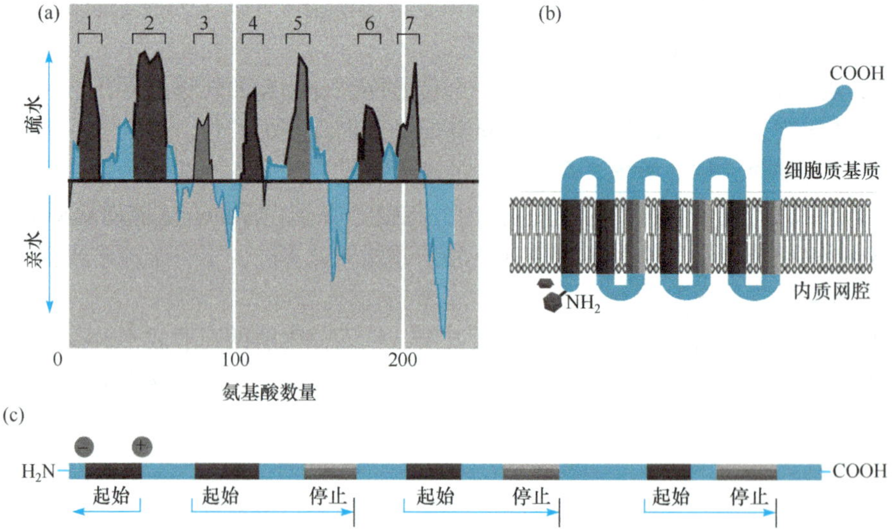

图4-14　多次跨膜蛋白（视紫红质）在内质网膜上的插入转移机制（参照Alberts et al.，2014）

（a）视紫红质的疏水性预测；（b）视紫红质在内质网膜中的空间结构；（c）视紫红质的一级结构及信号序列分布

2. 蛋白质的修饰与加工

1）N-连接糖基化

蛋白质糖基化是指蛋白质合成的同时或合成后，在酶的催化下将单糖或寡糖链共价连接在肽链特定的糖基化位点，形成糖蛋白。糙面内质网合成的大部分可溶性蛋白和整合膜蛋白，包括那些注定转运到高尔基体、溶酶体、细胞质膜或细胞外空间的蛋白质都需要进行糖基化。蛋白质糖基化修饰主要在糙面内质网和高尔基体中进行。

蛋白质糖基化可分为两大类。第一类是*N*-连接的糖基化（*N*-linked glycosylation）：寡糖链与靶蛋白中的天冬酰胺残基的—NH_2连接，与天冬酰胺直接结合的糖都是*N*-乙酰葡萄糖胺。这是最普遍的糖基化方式，占所有糖蛋白的90%左右。*N*-连接糖基化起始于内质网，在高尔基体中完成加工和修饰。第二类是*O*-连接的糖基化（*O*-linked glycosylation）：糖基与靶蛋白中的丝氨酸、苏氨酸、羟赖氨酸或羟脯氨酸残基的—OH连接，与靶蛋白直接结合的糖是*N*-乙酰半乳糖胺。*O*-连接糖基化发生在高尔基体中。

在*N*-连接糖基化过程中，以一个较小的膜磷脂——**磷酸多萜醇**（dolichosphate）为载体，先合成14个糖基的寡糖链前体[$(Glc)_3(Man)_9(GlcNAc)_2$]（GlcNAc，乙酰葡萄糖胺；Man，甘露糖；Glc，葡萄糖）。寡糖链中的糖供体为核苷糖（nucleotide sugar），如CMP-唾液酸、GDP-甘露糖、UDP-*N*-乙酰葡萄糖胺等，这些核苷糖分子在细胞质基质中合成。寡糖链前体的合成也是从内质网膜的细胞质侧开始的，2个GlcNAc和5个Man残基被添加到磷酸多萜醇的头部基团上，形成[$(Man)_5(GlcNAc)_2$]前体物。这一前体物随后由一种翻转酶转移到内质网膜的腔面一侧。在内质网腔里，又有4个Man残基添加上去，结果形成3个Man分支。最后，在这3个分支的其中一个分支的末端上添加3个Glc残基，最终合成了*N*-连接糖基化所需的14个糖基的寡糖链前体[$(Glc)_3(Man)_9(GlcNAc)_2$]（图4-15）。寡糖链通过高能磷酸键与磷酸多萜醇相连，可为蛋白质的糖基化提供能量。

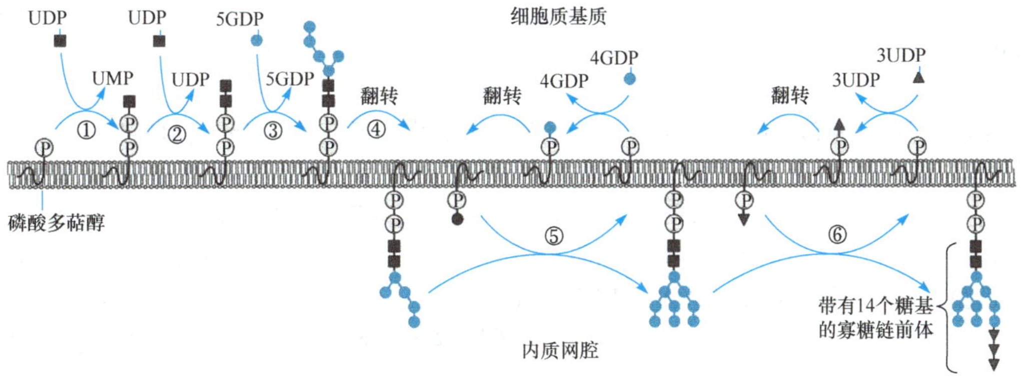

图4-15　寡糖链前体合成过程

■. *N*-乙酰葡萄糖胺；●. 甘露糖；▲. 葡萄糖

①~③内质网膜中的磷酸多萜醇在细胞质侧连接上2个GlcNAc和5个Man残基；④糖链由一种翻转酶转移到内质网的腔面一侧；⑤继续添加4个Man残基；⑥3个Man分支的其中一个分支的末端上添加3个Glc残基

在内质网腔面发生的蛋白质*N*-连接糖基化加工过程如图4-16所示。14个糖基的寡糖链前体通过内质网腔面膜上糖基转移酶（glycosyltranferase）的作用，将寡糖链由磷酸多萜醇转移至靶蛋白糖基化位点（Asn-X-Ser/Thr，X为除Pro以外的任意氨基酸）的天冬酰胺残基的—NH_2上，再经内质网特异性糖苷酶加工，3个Glc残基和1个Man残基很快从大部分糖蛋白的寡糖上去除，这时的寡糖链中含有较多的Man残基，被称为高甘露糖型糖蛋白。*N*-连接糖基化的糖蛋白转移至高尔基体后还会经过一系列复杂的修饰（其进一步加工、转运过程参见“高尔基体功能”部分）。糖蛋白在通过膜泡转运的过程中，糖链始终位于内质网、高尔基体或转运膜泡的腔面，但在转运膜泡与细胞质膜融合时，糖链部分外翻到细胞质膜的外侧。这就是为何细胞质膜上几乎所有糖蛋白的糖链都是朝向细胞外的原因。

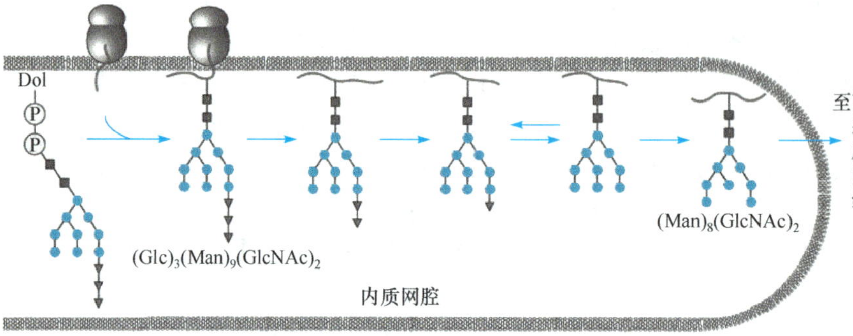

图4-16　内质网腔面蛋白质*N*-连接糖基化的加工过程

Dol.多萜醇；●.甘露糖；■.*N*-乙酰葡萄糖胺；▲.葡萄糖

2）酰基化

蛋白质酰基化（acylation）修饰发生在内质网的细胞质侧，通常是软脂酸共价结合在跨膜蛋白的半胱氨酸残基上，类似的酰基化也发生在高尔基体甚至膜蛋白向细胞质膜转移的过程中，是形成脂锚定蛋白的重要方式。

3）羟基化

除了*N*-糖基化以外，新生肽链的脯氨酸和赖氨酸要进行羟基化（hydroxylation），形成羟脯氨酸和羟赖氨酸，不过这种反应只是在少数蛋白质上发生。在合成胶原的细胞中，脯氨酸和赖氨酸的羟基化则是一个主要的反应。

4）形成糖脂锚定的膜蛋白

细胞质基质中有几种酶可以将单个脂肪酸链或异戊二烯基团共价结合到特定蛋白质上，帮助这些蛋白质插入到细胞质膜上，形成脂肪酸锚定的膜蛋白。内质网中也有相似的加工过程，有些膜蛋白前体在进入内质网腔后，其疏水的羧基端序列（15~20个氨基酸残基）仍锚定在内质网膜上。内质网中的酶切去该蛋白质的跨膜部分，并将新的羧基端共价连接到内质网腔面膜上已组装好的糖基磷脂酰肌醇（glycosylphosphatidylinositol，GPI）中间物的氨基基团上，形成糖脂锚定的蛋白质（图4-17）。该糖脂锚定的膜蛋白可进一步通过膜泡运输到细胞质膜外侧。

3. 新生多肽的折叠及质量控制

蛋白质的生物学功能和理化性质主要取决于多肽链依特定的方式盘旋、折叠所形成的高级三维空间结构。有些多肽还需要进一步参与多亚基寡聚体的组装。内质网为新生多肽链的正确折叠和装配提供了有利的环境。

1）二硫键的形成

在内质网狭小的腔隙中常常同时有多种蛋白质大量合成，特别是许多分泌蛋白常含有连接半胱氨酸残基的二硫键。

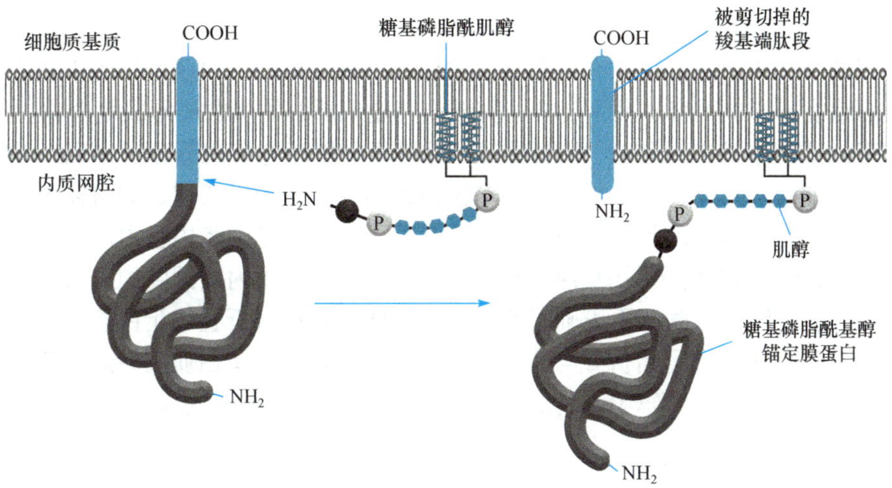

图4-17　糖基磷脂酰肌醇锚定的连接

内质网腔是一种非还原性环境，丰富的氧化型谷胱甘肽（GSSG）是多肽链上半胱氨酸残基之间二硫键形成的必要条件，但内质网腔多肽链疏水基团之间及侧链基团之间的相互作用极易导致二硫键形成，从而对肽链的正确折叠带来了很大困难。附着于内质网膜腔面上的蛋白二硫键异构酶（protein disulfide isomerase，PDI）可以切断二硫键，形成自由能最低的蛋白质构象，从而帮助新合成的蛋白质重新形成二硫键并产生正确折叠的构象，使多肽链的折叠速率大大加快（图4-18）。

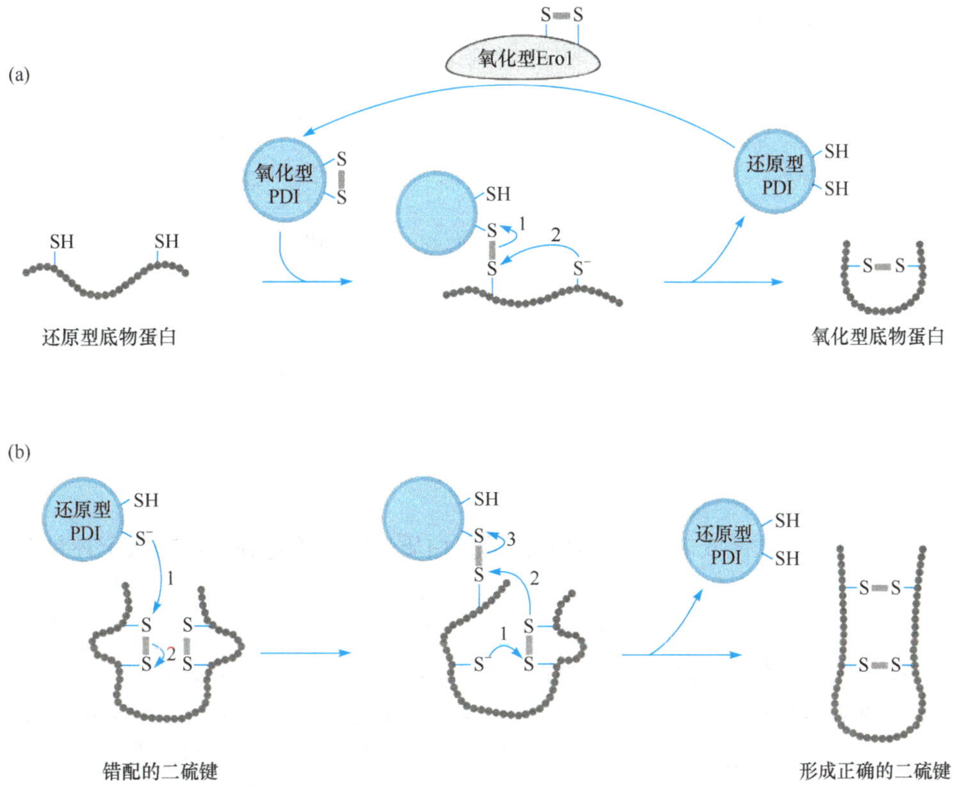

图4-18　PDI帮助二硫键的正确形成（参照Lodish et al.，2013）

（a）二硫键的形成；（b）二硫键的重排。Ero1.内质网氧化物蛋白（endoplasmic oxidoreductin 1）

2）分子伴侣帮助下的蛋白质折叠

折叠好的蛋白质，内部往往有一个疏水的核心，未折叠的蛋白质由于疏水核心外露，即使在很低的浓度下，也很容易发生聚集，甚至与其他未折叠的蛋白质形成复合物。

存在于内质网中的Bip蛋白、内质蛋白、钙网蛋白和钙连蛋白等分子伴侣，均能够与折叠错误的多肽和尚未完成装配的蛋白质亚单位识别结合，并予以滞留，同时还可促使它们的重新折叠、装配与运输。因此，目前普遍认为，分子伴侣也是细胞内蛋白质质量监控的重要因子。例如，Bip蛋白在内质网中有两个作用：一是Bip同进入内质网腔的未折叠新生肽链的疏水氨基酸结合，防止多肽链不正确折叠和聚合，或识别错误折叠的蛋白质或未装配好的蛋白质亚单位，并促进它们重新折叠与装配；二是防止新合成的蛋白质在转运过程中变性或断裂。一旦这些蛋白质形成正确构象或完成装配，便与Bip分离，转运至高尔基体（图4-19）。

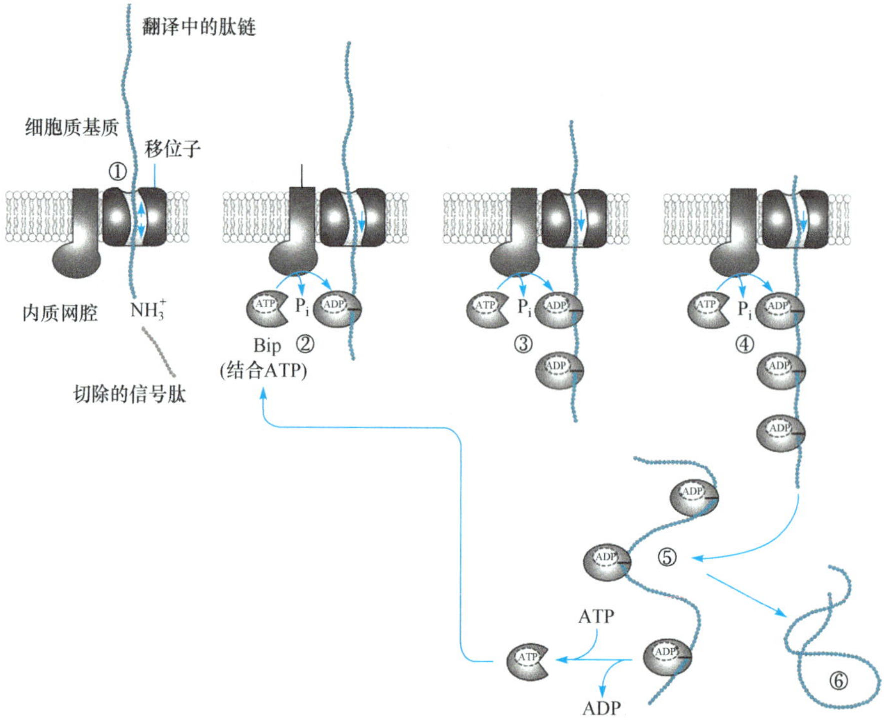

图4-19　Bip在内质网腔中的作用（参照Lodish et al.，2013）

Bip与转运到内质网中肽链的疏水部分结合，防止蛋白质变性或降解，使其正确折叠。结合有蛋白质的Bip在ATP水解后释放被结合的蛋白质

3）内质网对蛋白质的质量监控

未能正确折叠的肽链或未组装成寡聚体的蛋白质亚基，不论在内质网膜上还是在内质网腔中，一般都不能进入高尔基体，这类多肽一旦被识别，便通过Sec61p 复合体从内质网腔转至细胞质基质，进而通过泛素介导的蛋白质降解途径被蛋白酶体（proteasome）所降解。由此可见，内质网还是蛋白质在分泌转运途径中对其进行质量监控的重要场所。

内质网中*N*-连接糖基化是一些蛋白质正确折叠所必需的。钙连蛋白（calnexin）和钙网蛋白（calreticulin）是内质网中两个依赖Ca^{2+}激活的分子伴侣。它们是碳水化合物结合蛋白，可结合在未完全折叠蛋白质的寡糖链上，阻止其不可逆的聚集，使之停留在内质网中。两种分子伴侣还能促进未完全折叠蛋白质的半胱氨酸与另一个分子伴侣结合，从而阻止二硫键的形成。

钙连蛋白和钙网蛋白能识别含有一个末端葡萄糖的*N*-连接寡糖链，因此当前体寡糖链中三个葡萄糖被葡萄糖苷酶切除两个后，才能同这两种分子伴侣结合，当第三个葡萄糖被切除后，*N*-连接糖基化蛋白与钙连蛋白或钙网蛋白解离，可以离开内质网。

钙连蛋白和钙网蛋白对正确折叠蛋白质和错误折叠蛋白质的区分依赖于内质网中的葡萄糖基转移酶（GT）。葡萄糖基转移酶可以不断地在失去最后一个葡萄糖的*N*-连接寡糖链上加上一个葡萄糖，但只加到非正确折叠蛋白质的寡糖链上，因此未能正确折叠的蛋白质不断地被切除和加上葡萄糖，使其与钙连蛋白和钙网蛋白有较高亲和性，直至在两种分子伴侣帮助下正确折叠。如果反复尝试后，仍不能正确折叠的蛋白质则通过Sec61p 复合体转运到细胞质基质中，其寡糖链被多聚糖苷酶全部切除，多肽链被迅速泛素化并通过泛素蛋白酶体途径降解（图4-20）。

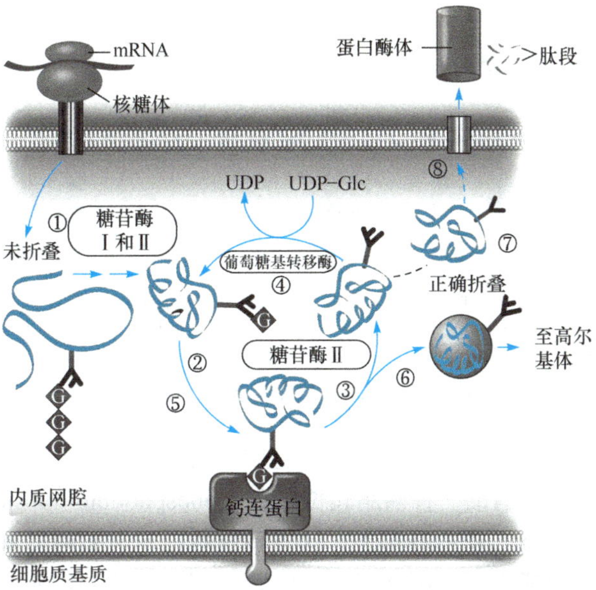

图4-20　内质网在蛋白质合成分泌转运途径中行使质量监控职责（参照Karp，2013）

葡萄糖基转移酶识别错误折叠的蛋白质，在其寡糖链的末端加上葡萄糖残基。然后在膜结合钙连蛋白的帮助下重新折叠。如果反复尝试后，仍不能正确折叠的蛋白则通过Sec61p 复合体转运到细胞质基质中通过泛素蛋白酶体途径降解。可溶性钙网蛋白也参与了这一质量控制途径

需要说明的是，蛋白二硫键异构酶和Bip 等蛋白质都具有4 肽驻留信号（KDEL 或HDEL），以保证它们滞留在内质网中，并维持很高的浓度。Bip还可同Ca^{2+}结合，可能通过Ca^{2+}与带负电荷的磷脂头部基团相互作用，使Bip结合到内质网膜上。

（四）光面内质网的功能

1. 脂质合成

光面内质网是细胞内脂质合成的重要场所，它能合成包括磷脂和胆固醇在内的几乎全部膜脂，其中最主要的磷脂是磷脂酰胆碱（卵磷脂）。用于磷脂酰胆碱合成的底物来自细胞质基质，合成所需的三种酶都是定位在内质网膜上的整合蛋白，其活性部位在膜的细胞质

基质侧。磷脂合成过程如图4-21所示：首先脂酰基转移酶（acyl transferase）催化脂酰辅酶A（fatty acyl CoA）与甘油-3-磷酸反应（①），将两条脂肪酸链转移、结合到甘油-3-磷酸分子上形成磷脂酸（phosphatidic acid）；继而在磷酸酶的作用下，使磷脂酸去磷酸化生成双酰基甘油（②）；然后由胆碱磷酸转移酶（cholin phosphotransferase）催化（③），添加结合一个极性基团，最终形成由一个极性头部基团和两条脂肪酸链疏水尾部构成的双亲性脂质分子。除磷脂酰胆碱外，其他几种磷脂，如磷脂酰乙醇氨、磷脂酰丝氨酸及磷脂酰肌醇等都以类似方式合成。

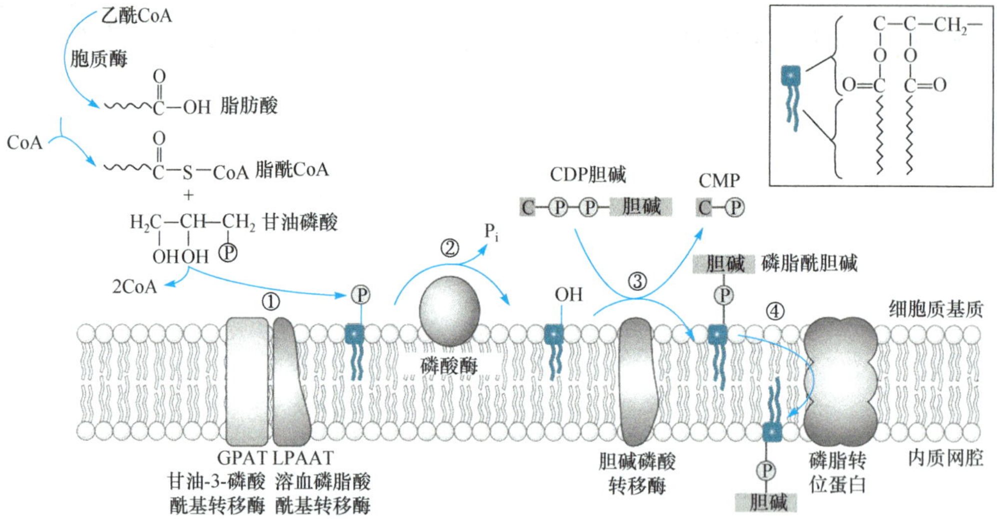

图4-21　磷脂在内质网膜上合成过程的示意图（参照 Lodish et al.，2013）

在内质网膜上合成的磷脂几分钟后就由细胞质基质侧转向内质网腔面，其转位速率比自然转位速率高10万倍，这是借助一种**磷脂转位蛋白**（phospholipid translocator）或称为**转位酶**（flippase）的帮助来完成的（图4-21④）。这种转位蛋白对含胆碱的磷脂要比对含丝氨酸、乙醇胺和肌醇的磷脂转位能力强，因此磷脂酰胆碱更容易转位到内质网膜的腔面，从而可能造成脂质分子在脂双层中的不对称分布。

光面内质网合成的磷脂主要通过三种方式转运到其他膜上（图4-22）。方式（a）是内质网膜出芽，通过膜泡转运到高尔基体、溶酶体和细胞质膜上。方式（b）是供体膜与受体膜之间通过膜嵌入蛋白所介导的直接接触。方式（c）是磷脂分子通过结合一种水溶性的小分子结合蛋白——**磷脂交换蛋白**（phospholipid exchange protein，PEP）形成水溶性复合物，在膜之间转移磷脂。其转运模式首先是PEP 与磷脂分子结合形成水溶性的复合物进入细胞质基质，通过自由扩散，直至遇到靶膜时，PEP将磷脂卸载下来，并安插到靶膜上，从而实现磷脂从合成部位内质网向线粒体或过氧化物酶体膜的转移。每种PEP 只能识别一种磷脂。

在某些合成固醇类激素的细胞，如睾丸间质细胞中，光面内质网非常丰富，其中含有合成胆固醇和转化胆固醇为固醇类激素的一系列酶。因此，光面内质网能够合成胆固醇，然后将胆固醇氧化、还原、水解并进一步转变成各种类固醇激素。类固醇激素的合成涉及细胞质基质和光面内质网中的多种酶类。胆固醇前体物质甲羟戊酸（mevalonate）是类固醇激素合成的起始物质，它的合成是由光面内质网中的3-羟基-3-甲基戊二酸单酰辅酶A还原酶（HMGCoA还原酶）催化的。

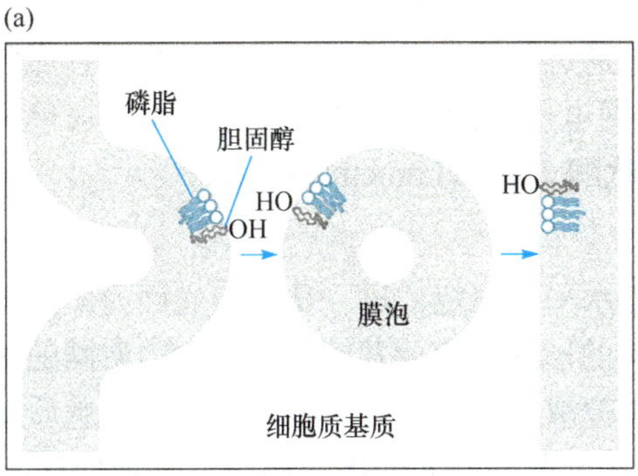

图4-22　内质网合成磷脂的三种转运方式（参照Lodish et al.，2013）

此外，肝细胞内质网还能合成脂蛋白，包括低密度脂蛋白（low-density lipoprotein，LDL）和极低密度脂蛋白（very-low-density lipoprotein，VLDL）等。一般认为它们是由糙面内质网合成的蛋白质和光面内质网合成的脂类复合而成，再经高尔基体分泌小泡转运出去。LDL和VLDL可携带、转运血液中的胆固醇、甘油三酯及其他脂类到脂肪组织。如果阻断脂蛋白经由高尔基体的转运途径，就会造成脂类在内质网中的积聚而引起脂肪肝。

2. 解毒作用

一般情况下，光面内质网所占比例很小，但在某些细胞中非常发达。肝细胞中的光面内质网很丰富，它是合成外输性脂蛋白颗粒的基地。肝脏还是机体中外源性毒物、内源性毒物及药物分解解毒的主要器官，其**解毒作用**（detoxification）主要由肝细胞中的光面内质网来完成。在肝细胞光面内质网上含有丰富的氧化及电子传递酶系，包括细胞色素P450、NADPH-细胞色素P450还原酶、细胞色素b_5、NADH-细胞色素b_5还原酶、NADPH-细胞色素c还原酶等。

光面内质网解毒的基本机制如图4-23所示：细胞色素P450催化O_2分子中的一个原子加到底物分子上使之羟化，另一个氧原子被NADH或NADPH提供的氢还原生成水，在此氧化过程中无高能磷酸化合物生成。在光面内质网电子传递的氧化还原过程中，通过催化水不溶性有毒物质的氧化或羟基化，一方面使毒物的毒性被钝化或破坏，另一方面经羟基化作用使有毒物质由脂溶性转变成水溶性而使之更易于被排出体外。当然，这种氧化作用也有可能会使某些物质的毒性增强。

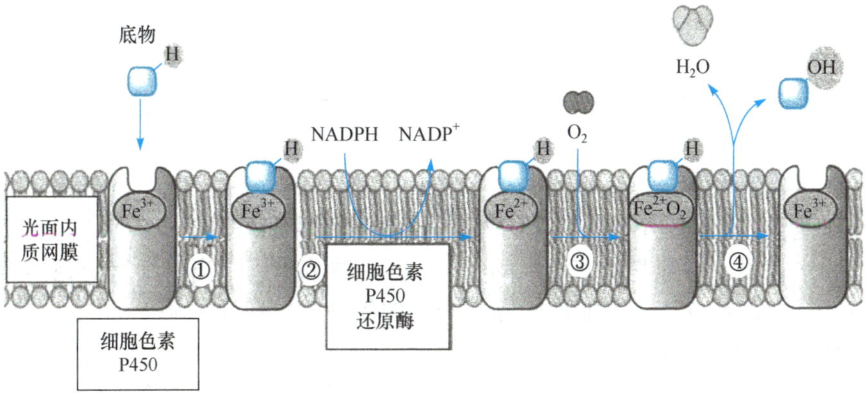

图4-23　光面内质网电子传递链酶系使底物羟基化的机制

光面内质网电子传递链和线粒体电子传递链之间的主要区别在于：①光面内质网电子传递链的组成比线粒体的短；②光面内质网电子传递链所催化的反应，实质上都是在底物分子中加入一个氧原子。因此，有人也把光面内质网电子传递链酶系称为羟化酶或加单氧酶（monooxygenase）系，也有人称之为混合功能氧化酶（mixed function oxidase）。

3. 糖原代谢

肝细胞的另一个重要功能是维持血液中葡萄糖水平的恒定，这一功能与光面内质网上葡萄糖-6-磷酸酶的作用密切相关。肝细胞以糖原颗粒的形式储存葡萄糖，其光面内质网的细胞质面附着有糖原颗粒。人体饥饿或其他原因引起血糖浓度过低时，肝糖原便在肝细胞质基质中相关酶的作用下降解为葡萄糖-6-磷酸。然后存在于肝细胞光面内质网膜上的葡萄糖-6-磷酸酶便催化葡萄糖-6-磷酸去磷酸化，将其分解为葡萄糖和磷酸。去磷酸化后的游离葡萄糖更易于透过细胞质膜被释放到血液中（图4-24）。

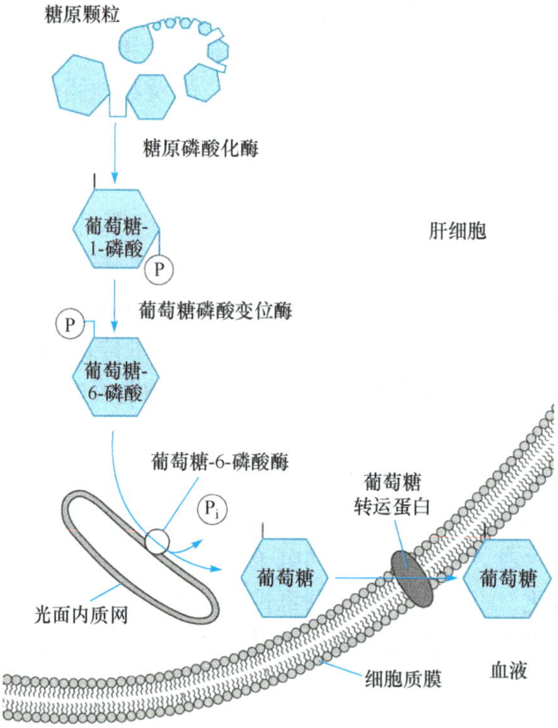

图4-24　光面内质网在糖原分解中的作用（参照Hardin et al.，2011）

对肝细胞光面微粒体的分析表明，除了葡萄糖-6-磷酸酶外，与糖原代谢有关的主要酶类并不在内质网中。

4. Ca^{2+}储存与浓度调节

骨胳肌细胞和心肌细胞中含有特化的光面内质网，称为**肌质网**（sarcoplasmic reticulum），是储存Ca^{2+}的细胞器，对细胞质基质中的Ca^{2+}浓度具调节作用。当肌细胞受到神经冲动刺激后，引起肌质网Ca^{2+}释放，触发肌肉收缩。当肌肉松弛时，肌质网膜上的Ca^{2+}-ATP酶将细胞质基质中的Ca^{2+}泵入肌质网腔中储存。

在多数真核细胞中，内质网都具有储存Ca^{2+}的功能，内质网膜上存在与肌质网膜上相同的三磷酸肌醇（IP_3）受体，细胞外信号通过胞内第二信使（IP_3）也可引起内质网Ca^{2+}向细胞质基质释放。内质网作为Ca^{2+}的储存库，在于其中存在大量的钙离子结合蛋白，其浓度可达30~100mg/ml。每个钙离子结合蛋白分子可与30个左右的Ca^{2+}结合，从而致使内质网腔中的Ca^{2+}浓度高达3mmol/L。内质网腔中高浓度Ca^{2+}和钙离子结合蛋白的存在，还能够阻止内质网运输小泡的形成。这说明Ca^{2+}浓度的变化，可能对转运膜泡的形成起着重要的调节作用。

（五）内质网应激及其信号调控

当某些细胞内外因素使细胞内质网生理功能发生紊乱、钙稳态失衡、未折叠及错误折叠的蛋白质在内质网腔内超量积累时，细胞会激活一些相关信号通路，引发**内质网应激**（endoplasmicreticulum stress，ERS）反应，来应对条件的变化和恢复内质网良好的蛋白质折叠环境。所以ERS是细胞内的一种自我保护机制，也是一套完整的质量监控机制，帮助内质网中蛋白质的折叠与修饰。

ERS是一个存活程序和凋亡程序同时被激活的过程，细胞可以整合应激反应，调动应激反应蛋白减轻应激因素对细胞的损伤，调整细胞稳态；同时，细胞也可以启动细胞凋亡来处理不能修复的损伤细胞。因此ERS机制事关细胞生死抉择（cell life and death decision）。

ERS包括：①未折叠蛋白质应答反应（unfolded protein response，UPR），即错误折叠与未折叠蛋白质不能按正常途径从内质网中释放，从而在内质网腔内聚集，引起一系列分子伴侣和折叠酶表达上调，促进蛋白质正确折叠，防止其聚集；诱导内质网相关的蛋白降解途径，将错误折叠的蛋白质运回细胞质，经过泛素化进而被蛋白酶体降解，从而提高细胞在有害因素下的生存能力。②内质网超负荷反应（endoplasmic reticulum overload response，EOR），细胞除启动UPR 反应之外，正确折叠的蛋白质在内质网过度蓄积，特别是因膜蛋白在内质网异常堆积也会启动其他促生存的机制来缓解内质网压力。例如，激活细胞核因子κB（NF-κB）引发的内质网超负荷反应，最终产生前炎性细胞因子（proinflammatory cytokine），进而激活细胞存活、凋亡、细胞炎症反应和细胞分化等相关的信号途径。③固醇调节级联反应，是由内质网表面合成的胆固醇损耗所致，通过固醇调节元件结合蛋白质（sterol regulatory element binding protein，SREBP）介导的信号途径，影响特定基因表达。④如果内质网功能持续紊乱，细胞将最终启动凋亡程序。

二、高尔基体

高尔基体（Golgi body）又称为高尔基复合体（Golgi complex）或高尔基器（Golgi apparatus），是真核细胞内普遍存在的一种细胞器。1898年，意大利医生Camillo Golgi用硝酸银染色方法首次在猫头鹰和猫的小脑浦肯野细胞（Purkinje cell，PC）内观察到有嗜银的网状结构，称之为内网器（internal reticular apparatus）。后来在很多细胞中相继发现了类似结构，为了纪念Camillo Golgi，将此种细胞器命名为高尔基体。

由于早期研究主要用固定染色技术，硝酸银或锇酸处理后所看到的高尔基体形态变化较大，而且由于高尔基体的折光率与细胞质基质相似，在活细胞中一般看不见，因此关于高尔基体的形态乃至是否真实存在，曾经成为当时许多细胞学家争论的焦点问题之一。直到20世纪50 年代，随着电子显微镜技术的应用和超薄切片技术的发展，不仅证明了高尔基体的真实存在，而且使人们对其有了新的、更为深入和清晰的认识。

高尔基体是高度动态的结构，而且难以分离与纯化，因此高尔基体的结构与功能研究一直是细胞生物学家面临的挑战性难题之一。经典的生化分析方法及放射自显影技术揭示了高尔基体在蛋白质分泌和翻译后修饰中的作用。近年来，细胞生物学家开始对高尔基体结构和功能的分子机制进行研究，无细胞系统（cell free system）、免疫化学方法及分子探针技术的发展和应用开启了高尔基体功能研究的新时代。

（一）高尔基体的形态结构与化学组成

1. 高尔基体的形态结构

高尔基体由大小不一、形态多变的囊泡体系组成。电子显微镜所观察到的高尔基体特征性结构由排列较为整齐的扁平膜囊（saccule）堆叠而成（图4-25）。扁平膜囊是由光滑的单层膜围成的扁平囊状结构，膜表面无核糖体颗粒附着，囊腔中央窄，周边宽，多呈弓形或半球形。不同细胞中扁平膜囊数目不同，一般为2~10层，它们整齐地堆叠在一起形成一个膜囊堆，称为**高尔基体堆**（Golgi stack）。高尔基体堆构成了高尔基体的主体结构。此外，在膜囊堆周围围常有一些小管、小囊相连成的网状结构，以及一些大小不同的有被或无被的囊泡结构。

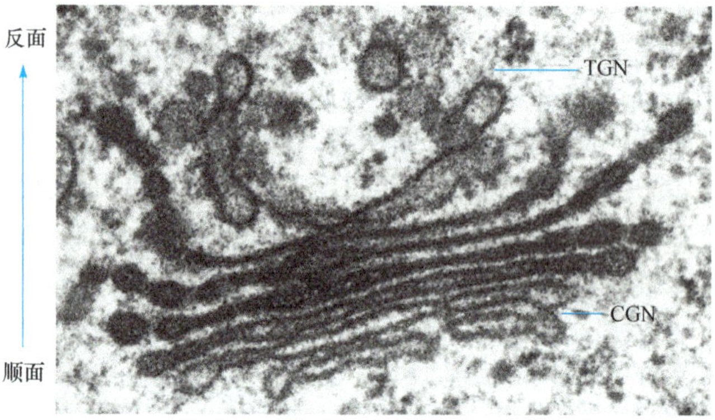

图4-25　烟草根冠细胞中高尔基体的电子显微镜照片（参照Karp et al.，2011）

TGN. 反面网状结构；CGN. 顺面网状结构

高尔基体的数量、形状、大小、分布在不同类型细胞中不同，也随着细胞的生理状态而改变。高尔基体在细胞中的定位分布与细胞骨架关系十分密切，在没有极性的细胞中，高尔基体分布在微管的负极端，即微管组织中心处。在分离的高尔基体膜囊上，既存在依赖微管的马达蛋白，包括胞质动力蛋白（cytoplasmic dynein）和驱动蛋白（kinesin）；又存在依赖微丝的马达蛋白，如不同类型的肌球蛋白（myosin）。显然，它们在维持高尔基体动态的空间结构，以及复杂的膜泡运输中起着重要作用。

2. 高尔基体的极性

高尔基体是一种有极性的细胞器，这不仅表现在它在细胞中往往有比较恒定的位置与方向，而且表现在物质从高尔基体的一侧输入，从另一侧输出，因此每层膜囊也各不相同。在很多细胞中，高尔基体常分布于内质网与细胞质膜之间，靠近内质网的一侧，扁囊弯曲成凸面，称为**顺面**（*cis* face）或形成面（forming face），内质网合成的蛋白质通过顺面进入高尔基体；面向细胞质膜的一侧常呈凹面，称为**反面**（*trans* face）或成熟面（mature face）。这两个面在形态结构、化学组成及功能等方面有明显差异，顺面的膜较薄，与内质网膜相似；

而反面的膜较厚，与细胞质膜相似。

根据形态结构、内含物及所执行功能的不同，高尔基体沿轴线从顺面到反面可分为5个明显的功能区域（图4-26）：**顺面网状结构**（*cis* Golgi network，CGN）、**顺面膜囊**（*cis* cistermae）、**中间膜囊**（medial cistermae）、**反面膜囊**（*trans* cistermae）、**反面网状结构**（*trans* Golgi network，TGN）。

图4-26　高尔基体的形态结构模式图（参照 Karp，2013）

（1）CGN位于高尔基体顺面最外侧，呈中间多孔而连续分支状的网状结构。CGN膜厚约6nm，比高尔基体其他部位略薄，但与内质网膜厚度接近。一般认为，CGN接受来自内质网新合成的物质并将其分类后大部分转入高尔基体中间膜囊，少部分蛋白质与脂质再返回内质网。返回内质网的蛋白质具有KDEL（或HDEL）信号序列，它是内质网驻留蛋白的特有序列。CGN 区域还可能具有其他生物活性。例如，蛋白质丝氨酸残基发生*O*-连接的糖基化，跨膜蛋白质在细胞质基质一侧结构域的酰基化，溶酶体酶上寡糖的磷酸化也发生在CGN。

（2）顺面膜囊、中间膜囊和反面膜囊由扁平膜囊与管道组成，形成不同间隔，但在功能上是连续的、完整的膜囊体系。多数糖基的修饰与加工、糖脂的形成，以及与高尔基体有关的多糖的合成都发生在中间膜囊。扁平膜囊特殊的形态大大增加了糖的合成与修饰的有效表面积。

（3）TGN位于高尔基反面的最外层，形态呈管网状。TGN 内pH 可能比高尔基体其他部位低。TGN是高尔基体蛋白质分选的枢纽区，同时也是蛋白质包装形成网格蛋白包被膜泡的重要发源地之一。此外，某些“晚期”的蛋白质修饰也发生在TGN，如半乳糖（α）2，6位的唾液酸化、蛋白质酪氨酸残基的硫酸化及蛋白原的水解加工作用等。有人认为TGN 在蛋白质与脂质的转运过程中还起着“瓣膜”的作用，保证这些物质单向转运。

3. 高尔基体的化学组成及其标志细胞化学反应

作为一种膜性结构细胞器，脂类是高尔基体最基本的化学组分。有人对大鼠肝细胞中高尔基体的分析表明，高尔基体膜脂的组成除少量糖脂外，主要为磷脂与胆固醇；脂质总含量约为40%，介于细胞质膜与内质网膜之间。

高尔基体中的酶主要有**糖基转移酶**（glycosyltransferase）、磺基-糖基转移酶、氧化还原酶、磷酸酶、蛋白激酶、甘露糖苷酶和磷脂酶等不同类型。糖基转移酶是高尔基体的标志酶。

由于高尔基体各部分囊膜具有特定的化学组分，因此可用电子显微镜组织化学染色方法对高尔基体的结构组分作进一步的分析。常用的4种标志细胞化学反应为：①嗜锇反应，高尔基体的顺面膜囊被锇酸特异染色；②焦磷酸硫胺素酶（TPP酶）的细胞化学反应，特异显示高尔基体反面的1~2层膜囊；③烟酰胺腺嘌呤二核苷磷酸酶（NADP酶）的细胞化学反应，为高尔基体中间膜囊的标志反应；④胞嘧啶单核苷酸酶（CMP酶）的细胞化学反应，常常可显示靠近反面的一些膜囊状和反面管网结构。CMP酶也是溶酶体的标志酶之一。因此也暗示这些具有CMP酶特异细胞化学反应的膜囊和管网结构为溶酶体酶的形成部位。

（二）高尔基体的功能

高尔基体的主要功能是将内质网合成的多种蛋白质进行加工、分类与包装，然后分门别类地运送到细胞特定的部位或分泌到细胞外。内质网合成的脂质一部分也通过高尔基体以膜泡方式向细胞质膜和溶酶体膜等部位运输。因此可以说，高尔基体是细胞内大分子转运的枢纽或“集散地”。此外，高尔基体还是细胞内糖类生物合成的主要场所，在细胞生命活动中起着多种重要的作用。

1. 蛋白质分选和膜泡运输的枢纽

高尔基体在细胞内蛋白质分选和膜泡定向运输中具有极为重要的枢纽作用。高尔基体的基本功能之一就是将在内质网上合成的脂质和蛋白质进行分选，然后以膜泡运输的方式转运到目的地，其过程是：糙面内质网上合成的蛋白质和膜脂出芽形成膜泡，进入CGN分选；在高尔基体膜囊中逐步加工；在TGN 进行分拣、浓缩，形成不同去向的运输和分泌小泡，转运到特定目的地。

1）高尔基体顺面对蛋白质的分选和运输

高尔基体顺面接受内质网上合成的中间产物，并负责包括内质网膜脂、内质网上与膜泡出芽和融合相关蛋白质等内质网驻留蛋白和脂质的回收。这种回收对内质网结构的维持、货物的继续输出是十分必要的。除此之外，这种回收还可以防止属于内质网的驻留蛋白进入分泌途径，并且可以对分泌的蛋白质起到质量控制的效果。

高尔基体顺面管网膜上富含的KDEL受体、包被蛋白（COP I）、ERGIC53及Rab等是对分选，以及高尔基体、内质网间物质循环等过程十分关键的蛋白质，其中KDEL 受体能够识别带有KDEL序列的蛋白质，ERGIC53是运输特定类型糖蛋白的货物受体。内质网驻留蛋白C端大多含有作为驻留信号的KDEL 或HDEL序列，以保证它们滞留在内质网中。但有时某些驻留蛋白混杂在其他蛋白质中被运输到高尔基体，这些逃逸蛋白的回收，靠的就是CGN膜上的KDEL受体，该受体识别KDEL序列并与之结合，然后通过形成COP I包被小泡，逆向运输与内质网膜融合，将内质网驻留蛋白重新回收到内质网中（图4-27）。因此，KDEL驻留序列也是一个回收信号。由于内质网腔中的pH略高于高尔基体中的，可使KDEL受体与回收的靶蛋白解离。内质网膜又通过COP II包被小泡通过顺向运输，将KDEL受体运回CGN，从而实现受体的循环利用。

2）高尔基体反面对蛋白质的分选和运输

高尔基体TGN介导了包括分泌蛋白、细胞质膜上的膜蛋白、溶酶体中的酸性水解酶及胶原等细胞外基质成分在内的多种蛋白质的分选及其从高尔基体上离开的过程。高尔基体通过对内质网上合成的这些蛋白质中间体的修饰、加工，使不同的成熟蛋白质带上了可被TGN膜

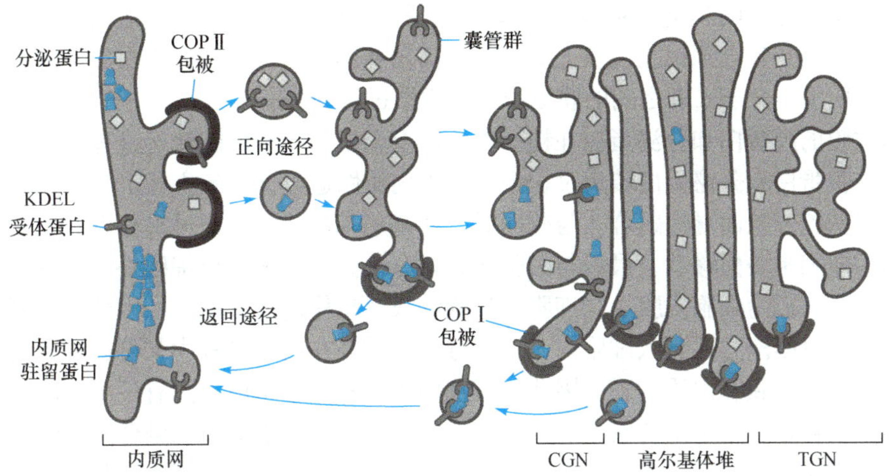

图4-27　内质网驻留蛋白从高尔基体返回的途径与机制（参照Alberts et al.，2014）

上专一受体识别的分选信号，进而分拣、浓缩、出芽，形成不同去向的运输和分泌小泡，然后沿着微管运达细胞质膜、胞内体膜等不同目的地。

这些小泡的运输主要有三条可能的途径和去向（图4-28）。①溶酶体酶的定向转运：经高尔基体分拣和包装的溶酶体酶以有被囊泡的形式被转运到溶酶体。②组成型分泌：分泌蛋白以有被囊泡的形式连续输送到细胞质膜，或被分泌释放到细胞外。③可调节性分泌：以分泌小泡的形式暂时性地储存于细胞质中，在需要的情况下，再被分泌释放到细胞外。例如，胰腺β细胞中胰岛素储存在特殊分泌泡内，当细胞应答血糖升高时才会分泌。

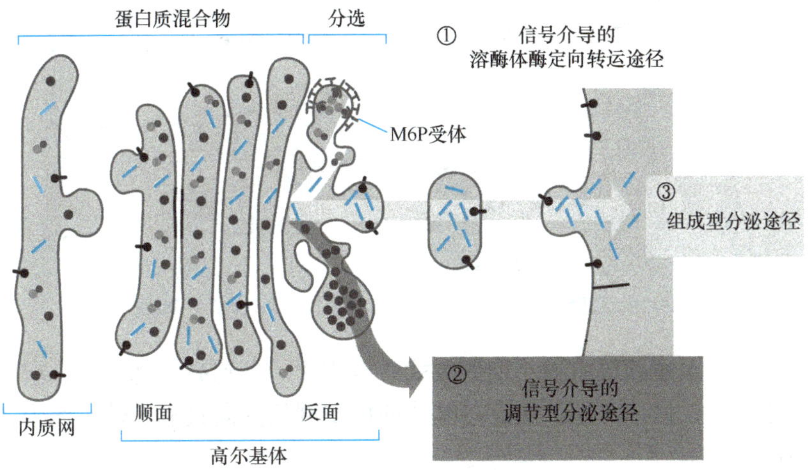

图4-28　高尔基体TGN区的蛋白质分选途径（参照Alberts et al.，2014）

3）高尔基体参与膜的转化活动

高尔基体在细胞内物质转运和膜泡运输过程中还参与了膜的转化。高尔基体膜无论是在厚度还是在化学组成上均介于内质网膜与细胞质膜之间。高尔基体CGN膜的厚度与内质网膜接近（约为6nm），而TGN膜的厚度与细胞质膜相似（约为10nm）。从膜脂、胆固醇和蛋白质组分看，高尔基体膜也介于内质网膜和细胞质膜之间。可见，膜由内质网到高尔基体，再到细胞质膜存在着逐渐变化的过程，也说明高尔基体与膜的转化有着密切关系。

在内质网上合成的膜脂转移至高尔基体后，经过修饰和加工，形成运输小泡与细胞质膜融合，将新的膜脂整合到细胞质膜上。因此，高尔基体膜在顺面近似于内质网膜，而在反面近似于细胞质膜，介于二者之间的膜囊膜则呈逐渐过渡的形态。

细胞质膜的膜蛋白和分泌蛋白在糙面内质网上合成，在它们的转运过程中，也伴随着膜的转化。在膜蛋白和分泌蛋白转运过程中，先由内质网通过出芽的方式产生运输小泡，并不断地与高尔基体的顺面囊泡融合。与此同时，在高尔基体反面又通过出芽方式不断形成分泌泡，分泌泡向细胞表面移动，最后与细胞质膜融合，分泌物被排出细胞外，而分泌泡的膜与细胞质膜融合，成为细胞质膜。当细胞通过胞饮或吞噬作用将细胞外的大分子和颗粒性物质纳入细胞时，以膜泡方式进入细胞内，这部分细胞质膜在内吞过程中又可返回到高尔基体和内质网，成为囊泡膜和内质网膜。因此，在细胞质膜和高尔基体之间有一部分膜可以被循环利用。细胞内存在各种复杂的膜泡运输过程，使膜性结构发生移位、融合或重组。细胞的各种膜性结构相互联系和转移的现象称为膜流（membrane flow）。这种由高尔基体参与的膜流活动（或膜的转化）不仅在物质运输上起着重要作用，而且还使膜性细胞器的膜成分不断得到补充和更新（图4-29）。

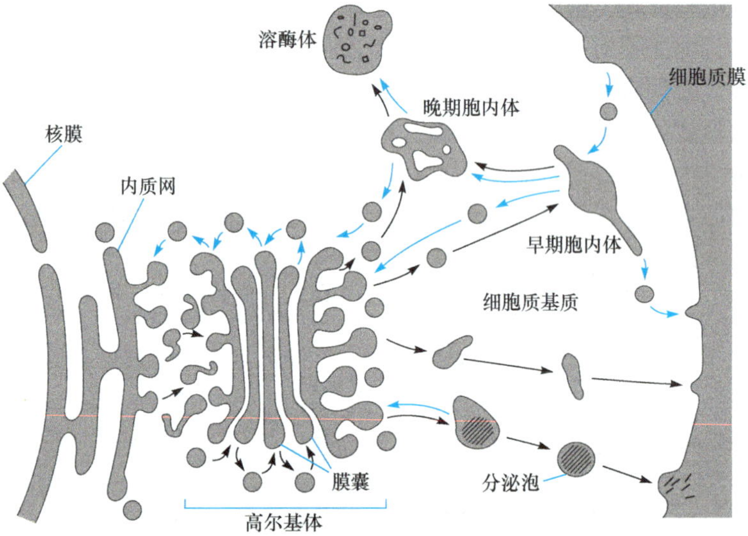

图4-29　细胞内的膜转化过程（参照Alberts et al.，2014）

此外，一方面，内质网以有被小泡的方式将合成物运送到高尔基体，小泡膜被整合到高尔基体的顺面膜泡上；另一方面，在高尔基体向内质网的反向膜泡运输过程中，也可将部分膜转化为内质网膜。

2. 细胞内物质加工合成的重要场所

1）蛋白质和脂类的糖基化及其修饰

大多数蛋白质或膜脂的糖基化修饰和与高尔基体有关的多糖的合成主要发生在高尔基体。溶酶体酶类、细胞质膜上的大多数膜蛋白和可溶性分泌蛋白都是糖蛋白，修饰蛋白质侧链的寡糖链主要是在糙面内质网和高尔基体中发生一系列有序加工的结果。而细胞质基质和细胞核中的绝大多数蛋白质都缺少糖基化修饰，仅有的例外是在某些转录因子和核孔复合体上发现的一些糖蛋白，但其糖基都比较简单。与细胞内DNA、RNA和蛋白质的合成不同，糖蛋白中寡糖链的合成与修饰都没有模板，是依靠不同的糖基转移酶、在细胞的不同区室中经历复杂的加工过程才完成的。

N-连接糖基化反应起始发生在糙面内质网，完成糖蛋白的修饰和加工是在高尔基体内。在内质网腔面，一个由14个糖残基组成的寡糖链从供体磷酸多萜醇上转移至新生肽链的特定三肽序列中天冬酰胺残基的氨基基团（Asn-X-Ser或Asn-X-Thr，其中X 是除Pro 以外的任何氨基酸）上。因此，所有的*N*-连接寡糖链都有一个共同的前体，在糙面内质网及在通过高尔基体各膜囊间的转移过程中，寡糖链经过一系列加工、切除和添加特定的单糖，最后形成成熟的糖蛋白（图4-30）。所有成熟的*N*-连接的寡糖链都含有2个*N*-乙酰葡萄糖胺和3个甘露糖残基。根据其结构特征又可分为高甘露糖*N*-连接寡糖（high mannose *N*-linked oligosaccharide）和复杂的*N*-连接寡糖（complex *N*-linked oligosaccharide），前者只含有*N*-乙酰葡萄糖和甘露糖，后者除此之外还含有岩藻糖、半乳糖和唾液酸，二者可能分别存在于不同种类的糖蛋白中，也可能存在于同一条肽链的不同位点上。

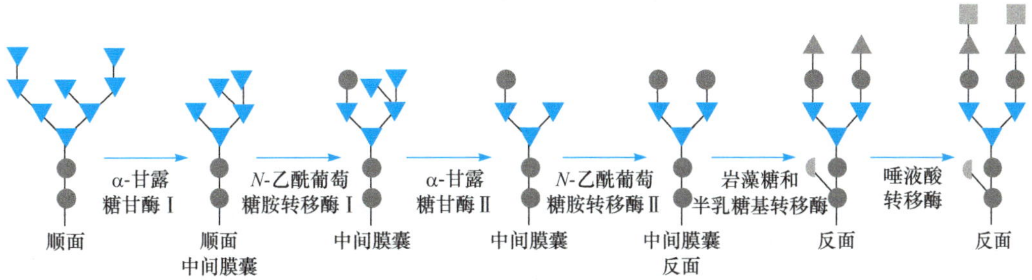

图4-30　*N*-连接寡糖在高尔基体各膜囊区间的加工过程（参照Karp，2013）

●. *N*-乙酰葡萄糖胺；▼. 甘露糖；▲. 半乳糖；■. 唾液酸；◖. 岩藻糖

O-连接寡糖的糖链合成及糖基化是在高尔基体中进行的。与*N*-连接糖基化不同，*O*-连接糖基化由不同的糖基转移酶催化，每次加上一个单糖。通常第一个连接上去的单糖是*N*-乙酰半乳糖，最后加上唾液酸残基，完成全部糖基的加工与修饰。这一反应发生在高尔基体反面膜囊和TGN中。多数糖蛋白在10min内便可从高尔基体分选到其目的地。在高尔基体中，糖基化反应底物核苷酸单糖（nucleotide sugar）是通过载体蛋白介导的反向协同运输方式从细胞质基质转运到高尔基体囊腔内的。在不同的膜囊间隔中，膜上的载体蛋白也有所不同，以维持腔内特定反应底物的浓度。

内质网和高尔基体中所有与糖基化及寡糖加工有关的酶都是整合膜蛋白。它们固定在细胞的不同间隔中，其活性部位均位于内质网或高尔基体的腔面。不同部位的高尔基膜囊所含有的糖基转移酶种类不同，因此从顺面到反面的扁囊按照一定顺序对寡糖链进行有序加工。先参与对寡糖链加工的酶位置偏向于顺面，后参与加工的酶偏向于反面。因此，寡糖链的合成与加工非常像在一条装配流水线上，糖蛋白从细胞器的一个间隔输送到另一个间隔，固定在间隔内侧上的一套排列有序的酶系，依次进行一道道加工，前一个反应的产物又作为下一个反应的底物，确保只有加工过的底物才能进入下一道工序。这种顺序性加工有利于糖蛋白的分选，从而使高尔基体能对不同的糖蛋白分别进行包装，使其具有不同的命运。例如，有的成为细胞质膜的整合膜蛋白，有的成为溶酶体酶，有的形成分泌泡（图4-31）。

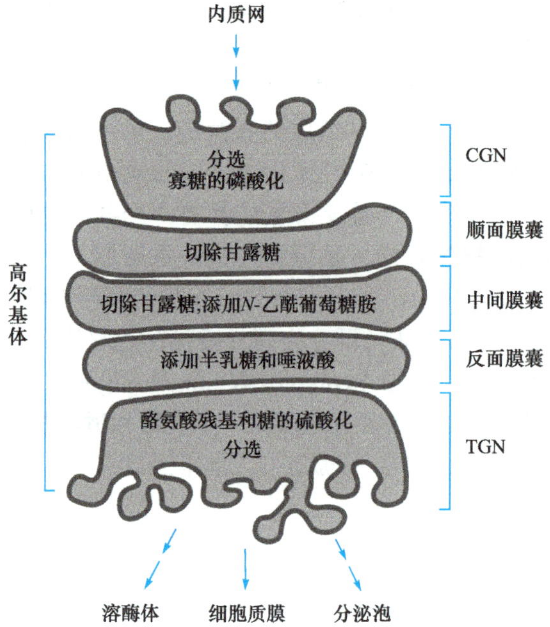

图4-31　高尔基体对糖蛋白加工的分区（参照 Alberts et al.，2014）

真核细胞中普遍存在的蛋白质糖基化具有重要的生物学功能。①糖基化对蛋白质具有保护作用，可使它们免遭水解酶的降解；寡糖链还具有促进蛋白质折叠和增强糖蛋白稳定性的作用。②蛋白质糖基化修饰具有运输信号的作用，可使不同蛋白质携带不同的标志，以利于在高尔基体进行分选与包装，同时保证糖蛋白从糙面内质网至高尔基体膜囊单向转移。③糖基化形成细胞质膜表面的糖被，在细胞质膜的保护、细胞识别及通讯等生命活动中发挥重要作用。典型的例证是ABO血型抗原的许多决定簇是红细胞表面不同结构的糖链，被抗糖抗体特异性识别，具有重要的临床价值。

除了蛋白质的糖基化以外，高尔基体还是合成糖胺聚糖的主要场所。糖胺聚糖中的糖基在高尔基体中一旦聚合后马上高度硫酸化，使糖胺聚糖带大量的负电荷。

多细胞动物体内中还有一类重要的糖蛋白，即蛋白聚糖（proteoglycan），也是在高尔基体中完成组装的。蛋白聚糖是由一个或多个糖胺聚糖（glycosaminoglycan）链通过木糖（xylose）结合到核心蛋白的丝氨酸残基上形成的。与一般*O*-连接寡糖不同，直接与丝氨酸羟基结合的不是*N*-乙酰半乳糖胺而是木糖。蛋白聚糖多被分泌到细胞外形成细胞外基质的成分，有些也整合在细胞质膜上。例如，很多上皮细胞分泌的保护性黏液常常就是蛋白聚糖和高度糖基化的糖蛋白的混合物。

对糖脂研究的资料不多。生化分析表明，高尔基体中存在一些与脂类糖基化有关的糖基转移酶和磺基转移酶等。已有的证据表明，糖脂的糖侧链也是以与糖蛋白相同的途径和方式合成与加工的，最后由高尔基体转运到溶酶体膜或细胞质膜上。

2）蛋白质水解及其他加工过程

在糙面内质网上合成的蛋白质有些是无生物活性的前体物，称为蛋白原（proprotein）。蛋白原必须经过加工改造才能具有生物活性。例如，很多肽类激素和神经多肽（neuropeptides）在转运至高尔基体的TGN 或TGN 所形成的分泌泡中后，需要经与TGN 膜相结合的蛋白水解酶的特异性水解作用后（常常发生在与一对碱性氨基酸相邻的肽键上），才成为有生物活性的多肽。又如，人胰岛素在内质网上合成时多肽N端含有信号肽，称为前胰岛素原（preproinsulin），分子质量为12kDa。随后在内质网信号肽酶的作用下，切除信号肽，称为胰岛素原（proinsulin），分子质量为9kDa，含有A、B两条肽链和起连接作用的C肽，共86个氨基酸。当它被转运到高尔基体后，通过蛋白酶水解作用才成为有活性的胰岛素，生成一分子由51个氨基酸残基组成的胰岛素和一分子C肽，最后通过小泡分泌出来。胰岛素分子中的二硫键是在内质网中形成的。

不同的蛋白质在高尔基体中酶解加工的方式各不相同，大致可归纳为以下三种类型。①新生、无生物活性的蛋白原进入高尔基体后，直接被酶解切除蛋白原N 端或两端相应的氨基酸序列，形成成熟多肽，如胰岛素、胰高血糖素及血清蛋白等，这是一种比较简单的蛋白质加工形式。②有些蛋白质分子在糙面内质网中合成时是含有多个重复的相同氨基酸序列的前体，经高尔基体酶解加工后，可形成多个序列相同的活性多肽，如神经肽等。③有些新生蛋白原中含有数种不同的信号序列，最后加工形成不同的产物；有些情况下，同一种蛋白质前体在不同的细胞中可能以不同的方式加工，产生不同种类的多肽，这样大大增加了细胞信号分子的多样性。

不同的多肽采用不同的加工方式，推测其原因是：①有些多肽分子太小，在核糖体上难以有效合成，如仅由5个氨基酸残基组成的神经肽。②有些多肽可能缺少包装并转运到分泌泡中的必要信号。③可以有效地防止这些活性物质在合成它的细胞内提前发挥作用。如果胰岛素在糙面内质网中合成后便具有生物活性，那么它很可能与内质网膜上的受体结合启动错误的反应。胰岛素即使进入分泌泡后也不会与受体结合，因为它仅在pH 7左右的条件下与受体结合，而储存胰岛素的分泌泡中pH为5.5。

此外，蛋白质的磷酸化（如溶酶体酶的磷酸化作用）和硫酸化作用也是在高尔基体中进行的。硫酸化反应的硫酸根供体是3′-磷酸腺苷-5′-磷酰硫酸（3′-phosphoadenosine-5′-phosphosulfate，PAPS），它从细胞质基质中转入高尔基体膜囊内，在酶的催化下，将硫酸根转移到肽链中酪氨酸残基的羟基上。硫酸化的蛋白质主要是蛋白聚糖。

3）参与植物细胞壁的形成

植物细胞中，高尔基体与细胞壁的形成有关。植物细胞壁中的果胶和半纤维素等多糖是在高尔基体上进行合成、加工和转运的。植物细胞中高尔基体合成和分泌的多糖至少含12种以上的单糖，多数多糖呈分支状且有很多共价修饰，远比动物细胞复杂得多。高等植物细胞有丝分裂后期，高尔基体以膜泡的形式将果胶质运送到赤道面上，膜泡相互融合，所含物质形成细胞板，成为初生壁的前身。

植物细胞典型初生壁的形成过程涉及数百种酶，除少数酶共价结合在细胞壁上外，多数酶都存在于内质网和高尔基体中。其中一个例外是多数植物细胞的纤维素是由细胞质膜外侧的纤维素合成酶合成的。

（三）高尔基体的发生

1. 高尔基体的遗传

从理论上推测，在有丝分裂间期，高尔基体应该存在着复制，以增加高尔基体大小，为将其适当地分配到两个子代细胞中做好准备。尽管这是研究高尔基体生物发生的主要内容，但是由于研究方法和手段的限制，目前只限在以原生动物为模式的研究中观察到高尔基体的复制，而哺乳动物细胞间期高尔基体是如何复制的并不清楚。

相对而言，有丝分裂过程中，对高尔基体进入到两个子代细胞的分裂过程已有较为清晰的了解。这一过程包括4个连续步骤。首先，有丝分裂前期，高尔基体带状结构去连接或片段化，形成多个不连接的独立高尔基体堆。其次，组成高尔基体堆的扁平囊之间的连接解体，并进一步解聚成管状和泡状膜结构。再次，到有丝分裂中期，管状和泡状高尔基体膜再进行分裂形成更小的高尔基体膜泡，弥散在整个细胞中，并随着染色体分离而分配到两个子细胞中去。最后，在有丝分裂末期，子代细胞中的高尔基体膜泡发生融合和装配，成为有功能的高尔基体。

2. 高尔基体膜囊的形成

高尔基体作为细胞内高度动态的细胞器，其膜囊如何形成，并维持其极性结构，实现大分子在各组分间有序的转移，目前仍不清楚。对此有两种模型进行解释（图4-32）：①膜泡运输模型（vesicular transport model），该模型认为高尔基体的膜囊群主体是相对稳态的结构，膜囊自身的更新和各部膜囊的生化极性（特征性酶和驻留蛋白的变化）是通过不同类型转运膜泡在相邻膜囊间顺向（顺面→反面）和反向（反面→顺面）有序转移实现的；②膜囊成熟模型（cisternal maturation model），此模型认为高尔基体的膜囊群主体是动态的结构，靠近顺面的内质网或内质网-高尔基中间体（ER-Golgi intermediate compartment，ERGIC）与出芽的小泡融合，首先形成高尔基体CGN，随后膜囊自身从顺面→反面渐次成熟并迁移，一些不当转移的膜囊特异酶类或驻留蛋白通过反向COP Ⅰ转运膜泡来回收。实际上，关于解释高尔基体膜囊结构如何组织与维持，以及膜囊间蛋白质转运的机制问题，现在并没有定论，也许上述两种模型共同发挥作用。

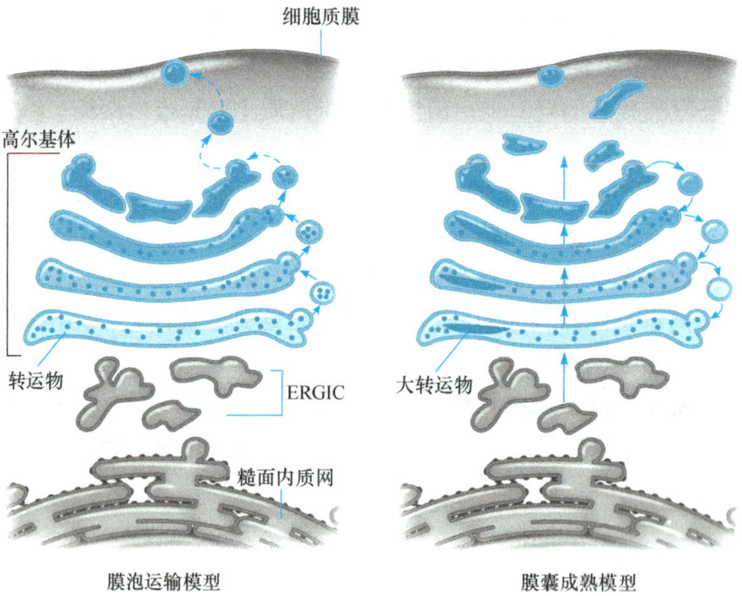

图4-32　高尔基体膜囊形成模型（参照Karp，2013）

三、溶酶体

溶酶体（lysosome）是内膜系统中另一种重要的细胞器，由单层膜包被，内含多种酸性水解酶类，是动物细胞内消化的主要场所。溶酶体在维持细胞正常代谢活动及防御等方面起着重要作用，在病理学研究中具有重要意义。植物细胞中也有类似的细胞器，如中央液泡、圆球体、糊粉粒等。

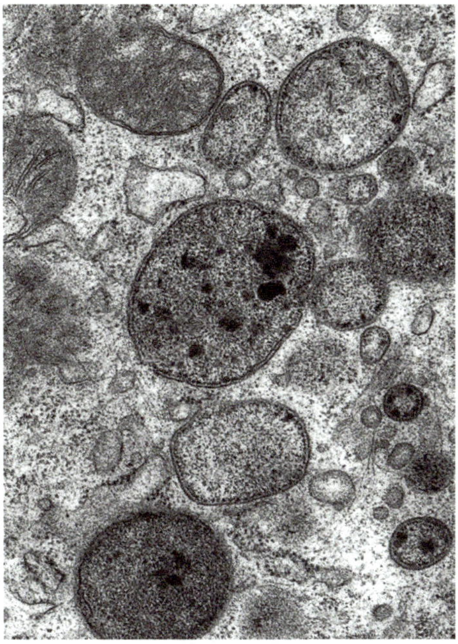

0.3μm

图4-33　溶酶体（参照Karp，2013）
具有吞噬作用的肝脏Kupffer细胞中至少10个不同大小的溶酶体电子显微镜图

（一）溶酶体的形态结构与类型

溶酶体呈小球状，平均直径一般为0.25~0.8μm，最大的可超过1μm，最小的直径只有25~50nm（图4-33）。

溶酶体可看成是以含有大量酸性水解酶为共同特征，有不同形态大小，执行不同生理功能的一类**异质性**（heterogeneous）的细胞器。不同细胞类型，甚至同一类型细胞的不同发育阶段，溶酶体的形态、大小，甚至所含水解酶的种类都有很大不同。

根据溶酶体处于完成其生理功能的不同阶段，大致可分为三种类型：**初级溶酶体**（primary lysosome）、**次级溶酶体**（secondary lysosome）和**残质体**（residual body）。

初级溶酶体是指通过其形成途径刚刚产生的、膜性囊腔中只含有水解酶类，但无作用底物，未进行消化作用的溶酶体，呈球形，直径0.2~0.5μm，内容物均一，不含有明显的颗粒物质。初级溶酶体囊腔中的酶通常处于非活性状态。

次级溶酶体是初级溶酶体与细胞内的自噬泡或异噬泡（胞饮泡或吞噬泡）融合后形成的进行消化作用的复合体，分别称为**自噬溶酶体**（autophagolysosome）和**异噬溶酶体**（heterophagic lysosome）。电子显微镜观察显示次级溶酶体内部结构复杂多样，含有多种生物大分子、颗粒、膜片甚至某些细胞器，因此次级溶酶体形态不规则，大者直径可达几个微米。次级溶酶体内经历消化后，小分子物质可通过膜上载体蛋白转运到细胞质基质中，供细胞代谢利用。

残质体或称为后溶酶体（post-lysosome），是由不能被消化、分解的物质残留在次级溶酶体内形成的，随着酶活性的逐渐降低以至最终消失，进入了溶酶体生理功能作用的终末状态。残质体可通过类似胞吐的方式将内容物排出细胞，也可能长期沉积在细胞内逐年增多，而成为细胞衰老的原因。例如，脊椎动物和人类的神经元、肝细胞、心肌细胞内的脂褐质，它们会随个体年龄的增长而在细胞中累积。

溶酶体的类型是相对于其功能状态而人为划分的。不同的溶酶体类型，只是同一种功能结构不同功能状态的转换形式。基于对溶酶体形成及发育过程的了解和认识，也有人提出了新分类体系，将溶酶体划分为**内溶酶体**（endolysosome）和**吞噬溶酶体**（phagolysosome）两大类。前者被认为是由高尔基体出芽的运输小泡并入细胞质中的晚期胞内体（late endosome）所形成；后者则是由内溶酶体和含有来自于细胞内、外不同作用底物的自噬体及异噬体相互融合而成。

由于溶酶体中含有各种不同的水解酶类，所以溶酶体在生活细胞中必须是高度稳定的。因此，溶酶体膜在成分上也与其他生物膜有所不同：①嵌有质子泵，可利用ATP水解释放的能量将H^+泵入溶酶体内，使溶酶体中的H^+浓度比细胞质中高100倍以上，以形成和维持酸性内环境；②具有多种载体蛋白用于水解产物向外转运；③膜蛋白高度糖基化，可能有利于防止自身被降解，以保持其稳定。

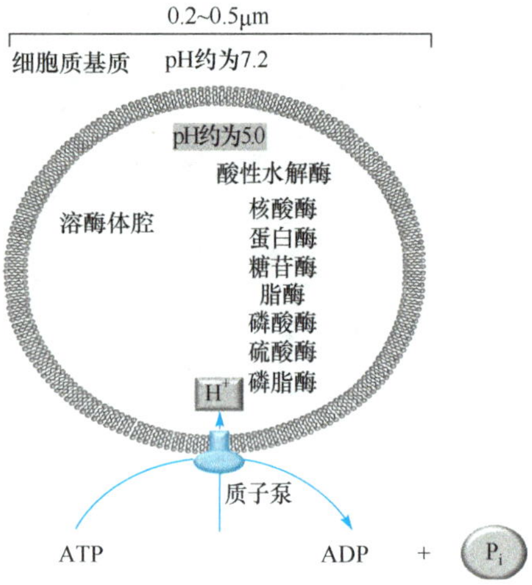

图4-34　溶酶体所含主要酸性水解酶类及膜上的质子泵

目前已发现60余种溶酶体酶，多数为可溶性酶，有些整合在溶酶体膜上，其中包括酯酶、蛋白水解酶、核酸酶、磷酸酯酶、糖苷酶和硫酸酯酶等。酶蛋白本身的结构能抵御酸变性的作用。这些酶的最适pH在5.0左右，故均为**酸性水解酶**（acid hydrolase）（图4-34）。少量的溶酶体酶泄漏到细胞质中，并不会引起细胞损伤，其主要原因是细胞质溶胶中的pH为7.0左右，在这种环境下，溶酶体酶基本没有活性。此外，在酵母细胞质中已发现一些蛋白质可以特异地与溶酶体酶结合而使其丧失活性。实验发现，若将氢氧化氨或氯奎（chloroquine）等可透过细胞质膜的碱性物质加入细胞培养液中，致使溶酶体内pH提高至7.0左右，则会导致溶酶体酶失活。

酸性磷酸酶（acid phosphatase）是溶酶体的常用标志酶，根据其标志酶反应，如组织化学的方法，可辨认出不同形态与大小的溶酶体。正是对这种酶的定位研究导致了溶酶体的发现。

与内质网等其他细胞器的发现和命名通常来自形态学观察不同，溶酶体是在用差速离心法分离细胞组分时发现的，并因其生理功能而命名。溶酶体的发现有很大的偶然性。1949年，Christian de Duve等将大鼠肝组织匀浆，并用差速离心对其中各种组分进行分级分离，以期通过对葡萄糖-6-磷酸酶在细胞内的定位来研究胰岛素对糖代谢的影响。实验发现，葡糖-6-磷酸酶总是与微粒体一起被分离。在测定作为对照不参与糖代谢的酸性磷酸酶时，发现虽然线粒体组分中酸性磷酸酶的浓度最高，但也仅占肝细胞中酸性磷酸酶总量的10%，不清楚其他90%的酸性磷酸酶在离心分离过程中如何分布。后续实验中，他们又发现了一些有趣的现象。例如，蒸馏水提取物中酶的活性比在蔗糖渗透平衡液抽提物中酶的活性高；放置一段时间的抽提物比新鲜制品中的酶活性高，而且酶活性与沉淀物线粒体无关。虽然这些发现偏离了原来的研究目的，但是他们决定继续研究下去。随后又发现在样品匀浆过程中，通过冷冻、加热、添加去垢剂等都能够提高肝组织匀浆液中酸性磷酸酶的活性，其他几种水解酶也有类似的现象。由于上述措施都是促使膜破裂，于是推测酸性磷酸酶位于线粒体组分中的另一种新的膜性细胞器内。随后，他们重新设计了线粒体组分的离心分离方法，发现了这种新细胞器存在的生化证据，并称之为溶酶体。1955年，Christian de Duve 与Novikoff 合作才首次在电子显微镜下观察到了溶酶体。Christian de Duve也因此发现获得了1974年的诺贝尔生理学或医学奖。

（二）溶酶体的功能

溶酶体是细胞的“消化器官”，其主要功能是消化作用，这对于维持细胞的正常代谢活动及防御微生物的侵染具有重要意义。根据所消化底物的不同来源，细胞内溶酶体的消化作用可分为三种途径（图4-35）：①内吞作用（endocytosis），可溶性大分子通过质膜包被小窝内化，形成内吞泡摄入细胞，与初级溶酶体结合形成异噬溶酶体被消化；②吞噬作用（phagocytosis），破损的细胞或病原体及不溶性颗粒物质通过形成异噬泡进入细胞与初级溶酶体结合被消化；③自噬作用（autophage），细胞内衰老或破损的细胞器或部分细胞质等形成自噬泡与初级溶酶体结合被消化。

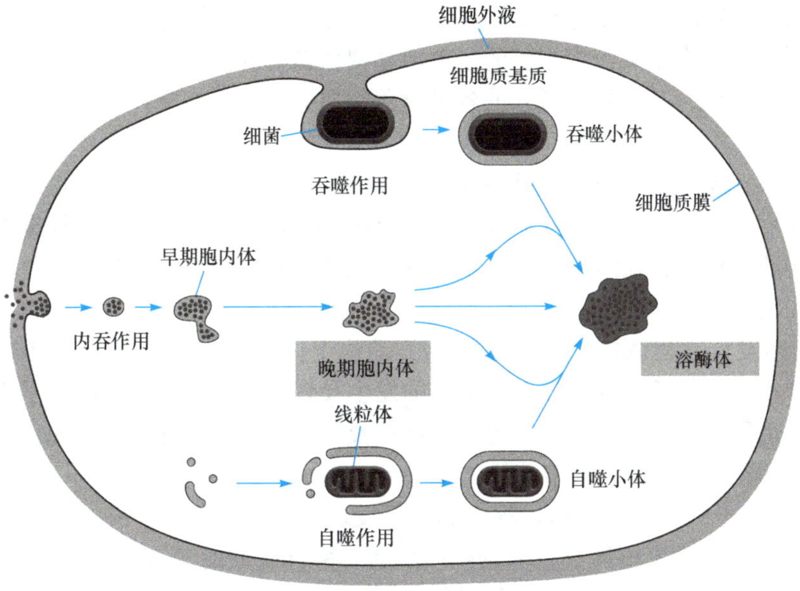

图4-35　溶酶体消化作用的三种途径（参照Alberts et al.，2014）

溶酶体内含60多种酸性水解酶，能分解几乎所有的生物大分子。溶酶体的一切细胞生物学功能都建立在溶酶体对物质的消化和分解作用基础之上。

1. 清除无用的生物大分子、衰老的细胞器，以及衰老损伤和死亡的细胞

细胞通过形成异噬溶酶体和自噬溶酶体，及时对经胞吞作用摄入的衰老、损伤和死亡的细胞或细胞内无用的生物大分子，以及衰老、破损的细胞器进行消化，使之分解为可被细胞重新利用的小分子物质，并透过溶酶体膜释放到细胞质基质，参与细胞的物质代谢。这不仅使可能影响细胞正常生命活动的外来异物，以及丧失了功能的衰老、残损的细胞器得以清除，有效地保证了细胞内环境的相对稳定，还有利于细胞器的更新替代。

真核细胞对蛋白质存量的调节，除依赖泛素蛋白酶体降解途径外，溶酶体是另一个重要的降解途径。溶酶体酶对水解底物似乎没有选择性，暂不需要的生物大分子和衰老的细胞器选择性地进入自噬泡，溶酶体识别并与之融合，这一过程的调控机制尚不清楚。

对衰老、凋亡细胞的清除主要是由巨噬细胞完成的。例如，衰老的红细胞膜骨架发生改变，导致细胞韧性的改变，而不能进入比其直径更小的毛细血管中；同时细胞表面糖链中的唾液酸残基脱落，暴露出半乳糖残基，从而被巨噬细胞识别并捕获，进而被吞噬而由溶酶体

降解。

2. 防御保护功能

某些防御细胞（如巨噬细胞）可以识别并吞噬细菌或病毒颗粒，在溶酶体作用下将其杀灭并进一步降解。溶酶体强大的物质消化和分解能力则是这些防御细胞实现其功能的根本保证。

在细胞毒性T淋巴细胞（cytotoxic lymphocyte，CTL）和自然杀伤细胞（natural killer cell，NK）的溶酶体中，既含有溶酶体酶也含有水溶性蛋白穿孔素（perforin）和颗粒酶（granzyme）。当细胞受到外界信号刺激后，这类溶酶体会像分泌泡一样释放内含物，杀伤靶细胞，因此又称这类溶酶体为**分泌溶酶体**（secretory lysosome）。

3. 其他重要的生理功能

（1）细胞营养功能。饥饿状态下，溶酶体可通过分解细胞内一些对细胞生存并非必需的生物大分子（自噬作用），为细胞的生命活动提供营养和能量，维持细胞的基本生存。对单细胞原生动物来说，其从外界摄入的各种营养物质完全依赖溶酶体的分解消化作用才能被细胞吸收利用。

（2）腺体细胞分泌调控。在某些腺体细胞中，溶酶体常常参与分泌过程的调节。例如，储存于甲状腺滤泡腔中的甲状腺球蛋白（thyroglobin），首先要通过吞噬作用进入分泌细胞内并与溶酶体融合，在溶酶体中甲状腺球蛋白被水解，释放出甲状腺素，然后才被分泌到细胞外进入毛细血管。

（3）个体发育过程调控。在无尾两栖类动物个体变态发育过程中，其幼体尾巴的退化、吸收，脊椎动物生长发育过程中骨组织的发生及骨质的更新，哺乳动物子宫内膜的周期性萎缩、断乳后乳腺的退行性变化，等等，都涉及某些特定细胞的程序性死亡，死亡后的细胞被吞入周围的吞噬细胞中，被溶酶体消化清除。

（4）形成精子的顶体。受精过程中的顶体反应，精子的**顶体**（acrosome）相当于特化的溶酶体，其中含多种水解酶类，如透明质酸酶、酸性磷酸酶、β-*N*-乙酰葡萄糖胺酶及蛋白水解酶等，它能溶解卵细胞的外被及附着的滤泡细胞，产生孔道，使精子进入卵细胞完成受精过程。

（三）溶酶体的发生

1. 溶酶体的生物发生途径

溶酶体的生物发生需要整合细胞的内吞途径和生物合成途径，是一个由内质网和高尔基体共同参与，集细胞内物质合成加工、包装、运输及结构转化为一体的复杂而有序的过程。

最初溶酶体被认为是由高尔基体出芽而从头合成的。随着对内吞及可溶性溶酶体水解酶转运过程研究的深入，研究者提出了两种溶酶体生物发生的模型。第一种模型称为成熟模型，认为内吞的分子被有被小泡运输到早期胞内体中，早期胞内体通过添加或去除一些分子而转化为溶酶体。按照这种观点，胞内体成熟后成为溶酶体，如果没有内吞过程溶酶体就不能形成。然而多数早期胞内体膜并不在细胞内驻留而是要被循环运回细胞质膜。如果没有持续的内吞过程，早期胞内体便会消失，但是溶酶体却依然存在，这一实验现象排除了溶酶体仅靠成熟模型发生的可能。第二种模型称为膜泡运输模型，认为早期胞内体、晚期胞内体及溶酶体在细胞中是本身就存在的，但是它们之间存在相互融合和分裂的现象。晚期胞内体在溶酶体生物发生及溶酶体水解酶运输过程中有着重要作用，但是晚期胞内体是本身就存在的还是由内吞产生的仍不清楚。所以截至目前，溶酶体的生物发生过程可能不能仅靠哪一种模型就能解释清楚。

2. 溶酶体蛋白的合成、加工与转运

有两类蛋白质，即可溶性溶酶体水解酶（也称为酸性水解酶）和溶酶体膜蛋白（lysosomal membrane protein，LMP）是溶酶体功能所必需的。新合成的溶酶体酶的定向转运可以是直接从TGN到胞内体，或是间接先运输至细胞质膜，随后通过内吞作用摄入细胞内。目前了解比较清楚的分选途径是溶酶体水解酶的**甘露糖-6-磷酸**（mannose-6-phosphate，M6P）信号及其受体（mannose-6-phosphate receptor，M6PR）所介导的定向转运。相对而言，对溶酶体膜蛋白的运输途径明显知之甚少。

1）溶酶体酶的M6P分选途径

细胞质基质中游离核糖体上起始合成的溶酶体酶带有N端信号肽，被转移到糙面内质网上，新生肽链继续延伸进入内质网腔，被信号肽酶切除信号肽后，肽链在内质网腔中经*N*-连接糖基化基础修饰，然后转至高尔基体，在高尔基体的顺面膜囊中寡糖链上的甘露糖残基被磷酸化形成M6P，在高尔基体的反面膜囊和TGN膜上存在M6P的受体，这样溶酶体酶就与其他蛋白质区分开来，并得以浓缩，最后以出芽的方式形成网格蛋白包被膜泡转运到溶酶体中。

溶酶体酶甘露糖残基的磷酸化先后由两种酶催化（图4-36）：一种是***N*-乙酰葡萄糖胺磷酸转移酶**（*N*-acetylglucosamine phosphotransferase，GlcNAc-P-transferase），另一种是磷酸葡糖苷酶（phosphoglycosidase）。当溶酶体酶进入高尔基体的顺面膜囊后，*N*-乙酰葡萄糖胺磷酸转移酶将单糖二核苷酸UDP-GlcNAc上的GlcNAc-P转移到高甘露糖寡糖链上的α-1，6甘露糖残基上，再将第二个GlcNAc-P加到α-1，3的甘露糖残基上，接着在高尔基体中间膜囊中磷酸葡糖苷酶除去末端的GlcNAc，暴露出磷酸基团，形成M6P标志。上述反应涉及*N*-乙酰葡萄糖胺磷酸转移酶如何从多种蛋白质中识别溶酶体酶，现已确定在溶酶体酶分子中存在识别信号，这种信号是依赖于溶酶体酶的构象或三级结构形成的**信号斑**（signal patch）。

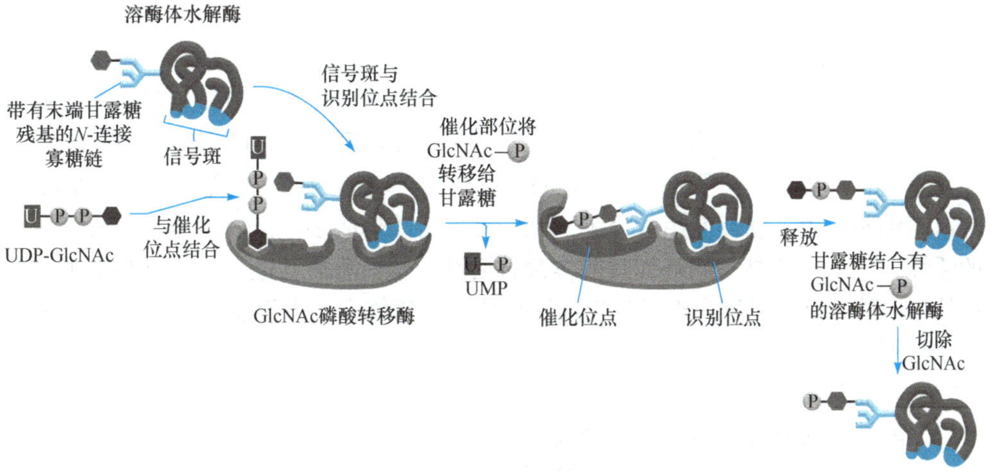

图4-36　溶酶体酶的识别与加工（参照Alberts et al.，2014）

多数溶酶体酶分子上具有多个*N*-连接寡糖链，一旦GlcNAc-磷酸转移酶识别了溶酶体酶的信号斑后，在每条寡糖链上便可形成多个M6P残基，可以增强与M6P受体的结合。在高尔

基体TGN中，M6P受体常集中分布在某些TGN膜区，含有多个M6P的溶酶体酶与M6P受体高亲和力结合后，可以使溶酶体酶与其他蛋白质分离并起到局部浓缩的作用，保证了它们以出芽的方式向溶酶体转移。M6P受体有两种，其中一种是依赖Ca^{2+}的受体，它在pH 7.0 左右时与M6P结合，在pH 6.0 以下则与M6P分离。

溶酶体酶的加工转运过程如图4-37所示。高尔基TGN 包装溶酶体酶的转运膜泡是网格蛋白包被膜泡，出芽后很快便脱包被，转运至早期胞内体并与之融合。早期胞内体膜上具有质子泵，腔内呈酸性，pH5.0左右。高尔基体的中性环境中，M6P 受体与M6P 结合，进入早期胞内体的酸性环境中后，M6P受体与M6P分离，并返回高尔基体，M6P 受体穿梭于高尔基体和早期胞内体之间。同时，在早期胞内体中，溶酶体酶的M6P 去磷酸化，进一步促使M6P受体与之彻底分离。

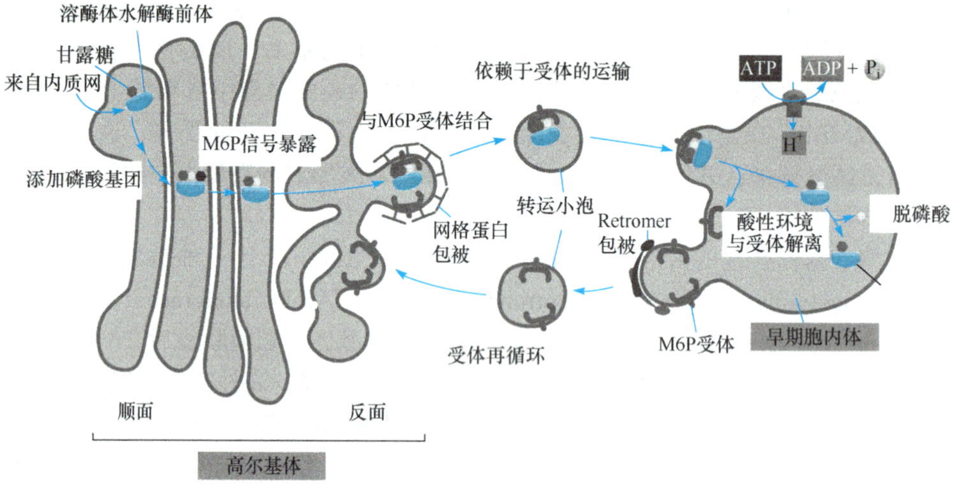

图4-37　溶酶体酶的加工转运过程（参照Alberts et al.，2014）

Retromer蛋白复合体是一个由膜泡分选蛋白(vacuolar protein sorting,VPS)结合而成的五聚体，它主要负责跨膜蛋白由胞内体(endosome)到高尔基体反面网状结构(TGN)的逆向运输

溶酶体酶的M6P特异标志是目前研究高尔基体分选机制中较为清楚的一条途径。然而这一分选体系的效率似乎不高，一部分含有M6P 标志的溶酶体酶会通过转运膜泡直接分泌到细胞外（图4-38）。在细胞质膜上，存在依赖于Ca^{2+}的M6P受体，它可与细胞外的溶酶体酶结合，在网格蛋白/AP协助下通过受体介导的内吞作用，将酶送至晚期胞内体中，M6P受体也同样可返回细胞质膜，循环使用。分泌到细胞外的溶酶体酶多数以酶前体的形式存在且具有一定的活性，但蛋白酶是一例外，其前体没有活性。蛋白酶需要进一步切割与加工才能成为有活性的蛋白酶，这一过程是否发生在前溶酶体或溶酶体中，尚不清楚。

2）溶酶体蛋白的非M6P分选途径

M6P途径是溶酶体酶分选的主要途径，但不是唯一途径，还有非M6P依赖性的分选途径。例如，酸性磷酸酶是以前体形式合成的，并且作为整合膜蛋白结合在内质网膜中，它并不涉及M6P 途径，而是像其他膜蛋白那样经高尔基体转运到细胞表面，随后依赖于细胞质侧部分酪氨酸残基信号，从细胞表面再转运到溶酶体，在细胞质中巯基蛋白酶和溶酶体中天冬氨酸蛋白酶的作用下，切割为成熟的酸性磷酸酶才被释放到溶酶体腔中成为可溶性酶。

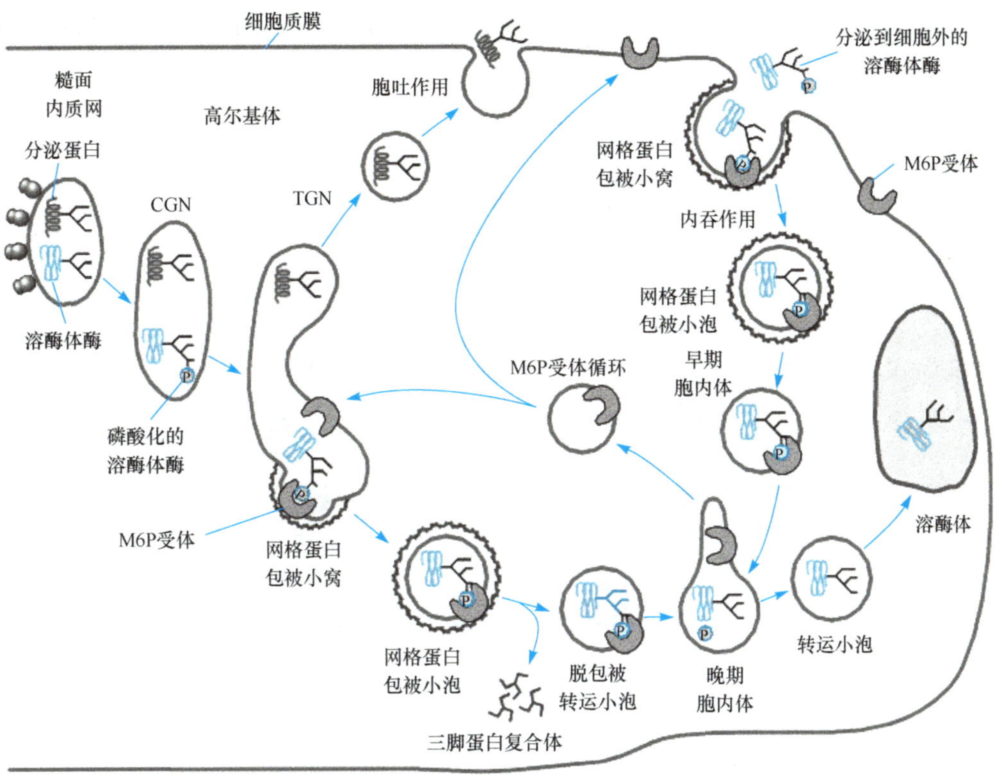

图4-38　溶酶体酶的M6P分选途径（参照Lodish et al.，2000）

除可溶性水解酶外，还有溶酶体膜上的特异膜蛋白，这些蛋白质也是在内质网上合成，经高尔基体加工与分选的。M6P标志的作用是把可溶性的蛋白质结合在特异膜受体上，因此溶酶体膜蛋白就无需M6P化，但这些膜蛋白如何同其他蛋白质区分而特异地分选到溶酶体膜上，其机制尚不清楚。

实际上，溶酶体的发生可能是涉及多种途径的复杂过程。不同种类的细胞可能采取不同的途径，同一种细胞也可能有不同的方式，甚至溶酶体酶的加工常常发生在它们进入溶酶体以后，不同种酶的加工方式也各自不同，然而有些加工，如糖侧链的部分水解，可能是溶酶体内特定环境造成的，对酶的活性并非必要。

（四）植物液泡

植物细胞中不含有溶酶体，然而却含有大的由单层膜包围的**液泡**（vacuole），一般液泡占细胞总体积的30%以上，但在不同细胞中液泡体积为5%~90%。液泡中也含有多种酸性水解酶类，具有与动物细胞溶酶体酶类似的细胞内消化功能。液泡膜上有V型H^+-ATPase，可将H^+由细胞质基质泵入液泡中，使液泡腔中维持酸性环境，同时在液泡膜上还有一些运输蛋白，帮助液泡行使一些特殊的功能（图4-39）。例如，液泡可作为植物细胞储存营养和废物的细胞器，细胞内许多溶质和大分子，包括离子、糖、氨基酸、蛋白质和多糖等都可暂时储存在液泡内。液泡还能储存细胞中的有毒物质，这些有毒物质有些是化学防御武器，当植物被草食动物和真菌伤害时，可起防御作用；有些只是代谢反应的副产品，因为植物细胞缺乏像动物细胞一样的分泌系统，它们利用液泡从细胞的其他部位来收集代谢副产品，有些代谢产物（如地黄）具有重要的临床药用价值。此外，液泡还具有调节细胞体积增长及细胞膨压等多种作用。

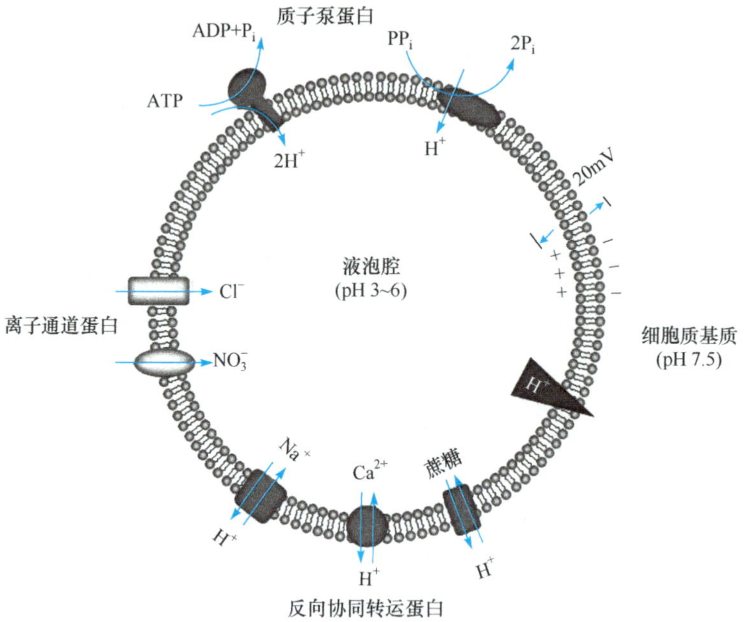

图4-39　植物液泡膜的运输系统及液泡内离子和蔗糖浓度梯度的建立

植物液泡膜中含有两种质子泵，一种是V型H^+-ATPase，另一种是焦磷酸水解质子泵。这两种泵可以将H^+泵入液泡腔，维持液泡内的低pH，同时建立液泡膜两侧的电位差，驱动细胞质基质中的Cl^-和NO_3^-从离子通道进入液泡。在质子梯度的驱动下，质子对向运输蛋白可将Na^+、Ca^{2+}和蔗糖积累到液泡内

四、过氧化物酶体

过氧化酶体（peroxisome）又称为**微体**（microbody），是由单层膜围绕的内含一种或几种氧化酶类的细胞器，广泛存在于真核细胞中。植物细胞中的过氧化物酶体也称为乙醛酸循环体（glyoxisome）。

1954 年，瑞典学者Rhodin在电子显微镜下观察鼠肾的肾小管上皮细胞时，发现一种膜包被的颗粒，直径为0.5~1.0μm。由于当时不知道这种颗粒的功能，称其为微体。随后在1965年，Christian de Duve和他的同事从大鼠的肝脏中分离出了微体，并发现微体中存在一些氧化酶和过氧化氢酶。因此，Christian de Duve建议将微体命名为过氧物酶体。1967年，Breidenbach和Beevers 首次从植物细胞中分离到了微体，并且发现这些微体中除含有与过氧化物酶体有关的酶外，还含有同乙醛酸循环有关的酶，从而将其称为**乙醛酸循环体**。乙醛酸循环体除存在于种子脂肪储藏组织和叶片外，还存在于根、块茎和花瓣等一些非绿色组织中。

（一）过氧化物酶体的形态结构与化学组成

过氧化物酶体也是一种**异质性细胞器**。在不同生物或同一生物不同种类的细胞中，甚至单细胞生物的不同个体中，过氧化物酶体形态、大小、所含酶的种类及其行使的功能都有所

不同。电子显微镜下常见过氧化物酶体由单层膜包裹，多呈圆形或卵圆形；直径为0.2~1.5μm；基质中含有细小的颗粒物质，有时也可见晶格状内含物（图4-40）。过氧化物酶体常成群分布在内质网膜附近，在有的细胞中则紧靠线粒体或叶绿体。

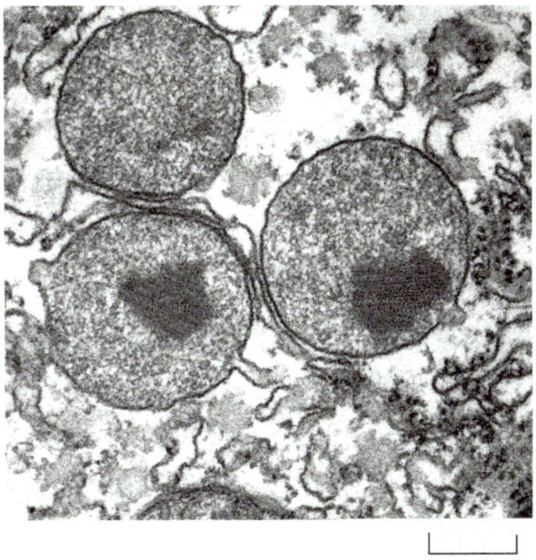

图4-40 大鼠肝细胞中的三个过氧化物酶体的电子显微镜照片（参照Alberts et al.，2014）

下方两个过氧化物酶体中含有晶格状电子致密的内含物，主要由尿酸氧化酶组成

由于过氧化物酶体在形态、结构和降解生物大分子等功能上与溶酶体类似，再加上其本身也是一种异质性的细胞器，以致人们在相当长的一段时间内将其看成是某种特殊溶酶体。直至20 世纪70 年代，人们才逐渐认识到，过氧化物酶体是完全不同于溶酶体的另一种细胞器，普遍存在于所有动物细胞和很多植物细胞中，两种细胞器在成分、功能及发生方式等方面都有很大差异。过氧化物酶体中的**尿酸氧化酶**（urate oxidase）等常形成晶格状结构，可作为电子显微镜下识别的主要特征（图4-40）。

作为一种膜性细胞器，脂类及蛋白质是过氧化物酶体膜的主要化学组分，其膜脂主要为磷脂酰胆碱和磷脂酰乙醇胺等；膜蛋白包括多种结构蛋白和酶，如22kDa蛋白质、68kDa蛋白质、70kDa蛋白质、NADH-细胞色素b_5还原酶、酰基CoA合成酶、酰基CoA还原酶和二羟基丙酮磷酸（DHAP）酰基转移酶等。过氧化物酶体膜具有较高的通透性，不仅可允许氨基酸、蔗糖、乳酸等小分子物质自由穿越，在一定条件下甚至可允许一些大分子物质的非吞噬性跨膜转运，从而保证各种反应底物及代谢产物的通畅运输。

作为一种多功能的细胞器，过氧化物酶体含有丰富的酶类，目前已知的有40余种。根据不同酶的作用性质，可大体上分为三类。

（1）氧化酶。氧化酶主要包括尿酸氧化酶、D-氨基酸氧化酶、L-氨基酸氧化酶、L-α-氨基酸氧化酶等。这些氧化酶都依赖于黄素（FAD），其作用是在将相应底物氧化的过程中，把氧还原成过氧化氢。氧化酶类催化的反应表示如下：

$$RH_2+O_2 \longrightarrow R+H_2O_2$$

（2）过氧化氢酶。过氧化氢酶约占过氧化物酶体酶总量的40%，因其几乎存在于各类细胞的过氧化物酶体中，故而被看成是过氧化物酶体的标志性酶。该酶的作用是利用过氧化氢，将其他底物（如醛、醇、酚）氧化。

$$R'H_2+H_2O_2 \longrightarrow R'+2H_2O$$

当细胞中的H_2O_2过剩时，过氧化氢酶也可催化过氧化氢分解为水和氧气，即

$$2H_2O_2 \longrightarrow 2H_2O+O_2$$

（3）过氧化物酶。可能仅存于如血细胞、植物细胞等少数几种类型细胞的过氧化物酶体中，其作用是以过氧化氢为电子受体催化底物氧化（如通过氧化酚类和胺类化合物，可达到消除过氧化氢和酚类、胺类毒性的双重作用），即

$$\text{电子供体}+H_2O_2 \longrightarrow \text{氧化的电子供体}+2H_2O$$

此外，还有一些其他酶类，包括苹果酸脱氢酶、柠檬酸脱氢酶及乙醛酸还原酶等，主要参与植物细胞内脂肪的氧化。

（二）过氧化物酶体的功能

目前，对动物细胞中过氧化物酶体的功能了解相对较少，其可能具有以下功能。

（1）解毒作用。过氧化物酶体中的氧化酶，可利用分子氧，通过氧化反应去除特异有机底物分子上的氢原子，产生H_2O_2（$RH_2+O_2 \longrightarrow R+H_2O_2$）；而过氧化氢酶又能够利用$H_2O_2$去氧化如甲醛、甲酸、酚、醇等各种反应底物（$H_2O_2+R'H_2 \longrightarrow R'+2H_2O$）。氧化酶与过氧化氢酶催化作用的偶联，形成了一个由H_2O_2协调的简单呼吸链。这不但是过氧化物酶体独有的重要特征之一，而且也是过氧化物酶体主要功能的体现，即可以有效地消除细胞代谢过程中产生的H_2O_2及其他毒性物质，从而对细胞起到保护作用。这种反应类型在肝、肾组织细胞中显得尤为重要。例如，因饮酒进入人体内的乙醇，约半数是在过氧化物酶体中被氧化成乙醛的。

（2）分解脂肪酸等高能分子为细胞直接提供热能。过氧化物酶体可降解生物大分子，最终产生H_2O_2，其中多数反应也可在其他细胞器中进行，但并不产生H_2O_2。动物细胞过氧化物酶体中有氧化脂肪酸的酶类。动物组织中有25%~50%的脂肪酸是在过氧化物酶体中氧化的，其他则是在线粒体中被氧化的。因此有学者提出，过氧化物酶体的另一种功能是分解脂肪酸等高能分子向细胞直接提供热能，而不必通过水解ATP的途径获得能量。

（3）调节细胞内的氧浓度。例如，在肝细胞中，有20% 的氧是由过氧化物酶体消耗的，其余的在线粒体中消耗。在过氧化物酶体中氧化产生的能量以产热的方式消耗，而在线粒体中氧化产生的能量则是储存在ATP中。线粒体与过氧化物酶体对氧的敏感性是不一样的，线粒体氧化所需的最佳氧浓度为2%左右，增加氧浓度，并不提高线粒体的氧化能力。过氧化物酶体与线粒体不同，它的氧化率是随氧浓度升高而成正比地提高。因此，在低浓度氧条件下，线粒体利用氧的能力比过氧化物酶体强，但在高浓度氧条件下，过氧化物酶体的氧化反应则占主导地位。过氧化物酶体的这种特性可使细胞免受高浓度氧的损害。

过氧化物酶体在植物细胞中起着重要作用。有两种重要功能研究相对较多：一是在绿色植物叶肉细胞中，它催化CO_2固定反应的副产物氧化，即所谓光呼吸作用（photorespiration），将光合作用的副产物乙醇酸氧化为乙醛酸和H_2O_2；二是在种子萌发过程中，过氧化物酶体将储藏在种子中的脂肪酸链进行β-氧化，产生乙酰辅酶A，经乙醛酸循环，由异柠檬酸裂解为乙醛酸和琥珀酸，后者离开过氧化物酶体进一步转变成葡萄糖，这一过程被称为乙醛酸循环，所以植物细胞中的过氧化物酶体又称为乙醛酸循环体。动物细胞中没有乙醛酸循环反应，因此动物细胞不能将脂肪中的脂肪酸转化成糖。

（三）过氧化物酶体的发生

过氧化物酶体中不含DNA，组成过氧化物酶体的膜蛋白和可溶性的基质蛋白均由细胞核基因编码，其中绝大部分在细胞质基质中的游离核糖体上完成合成，然后再分选转运到过氧化物酶体中，但仍可能有部分膜蛋白是在内质网膜上合成，然后形成特殊的过氧化物酶体前体膜泡。

已发现至少有两种以上的**过氧化物酶体蛋白分选信号**（peroxisomal targeting signal，PTS），其中PTS1为SKL（Ser-Lys-Leu）序列，存在于多数过氧化物酶体基质蛋白的C端。PTS2为Arg/Lys-Leu/Ile-5X-His/Gln-Leu，存在于某些基质蛋白N端的前20~30个氨基酸序列中。

目前已知，过氧化物酶体的发生有两条途径（图4-41）。一是细胞内已有的成熟过氧化物酶体经分裂增殖而产生子代过氧化物酶体。二是在细胞内重新发生（*de novo*），其装配过程包括：由内质网出芽衍生出前体膜泡，然后在细胞质基质中游离核糖体上合成的带有靶向序列的过氧化物酶体膜蛋白（peroxisomal membrane protein，PMP）被细胞质受体所识别，在受体和其他蛋白质的帮助下，PMP插入前体膜泡，然后经出芽、融合，形成过氧化物酶体雏形（peroxisomal ghost），为基质蛋白的输入提供基础；具有PTS1和PTS2分选信号的基质蛋白，各自的靶向序列与相应细胞质受体结合后再与过氧化物酶体膜上的受体结合，在质膜蛋白复合物的介导下完成基质蛋白输入，产生成熟的过氧化物酶体；成熟的过氧化物酶体可经分裂产生子代过氧化物酶体。

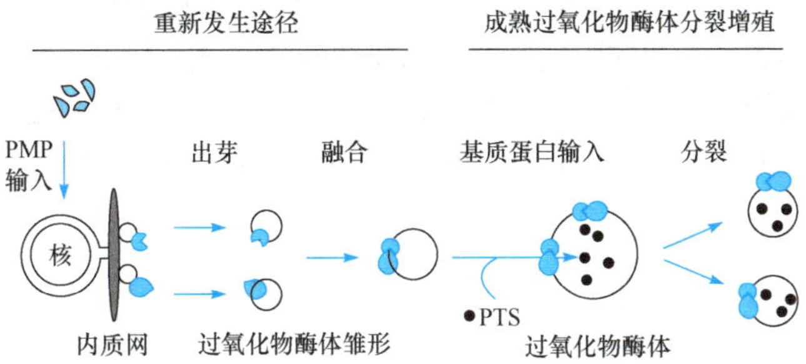

图4-41　过氧化物酶体的发生途径（参照van der Zand et al.，2012）

. 过氧化物酶体膜蛋白； . 过氧化物酶体移位子亚单位； . 活化的过氧化物酶体移位子； ● . 带有PTS的过氧化物酶体基质蛋白

值得注意的是，折叠好的基质蛋白在PTS 指导下可以输入到过氧化物酶体基质中，但其信号序列不被切除。此外，蛋白质输入过氧化物酶体需要ATP水解，但尚不清楚ATP释放的能量如何作为蛋白质单向跨膜转运的动力。构成过氧化物酶体的膜脂可能是在内质网上合成后通过磷脂交换蛋白或膜泡运输方式完成其转运的。

线粒体是细胞内进行氧化作用的重要细胞器。为什么细胞内还要存在具有氧化作用的过氧化物酶体呢？有人认为，从系统发生的角度来看，过氧化物酶体可能是一种古老的细胞器，在光合生物出现后，大气中的氧含量逐渐提高，而细胞内的氧对早期的生物具有毒害作用，过氧化物酶体的功能就是消除细胞内的氧，并产生细胞所需要的某些代谢物。虽然在过氧化物酶体中黄素蛋白、氧化酶和过氧化氢酶之间可以形成一个简单的呼吸链，但不起能量转换的作用。后来线粒体产生后就取代了过氧化物酶体的这种功能，占据细胞内氧化作用的主导地位，并且其电子传递与ATP合成相偶联。过氧化物酶体也开始逐渐退化，其所含酶的种类和数量减少，甚至在某些细胞类型中完全消失。但由于其仍具有一定的功能，故而在许多细胞类型中被保留下来。

有一种遗传性疾病称为Zellweger综合征，也称为脑肝肾综合征，患者细胞中的过氧化物酶体是空的，没有基质蛋白，但过氧化物酶体膜是正常的。说明这种遗传缺陷影响过氧化物酶体基质蛋白的输入，但不影响膜蛋白的输入。患者肝、脑、肾功能严重障碍，往往在出生后不久即死亡。对不同Zellweger综合征患者的细胞进行培养和遗传学研究，发现有8种不同的基因突变，任何一种突变都可引起同样的过氧化物酶体病变。说明至少有8种蛋白质参与过氧化物酶体基质蛋白的输入。将来自不同患者的培养成纤维细胞融合在一起，不少情况下可使过氧化物酶体恢复正常，彼此有互补作用。说明不同患者的遗传缺陷累及不同的转运蛋白，有些可能存在编码SKL序列受体蛋白基因缺陷，结果影响带有SKL序列的蛋白质转运；有些可能存在其他基因缺陷，影响另一些蛋白质的转运。

第四节 膜泡运输

真核细胞一方面通过胞吞作用来摄取大分子颗粒物质，并将其运送到溶酶体内进行消化，所产生的代谢物被转运到细胞质中；另一方面通过生物合成分泌途径（biosynthetic secretory pathway）将内质网合成的各种蛋白质、脂质，加工后在高尔基体TGN 区通过形成不同的转运膜泡以不同的途径分选、运输，各就各位，在特定时间和位点发挥其特定功能。

在细胞分泌与胞吞过程中，膜泡运输是不同区室之间物质转运和蛋白质分选的特有方式，并且在细胞内形成了复杂的膜流（membrane flow）（图4-42）。膜流对于维持细胞生存是必需的。这种膜流沿着具有高度组织性和方向性的途径进行，使细胞能够进行分泌和摄取营养物质。此外，膜转运区室之间可通过逆向的回流途径（retrieval pathway）来维持动态平衡。

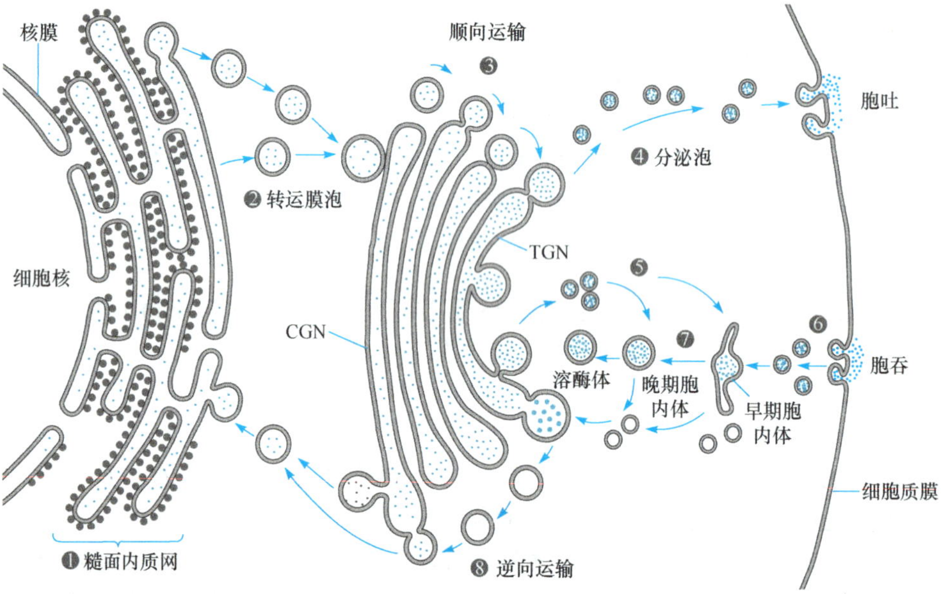

图4-42　细胞分泌和胞吞途径中的膜泡运输（参照Hardin，2011）

在膜泡运输过程中，糙面内质网相当于重要的物质供应站，而高尔基体是重要的枢纽和集散中心。同时，内质网、高尔基体、溶酶体、分泌泡、细胞质膜及胞内体都具有各自相对稳定的特异性成分，这也是行使复杂膜泡运输功能的物质基础。

膜泡运输是一个受到严格选择和精密控制而高度有序的物质运输过程。不同来源、不同类型的膜泡，承载和介导不同物质的定向运输。它们必须遵循正确的路径，以特定的运行方式，方可抵达、锚定于既定的靶标，并通过膜的融合释放其运载物质。转运膜泡与靶膜的融合，是一个涉及多种蛋白质的识别与锚定结合、装配与去装配的复杂调控过程，具有高度的特异性，而这也正是物质定向运输和准确卸载的基本保证机制。

细胞内的膜泡沿微管或微丝进行运输，其动力来自马达蛋白。在马达蛋白的作用下，可将膜泡转运到特定的区域（参见本书第七章）。

一、膜泡的类型和分选信号

在细胞生命活动中，膜泡所承载和往返穿梭进行的物质运输，既涉及蛋白质的修饰、加工和装配，也涉及内膜系统不同功能结构间通过相互转换的定向物质转运过程及其复杂有效的分子调控机制。膜泡类型多样，结构特殊，有着十分精密、复杂的形成过程。

（一）膜泡的类型及其转运途径

细胞内至少有10种以上转运小泡参与了膜泡运输过程，每种小泡表面都有特殊的标志以保证将物质转运至特定的部位。大多数运输膜泡在膜的特定区域以出芽方式产生。这些膜泡的表面（细胞质面）具有由特殊蛋白质组成的**包被**（coat），称为**包被膜泡**（coated vesicle）。包被主要有两个功能：①选择性的将特定蛋白质聚集在一起，形成运输膜泡，从而达到运输特定分子的目的；②决定运输膜泡的外部特征，也决定了相同性质的运输膜泡具有相同的形状和体积。

目前发现的包被膜泡主要分为三种类型（图4-43）：**COP Ⅱ（coat protein complex Ⅱ）包被膜泡**、**COP Ⅰ（coat protein complex Ⅰ）包被膜泡**和**网格蛋白（clathrin）/接头蛋白/（adaptor protein，AP）包被膜泡**。它们分别介导不同的膜泡转运途径，在细胞内蛋白质分选和物质转运过程中起着不同的作用。

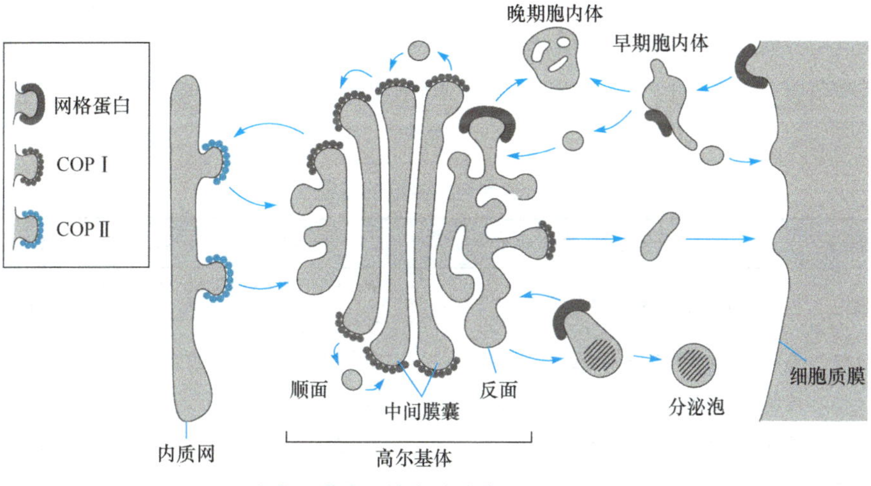

图4-43　三种类型膜泡运输方式（参照Alberts et al.，2014）

COP Ⅱ包被膜泡介导从内质网到高尔基体的**顺向运输**（anterograde transport）。COP Ⅰ包被膜泡介导细胞内膜泡**逆向运输**（retrograde transport），负责从高尔基体反面膜囊到高尔基体顺面膜囊，以及从高尔基体CGN区到内质网的膜泡转运，包括再循环的膜脂双层、内质网驻留的可溶性蛋白和膜蛋白，是内质网回收错误分选的逃逸蛋白（escaped protein）的重要途径。网格蛋白/ 接头蛋白包被膜泡介导几种蛋白质分选途径，包括从高尔基体TGN向胞内体、溶酶体、黑（色）素体、血小板囊泡或植物细胞液泡的运输。另外，在受体介导的胞吞途径中还负责将物质从细胞表面运往胞内体转而到溶酶体的运输（图4-44，表4-2）。

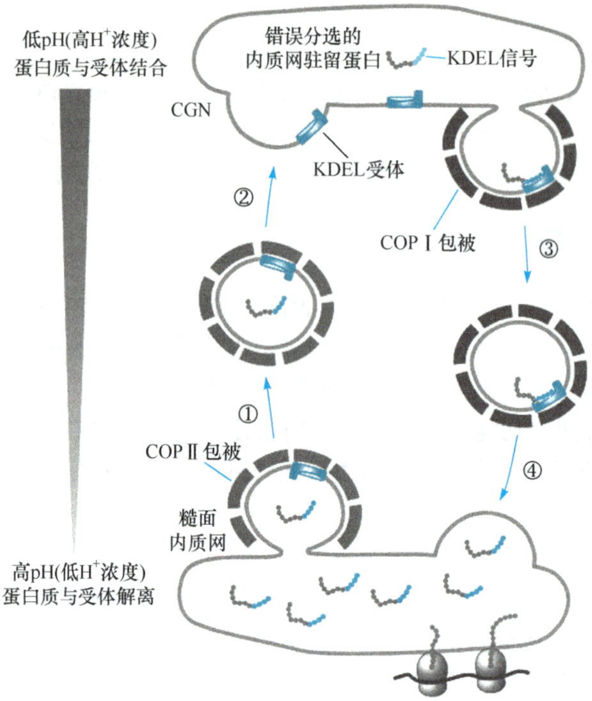

图4-44　KDEL受体在从高尔基体回收内质网腔驻留蛋白中的作用（参照Lodish et al.，2013）

①、②表示内质网腔中高水平存在的蛋白质C端具有KDEL 信号，被包装到COP Ⅱ包被膜泡，并转运到高尔基体；③、④表示内质网逃逸蛋白通过COP Ⅰ包被膜泡介导的逆向运输得以回收。信号与受体的亲和力受pH高低的影响，低pH促进结合，高pH有利于释放

表4-2　三种包被膜泡的特征比较

膜泡类型	介导的转运途径	包被蛋白	结合的GTPase
COP Ⅱ包被膜泡	内质网→高尔基体顺面膜囊	Sec23/Sec24和Sec13/ Sec31复合体，Sec16	Sar 1
COP Ⅰ包被膜泡	高尔基体顺面膜囊→内质网 晚期高尔基扁平囊→早期高尔基体扁平囊	包含7种不同COP亚基的包被蛋白	ARF
网格蛋白/接头蛋白包被膜泡*	高尔基体反面膜囊→胞内体	网格蛋白+AP1复合物	ARF
	高尔基体反面膜囊→胞内体	网格蛋白+GGA	ARF
	细胞质膜→胞内体（胞吞）	网格蛋白+AP2复合物	不需ARF
	高尔基体→溶酶体、黑色素体或血小板囊泡	AP3复合物	ARF

*新近证据表明，在胞吞作用过程中，不需要ARF参与；此外，每种类型的接头蛋白复合物由4种不同亚基组成。AP3复合物包被蛋白是否含有网格蛋白未知

资料来源：Lodish et al.，2013

（二）膜泡运输的分选信号及其受体

膜泡运输既能转运膜结合蛋白，又能通过膜受体识别并转运可溶性蛋白，其包装特异性

取决于被转运蛋白的靶向分选序列（表4-3），借以区分哪些膜蛋白或可溶性蛋白将被进一步包装转运，哪些蛋白质将作为驻留蛋白而被排除在外，可见膜泡包被直接选择靶向序列或分选信号。当然，包被膜泡的形成不仅需要信号，同时也需要接头蛋白和信号受体。例如，内质网中具有双酸（Asp-X-Glu）分选信号的被转运膜蛋白，Sec24亚基是识别并结合该信号的受体，其最终通过COPⅡ包被膜泡从内质网转运到高尔基体（图4-44）。

表4-3　已知指导蛋白质包装到特异性转运膜泡的分选信号

信号序列	蛋白质类型	信号受体	膜泡类型
内膜系统腔内分选信号			
Lys-Asp-Glu-Leu（KDEL）	可溶性内质网驻留蛋白	高尔基体顺面膜上的KDEL受体	COP I
M6P	溶酶体酶	高尔基体反面膜上的M6P受体	网格蛋白/AP1
	分泌到细胞外的溶酶体酶	细胞质膜上的M6P受体	网格蛋白/AP2
膜蛋白分选信号			
Lys-Lys-X-X（KKXX）	内质网驻留膜蛋白	COP I α 和 β 亚基	COP I
双精氨酸残基（X-Arg-Arg-X）	内质网转运膜蛋白	COP I α 和 β 亚基	COP I
双酸性氨基酸残基（如Asp-X-Glu）	内质网转运膜蛋白	COP II Sec24 亚基	COP II
Asn-Pro-X-Tyr（NPXY）	细胞质膜LDL受体	AP2复合物	网格蛋白/AP2
Tyr-X-X-ϕ（YXXϕ）	高尔基体反面膜蛋白	AP1（μ1亚基）	网格蛋白/AP1
	细胞质膜膜蛋白	AP2（μ2亚基）	网格蛋白/AP2
Leu-Leu（LL）	细胞质膜膜蛋白	AP2复合物	网格蛋白/AP2

注：X.任何氨基酸；ϕ.各种疏水氨基酸；单字母表示氨基酸的单字母缩写

资料来源：Lodish，2013

已有研究证据显示，细胞器中的驻留蛋白通过两种机制来维持。一是转运膜泡将驻留蛋白有效排斥在外。例如，有些驻留蛋白参与形成大的复合物，因而不能被包装在出芽形成的转运膜泡中，结果被保留下来。二是对逃逸蛋白的回收机制，使之返回它们正常驻留的部位。

回收逃逸的内质网驻留蛋白是通过回收信号介导的特异性受体完成的。现已发现，内质网驻留蛋白，不管是在腔内还是在膜上，它们的C 端都含有一段回收信号（retrieval signal）。如果它们被意外地包装进入转运膜泡从内质网逃逸到高尔基体CGN，则CGN 区的膜结合受体蛋白将识别并结合这些逃逸蛋白的回收信号，形成COP Ⅰ包被膜泡将它们运回内质网（图4-44）。如表4-3所示，内质网腔中的可溶性蛋白均具有典型的KDEL 回收信号。如果一种内质网蛋白缺乏KDEL序列，那么这种蛋白质将不能返回内质网。内质网膜蛋白，如SRP受体，在其C端有一个不同的回收信号，通常是KKXX（K，lysine；X，任意氨基酸），识别并结合该信号的受体是包被蛋白COP Ⅰ的 α 和 β 亚基，从而促进它们返回内质网。

在内质网膜上整合蛋白v-SNARE（供体膜受体蛋白，见下文“膜泡融合”部分）和其他被转运蛋白是通过与包被蛋白的相互作用被包装到转运膜泡的，可溶性转运蛋白通过与出芽膜泡上相应受体的结合而被募集，包被膜泡脱去包被复合物，包被蛋白可再循环利用，而v-SNARE暴露在小泡膜表面。膜泡脱包被后，在小分子GTP结合蛋白Ra6蛋白的参与下，脱包被的膜泡留在高尔基体顺面膜囊，暴露的内质网膜蛋白v-SNARE与高尔基体顺面膜囊上的同类蛋白质t-SNARE（靶膜受体蛋白，见下文“膜泡融合”部分）相互配对，介导膜泡与靶膜融合，内含物释放进入高尔基体顺面膜囊。内质网腔中的蛋白质（特别是高浓度存在的腔内蛋白）在出芽过程中可能被动掺入到COPⅡ包被膜泡并转运到高尔基体。许多这类蛋白质带有C端KDEL序列，KDEL的受体主要定位在高尔基体TGN区、COPⅡ和COPⅠ包被膜泡的膜上，它们能识别并结合KDEL分选信号，二者的亲和性对pH变化非常敏感，内质网和高尔基体之间微小的pH差异都有利于携带KDEL序列的蛋白质与高尔基体衍生膜泡上的受体结合，并有助于这些蛋白质从内质网释放。如果蛋白质在内质网发生错误包装和转运，由于COPⅠ包被膜泡上也有KDEL受体，所以也能保证逃逸的蛋白质被内质网回收（图4-45）。

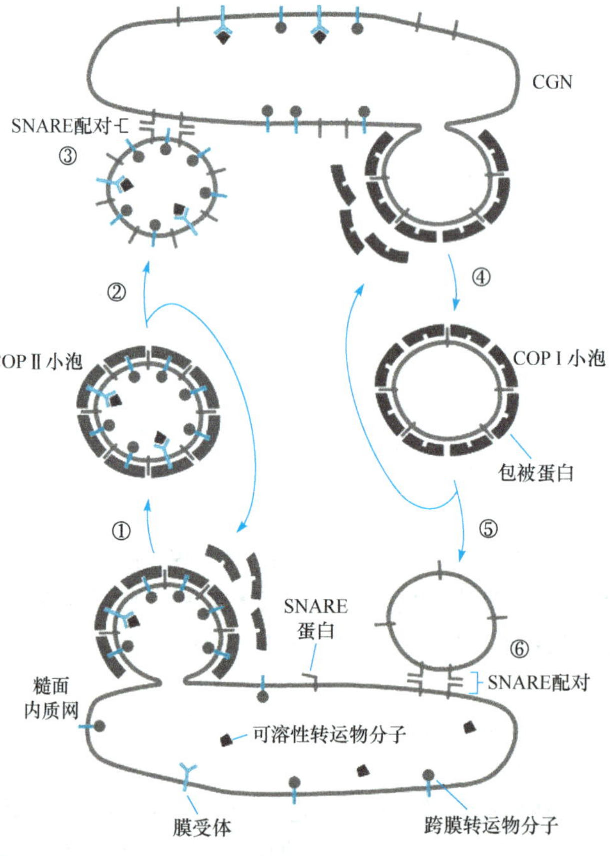

图4-45　COPⅡ和COPⅠ包被膜泡介导内质网与高尔基体之间蛋白质顺向和逆向转运（参照Lodish et al.，2013）
①~③表示由COPⅡ包被膜泡介导的顺向运输，内质网膜出芽，可溶性包被蛋白复合物聚合形成膜泡包被；v-SNARE，以及其他被转运的膜蛋白和可溶性蛋白（与芽泡膜上受体结合）通过与包被蛋白的相互作用被包装在膜泡内，包被复合物解聚再循环利用，v-SNARE蛋白在脱包被膜泡表面得以暴露，以利于同靶膜的融合。④~⑥ 表示由COPⅠ包被膜泡介导的逆向运输，膜脂双分子层、某些蛋白质（如v-SNARE和错误分选的内质网驻留蛋白）从高尔基体CGN区转运回内质网

这种通过回收信号所介导的回收机制有利于防止内质网腔蛋白（如用于新合成分泌蛋白正确折叠所需要的分子伴侣蛋白）的损失。在生物合成途径中，每种膜组分也许都具有它自身独特的回收信号，所以任凭转运膜泡在特定空间不断运动，但每种细胞器仍可保持它独特的蛋白质组分。

二、包被膜泡的装配

（一）COP Ⅱ包被膜泡的装配

COP Ⅱ包被膜泡是通过细胞质可溶性COP Ⅱ包被蛋白在供体膜（内质网膜）出芽时聚合形成的。COP Ⅱ 包被蛋白主要包括Sarl、Sec23、Sec24、Sec13和Sec31 5种。其中，Sarl是小分子GTP结合蛋白；Sec23和Sec24相互作用形成Sec23/Sec24复合物，并与Sarl结合在一起，形成紧紧包围着内质网膜的一层包被，组成COP Ⅱ包被的核心组分；Sec13和Sec31 也相互作用形成Sec13/Sec31异二聚体，通过与Sar1/Sec23/Sec24复合体相互作用，覆盖在COP Ⅱ包被核心组分的外围。

COP Ⅱ包被装配的聚合过程受小分子GTP 结合蛋白Sar1调控，Sar1 隶属GTPase 超家族成员，通过Sar1-GDP/Sar1-GTP的转换，起分子开关调控作用。COP Ⅱ包被膜泡的装配过程如图4-46所示，细胞质中可溶性的非活性状态Sar1-GDP在内质网膜上的**鸟苷酸交换因子**（guanine exchange factor，GEF）Sec12的作用下，GDP被GTP置换形成Sar1-GTP，从而被激活。激活后的Sar1蛋白构象改变，暴露出疏水N端并插入内质网膜。膜结合的Sar1 对包被蛋白的进一步装配起募集者作用，Sar1与膜的结合提供了随后Sec23/Sec24复合物的结合位点，从而在内质网膜出芽区形成三重复合物Sar1-GTP/Sec23/Sec24。同时，暴露在细胞质基质侧的运载物受体蛋白的跨膜信号通过与Sec24 直接结合，从而被三重复合物捕获，形成“预出芽复合体”（prebudding complex）。随后，Sec13/Sec31复合物与“预出芽复合体”结合，并通过Sec13/Sec31复合体之间的相互作用将预出芽复合体结合成束，促使内质网膜变形产生弯曲包裹着货物蛋白，最终形成COP Ⅱ包被小泡（图4-46）。在实验条件下，纯化的Sarl、Sec23、Sec24、Secl3、Sec31 5种成分足以促使人工脂质体上形成小泡，说明这些成分具有改变膜的形状和掐断运输小泡的功能。

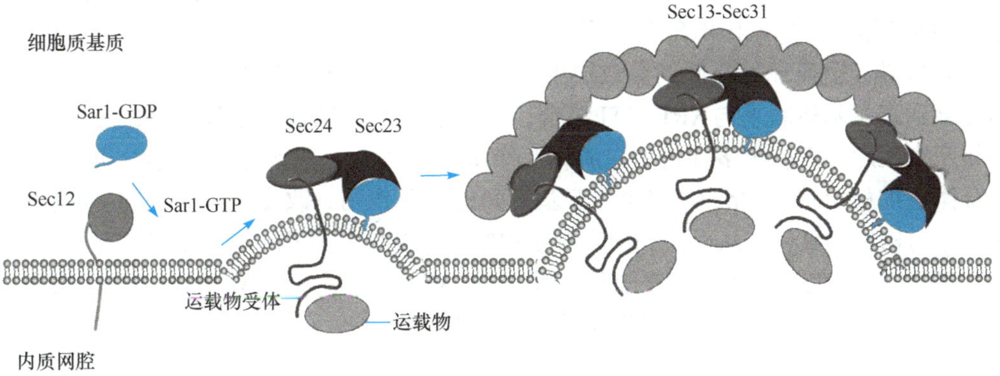

图4-46　Sar1蛋白在COP Ⅱ包被膜泡装配过程中的作用模型（参照Bonifacino and Glick，2004）

当包被组装完成后，Sec23亚基促进GTP被Sar1水解成Sar1-GDP，导致Sar1构象改变从膜泡上释放，引发包被去装配而解聚，成为无被的转运膜泡。Sec23是**GTP酶激活蛋白**（GTPase-activating protein，GAP），能够提高Sarl水解GTP的酶活性。特别是当Sec31被招募到复合体中后，能够使Sec23作为Sarl的GAP活性提高10倍，从而使成熟的COPⅡ包被膜泡很容易发生去装配。解离下来的COPⅡ包被蛋白可再循环回到内质网上，为新一轮的货物运输做好准备。

COPⅡ膜泡所转运的物质具有选择性。实现这种选择的机制是：包被蛋白能够识别和结合运载物受体（内质网跨膜蛋白）细胞质一侧的信号序列，而运载物受体在内质网腔面一侧与可溶性运载物蛋白结合。由此可见，COPⅡ蛋白对于囊泡的选择性物质运输具有非常重要的作用。

需要指出的是，COPⅡ包被膜泡出芽只发生在内质网膜上的一些离散的特殊位点，称为过渡性内质网（transitional ER，tER）或内质网出口（ER exit site，ERES）。tER 区所含的蛋白质和脂类与其他区域有所区别，从而赋予该区域能够发生COPⅡ包被出芽的能力。新的研究进展证实了大的纤维蛋白Sec16是tER区的稳定成分，Sec16的不同区域可分别与Sec23、Sec24、Sec31及Sarl相互作用。Sec16结合在内质网膜的细胞质面，一方面协助COPⅡ包被蛋白进入tER区，另一方面可与已装配的复合物相互作用，从而增加了包被蛋白的聚合效率。除了蛋白质分布的差异，tER区的膜脂成分也与其他地方有所区别。

（二）COP I包被膜泡的装配

COPⅠ包被膜泡在高尔基体扁囊之间，以及从高尔基体向内质网逆向运输中发挥作用。COPⅠ包被由7种蛋白质亚基（α、β、β′、γ、δ、ε、ζ）和一种小分子GTP结合蛋白**ADP核糖基化因子**（ADP ribosylation factor，ARF）构成。ARF 类似于Sarl 蛋白，也是一种结合GDP/GTP转换的分子开关调控蛋白，通过ARF-GDP/ ARF-GTP的转换，来调节COPⅠ包被的组装与去组装。此外，ARF也参与网格蛋白包被膜泡的装配调节。

COP I包被膜泡形成的第一步是将GTP 酶ARF招募到高尔基体膜上（图4-47）。不同于Sar 1，ARF-GDP 和ARF-GTP都可与膜结合。ARF-GDP可以结合到高尔基体跨膜蛋白p23/p24在细胞质中的尾巴上。在定位于顺面高尔基体膜上的具有鸟苷酸交换因子（GEF）功能的蛋白质GBFl 的作用下，引起GDP解离和与GTP结合，ARF被激活，即ARF-GDP转变为ARF-GTP。GTP的结合引起ARF构象发生改变，暴露出肉豆蔻酰化的N端两亲性螺旋，此螺旋可使ARF-GTP锚定到高尔基体膜的脂双层中。随后，含有7 个亚基的COP I包被蛋白复合体被整体招募到高尔基体膜上与ARF-GTP结合，3个或4个ARF结合一个包被蛋白复合体，它们之间相互作用后又产生更多促进蛋白质相互作用的接合面。γ亚基与p24结合可以使包被蛋白复合体更加稳定，同时p23/p24与γ亚基之间的相互作用，改变了γ亚基的空间构象，导致亚基空间构象的重排，从而有利于包被蛋白复合体之间的聚集，启动COP I 包被的组装过程。游离的COP I 包被膜泡在GTP 酶激活蛋白（GAP）的作用下，ARF水解GTP，导致COP I 包被去组装，包被蛋白解聚并通过再循环回到高尔基体。

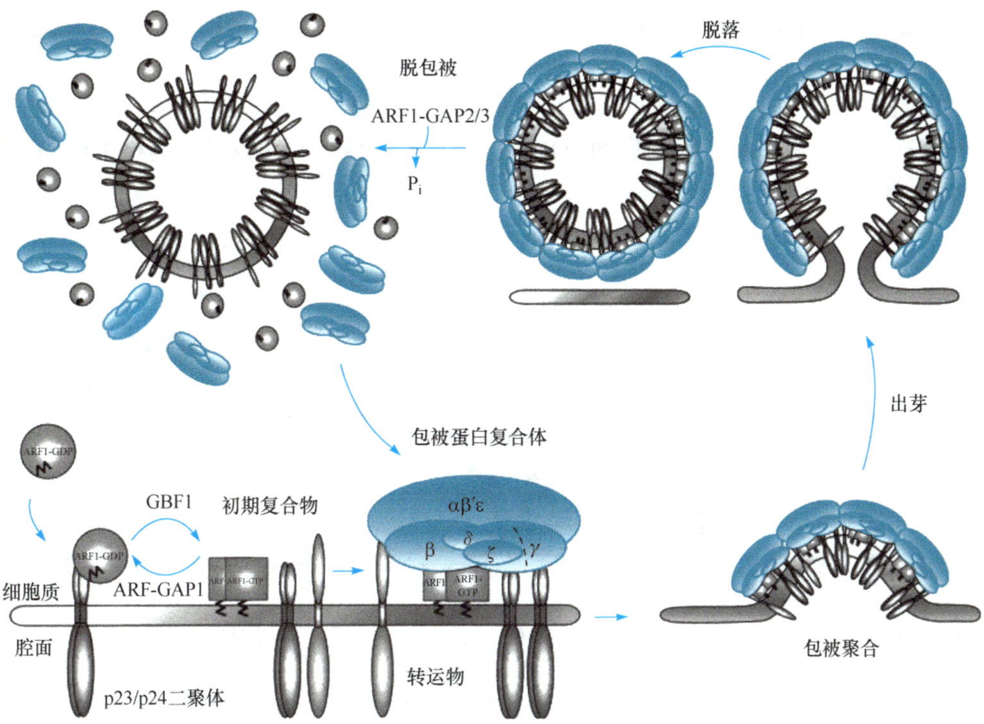

图4-47　COP Ⅰ包被膜泡的装配过程（参照Beck et al.，2009）

（三）网格蛋白/接头蛋白包被膜泡的装配

典型的网格蛋白/接头蛋白包被膜泡是一类双层包被的膜泡，外层是由网格蛋白维构成的网架结构，在网格蛋白结构外框与膜泡之间约20nm的间隙中填充覆盖着大量的接头蛋白复合物（adaptor protein complex）（图4-48）。

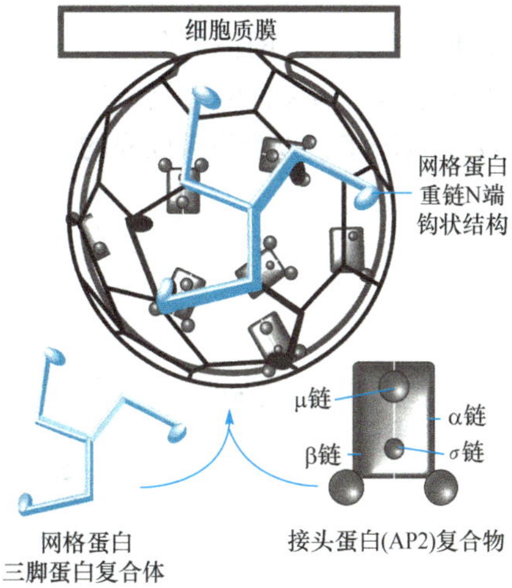

图4-48　网格蛋白、接头蛋白及其包被膜泡的形态结构（参照Karp，2013）

纯化的网格蛋白分子呈三脚结构（triskelion），每个分支含一条重链和一条轻链（图2-34）。接头蛋白复合物一方面将网格蛋白包被连接到细胞质膜上，另一方面又能特异性地促使一些膜结合蛋白富集到形成包被的膜区。现已发现有4种接头蛋白复合物（AP1、AP2、AP3和AP4）（参考本书第二章网格蛋白依赖的胞吞作用），每种接头蛋白复合物都由4种接头蛋白亚基构成，形成异四聚体。接头蛋白复合物的一个亚基与网格蛋白重链远端的球形结构域特异性结合，一方面促进三脚网格蛋白与接头蛋白复合物的联合装配，同时也增加已装配包被的稳定性（图4-48）。此外，还发现了另一类由单一多肽链组成的接头蛋白GGA。接头蛋白或GGA复合物在膜泡的细胞质面与转运的膜蛋白或膜受体（结合腔内可溶性蛋白）特异性结合，可以决定哪些蛋白质将被包装转运或哪些蛋白质将被排除在外，这种特异性是由转运蛋白的分选信号决定的（表4-3）。

网格蛋白/接头蛋白包被膜泡形成的首要步骤是供体膜出芽和包被的装配（图4-49）。正如小分子GTP-结合蛋白ARF参与启动COPⅠ包被装配一样，ARF也参与网格蛋白/接头蛋白包被的起始装配。

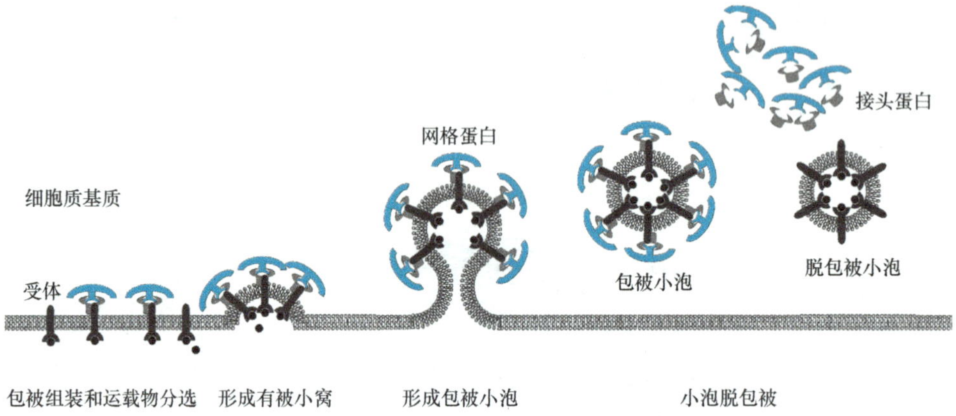

图4-49　胞吞过程中网格蛋白/接头蛋白包被膜泡的装配示意图（参照Alberts et al.，2014）

最终芽体如何缢缩并与供体膜断裂是网格蛋白/ 接头蛋白包被膜泡形成的关键，发动蛋白（dynamin）具有GTPase活性，它所介导的网格蛋白包被膜泡的组装模式见图4-50。在供体膜上网格蛋白/ 接头蛋白包被膜泡出芽形成后，发动蛋白围绕颈部聚合，然后催化GTP水解，所释放的能量驱动发动蛋白构象改变，导致网格蛋白/接头蛋白包被膜泡从供体膜断裂并释放。如果人为使细胞表达突变型的发动蛋白，则该蛋白质将不能结合GTP并使之水解，也不形成独立的网格蛋白/ 接头蛋白包被膜泡，而是产生发动蛋白聚合包绕具有较长颈部的膜泡芽体。如果在网格蛋白/ 接头蛋白包被膜泡出芽时，GTP被人为替换为不能被水解的类似物GTPγS，也会出现同样的现象。

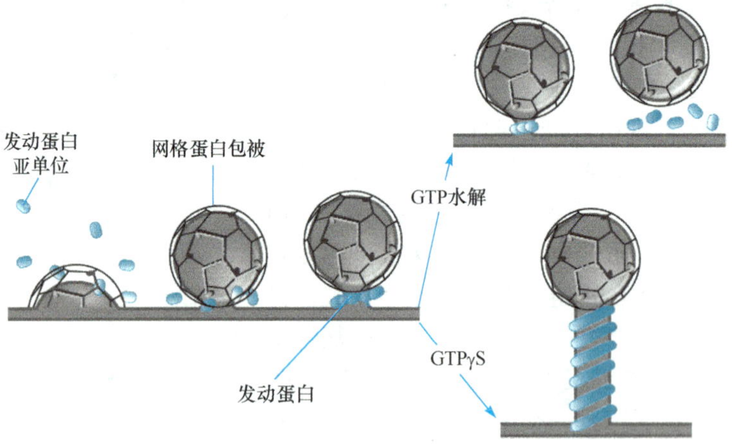

图4-50　发动蛋白在网格蛋白包被膜泡形成中的作用（参照Karp，2013）

三、膜泡的定向运输、锚定与融合机制

转运膜泡的装配、运输及其与靶膜的融合是一个耗能的特异性过程，涉及多种蛋白质间识别、组装、去组装的复杂调控，其关键步骤至少涉及如下过程：① 供体膜的出芽、装配和断裂，形成不同包被的转运膜泡；②在细胞内由马达蛋白驱动、以微管为轨道的膜泡运输（参见本书第七章）；③转运膜泡与特定靶膜的锚定和融合。

膜泡与靶膜的选择性融合是保证细胞内定向膜流的重要因素之一。各类运输膜泡之所以能够准确地与靶膜融合，是因为运输膜泡表面上来源和类型不同的标志蛋白能被靶膜上的受体所识别，识别过程涉及两类关键性的蛋白质：**小分子GTP结合蛋白Rab**（ras-related in brain）和**可溶性*N*-乙基马来酰亚胺敏感因子**（*N*-ethylmaleimide sensitive factor，NSF）**结合蛋白受体SNARE**（soluble N ethyl maleimide-sensitive factor attachment protein receptor）。Rab蛋白的作用是使转运膜泡靠近适当靶膜并锚定；SNARE的作用是在保证转运膜泡与靶膜识别特异性的基础上，介导转运膜泡与靶膜的停泊和融合。

（一）Rab蛋白参与转运膜泡与靶膜的识别与锚定

与包被招募GTP酶Sar1和ARF蛋白一样，小分子GTP结合蛋白Rab也属于开关调控蛋白GTPase超家族成员，现在已知有60余种。不同膜上具有不同的Rab，每一种细胞器至少含有一种以上的Rab。

Rab蛋白的作用机制如图4-51所示，在供体膜上的特异性鸟苷酸交换因子（GEF）催化下，细胞质中Rab-GDP转换为Rab-GTP，引发Rab构象改变并暴露其共价结合的类异戊二烯（isoprenoid）脂质基团，从而帮助Rab-GTP蛋白锚定在转运膜泡上，并随膜泡转移。插入到膜泡表面的Rab-GTP可与靶膜上称为**Rab效应器**（Rab effector）的蛋白质结合，这种结合有助于膜泡锚定和v-SNARE与t-SNARE的配对。当膜泡融合发生后，与Rab-蛋白结合的GTP被水解成GDP，随即引发Rab-GDP释放，然后再被用于进行GDP-GTP交换、结合与水解的下一个周期。

（二）SNARE配对是介导转运膜泡与靶膜融合的主要机制

转运膜泡与靶膜的识别是相互融合的前提。虽然目前对其识别机制还知之甚少，但是，这无疑与膜泡表面的特异性标记分子及靶膜上的相应受体密切相关。近年来，SNARE蛋白家族在膜泡运输及其选择性识别、融合过程中的作用引起了极大关注。例如，神经元突触前膜上的突触融合蛋白（syntaxin）和突触小泡膜上的膜蛋白（vesicle-associated membrane protein，VAMP）即为该蛋白质家族的一对成员，这两种蛋白质的特异性结合并相互作用，可以介导膜的融合和神经递质的释放。现已发现，在转运膜泡表面有一种VAMP 类似蛋白，被称为**v-SNARE**（vesicle SNARE）；而存在于靶膜上与v-SNARE配对的特异互补蛋白，被称为**t-SNARE**（target SNARE）。v-SNARE和t-SNARE都具有一个螺旋结构域，能相互缠绕形成**SNARE复合体**（SNARE complexe），并通过这个结构将转运膜泡与靶膜拉在一起，实现转运膜泡特异性的停泊和融合。

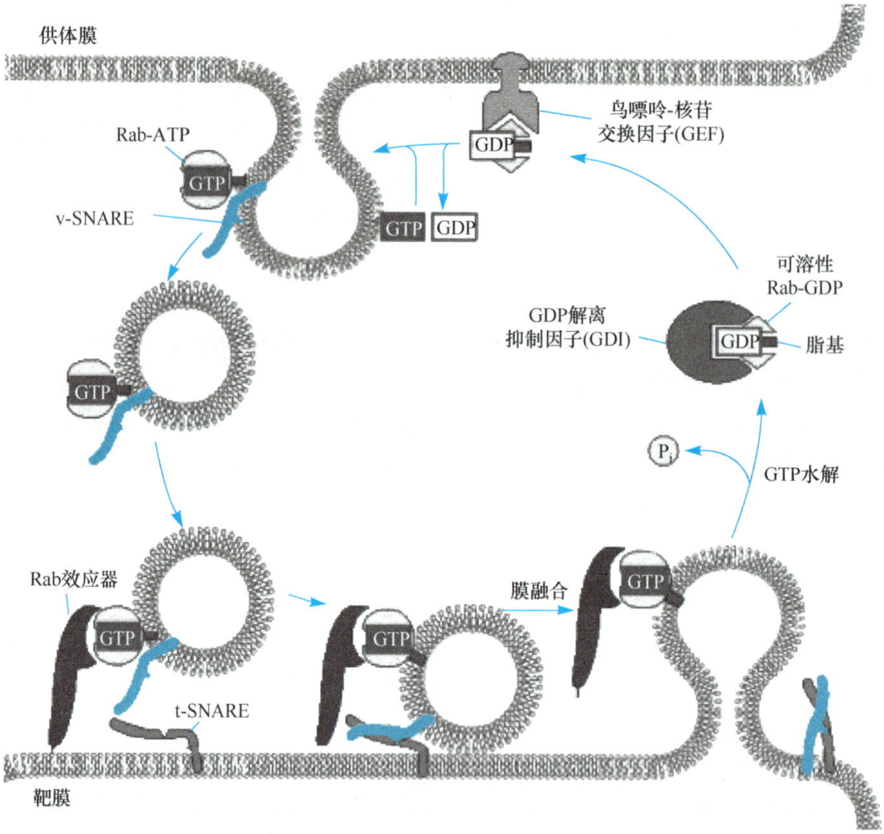

图4-51　Rab蛋白在膜泡运输中的作用（参照Alberts et al.，2002）

介导转运膜泡与靶膜识别、融合的主要机制就是v-SNARE/t-SNARE蛋白的配对。例如，v-SNARE蛋白（图4-52中的VAMP）与同类t-SNARE（图4-52中的syntaxin和SNAP25）细胞质结构域相互作用，形成稳定的卷曲SNARE复合体，将膜泡与靶膜紧密束缚在一起；SNARE复合物形成后，供体膜泡与靶膜随即融合。

绝大部分的SNARE蛋白可多次参与膜泡运输和融合。SNARE复合体的稳定性是靠蛋白质分子间大量非共价键来维系的，因此，融合完成后，在SNARE蛋白介导新一轮的运输膜泡与靶膜识别、融合之前，SNARE复合体必须消耗ATP水解释放的能量而解离，释放的单一SNARE蛋白再用于另外的融合事件。一种可溶性的细胞质融合蛋白NSF参与了SNARE复合体分离过程的催化。NSF是一种类似分子伴侣的ATP酶，能够利用水解ATP释放的能量，通过联合**可溶性NSF结合蛋白**（soluble NSF attachment protein，α-SNAP）并随即与SNARE复合体结合，驱动SNARE复合体的螺旋缠绕分开，重新激活SNARE蛋白。游离的SNARE蛋白再用于其他膜泡的融合。

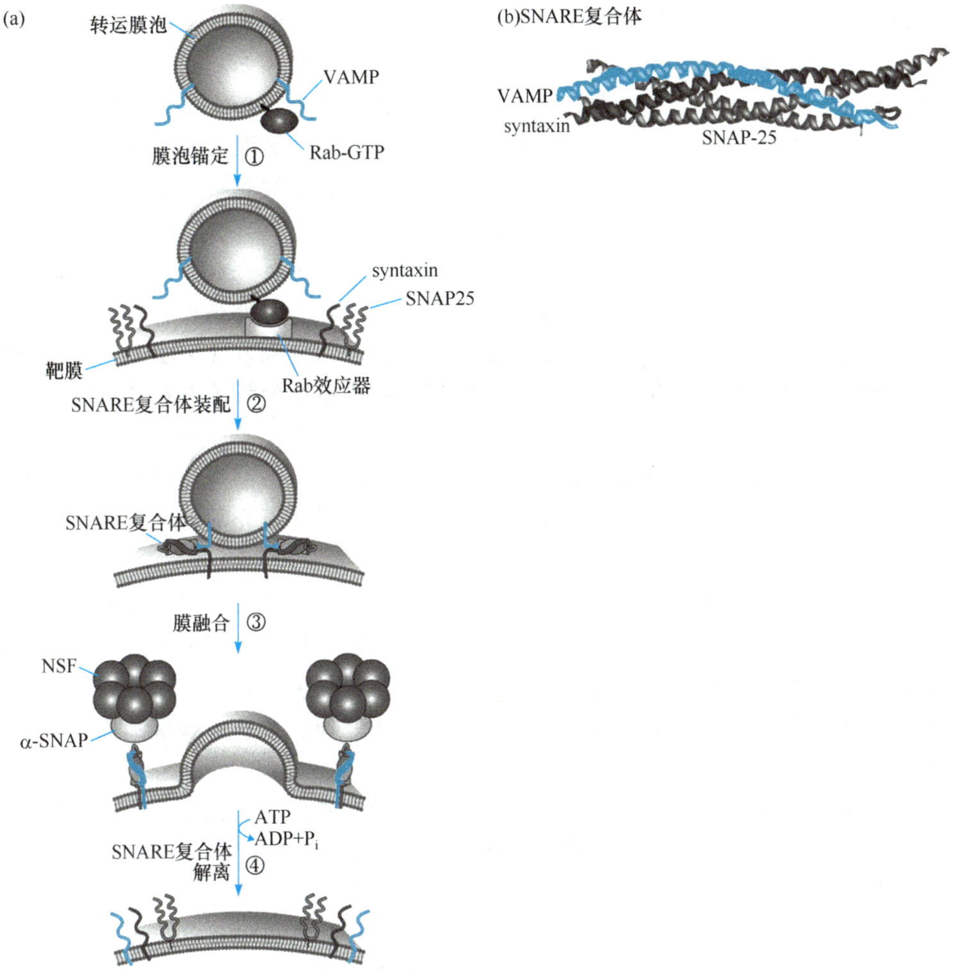

图4-52　供体膜与靶膜之间膜泡的锚定与融合模式图（参照Lodish et al.，2013）

本章提要

真核细胞内具有复杂的膜相结构，将细胞质分成不同的区室。细胞内区室化是真核细胞结构和功能的基本特征之一。细胞内的膜性细胞器分为两类结构：细胞内膜系统和其他由膜包被的各种细胞器。

真核细胞中除线粒体和植物细胞中的叶绿体能合成少量蛋白质外，绝大多数蛋白质都是由核基因编码的，起始合成均发生在游离核糖体上，然后或在细胞质基质（游离核糖体）中完成翻译过程，或在糙面内质网膜结合核糖体上完成合成。然而，蛋白质发挥结构或功能作用的部位几乎遍布细胞的各个区室或组分。因此，必然存在不同的机制以确保蛋白质分选、转运至细胞的特定部位，参与实现细胞的各种生命活动。

细胞内的蛋白质至少存在两类分选信号：一类为蛋白质一级结构上线性的信号序列，另一类为折叠蛋白质中三维结构的信号斑。蛋白质依靠自身的分选信号，从起始合成部位转运到其功能发挥部位的过程，即为蛋白质分选。蛋白质分选的基本途径包括后翻译转运途径和共翻译转运途径，其主要的转运方式包括蛋白质的跨膜转运、门控转运和膜泡运输等。在蛋白质定向、定位分选转运过程中，蛋白质自身所携带的分选信号都需要被互补的分选受体所识别，然后在分选受体的帮助下，才能引导蛋白质转运到目的地。

细胞质基质可能是一个高度有序且又不断变化的动态结构体系。多数的中间代谢反应，以及蛋白质的合成与转运发生在细胞质基质中。某些蛋白质的修饰和选择性的降解等过程也在细胞质基质中进行。细胞骨架纤维贯穿其中并对多种功能行使组织者作用。

细胞内膜系统是指在结构、功能乃至发生上相互关联，由膜包被的细胞器或细胞结构，主要包括内质网、高尔基体、溶酶体、胞内体和分泌泡等。

内质网是细胞内蛋白质和膜脂合成的基地。糙面内质网主要合成分泌蛋白、膜蛋白，以及内质网、高尔基体和溶酶体中的蛋白质。信号假说是解释分泌性蛋白在糙面内质网上合成的重要理论，该过程是由包括蛋白质N端的信号肽、信号识别颗粒（SRP）和内质网膜上信号识别颗粒受体等因子共同协助完成的。分子伴侣在新生多肽的折叠与组装过程中起着重要作用。蛋白质*N*-连接糖基化也发生在内质网中，内质网在功能上还参与质量监控与调节基因表达。膜脂在光面内质网的细胞质基质一侧膜面上合成，随后部分膜脂转移到内质网腔面一侧膜上，进而通过膜泡运输、磷脂转换蛋白协助或膜嵌入蛋白所介导的直接接触，运送到其他部位。

高尔基体是一种有极性的细胞器，由互相联系的几个部分组成，即高尔基体的顺面网状结构（CGN）、顺面膜囊、中间膜囊、反面膜囊和反面网状结构（TGN）。高尔基体与细胞分泌活动关系密切。高尔基体在蛋白质的加工、分选、包装与转运，以及在细胞内的“膜流”中起着重要作用。此外，*N*-连接和*O*-连接的糖基化修饰、多肽的酶解加工及多糖的合成等也发生在高尔基体中。

溶酶体中含有多种酸性水解酶类，主要功能是进行细胞内的消化作用。酸性磷酸酶是溶酶体的常用标志酶。溶酶体是一种异质性的细胞器，可分为初级溶酶体、次级溶酶体和残质体，次级溶酶体又可分为自噬溶酶体和异噬溶酶体。溶酶体的主要功能是细胞内消化作用。根据所消化底物的来源不同，可分为内吞作用、吞噬作用和自噬作用三种途径。溶酶体水解酶的甘露糖-6-磷酸（M6P）信号及其受体所介导的定向转运是目前研究高尔基体分选机制中较为清楚的一条途径。

过氧化物酶体是真核细胞直接利用分子氧的细胞器，与溶酶体一样也是一种异质性的细胞器，但在酶的种类、功能和发生等方面都与溶酶体有很大区别，对动物细胞中过氧化物酶体的功能了解不多，在植物细胞中它参与光呼吸作用和乙醛酸循环反应。过氧化物酶体可通过分裂而增殖，也可重新发生。

细胞膜泡运输是一个受到严格选择和精密控制而高度有序的物质运输过程。目前发现的包被膜泡主要分为三种类型：COPⅡ包被膜泡、COPⅠ包被膜泡和网格蛋白/接头蛋白包被膜泡。它们分别介导不同的膜泡转运途径，在细胞内蛋白质分选和物质转运过程中起着不同的作用。COPⅡ包被膜泡介导的细胞内顺向运输，即负责从内质网到高尔基体的物质运输；COPⅠ包被膜泡介导的细胞内膜泡逆向运输，负责从高尔基体（GN）区到内质网膜泡转运，包括再循环的膜脂双层、某些蛋白质（如v-SNARE和回收错误分选的内质网逃逸蛋白）返回内质网；网格蛋白/接头蛋白包被膜泡介导的蛋白质从高尔基体TGN向细胞质膜、胞内体或溶酶体及分泌泡的运输，也参与受体介导的细胞内吞作用。包被膜泡的装配、转运及其与靶膜的融合是一个特异性的、需能的过程，膜泡锚定与融合的特异性是通过供体膜和靶膜上的蛋白质相互作用完成的，可用SNARE假说解释，Rab 蛋白参与了膜泡与靶膜的停泊与锚定。

思考题

1. 简述细胞质基质的组成和主要功能？
2. 如何理解真核细胞内膜系统是由在结构和功能乃至发生上相互关联的细胞器或细胞结构组成的？
3. 溶酶体是如何发生的？它有哪些主要功能？
4. 简述细胞内蛋白质合成、加工和转运的不同途径？
5. 你学过的蛋白质分选信号有哪些？它们在指导细胞内蛋白质分选过程中分别有何作用？
6. 在蛋白质合成加工过程中，细胞内分子伴侣与泛素依赖性蛋白质降解途径是如何发挥作用的？

补充材料：内膜系统的研究技术和方法

目前研究内膜系统结构、功能的有效技术方法主要包括揭示超微结构的超薄切片和电子显微镜技术、用于生物大分子动态研究和追踪的放射自显影技术及GFP 标记荧光显微技术、用于组分分离与功能分析的差速离心技术，以及用于研究膜泡运输和遗传基础的突变体分析技术等。这些技术方法对于阐明细胞内膜系统的结构与功能、各组分之间的相互关系和动态特征发挥了重要作用。

1. 放射自显影技术

放射自显影技术（autoradiography）是利用放射性同位素的电离射线对乳胶（含AgBr或AgCl）的感光作用，对细胞内生物大分子进行定性、定位与半定量研究的一种细胞化学技术，该技术可以对细胞或生物体内生物大分子进行动态研究和追踪。

放射自显影技术包括两个主要步骤，即放射性同位素标记的生物大分子前体的掺入和细胞内放射性同位素所在位置的显示。在生物学实验研究过程中，可根据不同实验要求来选择合适的放射性同位素。例如，研究DNA合成时通常用氚（^{3}H）标记的胸腺嘧啶脱氧核苷（^{3}H-TdR），研究RNA合成时用氚标记的尿嘧啶核苷（^{3}H-U）；在研究含硫蛋白质分子代谢时，可用^{35}S标记的甲硫氨酸和半胱氨酸。

显微放射自显影的基本实验步骤如下：首先用合适的放射性前体分子标记机体或细胞。根据实验需要，按标记的持续时间分为持续标记和脉冲标记。标记后的组织与细胞可按常规方法制片，在暗室中向样品表面均匀地敷一层厚为3~10μm的乳胶膜，然后在暗盒中曝光（或称为自显影）数天，再经显影、定影后于显微镜下观察。细胞中银颗粒所在的部位即代表放射性同位素的标记部位。

电子显微镜放射自显影技术的基本原理与显微放射自显影相同，实验操作过程也相似，不同之处是对样品制备与敷乳胶的要求更为严格，曝光时间一般长达数月。

胰腺膜泡细胞具有发达的内膜系统，其主要功能是合成消化酶类。这些酶是如何分泌出去的？Jamieson和Palade使用放射自显影技术找到了答案（图4-53）。他们将一小块胰腺组织放在含有放射性同位素标记氨基酸的培养液中培养3min。在此期间，活细胞会摄取放射性同位素标记的氨基酸并掺入到核糖体上合成的消化酶中。然后立即将胰腺组织进行固定，通过切片和放射自显影检测，发现放射性同位素出现在内质网，说明分泌蛋白质的合成始于内质网。为了检测分泌蛋白合成后的运输路线，他们还进行了一系列脉冲追踪实验（pulsechase experiment），即将胰腺组织置于含有放射性同位素标记氨基酸的培养液中进行短暂培养，然后将组织洗净再置于不含放射性同位素的培养基中培养不同时间，再分别进行组织固定和放射自显影术检测。结果表明，追踪培养的时间越长，同位素标记的蛋白质离开合成部位越远，分泌性蛋白质在内质网合成后经高尔基体转移到分泌小泡和细胞外。

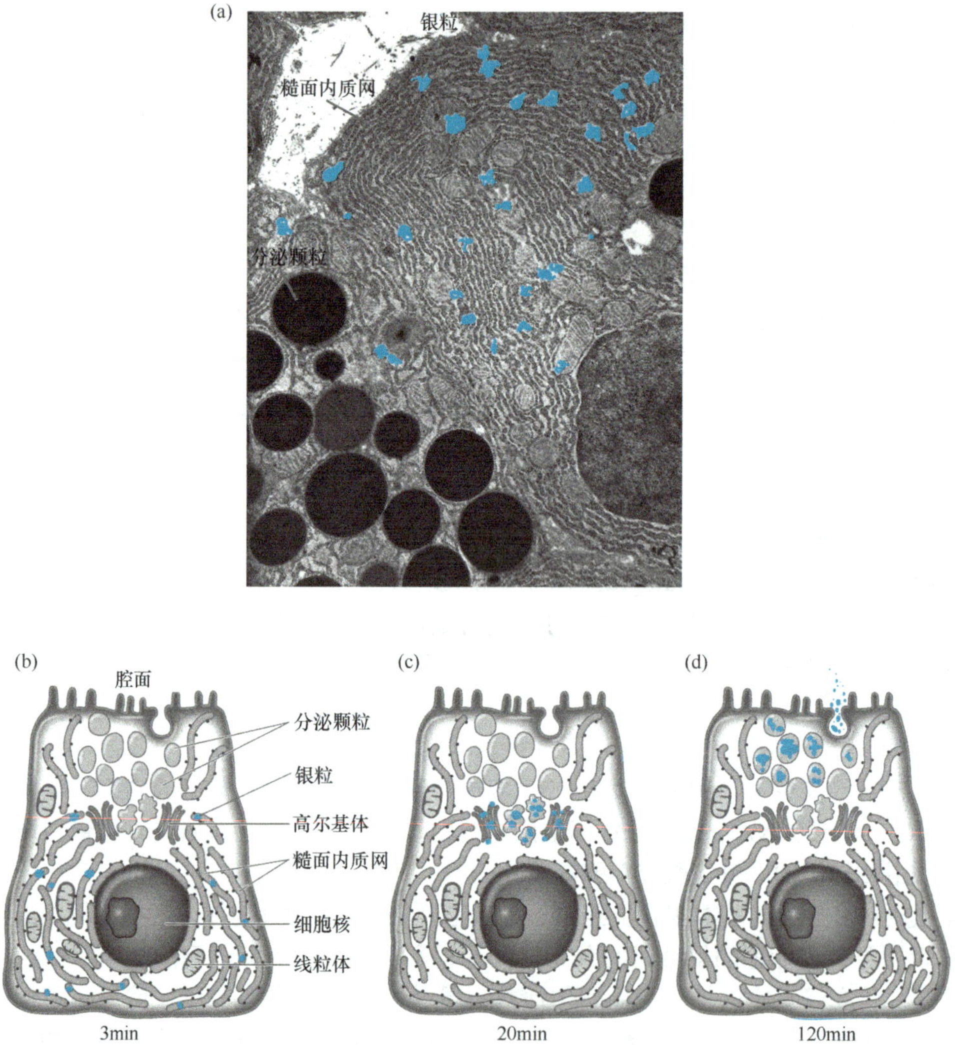

图4-53　放射自显影技术揭示分泌蛋白的合成及转运过程（参照Karp，2013）

（a）胰腺腺泡组织在含有放射性同位素标记氨基酸的培养液中孵育3min后，固定、切片并经放射自显影后的电子显微镜照片，银颗粒定位在内质网。（b）～（d）放射自显影显示脉冲标记3min后，置于无放射性同位素的培养基中，然后不同时间点取样追踪标记物出现的部位。（b）3min脉冲标记后，放射性标记出现在内质网中；（c）3min脉冲标记后，置于无放射性同位素的培养基中"追踪"17min，放射性标记出现在高尔基体和部分分泌泡；（d）3min脉冲标记后，置于无放射性同位素的培养基中"追踪"117min，放射性标记主要出现在分泌泡中

2. 亚细胞组分分离与功能分析技术

用低渗、匀浆、超声破碎或研磨等方法可使细胞的许多膜结构（如细胞质膜、内质网膜、高尔基体膜等）破损成片段，膜片段立即自发封闭成小的囊泡。如果使用恰当的方法，

可以获得完整的细胞核、线粒体、叶绿体、溶酶体和过氧物酶体等细胞器。因此，细胞群体混合匀浆液是包含各种不同大小、电荷和不同密度囊泡的悬浮液。通过差速离心和密度梯度离心，即可将各种质量和密度不同的亚细胞组分与各种囊泡分开，并且使各种囊泡保持完整细胞中细胞器的生化性质和功能。例如，来自高尔基体的囊泡具有将蛋白质和脂进行糖基化修饰的作用。用从这些囊泡中分离的特殊蛋白质作为抗原制备抗体，然后将制备的抗体与特定的颗粒，如金颗粒结合，再通过免疫电子显微镜技术就能够对用作抗原的酶进行定位，通过这些研究详细揭示了高尔基体在复杂的糖装配中的具体作用。

标志酶是指细胞中某细胞器或亚细胞结构所特有的酶。在亚细胞组分分离、纯化过程中，可通过检测标志酶的特异反应来进行追踪和鉴定，从而可以对亚细胞结构进行定位或定性。

3. 突变体分析技术

在细胞分泌过程及与分泌相关的基因研究过程中，酵母突变体为揭示细胞内膜泡运输的过程作出了重要贡献（图4-54）。

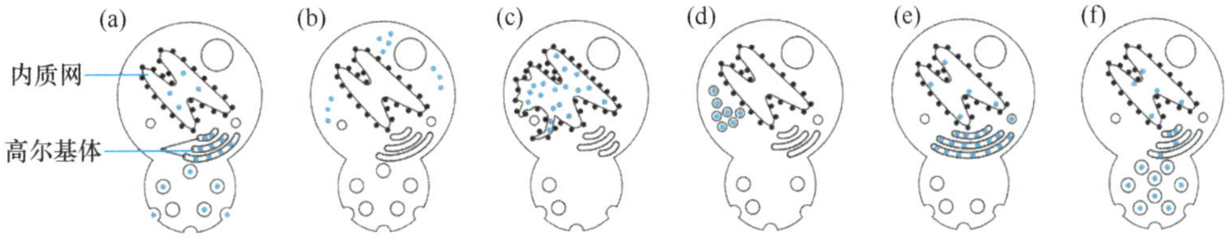

图4-54　利用酵母不同sec突变体的表型分析蛋白质分泌途径（参照Lodish et al.，2013）

（a）分泌正常的酵母是野生型。（b）~（f）是5类不同的分泌基因（secretory gene）突变体，代表了蛋白质分泌途径的5个阶段。（b）分泌蛋白不能进入内质网，在细胞质基质中累积；（c）内质网出芽缺陷，分泌蛋白在糙面内质网中累积；（d）转运膜泡不能与高尔基体融合，分泌蛋白累积在从内质网向高尔基体转运的膜泡中；（e）高尔基体不能形成分泌泡，分泌蛋白累积在高尔基体中；（f）分泌泡不能与细胞质膜融合，分泌蛋白累积在分泌泡中

为了研究编码与分泌途径相关蛋白质的基因，科学家们筛选出了一些酵母突变体。在这些突变体中，内膜结构表现都不正常。例如，涉及内质网出芽小泡形成的基因发生突变，这种酵母的内质网就特别大；又如，涉及与细胞膜融合的基因突变，这种突变体酵母中积累大量的分泌泡。目前已经分离和克隆了几十个与分泌途径相关的基因。通过序列分析，表明这些基因与哺乳动物分泌基因具有同源性，推测哺乳动物的细胞分泌过程与酵母细胞的分泌过程相似。

参考文献

柳惠图，王永潮，桑建利. 2013. 分子细胞生物学. 北京：高等教育出版社.

Alberts B，Johnson A，Lewis J，et al. 2014. Molecular Biology of the Cell. 4th ed. New York：Garland Science.

Bonifacino J S，Glick B S. 2004. The mechanisms of vesicle budding and fusion. Cell，116（2）：153-166.

Beck R，Rawet M，Wieland F T，et al. 2009. The COPI system：molecular mechanisms and function. FEBS Lett，583（17）：2701-2709.

Hardin J，Bertoni G，Kleinsmith L. 2011. Becker's world of the cell. 8th ed. San Francisco：Pearson.

Hochstrasser M. 2009. Origin and function of ubiquitin-like proteins. Nature，458（7237）：422-429.

Karp G. 2013. Cell and Molecular Biology. 7th ed. New York：John Wiley and Sons Inc.

Lodish H，Berk A，Kaiser C，et al. 2013. Molecular Cell Biology. 7th ed. New York：WH Freeman and Company.
van der Zand A，Gent J，Braakman I，et al. 2012. Biochemically distinct vesicles from the endoplasmic reticulum fuse to form peroxisomes. Cell，149（2）：397-409.

5 第五章 线粒体与叶绿体

线粒体与叶绿体是真核细胞内两个由双层膜所包被的产能细胞器，两者在细胞内都呈现动态的特征。它们都具有自身的DNA和蛋白质合成系统，都通过分裂的方式进行增殖，在系统发生上也都被普遍认为是通过内共生而起源的。尽管有上述诸多相似性，线粒体与叶绿体在结构上、功能上仍有很大差别，本章从形态结构、动态特征、功能、起源等方面分别介绍线粒体与叶绿体。

第一节 线 粒 体

1890年，德国生物学家Altaman首次在显微镜下发现了动物细胞中存在的一种颗粒状结构，并取名为生命小体（bioblast），当时认为它可能是共生于细胞内独立生活的细菌。1898年，Benda将之命名为**线粒体**（mitochondrion）。1904年，Meves通过詹纳斯绿染色，在植物细胞中也观察到了线粒体的存在。

线粒体普遍存在于真核细胞中，是细胞能量代谢的中心，可以将有机物中储存的能量转换为细胞生命活动的直接能源——ATP，被誉为细胞的“动力工厂”。

一、线粒体的形态、数量与分布

（一）线粒体的形态与大小

线粒体的形态具有多样性，一般呈粒状或杆状，因生物种类和生理状态也可呈环形、哑铃形、线状、分支状或其他形状。线粒体的直径一般为0.3~1μm，长为1.5~3.0μm，但在许多动物、植物细胞或特定细胞周期时相中，线粒体的大小和形态随细胞生命活动呈现较大的变化。例如，在胰脏外分泌细胞中，线粒体可长达10~20μm，称为巨线粒体。植物分生组织细胞中存在片层状线粒体。

（二）线粒体的数量与分布

不同类型的真核细胞中线粒体的数目相差较大，而同一种真核生物细胞中线粒体数目相对比较稳定。高等动物细胞中线粒体的数目一般从数百到数千个。例如，肝细胞约有1300个线粒体，占细胞体积的20%。低等真核细胞中线粒体的数量较少。例如，单细胞鞭毛藻仅有1个线粒体，酵母细胞具有一个大型分支的线粒体。植物细胞因具有叶绿体的缘故，线粒体数目相对较少。此外，许多哺乳动物成熟的红细胞中没有线粒体。

线粒体在细胞内的分布与细胞内的能量需求相关，能量需求多的区域，线粒体分布密集，能量需求少的区域，线粒体分布较少。因此，线粒体通常分布在细胞功能旺盛的区域。例如，分泌细胞的线粒体聚集在分泌物合成的区域；精子细胞的线粒体集中在鞭毛区。代谢旺盛的细胞中线粒体的数量也要多于代谢不旺盛的细胞。线粒体在细胞质中可以沿着微管向功能旺盛的区域迁移。

二、线粒体的动态

线粒体是细胞内高度动态变化的细胞器，根据细胞代谢的需要，线粒体可以在细胞内运动、变形和分裂增殖，以适应细胞整体生命活动的需要。线粒体的分裂和融合是其形态变化与形态调控的基本方式。

动物细胞和植物细胞中都可以观察到频繁的线粒体融合与分裂现象，多个颗粒状的线粒体可以通过融合形成体积较大的线状或片层状线粒体，而后者也可以通过分裂形成体积较小的颗粒状线粒体（图5-1）。当线粒体融合与分裂的比值较高时，线粒体数目减少，反之数目增加。当融合与分裂的比值处于平衡时，线粒体数量和体积保持基本不变。线粒体的分裂和融合呈精密的动态平衡，在线粒体形态、数量、分布及功能的调节中发挥重要的作用，保证了细胞中正常线粒体群体的存在。当线粒体融合与分裂动态失衡时，会导致生理生化代谢及能量供应的降低。研究发现，细胞凋亡与线粒体的融合与分裂动态失衡相关，细胞凋亡过程中，线粒体发生片段化。

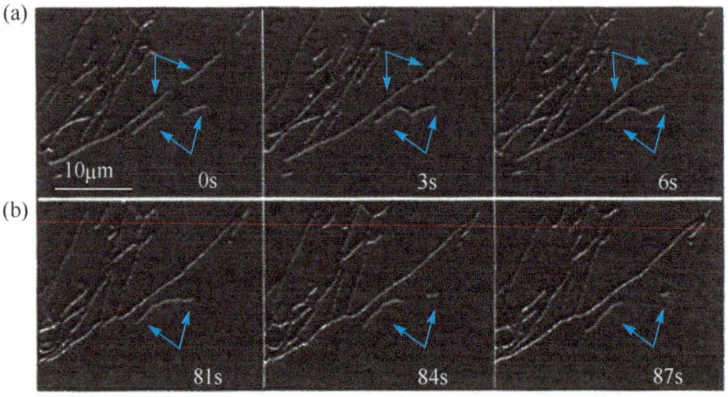

图5-1　线粒体的融合与分裂（参照Lodish et al.，2013）

小鼠胚胎成纤维细胞中，线粒体的融合（a）与分裂（b）

线粒体的融合与分裂受到外界因素及细胞内基因等分子水平的调控。其中，线粒体的融合受到大分子GTPase的调节。哺乳动物细胞中，有三个大分子GTPase参与了线粒体的融合过程，包括定位于线粒体外膜的线粒体融合蛋白Mfn1（mitofusion 1）和Mfn2（mitofusion 2），定位于线粒体内膜与膜间隙的OPA1（opticatrophy protein 1）。Mfn1和Mfn2能够通过形成同源或异源寡聚体，将相邻线粒体联系在一起，而OPA1则在线粒体内膜融合中发挥重要作用。研究发现，哺乳动物中线粒体的分裂也受到GTPase的调节，主要包括至少两类蛋白质：发动蛋白相关蛋白Drp1（dynamin-related protein 1）和类发动蛋白Dlp1（dynamin-like protein 1）。Drp1主要分布于细胞质中，在线粒体分裂过程中被招募到线粒体分裂位点，形成分裂环，利用GTP水解的能量而收缩，诱导其分裂。

三、线粒体的结构

在电子显微镜下观察到的线粒体是由两层单位膜套叠而成的封闭结构。其**外膜**（outer membrane）平展，**内膜**（inner membrane）向内折叠延伸，形成**嵴**（cristae）。不同的真核细胞中，嵴的形态不同，动物细胞中为片状嵴，由内膜规则折叠而成，其方向大多与线粒体长轴垂直；植物细胞中为管状嵴，是由内膜不规则内陷而成的。线粒体内膜与外膜之间的空间是**膜间隙**（intermembrane），内膜内的空间称为**基质**（matrix）（图5-2），内膜与嵴膜的连接处为**嵴膜连接**（oristaejunction）。

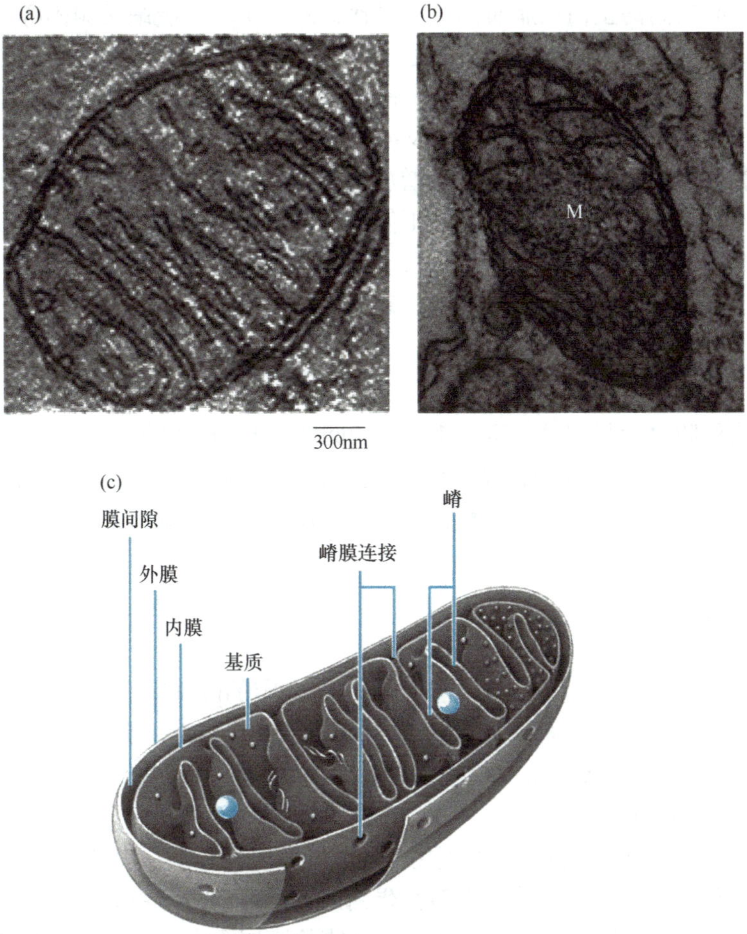

图5-2　线粒体的结构

（a）肝细胞中的片状嵴（参照Alberts et al.，2008）；（b）花粉管中的管状嵴（荆艳萍提供）；（c）线粒体结构示意图

（一）外膜

线粒体的外膜是包围在线粒体最外面的一层单位膜，光滑而有弹性，厚约6nm。外膜中蛋白质和脂质约各占一半，主要含有卵磷脂。外膜上有排列整齐的桶状通道，直径为2~3nm，其成分为孔蛋白（porin），桶状通道可以根据细胞的状态而开启或关闭。当通道开启时，可以允许相对分子质量为5×10^3以下的小分子物质通过。外膜的通透性较高，其上分

布有一些特殊的酶类，如参与脂肪酸链延伸、肾上腺素氧化及色氨酸生物降解的酶类。因此，除了维持线粒体形状、提供物质进出的通道外，外膜还能够参与膜磷脂的合成，并可对一些物质进行初步的分解。此外，线粒体外膜上还含有与线粒体融合相关的蛋白质（如Mfn1），以及在细胞凋亡中发挥重要作用的调节因子Bcl-2家族蛋白等，外膜的标志酶为单胺氧化酶。

（二）内膜

线粒体的内膜位于外膜的内侧，厚6~8nm，将膜间隙与基质分开。相比于外膜，内膜蛋白质含量高，具有较高的蛋白质脂质比（质量比≥3：1）。内膜缺乏胆固醇，富含心磷脂，这样的组成形成了通透性屏障，对物质的通透性极低，限制了分子和离子的通过。内膜的这种不透性使得H^+、ATP、丙酮酸等不能自由透过内膜，必须在载体或通透酶系统的协助下才能实现跨膜运输，在质子电化学梯度建立及ATP合成过程中起着重要作用。

内膜向线粒体内折叠形成嵴，极大地增加了内膜的表面积。嵴的形状和数量与细胞的种类及生理状况密切相关，需能多的细胞，不但线粒体多，嵴的数量也多。内膜是氧化磷酸化的关键场所，具有与能量转换相关的蛋白质，如执行氧化反应的电子传递链、ATP合成酶及线粒体内膜转运蛋白等。内膜的标志酶是细胞色素氧化酶。

（三）膜间隙

膜间隙是内外膜之间封闭的、宽为6~8nm的间隙，其中充满无定形液体，内含许多可溶性酶、底物和辅助因子。由于外膜具有大量亲水孔道与细胞质相通，因此膜间隙的pH与细胞质相似。腺苷酸激酶是膜间隙的标志酶，能够催化ATP分子末端的磷酸基团转移到AMP，生成ADP。

（四）线粒体基质

线粒体基质是为内膜所包围的嵴外空间，具有一定的pH和渗透压。催化三羧酸循环，脂肪酸和丙酮酸氧化等相关的酶类均位于线粒体基质中。此外，线粒体基质中还含有线粒体DNA（mitochondrial DNA，mtDNA）、RNA、核糖体，以及转录、翻译所必需的重要分子。其标志酶为苹果酸脱氢酶。

从上述结构可以看出，线粒体的主要成分是蛋白质和脂质，其中脂质占线粒体干重的20%~30%。线粒体的蛋白质可以分为可溶性蛋白质和不可溶性蛋白质两类，可溶性蛋白大多数是基质中的酶和膜的外周蛋白；不溶性蛋白是膜的镶嵌蛋白、结构蛋白和部分酶蛋白。线粒体脂质的主要成分是磷脂，占脂质的3/4以上，磷脂在内、外膜上的组成不同，外膜主要是卵磷脂，内膜主要是心磷脂。脂质的这种区别主要与内外膜的通透性相关。

利用线粒体外膜通透性高的特点，可以将线粒体置于低渗溶液中使其胀破，随着外膜的破裂，膜间隙物质释放，然后通过离心的方式分离内膜、膜间隙物质、外膜。膜间隙物质位于上清液中。进一步使用去垢剂破坏内膜，采用密度梯度离心的方法将内膜与线粒体基质区分开，从而能够分别获得线粒体的不同结构组分（图5-3）。

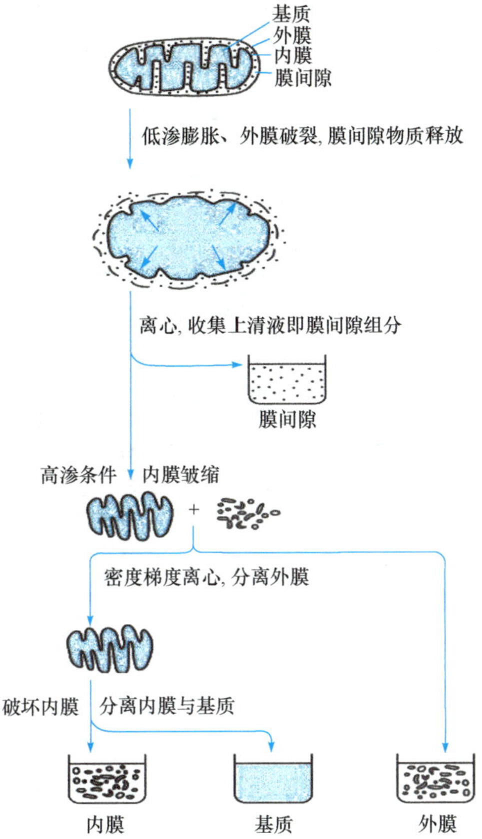

图5-3　线粒体组分的分离（参照Alberts et al.，2014）

四、线粒体的功能

线粒体是糖类、脂肪和氨基酸最终氧化并释放能量的场所，其主要功能是进行氧化磷酸化，合成ATP，为细胞生命活动提供直接能量，产生CO_2和H_2O。细胞中提供能量的大分子物质，如多糖、脂肪和蛋白质，都能被降解并在线粒体基质中进入三羧酸循环。经过一系列分解代谢产生高能电子，电子经线粒体内膜上的电子传递链传递给O_2，被还原的O_2与H^+形成H_2O，释放的能量则用于合成ATP。电子传递与ATP合成相偶联的过程称为氧化磷酸化（图5-4）。氧化磷酸化是细胞获得能量的主要途径。线粒体的存在状况往往反映了细胞对于能量的需求。例如，在无氧条件下，酵母细胞中线粒体的数量减少，大量的嵴消失，几乎所有的色素分子也会消失；恢复供氧后，线粒体又能恢复正常形态，形成嵴，并且线粒体数量增加，细胞色素重新合成。

（一）三羧酸循环

糖酵解的过程在细胞质基质中进行，生成的丙酮酸分子通过线粒体膜转运蛋白的协助，以主动运输的方式穿过线粒体膜，进入线粒体基质。在线粒体基质中，丙酮酸经过脱羧作用，与辅酶A相连形成乙酰辅酶A。乙酰辅酶A是三羧酸循环的初级底物，参与该循环的酶除了位于线粒体内膜的琥珀酸脱氢酶外，都位于线粒体基质中。通过三羧酸循环，乙酰辅酶A

被氧化，同时产生还原型辅酶NADH和$FADH_2$。细胞中所有提供能量的大分子物质，包括多糖、脂肪和蛋白质，都能被降解为三羧酸循环的代谢物而进入三羧酸循环。

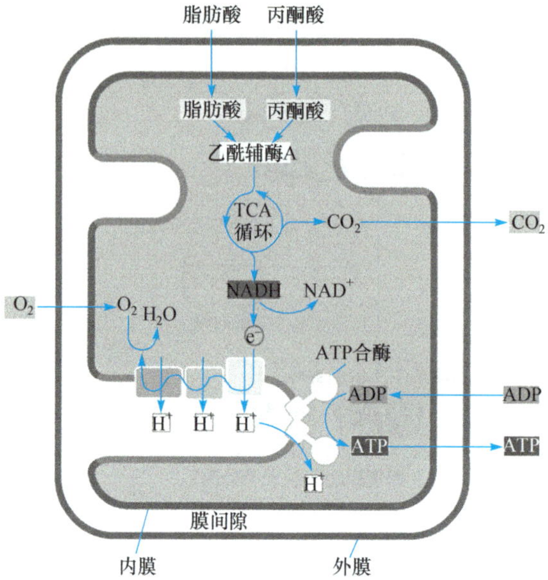

图5-4 线粒体中的能量代谢（参照Alberts et al.，2014）

细胞质基质中糖酵解形成丙酮酸，丙酮酸及脂肪酸跨膜进入线粒体基质，经氧化成为乙酰辅酶A，并进入三酸酸循环。经一系列分解代谢产生高能电子，高能电子沿着电子传递链传递，同时形成跨膜质子梯度。质子回流经过ATP合酶，驱动ATP合成

（二）氧化磷酸化

1. 氧化磷酸化的分子结构基础

参与氧化磷酸化的分子有两大类：**电子传递链**（electron-transport chain）和**ATP合酶**（ATP synthase）。电子传递链负责传递电子，同时还具有质子泵的功能，形成跨膜质子梯度；ATP合酶则利用跨膜质子梯度合成ATP。

1）电子传递链

电子传递链又称为呼吸链（respiratory chain），是指所有参与将电子从NADH或$FADH_2$传递给O_2过程的分子，包括蛋白质分子与小分子物质。它们在内膜上有序排列，电子经过这些分子按照一定的顺序进行传递。

在电子传递过程中，能够接受和释放电子，从而使电子进行传递的分子和原子称为电子载体。参与电子传递的电子载体主要有黄素蛋白（flavoprotein）、细胞色素（cytochrome）、铜原子、铁硫蛋白（iron-sulfer protein，Fe-S）、辅酶Q（coenzyme Q，CoQ）或称为泛醌（ubiquinone，UQ）等。这些电子载体的共同特点是具有氧化还原作用。它们大多数位于电子传递复合体中或作为共价结合的辅基，或作为复合体的亚基存在。只有辅酶Q和细胞色素c（Cyt c）可以游离存在。辅酶Q是脂溶性小分子质量的醌类化合物，能够在线粒体内膜中自由移动，具有三种氧化还原形式，即氧化型醌Q、还原型氢醌（QH_2）和介于两者之间的自由基半醌（QH）。Cyt c位于线粒体的内、外膜间隙，是水溶性的蛋白质。

电子传递链的组分按照氧化还原电位由低向高的方向排列。利用离子型去污剂脱氧胆酸（deoxycholate）处理，从线粒体内膜分离出4种电子传递链的复合物，分别命名为复合物Ⅰ、Ⅱ、Ⅲ和Ⅳ（图5-5）。

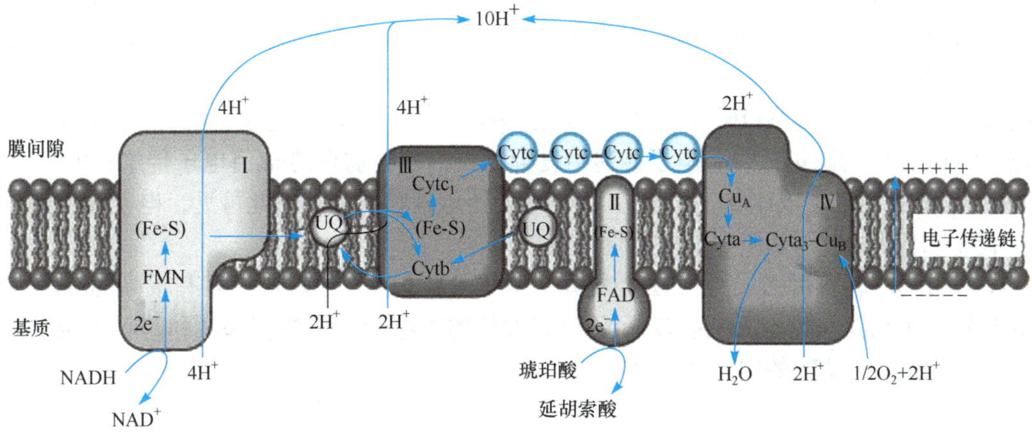

图5-5　线粒体内膜上的电子传递链及电子传递复合物（参照 Karp，2008）

电子传递链由4种电子传递复合物及另外2种电子载体（辅酶Q、Cyt c）组成。电子从NADH（复合物Ⅰ）或$FADH_2$（复合物Ⅱ的一部分）进入电子传递链，电子可以从复合物Ⅰ或复合物Ⅱ传递到辅酶Q。随后，电子从还原型辅酶Q传递到复合物Ⅲ，接着传递给Cyt c，再从Cyt c传递给复合物Ⅳ，最后传递给O_2，并产生H_2O

（1）复合物Ⅰ是NADH-CoQ还原酶，又称为NADH脱氢酶。哺乳动物的复合物Ⅰ由42条肽链组成，呈现L型。复合物Ⅰ含有一个结合有黄素单核苷酸（FMN）的黄素蛋白和至少6个Fe-S，相对分子质量接近10^6，其作用是催化NADH的1对电子传递至辅酶Q，同时将4个H^+由线粒体基质转移至膜间隙。故复合物Ⅰ既是电子传递体，又是由电子能量驱动的质子泵。

（2）复合物Ⅱ是琥珀酸-CoQ还原酶，又称为琥珀酸脱氢酶。它由4种不同的蛋白质组成，是三羧酸循环中唯一一个结合在膜上的酶。复合物Ⅱ的相对分子质量达1.4×10^5。含有1个结合黄素腺嘌呤二核苷酸（FAD）的黄素蛋白、1个Fe-S和2个Cyt b。其作用是催化低能电子从琥珀酸通过FAD和Fe-S传给辅酶Q。来自琥珀酸的电子能量较低，传递过程不伴随H^+的转移，因此，复合物Ⅱ催化的电子传递不伴随ATP的合成。

（3）复合物Ⅲ是CoQ-Cyt c还原酶，也称为细胞色素还原酶或Cyt bc_1复合物。该复合物以二聚体形式存在，每个单体至少有11条不同的肽链组成，包含1个Cyt b（含b_{562}和b_{566}两个血红素）、1个铁硫蛋白和1个Cyt c_1。其作用是催化电子从辅酶Q传递给Cyt c，每传递1对电子的同时将4个H^+由线粒体基质泵至膜间隙。故复合物Ⅲ既是电子传递体，又是质子泵。复合物Ⅲ的电子传递路径称为Q循环（Q cycle）。

（4）复合物Ⅳ是细胞色素氧化酶，也称为Cyt c氧化酶。哺乳动物的复合物Ⅳ含有至少13条肽链。该复合物具有4个氧化还原中心，即Cyt a、Cyt a_3和2个铜离子。其作用是催化电子从Cyt c传递给O_2，每转移1对电子，从基质侧摄取4个H^+，其中2个H^+用于H_2O的形成，2个H^+被转移至膜间隙。故复合物Ⅳ既是电子传递体，又是质子泵。

电子的传递起始于NADH脱氢酶催化NADH氧化，形成高能电子，终止于O_2形成H_2O。电子传递方向按氧化还原电势递增的方向传递，复合物Ⅰ、复合物Ⅲ、复合物Ⅳ都能利用高能电子传递所释放的能量将线粒体基质中的质子泵到膜间隙。在此过程中，呼吸链从NADH

开始，它提供2个电子和1对H^+传递给NADH脱氢酶上的FMN，而FMN被还原成$FMNH_2$，$FMNH_2$把1对H^+释放到膜间隙，同时将1对电子经Fe-S传给靠近内膜内侧的2个辅酶Q。每个辅酶Q先自复合物Ⅲ中的Cyt b获得1个电子，并从基质中摄取1个H^+，而被还原为QH；QH再接受从复合物Ⅰ传递来的1个电子，同时又从基质中摄取1个H^+，形成QH_2。QH_2通过构象改变移动到内膜外侧时，先后向膜间隙释放2个H^+，同时，QH_2的2个电子中的1个先交还给Cyt b；另外1个电子经Fe-S传给Cyt c_1，Cyt c_1又将电子传递给内膜外缘的Cyt c，辅酶Q则从内膜外侧回到内侧，完成Q循环。因此，通过Q循环，每传递1个电子，就有2个H^+被泵到膜间隙。Cyt c在膜间隙扩散，将电子传递给复合物Ⅳ，复合物Ⅳ的aa_3将电子传给$1/2O_2$，而与基质中的2个H^+结合生成H_2O，另有2个H^+被跨膜转运到膜间隙。由此可见，电子在传递过程中，不断有H^+从线粒体基质中抽提至膜间隙。

H^+跨内膜的转移可形成跨线粒体内膜H^+梯度和膜电位。在基质一侧有较高的pH和大量的负电荷，而在膜间隙一侧则有较低的pH和大量的正电荷。H^+浓度梯度和跨膜电位共同构成了H^+驱动力，驱动H^+的回流和ATP的合成。

2）ATP合酶

线粒体中最终合成ATP的装置是ATP合酶。电子显微镜下观察分离的线粒体时，可见内膜和嵴的基质面上有许多排列规则的带柄球状小体，此即ATP合酶。ATP合酶具有头部和基部两部分，头部是球形、直径为9nm的颗粒，又称为F_1；基部嵌入线粒体内膜，又称为F_0。

ATP合酶的头部F_1是水溶性的球蛋白，从内膜突出于基质内。F_1由5种多肽9个亚基组成，组分为$\alpha_3\beta_3\gamma\delta\varepsilon$。在空间上，3个α亚基和3个β亚基交替排列，状如橘瓣。α亚基和β亚基均具有核苷酸结合位点，但只有β亚基上的核苷酸结合位点具有催化ATP合成或水解的活性。γ亚基的一个结构域贯穿αβ复合体，形成贯穿F_1的中央轴，另一个结构域与3个β亚基中的一个结合。ε亚基协助γ亚基附着到ATP合酶的F_0上，ε亚基和γ亚基结合形成“转子”。δ亚基是F_1与F_0相连接所必需的（图5-6）。

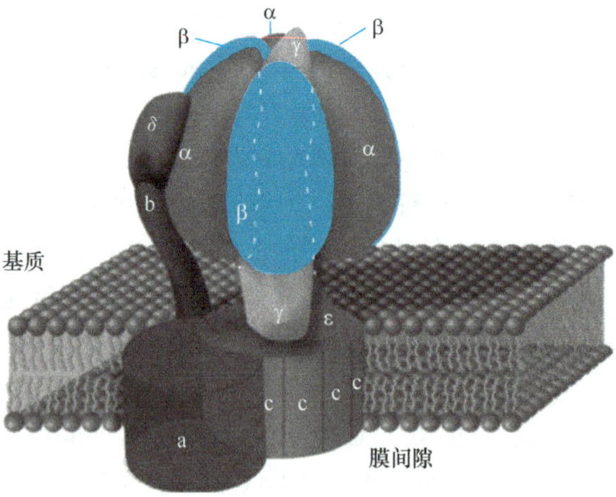

图5-6 ATP合酶的结构（参照Karp，2008）

ATP合酶的基部结构F_0是一个疏水的蛋白质复合体，嵌合于线粒体内膜，是由三种亚基按照$ab_2c_{10\sim12}$的比例组成的跨膜质子通道。10~12个c亚基组成一个环形结构，a亚基和b亚基形成的二聚体排列在c亚基组成的环状结构外侧。a亚基、b亚基，以及F_1的δ亚基形成一个

“定子”。

ATP合酶可以利用质子电化学梯度储存的能量合成ATP，又能水解ATP将H^+从基质泵到膜间隙，是可逆性复合酶。有关质子流如何推动ATP合酶合成ATP的机制，1979年，Boyer提出了结合变构机制（binding change mechanism），从而解释了H^+流驱动ATP合酶合成ATP的过程。该机制认为，质子梯度势能够使ATP合酶产生构象的改变，从而改变了其与ATP的亲和力，使ATP从酶分子上解脱下来；F_1上的3个β亚基氨基酸序列相同而构象不同，因而与核苷酸的亲和力不同；ATP通过ATP合酶的旋转催化而合成，质子流通过F_0通道，引起c亚基构成的环旋转，从而带动γ亚基旋转，由于γ亚基的端部是不对称的，转子在旋转过程中，γ亚基会依次分别与3个β亚基中的1个亚基接触，使β亚基发生3种构象变化，即紧密结合构象（tight，T构象）、松散结合构象（loose，L构象）和空置构象（不与任何核苷酸结合，open，O构象）。L构象同ADP及P_i结合较强；T构象时，ADP与P_i结合紧密，可以生成ATP，并且与ATP结合牢固；O构象时，ATP与酶的亲和力很低，被释放出去。当质子流通过F_0时，γ亚基旋转一次，依次使每一个β亚基都历经3种不同的构象（L、T、O），从而释放出3个ATP分子（图5-7）。

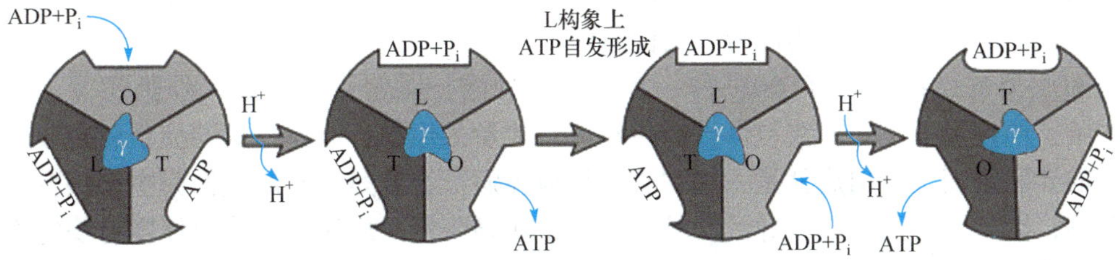

图5-7　ATP合成的结合变构机制（参照Karp，2008）

质子流通过F_0时引起γ亚基的旋转，γ亚基端部不对称，从而在旋转过程中诱导β亚基历经L、T、O这3种不同的构象。γ亚基旋转一次，每一个β亚基都合成1分子ATP

2. 氧化磷酸化的偶联机制

线粒体内有两条典型的电子传递链，即复合物Ⅰ、Ⅲ、Ⅳ组成的NADH呼吸链，以及复合物Ⅱ、Ⅲ、Ⅳ组成$FADH_2$呼吸链，前者催化NADH传递电子到辅酶Q，经过呼吸链中的复合物Ⅲ和复合物Ⅳ的3个偶联部位；后者催化琥珀酸的氧化，来自$FADH_2$的电子传递到辅酶Q，再经过复合物Ⅲ和复合物Ⅳ的2个偶联部位。

电子传递与ATP的合成具有偶联性，为了解释这一偶联性，人们提出了许多假说，其中，1961年，英国生物化学家Mitchell提出的化学渗透假说因具有大量的实验证据而被广为接受，1978年，Mitchell本人也因此获得诺贝尔化学奖。化学渗透假说认为，电子传递链各组分在线粒体内膜中不对称分布，当高能电子沿其传递时，所释放的能量将H^+从基质泵到膜间隙，形成H^+电化学梯度。在这个梯度驱使下，H^+穿过ATP合酶回到基质，同时合成ATP，电化学梯度中蕴藏的能量储存到ATP高能磷酸键。氧化磷酸化是生成ATP的一种主要方式，是细胞内能量转换的主要环节。

化学渗透假说很好地解释了电子传递与ATP合成的偶联性。一方面，只有电子传递顺利进行，才能形成足够的跨膜质子动力势，以此驱动ATP的合成；另一方面，如果ATP合成受到抑制，则膜间隙的H^+无法回流，继而导致电子传递的异常或终止。

化学渗透假说具有一系列实验证据的支持，根据化学渗透假说，线粒体内膜的完整性及对H^+的不通透性是电子传递和ATP合成偶联的基础，当人为破坏内膜后，质子渗漏，无法在内膜两侧形成H^+梯度，从而ATP无法合成，但是这一过程中电子的传递不受影响；如果将线粒体内膜上的电子传递复合物重组于脂质体，加入相应的电子供体和受体后，可以观察到H^+的转运。此外，用pH计检测离体线粒体所处溶液的H^+浓度（与膜间隙的H^+浓度相等），在溶液中通O_2后，电子传递开始，H^+浓度升高；人工建立线粒体内膜两侧的电化学梯度，可以驱使ATP合成。另外，当用解偶联剂破坏H^+梯度时，可以解除电子传递与ATP合成的偶联。

除了为细胞提供ATP能量，线粒体还与细胞中氧自由基的生成、细胞凋亡、信号转导、细胞内多种离子跨膜转运、电解质稳态平衡的调控，以及细胞中Ca^{2+}的稳态调节等有关。

五、线粒体与疾病

线粒体不仅为细胞生命活动提供能量，是细胞的能量代谢中心，其功能的障碍还与疾病、衰老和细胞凋亡有关。当线粒体DNA或核基因组编码的线粒体蛋白质基因发生缺失或突变时，线粒体结构或功能受损，线粒体的异常会影响整个细胞的正常功能而导致各种疾病。由线粒体功能障碍引发的疾病称为“线粒体病”。

已知人类的线粒体病有100多种，常见的有肿瘤、帕金森综合征、心肌病等。由于心脏、大脑、肌肉等都是需要线粒体提供相对大量能量的组织，线粒体病的症状较多表现于这些组织的异常病变。克山病就是一种“心肌线粒体病”，它是以心肌损伤为主要病变的地方性心肌病，因缺乏硒而引起，导致线粒体硒含量明显降低，由于硒对线粒体膜有稳定作用，患者因缺硒而导致心肌线粒体膨胀、嵴稀少且不完整，膜电位下降，膜流动性减低。此外，琥珀酸脱氢酶、细胞色素氧化酶和ATP合酶的活性明显降低，对电子传递和氧化磷酸化偶联产生显著的影响。

线粒体结构与功能的变化在一些老年神经退行性疾病中发挥重要的作用。例如，帕金森综合征及阿尔茨海默病。帕金森患者的黑质区Cyt c氧化酶缺陷的神经元数目增加，线粒体结构与功能的损伤可以引发神经元细胞的程序化死亡，影响了神经元的存活及功能，这可能是致病的分子机制之一。阿尔茨海默病的患者线粒体氧化代谢过程受损，从而导致脑组织氧化且能量代谢受损，线粒体功能失调也是该病发生的作用途径之一。

线粒体数目的变化也会导致疾病。例如，肝癌患者肝细胞的线粒体数目要比正常肝细胞明显减少，不但线粒体数目减少，其嵴的数目也减少。一些疾病，如人支气管黏液腺肿瘤细胞的线粒体却异常密集，但是这些线粒体通常都缺少ATP合酶，在生化功能上可能有缺陷。

细胞中线粒体的数量随年龄增长而减少，体积却随年龄增长而增大，在膨大的线粒体中有时可见其内容物网状化而呈多囊体。同时，随着年龄的增长，损伤mtDNA的积累越来越多。目前已知的100多种人类线粒体疾病，其原发机制都是mtDNA异常，如发生突变、缺失、重排等，表现为呼吸链的电子传递酶系和氧化磷酸化酶系异常。线粒体是细胞内自由基的源泉，被认为是决定细胞衰老的生物钟。正常情况下，氧自由基可被线粒体中的超氧化物歧化酶清除，机体衰老或退行性疾病时超氧化物歧化酶的活性降低，氧自由基积累在线粒体中，使氧化损伤的mtDNA的积累量大大增高。经过一定时间的累积，就会导致线粒体内膜参与能量转换的酶系功能异常，引发疾病。此外，线粒体融合与分裂呈精密的动态平衡，其失调通常也能够导致一些疾病的发生。植物细胞中线粒体的异常也能够导致植物体的异常。例如，水稻细胞质的雄性不育，其实是由于mtDNA编码的特定多肽积累而导致的。随着对线粒体病的深入研究，以线粒体为靶点的药物在疾病的发生与治疗方面越来越受到重视。

第二节 叶 绿 体

叶绿体是绿色植物（包括藻类）细胞内的特化细胞器，是进行光合作用（photosynthesis）的场所，能够在光照下，将CO_2和H_2O合成为有机化合物并释放出O_2，同时将光能转变为化学能储存于有机物中。

一、叶绿体的形态、数量与分布

19世纪末，人们利用光学显微镜观察叶片解剖结构时，就发现植物中的绿色色素集中于一些绿色颗粒上，称之为**叶绿体**（chloroplast）。之后，Hill将叶绿体从体内分离，并在体外完成了其光合作用的全过程，从而确认了叶绿体是光合作用的场所。

（一）叶绿体的形态与大小

叶绿体由于含有叶绿素，是植物细胞中最容易观察到的细胞器。叶绿体的形状、大小随植物种类、生理状态及生长环境而异。高等植物细胞中的叶绿体一般呈凸透镜形，其直径为5~10μm，厚为2~4μm。藻类中的叶绿体形状多样，有网状、带状和星状等，而且叶绿体体积巨大，可达100μm。

（二）叶绿体的数量与分布

叶绿体的数量在不同植物、不同组织及不同生理状态下有所不同。通常情况下，一个细胞中的叶绿体数目为十多个至数十个，多的可达几百个。高等植物叶肉细胞中的叶绿体含量高，含有50~200个叶绿体，占细胞质体积的40%~90%。叶片表皮细胞除了气孔保卫细胞外，通常不含叶绿体。保卫细胞叶绿体一般较少，有8~15个。

叶绿体的分布一般比较均匀，高等植物叶肉细胞中，由于中央大液泡的存在，叶绿体分布在细胞质膜与液泡膜之间的一薄层细胞质中。叶绿体的分布也会由于叶绿体的运动而发生变化。

二、叶绿体的动态

植物细胞的叶绿体也是一种动态的细胞器，主要体现在其受光的调控而改变分布与位置、基粒类囊体与基质类囊体之间的动态转换、因分裂而发生数量的变化及叶绿体的分化与去分化。

叶绿体在细胞中的位置与分布受光强的调控。当光强稳定时，叶绿体的分布与位置不发生明显的变化；弱光条件下，叶绿体朝向光源，汇聚到细胞的受光面，以获得最大的光合作用效率；强光下，叶绿体移动到细胞的侧面，以避免强光的伤害（图5-8）。叶绿体在细胞中的移动与细胞微丝骨架相关，此外，叶绿体和微丝骨架之间还存在有重要的连接蛋白

CHUP1（chloroplast unusual positioning 1）。借助于CHUP1等蛋白质，叶绿体与微丝骨架形成连接，随着微丝的动态，实现了叶绿体在细胞内的运动及运动到新位置后的锚定。

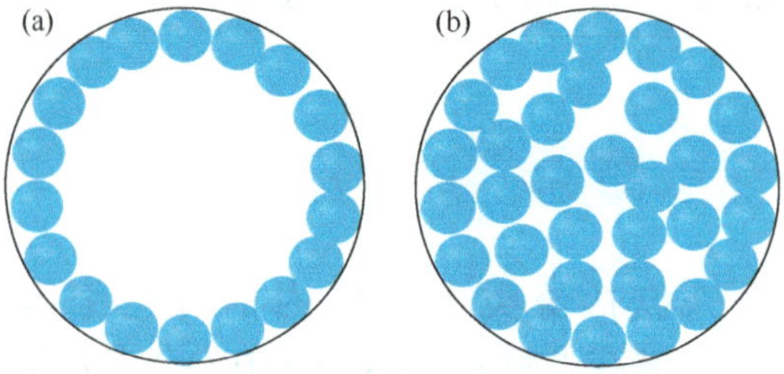

图5-8　光强调控的叶绿体分布

（a）强光下，叶绿体移动到细胞的侧面；（b）弱光条件下，叶绿体朝向光源，汇聚到细胞的受光面

由于叶绿体能够依靠分裂而增殖，其数目也受到一定的调控。叶绿体数目的调控主要发生在细胞分化和生长的早期，在停止生长的成熟叶片中很少观察到叶绿体的分裂。与线粒体的分裂相似，叶绿体分裂过程中也可以观察到分裂环的存在，分裂环的缢缩是叶绿体分裂的动力学基础。同在线粒体中一样，动力蛋白（dynamin）相关蛋白在叶绿体分裂过程中起着相同的作用。被子植物中，叶绿体分裂必需的dynamin相关蛋白是ARC5（accumulation and replication of chloroplasts-5），ARC5在叶绿体开始缢陷时于缢陷处组装成环状结构，推动叶绿体进一步缢缩，ARC5被认为是分裂外环的主要成分。此外，还有一个蛋白质FtsZ，在叶绿体分裂最早期，先于叶绿体的缢陷集中于叶绿体的内膜下，组装成一个环状结构，称为FtsZ环或Z环（图5-9）。Z环决定了叶绿体分裂环及分裂缢陷的位置。FtsZ参与招募ARC5在分裂缢陷部位的汇集与组装。

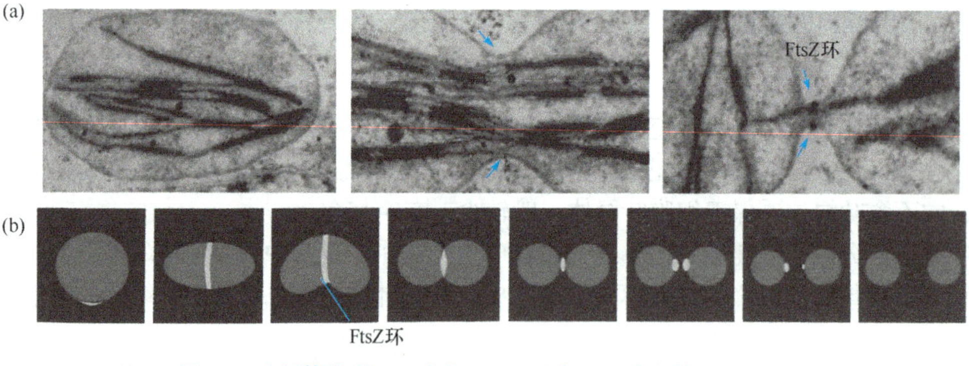

图5-9　叶绿体分裂过程中的FtsZ环（参照翟礼嘉等，2012）

（a）天竺葵细胞叶绿体分裂，箭头示FtsZ环；（b）红藻细胞叶绿体分裂过程，FtsZ环的荧光在叶绿体分裂后减弱

除了分裂之外，叶绿体之间还发生动态连接。与线粒体不同，罕见叶肉细胞内叶绿体之间发生融合。但是叶绿体之间可以通过其内外膜延伸形成的管状凸出，实现叶绿体之间的相互联系。

叶绿体的动态性还体现在叶绿体的分化方面。未发芽的种子或胚中没有叶绿体，在萌发过程中，分生组织细胞中的前质体内膜向内折叠伸出膜片层系统，在光下，这些片层系统继续发育，并合成了叶绿素，分化成为叶绿体。叶绿体的分化是可逆的，当叶肉细胞经过组织培养形成愈伤组织时，叶绿体去分化形成前质体。

三、叶绿体的结构

叶绿体由**叶绿体膜**（chloroplast membrane）或称为**叶绿体被膜**（chloroplast envelope）、**类囊体**（thylakiod）和**基质**（stroma）三部分构成（图5-10）。

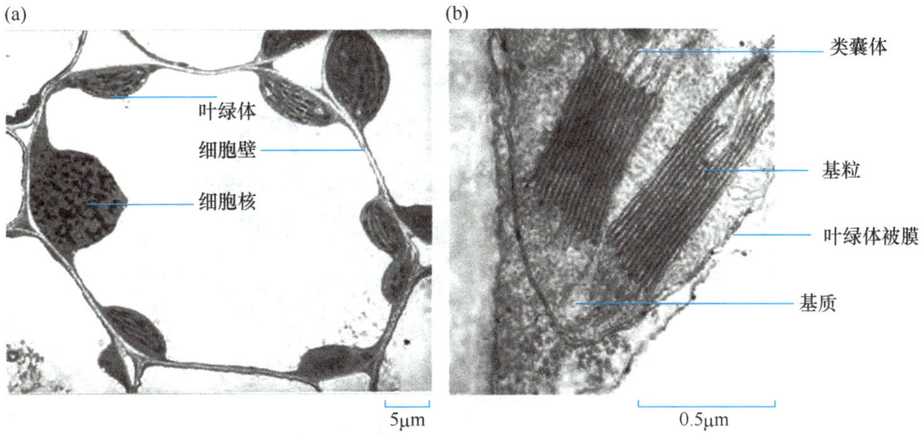

图5-10　叶绿体的超微结构（参照 Alberts et al.，2014）

（a）细胞中的叶绿体；（b）叶绿体的结构

（一）叶绿体膜

同线粒体相同，叶绿体也是由双层单位膜包被的细胞器，其外膜和内膜厚度均为6~8nm。叶绿体内外膜之间有10~20nm宽的空隙，称为膜间隙（intermembrane space）。与线粒体相似，叶绿体的外膜也含有孔蛋白，通透性大。叶绿体内膜的通透性低，对物质透过的选择性强，是细胞质和叶绿体基质之间的功能屏障，仅允许CO_2、O_2、H_2O等自由通过。ADP、ATP、磷酸甘油醛等则需要借助于叶绿体内膜上的一些特殊转运蛋白才能透过内膜。

叶绿体膜的主要成分是蛋白质和脂类，脂类中以磷脂和糖脂最多。叶绿体内膜含有一些酶类，如ATP酶、腺苷酸激酶、半乳糖基转移酶，以及参与糖脂合成和代谢有关的一些酶等。

（二）类囊体

叶绿体内部，由内膜衍生而来的封闭的扁平膜囊，称为类囊体（thylakiod）。类囊体一般沿叶绿体长轴平行排列。叶绿体中，许多圆饼状的类囊体有序堆叠成垛，称为**基粒**（grana），组成基粒的类囊体称为**基粒类囊体**（granum thylakoid）；贯穿在两个或两个以上基粒之间没有发生垛叠的类囊体称为**基质类囊体**（stroma thylakoid），其片层称为**基质片层**（stroma lamella）（图5-11）。基粒类囊体与基质类囊体之间可以发生动态转换。类囊体是叶绿体光合作用光反应的场所，类囊体垛叠成基粒大大增加了膜片层的总面积，有益于更有效地捕获光能，提高光反应效率。

类囊体膜的主要成分是蛋白质和脂质，具有很高的蛋白质与脂质比值。细胞质膜中的主要成分磷脂在类囊体膜中的含量较低，而含半乳糖的糖脂含量较高。糖脂中的不饱和脂肪酸含量高，因此，类囊体膜具有较高的流动性。膜脂在类囊体膜上分布不对称，类囊体膜脂双层的外层富含磷脂酰甘油（PG）和双半乳糖甘油脂（MGDG），而内层富含单半乳糖甘油脂（DGDG）。类囊体膜的蛋白质可分为外在蛋白与内在蛋白两类，外在蛋白在类囊体膜的基质侧分布较多。捕光系统、电子传递链和ATP合成酶都位于类囊体膜上。除了蛋白质与脂质外，类囊体还含有色素，高等植物中的类囊体主要含有叶绿素和类胡萝卜素。

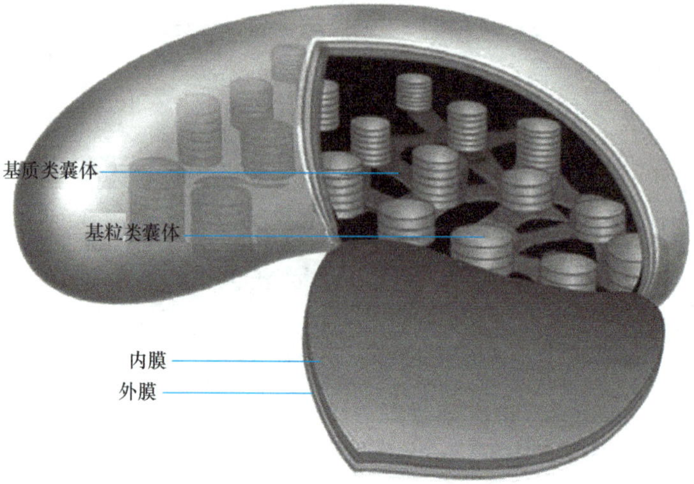

图5-11　类囊体示意图（参照Karp，2008）

（三）基质

叶绿体内膜与类囊体之间是流动性的液态胶状物质，称为基质。基质的主要成分是可溶性蛋白和其他代谢活跃的物质。其中核酮糖-1，5-二磷酸羧化酶（ribulose-1，5-biphosphate carboxylase/oxygenase，Rubisco）的含量最高，该酶可以催化核酮糖-1，5-二磷酸接受CO_2产生羧化反应，并水解生成2分子磷酸甘油酸。叶绿体基质中还含有参与CO_2固定反应的所有酶类，是光合作用固定CO_2的场所。此外，叶绿体基质中还含有核糖体、DNA、RNA等，构成了叶绿体特有的遗传系统。在叶绿体基质中还存在一些淀粉粒、脂滴、植物铁蛋白等物质。

综上所述，叶绿体含有三种不同的膜，即外膜、内膜、类囊体膜；三种彼此分开的腔，即膜间隙、基质和类囊体腔。

四、光合作用

叶绿体的主要功能是进行光合作用，光合作用是指绿色植物通过叶绿体吸收光能，利用H_2O和CO_2合成糖类等有机化合物，同时放出O_2的过程。光合作用可分为**光反应**（light reaction）和**暗反应**（dark reaction），光反应包括**原初反应**（primary reaction）、**电子传递**和**光合磷酸化**（photophosphorylation）。

（一）光反应

光反应是在类囊体膜上由光引起的光化学反应，是通过叶绿素等光合色素分子吸收、传递光能，并将光能转换成电能，进而通过电子传递与光合磷酸化将电能转换为活跃化学能，形成ATP和NADPH，并放出O_2的过程。

1. 原初反应

原初反应是指叶绿素分子从被光激发至引起第一个光化学反应为止的过程，包括光能的吸收、传递与转换，即光能被捕光色素分子吸收，并传递至反应中心，在反应中心发生最初的光化学反应，使电荷分离从而将光能转换为电能的过程。

1）光合色素

叶绿体化学成分的显著特点是含有**色素**（pigment）。色素是一类脂质化合物，是吸收光能的重要物质。在绿色植物中，吸收光能的主要色素分子是叶绿素（chlorophyll，Chl），包括叶绿素a（Chla）和叶绿素b（Chlb）；另一类色素分子是类胡萝卜素（carotenoid），包括胡萝卜素（carotene）和叶黄素（xanthophyll）。细菌和藻类中还有藻胆素（phycobilin）等。

（1）叶绿素。叶绿素是一类绿色的色素，也是光合作用的主要色素。高等植物中包含有Chla和Chlb两种。Chla是所有绿色植物的成分，可以吸收光能。其中，一对特殊的Chla能进行光化学反应，称为反应中心Chla；Chlb的主要功能是吸收和传递光能，不能进行光化学反应。叶绿素分子由卟啉环和叶绿醇两部分组成，前者具有吸光性和亲水性，后者具有疏水性并插入类囊体膜与脂质结合，起到定位作用。

（2）类胡萝卜素。类胡萝卜素是类囊体膜上的辅助色素分子，包括橙红色的胡萝卜素和橙黄色的胡萝卜醇。胡萝卜醇也称为叶黄素。类胡萝卜素可以辅助叶绿体吸收叶绿素不能吸收的光，提高光合效率。同时，还可以从激发的叶绿素上回收多余热量，以热能形式释放，避免多余热量转移至O_2而产生分子或细胞损伤。故而类胡萝卜素在光损伤防护方面具有重要意义。

（3）藻胆素。藻胆素能够吸收叶绿素不能吸收的光能，所吸收的光能可以转移给Chl，与叶绿素分子吸收的光能一起进入光反应途径。

2）光合作用单位与反应中心

光合作用单位（photosynthetic unit）是进行光合作用的最小结构单位，由捕光色素及反应中心构成。**捕光色素**（light harvesting pigment）只具有吸收聚集光和传递激发能给反应中心的作用，并无化学活性，故又称为天线色素（antenna pigment），由全部的Chlb、大部分的Chla、胡萝卜素及叶黄素等组成；反应中心的基本成分是蛋白质和脂质，由一个中心色素分子Ch1、一个原初电子供体D及一个原初电子受体A组成。中心色素分子即反应中心色素（reaction centre pigment）由一对特殊的Chla分子组成，按最大吸收峰的不同分为两类：吸收峰为700者称为P700，吸收峰为680者称为P680。这类色素既是光能的捕捉器，又是光能的转换器，在直接吸收光子或从其他色素分子传递来的激发后能被激发，产生电荷分离和能量转换，将光能转换为化学能。

类囊体膜上存在有两个不同的光系统：光系统Ⅰ（PSⅠ）和光系统Ⅱ（PSⅡ），作为光合作用中光吸收的功能单位。其中，PSⅠ的中心色素是P700，PSⅡ的中心色素是P680。这两个光系统具有互补的功能。

3）光能的吸收、传递与转换

光能的吸收和光能的传递是由光系统完成的，最终反应中心色素分子吸收光能并引发氧化还原反应，即发生光化学反应。光能被天线色素分子吸收并通过共振机制迅速地传递到反应中心色素分子（Chl），Chl被激发而形成激发态（Chl^*），同时释放电子给原初电子受体A，这时，Chl被氧化而带有正电荷（Chl^+），而原初电子受体A被还原而带有负电荷A^-，因而反应中心发生了电荷分离。氧化态的Chl^+可以从原初电子供体（D）获得电子而恢复为原初状态的Chl，原初电子供体D则被氧化为D^+。这样，电荷分离不断发生，电子不断传递给原初电子受体A，原初电子受体A被还原而原初电子供体D被氧化，通过氧化还原反应，光能最终转换为电能（图5-12）。

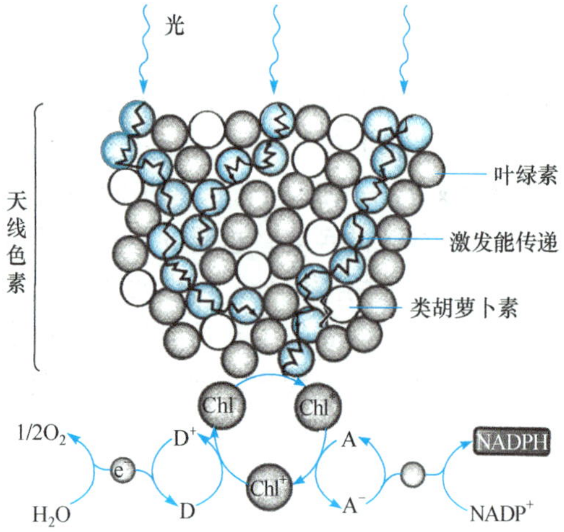

图5-12　光能的吸收、传递和转化（参照翟中和等，2011）

Chl为反应中心色素分子，D为原初电子供体，A为原初电子受体

2. 电子传递

原初反应中，光能被转化为电能，之后电子在电子传递体之间传递，发生光合磷酸化，将电能转变为活跃的化学能，形成ATP和NADPH。这一过程中，最初的电子供体是H_2O，最终的电子受体是$NADP^+$。

光合电子传递链也由一系列电子载体构成，与线粒体呼吸链中的电子载体作用相似。但不同的是，线粒体呼吸链中的载体位于线粒体的内膜，是将NADH和$FADH_2$的电子传递给O_2，释放能量用于ATP的合成；叶绿体光合作用的电子传递链则位于叶绿体的类囊体膜上，将来自H_2O的电子传递给$NADP^+$。

光合作用电子传递链中的电子载体与线粒体相似，有细胞色素、铁氧还蛋白、黄素蛋白、醌等。具体而言，参与光合作用电子传递的有细胞色素Cyt b_6和Cyt f、铁氧还蛋白（ferredoxin，Fd）、黄素蛋白$NADP^+$还原酶、质体醌（PQ）、质体蓝素及$NADP^+$，它们分别组装在膜蛋白复合物，如PSⅡ、PSI、Cyt b_6f 中。

1）PSⅡ

PSⅡ由反应中心色素复合体（RC-Ⅱ）和捕光色素蛋白复合体组成，后者又包括PSⅡ外周捕光色素蛋白复合体（LHC Ⅱ）与PSⅡ内周捕光色素蛋白复合体。反应中心色素复合体是由一些与Chla相关的多肽及一些与脂相关的蛋白质构成的叶绿素-蛋白复合物，这些多肽大多数由叶绿体自身基因组编码。LHC Ⅱ是由蛋白质、叶绿素、类胡萝卜素和脂质分子构成的复合体，在类囊体膜中，主要以三聚体形式存在。LHC Ⅱ能够进行光能的吸收和传递；参与维持类囊体膜的结构，尤其是维持基粒的垛叠；LHC Ⅱ的蛋白磷酸化，可以使吸收的激发能向PSⅠ分配，通过LHC Ⅱ的蛋白去磷酸化，又可使吸收的激发能向PSⅡ分配，从而可以调节光能在两个光系统之间的分配，以达到一个适宜的光合效率。此外，LHC Ⅱ还在调节光能捕获或消耗多余能量的光保护过程中具有重要作用。

LHC Ⅱ中的天线色素吸收光能并传递给反应中心，反应中心的色素P680被激发产生一个高能电子，并将电子传递给原初电子受体脱镁叶绿素Pheo，这一过程产生了带有正电荷的$P680^+$和带有负电荷的原初电子受体$Pheo^-$。$P680^+$作为氧化剂，接受电子，引发H_2O的光解，引起H_2O氧化释放的电子向PS Ⅱ传递，而$Pheo^-$作为还原剂，丢失一个电子，引发电子向质体醌的传递（图5-13）。

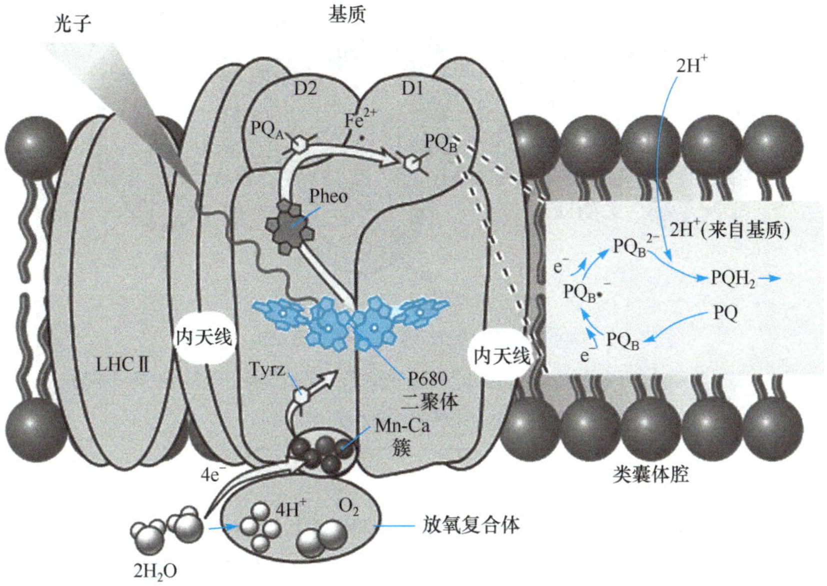

图5-13 PS Ⅱ的结构示意图（参照Karp，2008）

LHC Ⅱ中的天线色素吸收光能并传递给反应中心色素P680，P680被激发产生 1 个高能电子，该电子经过原初电子受体脱镁叶绿素（Pheo）传递给反应中心蛋白D2结合的质体醌PQ_A，继而传递给反应中心蛋白D1结合的质体醌PQ_B，PQ_B接收2个电子并从基质中摄取2个H^+被还原为PQ_BH_2，并与D1分离释放到脂双层中。上述过程中，来自H_2O的电子经过含酪氨酸残基的蛋白质Tyrz传递给反应中心P680。PS Ⅱ催化电子从H_2O传递给质体醌，质体醌从基质摄取H^+，建立了质子梯度

H_2O的光解是由含锰的放氧复合体介导的，该复合体含有4个锰离子，通过锰簇推动H_2O的裂解。每个锰离子可以传递一个电子给$P680^+$，4个锰离子传递4个电子。所传递的电子需要经过反应中心的一种含有酪氨酸残基的蛋白质Tyrz才能传递给$P680^+$，使$P680^+$还原为P680。接着再接受一个光子，P680又被氧化为$P680^+$，如此反复，直到4个锰离子都释放电子，放氧复合体才能从2分子H_2O中转移4个电子，形成1分子O_2。

H_2O光解释放的电子传递给P680后，继续传递给Pheo，然后传递到反应中心蛋白D2紧密结合的质体醌PQ_A上，再传递给反应中心蛋白D1非紧密结合的质体醌PQ_B上，质体醌接收2个电子并从基质中获取2个质子后被还原，此后其与D1分离。

2）Cyt b_6f复合体

在电子传递过程中，Cytb_6f复合体起着联系PS Ⅱ和PS Ⅰ两个光系统的重要作用。Cyt b_6f复合体是一种多亚基的膜蛋白，含有一个Cyt b_6、一个Fe-S和一个Cyt f，主要催化PQ_BH_2的氧化和PC的还原，并把质子从基质中跨膜转运到类囊体腔中。该复合物同线粒体中的Cyt bc_1具有相似的结构和功能。PS Ⅱ中电子传递产生的PQ_BH_2脱离了蛋白D1之后，将2个电子中的一

个电子传递给Cyt b_6f复合体中的Fe-S，再经过Cyt f传递给PC；另一个电子被传递给低电位的Cyt b_6，同时释放2个H^+到类囊体腔中。电子从低电位的Cyt b_6传递给高电位的Cyt b_6，继而传至PQ，经过两次电子循环，又从基质摄取2个H^+。这样形成一个Q循环，每传递1对电子，有4个H^+从基质转移到类囊体腔中。随着电子从PSⅡ转移到PSⅠ，跨膜质子梯度形成。被还原的质体蓝素将电子传递给PSⅠ中氧化态的反应中心色素P700（图5-14）。

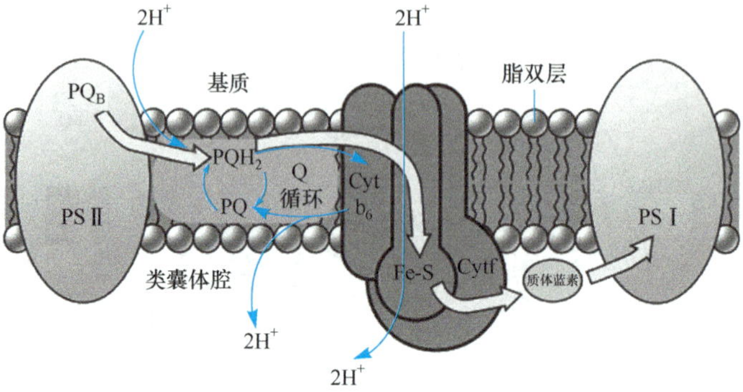

图5-14　类囊体膜上的H^+转移（参照Karp，2008）

Cyt b_6f复合体参与Q循环，Q循环每对电子通过复合体转移4个H^+。PQH_2及质体蓝素是可以移动的电子载体，可以在相距较远的两个光系统间传递电子

3）PSⅠ

PSⅠ由核心复合物和捕光色素蛋白复合体（LHC Ⅰ）组成。其核心复合物包括大约15个蛋白质，部分受核基因编码，部分由叶绿体基因编码。目前已知LHC Ⅰ由Lhca 1、Lhca 2、Lhca 3、Lhca 4 4种多肽组成，均由核基因编码。高等植物LHC Ⅰ存在多种状态的Chla及22个类胡萝卜素分子。主要功能是利用吸收的光能或传递来的激发能在类囊体基质侧将$NADP^+$还原为NADPH。

LHC Ⅰ中的天线色素分子吸收光能并传递给反应中心色素分子P700，P700被激发而释放出一个电子。释放的电子经过一系列与蛋白质结合的电子载体，包括A_0、A_1、Fe-S等传递给铁氧还蛋白。A_0是一种Chla、A_1是一种醌，Fe-S是铁硫中心。在电子传递过程中，P700释放的电子传递给了铁氧还蛋白而形成氧化态，氧化态的$P700^+$通过质体蓝素从Cytb_6f复合体中接受电子而还原（图5-15）。在Fe-$NADP^+$还原酶作用下，电子从铁氧还蛋白传递给氧化型辅酶$NADP^+$，形成还原型辅酶NADPH，至此，电子从H_2O传递到$NADP^+$。

根据电子传递到铁氧还蛋白后的去向，可以将光合作用的电子传递分为三种类型。

非循环式电子传递（noncyclic electron transport），即来源于H_2O的电子经过PSⅡ、质体醌、Cyt b_6f、质体蓝素、PSⅠ、铁氧还蛋白，最终传递给$NADP^+$，并将$NADP^+$还原为NADPH。这一传递路径呈“Z”形（图5-16）。此过程中，电子传递经过两个光系统，在电子传递过程中建立质子梯度，驱动ATP的形成。

循环式电子传递（cyclic electron transport），通常是指光能驱动的电子从PSⅠ开始，经过A_0、A_1、Fe-S、铁氧还蛋白后，传递给Cytb_6f，再经过质体蓝素等传递体返回到PSⅠ，从而构成了闭合的回路，称为循环式电子传递。循环式电子传递由PSⅠ单独完成，此过程中，存在质子的跨膜运输，但不发生H_2O的氧化，也不形成NADPH，仅有ATP的产生（图5-16）。当植物缺乏$NADP^+$时，循环式电子传递启动，以调节ATP与NADPH的比例，从而适应碳同化反应对ATP与NADPH的3∶2的比例需求。

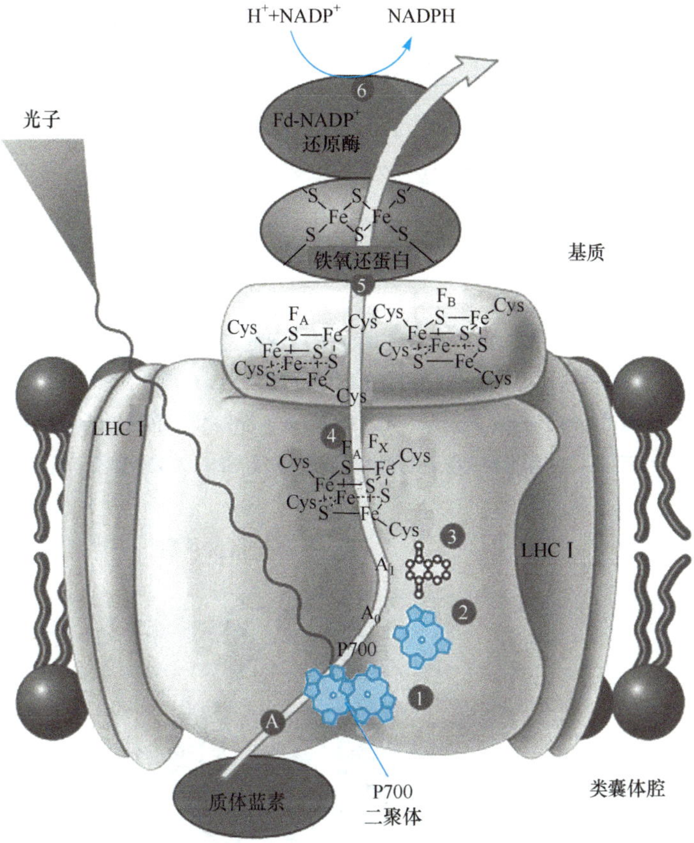

图5-15 PS Ⅰ的结构示意图（参照Karp，2008）

天线色素分子吸收光，并将能量转移到反应中心的P700，P700吸收能量后被激发出一个电子，转移给原初电子受体A_0，电子经过A_1，传递给铁硫中心Fe-S，然后继续传递到铁氧还蛋白，继而将$NADP^+$还原为NADPH。反应中心的色素P700因被激发出电子而成为$P700^+$，$P700^+$被质体蓝素提供的电子还原

假循环式电子传递（pseudocyclic electron transport）是指H_2O中的电子经PS Ⅱ与PS Ⅰ传给铁氧还蛋白，然后再传给O_2的电子传递途径。在有O_2而没有$NADP^+$的叶绿体系统中，光照时还原态的铁氧还蛋白可以把电子传递给O_2，使O_2生成超氧阴离子自由基。这一过程也是由两个光系统推动的，但是由于既释放O_2，又消耗O_2，因此，整个系统收支平衡，检测不到O_2。该过程也没有NADPH的形成，但依然具有H^+的跨膜运输。

3. 光合磷酸化

光合磷酸化是指由光照引起的电子传递与磷酸化作用相偶联而生成ATP的过程。

叶绿体中合成ATP的酶与线粒体中的ATP合酶在结构上十分相似，而且作用机制也几乎一样，被称为CF_0-CF_1ATP合酶，其中C是chloroplast的首字母。CF_0-CF_1ATP合酶位于类囊体膜外表面朝向基质的一侧，由CF_0和CF_1两部分组成。CF_1与线粒体ATP合酶的F_1亚基具有相似的组成、结构与功能，都是由α、β、γ、δ、ε 5种亚基组成。CF_0与线粒体ATP合酶的F_0亚基一样，也是一个跨膜质子通道，由亚基Ⅰ、亚基Ⅱ与亚基Ⅲ组成（图5-17）。

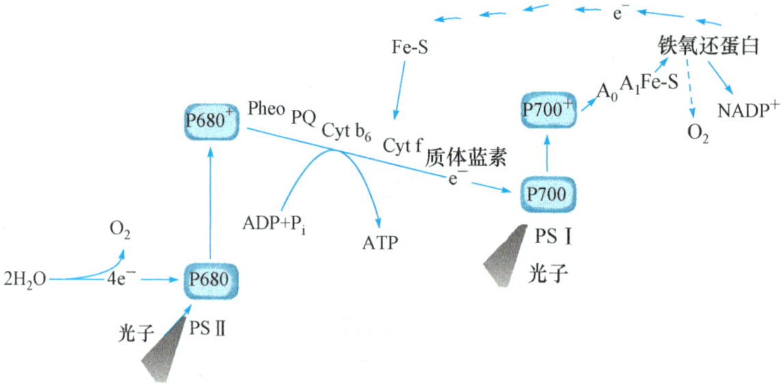

图5-16　光合作用电子传递的三种类型

非循环式电子传递中，电子按照线性方式从H_2O，依次经过PSⅡ、质体醌、Cyt b_6f、质体蓝素、PSⅠ、铁氧还蛋白，最终传递给$NADP^+$；循环式电子传递中，电子从PSⅠ开始，经过A0、A1、Fe-S、铁氧还蛋白后，传递给Cyt b_6f，再经过质体蓝素等传递体返回到PSⅠ；假循环式电子传递中，电子经PSⅡ与PSⅠ最终传递给了O_2

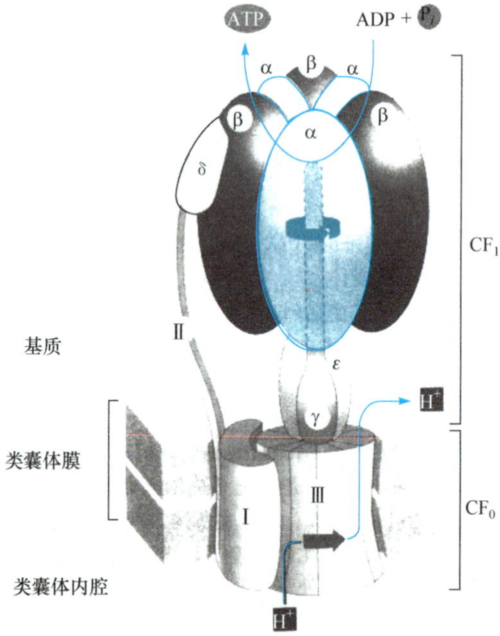

图5-17　叶绿体CF_0-CF_1ATP合酶结构示意图

CF_0-CF_1ATP合酶的作用机制与线粒体ATP合酶基本相同。在质子驱动力的作用下，ADP和P_i在酶表面缩合成ATP，ATP从酶表面的释放也需要质子驱动力。CF_0-CF_1ATP合酶也通过旋转催化的方式使CF_1的三个β亚基依次经历三种不同构象，参与ADP和P_i的结合、ATP的合成及释放过程。

叶绿体光合磷酸化的机制与线粒体氧化磷酸化的机制十分相似，也可以用化学渗透假说进行解释。光合作用通过电子传递，类囊体腔中的H^+浓度升高，在类囊体膜的两侧形成了质子梯度。当类囊体腔内的H^+顺着质子梯度穿越位于类囊体膜上的CF_0-CF_1ATP合酶时，驱动ADP与P_i合成ATP，并将ATP释放入基质中。此外，通过PSⅠ形成的NADPH也释放入基质，随后在叶绿体基质中完成碳同化反应。

由上所述，光合磷酸化和氧化磷酸化中ATP的形成都是由H^+流动所推动的，叶绿体的CF_1与线粒体的F_1都具有催化ADP和P_i形成ATP的作用，在光合磷酸化和氧化磷酸化中都需要完整的膜。但是光合磷酸化和氧化磷酸化又有所不同，线粒体中的氧化磷酸化是将O_2还原为H_2O，叶绿体中的光合磷酸化则将H_2O光解放出O_2。前者释放能量，后者吸收能量。

（二）暗反应

二氧化碳同化（CO_2 assimilation）是光合作用过程中的一个重要方面。碳同化是利用光反应产生的ATP和NADPH的化学能将CO_2还原形成碳水化合物，将活跃化学能变为稳定化学能的过程。这一过程在叶绿体基质中进行，不直接需要光，也称为暗反应。高等植物中，碳同化具有三条途径，即**卡尔文循环**（Calvin cycle）、**C_4途径**和**景天酸代谢途径**（crassulacean acid metabolism，CAM）。

1. 卡尔文循环

卡尔文循环固定CO_2的最初产物是一种三碳化合物（甘油酸-3-磷酸），故又称为C_3途径。该途径是由卡尔文等于20世纪50年代，利用$^{14}CO_2$示踪的方法发现的，故得名卡尔文循环。由于卡尔文在该途径上所作的巨大贡献，1961年被授予了诺贝尔化学奖。C_3途径是所有植物进行光合碳同化所共有的基本途径，只有该途径具备合成淀粉的能力。卡尔文循环包括羧化阶段、还原阶段和RuBP（ribulose-1，5-biphosphate）再生阶段。

1）羧化阶段

羧化阶段，CO_2被NADPH还原固定，羧化为羧酸；该过程在核酮糖-1，5-二磷酸羧化酶/加氧酶（RuBP羧化酶/加氧酶）催化下，由1分子CO_2与1分子RuBP形成不稳定的六碳化合物，该化合物随即分解为2分子的甘油酸-3-磷酸。

2）还原阶段

还原阶段，甘油酸-3-磷酸在甘油酸-3-磷酸激酶催化下被ATP磷酸化，形成甘油酸-1，3-二磷酸，之后在甘油醛-3-磷酸脱氢酶催化下被NADPH还原形成甘油醛-3-磷酸。该过程利用了光反应产生的ATP和NADPH的能量，将固碳反应与光反应联系起来。一旦CO_2被还原成为甘油醛-3-磷酸，光合作用便完成了储能过程。甘油醛-3-磷酸可以在叶绿体中进一步转化合成淀粉，也可以运送出叶绿体，于细胞质中合成蔗糖。

3）RuBP再生阶段

还原阶段生成的甘油醛-3-磷酸通过异构化，可以形成二羟丙酮酸。这两种三碳糖在一系列酶催化下，可以形成磷酸化的丁糖、戊糖、庚糖等。最后由核酮糖-5-磷酸激酶催化，消耗1分子ATP而形成RuBP。

C_3途径中，利用光反应生成的ATP和NADPH的能量，使CO_2被固定和还原。卡尔文循环每次只能固定1分子CO_2，消耗3分子ATP和2分子NADPH。需要经过6次循环，才能把6个CO_2分子同化为1个己糖分子。

2. C_4途径

1966年，澳大利亚学者Hatch和Slack提出了CO_2同化的C_4途径，该途径是一些热带或亚热带植物中存在的独特的固定CO_2的途径。这些植物固定CO_2的最初产物是四碳化合物——草酰乙酸，故也被称为四碳植物（C_4植物）。常见的C_4植物，如甘蔗、玉米、高粱、谷子等，其主要特点是，在叶脉周围有一圈含叶绿体的维管束鞘细胞，其外面又环列着叶肉细胞。维管束鞘细胞和叶肉细胞都含有叶绿体，但是前者细胞中的叶绿体大，基粒垛叠少。

C_4途径可以分为底物羧化与还原阶段、中间产物四碳酸的转移与脱羧阶段，以及CO_2受体磷酸烯醇式丙酮酸（PEP）的再生阶段三个过程。底物羧化与还原阶段，CO_2在叶肉细胞中首先在磷酸烯醇式丙酮酸羧化酶（PEP羧化酶）的作用下，与PEP反应生成草酰乙酸，草酰乙酸由于不稳定而迅速被分解为苹果酸；苹果酸通过胞间连丝迅速地转移到维管束鞘细胞，在维管束鞘细胞中，苹果酸脱羧形成丙酮酸，同时释放出CO_2，在维管束鞘细胞中进入卡尔文循环；苹果酸脱酸形成的丙酮酸返回叶肉细胞叶绿体中，被催化形成PEP，重新作为CO_2受体完成C_4途径循环。

由于PEP羧化酶具有很高的CO_2亲和力，能够固定低浓度的CO_2，因此，叶肉细胞通过高效固定CO_2并向维管束鞘细胞转运苹果酸的方式，维持维管束鞘细胞中较高的CO_2浓度，保证了光合作用的进行。这也是C_4植物可以在热带或亚热带高温环境中生存的一个原因。

3. 景天酸代谢途径

景天酸代谢途径主要存在于干旱地区生长的景天科及其他一些肉质植物中。这些植物白天气孔关闭，晚上开放，以适应干旱环境，最大限度减少水的蒸腾。CO_2只能在夜间进入这类植物的叶片，在叶肉细胞中PEP羧化酶催化下，与PEP结合，生成草酰乙酸，进一步还原成苹果酸，并储存于液泡。白天细胞中苹果酸进入叶绿体，经氧化脱羧释放出CO_2，参与卡尔文循环，最终形成淀粉等。景天酸代谢途径与C_4途径一样，都通过PEP羧化酶固定CO_2；不同的是，其底物羧化还原和卡尔文循环都在叶肉细胞中进行，不需要在两种细胞之间进行转移。

第三节　线粒体与叶绿体的半自主性

线粒体与叶绿体自身含有遗传表达系统，但其自身编码的遗传信息十分有限，它们的功能主要受细胞核基因组的调控。因此，线粒体和叶绿体的生长和增殖受核基因组与自身基因组两套遗传系统的控制，称为**半自主性细胞器**（semiautonomous organelle）。

一、线粒体与叶绿体的DNA

DNA分子作为重要的遗传物质，过去一直被认为仅在细胞核中存在。1962年Ris和Plant在衣藻叶绿体中发现了DNA样物质，1963年Mass和Nass在鸡胚肝细胞线粒体中也发现了一种经过DNA酶处理后消失的纤维物质，提示线粒体和叶绿体中都存在有遗传物质DNA。此后，人们陆续从许多生物的线粒体和叶绿体中分离到了DNA。

绝大多数的真核细胞mtDNA是裸露的共价闭合双链环状分子，分子结构与细菌的DNA相似。不同的物种间，mtDNA大小有一定的差异。动物细胞中mtDNA大约为16.5kb；酵母细胞mtDNA较大，约为78kb；高等植物拟南芥细胞中mtDNA约为366kb，甜瓜细胞中mtDNA为2500kb。动物细胞中，每个线粒体携带1个以上拷贝的mtDNA，除了精细胞之外，平均每个细胞携带的mtDNA拷贝数为1000~10 000个。植物细胞中mtDNA的拷贝数较低。

叶绿体DNA（chloroplast DNA，ctDNA）又称为质体DNA（ptDNA），也呈双链环状。ctDNA的大小也随物种不同而呈现较大的差异，一般为200~2500kb。ctDNA数目的多少与植物的发育阶段相关，幼嫩叶片的叶绿体中含有较多的ctDNA，而成熟叶片的叶绿体中ctDNA

数量明显下降。

mtDNA和ctDNA均能以半保留方式进行自我复制，mtDNA的复制主要发生在细胞周期的S期及G_2期，ctDNA的复制则主要发生在G_1期，mtDNA和ctDNA的复制均受细胞核控制。催化DNA复制的DNA聚合酶、解旋酶等均由核基因组编码，但是在线粒体与叶绿体中发挥作用。

二、线粒体与叶绿体的蛋白质合成

线粒体与叶绿体除了具有DNA外，还具有自身的蛋白质合成系统，如tRNA、核糖体、氨基酸活化酶等。两者均可以合成蛋白质，但是合成蛋白质的能力有限。

线粒体有1000多种蛋白质，其中，线粒体自身合成的仅有10余种，占线粒体全部蛋白质的10%。研究发现，哺乳动物线粒体基因组编码12S和16S两种rRNA、22种tRNA及13种多肽，包括NADH-CoQ还原酶的7个亚基、Cyt c氧化酶的3个亚基、ATP合酶F_0的2个亚基、CoQ-Cyt c还原酶中的Cyt b亚基等，这些产物对于线粒体的正常结构与功能不可或缺。

与线粒体一样，叶绿体基因组也只能转录和翻译成种类有限的功能分子，ctDNA编码叶绿体核糖体中20S、16S、4.5S及5S 4种rRNA，在烟草中编码20种tRNA、地钱中编码31种tRNA。此外，ctDNA还可编码100余种多肽，这些多肽包括PSⅠ和PSⅡ的亚基、ATP合酶的亚基、RuBP羧化酶的大亚基等。

线粒体与叶绿体基因组编码的蛋白质在线粒体与叶绿体的生命活动中起着重要作用，但这些蛋白质远不能满足线粒体与叶绿体的基本功能所需。大部分蛋白质来源于核基因组的编码，在细胞质基质中合成后转运到线粒体和叶绿体中。

三、线粒体与叶绿体蛋白质的转运

如前所述，线粒体与叶绿体中的大部分蛋白质由核基因组编码，在细胞质核糖体上合成，然后运送到线粒体和叶绿体中发挥作用。

大部分线粒体蛋白质在细胞质核糖体上合成时，其N端都有一段肽段，称为**导肽**（leader sequence）。导肽有20~80个氨基酸，含有丰富的带正电荷的碱性氨基酸，如精氨酸；几乎不含带负电荷的酸性氨基酸；可以形成既具有亲水性又具有疏水性的α螺旋结构，有利于其穿越线粒体的双层膜。含有导肽的线粒体蛋白质在跨膜运送过程中需要一种称为“分子伴侣”的分子参与，分子伴侣大多属于热休克蛋白。含有导肽的蛋白质向线粒体转运的过程是一个耗能的过程，首先要被线粒体表面的受体识别；蛋白质转运前解折叠成为松散的肽链，分子伴侣具有解折叠酶的功能，能够识别蛋白质解折叠之后暴露出的疏水面并与之结合，利于蛋白质的跨膜转运；肽链通过线粒体膜进入基质之后，导肽被酶切除；分子伴侣帮助蛋白质重新折叠及装配。细胞质基质中合成的线粒体蛋白，除了N端的导肽之外，很多还含有膜间隙靶向序列或内膜靶向序列，从而精确地将蛋白质运送到线粒体中的相应位置。

叶绿体蛋白质的运送及装配与线粒体有许多相似之处。细胞质中合成的叶绿体蛋白，在N端也含有一个氨基酸序列，称为**转运肽**（transit sequence），能引导其穿过叶绿体膜进入基质，在基质中由特异的蛋白酶加工切去转运肽成为成熟的蛋白质。除了转运肽，细胞质基质中合成的叶绿体蛋白质很多也具有多个靶向序列，能够将叶绿体蛋白质准确运送到叶绿体基质、类囊体膜或类囊体腔等部位。

运送到线粒体和叶绿体的细胞核基因组编码的蛋白质，与线粒体或叶绿体自身合成的蛋白质共同组成复合物，协同发挥功能。

四、线粒体及叶绿体基因组与核基因组的相互关系

在线粒体和叶绿体DNA的复制与表达过程中，所需要的多种蛋白质均由核基因组编码，因此线粒体和叶绿体基因组的表达对核基因组具有较大的依赖性。另外，线粒体和叶绿体基因组的表达也对核基因组相关蛋白质的表达产生一定的影响。细胞核基因组与线粒体基因组和叶绿体基因组之间形成了相互依赖、相互制约的关系，这一关系的有序性保证了线粒体、叶绿体及真核细胞正常的生命活动。当细胞核、线粒体或叶绿体基因单方面发生突变时，会引发细胞中异常的分子协作机制。

第四节 线粒体与叶绿体的起源

线粒体与叶绿体都是半自主性的细胞器，它们与细胞核之间具有复杂而协调的关系，因此，它们的起源一直以来也被认为有别于其他细胞器。关于线粒体与叶绿体的起源，**内共生起源学说**（endosymbiosis theory）由于具有较完整的证据，而且很好地贴合了线粒体与叶绿体的半自主性特征和核-质关系特征，得到了广泛的认可。

一、内共生起源学说

内共生起源学说认为，线粒体和叶绿体分别起源于原始真核细胞内共生的能够进行有氧呼吸的细菌和能够进行光合作用的蓝藻。早在1905年，Mereschkowsky就指出叶绿体起源于内共生的蓝藻；1918年和1922年，Porteir和Wallin均明确提出线粒体来自细胞内共生的细菌。

1970年，美国生物学家Margulis在已有资料的基础上提出了更为细致的设想，认为真核细胞的祖先是一种体积巨大的、不需要氧的、具有吞噬能力的细胞，能将吞噬所得的糖类进行酵解而取得能量。线粒体的祖先是一种革兰氏阴性菌，含有进行三羧酸循环所需的酶系和电子传递链，它可以利用氧气把糖酵解的产物丙酮酸进一步分解，获得比酵解更多的能量。当这种细菌被原始真核细胞吞噬后，即与宿主细胞间形成互利的共生关系，原始真核细胞利用这种细菌获得更为充分的能量，而这种细菌则从宿主细胞中获得更适宜的生存环境。

叶绿体的祖先是原核生物蓝细菌（cyanobacteria），即蓝藻。当它被原始真核细胞摄入细胞之后，为宿主细胞完成光合作用，而宿主细胞则为其提供生存的条件。经过漫长的进化过程，这些内共生的细菌和蓝藻逐渐失去了原有的一些特征，分别演化为现在细胞内的线粒体和叶绿体。

二、 内共生起源学说的证据

线粒体与叶绿体的内共生学说先后得到了大量生物学研究证据的支持。尤其随着现代分子生物学及生物信息学的发展，发现真核细胞细胞核中存在有大量原本属于呼吸细菌或蓝藻的遗传信息，说明最初的呼吸细菌和蓝藻的大部分基因组在共生过程中发生了向细胞核的转移，从而使线粒体和叶绿体与细胞核之间建立了稳定协调的细胞核-细胞质互作关系。

有关内共生起源学说主要获得了如下论据的支持。

（一）基因组与细菌基因组具有相似性

线粒体和叶绿体的基因组具有典型的细菌基因组的特征。它们都由单条环状双链DNA分子构成，不含5-甲基胞嘧啶，没有与组蛋白结合，能够进行独立的复制和转录。线粒体与叶绿体的基因组具有与原核生物相似的碱基比例、核苷酸序列及基因结构特征。两者均具有自身的DNA聚合酶和RNA聚合酶，可以独立复制和转录自身的DNA。两者的mRNA、rRNA的沉降系数也与细菌相似。

（二）具有完整的蛋白质合成系统

线粒体和叶绿体具有自己完整的蛋白质合成系统，能独立合成蛋白质。两者的蛋白质合成机制类似于细菌，而不同于真核生物。

（1）线粒体蛋白质和叶绿体蛋白质的合成从*N*-甲酰甲硫氨酸开始，与细菌相似；而真核细胞中蛋白质的合成则是从甲硫氨酸开始的。

（2）线粒体和叶绿体的核糖体小于真核细胞生物的80S核糖体。例如，动物细胞线粒体的核糖体是50S~60S，叶绿体的核糖体为70S；与原核生物一样，两者的核糖体中只有5S rRNA，而很多真核细胞的核糖体中存在5.8S rRNA。

（3）线粒体核糖体与线粒体mRNA形成多核糖体；叶绿体核糖体的小亚基可以与大肠杆菌的核糖体大亚基组合成有功能的杂合核糖体。

（4）线粒体中的蛋白质合成因子具有原核生物核糖体识别特异性，其功能可以部分地被细菌的蛋白质合成因子取代，但是线粒体的蛋白质合成因子不能识别细胞质核糖体。

（5）叶绿体tRNA和氨酰-tRNA合成酶通常可以与细菌相应的酶交叉识别，而不与细胞质中相应的酶形成交叉识别。

（6）线粒体RNA聚合酶可以被原核细胞RNA聚合酶抑制剂抑制，但不能被真核细胞RNA聚合酶的抑制剂抑制；线粒体核糖体和叶绿体核糖体上的蛋白质合成不受真核生物核糖体的蛋白质合成抑制剂的影响。

（三）具有与细菌相似的分裂方式

线粒体和叶绿体都以缢裂的方式分裂增殖，与细菌的增殖方式相似。

（四）具有与细菌相似的膜特征

线粒体和叶绿体的外膜与内膜具有明显的结构和成分差异。外膜与真核细胞的内膜系统性质相似，可与内质网和高尔基体膜融合沟通。内膜与细菌质膜相似，内膜内折形成了细菌的间体、线粒体的嵴和叶绿体的类囊体。在化学成分上，线粒体和叶绿体内膜的蛋白质与脂质的比值远大于外膜，接近于细菌质膜的成分。说明线粒体和叶绿体的外膜来源于它们的宿主细胞，而内膜来源于它们最初共生体（呼吸细菌和蓝藻）的质膜。

除了上述证据支持外，内共生起源学说还有一些其他的论据。例如，线粒体和叶绿体的大小与细菌相当；线粒体具有与真核宿主细胞不同的遗传密码，而这些遗传密码与细菌和古菌中的类似；自然界中存在有介于胞内共生蓝藻与叶绿体之间的结构——蓝小体，表现出基因片段转移等内共生形成叶绿体的特征，在很多方面可作为原始蓝藻向叶绿体演化的佐证。

随着越来越多研究证据的支持，真核细胞线粒体和叶绿体的内共生起源学说得到了广泛的认可，使得另一种学说——非内共生起源学说（non-endosymbiosis theory）逐渐淡出了人们的视野。该学说认为真核细胞的前身是一个进化上比较高等的好氧细菌，它比典型的原核细胞大，通过细菌细胞质膜的内陷、扩张与分化，逐渐形成了线粒体、叶绿体及其他细胞器，继而演化为了真核细胞。

本章提要

线粒体和叶绿体是真核细胞内两种重要的能量转换细胞器，线粒体广泛存在于真核细胞中，叶绿体仅存在于植物细胞中。叶绿体通过光合作用把光能转换为化学能，并储存于糖类、脂质和蛋白质等大分子有机物中。线粒体则高效地将储存在生物大分子中的化学能转换为细胞生命活动可直接利用的ATP。

线粒体和叶绿体的形状、大小、数目和分布常因细胞种类、生理功能及生理状况不同而不同。线粒体和叶绿体都是细胞内高度动态变化的细胞器，根据细胞代谢的需要，线粒体可以在细胞内运动、变形和分裂增殖，以适应细胞整体生命活动的需要。叶绿体则能受到光的调控而改变其在细胞中的分布与位置，发生分裂、分化去分化，并可以在基粒类囊体与基质类囊体之间进行动态转换。

线粒体和叶绿体都是由双层单位膜构成的封闭结构，外膜均含有孔蛋白，通透性高；内膜通透性低，并且向内折叠形成线粒体中的嵴和叶绿体中的类囊体，两者构成多酶体系行使功能的结构框架，使氧化磷酸化和光合作用等复杂的化学反应有条不紊地顺利进行，在能量转换过程中起主要作用。线粒体膜和叶绿体膜的化学成分主要是蛋白质和脂质。蛋白质和脂质的比值，外膜低，内膜高。线粒体和叶绿体的基质中除了含有许多酶及无机离子外，还含有遗传系统，包括DNA、RNA、核糖体，以及转录、翻译遗传信息所必需的各种装置。

线粒体是细胞中氧化代谢的中心，是细胞内糖类、蛋白质、脂质等物质最终彻底氧化代谢的场所，主要功能是进行三羧酸循环和经氧化磷酸化合成ATP。从底物转移到NADPH和$FADH_2$的电子沿着呼吸链传递到O_2，电子在传递过程中释放的能量用于建立跨线粒体内膜的质子电化学梯度。H^+有规律地经ATP合酶跨膜回流时，催化产生ATP。叶绿体的主要功能是进行光合作用。光合作用分为光反应和暗反应两个过程。光反应在类囊体膜上进行，包括原初反应、电子传递和光合磷酸化三个主要过程，利用H_2O作为最初电子供体，$NADP^+$作为最终电子受体，形成产物ATP和NADPH。暗反应即碳同化的过程，在叶绿体基质中进行，该过程利用光反应产生的ATP和NADPH的化学能，使CO_2还原合成糖。

线粒体呼吸链和叶绿体光合电子传递链都是由一系列电子载体组成的，参与线粒体呼吸链的电子载体有黄素蛋白、Cyt、泛醌、Fe-S和铜原子。黄素蛋白和泛醌能够接受和提供电子及H^+，而Cyt、Fe-S和铜原子只能接受和提供电子。叶绿体光合电子传递链的电子载体主要有Cyt、铁氧还蛋白、$NADP^+$还原酶、质体醌、质体蓝素和$NADP^+$等。

呼吸链和光合电子传递链上的电子载体按照氧化还原电位从低到高的顺序排列，组成了电子传递复合物。呼吸链中有4个蛋白质复合物，其中，复合物Ⅰ、Ⅲ、Ⅳ组成NADH呼吸链，传递氧化NADH释放的电子；复合物Ⅱ、Ⅲ、Ⅳ组成$FADH_2$呼吸链，传递氧化$FADH_2$释放的电子，从NADH或$FADH_2$释放的电子经过呼吸链传递给O_2的过程中发生氧化磷酸化形成ATP。光合电子传递链上主要有三种复合物，即PSⅡ、PSI、Cyt b_6f复合体。光合作用的电子传递在PSⅡ和PSI之间进行，这两个光系统互相配合，利用所吸收的光能把1对电子从H_2O传递给$NADP^+$，并释放出O_2。按照电子传递的方式可将光合电子传递分为非循环、循环和假循环三种电子传递类型。高等植物暗反应分为卡尔文循环、C_4途径和景天酸代谢三条途径，其中卡尔文循环是暗反应碳同化最重要、最基本的途径，只有这条途径才具有合成葡萄糖等产物的能力。

催化ATP生成的酶称为ATP合酶，线粒体和叶绿体的ATP合酶均包括了F_1头部和F_0基部。F_1头部含有催化ATP合成的位点，F_0基部形成一个H^+通道，H^+由此从线粒体膜间隙或叶绿体类囊体腔转运到基质中。ATP生成的结合变构假说认为，H^+流通过ATP合酶的F_0时，引起$F_1\gamma$亚基的旋转，γ亚基的旋转引发$F_1\beta$亚基构象的改变，从而驱动ATP的生成。

化学渗透假说认为，电子在传递过程中所释放的能量转换成了跨膜的H^+浓度的势能，这种势能驱动氧化磷酸化反应和光合磷酸化反应合成ATP。

线粒体和叶绿体都是半自主性的细胞器，在基质中都具有环状DNA及自身转录RNA与翻译蛋白质的全套装置，但其自身合成蛋白质的种类十分有限，绝大多数蛋白质是由核DNA编码，在细胞质核糖体上合成后再转运到线粒体或叶绿体的特定部位。

线粒体和叶绿体的起源目前被广为接受的是内共生起源学说。该学说认为线粒体和叶绿体分别起源于原始真核细胞内共生的细菌和蓝藻，细菌和蓝藻与宿主细胞间形成互利的共生关系，在长期的进化过程中，分别演化为线粒体和叶绿体。

思考题

1. 如何理解半自主性细胞器的概念？
2. 细胞质合成的线粒体和叶绿体蛋白的转运机制如何？
3. 试比较线粒体氧化磷酸化与叶绿体光合磷酸化的异同。
4. 试述线粒体与叶绿体适应其功能的结构特点，两者在超微结构上有哪些异同点？
5. 氧化磷酸化偶联机制的化学渗透学说的主要论点及证据有哪些？
6. 线粒体与叶绿体的内共生起源学说有哪些证据？

补充资料：细胞器分离技术

细胞器的分离一般采用离心技术，不同的细胞器和细胞组分有不同的体积和密度，可以在不同离心力的作用下沉降分离。离心之前，需要采用低渗匀浆、研磨、超声破碎或酶解的方法破碎细胞，形成各种细胞器与细胞组分的混合匀浆，然后再通过离心分离的方法，将不同细胞器和细胞组分分开。常用的离心技术主要有差速离心和密度梯度离心。

差速离心是在密度均一的介质中由低速到高速逐级离心，主要用于分离不同大小的细胞和细胞器。一般先使用低速离心使较大的细胞器沉淀，再使用较高的转速，将上清液中较小的细胞器沉淀，从而使各种细胞器和细胞组分得以分离（图5-18）。例如，在叶绿体的分离过程中，以等渗溶液（0.35mol/L NaCl）研磨植物样品，等渗溶液可以防止叶绿体的损伤，从而获得混合匀浆。通过低速离心（1000r/min）沉淀细胞核，上清液经过较高速率（3000r/min）的离心而获得叶绿体。一般在差速离心过程中，细胞器沉降的顺序依次为细胞核、叶绿体、线粒体、溶酶体与过氧化物酶体、内质网与高尔基体，最后是核蛋白体。差速离心过程中，由于样品混合匀浆中各种大小和密度不同的细胞器和细胞组分均匀分布于整个离心体系，很难获得纯化的特定细胞器，需要经过反复离心和悬浮加以纯化。

密度梯度离心利用一定的惰性物质在离心管中形成连续或不连续的密度梯度，将待分离组分铺放于该惰性物质上方，通过离心使细胞器或细胞组分分离。常用的惰性物质有蔗糖、甘油、氯化铯等，其共同特点是具有高溶解性，不与待分离组分反应，而且不会引起待分离组分的凝聚、变性或失活。

密度梯度离心通常有速率沉降法和等密度沉降法两种。速率沉降法主要用于分离密度相近但大小不一的细胞器或细胞组分。将样品放置于密度梯度介质上，在一定离心力作用下，各种细胞器或细胞组分根据其大小以不同的速率沉降，从而在密度不同的区域上形成沉降带（图5-19）。等密度沉降法用于分离不同密度的细胞组分。样品在连续梯度的高密度介质中离心，细胞组分依据其密度的不同而在介质中移动，直到进入与其自身密度相同的介质梯度中，形成不同的密度区带而分离。

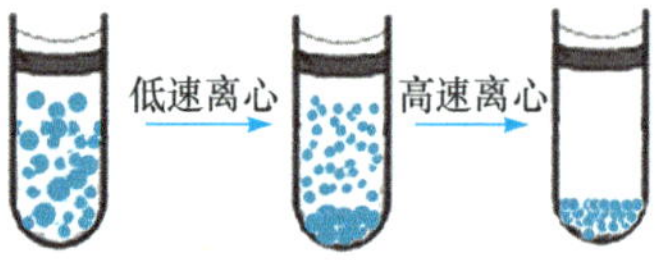

图5-18　差速离心示意图

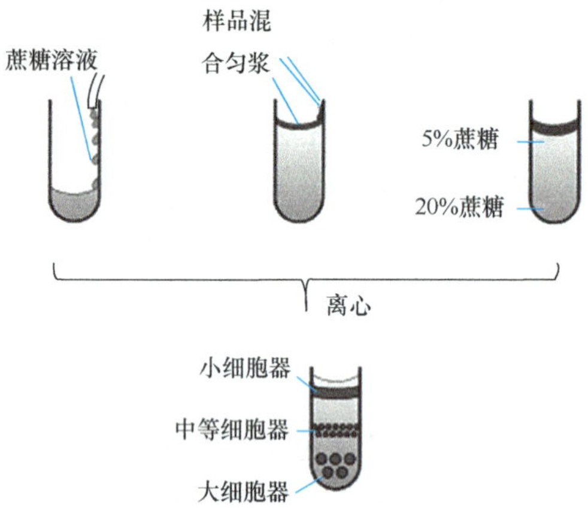

图5-19　速率沉降法密度梯度离心示意图

参考文献

翟中和，王喜忠，丁明孝. 2011. 细胞生物学. 北京：高等教育出版社.

Albert B，Johnson A，Lewis J，et al. 2008. Molecular Biology of the Cell. 5th ed. New York：Garland Science，965-1052.

Albert B，Johnson A，Lewis J，et al. 2014. Molecular Biology of the Cell. 6th ed. New York：Garland Science，889-962.

Karp G. 2008. Cell and Molecular Biology. 5th ed. New Jersey：Von Hoffman Press，328-388.

Lodish H，Berk A，Kaiser C A，et al. 2013. Molecular Cell Biology. 7th ed. New York：W. H. Freeman，773-872.

Oikawa K，Yamasato A，Kong S，et al. 2008. Chloroplast outer envelope protein CHUP1 is essential for chloroplast anchorage to the plasma membrane and chloroplast movement. Plant Physiology，148：829-842.

Smith A M，Couplant G，Dolam L，et al.2012. 植物生物学. 翟礼嘉，顾红雅，刘敬婧，等译. 北京：科学出版社.

6
第六章 细胞核与染色体

与缺少细胞器（organelle）的细菌、蓝藻、支原体和放线菌等原核生物的细胞[原核细胞（prokaryotic cell）]不同，真菌、植物和动物的细胞具有**核膜**（nuclear membrane，nuclear envelope）包围的**细胞核**（nucleus）和其他各种细胞器，这样的细胞称为真核细胞（eucaryote cell）。细胞核的形态随着细胞的周期阶段而有所变化。真核细胞的调节中心和最大的细胞器就是细胞核，其中几乎包含了细胞全部基因组的染色体（chromosome）。细胞核是遗传信息复制和转录的中心，核膜是细胞质和细胞核质的分界面。

一般来说，细胞核是圆形或椭圆形的，但也常见特殊形态。高等生物的细胞通常是单细胞核的，特殊的细胞也会含2个或更多细胞核；哺乳动物（除骆驼、长颈鹿等之外）的成熟红细胞无细胞核，也无线粒体等细胞器。普通的细胞一旦细胞核退化或被人工除去，就会很快死亡，但失去细胞核的哺乳动物成熟红细胞却能保持功能达120多天。血小板的发育也和红细胞类似。一般低等植物细胞核的直径为1~4μm，高等植物的为5~20μm，高等动物的为5~10μm。

第一节 细 胞 核

从空间结构层次上看，细胞核的被膜及其内外层分化、核孔复合物和核纤层等成分有规则地组织成体系；从功能体现上看，细胞核-细胞质间进行着物质运输和核纤层在细胞分裂中呈现着重组动态。

一、细胞核的结构体系

细胞核具有复杂的结构体系（图6-1），包括将细胞核完全包覆的双层膜（核膜）、物质进出细胞核的通道（核孔）、遗传物质的载体（染色体）、核糖体RNA的合成场所（核仁）等，而染色质纤维和核仁缀在核骨架（核基质）网架上。

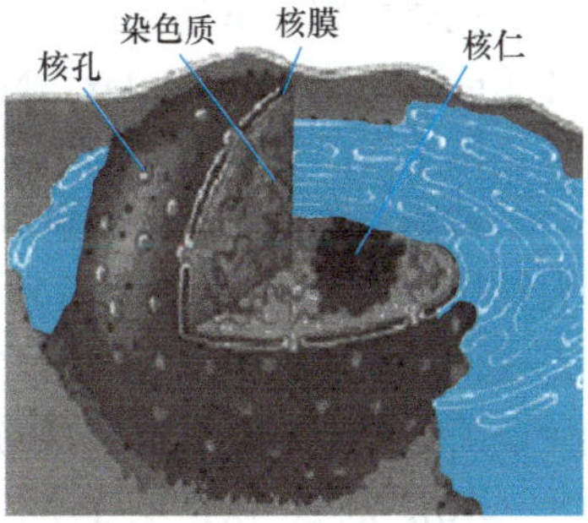

图6-1 细胞核的基本结构示意图

核膜。核膜由外包细胞核的内外两层单位膜构成，厚度各大约为7.5nm，其中间是20~40nm宽的核周隙（perinuclear space）。

核孔。核孔（nuclear pore，nucleopore）是核膜上的许多直径约50nm的微孔道，数目因细胞类型和功能而异（如一个肝细胞中约有2000个核孔），有的细胞中核孔可占全细胞核表面积的1/4。

染色质。染色质（chromatin）就是染色体（chromosome）物质，此术语也用来指有丝分裂间期的染色体。染色质是主要成分为脱氧核糖核酸（DNA）与组蛋白（histone）、非组蛋白（nonhistone）相结合的体系。大部分染色质具遗传活性，称为常染色质（euchromatin），呈高度疏松、分散的状态，普通染色法几乎不能显示；不具遗传活性的异染色质（heterochromatin）较为粗大、浓缩，可被碱性染料[如龙胆紫（gentian violet）]深染。

核仁。用光学显微镜观察染过色的间期细胞，核仁（nucleolus）是最明显可见的结构；用相差显微镜直接观察活细胞，也很容易看到核仁。人类细胞一般有1个核仁，非洲爪蟾细胞一般有2个核仁。核仁没有外膜，一般呈球形或椭球形，是rRNA基因（rDNA）存储、rRNA合成加工及核糖体（ribosomes）亚单位组装的场所，因而包括rRNA、rDNA和核糖核蛋白（RNP）。

核基质。核基质（nuclear matrix）也称为核骨架（nucleoskeleton），是细胞核内充满的由非组蛋白组成的网络状体系。染色质纤维和核仁缀在核基质网架上，保障了正常的DNA复制、RNA转录和各种酶的活动。

对细胞核结构及其层次建构的研究，有利于揭示遗传、细胞增殖和代谢生理的奥秘；在生物进化中，不同生物、不同类型细胞发展了各自的细胞核特点。

二、细胞核的被膜

核膜是细胞核与细胞质的双层界膜（每层厚度约为7.5nm），是选择性生物膜（bioligical membrane）系统中的重要部分。外核膜上附有大量的核糖体，并与内质网膜相连，内、外核膜间的腔（核周隙，宽20~40nm）也与内质网腔相通，使细胞核-细胞质物质的联系更为密切。核膜上有规律地排列着许多核孔，形成细胞核-细胞质物质的选择性交流通道。内核膜面向核质，很多部位与浓集的染色质紧密接触。内核膜上还有核纤层蛋白B受体（lamin B receptor，LBR）等特殊蛋白质（图6-1）。

研究高等真核生物细胞，发现核膜在有丝分裂前期转变成一些片段结构，与小泡膜和内质网不能区分；到有丝分裂末期，子染色体组外围重新组装出完整的核膜。可见，核膜是细胞周期中的动态结构（其动态可能通过组分的磷酸化、去磷酸化修饰等实现）。不过，许多低等真核生物的核膜在经历细胞分裂时仍保持完整。

核周隙也称为膜间腔（inter membrane lumen），透明，充满液态无定形物质（包含酶类、脂蛋白、分泌蛋白和组蛋白等），它通过内质网膜与细胞质膜形成连续通道。内核膜层内表面核纤层（lamina）起保持细胞核形状和附着染色质纤维的作用，并对有丝分裂中核膜的有规律崩解—重建发挥一定功能。在细胞分裂期，双层核膜崩解成单层的膜泡，核孔复合体（nuclear pore complex，NPC）解体，核纤层去装配；到细胞分裂末期，核膜开始围绕着染色体重新形成，而子细胞的核膜来源于母细胞核膜的片段。

核膜一方面构成了细胞核、细胞质间的天然选择性屏障，将细胞分成细胞核、细胞质两大结构-功能区域，使DNA复制、RNA转录和加工在细胞核内进行，蛋白质翻译在细胞质中完成，并保护细胞核里的DNA免受细胞骨架运动机械力的损伤；另一方面又并非完全封闭，保证细胞核、细胞质间频繁的物质、信息交流。

双层核膜、核孔复合体和核纤层三种组分保证了细胞核的结构完整性和功能严密性。

三、核孔复合体

核孔是细胞质与细胞核物质的有一定选择性的双功能、双向性的亲水性交流通道，由内外两层膜局部融合而成，每个核孔的直径为80~120nm。典型哺乳动物细胞有3000~4000个核孔（约11个/μm^2），在物质合成代谢旺盛的细胞中核孔数量更多。

（一）核孔复合体的结构特征

核孔并非简单的空洞，其结构十分完整，可以从核膜上分离出来。这一特殊结构复合体就是相对分子质量约为1.25×10^8、大约包含30种不同蛋白质的核孔复合体（图6-2）。核孔复合体为轮状结构，外径120nm，8面对称性。核孔内外口周边均有对称排列的8个球状颗粒，其直径约为15nm；8个对称的"轮辐"（spoke）同核孔复合体的**核质环**（nucleoplamic ring）和**胞质环**（cytoplasmic ring）相连为一体，对核质交换通道起构筑和支撑作用。轮辐又包括**柱状亚单位**（column unit）、**腔内亚单位**（luminal unit）和**环带亚单位**（annular unit）三个结构域。在胞质环和核质环上分别有8条很细的纤丝向细胞质和核质延伸，形成了笼状的**核孔复合体篮**（basket），其末端还形成一个小环，使之形似捕鱼笼（fish-trap）。另外，核孔中央尚有一个中心颗粒，或称为**中央栓**（central plug），直径约为30nm，根据功能又称为中央运输蛋白或中央转运器（central transporter）。中心颗粒与球状颗粒之间有细丝相连。这些细丝具有核糖核蛋白的性质。核孔通道中还有一些无定形物质。

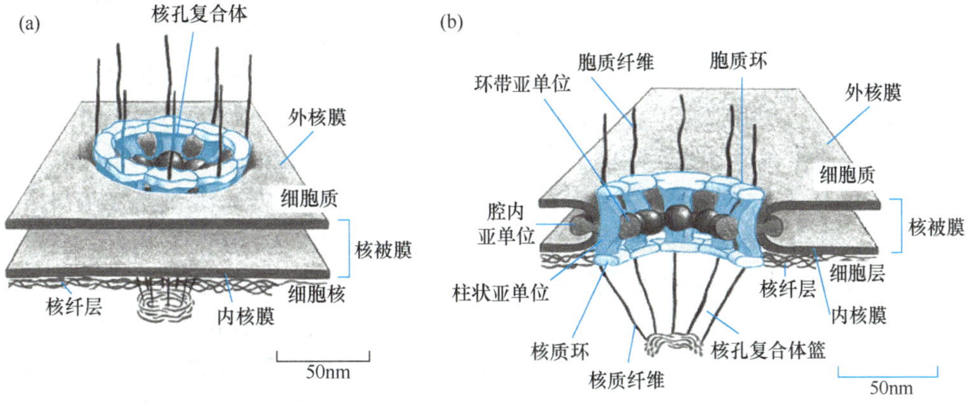

图6-2　核孔复合体结构图示

（a）核孔复合体在核被膜中的空间关系；（b）核孔复合体的结构剖面

（二）细胞核-细胞质物质跨核膜输送

核孔复合体是细胞核-细胞质物质跨核膜输送的唯一通道，可快速介导小分子被动运输和大分子主动运输。物质跨核膜运输效率直接影响细胞的生长、增殖、分化和发育，是基因表达调控、核内外信号传递的保障，是一系列核反应调控的关键环节。核孔复合体中的重要蛋白质有将核孔复合体锚定在孔膜上的**核孔蛋白**（nucleoporin，Nup）gp210、p62，以及控制mRNA由细胞核到细胞质的转运和一些重要蛋白质由细胞质到细胞核的转运的NUP155等。

核孔具有双功能（difunctionality）、双向性（bidirectionality）的亲水性核质交换通道，分别介导两种运输方式[被动扩散（passive diffusion）与主动运输（active transport）]和双向转运性能（蛋白质入核转运，以及RNA、RNP出核转运）。

（1）核孔复合体是被动扩散的亲水通道。作为被动扩散的亲水通道，核孔复合体原则上可使离子、小分子和直径在10nm以下的其他物质自由通过。水溶性分子可穿梭运动于细胞核-细胞质之间，但这样的跨膜运输、交换具有选择性。相对分子质量为1.7×10^4的蛋白质分子在2min内即可达细胞核-细胞质间交流的平衡，但相对分子质量为4.4×10^4的则需经30min。相对分子质量大于6.0×10^4的球状蛋白几乎不能以自由扩散的方式通过核孔进入细胞核。核孔复合体选择性透过的特点使得直径约为30nm的核糖体被限制在细胞核外，保证了细胞质中蛋白质的合成。分子通过核孔复合体的扩散速率与其大小成反比，但也与其他性质有关。

（2）核孔复合体也是主动运输的选择性通道。正在合成DNA的细胞必须从细胞质中以大约3×10^5个分子/min的速率将组蛋白运输到细胞核内；为保证蛋白质合成，每个核孔需要运出新组装的核蛋白体大、小亚基到细胞质中。DNA复制、RNA转录，以及核蛋白体亚单位的合成、组装均在细胞核内进行，而合成、组装后的核蛋白体亚基又必须输送至细胞质中；另外，在细胞质中合成的相对分子质量达到1.0×10^5~2.0×10^5的DNA聚合酶和RNA聚合酶等也必须向细胞核中转运。有些分子（如核糖体蛋白、snRNA）甚至需要两次或多次穿越核孔复合体，这主要通过核孔复合体兼有的双向性（核输入与核输出）和高度选择性主动运输来完成，需要信号识别和载体介导，是一种具有饱和动力学特征的耗能（ATP）过程。

（3）核定位信号和入核转运。作为信号肽（signal peptide）的一种形式，**核定位信号**（nuclear localization signal，NLS）是通过核孔复合体主动运输的亲核蛋白其一段（4~8个）特殊的氨基酸序列，可位于亲核蛋白多肽序列的任何区段。SV40病毒的T抗原是第一个被确定NLS的蛋白质，它在细胞质中合成后很快积累于细胞核中。其NLS为Pro-Pro-Lys-Lys-Lys-Arg-Lys-Val，即使只有单个氨基酸被替换，也将失去功能。NLS的作用是协助亲核蛋白输入到细胞核内，具有一个含带正电荷氨基酸（Lys、Arg和Pro）的核心序列。NLS与导肽及其他信号肽不同，它由含水的核孔通道来鉴别，属于蛋白质的永久组分，在引导入核过程中不被切除，可被反复利用，对细胞分裂后核蛋白重新进入细胞核有重要意义。

亲核蛋白通过核孔复合体转运的步骤大体包括结合（binding）（不耗能）和转移（translocation）（需其他胞质因子辅助，耗能）。带NLS序列亲核蛋白的入核转运过程是：以NLS识别其受体（importin α/β）→转运复合物在受体介导下与核孔复合体胞质纤维结合（并移到核孔复合体中央）→变构的核孔复合体（中央栓的中心通道打开）介导转运复合物从细胞质面转到核质面→转运复合物受GTP结合蛋白（Ran）的作用发生分离并释放亲核蛋白→受体亚基及其结合的Ran返回细胞质。在细胞质中，Ran-GTP水解形成Ran-GDP，与NLS受体解离；Ran-GDP返回细胞核，又转换成Ran-GTP（图6-3）。

（4）核输出信号和出核转运。有些hnRNP蛋白含有**核输出信号**（nuclear export-signal，NES），可促进通过核孔的主动运输，协助一些核内分子及时由细胞核而进入细胞质。有些蛋白质既有NLS又有NES，是往返于细胞核-细胞质间的穿梭蛋白（shuttling protein）。在富亮氨酸的NES穿梭蛋白的核输出转运行为中，NES通过与细胞核中的核输出受体结合，促进货物蛋白（cargo protein）从细胞核向细胞质转运。另外，还需要一种小GTPase（Ran）。特异核输出受体能同时与Ran-GTP和货物蛋白的NES作用，形成三分子的货物蛋白复合物（cargo protein complex）后通过核孔。当其到达细胞质溶胶后，Ran GTPase激活蛋白（Ran

GAP）就促进Ran水解，使其变构，与之结合的GTP也被水解为GDP。货物蛋白随着三体复合物的解散被释放出来，而游离的特异核输出受体和Ran-GDP可重复入细胞核利用。在细胞核中，Ran核苷交换因子（Ran nucleotide-exchange factor1，RCC1）使Ran释放GDP 而结合GTP。

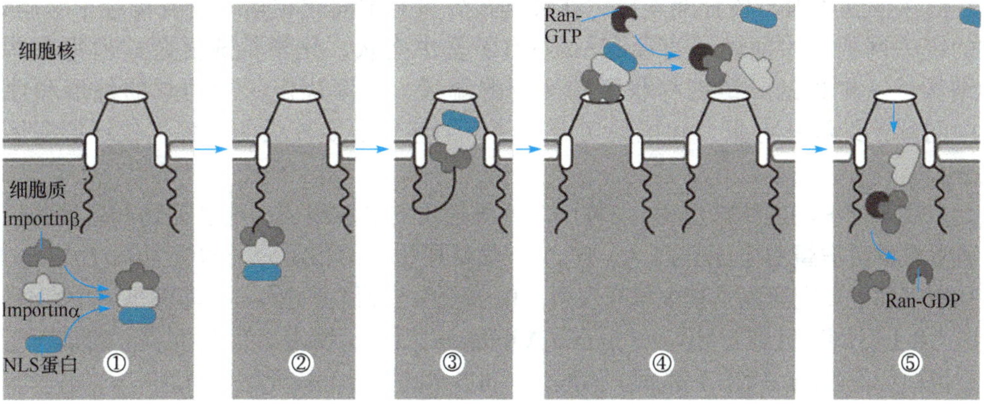

图6-3　亲核蛋白质经过核孔复合体的活化转运

四、核纤层

核纤层（nuclear lamina）是高等真核细胞中贯穿于细胞核和细胞质的骨架体系，是结合于核膜内层下表面的纤维蛋白片层或网络，与中间丝[中间纤维（intermediate filament，IF）]、核骨架（nuclear skeleton）相连结（图6-4）。

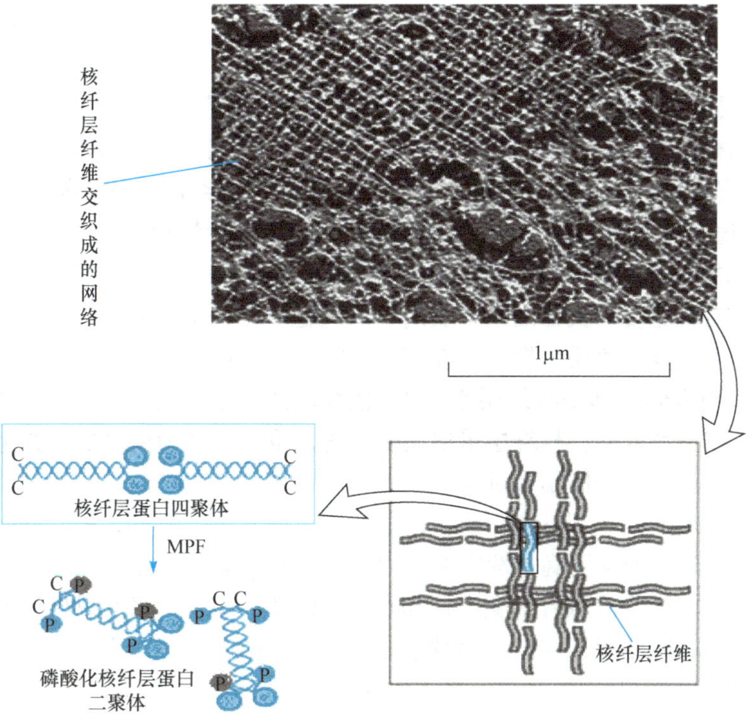

图6-4　电子显微镜下的核纤层结构及其成分图解

（一）核纤层的结构特征及动态

核纤层纤维的直径一般为10~20nm，但在不同细胞中有很大变化（粗的可达30~100nm）。这些纤维整齐纵横排列，形成网络，在位置上处于内层核膜与染色质（chromatin）之间；它们在细胞核内与核骨架连接，在细胞核外又与中间丝相连，构成贯穿于细胞核-细胞质的统一网架。中间丝（直径20nm左右）呈中空状，化学组成复杂，但都有共同的基本结构——中央的α螺旋杆状区和两侧的端区，端区决定了中间丝的外形和性质差异。中间丝使细胞具有张力和抗剪切力。随着细胞分裂期核膜的崩解，核纤层解体为单体成分。

大多数真核细胞的核纤层由1~3种中等纤维性质的多肽组成。哺乳动物和鸟类的核纤层蛋白通常有**核纤层蛋白**（lamin）A、B、C。核纤层蛋白的相对分子质量为6×10^4~8×10^4，在氨基酸序列上高度同源，其中核纤层蛋白B的核膜结合强度更大。在非洲爪蟾中有4种核纤层蛋白（LⅠ、LⅡ、LⅢ、LⅣ）。lamin A和lamin C，以及LⅡ、LⅢ和LⅣ，都属于近中性核纤层蛋白，而lamin B和LⅠ都属于偏酸性（pI 5~6或更低）核纤层蛋白。

在细胞分裂中，核纤层发生解聚和重装配。在分裂前期，核膜崩解，核纤层也随之解聚，核纤层蛋白弥散于细胞质；到分裂末期，核膜得以重构，核纤层也重新装配。作为核纤层动态变化的调控因素，核纤层蛋白的磷酸化是分裂前期细胞内磷酸化级联放大反应的重要环节。研究表明，有丝分裂促进因子（MPF）的$p34^{cdc2}$蛋白激酶使核纤层蛋白杆状区两端的Ser22和Ser392发生磷酸化，直接导致了核纤层解聚反应。

（二）核纤层的功能

核纤层与保持核膜稳定、维持核孔位置、稳定间期染色质形态结构和调控细胞核组装等密切相关。

（1）核纤层在保持核形态方面的作用。核纤层是稳定核膜的支架。即使用高盐溶液、非离子去污剂和核酸酶去除大部分细胞核物质，剩余的核纤层也能支撑着维持核的轮廓。

（2）核纤层在统一胞质骨架与核骨架方面的作用。核纤层与核骨架相连，也与跨过核膜的中等纤维相连，使得细胞质骨架和核骨架统一形成了连续网络。

（3）核纤层在染色质和细胞核组装中的作用。以核纤层为基础的核膜重构意味着少数几种核膜相关蛋白就能使核膜在细胞分裂期得以重建。在有丝分裂间期，核纤层为核膜提供了支架，为染色质（异染色质）提供了在核周边的锚定位点；在分裂前期结束时，核纤层被磷酸化修饰，核膜解体。其中核纤层蛋白B与核膜的残余小泡结合在一起，而核纤层蛋白A则溶于细胞质；在分裂末期，核纤层蛋白去磷酸化，重新组装为核纤层，并把核膜小泡“引导”到染色体的表面，介导核膜重新构筑。

核纤层的重要性从其基因突变与疾病的关系中可以看出。例如，Hutchinson-Gilford早老症是一种罕见的、致命的基因病，发生率为1/8 000 000，其病因是核纤层蛋白A（*LMNA*）基因的突变。这种突变会造成患者细胞结构和功能的破坏，表现为患儿以极快速度衰老，多死于冠脉病变引起的心肌梗死，或广泛动脉粥样硬化导致的卒中等，平均寿命仅为13岁。这种病绝大多数是因为*LMNA*基因第11个外显子的点突变。

五、细胞核的骨架系统

核骨架（nuclear skeleton）或核基质（nuclear matrix）是真核生物细胞细胞核内的以蛋白质纤维为主的网架体系。核骨架与核膜内面的核纤层相连，对核的结构起支持作用。目前在核骨架中发现的成分主要有角蛋白（keratin）、肌蛋白质（myoprotein）、微管结构和少量RNA等，它们起着维持核骨架三维网络结构的完整性等作用。

广义上，核骨架由核纤层、核孔复合物和一个不溶的网络状结构组成；狭义上，核骨架就是指在细胞核中存在的一个由纤维蛋白构成的纤维状网架体系。核骨架与基因的传递、表达、转录后加工和染色体组装，以及病毒感染和肿瘤发生等一系列细胞生命活动密切相关。

（一）核骨架的形态结构

根据Coffey等（1991）的核骨架示意图（图6-5），纤维蛋白网络充满了整个细胞核空间，部分核仁成分与染色质网络也在这一体系中存在；残存的核孔复合体既与核纤层相连，也与纤维蛋白网架相连。染色体和核内纤维网络通过丰富的纤维联络同核纤层建立着连续的关系。实验结果表明，相关网架纤维的直径为3~30nm。网架纤维中的每一根单丝直径为3~4nm；网架纤维中的粗纤维可能是由单纤维复合成的结构。S. Penman等建立了一种特异的细胞分级抽提方法：利用非离子去污剂（Triton）处理，以溶解动物细胞的膜结构；再用去污剂吐温40（Tween-40）和脱氧胆酸钠处理，以溶去微管、微丝和一些蛋白质结构；最后，利用核酸酶与盐溶液（硫酸铵）处理，将染色质中的DNA、RNA和组蛋白抽提出去，即可以在电子显微镜下观察到纵横交织的核骨架网络组织。Penman实验室利用二甘醇乳化剂（diethylene glycol distearate，DGD）代替环氧树脂作为包埋剂，切片后再溶去DGD，对标本进行CO_2临界点干燥，不经染色即可观察中间丝-核纤层-核骨架（IF-L-NM）网络。

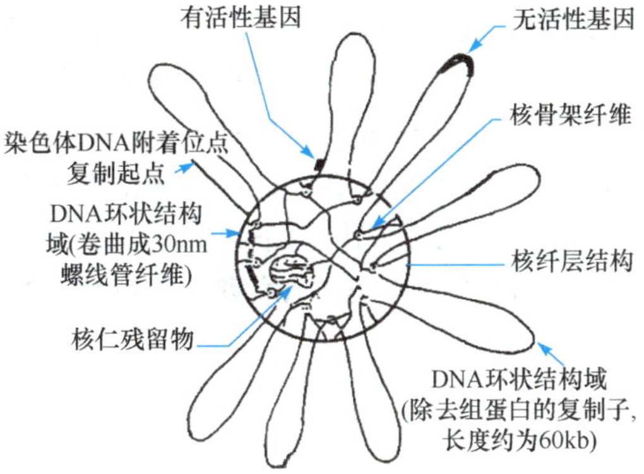

图6-5　核骨架的形态结构示意图（参照Ward and Coffey，1991）

（二）核骨架的化学组成

相对于细胞质骨架和核纤层等细胞结构，核骨架有着较为复杂的组分，而且在不同类型或处于细胞周期不同时相的细胞中、在正常细胞和发生癌变的细胞中，所提取或检测到的核骨架成分也变化很大。核骨架的主要成分是纤维蛋白，但其中也含有少量RNA。

1. 核骨架组成蛋白

（1）核基质蛋白。核基质蛋白（matrin或nuclear matrin）指定位于核骨架、呈现纤维颗粒状分布的一组蛋白质，可能是染色体DNA袢环结构与核骨架联系的成分。核基质蛋白的相对分子质量大于5×10^4，主要有matrin D、matrin E、matrin F、matrin G和matrin 4等。染色质是结合在核骨架上的，这样的特异性结合对基因活性的控制有着重要意义。

（2）Nuc^{2+}蛋白。Nuc^{2+}是在酿酒酵母（*Saccharomyces pombe*）中发现的酸性结合蛋白，存在于核骨架及染色体支架中，相对分子质量为7.6×10^4，可以在体外实现自我组装。*Nuc*$^{2+}$基因在有丝分裂染色体分离过程中起着重要作用，Nuc^{2+}蛋白有一个结构域与富含AT的DNA序列有特异的亲和性。

（3）核内肌动蛋白。肌动蛋白（actin）是在肌肉细胞中首先发现的一种收缩蛋白。多种肌动蛋白结合蛋白调控着肌动蛋白的功能，使之有效参与同细胞形态和结构相关的各种过程。核内肌动蛋白（nuclear actin）是核骨架中普遍存在的组分，参与核骨架结构维持、染色质凝缩等，并可能参与mRNA前体的加工。

（4）DNA拓扑异构酶Ⅱ。DNA拓扑异构酶Ⅱ（topoisomerase II）是间期的核骨架和分裂期染色体支架的重要成分之一。这说明核骨架和DNA的联系包含了DNA活跃代谢。

（5）附着区结合蛋白。在核骨架中还存在着一种称为附着区结合蛋白（attachment region binding protein，ARBP）的成分，相对分子质量为9.5×10^4，属于DNA结合蛋白，结合于DNA序列中的核基质蛋白结合区域（matrin association region，MAR）。与MAR结合的蛋白质还有DNA拓扑异构酶Ⅱ、核基质蛋白、组蛋白H1、核纤层蛋白A和核纤层蛋白B（lamin A和lamin B），以及支架附着因子A（scaffold attachment factor A）等。DNA锚定于核骨架，为调控蛋白提供结合位点，参与DNA复制、转录、修复等过程的调控。

2. 核骨架结合蛋白

人们在核骨架上陆续发现了一些核骨架结合蛋白（nuclaer scaffold-binding protein），一般是与DNA和RNA代谢密切相关的酶类、细胞调控因子、RNP类和病毒蛋白类等，包括蛋白激酶C（PKC）、DNA聚合酶（与DNA合成及修复有关）、核因子-1（NF-1）、钙调蛋白、视网膜母细胞瘤蛋白（RB蛋白）、核内热休克蛋白、*c-myc*癌基因产物、细胞核内的激素受体、腺病毒E1A蛋白、SV-40T抗原（复制起始因子和解旋酶）和HIVTat蛋白（将病毒基因组锚定于核骨架上）等。这些蛋白质有严格的DNA序列结合特性、基因活化或抑制作用、激素调节能力等。

（三）核骨架的功能

大量研究表明，核骨架同DNA复制、RNA转录与加工、染色体构建等密切相关。

1. 核骨架在染色体DNA复制中的作用

DNA复制需要结构支架。DNA的合成部位在细胞核内并不是随机分布的，而是相对集中于某些特殊部位。例如，在精子的核中发现了100~300个复制灶（replication foci），每个复制灶中至少有300~1000个复制叉（replication fork）。这样的复制模式，要由非锚定的DNA多聚酶在时间上和空间上协调一致，必须通过结合于一定的结构支架上才能实现。研究表明，DNA的复制位点就结合在核骨架上，DNA聚合酶通过结合于核骨架上而被激活；核骨架上有RNA聚合酶的结合位点，有转录活性的基因结合在核骨架上。

2. 核骨架与基因表达的关系

核骨架与基因表达的关系可以划分为两个方面：一是它与基因转录活性的相关性；二是它与RNA加工修饰的相关性。染色质DNA与核骨架的结合是特异性的，不同基因的DNA区段与不同的核骨架物质结合。具有转录活性的基因和RNA聚合酶都是结合在核骨架上特异位点上的，RNA的合成是在核骨架上进行的。实验证明，在溶菌酶基因两端接上核基质结合区域（matrix association region，MAR），可使基因表达水平增加10倍以上。

3. 核骨架在染色体构建中的作用

Pienta和Coffey（1984）提出了DNA复制环与核骨架共同构筑染色体的模型。在这一模型中，2nm的DNA双螺旋与组蛋白8聚体组装为直径为10nm的**核小体**（nucleosome），每6个核小体为一个单位进一步盘绕为直径为30nm的螺线管结构，所形成得DNA复制环结合于核骨架上。每18个复制环呈放射平面排列方式形成**微带**（miniband），即染色体结构的高级单位；大约106个微带沿纵轴形成阵列，构建成一个染色单体。电子显微镜图像证明，30nm的染色质纤维结合在核骨架上，形成了很多放射环结构（图6-6）。在有丝分裂期，染色质进一步包装，成为光学显微镜下可以清楚观察的染色（单）体。

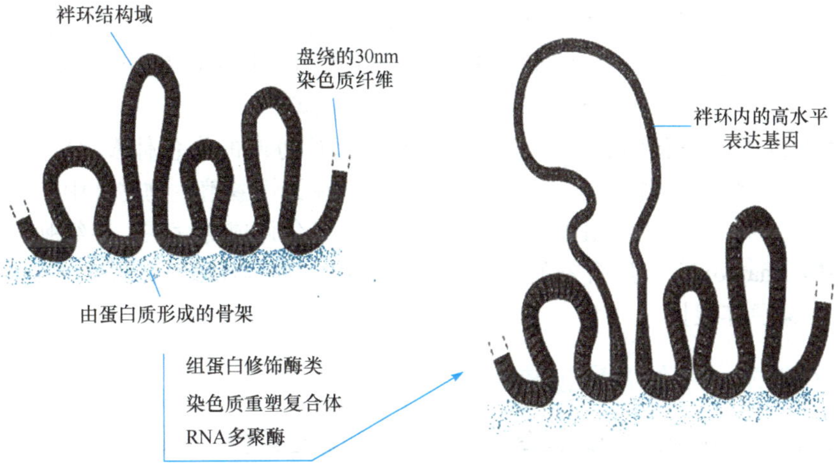

图6-6 30nm的染色质纤维结合在核骨架（染色体支架）上

4. 核骨架与病毒复制的关系

研究表明，胞质病毒和核内病毒的代谢均与细胞质骨架有密切关系。单纯疱疹病毒核衣壳在核骨架上装配完成，腺病毒（adenovirus，核内DNA病毒）的DNA、mRNA和蛋白质也结合于核骨架上。系统的腺病毒研究证实，其DNA复制和染色质装配与核骨架的关系甚为密切。

第二节 染 色 体

细胞的遗传物质被包装成染色体。染色体在DNA序列上具有三要素成分（起始序列、着丝粒序列和端粒序列）。染色体组是基于染色体的结构、组成、变异等方面研究细胞遗传学的基础；染色体变异、突变的分析有利于理解人类自身健康等相关问题。

一、DNA、染色体和基因组

细胞核中最重要的结构是**染色体**（chromosome）——遗传信息的载体、遗传物质的组织形式。1879年，W. Flemming最早提出了染色质（chromatin）的概念，用以描述细胞核中经过碱性染料染色后强烈着色的内容物。现在这一术语用来称谓间期细胞核内的染色体——1888年W. Waldeyer提出的术语。实际上，在不同场合下染色体和染色质这两个概念并无严格界限，染色质也可以用来统称染色体物质。染色质的基本化学成分[脱氧核糖核酸核蛋白（desoxyribose nucleoprotein，DNP）]由脱氧核糖核酸（DNA）、组蛋白和非组蛋白及少量RNA组成。在细胞分裂间期的细胞核内，染色质呈丝状结构，称为染色质纤维（chromatin fiber），是染色体凝集程度最低（高度伸展）的状态；在细胞分裂期，染色质纤维有规律地分级包装，形成结构缜密、在光学显微镜下可以清晰观察到的丝状或棒状的染色体。

原核生物细胞的原始“细胞核”结构很简单，没有核膜、核仁（nucleolus），称为核区、类核或拟核（nucleoid）。拟核是原核细胞基因组DNA紧密盘绕而成的不规则小体，基本不含蛋白质成分的染色体结构。大肠杆菌（*Escherichia coli*）的基因组（染色体）就是基本裸露的双链环状DNA分子，其DNA的长度为1100μm，约等于菌体长度（1~2μm）的1000倍。因高度的折叠盘绕，拟核的体积很小。拟核生物包括细菌[大肠杆菌、硝化细菌（nitrifying）等]、蓝藻[如颤藻（*Oscillatoria*）、念珠藻（*Nostoc commune* var. *flagelliforme*）和发菜（*Nostoc commune* var. *flagelliforme*）]等。

在细胞内包含的一套形态大小各异、功能上相互协调的染色体及其装载的全部基因（gene）称为基因组。基因组对应于单倍染色体组。在无性繁殖生物物种中，所有细胞的染色体数目是一样的；在有性繁殖生物物种中，体细胞染色体成对存在。性细胞（如精子、卵子）是单倍体（haploid），所含染色体数目是体细胞中的一半[对于二倍体（diploid）生物来说，就是一个染色体组]。

二、DNA在细胞核中的有序包装和染色体结构

染色质蛋白分为两类，即**组蛋白**（histone）和**非组蛋白**（nonhistone）。组蛋白是一类碱性蛋白质，含有较多碱性氨基酸（如Lys、Arg等），等电点（PI）通常大于pH10.0。组蛋白是真核生物染色质的主要结构蛋白，在基因表达调控中也发挥重要作用，它们与细胞核内的DNA结合，形成核酸组蛋白复合形式。这类蛋白质的相对分子质量一般为1×10^4~2×10^4，而且正电荷所占比例很高，它们非特异性地与带负电荷的DNA紧密结合。几乎所有细胞核中都含组蛋白，但对于精子核中的同类蛋白，在有的生物中则被精蛋白所取代。染色质内的组蛋白DNA以质量比大约1∶1的比例结合，协助DNA维持必要的结构，稳定超螺旋型的配置；组蛋白还起着抑制DNA遗传信息表达的作用。组蛋白特定氨基酸残基受乙酰化、甲基化或磷酸酯化等作用，与细胞周期内基因表达的调节有关。染色质组蛋白包含5种组分，即组蛋白H1、H2A、H2B、H3和H4。它们几乎存在于所有真核细胞核内。其中H2A、H2B、H3和H4是核小体核心组蛋白（core histone），它们通过C端的疏水氨基酸结合成核小体的核心，而N端带正电荷的氨基酸则位于此核心的外部，以便其与DNA结合。DNA缠绕在核心组蛋白外形成的核小体核心颗粒，是基因表达调控所的必需结构。组蛋白H1是一个较大的单体组蛋白，约含220个氨基酸，在构成核小体时起着连接作用（与核心颗粒之间的连接DNA相结合），既在进化上保守又有一定的种属和组织特异性（图6-7）。

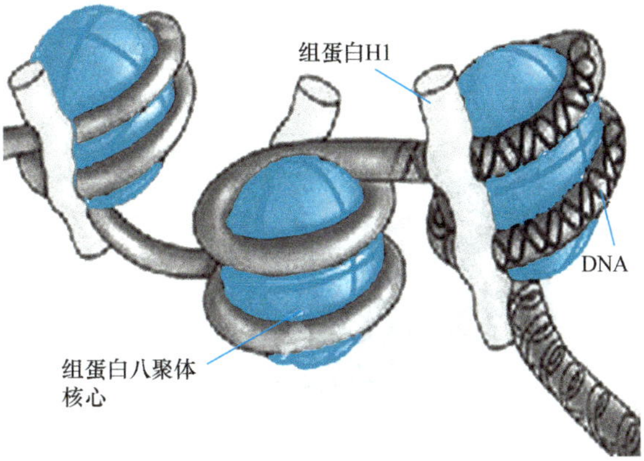

图6-7　组蛋白结合DNA形成核小体结构

组蛋白以外的染色体蛋白质成分称为非组蛋白（non-histone protein，NHP），也称为剩余蛋白，绝大部分呈酸性。非组蛋白的成分是可变的，但包括了许多重要分子，如以DNA或组蛋白作为底物的一些酶（如组蛋白甲基化酶等），以及DNA结合蛋白、组蛋白结合蛋白和调节蛋白等。非组蛋白常常与DNA或组蛋白结合。非组蛋白常有重要功能，如染色体支架（chromosome scaffold）蛋白SC1就是拓扑异构酶Ⅱ，位于染色体长轴的中心区，与拓扑异构酶Ⅰ协同作用，控制染色体DNA的拓扑结构。间期细胞期核中与染色质特异DNA序列相结合的非组蛋白称为序列特异性DNA结合蛋白（sequence-specific DNA-binding protein）。这类蛋白质具有如下性能：① 通过形成特殊的蛋白质-DNA复合物，参与染色体的构建；②启动基因的复制，或调控基因的转录。可将序列特异性DNA结合蛋白分为不同的蛋白质家族，如含α螺旋-转角-α螺旋基序（helix-turn-helix motif，HTH motif）蛋白（图6-8）、含锌指基序（zinc finger motif）蛋白（图6-9）、含亮氨酸拉链基序（leucine zipper motif）蛋白（图6-10）、含螺旋-环-螺旋基序（helix-loop-helix motif，HLH motif）蛋白（图6-11）等。

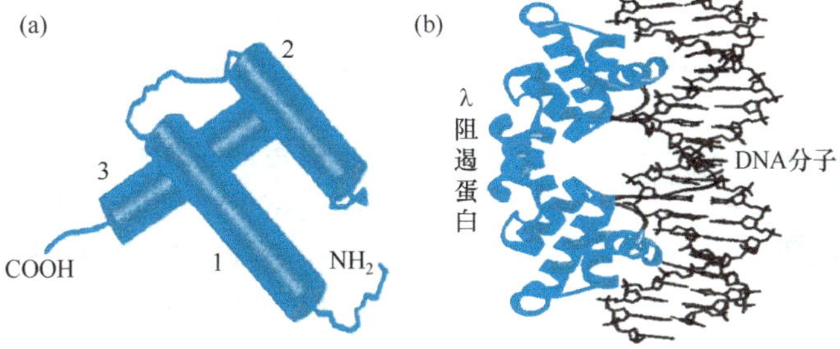

图6-8　HTH结构示意图

（a）HTH的结构模型；（b）含HTH的λ阻遏蛋白与DNA的结合

另外，还有一类高迁移率族（high mobility group，HMG）蛋白，也是DNA结合蛋白，如HMG1、HMG2、HMG14和HMG17等，因在聚丙烯酰胺凝胶电泳（PAGE）中的迁移率高而得名。这类蛋白质与DNA的作用方式可能与超螺旋结构的形成有关。通过结合、并使特异DNA序列弯曲成环，而使调节序列间互相接近，进而发挥协同一个或更多（与邻近位点相结合的）转录因子的作用，以利于高效率的转录调控。这是HMG蛋白（如二聚体转录因子UBF）作用于DNA的典型模式（图6-12）。

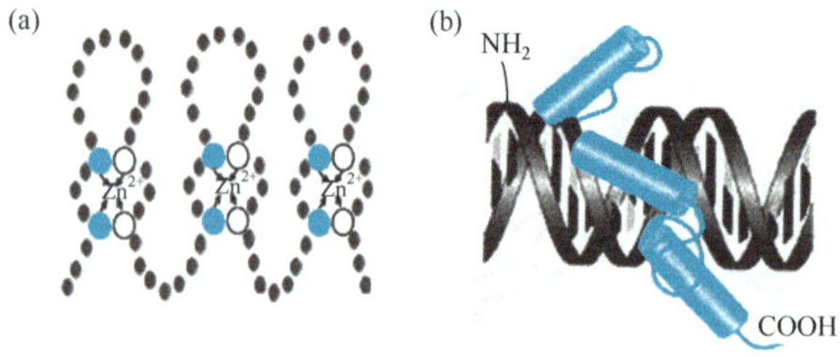

图6-9 锌指结构示意图

（a）3个单元的锌指结构模型；（b）锌指基序与DNA的结合。

一个锌指单元结合到DNA大沟部位

● 半胱氨酸；○ 组氨酸

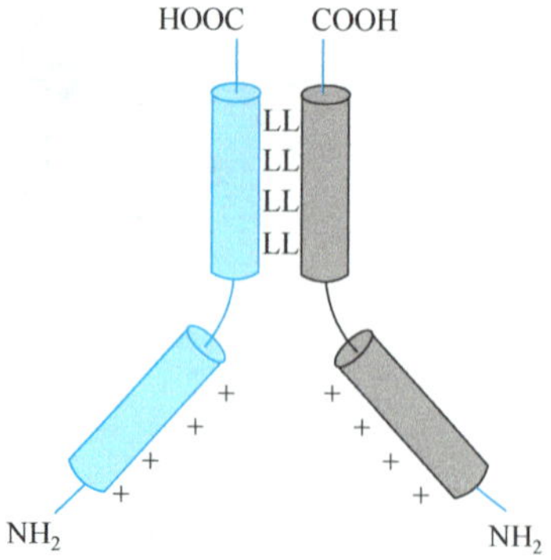

图6-10 亮氨酸拉链模式图

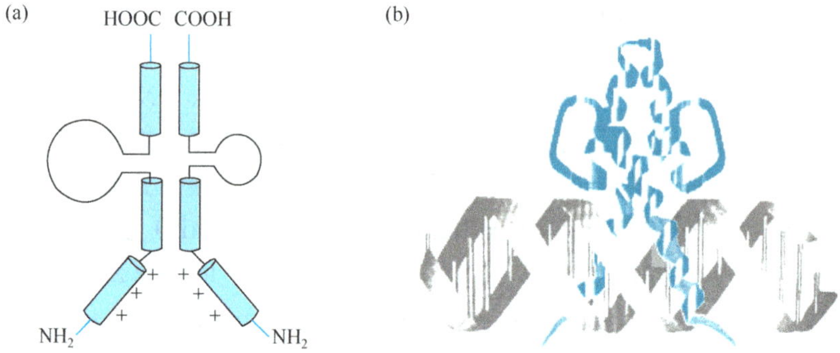

图6-11 螺旋-环-螺旋结构示意图

（a）螺旋-环-螺旋模式图；（b）螺旋-环-螺旋二聚体同DNA结合的情况

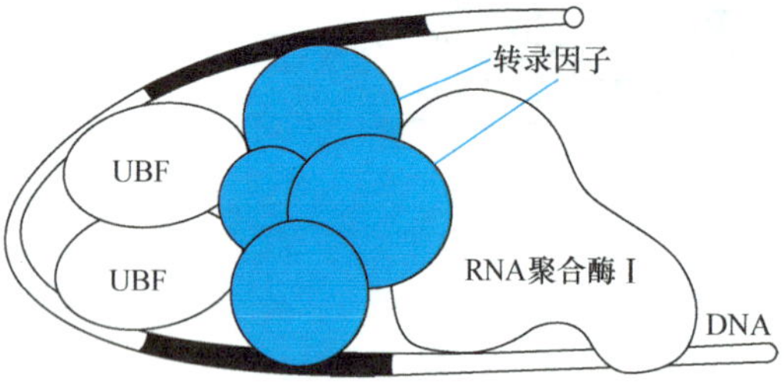

图6-12 HMG蛋白作用于DNA的典型模式

二聚体转录因子UBF通过与DNA相互作用使DNA围绕蛋白质形成环化结构，促使转录因子的协同作用

非组蛋白对DNA的识别信息来自后者的核苷酸序列特性。例如，DNA双螺旋结构上大沟部分的位点就容易成为识别的靶位，通过氢键和离子键发生识别和结合作用。重要结合蛋白所识别的往往是在分子演化上相当保守的特异DNA序列。据统计，在每个真核细胞中，非组蛋白约有1万个分子，大约占细胞内总蛋白质的1/50 000。

有关科研人员提出了从染色质到染色体包装过程的四级结构（quaternary structure）模型。以多聚核小体串联形成的纤维状结构（核小体串形式的念珠状结构）是染色体的一级结构（primary structure），一级结构进一步形成的螺线管结构是二级结构（secondary structure），二级结构进一步形成的筒状超螺线管结构是三级结构（tertiary structure）。染色体四级结构的形成需要更加浓缩、复杂的包装形式，并且需要以由非组蛋白组成的染色体支架作为基础。

染色体DNA双螺旋依次在每个组蛋白8聚体分子（由H2A、H2B、H3、H4各2个分子组成）的表面盘绕约1.75圈（相当于146bp）。组蛋白核心与其表面上盘绕的DNA分子片段[核心DNA（core DNA）]共同构成了核小体核心颗粒。在两个相邻的核心颗粒之间，有长约50bp的连接DNA（linker DNA）；组蛋白H1分子结合在相邻的连接DNA之间。这样，组蛋白核心加上共约200bp的DNA及一个组蛋白H1分子，构成一个核小体（包括核心颗粒和连接体两部分）。成串的核小体形成了细胞核质中约10nm（100Å）的纤维（精确地讲，核小体核心颗粒的直径为11nm）——染色体包装的“一级结构”。由DNA双螺旋分子到形成染色体一级结构，其长度大约被压缩了1/7（图6-13）。

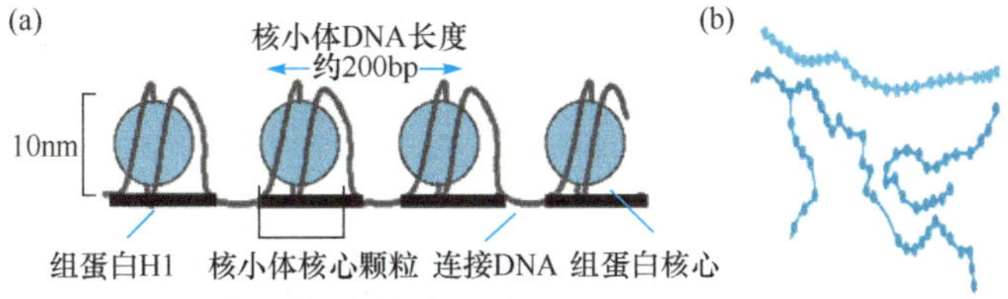

图6-13　染色体的一级结构片段示意图

（a）染色体的一级结构模式图；（b）电子显微镜下的鸡红细胞染色体示意图

核小体核心颗粒是二分对称性（dyad symmetry）圆盘形结构（直径为11nm、高度约为6nm）。核心组蛋白八聚体是由4个异二聚体（即2个H2A-H2B二聚体和2个H3-H4二聚体）构成的。其中，2个H3-H4二聚体在核小体核心颗粒的中心彼此结合，形成了四聚体结构；2个H2A-H2B二聚体的位置处于H3-H4四聚体的两侧。组蛋白与DNA接触中还留下的空间，可能是转录因子和其他DNA-结合蛋白的通道。

以一级结构经螺旋化形成的中空螺线管[螺线体（solenoid）]或核丝（nuclear fibril）形式体现的染色体“二级结构”，外径约30nm、内径约10nm，相邻螺旋间距离为11nm（图6-14）；每一圈螺旋包括6个核小体，所以二级结构的长度被压缩到一级结构的1/6，达到DNA长度的1/42。染色质的包装情况与基因表达关系密切——转录区染色质一般更为松散，成为约10nm纤维；转录停止区域（非转录区）染色质包装较紧密，成为30nm纤维。

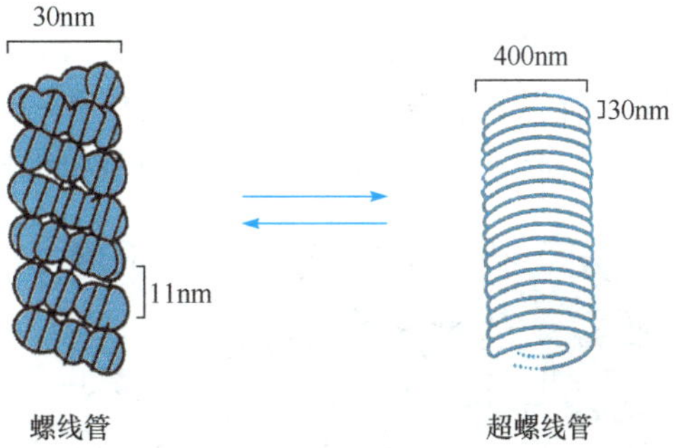

图6-14　染色体包装的二级结构（螺线管）和三级结构（超螺线管）的关系

在真核细胞的有丝分裂期，30nm的染色质纤维继续压缩和包装而形成染色（单）体的问题，存在着长期的争议，比较典型模型的是多级螺旋模型（multiple coiling model）和骨架-辐射环模型（scaffolding and radial loop model）。

1. 多级螺旋模型

1977年，A. L. Bak研究人类胎儿成纤维细胞，分离出直径400nm、长度11~60μm的染色质单位纤维（unit fiber），在电子显微镜下可见它是由直径为25~30nm的染色质螺线管再度螺旋盘绕形成的圆筒状结构（直径400nm），称为超螺线管（super-solenoid），即染色体包装的三级结构（图6-14）。三级结构又被压缩到二级结构的1/40，达到DNA总长度的1/1680。

由三级结构（超螺线管）再继续螺旋化就形成了染色单体，这就是染色体包装的四级结构，DNA又被压缩到上一级的1/5，这样总长度只有DNA总长度的1/10 000~1/8000（图6-15）。

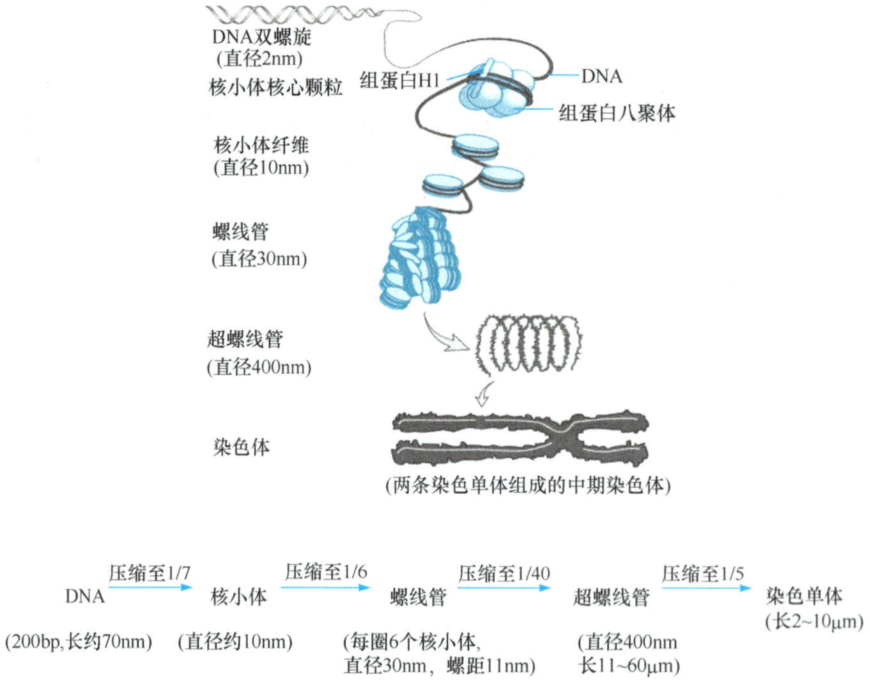

图6-15　一个DNA分子包装成染色体共压缩至原长的1/10 000~1/8000

2. 骨架-辐射环模型

1977年，J. R. Paulson和U. K. Laemmli研究人类宫颈癌细胞株HeLa的中期染色体时发现，当从中期染色体中去除组蛋白和一部分非组蛋白后，就出现了在电子显微镜下可以观察到的、形似中期染色体、由非组蛋白组成的支架结构（染色体支架），支架周围伸出了很多DNA环（DNA loop）（图6-16）。非组蛋白性质的染色体支架相当于DNA环的组织支点，两者共同维持了染色体的形态。染色体支架模型首开先河地提出了蛋白质骨架在染色体中的存在及其脚手架式的重要作用。

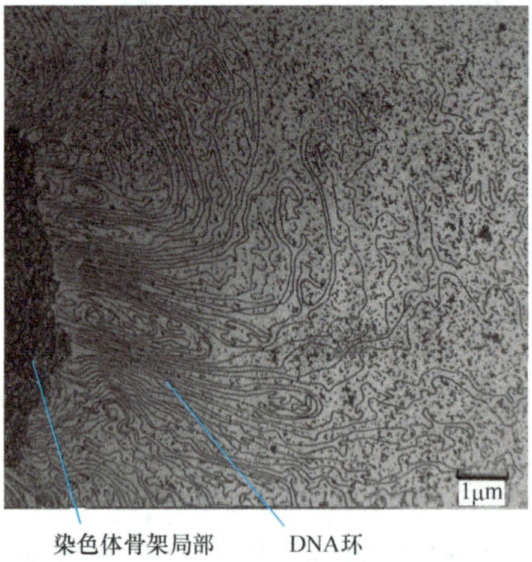

图6-16　染色体支架及其周围的DNA环

1979年，M. P. F.Marsden和U. K. Laemmli又以染色体支架模型为基础，在电子显微镜下发现了染色单体横切面中央的一个电子致密区（中央轴区），其中直径为20~30nm的染色质纤维折叠成环状结构，中央致密的非组蛋白骨架正是环的基部所固着的位置。染色质纤维环围绕着染色单体的蛋白质骨架，辐射到周围，每个环的长度约为0.6μm。20~30nm的染色质纤维经处理后松散成大约10nm的纤维呈现为3~4μm长的放射环，自染色单体中央向周围扩展成大量的放射环，这就是染色体高级结构的辐射环模型。该模型建立在骨架模型的基础上，两者合称为骨架-辐射环模型。

实际上，多级螺旋和辐射环结构模式共存于许多真核生物染色体中，是进一步探究染色体超微结构的主要基础。

三、染色体的结构与功能分化

细胞经过分裂，染色体准确而均等地分配到子细胞内。染色体结构与功能的高度统一是生物结构与功能相协调的典型体现。

（一）常染色质和异染色质

真核生物间期细胞核中的染色质分为**异染色质**（heterochromatin）和**常染色质**（euchromatin）。常染色质呈非常纤细的细丝状形态，是DNA长链分子较为伸展的部分；异染色质则呈现为较大的深染团块物质，常常附在细胞核膜的内面，为DNA长链分子较为紧缩和盘绕的部分。

1. 常染色质

常染色质是基因活跃转录的染色质，呈疏松状，在电子显微镜下表现为浅染状态（图6-17）。常染色质，有一些容易被核酸酶（如DNase I）降解的敏感位点。常染色质易被碱性染料染成浅色，对孚尔根显色反应呈较强的阳性。

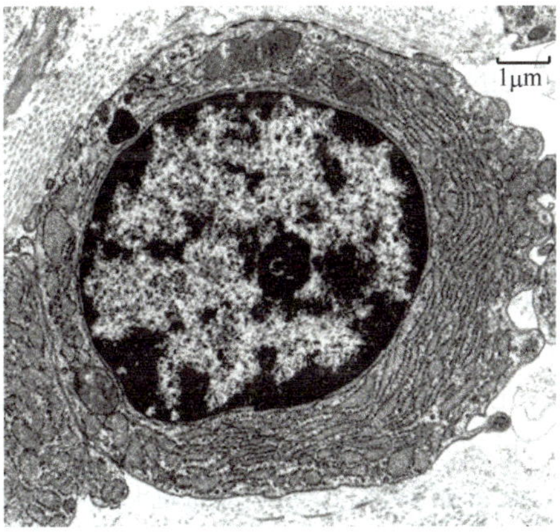

图6-17　常染色质（细胞核内浅染的部分）和异染色质（核内深染的部分）

2. 异染色质

异染色质是盘折、压缩的程度高，高度凝集，经碱性染料染色着色较深（对孚尔根染色呈弱阳性）的染色质。异染色质DNA中重复序列较多，在细胞周期中复制较常染色质延迟。在异染色质中，有一部分是由常染色质凝集而形成的；另有一部分除DNA复制期外，在细胞周期其余时期都是处于凝缩状态的（晚复制、早凝缩）。异染色质在间期细胞核中因处于凝缩状态[异固缩（heteropycnosis）]而无基因转录的活性，是染色质的遗传惰性区域，因而也被称为非活性染色质（inactive chromatin）。异染色质可以分为结构（恒定性）异染色质（constitutive heterochromatin）和兼性（功能性）异染色质（facultative heterochromatin）。

结构（恒定性）异染色质是指在所有细胞内（除了复制期外）都呈异固缩状态的染色质，多处于着丝粒（centromere）、端粒（telomere）和次缢痕（secondary constriction），以及染色体其他节段内，其DNA含有大量重复单位相对简单的高度重复顺序[卫星DNA（satellite DNA）]。在间期细胞核中常有由结构异染色质聚集成的染色中心（chromocenter）。

兼性（功能）异染色质是指在一定类型或一定发育阶段的细胞内高度凝集状态的染色质。例如，哺乳动物雄性个体的细胞含有两条性染色体——较小的Y染色体和较大的X染色体，由于两者共同基因很少，雄性X染色体上的大部分基因只有一个拷贝。在进化中，基因剂量补偿机制的产生使得雌性细胞两条X染色体，只有一条的基因具正常转录活性；另一条的基因（除一些逃避失活的基因外）不具正常转录活性，因而形成了X异染色质体，称为**巴氏小体**（Barr body）。这一现象被称为莱昂化（Lyonization），保证了两性X染色体合成基本等量的X-连锁基因产物（图6-18）。

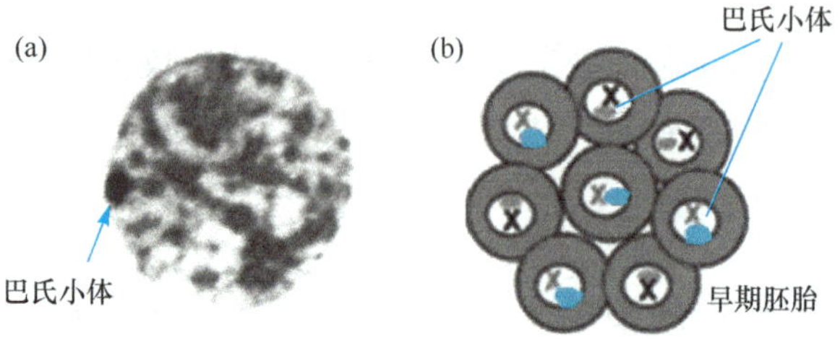

图6-18　早期胚胎细胞和巴氏小体

（a）人类女性细胞中的巴氏小体；（b）人类早期胚胎细胞中来自父母的X染色体随机失活形成的巴氏小体示意图

常染色质和异染色质的区别与联系是：①两者在结构上连续、在化学性质上没有差异；②异染色质DNA在细胞分裂间期的复制晚于常染色质；③在细胞间期，常染色质处于松散状态，而异染色质仍呈高度螺旋化状态；④常染色质在细胞间期基因活跃表达，而异染色质一般不编码蛋白质，主要发挥维持染色体结构完整性的功能。

结构异染色质能加强着丝粒的稳定性，以确保细胞分裂时染色体的均等分离；可以对基因（如NOR区的18S和28S基因）起到隔离和保护作用，以防止或减少突变和染色体片段交换；异染色质相关蛋白的保护，使外源核酸酶不易接近异染色质；异染色质的形成便于非必需基因的淘汰；减数分裂时同源染色体间通过其异染色质区的重复序列相互配对，能促进染色体的全长联会；异染色质的斑点位置效应（spot position effect）可诱导常染色质的异染色质化，使其基因活性降低；异染色质重复DNA序列能够容纳突变，引起新重复序列的产生，促进物种分化。

在异染色质形成及其功能的研究中，有关科研工作者进一步发现一些生化修饰对异染色质的形成及其传播起着关键作用。例如，组蛋白（尤其组蛋白H3和H4）的低乙酰化，是异染色质的特征，与转录的抑制相关。乙酰化作用阻止了甲基化，反之亦然。HP1同组蛋白H3 Lys9的结合是异染色质形成所必需的环节，而HP1的高度亲和结合位点就是组蛋白H3 Lys9的甲基化赋予的。

（二）染色体数目变化和形态结构分化

染色体组型或**核型**（karyotype）是物种稳定性的遗传基础，物种之间、同一物种的不同染色体之间，均有形态、结构差异；染色体的结构、数目的变异（variation）是生物进化的重要基础。

体细胞内的染色体常常成对出现。每一对染色体互为**同源染色体**（homologous chromosome）——在细胞有丝分裂中期观察到的长度和着丝粒位置相同的两条染色体，它们在减数分裂时发生配对[**联会**（synapsis）]。正常情况下，同源染色体共存于体细胞中，分别来自父方和母方，这就是**二倍体**（diploid，以2*n*表示）细胞。性细胞只具有一套形态、大小各不相同的染色体，组成一个**染色体组**（genome），属于**单倍体**（haploid，以*n*表示）细胞。在有性生殖中，一般的二倍体生物通过减数分裂，染色体数目减半成为生殖母细胞；受精后（单倍体的雌、雄配子结合）形成二倍体合子。体细胞与性细胞形成正常的世代交替，是真核生物世界的普遍现象。表6-1列出了一些物种的染色体组成情况。

表6-1　一些生物物种的染色体组成情况

生物（动物）	二倍体数目（2*n*）	生物（植物）	二倍体数目（2*n*）	生物（微动物）	单倍体数目（2*n*）
人类（*Homo sapiens*）	46	拟南芥（*Arbidopsis thaliana*）	10	酿酒酵母（*Saccharomy cerevisiae*）	17
黑猩猩（*Pan troglodytes*）	48	水稻（*Oryza sativa*）	24	粗糙脉孢菌（*Neurospora crassa*）	7
大鼠（*Rattus norvegieus*）	42	玉米（*Zea mays*）	20		
小鼠（*Mus musculus*）	40	普通小麦（*Triticum aestivum*）	$2n=6x=42$		
中华大蟾蜍（*Bufo bufo gargarizans*）	22	甘蓝（*Brassica oleracea*）	18		
秀丽隐杆线虫（*Caenorhabditis elegans*）	♂11 ♀12	小黑麦（*Triticale*） 萝卜甘蓝（*Raphano brassica*）	$2n=8x=56$ 36		
家蚕（*Bombyx mori*）	56				
黑腹果蝇（*Drosophila melanogaster*）	8				
斑马鱼（*Danio rerio*）	50				

具有3*n*或3*n*以上染色体组成的细胞、个体或生物类型称为**多倍体**（polyploid）。多倍体又分为同源多倍体（autopolyploid）和异源多倍体（allopolyploid）。物种的染色体多倍性（polyploidy）在高等植物界相当普遍，有许多植物物种[复合种（aggregate species），也常称为多倍体物种]的染色体组包含若干祖先种（基本种）的染色体组[基本染色体组（basic chromosome set）]，一个基本染色体组所拥有的染色体数称为染色体基数（basic number），用*x*表示。复合种体细胞所包含的染色体组数为$2n=2\sum x$。普通小麦是异源六倍体物种，其体细胞中的染色体数目是$2n=6x=42$。物种的染色体多倍性在动物界不多见。不过，在同一动物体内也会有不同染色体倍性的细胞。制作成年大鼠肝细胞的染色体涂片，就可观察到其中的3*n*、4*n*甚至6*n*等倍性的细胞。细胞癌化后一般会发生严重的染色体异倍性（heteroploidy）——细胞内染色体数目较之物种固有的基本染色体数*x*的整倍数多一条或多条，或减一条或多条的现象，造成染色体数目不均等变化，形成**非整倍体**（aneuploid）。

染色质在细胞进入有丝分裂后凝集（包装）成为染色体。每一条染色体均由两条染色单体（chromatid）组成，互称为**姐妹染色单体**（sister chromatid），它们仅在着丝粒（centromere）处相连。染色体又以着丝粒为界分为两条臂——短臂（p）和长臂（q）。根据着丝粒在染色体上的相对位置，染色体可以分为中着丝粒染色体（metacentric chromosome，m）、亚中着丝粒染色体（sudmetacentric chromosome，sm）、亚端着丝粒染色体（subtelocentric chromosome，st）和端着丝粒染色体（telocentric chromosome，t）4种类型（图6-19、表6-2）。也可将具随体（satellite，染色体末端的球形或圆柱形节段）的染色体单列为一类。

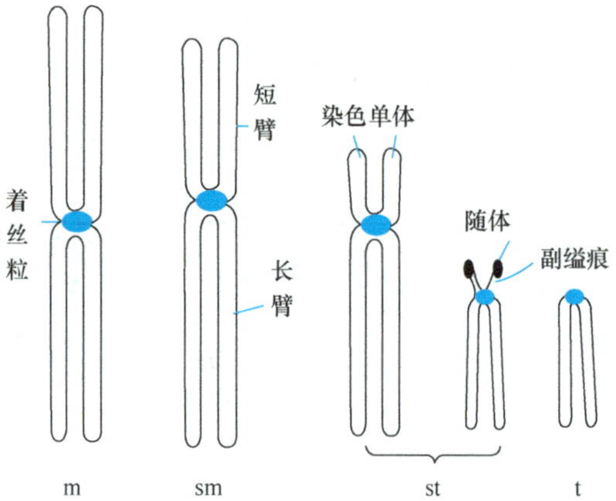

图6-19　各类染色体示意图

按着丝粒在染色体上的相对位置分类，符号的意义见正文

表6-2　依据染色体不同臂比分类的各种染色体类型

名称	符号	臂比（q/p）
中部着丝粒染色体	m	1~1.7
亚中着丝粒染色体	sm	1.7~3.0
亚端着丝粒染色体	st	3.0~7.0
端部着丝粒染色体	t	7.0~∞

1. 着丝粒

着丝粒（centromere）是真核细胞分裂时，控制染色体分离的重要枢纽装置，是染色体分离调控的“轮毂”，表现为染色体上的一个缢痕——初级缢痕[主缢痕（primary constriction）]，位处染色体两臂连接处或（仅有一条臂时）端部。姐妹染色单体在分裂后期分开前，仍相互联结在着丝粒处。着丝粒的结构分化与其同纺锤体微管结合、控制染色体分离的功能浑然一体。可将着丝粒分为最外层的**动粒结构域**（kinetochore domain）、中间层的**中央结构域**（central domain）和最里层的**配对结构域**（pairing domain）。动粒（kinetochore）也称为着丝点，处在着丝粒两侧，是由蛋白质构成的三层盘状或球形结构。在电子显微镜下观察到的致密外层厚约40nm，中层是低密度的，致密的内层与下面的着丝粒染色质相连。动粒与纺锤丝（纺锤体微管）相连，作为分裂后期力的作用点使两条染色单体向两极分开。常将着丝粒称为着丝粒-动粒复合体（centromere-kinetochore complex）（Pluta于1992年提出），以突显动粒的重要性。纺锤体未形成之前的动粒外层由纤维冠（fibrous corona）覆盖。纤维冠主要成分是促使染色体分离的**马达蛋白**（motor protein），与纺锤丝微管连接，是支配染色体运动和分离的结构。着丝粒的主体区域是中央结构域，由富含高度重复序列的DNA构成。在人类基因组中，此中央结构域由高度重复的α卫星DNA组成，这部分DNA已被制成人类着丝粒DNA特异探针。配对结构域是两条姐妹染色单体相互连接的区域，在其表面分布着内着丝粒蛋白（inner centromere protein，INCENP）和染色单体连接蛋白（chromatid linking protein，CLIP）等，对染色单体分离起重要作用。

着丝粒是基因组与细胞骨架的附着点，着丝粒蛋白（centromere protein，CENP）对其功能非常重要。CENP-B是单一拷贝基因编码的mRNA的产物，处于着丝粒的中央结构域，特异性地和α卫星DNA结合。研究发现，CENP-B在DNA上的结合位点是17bp的核苷酸序列，称为“CENP-B box”，其碱基排列是5′-CTTCGTTGGAAACGGGA-3′。CENP-A、CENP-C、CENP-D、CENP-E、CENP-F、CENP-G、CENP-H、CENP-I、CENP-J和CENP-T等着丝粒蛋白，也都各有重要功能。例如，CENP-F的分子理化特性之一是微管结合蛋白，CENP-J是微管结合蛋白有丝分裂着丝粒关联驱动蛋白（mitosis centromere associated kinesin，MCAK）定位着丝粒所必需的。CENP-A是一种特殊的组蛋白H3变异体，在着丝粒染色质中取代组蛋白H3。CENP-A与着丝粒特异DNA结合因子一起，指导活性动粒组装。不过，着丝粒DNA的序列在维持动粒结构方面并不重要，而从着丝粒DNA转录而得的RNA 保持着与动粒内部的结合；长单链RNA能够很强烈地提升关键的内动粒蛋白（inner kinetochore protein）CENP-C与DNA的结合效率。着丝粒RNA通过改变其DNA结合特性，促进CENP-C到动粒内部的招募。

2. 次缢痕和核仁组织区

除了初缢痕外，有的染色体还有另一缢缩部位——**次缢痕**（secondary constriction）。有的次缢痕处的DNA松懈，形成**核仁组织区**（nucleolar organizing region，NOR）。次缢痕的数量、位置和大小是相应染色体的重要形态特征。核仁组织区是参与形成核仁（nucleolus）的染色质区，相应的染色体称为核仁染色体。在人类的第13、14、15、21和22对染色体上都存在着核仁组织区。由于核仁形成后常发生融合现象，常见间期核中仅有1个或2个核仁。人的二倍体间期细胞中的大核仁包含了从5对核仁染色体上的核仁组织区伸出的DNA袢环，含有核糖体核糖核酸（rRNA）的基因，能合成18S及28S rRNA（5S rRNA是由核仁组织区之外合成后进入核仁组织区的）。由于核糖体作为蛋白质合成机器的重要性，每种生物染色体组中至少有一条或一对染色体上有次缢痕。

3. 随体

有的染色体末端具有通过次缢痕与染色体主体部相连的球形或圆柱形节段，称为**随体**（satellite），准确说是端随体。不在染色体末端，而处于两个次缢痕之间的随体称为中间随体。具有随体的染色体称为sat-染色体。人类的sat-染色体是13号、14号、15号、21号和22号染色体。

4. 端粒

染色体的端部都有一个异染色质结构，其功能是维持染色体的稳定，防止染色体末端发生粘连、重组和辅助线性DNA复制等。**端粒**（telomere）能将染色体锚定于细胞核内。在生殖母细胞进行减数分裂时，同源染色体在减数第一次分裂（MⅠ）的偶线期（zygotene stage）要进行配对（又称为联会，synapsis）。联会也有沿染色体长轴由一点或多点同时开始的，但一般起于端粒与核膜相连的接融斑处，配对从端粒处开始向染色体其他部位延展，直到同源染色体间在侧面紧密联合。由于DNA的线性特点，真核细胞在有丝分裂中面临着普遍的末端复制问题（end-replication problem）——因末端DNA滞后链的复制，子代DNA比母代DNA发生数10个碱基长度的亏缺，形成3′端末端突出结构。在染色体末端存在着很保守的结构，主要成分是3′端突出序列、端粒重复序列及端粒结合序列（telomere associated sequence，TAS）（图6-20）。端粒重复序列中GT含量很高，常常是6~8bp单一序列的串联重复结构。在端粒重复序列和第一个单一拷贝基因之间是端粒结合序列，由数个至数百个碱基的中度重复序列和穿插于其中的短卫星样重复序列组成（图6-21）。人类的端粒长度为4~6kb，啮齿动物的端粒长度为40~60kb。不同生物的端粒重复序列不尽相同。四膜虫（*Tetrahymena sp.*）中相应的串联重复为（TTGGGG）$_n$，哺乳动物中则为（TTAGGG）$_n$。不同物种间重复序列的数目变化也很大。例如，线虫的n为2或3，而高等脊椎动物的n高达数千（人类的n为500~2000），同一物种细胞中不同染色体间的n也有差别。大部分生物染色体端粒重复数目是不固定的，其中重复序列的长度可从数十到数千碱基。有些物种内的重复序列是不规则的，如酵母的是$TG_{1\sim3}$，草履虫的是TTGGG和TTTGGG（沿端粒分散存在）。

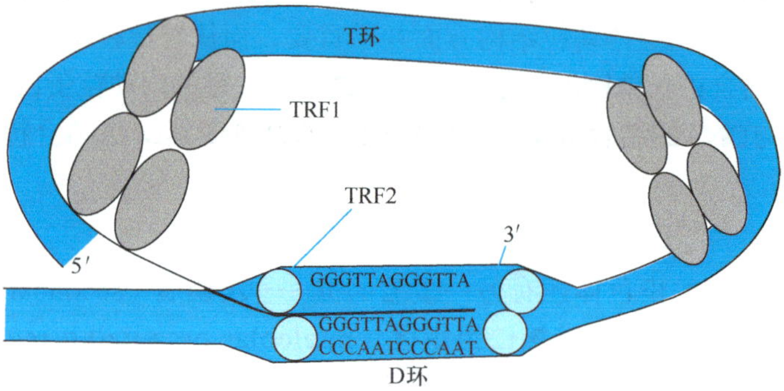

图6-20　染色体末端DNA形成的环状结构

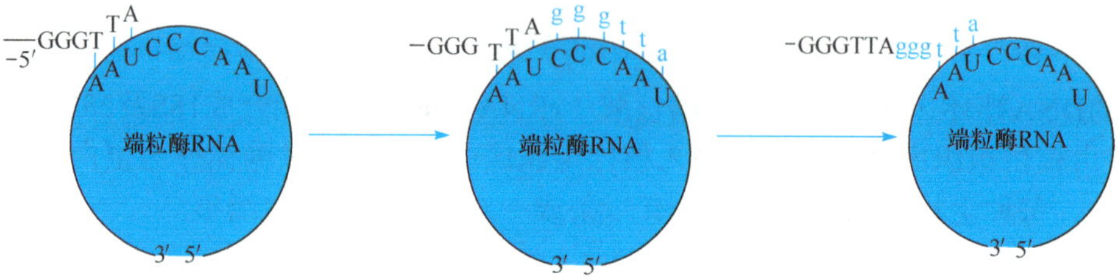

图6-21　端粒酶维持端粒序列放的机制示意图
新合成序列以小写的碱基符号表示

端粒是一个有序的核酸-蛋白质复合结构。由于端粒重复因子（telomeric repeat factor，TRF）的保护和高级结构的构筑，染色体DNA的3′端突出结构与DNA的随机断裂端不同。研究表明，人类的TRF1和TRF2保护染色体末端的作用机制如图6-20所示。TRF2以二聚体形式通过Myb结构域与端粒重复序列TTAGGG 结合，并与TRF1、TIN2、Rap1、TINT1及POT1组成Shelterin蛋白复合体，协同维持端粒动态平衡和基因组的稳定性。TRF2在细胞DNA损伤应答过程中也可能发挥着重要作用。缺失TRF2导致染色体结构和数量变异，发生染色体末端粘连，引起细胞衰老或编程性死亡。端粒TTAGGG序列结合到TRF1二聚体上，双方的互作使得染色体末端发生回折。回折的3′突出端插入到上游含端粒序列的区域，并与另一条链的端粒序列形成了取代互补关系，成为D环（displacement loop）结构（只含端粒序列的几百个碱基）。末端回折形成的外环囊括了几乎全部端粒序列，产生与端粒长度一致的T环（telomeric loop）。正是在TRF的协助下DNA末端才形成了环状结构，3′突出端才受到了保护。

端粒功能的发挥机制备受关注1985年，美国科学家C. Greider和E. Blackburn证实了一种不需要额外的模板即能在四膜虫的染色体DNA 3′端加上TGGGG端粒序列的酶——端粒酶

（telomerase）。真核细胞都有反转录酶性质的端粒酶。端粒酶是一种核糖核蛋白，其核心成分为模板RNA（TR，约含有450个核苷酸）和反转录酶（TERT）。TR的编码基因定位于人类的3q26.3，其模板区为5′-CUAACCCUAAC-3′，能指导端粒TTAGGG的合成；端粒酶催化亚单位是130kDa的蛋白质，是定位于人类5p15.33的单拷贝基因的产物，在细胞永生化及肿瘤中明显伴随着端粒酶活性表达。端粒酶的酶促反应相当特殊，它可以以TR为模板，在线性DNA复制的滞后链模板DNA的3′-OH端延长DNA（以反转录方式补齐染色体末端丢失的端粒序列），继而又转换模板以这样延长得到的DNA尾端为模板，把滞后链的复制进行到最后。具体是：首先将DNA滞后链3′突出端最末3个碱基与TR的3个相应碱基相配对，再在TERT催化下、以TR为模板延伸DNA链，然后通过DNA聚合酶完成后随链的合成（图6-21）。

端粒酶活性和端粒长度与细胞增殖能力、细胞寿命和癌细胞形成明显关联；生殖细胞始终保持着端粒酶的活性，这对物种的延续至关重要；在发育早期，胚胎干细胞都维持较高的端粒酶活性，而开始组织分化后，端粒酶活性就逐渐被抑制；在大多数体细胞中TERT不表达，因而多无端粒酶活性。在永生的单细胞生物和癌细胞内，端粒酶的高活性使端粒长度不缩短；相反，有限增殖细胞随着每次分裂中端粒的缩短，逐渐衰老，不再增殖，最终死亡。当然，在有限寿命（一般在50代左右）的培养细胞中转染端粒酶基因，可能成倍地增加细胞寿命。由于他们在端粒和端粒酶保护染色体的机制研究中作出的突出贡献，2009年诺贝尔生理学或医学奖授予了三位美国科学家，J. W. Szostak和C. Greider、E. Blackburn。

四、染色体的关键DNA序列和人工遗传控制

细胞世代间染色体的稳定传递起码需要三种基本结构，即DNA复制起始点（DNA replication origin）、着丝粒和端粒。染色体上必须具备一个DNA复制起始点，才能使其DNA自我复制，维持其连续遗传到后代的性质；染色体的适当位置（中部、近中部、近端部或端部）需要有一个着丝粒作为牵拉支撑点，使复制的染色体在细胞分裂时平均地分配到两个子细胞中；染色体两端需要各有一个端粒，使线性的染色体DNA最后复制完整，并维持染色体的独立性和稳定性（图6-22）。染色体DNA中对应的这三部分序列就是染色体DNA的关键序列。这三个组件也是采用分子克隆技术构建人工染色体（artificial chromosome）的三要素，即将这三种序列分别克隆出来，然后按序连接，就能创造具有染色体特性的分子产物，用于基因克隆、表达和功能研究等。

（一）DNA复制起始序列

研究发现，酵母*Trpl*基因连锁的DNA序列中具有既能使重组质粒复制和高效表达，也能在酵母细胞里独立存在的序列单位；不用这种DNA序列的单纯质粒则不能转化酵母细胞。这说明酵母的这种DNA片段除了具有遗传标记的基因外，还含有染色体**DNA复制起始序列**（DNA replication origin sequence，ORI），或称为**自主复制DNA序列**（autonomously replicating sequence，ARS）。不同来源的ARS共有一段11~14bp的富含AT的强同源性序列，这一序列及其上、下游各约200bp的DNA区段对维持ARS的功能具有重要意义。多数真核细胞的染色体DNA是多复制子的，具有很多ARS，因此整个染色体复制得非常迅速。

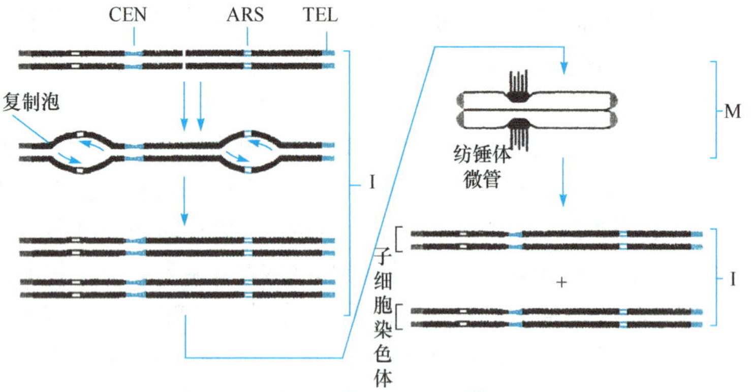

图6-22　染色体DNA的关键序列

ARS. DNA复制起始序列；CEN. 着丝粒DNA序列；TEL. 端粒DNA序列；

I. 间期；M. 分裂期

研究者分析了酵母的三个ARS（ARS1、ARS2和10Z）构建的质粒，证明酵母复制子的活化有严格的时间次序，同时α因子和*cdc*基因对酵母DNA的复制发挥调控作用。研究发现，14bp的核心序列共存于各种ARS片段中，而其中又有11个核苷酸（TATPuTTA或TATPuTTT）高度保守。如果核心保守序列发生点突变，ARS的DNA复制起始作用即消失。进一步研究发现，复制效率的调控不仅需要特异的序列元件，而且需要一定的序列长度。DNA复制的起始与RNA转录的启动一样，在细胞周期中是受到严格调控的。

（二）着丝粒DNA序列

着丝粒DNA序列（centromere DNA sequence，CEN）与动粒装配和染色体分离有关，确保染色体在细胞分裂时被平均分配到两个子细胞内。着丝粒DNA具有自身的序列特点。它们在真核生物中具有功能的高度保守性，但即使在亲缘关系很近的生物类型之间也有序列多样性；拥有高度重复的串联序列是绝大多数生物中着丝粒DNA的结构特征，但在着丝粒核心区域却又存在着十分频繁的重复序列删除、扩增和突变，体现了重复序列对着丝粒活性的非必要性。种种迹象表明，在决定着丝粒位置和功能的因素中，也许更重要的不是序列而是DNA的二级结构或高级结构。然而，存在着为染色体DNA平均分配所必需的CEN是个事实，而且其中包含的调节信息很多。

人们研究酵母时发现，CEN都含CDEⅠ、CDEⅡ和CDEⅢ三种保守序列，处于中间的核心序列的AT含量高于90%，其5′端为一个8核苷酸序列（CDEⅠ），而3′端为一个25个核苷酸的序列（CDEⅢ）。这一核心序列是CEN的主干，提高了有丝分裂中着丝粒的稳定性。另外，过量的CEN也呈现一定的有害性，原因可能是竞争了细胞中有限的着丝粒结合蛋白、纺锤体微管等。有研究报道，过量的CEN甚至能使细胞中质粒的拷贝数下降到原来的1/100~1/50。组蛋白 H3 的变异体 Cse4p是酵母着丝粒的必要成分，被认为是着丝粒核小体中H3的替代物。在人类中，这一特异的着丝粒组蛋白同源分子是CenpA（着丝粒蛋白A）。

（三）端粒DNA序列

端粒是真核生物线性染色体末端的特殊结构，端粒DNA与端粒蛋白组成的结构，在正常细胞中可随着细胞分裂而逐渐缩短。倘若把一件绒线衫比作结构严密的DNA，那么端粒就像绒线衫袖口脱落的线段端头。端粒稳定了染色体的末端结构，防止了染色体间在末端的粘连，更重要的是补偿了滞后链复制中5′端消除RNA引物后的空缺。

线性DNA分子的两个游离端必须有**端粒DNA序列**（telomeric DNA sequence，TEL）才能解决末端复制问题。将切成线性的质粒DNA的两端加上四膜虫的TEL，使其同时具备ARS、CEN和TEL三要素，它就能够在酵母细胞中进行正常的复制和分离，也能保持稳定性。

（四）人工染色体

从以上的讨论可知，ARS、CEN和TEL是染色体不可缺少的三个关键序列。人工染色体[如酵母人工染色体（yeast artificial chromosome，YAC）]就是将酵母染色体的ARS、CEN序列与四膜虫的TEL拼接起来而成功构建的。当YAC的DNA长度大于300kb时，就能像自然的染色体一样正常地在酵母细胞分裂的子代细胞间精确地分配；YAC太小时不能精确地分配，可能是由于DNA复制太快，子代染色体分离太早，难以在纺锤体上形成正确的排列格局。

YAC的构建为人们进行大片段DNA分子的克隆提供了有用的载体。例如，将带有特定选择标记（如*Trp1*和*Ura3*）的YAC载体用适当的限制性内切核酸酶（如*Bam*HI和*Eco*RI）切割，再将对来自某种细胞基因组DNA轻微酶切消化得来的外源DNA的片段替换到切点之间，就形成了插入特定细胞基因组DNA片段的重组YAC（图6-23）。

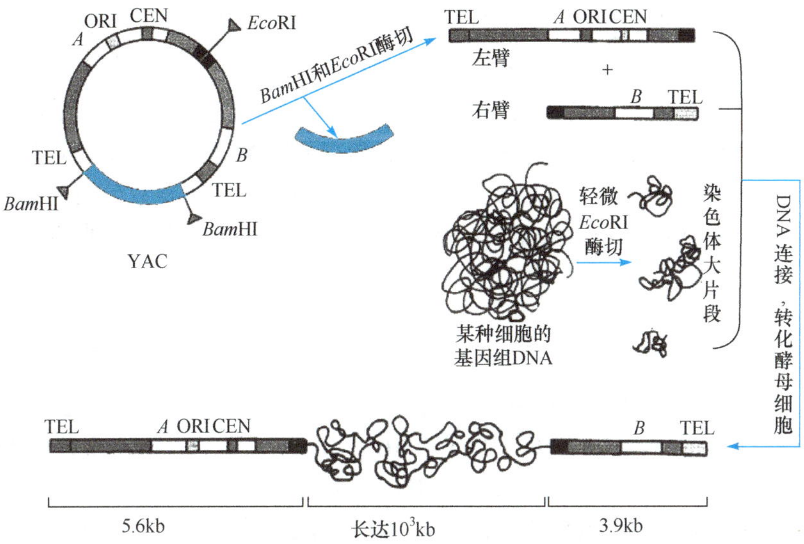

图6-23　插入某种来自细胞基因组DNA片段的YAC

*A*和*B*是选择标记基因

目前人工染色体已经多样化，除YAC外，还有细菌人工染色体（BAC）、P1派生人工染色体（PAC）、哺乳动物人工染色体（MAC）和人类游离人工染色体（HAEC）等。人工染色体能够容纳很长的DNA片段，可以用较少的克隆囊括特定基因组的全部序列，对保持基因组特定序列的完整性和物理图谱的制作等有重要的意义。

第三节 核 仁

核仁在真核细胞中普遍存在，与基因表达、蛋白质合成紧密联系。在核仁的重要功能中，核糖体的组装是重中之重。核仁的动态直接关联着细胞的生命周期和命运。

一、核仁存在的普遍性及其意义

核仁的发现要追溯到1781年，发现者是F. Fontana。Fontana在研究鳗鲡上皮细胞时观察到细胞核中均存在一种颗粒状小体，称为核仁。核仁是真核细胞分裂间期核中最明显的小球体状结构，由蛋白质和RNA组成，除细胞核分裂的前中期到后期期间外，几乎存在于所有细胞核内。核仁的直径为2~5nm，没有被膜包裹。光学显微镜下的核仁一般呈匀质球体（中圆形或椭圆形），1个或2个为多，但也有多个的。由于有大量固体物质存在，核仁的折光性很强。核仁中聚集着核糖体，它们从细胞核中转移出来，进入细胞质发挥蛋白质合成的功能。

核仁的数目取决于细胞核内特殊染色体的次缢痕（核仁组织区）数目。各种生物的核仁数目大体是一定的，如非洲爪蟾细胞有2个核仁、人类细胞只有1个核仁。不过，即使在同种生物中，不同组织中核仁的形态、大小和数目也在一定情况下有差别。这种变异性与细胞的活性有关，特别是与蛋白质的合成能力有关。

核仁可被派洛宁（pyronin）等染料着色。派洛宁与核仁、细胞质中的RNA选择性结合显示红色。经高锰酸钾固定后，在电子显微镜下观察到的核仁是较为均一的结构，在戊二醛-锇酸双重固定后，核仁各部位的分化可清晰辨认。

核仁存在的意义主要在于与蛋白质的合成有关。不具备蛋白合成能力的细胞（如精子、肌肉细胞等），其核仁很小甚至没有；旺盛合成蛋白质的细胞（如卵母细胞和分泌细胞），拥有大量的、很大的核仁。值得关注的是，在两栖类卵母细胞的减数分裂前期，细胞内出现巨大的**灯刷染色体**（lampbrush chromosome），体现了与核仁形成有关的环状DNA被选择地复制的过程。

二、核仁的结构及其层次分化

据分析，核仁内部固体物质占其干重的40%~85%，而主要成分蛋白质类（类似组蛋白的碱性蛋白质和重要酶类等）占核仁干重的80%；其次，较多的物质成分是RNA，占核仁干重的10%（5%~10%）；DNA的含量少于RNA；脂类含量极微。核仁中存在很多酶，如碱性磷酸酶、ATP酶、DNA聚合酶和转录rRNA顺序的RNA聚合酶Ⅰ等。核仁是rRNA基因存储、rRNA合成加工及核糖体亚单位装配的场所，其组成成分的“主角”是rRNA、核糖体DNA（rDNA）和核糖核蛋白。人类的rDNA分布在10条染色体上，分别是13号、14号、15号、21号、22号染色体。在电子显微镜下可观察到核仁周围没有界膜包裹，按层次可分为三个特征性区域，即**颗粒组分**（granular component，GC）、**致密纤维组分**（dense fibrillar component，DFC）和**纤维中心**（fibrillar center，FC）（图6-24）。

（1）周缘部的微小颗粒结构区——颗粒组分。在电镜下观察到的核仁周缘部位有很多直径为15~20nm的核糖核蛋白颗粒，这是正在加工、成熟的核糖体亚单位的前体颗粒。这一区域称为核仁的颗粒组分。颗粒组分是核糖体亚单位成熟和储存的部位。

（2）致密纤维组分。在电镜下观察核仁，可以见到由致密纤维（直径为5~10nm，代表

RNA转录本）构成的电子密度最高的特异部分，这就是致密纤维组分，含有rRNA和一些特异结合蛋白[如fibrillarin、核仁素（nucleolin）和Ag-NOR蛋白等]。RNA前体物首先在致密纤维组分出现，然后才到颗粒组分内，因而前者包含原初转录本，后者包含不同成熟阶段的核糖体亚单位前体。

（3）纤维中心。纤维中心是核仁染色质所在的区域，即核仁中rDNA所在的部位。这是电镜下观察核仁内部三层结构中的内部浅染区。rDNA来自染色体的核仁组织区（一般在次缢痕部位）。细节上划分核仁染色质，可见一部分是核仁周染色质（perinucleolar chromatin），另一部分是核仁内染色质（intranucleolar chromatin）。中期染色体的次级缢痕部位就是核仁形成区（一个或几个特定染色体片段），其中有rDNA[16S和28S核糖体RNA（rRNA）的编码序列]。人类染色体组中10个（5对）染色体新生的10个小核仁很快融合成一个大核仁，其中伸出的染色质袢环中含rDNA。

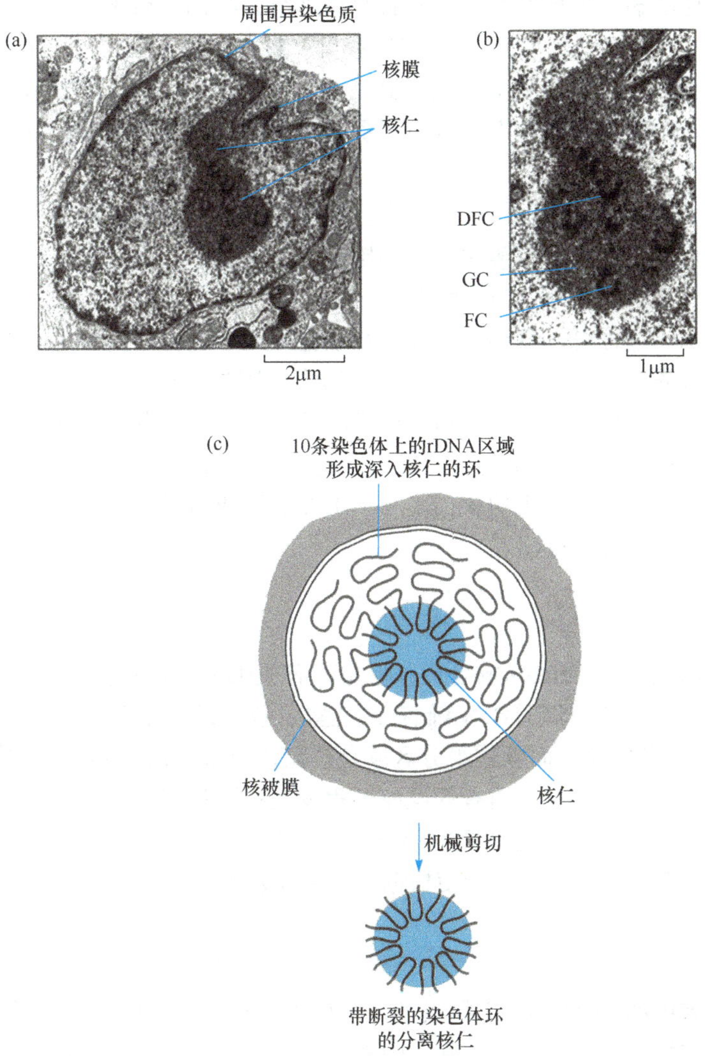

图6-24　核仁

（a）核仁在细胞核中的位置（参照E.G. Jordan和J. McGovern）。（b）核仁的结构分区（参照Jordan and McGovern，1981）；GC. 颗粒组分；DFC. 致密纤维组分；FC. 纤维中心。（c）人类细胞核核仁的结构剖析

核仁组织区内拥有100~700个rRNA顺反子（基因）。起初，rRNA以45S形式开始合成，随后加工成为16S或18S的核糖体亚基RNA和35S的前体颗粒。35S颗粒还要转变成28S亚基。在细胞质中，16S（18S）RNA和28S RNA分别参与形成核糖体的大小亚基。认真观察，还能观察到核仁颗粒组分的一部分物质从核孔拱突而出，转移到细胞质内的情形。

除了上述三种主要组分外，无结构的蛋白质性液态成分[基质成分（matrix component，MC）]也受许多研究者的关注。

三、核仁的周期变化

核仁随着细胞周期的变化而发生形成→消失→形成的核仁周期（nucleolar cycle）。对一些高等植物分生组织细胞的分析表明，核仁在细胞周期有丝分裂的末期开始出现；在G_1期的较早阶段，核仁还很小（没有分化形成纤维中心和致密纤维组分）；随着细胞发育，核仁逐渐增大，同时开始明显地出现纤维中心和致密纤维组分结构。后来，小的核仁开始合并成大的核仁，到G_1期的中后阶段，细胞中的核仁数目一般合并为1个或2个。在G_1期的中后期、S期和G_2期，核仁在大小上没有明显变化；到了S期和G_2期，虽发生了DNA的加倍，核仁的体积仍无明显变化。由于与其周边染色质的联系增多，S期、S与G_2过渡期的核仁边缘出现“毛边”现象。

到达有丝分裂前期，核仁开始逐渐消失。在早期，核仁内的纤维中心和致密纤维组分并无明显变化；后来；核仁开始裂解为几个小核仁，但纤维中心和致密纤维组分仍然存在；最后，纤维中心和致密纤维组分结构渐渐消失，然后核仁转变成无核仁结构的核仁组织区。

核仁周期的总体过程可以概述为：核仁在细胞周期中进行分离和重新聚合。细胞进入有丝分裂时，核仁首先变形、变小；其后，染色质发生凝集、RNA合成停止，包含rDNA的染色质袢环逐渐收缩回到核仁组织区；随着核膜破裂、细胞进入分裂中期，核仁消失；在有丝分裂末期，核仁组织区的DNA发生解凝集，细胞重新开始rRNA合成，形态上表现出在染色体核仁组织区附近重新出现极小的核仁。（小）核仁形成后常常发生融合。在原有核仁组分的协助和参与下，核仁可以重建。

四、核仁的重要功能

核仁的主要功能是进行rRNA的合成，但是，有关rDNA转录的确切位点仍在精心探究之中。一般认为，纤维中心区域是rDNA储存的位置，致密纤维组分或它与纤维中心的交界处是rDNA转录过程的发生地，而颗粒组分区域是核糖体亚基的成熟和储存空间。rRNA的前体一般在致密纤维组分区域加工，但有的反应过程发生在颗粒组分区域。也许核仁的区域化无明显边界，有研究显示纤维中心和颗粒组分区域也存在rDNA转录位点。无论如何，核仁具有其“万变不离其宗”的功能——行使核糖体的生物发生作用。

（一）核仁提供了rDNA扩增及其多拷贝扩增物集结的场所

几乎所有细胞中的rDNA都是多拷贝的。因生理上对核蛋白体的大量需求，rDNA在许多细胞（如发育早期的两栖动物卵母细胞）中需要大量复制[基因扩增（gene amplification）]。新复制的rDNA以环状分子形式存在于几百个至上千个染色体外核仁中，以便合成胚胎发育等过程构建大量核糖体所需要的rRNA。例如，爪蟾卵母细胞核在基因扩增过程中可产生

1×10^6~2×10^6个额外的rDNA，存在于大约1000个游离的核仁中。这些活性基因生产rRNA前体的速率约为300 000个/s。当然，一个常规的体细胞中蛋白质合成并不活跃，因此在相同时间一般只产生10~100个rRNA前体。需要指出的是，这些基因扩增一般只涉及处于一个转录单位中的18S和28S两种rDNA，5S RNA是核仁外染色体基因编码的产物。

（二）rRNA前体在核仁中转录形成

在核仁组织区，编码18S、5.8S和28S rRNA的三个基因组成一个转录单位（这与原核rRNA基因不同）。rDNA在染色质轴丝上呈现串联重复排列方式。沿着转录方向新生的rRNA链，从DNA长轴的两侧（近乎）垂直地延伸出来。rRNA链的产生呈现从一端到另一端有规律逐渐增长的特点，在电镜下可观察到箭头状结构，形如“圣诞树”。每个箭头状结构就是一个rDNA转录单位形成的体系；在箭头状结构之间还存在不被转录的间隔DNA区段——间隔DNA区段的长短因生物物种而异。在电镜下可观察到核仁的核心部位由缠结一起的以一条长DNA为轴心的纤维组成（图6-25）。

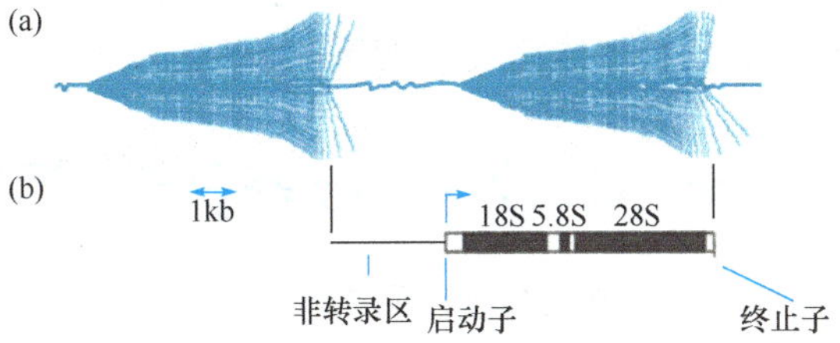

图6-25　rDNA的串状重复及其转录单位

（a）核仁组织区电子显微镜照片（框中为两个rDNA转录单位）；（b）蛙的rDNA基因结构示意图

（三）rRNA前体的加工成熟

在RNA聚合酶I的催化下，每个rDNA转录单位转录出45S rRNA前体。这一前体很快又被甲基化，然后剪接为41S rRNA前体；41S rRNA在相同的剪接位点可剪切产生不同的中间前体rRNA；最后，rRNA前体被剪接为28S、18S和5.8S rRNA。rRNA前体的加工成熟也是核仁中的重要事件。

45S RNA一经产生即与蛋白质结合，并在核仁中合适的区域被加工，但不是以单个游离的rRNA前体单位进行的。原初转录本首先出现在致密纤维组分，加工剪切后的许多中间产物出现在颗粒组分。甲基化对rRNA前体的加工非常重要，而丢掉的部分多为非甲基化和GC碱基对含量高的区段。

需要指出的是，许多生物的rDNA中相应于26S~28S rRNA的区域具有内含子。实验中发现，四膜虫26S rRNA前体存在自我剪接的催化活性，这打破了以前一直认为的只有蛋白质才有酶活性的观念。这种具有催化功能的 RNA 分子称为**核酶**（核糖核酸拟酶，酶性核糖核酸，ribozyme）。

（四）核糖体亚基的组装

45S RNA转录形成后，就迅速进入核仁与蛋白质结合成80S的核糖核蛋白颗粒（其中含有70种不同的多肽）；伴随45S RNA的加工，80S的核糖核蛋白颗粒逐渐丢失一些RNA和蛋白质，分别形成核糖体大、小亚基的前体；最后，在核仁中，大、小亚基的前体形成大、小亚基，并被运输到细胞质内。可见，核糖体亚基的组装发生在核仁内。纵观核糖体的生物发生，可以看出它是一个向量（vector）过程，其中包括rRNA的合成、加工和核糖体亚基装配等。这一系列过程从核仁的致密纤维组分开始，向颗粒组分延续。核糖体的小亚基成熟较早，大亚基成熟较晚。研究指出，核糖体的成熟作用只发生在它们的亚基被转移到细胞质之后。成熟过程中，两个核糖体亚基分别通过核孔进入细胞质，这样才形成了功能单位。这种空间分工可以阻止有功能的核糖体与细胞核内尚未加工完全的不均一核RNA（hnRNA）分子接近而发生装配紊乱。

据研究，核糖体小亚基（包含18S rRNA）在几分钟到30min即可完成组装，出现在细胞质中；大亚基（含28S rRNA、5.8S rRNA）完成组装较晚，需要35min~1h。证据表明，核仁中有较多未成熟的大亚基。成熟的大、小亚基通过核孔进入细胞质后，其他蛋白质和小RNA驻留于核仁内，可能发挥着催化核糖体构建的功能。真核细胞核糖体中含有120个核苷酸的5S RNA。5S DNA具有较高的保守性，并具有重复顺序，串状重复排列，而且被DNA间隔片段隔开。5S RNA在细胞核染色体上被合成（转录本可能不需要进一步加工）后被转运至核仁中，参与核仁的组配，使核糖体完成大亚基的组装。

第四节　染色体结构与基因表达调控

在真核生物细胞内，核基因组DNA与蛋白质结合，形成以核小体为基本单位的染色质。因此，基因的转录以染色质结构的一系列重要变化为前提。

一、核小体的结构与转录的关系

核小体的结构直接关联着基因转录及其调控。在基因转录时，RNA聚合酶大约与50bp的DNA结合，且其中有12bp需发生解链。研究表明，RNA聚合酶经过的部分核小体中组蛋白被暂时移开，待RNA聚合酶离开后又立即恢复核小体结构（图6-26）。具体是：首先，“驶过来”的RNA聚合酶使核小体去稳定，形成一个复合物（其中核小体核心颗粒的2个H2A-H2B二聚体已经移位）；其次，组蛋白核心的另一半（H3-H4组蛋白四聚体）发生移位，释放出紧随RNA聚合酶后的裸DNA；最后（此段转录完成后），H2A-H2B等二聚体重新与DNA结合，完整的核小体核心颗粒得以恢复。研究表明，与糖皮质激素受体（GR）结合的共活化因子CBP对组蛋白的乙酰化，可能对上述过程发挥重要作用。

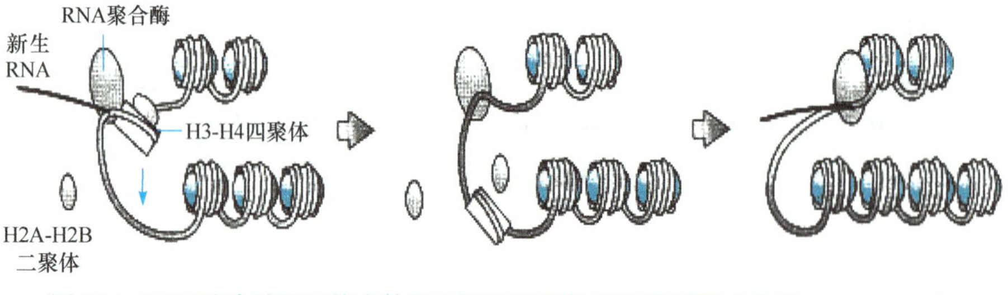

图6-26　RNA聚合酶通过核小体核心颗粒进行转录的模式图（参照Karp，1999）

二、核小体相位与转录

核小体**相位**（phase positioning）是指在同一类细胞中，组蛋白八聚体在DNA序列上的特殊定位方式。由于染色质中核小体相位的改变，核小体核心外DNA上某个基因的启动子和增强子序列可能暴露。特异序列的核小体相位可促进远距离调控元件的联系，通过DNA盘绕，使较远的顺式作用元件彼此接近，形成特殊的三维结构（图6-27），直接导致基因调控的变化。爪蟾卵黄蛋白基因转录活性分析表明，体外模型中的类似结构可使基因表达提高10倍左右。

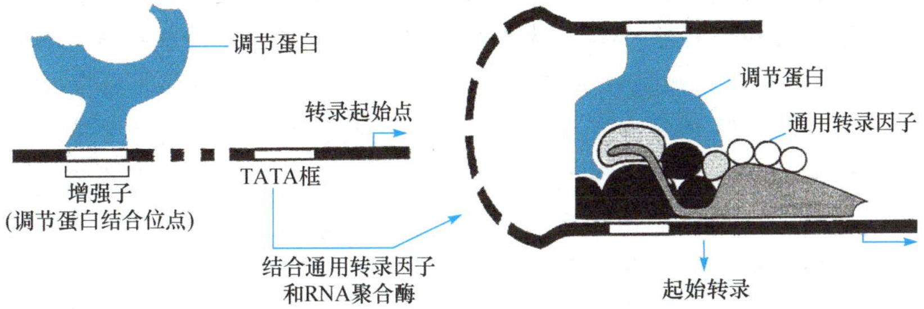

图6-27　核小体相位改变促成的基因转录活化的远距离作用

三、染色质核心组蛋白的修饰与转录

核小体核心组蛋白的某些氨基酸常被共价修饰（乙酰基化、甲基化和磷酸化等）。其中最主要的是赖氨酸残基上的氨基乙酰化导致相邻核小体的聚合受阻。这样的修饰还影响**泛素**（ubiquitin）与组蛋白H2A的结合，导致蛋白质选择性降解反应的变化。组蛋白H3、H4的乙酰化有类似促旋酶（gyrase）的活性，使DNA因负螺旋而易从核小体上脱离，在染色质上造成活性基因的类似区域（对核酸酶更敏感，并有利于结合敏感因子）。组蛋白 H1确定核小体的方向性，并能进一步将核小体从10nm纤维组装到30nm纤维。组蛋白H1在有丝分裂中的磷酸化，可导致其对DNA的亲和性下降，结果提高了基因的转录活性。使染色质活化的组蛋白修饰的共同特点就是降低组蛋白的正电荷量，使它们与DNA的结合变得松弛，便于基因转录。

组蛋白的翻译后修饰会使其性质发生改变，从而提供一种识别标志，为其他蛋白质与DNA 的结合产生协同效应或拮抗效应。这是一种动态的转录调控因素，被称为组蛋白密码（histone code）。组蛋白的乙酰化、甲基化、磷酸化、泛素化、糖基化、ADP 核糖基化和羰基化等都是组蛋白密码的基本范畴。

另外，非组蛋白转位、高迁移率群蛋白质（high-mobility group protein，HMG）与核小体的结合等也是产生活性染色质、激活基因转录的因素。

本章提要

细胞核主要由核膜、染色质、核仁和核骨架构成，是真核细胞内的最大细胞器和核心控制部位。含全部基因组的染色体就处在细胞核内，细胞核是基因复制、转录的中心。染色体是遗传物质的载体，揭示染色体变异和基因突变的机制是解决人类健康等问题的关键。研究细胞核功能所涉及的内容还有细胞核-细胞质间物质运输和核纤层在细胞分裂中的重组动态，核仁与基因表达、蛋白质合成的联系，等等。

核膜一方面构成了细胞核、细胞质间的天然选择性屏障，将细胞分成细胞核、细胞质两大结构-功能区域，使DNA复制、RNA转录和加工在细胞核内进行，蛋白质翻译在细胞质中完成，并保护细胞核里DNA免受细胞骨架运动机械力的损伤，另一方面又并非完全封闭，保证了细胞核、细胞质间频繁的物质、信息交流。双层核膜、核孔复合体和核纤层三种组分保证了细胞核的结构完整性和功能严密性。

核孔是细胞质与细胞核物质的有一定选择性的双功能、双向性的疏水性交流通道，由内外两层膜局部融合而成。核孔并非简单的空洞，可以从核膜上分离出来，这一特殊结构复合体就是相对分子质量约为1.25×10^8、大约包含30种不同蛋白质的核孔复合体（NPC）。核孔复合体是细胞核-细胞质物质跨核膜输送的唯一通道，可快速介导小分子被动运输和大分子主动运输。物质跨核膜运输效率直接影响细胞的生长、增殖、分化和发育，是基因表达调控、核内外信号传递的保障，是一系列核反应调控的关键环节。核孔具有双功能、双向性的亲水性核质交换通道，分别介导两种运输方式（被动扩散与主动运输）和双向转运性能（蛋白质入核转运，RNA、RNP出核转运）。

核纤层是高等真核细胞中贯穿于细胞核和细胞质的骨架体系。随着细胞分裂期核膜的崩解，核纤层解体为单体成分。大多数真核细胞的核纤层由1~3种中等纤维性质的多肽组成。哺乳动物和鸟类的核纤层蛋白通常有核纤层蛋白（lamin）A、B、C。在细胞分裂中，核纤层发生解聚和重装配。在分裂前期，核膜崩解，核纤层也随之解聚，核纤层蛋白弥散于细胞质；到末期，核膜得以重构，核纤层也重新装配。核纤层与保持核膜稳定、维持核孔位置、稳定间期染色质形态结构和调控细胞核组装等密切相关。

核骨架（核基质）是真核生物细胞细胞核内的以蛋白质纤维为主的网架体系。核骨架与核膜内面的核纤层相连，对核的结构起支持作用。目前在核骨架中发现的成分主要有角蛋白、肌蛋白质、微管结构和少量RNA等，它们起着维持核骨架三维网络结构的完整性等作用。人们在核骨架上陆续发现了一些核骨架结合蛋白（一般是与DNA和RNA代谢密切相关的酶类、细胞调控因子、RNP类和病毒蛋白类等），这些蛋白质有严格的DNA序列结合特性、基因活化或抑制作用、激素调节能力等。大量研究表明，核骨架同DNA复制、RNA转录与加工、染色体构建等密切相关。

细胞的遗传物质被包装成染色体。染色体在DNA序列上具有三要素成分（起始序列、着丝粒序列和端粒序列）。染色体组是基于染色体的结构、组成、变异等方面研究细胞遗传学的基础；染色体变异、突变的分析有利于理解人类自身健康等相关问题。在细胞内包含的一套形态大小各异、功能上相互协调的染色体及其装载的全部基因，称为基因组。在细胞学上，基因组对应于单倍染色体组。在无性繁殖生物物种中，所有细胞所含的染色体数目都是一样的。而在有性繁殖生物物种中，体细胞染色体成对地分布。性细胞（如精子、卵子）是单倍体的，所含的染色体数目只有体细胞中的一半。以多聚核小体串联形成的纤维状结构是染色体的一级结构，一级结构进一步形成的螺线管结构是其二级结构，二级结构进一步形成的筒状超螺线管结构是其三级结构。染色体四级结构的形成更为复杂，需要更加浓缩的包装形式，并且需要非组蛋白组成的染色体支架。在细胞的有丝分裂期，30nm的纤维（螺线管）继续压缩、包装形成染色（单）体的典型模型是多级螺旋模型和骨架-辐射环模型。

染色体物质分为常染色质和异染色质，它们的区别与联系是：①两者在结构上连续，化学性质没有差异；②异染色质在细胞分裂间期的复制晚于常染色质；③在细胞间期常染色质在细胞间期处于松散状态，而异染色质仍然呈高度螺旋化状态；④常染色质在细胞间期基因活跃表达，而异染色质一般不编码蛋白质，主要发挥维持染色体结构完整性的功能。端粒酶维持了染色体端粒重复序列的长度。端粒酶活性和端粒长度与细胞的增殖能力、细胞寿命和癌细胞的形成明显关联；生殖细胞始终保持着端粒酶的活性，这对物种的延续至关重要。

在真核生物细胞内，核基因组DNA与蛋白质结合，形成以核小体为基本单位的染色质。因此，基因的转录以染色质结构的一系列重要变化为前提。

在核仁的重要功能中，核糖体的组装是重中之重。核仁的动态直接关联着细胞的生命周期和命运。核仁的数目取决于细胞核内特殊染色体的次缢痕[核仁组织区（NOR）]的数目。核仁存在的意义主要在于其与蛋白质的合成有关。在两栖动物卵母细胞的减数分裂前期，细胞内出现巨大的灯刷染色体。这种大型染色体上体现了与核仁形成有关的环状DNA被选择复制的过程。核仁按层次可分为三个特征性区域，即颗粒组分（GC）、致密纤维组分（DFC）和纤维中心（FC）。核仁的周期性表现在其在细胞周期中的分离和重新聚合。细胞进入有丝分裂时，核仁首先变形、变小；其后，染色质发生凝集和RNA合成停止，包含rDNA的染色质袢环逐渐收缩回到核仁组织区；随着核膜破裂、细胞进入分裂中期，核仁也消失；在有丝分裂末期，核仁组织区的DNA发生解凝集，细胞重新开始rRNA合成，在形态上表现出在染色体核仁组织区附近重新出现极小的核仁。（小）核仁形成后，常常要发生融合。在原有核仁组分的协助和参与下，核仁可以发生重建。核仁的主要功能是进行rRNA的合成，但是，有关rDNA转录的确切位点仍在精心探究之中。

目前，对细胞核及其内部结构的精细的物质基础、精密的功能调控等方面谜团的揭示还远远不够，但相关领域的进展也是喜人的。例如，人们发现INCENP染色体过客蛋白与H2AFZ、Survivin、CDCA8、Aurora B激酶等染色体信使蛋白形成了染色体乘客蛋白复合体（CPC），调节微管组织中心和细胞分裂沟形成、染色体分离及细胞质分裂。INCENP充当着着丝粒处的激酶偶合平台，使Polo和Aurora B激酶能够获得平衡，以矫正纺锤体微管与着丝粒的附着。CDC14磷酸酶所催化的INCENP-Aurora B去磷酸化，使CPC脱开着丝粒，引起姐妹染色单体分离。在核膜、核骨架、着丝粒和端粒等各处集中或有序分布的各种蛋白质因子或复合体的相互关系、功能调控机制正在不断揭示。

思考题

1. 请概述细胞核的基本结构与主要功能，并参考文献总结细胞核的进化过程及其意义。
2. 请详细论述核孔复合体的结构、功能及研究进展。
3. 核孔复合体所介导的主动运输的双向选择性表现在哪些方面？
4. 试述核小体的概念、结构和对其结构进行剖析的实验证据；查阅资料，简述核小体定位（nucleosome positioning）及其研究进展。
5. 简述核仁的结构、功能及其最新研究进展。
6. 试述从DNA到染色体的各级包装过程及其与基因表达调控的关系。
7. 染色体在细胞周期中有何变化，中期染色体各部分的主要形态结构和功能是什么？
8. 染色体DNA的三个功能元件是什么？各有什么作用？
9. 端粒和端粒酶有何重要作用？请叙述相应的分子机制。

10. 请结合基因表达调控的顺式作用元件和反式作用因子，叙述染色体结构与基因表达调控的密切联系。

参考文献

Adkins N L，Watts M，Georgel P T. 2004. To the 30nm chromatin fiber and beyond. Biochimica et Biophysica Acta，1677：12-23.

Alberts B，Johnson A，Lewis J，et al. 2008. Molecular Biology of the Cell. 5th ed. New York & London：Garland Science Taylor & Francis Group.

Alberts B，Bray D，Johnson A，et al. 1998. Essential Cell Biology. New York & London：Garland Publishing Inc.

Basehoar A D，Zanton S J，Pugh B F. 1998. Identification and distinct regulation of yeast TATA box-containing genes. Cell，116：699-709.

Black B E，Foltz D R，Chakravarthy S，et al. 2004. Structural determinants for generating centromeric chromatin. Nature，430：578-582.

Edmondson D G E，Roth S Y. 1996. Chromatin and transcription. FASEB J，10：1173-1182.

Getzenberg R H，Pienta K J，Ward W S，et al. 1991.Nuclear structure and the three-dimensional organization of DNA. Journal of Cellular Biochemistry，47(4)：289-299.

Jordan E G，McGovern J H. 1981.The quantitative relationship of the fibrillar centres and other nucleolar components to changes in growth conditions, serum deprivation and low doses of actinomycin D in cultured human fibroblasts (strain MRC-5). J Cell Sci，52：373-389.

Karp G. 1999. Cell and Molecular Biology. 2nd ed. New York：John Wiley and Sons lnc，1999.

Lamond A I，Earnshaw W C. 1998. Structure and function in the nucleus. Science，280（24）：547-553.

Nigg E A. 1997. Nucleocytoplasmic transport：signals，mechanisms and regulation. Nature，386（24）：779-787.

Pienta K J，Coffey D S. 1984.A structural analysis of the role of the nuclear matrix and DNA loops in the organization of the nucleus and chromosome. Journal of Cell Science Supplement，1(1)：123-135.

7

第七章 细胞骨架

真核细胞许多重要的生命活动过程依赖于一个蛋白质纤维网络体系——**细胞骨架**（cytoskeleton）。细胞骨架体系与生物膜体系、遗传信息荷载体系共同构成了真核细胞的三大基本结构与功能体系。

广义的细胞骨架系统包括细胞核骨架、细胞质骨架、细胞膜骨架和细胞外基质。狭义的细胞骨架仅指细胞质骨架，包括**微丝**（microfilament，MF）、**微管**（microtubule，MT）、**中间丝**（intermediate filament，IF），以及参与这三种骨架结构形成和动态调节的各类骨架结合蛋白。细胞骨架是一类高度动态的细胞结构体系，在细胞形态维持、细胞运动、物质运输、能量转换、信息传递、细胞分裂、细胞分化等过程中均发挥重要的作用。本章从组成、结构、组装、动力学特征、结合蛋白和功能等方面分别介绍上述三种细胞骨架。

第一节 微 丝

微丝是直径约为7nm的丝状结构，也称为丝状肌动蛋白（filamental actin，F-actin）。细胞中，微丝组装成微丝束或微丝网络结构，在酵母细胞和真菌细胞中还可以形成肌动蛋白斑，参与细胞内许多重要的生命活动过程。

一、微丝的组成与结构

（一）微丝的组成

肌动蛋白（actin）是组成微丝的主要结构成分，其分子质量为43kDa，是由一条多肽链构成的球形蛋白质，也被称为球状肌动蛋白（globular actin，G-actin）。肌动蛋白一般由374~377个氨基酸组成，分为两个大的结构域，这两个大的结构域之间由一条缝隙隔开，这个缝隙内具有核苷酸结合位点，可以结合ATP或ADP。肌动蛋白具有一定的极性，其缝隙开口一端称为负端（minus end），另一端称为正端（plus end）（图7-1）。

肌动蛋白首先发现于肌细胞，随后在真菌、高等植物、藻类中均发现了肌动蛋白的存在。肌动蛋白在进化上极为保守，其氨基酸同源性可以达到83%~88%，即使是亲缘关系较远的哺乳动物与原生生物之间，同源性也可以达到60%。大多数生物含有编码肌动蛋白的多个基因，如海胆中有11个、拟南芥中有10个。只有在酵母和变形虫中，肌动蛋白基因是单拷贝的。在哺乳动物及鸟类细胞中已分离得到了6种肌动蛋白，其中，4种α肌动蛋白分别为横纹肌、心肌、血管平滑肌和肠道平滑肌所特有。另外2种为β肌动蛋白和γ肌动蛋白，存在于所有肌细胞和非肌细胞中。

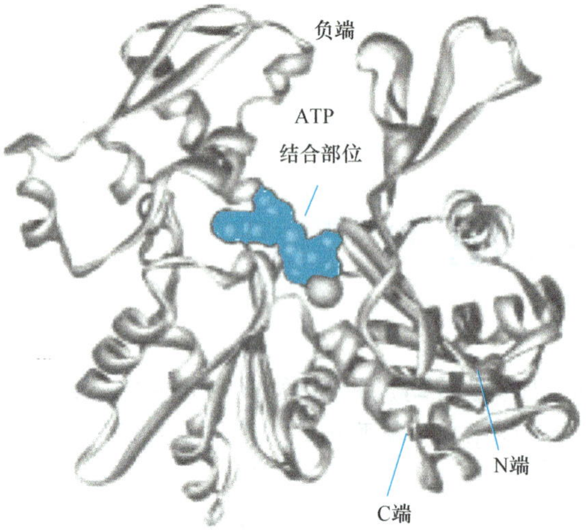

图7-1　肌动蛋白的三维结构图，缝隙开口一端为负端（参照Lodish et al.，2013）

（二）微丝的结构

微丝是由肌动蛋白相互交错排列而成的类似右手螺旋的结构（图7-2），螺距为37nm。肌动蛋白具有一定的极性，每一条微丝都由肌动蛋白头尾相连呈螺旋状排列，每个肌动蛋白的缝隙朝向一致，都指向微丝的同一端，即负端。因而，整个微丝在结构上也具有极性。肌球蛋白用蛋白酶水解可获得肌球蛋白头部S1片段。微丝的极性可以通过肌球蛋白头部S1片段修饰观察到，与S1片段结合后，微丝呈箭头状，箭头指向微丝的负端（图7-2）。

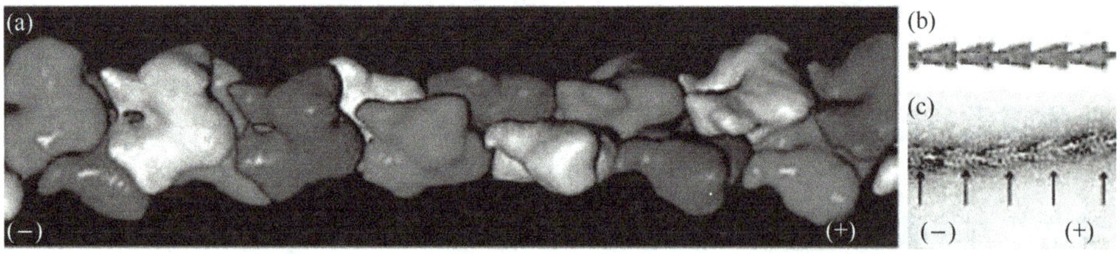

图7-2　丝状肌动蛋白的结构（参照Lodish et al.，2008）

（a）微丝的螺旋结构模型；（b）肌球蛋白S1 片段标记的串联箭头状微丝结构模式图；（c）肌球蛋白S1片段标记的串联箭头状微丝结构电镜图；“−”和“+”代表微丝的负端和正端

二、微丝的组装

肌动蛋白聚合成微丝的过程需要一定的条件。第一，微丝在体外的聚合需要一定浓度的肌动蛋白，能使肌动蛋白聚合的最低浓度称为**临界浓度**（critical concentration，C_c）。第二，当体外溶液中含有ATP和Mg^{2+}，以及高浓度的Na^+或K^+等阳离子时，肌动蛋白聚合成微丝；而当溶液中含有Ca^{2+}，以及很低浓度的Na^+、K^+时，微丝趋于解聚形成肌动蛋白。第三，微丝的聚合和解聚还与溶液中肌动蛋白的存在状态有关，通常，只有结合ATP的肌动蛋白才能参与微丝的聚合。

肌动蛋白聚合成微丝的过程分为三个阶段（图7-3）：第一阶段是成核阶段，肌动蛋白被激活，并聚合形成二聚体，进一步形成三聚体、四聚体，使肌动蛋白聚合成微丝的核，这一过程是微丝聚合的限速步骤；第二阶段是微丝的延伸阶段，肌动蛋白添加到已成核微丝的两端，微丝持续延伸；第三阶段是微丝延伸的终止阶段，即稳态平衡阶段。

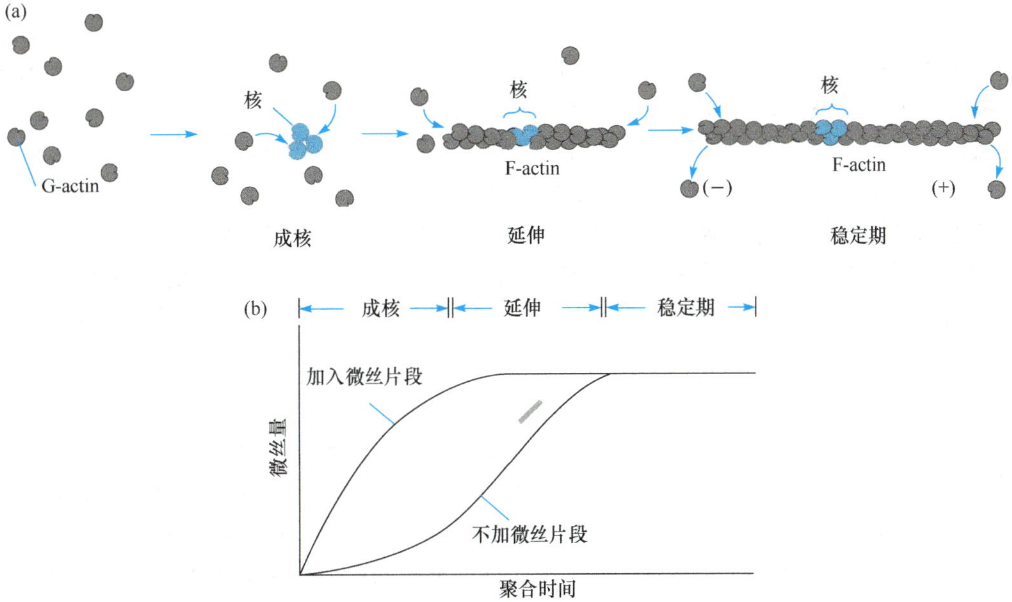

图7-3　体外试管中微丝的聚合过程（参照Lodish et al.，2013）

（a）微丝聚合过程中，G-actin首先形成稳定的寡聚体，成为微丝聚合的核，肌动蛋白不断添加到已成核微丝的两端，微丝持续延伸，最后微丝的聚合达到一个稳态平衡阶段；（b）当体系中没有加入微丝片段时，肌动蛋白体外聚合过程包括成核阶段、延伸阶段和稳态平衡阶段。在肌动蛋白体系中加入片段化的微丝作为微丝聚合的核，则肌动蛋白聚合过程缺失成核限速阶段，直接进入延伸阶段

如上所述，微丝的聚合需要体系中肌动蛋白的浓度达到临界浓度。微丝两端的临界浓度不同，负端的临界浓度较高，正端的临界浓度较低，微丝两端延伸的速率也不同。当体系中肌动蛋白的浓度高于负端临界浓度时，肌动蛋白不断添加到微丝的两端，正端延伸速率较快，负端延伸速率较慢。当体系中肌动蛋白浓度低于负端临界浓度，而高于正端临界浓度时，肌动蛋白不断地在正端加入，负端解离，如果两端聚合解离的速率一样，微丝的长度保持平衡，不再继续延长。体外组装过程中，微丝通过肌动蛋白聚合到正极而保持延伸，通过负极肌动蛋白解离而缩短，微丝长度保持不变，这一现象称为**踏车现象**（treadmilling）。

此外，在微丝聚合过程中，肌动蛋白与ATP结合后对微丝末端的亲和力高，添加到微丝末端后形成肌动蛋白-ATP帽，该结构可保持微丝持续延伸。当与肌动蛋白结合的ATP水解为ADP时，在微丝末端形成肌动蛋白-ADP帽，对微丝末端的亲和力下降，肌动蛋白倾向于从微丝末端解离下来。

三、肌动蛋白结合蛋白

真核细胞中，肌动蛋白单体和微丝之间的动态变化，以及微丝高级结构的形成是微丝骨架执行功能的基础，肌动蛋白结合蛋白通过与单体肌动蛋白或微丝的结合参与调控微丝的聚合、解聚或三维网络结构的形成。目前，已经鉴定出了100多种肌动蛋白结合蛋白，按照其作用方式的不同，分为如下几种类型。

（一）单体肌动蛋白结合蛋白

单体肌动蛋白结合蛋白主要结合单体肌动蛋白，隔离和封存肌动蛋白，从而使细胞中存在一个单体肌动蛋白库，在需要时，通过单体肌动蛋白结合蛋白浓度与活性的改变，使细胞中游离的单体肌动蛋白被释放而形成微丝，肌动蛋白和微丝的平衡发生变化。单体肌动蛋白结合蛋白的存在，使得单体肌动蛋白聚合成微丝的过程受到必要的调控。

胸腺素（thymosin）能够与单体肌动蛋白结合，封闭肌动蛋白聚合的位点，阻止单体肌动蛋白添加到微丝的末端。**前纤维蛋白**（profilin）的分子质量为12~15kDa，是最早鉴定的单体肌动蛋白结合蛋白。前纤维蛋白与单体肌动蛋白的正端结合，因此，前纤维蛋白-肌动蛋白复合物无法添加到已有微丝的负端，但该复合物与微丝正端的结合不受影响。

（二）成核蛋白

成核蛋白（nucleating protein）是可以催化肌动蛋白成核的一类结合蛋白。微丝成核的过程是指激活的单体肌动蛋白聚合形成二聚体，并进一步形成三聚体、四聚体等寡聚体的过程。当单体肌动蛋白的浓度足够高时，成核作用可以自发进行。但是在细胞内，由于存在大量的单体肌动蛋白结合蛋白，使得自发成核的过程不能或难以发生。细胞中存在一些促进单体肌动蛋白成核的蛋白质。例如，Arp2/3复合体（Arp2/3 complex）和成蛋白（formin）。活化的Arp2/3复合体促进单体肌动蛋白成核并使新形成的微丝与原来的微丝之间产生“Y”形分支结构，进一步促使形成微丝网络结构。成蛋白则主要参与形成不分支的微丝。成蛋白具有两个基本结构域，即富含脯氨酸的FH1结构域和高度保守的FH2结构域，FH1结构域可以结合前纤维蛋白，FH2结构域是与肌动蛋白相互作用的结构域，是促进微丝成核的功能结构域。

（三）封端蛋白

封端蛋白（capping protein）能够结合于微丝的正端或负端，抑制并封闭端部微丝的聚合/解聚而稳定微丝。例如，正端封端蛋白，如绒毛蛋白（Villin）、加帽蛋白G（CapG）和加帽蛋白Z（CapZ）等，可以紧密结合在微丝的正端，阻止肌动蛋白在微丝正端的交换；在微丝成核期间也可以通过稳定肌动蛋白寡聚体，促进微丝成核。此外，还有一类为负端封端蛋白，如原肌球调节蛋白（tropomodulin）。

（四）剪切蛋白

剪切蛋白（severing protein）是指能够与微丝结合并将其切断的结合蛋白。这种剪切作用能够产生大量新的微丝末端，促进了原有微丝的片段化。一定条件下，这些新形成的短丝末端可以作为起始新微丝聚合的核，因此这种剪切作用也加速了细胞中新微丝结构的装配。这类蛋白质有凝溶胶蛋白（gelsolin）、片段化蛋白（fragmin）和切割蛋白（severin）等。

（五）微丝解聚蛋白

微丝解聚蛋白（depolymerization protein）与微丝结合，可以引发微丝负端的快速解聚。

例如，肌动蛋白解聚因子（ADF）既能结合肌动蛋白，也能结合微丝，通过提高微丝负端的解聚速率来解聚微丝。丝切蛋白（cofilin）也属于这类结合蛋白。

（六）成束蛋白

成束蛋白（bundling protein）是指使微丝同向或异向线性排列的结合蛋白，如丝束蛋白（fimbrin）、绒毛蛋白（villin）、α辅肌动蛋白（α-actinin）等。丝束蛋白具有两个肌动蛋白结合位点，能诱导致密微丝束的形成；α辅肌动蛋白仅具有一个微丝结合位点，它以二聚体的形式促进松散微丝束的形成。

（七）交联蛋白

交联蛋白（crosslinking protein）具有两个与肌动蛋白结合的位点，其两个肌动蛋白结合位点之间的区域是柔软的，或其本身就是弯曲的，与微丝相互作用，可以促进微丝形成网络状或凝胶样结构，起机械支撑作用。这类蛋白质包括细丝蛋白（filamin）、血影蛋白（spectrin）等。

（八）马达蛋白——肌球蛋白

细胞中存在一类蛋白质，能够利用ATP水解产生的能量，驱动自身携带货物沿着微丝或微管骨架运动，这类蛋白质称为**马达蛋白**（motor protein）。马达蛋白主要有三个不同的家族：**肌球蛋白**（myosin）、**驱动蛋白**（kinesin）和**动力蛋白**（dynein）。其中第一个家族的蛋白质以微丝作为运行轨道，后两个家族的蛋白质以微管作为运行轨道。肌球蛋白是具有多个成员的超家族蛋白质。所有的肌球蛋白都由轻链和1条或2条重链组成，N端头部区域都具有ATP酶活性，通过利用ATP水解释放的能量沿着微丝运动，该区域又称为肌球蛋白的动力结构域（motor domain），C端尾部区域决定了肌球蛋白功能的特异性（图7-4）。肌球蛋白分为传统肌球蛋白（conventional myosin）和非传统肌球蛋白（unconventional myosin）两大类。

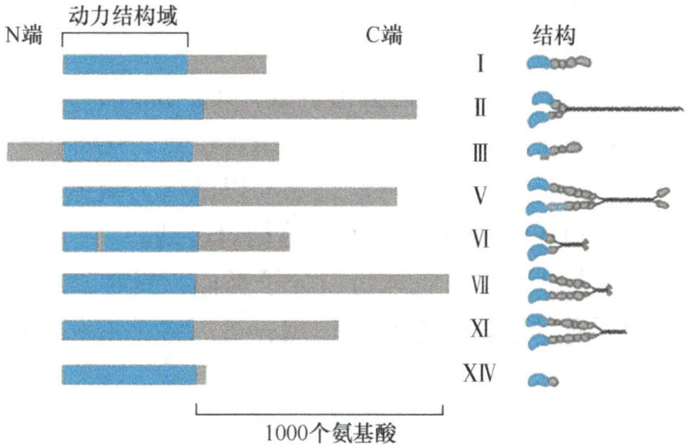

图7-4 肌球蛋白超家族（参照Albert et al.，2014）

大多数肌球蛋白具有两个动力结构域，但另外一些（如Ⅰ型、Ⅸ型和XIV型等），仅有一个动力结构域

1. 传统肌球蛋白

传统肌球蛋白是指存在于各种肌肉组织及多种非肌肉组织中的Ⅱ型肌球蛋白分子（myosin Ⅱ）。此类肌球蛋白分子是由2条重链和4条轻链形成的高度不对称的分子。其2条

重链形成直径为2nm的双股α螺旋，一半呈杆状，另一半与轻链一起折叠成两个球形区域，位于分子的一端（图7-5）。因此，传统肌球蛋白包含一对含有催化位点的球状头部、一对由连续的α螺旋与相关轻链组成的颈部，以及一个由2条重链的α螺旋相互缠绕形成的杆状尾部。其中，球形的头部，即动力结构域，是与微丝结合的区域，具有ATP酶活性。杆状尾部主要起结构作用，可以使肌球蛋白分子聚合形成纤维。

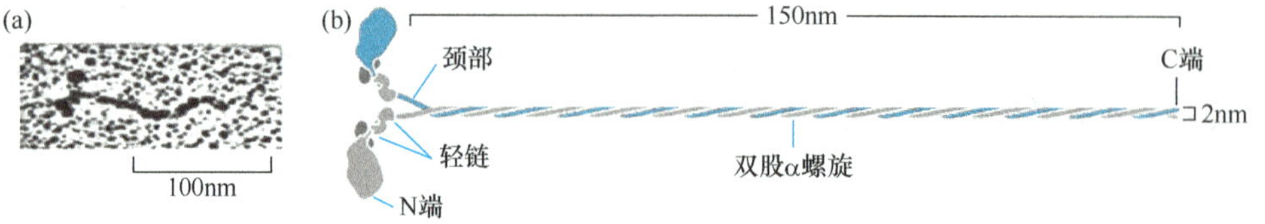

图7-5 Ⅱ型肌球蛋白（参照Albert et al.，2014）

（a）电子显微镜下的II型肌球蛋白分子；（b）Ⅱ型肌球蛋白分子结构示意图，由2条具有马达结构域的重链及4条起调节作用的轻链构成

传统肌球蛋白分子经胰蛋白酶处理后，在尾部中间断裂，产生两个片段。尾部的片段称为轻酶解肌球蛋白（light meromyosin，LMM），带有头部的片段称为重酶解肌球蛋白（heavy meromyosin，HMM）。当以木瓜蛋白酶处理重酶解肌球蛋白时，可获得肌球蛋白头部的S1片段（HMM-S1）和杆部片段（HMM-S2）。S1片段具有完整的肌球蛋白头部结构域，可以与微丝结合，并使微丝呈箭头状，由此可标记微丝的正、负端，箭头的位置为负端，箭尾所指为正端（图7-2）。

2. 非传统肌球蛋白

1973年，Thomas Pollard和Edward Korn从原生动物阿米巴变形虫（*Acantbamoeba*）中提取到一种仅有一个头部的肌球蛋白样的蛋白质，其在体外不能形成纤维，被命名为I型肌球蛋白。之后，陆续从高等植物、动物非肌肉细胞等不同类型的细胞中发现了不同的肌球蛋白，相对于传统肌球蛋白，这些肌球蛋白被称为非传统肌球蛋白，非传统肌球蛋白可以根据氨基酸序列分成许多型。

Ⅰ型肌球蛋白分子仅含有1条重链，无法组装成纤维。此外，其还含有4条轻链。其重链的头部动力结构域含有核苷酸结合位点及肌动蛋白结合位点，尾部可以与细胞质膜的脂分子头部基团或膜性细胞器的膜结合。其功能可能是参与以微丝为轨道的小泡运输，也可以牵引细胞质膜与周质微丝（cortical microfilaments）间的相对运动。

Ⅴ型肌球蛋白分子在结构上与II型肌球蛋白分子类似，具有2条重链，2个头部。被认为在小泡从细胞中央向细胞周质的运输中起重要作用，可以将小泡和细胞器保留在富含丰富周质微丝的区域。

Ⅵ型肌球蛋白分子是唯一一个可以朝向微丝负端运动的肌球蛋白，被认为可以将内吞泡运回细胞内。

Ⅷ型肌球蛋白分子在胞间连丝中起作用，Ⅺ型肌球蛋白分子则与胞质环流的动力有关，两者均专一性地在植物细胞中表达。

Ⅸ型肌球蛋白分子只发现于脊椎动物中。发现于高等植物及绿藻中的XI型肌球蛋白分子是运动最快的肌球蛋白分子。

四、微丝特异性药物

一些药物通过影响肌动蛋白的聚合、解聚过程而影响细胞内微丝的结构。细胞松弛素（cytochalasin）是一种真菌类毒素，能够封闭微丝的正端，阻抑肌动蛋白聚合而破坏微丝的三维网络。Latrunculin（Latrunculin A和Latrunculin B）是从红海海绵（*Latrunculia magnifica*）中提取的大环内酯类毒素，与肌动蛋白以1∶1结合形成复合体，降低细胞中游离肌动蛋白的浓度，阻止其聚合成微丝，以低于细胞松弛素类药物的浓度破坏微丝，抑制其生理活动。鬼笔环肽（phalloidin）则只与微丝结合，是一种可以抑制微丝解聚的药物，可使微丝保持在一个稳定状态。因与微丝表面有强亲和力，荧光分子标记的鬼笔环肽可用于细胞内微丝骨架的标记（图7-6）。

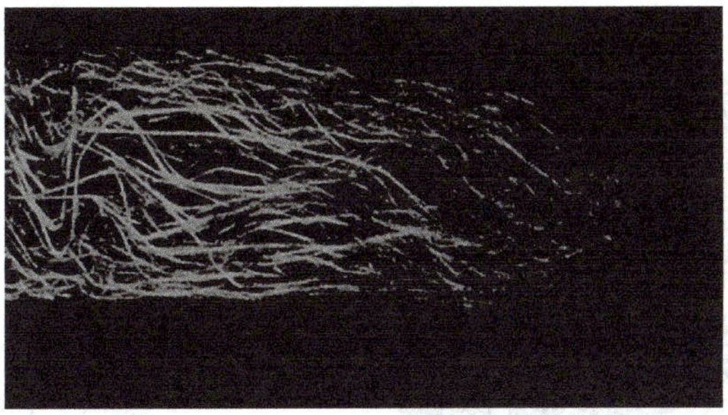

图7-6　荧光鬼笔环肽标记的花粉管微丝骨架

五、微丝的功能

微丝具有多种功能，能够构成细胞的支架并维持细胞的形态，在细胞运动、细胞质分裂及肌细胞收缩过程中发挥重要的作用。

（一）构成细胞的支架并维持细胞形态

1. 细胞皮层

细胞中大部分微丝都集中在紧贴细胞质膜的细胞质区，并与微丝结合蛋白组成凝胶状三维结构，这一区域称为**细胞皮层**（cell cortex）。皮层内的一些微丝与细胞质膜上的蛋白质有连接，从而使膜蛋白的运动受到一定程度的限制。皮层内密布的微丝网络结构能够为细胞质膜提供强度和韧性，有助于细胞形状的维持。

2. 参与细胞连接的形成

微丝骨架参与细胞锚定连接，包括黏着斑和黏着带的形成。黏着斑是细胞与细胞外基质之间的连接方式，除了微丝骨架，许多微丝结合蛋白，如踝蛋白（talin）、细丝蛋白、α-辅肌动蛋白等也参与了黏着斑的形成。黏着带是相邻细胞间形成的一个带状结构，微丝结合蛋白，如α-辅肌动蛋白、纽蛋白等与微丝一起参与了黏着带的形成。微丝骨架参与锚定连接的形成而使细胞可以抵抗机械张力。

3. 应力纤维

应力纤维（stress fiber）是广泛存在于真核细胞内的微丝束结构，分布于紧贴黏着斑的细胞质膜内侧，通过黏着斑与细胞外基质相连，从而参与细胞形态、细胞分化和组织建成等活动。应力纤维由大量平行排列、具有不同极性的微丝组成，此外，还有肌球蛋白、原肌球蛋白、细丝蛋白和α-辅肌动蛋白等参与应力纤维的形成。微丝通过反向平行排列的方式构成应力纤维，而使细胞具有一定张力（图7-7）。

4. 形成小肠微绒毛

微绒毛（microvilli）广泛存在于动物细胞表面，是直径约为0.1μm的细胞表面细长指状突起。组成小肠微绒毛轴心的是平行排列的微丝，对微绒毛起着形态支撑的作用。这些微丝之间通过许多肌动蛋白结合蛋白，如绒毛蛋白和丝束蛋白等相连，形成微丝束。微丝束基部与微绒毛顶端的端网结构相连，正极指向小肠微绒毛的顶端。微丝束与细胞质膜之间通过肌球蛋白等连接在一起（图7-8）。

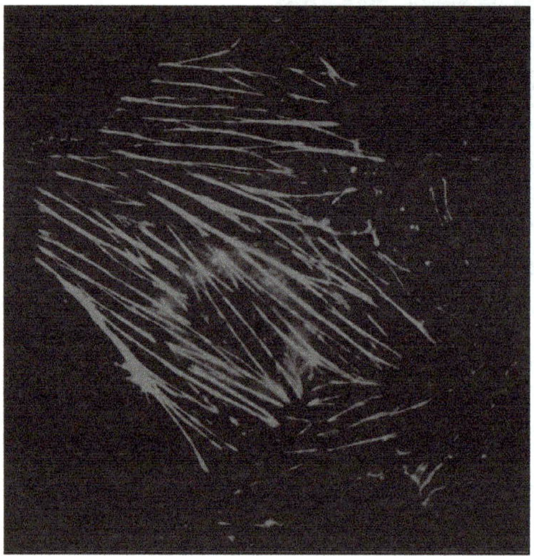

图7-7　上皮细胞中的应力纤维（参照Cassimeris et al.，2010）

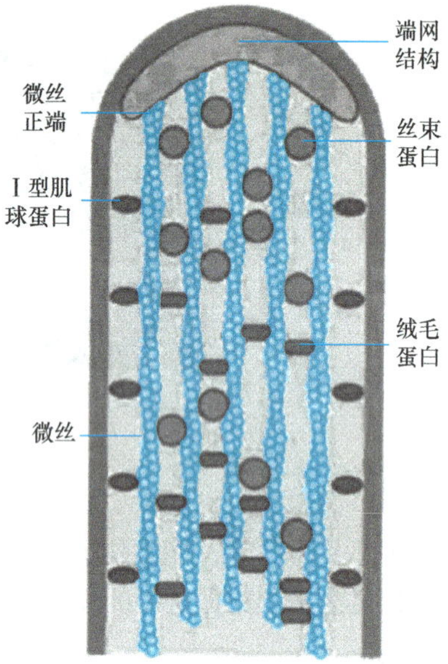

图7-8　小肠微绒毛示意图（参照Karp，2008）

（二）参与非肌细胞的运动

1. 细胞迁移

高等脊椎动物中的许多运动，包括血液凝固、伤口愈合、炎症反应等都需要细胞的迁移。体外培养的细胞，也可以沿着基质表面进行迁移。细胞迁移是一个高度复杂的过程，主要依赖于周质肌动蛋白的动态变化所引发的细胞变形运动。细胞迁移过程主要发生如下事件：首先，通过肌动蛋白的聚合在细胞表面形成突起，也称为**伪足**（pseudopodium）；其次，伪足与基质接触的位置形成新的黏着斑，使突起附着在基质表面，这些黏着斑的位点位于细胞的前方，确定了细胞迁移的方向，也起着锚定点的作用；最后，细胞末端的附着点与基质脱离，通过新的锚定点牵引，细胞内部收缩产生拉力，细胞主体向前移动。如此不断循环，肌动蛋白不断在细胞前缘位置聚合而伸展，肌球蛋白则产生将细胞末端向迁移方向拉伸的收缩力，使细胞进行迁移（图7-9）。

2. 胞质环流

胞质环流（cytoplasmic streaming）是指细胞质在细胞中以各种不同的方式集体进行流动，它是菌类、藻类和高等植物细胞中非常活跃的运动现象。植物细胞中的胞质环流主要是由微丝/肌球蛋白系统推动的。微丝借助于肌球蛋白尾部与胞质颗粒结合，在有ATP能量的驱动下，肌球蛋白携带胞质颗粒沿微丝由负端向正端快速移动，引起细胞质的流动。一般在间期细胞中，胞质环流比较旺盛，而在分裂细胞中，由于微丝骨架的减少或重排，胞质环流显著减弱。当以影响微丝骨架结构的特效药物，如细胞松弛素B、Latrunculin等处理细胞时，均可影响胞质环流。胞质环流在植物细胞的物质运输和营养代谢过程中具有重要作用，能够不断地分配各种营养物和代谢物，使它们在细胞内均匀分布。

（三）参与胞质分裂

在动物细胞有丝分裂末期，两个即将分离的子细胞之间产生一个收缩环，收缩环由细胞质膜下方大量平行排列的、极性方向不同的微丝和Ⅱ型肌球蛋白组成，Ⅱ型肌球蛋白通过在极性相反的微丝之间的滑动，使分裂环具有收缩功能。随着收缩环的收缩，两个子细胞被分开，当胞质分裂结束后，收缩环解体。由于微丝能在短时间内迅速地聚合与解离，因此收缩环可以随着细胞周期有规律地出现和解体，以完成胞质分裂（图7-10）。在细胞松弛素存在的情况下，细胞不能形成胞质分裂环，因此形成双核细胞。

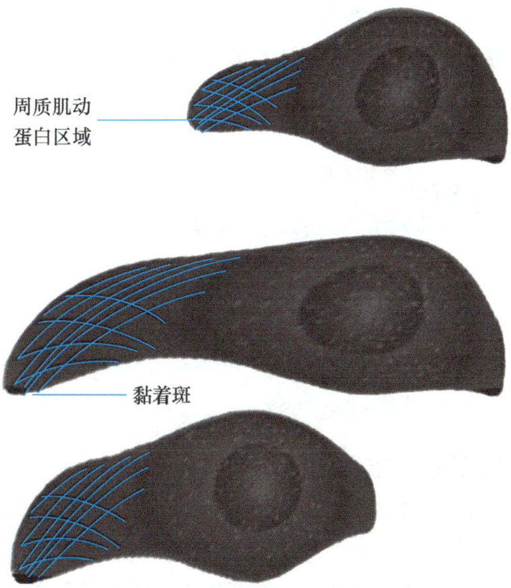

图7-9　细胞迁移示意图

微丝在细胞前缘处聚合并向细胞质膜延伸形成伪足，伪足与基质接触处形成黏着斑，细胞末端的黏着斑与基质脱离，细胞主体前移

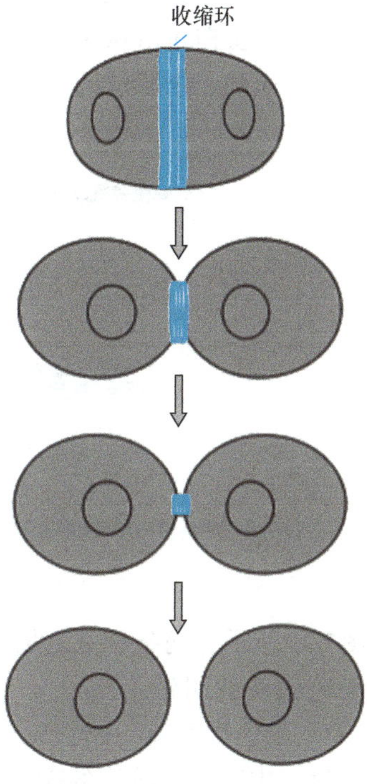

图7-10　胞质分裂中的收缩环

微丝骨架也参与了植物细胞的分裂过程。植物细胞分裂面的确定与早前期带密切相关。早前期带是细胞进入早前期后，微丝及微管彼此相互平行、穿插排列、集中围绕细胞“中腰”位置而形成的，它预示着将来细胞分裂面的位置。早前期带所在的位置可能具有结构信息或记忆能力来指导将来细胞板的形成。随着有丝分裂的进行，纺锤体形成，微丝会在纺锤体周围形成一个笼状结构，这一结构被认为与稳定纺锤体，决定和记忆细胞分裂面的位置相关。进入胞质分裂期，纺锤体赤道面的两侧形成两个列阵，每个列阵中均为彼此相互平行的微丝和微管，这两个列阵结构即为成膜体。成膜体微丝的正端指向细胞板，被认为能够指导细胞板的生长方向，使细胞板能够生长到正确的分裂位点。此外，成膜体微丝还参与向正在生长的细胞板运输囊泡等物质。

（四）肌肉收缩

肌肉是动物体内重量比例最大的组织，是一种富含细胞骨架的高效能量转换装置，其收缩所需要的能量来源于ATP的分解，可以直接将化学能转换为机械能。

肌肉组织主要由具有收缩和舒张机能的肌细胞构成，肌细胞大都细而长，通常称为**肌纤维**（myofiber）。每个肌细胞或肌纤维都含有多根肌原纤维（myofibril），肌原纤维呈细丝状，沿肌纤维的长轴成束平行排列。肌原纤维由两种不同的丝，即粗肌丝（粗丝）和细肌丝（细丝）组成。粗肌丝的成分是Ⅱ型肌球蛋白。Ⅱ型肌球蛋白分子通过尾部聚集成纤维，尾部指向所成纤维的中央，而头部则指向背离中央的方向（图7-11）。细肌丝的主要成分是微丝，辅以原肌球蛋白（tropomyosin，TM）和肌钙蛋白（troponin，TN）（图7-11）。在电子显微镜下，粗肌丝、细肌丝的相互重叠赋予肌纤维以条纹的特征。

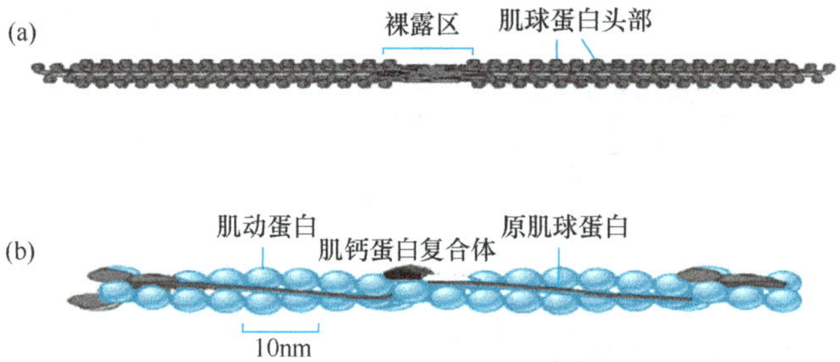

图7-11　粗肌丝与细肌丝示意图

（a）Ⅱ型肌球蛋白形成的粗肌丝（参照Albert et al.，2014），裸露区为没有肌球蛋白头部的区域；

（b）细肌丝的组成示意图（参照Karp，2008）

如图7-12所示，两条相邻Z线之间的一段肌原纤维称为**肌小节**（sarcomere），肌小节的外缘是染色较浅的明带（I带），中间是染色较深的暗带（A带），A带中间有一较亮的区域，为H区，H区中间有一暗线称为M线。I带仅含有细肌丝，A带的两侧深染区域含有粗肌丝和细肌丝，中间染色较浅的H区仅含有粗肌丝。组成细肌丝的肌动蛋白丝附于Z线一端为正端，另一端为负端。每个肌小节由1/2 I带+A带+1/2 I带组成，A带的长度固定，I带的长度随骨骼肌纤维的收缩或舒张状态而异（图7-12）。

肌肉收缩是通过细肌丝与粗肌丝的相对滑动而产生的。参与肌肉收缩的相关蛋白质主要有Ⅱ型肌球蛋白、原肌球蛋白和肌钙蛋白。Ⅱ型肌球蛋白自成丝状，是粗肌丝的组成成分。

微丝辅以原肌球蛋白、肌钙蛋白组成细肌丝。原肌球蛋白是由两条平行的多肽链形成的α螺旋结构，呈长杆状，每个原肌球蛋白的长度相当于7个肌动蛋白分子排列的长度。原肌球蛋白与肌动蛋白结合，位于微丝的螺旋沟内，主要作用是加强和稳定肌动蛋白丝，调节肌动蛋白与肌球蛋白的结合（图7-13）。肌钙蛋白是一种特大的球蛋白，含有肌钙蛋白C、肌钙蛋白I和肌钙蛋白T 三个亚基，肌钙蛋白C亚基又称为Ca^{2+}结合亚基（Tn-C），能同4个Ca^{2+}特异性结合。肌钙蛋白T亚基为原肌球蛋白结合亚基（Tn-T），对原肌球蛋白具有高度亲和力。肌钙蛋白I亚基是抑制亚基（Tn-I），可以同肌动蛋白和肌钙蛋白T亚基相结合。肌钙蛋白复合体在粗肌丝、细肌丝相对滑动过程中起调节作用。

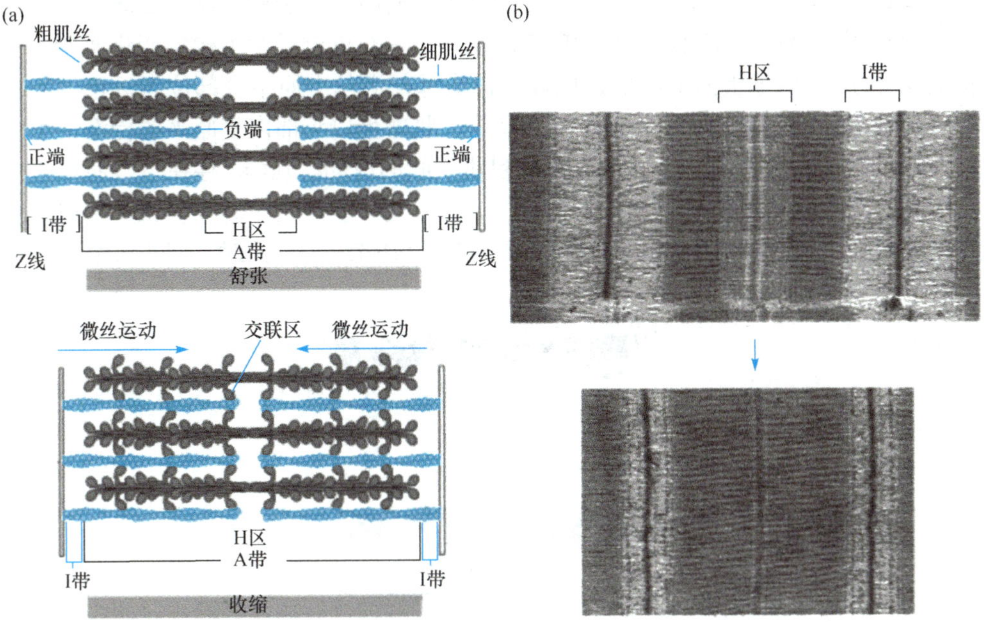

图7-12 肌小节模型及其电子显微镜图（参照Karp，2008）

(a) 肌肉舒张与收缩状态下的粗细肌丝结构示意图；(b) 电子显微镜下肌肉舒张与收缩时的粗细肌丝变化

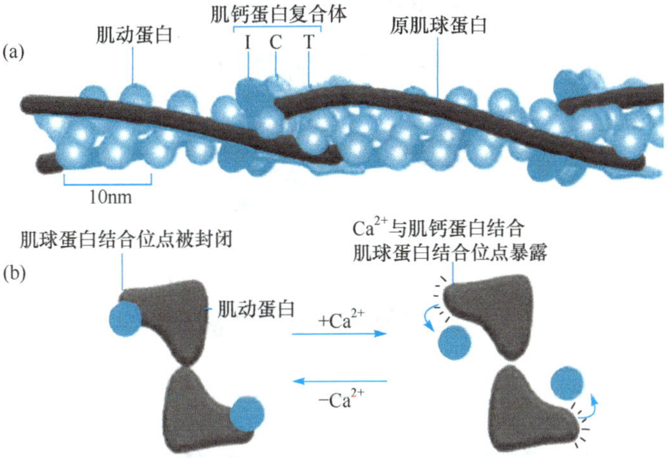

图7-13 细肌丝的结构及对Ca^{2+}的响应（参照Karp，2008）

（a）原肌球蛋白与肌动蛋白丝结合，封闭了肌球蛋白与肌动蛋白结合的位点，抑制了两者的结合；（b）Ca^{2+}与肌钙蛋白C亚基结合，引起原肌球蛋白构象的改变，暴露出肌动蛋白与肌球蛋白的结合位点

肌细胞在静息状态下，由于原肌球蛋白与7个肌动蛋白亚基结合，封闭了肌动蛋白与肌球蛋白的结合位点。在神经冲动引发肌肉收缩的过程中，神经冲动经轴突传到神经肌肉接点，使肌肉细胞膜去极化，引起肌质网Ca^{2+}电位门通道开启，肌浆中Ca^{2+}浓度升高。这些Ca^{2+}与Tn-C结合，引起肌钙蛋白构象变化，Tn-C与Tn-I、Tn-T结合力增强，导致Tn-I释放了对微丝的束缚，同时Tn-T使原肌球蛋白移位，暴露出肌动蛋白与肌球蛋白的结合位点，使肌球蛋白的头部得以沿着微丝移动（图7-13）。

肌肉收缩是粗肌丝、细肌丝的相对滑动所引起的，其间并不伴随任何一种肌丝长度的改变。首先，在缺乏ATP时，肌球蛋白头部紧紧连接在肌动蛋白丝上；当肌球蛋白头部与ATP结合后，降低了肌球蛋白头部与肌动蛋白的亲和力，此时肌球蛋白与微丝分离；肌球蛋白头部的ATP酶活性被激活，ATP水解为ADP+P_i，肌球蛋白获得能量发生构型变化而弯曲；随后ATP水解形成的P_i从肌球蛋白上脱落，肌球蛋白头部与微丝中原结合部位靠近正端的另一个肌动蛋白亚基结合；ATP水解后形成的ADP释放，肌球蛋白头部恢复原来的构型，引起肌球蛋白头部向微丝正极的移动，造成细肌丝和粗肌丝间的滑动。在Ca^{2+}存在下，肌球蛋白将继续下一个周期，沿肌动蛋白细丝滑动（图7-14）。因此，肌肉收缩时，粗肌丝中肌球蛋白头部的变化促使细肌丝向着肌小节中心滑行，导致H带与I带缩短，同时，肌小节缩短，最终导致肌肉缩短。

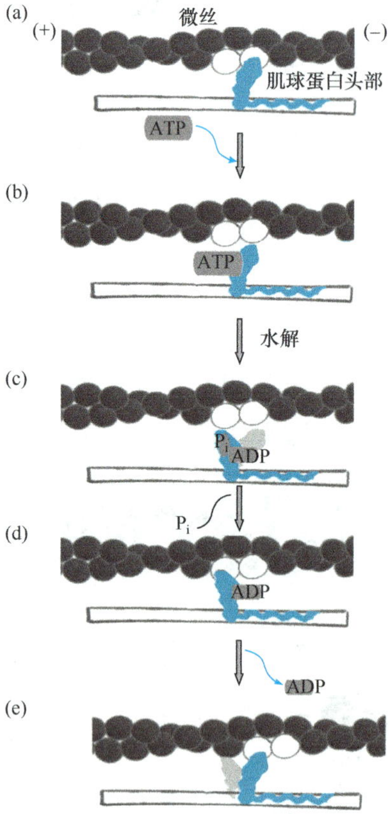

图7-14　II型肌球蛋白与微丝相对运动的模型

（a）未结合ATP的肌球蛋白头部紧紧与微丝结合；（b）ATP与肌球蛋白头部的结合减弱了肌球蛋白与微丝的结合力，肌球蛋白从微丝上脱离；（c）肌球蛋白头部结合的ATP水解为ADP和P_i，肌球蛋白头部构型变化，发生弯曲；（d）ATP水解形成的P_i从肌球蛋白上脱落，肌球蛋白头部与微丝中原结合部位靠近正端的另一个肌动蛋白亚基结合；（e）ADP从肌球蛋白上脱落，肌球蛋白头部构型恢复，引起肌球蛋白头部向微丝正端滑动

第二节　微　　管

微管存在于所有的真核细胞中，是外径为24~26nm的中空圆柱体。它可作为运输路轨并起支撑作用，还能与其他蛋白质共同组装成鞭毛、纤毛、纺锤体、基体、中心粒等结构。

一、微管的组成与结构

（一）微管的组成

微管的基本组成成分是**微管蛋白**（tubulin）。微管蛋白在细胞内是多基因编码的，根据氨基酸序列的同源性，微管蛋白可以分为α-微管蛋白、β-微管蛋白和γ-微管蛋白三种类型。其中，α-微管蛋白和β-微管蛋白组成的微管蛋白异二聚体，是组成微管的基本结构单位。α-微管蛋白含450个氨基酸残基，β-微管蛋白含455个氨基酸残基，分子质量都在55kDa左右，但二者的氨基酸组成及多肽链的顺序是不相同的。微管蛋白二聚体上有两个GTP结合位点，一个结合位点在β-微管蛋白上，所结合的GTP可以被水解成GDP；另一个结合位点是α-微管蛋白的固有组成部分，结合的GTP不能被水解成GDP。此外，还有一种微管蛋白，即γ-微管蛋白，其具有成核作用，存在于所有真核生物中，在微管组装的起始过程中起重要作用。

（二）微管的结构

微管是一种中空的管状结构，它是由α-微管蛋白和β-微管蛋白通过非共价键头尾相连而成的，α-微管蛋白和β-微管蛋白异二聚体聚合形成**原纤丝**（protofilament），13条原纤丝通过平行排列组成微管的管壁（图7-15）。微管蛋白异二聚体头尾相连形成的微管具有极性，每根微管都有两个不对等的末端，一个最外亚基为α-微管蛋白的端部为微管的负端（minus end），另一个最外亚基为β-微管蛋白的端部为微管的正端（plus end），微管的极性对微管行使功能至关重要。

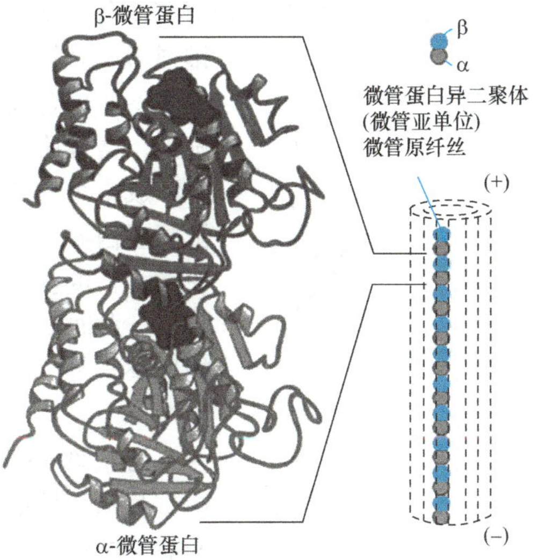

图7-15　微管蛋白亚基的结构（参照Albert et al.，2014）

α-微管蛋白和β-微管蛋白形成的微管蛋白异二聚体聚合形成微管原纤丝，13根原纤丝组成微管

某些特化细胞中的微管或特定条件下体外组装的微管，微管壁也可由11~15根原纤丝组成。微管可以组装成单管（singlet）、二联管（doublet）（纤毛和鞭毛）、三联管（triplet）（中心粒和基体）。单管是细胞内微管的主要存在形态，由13根原纤丝组成，细胞质微管、细胞分裂时期产生的纺锤体结构均为单管微管，都是细胞内暂时存在的结构。单管微管一般不稳定，易受低温、Ca^{2+}和秋水仙碱（colchicine）等因素的影响而解体。二联管是由A、B两根单管组成的，其中A管是一根含有13根原纤丝的完整微管，B管与A管共用3根原纤丝，是只含10根原纤丝的不完全微管。纤毛和鞭毛的中间杆状部分均为二联管微管。三联管由A、B、C三根单管组成，A管具有13根原纤丝，B管和C管均只有10根原纤丝，分别与A管和B管共用3根原纤丝。中心粒及鞭毛基部均由三联管微管构成。二联管微管和三联管微管较稳定，不会受低温、Ca^{2+}和秋水仙碱等的影响而解体（图7-16）。

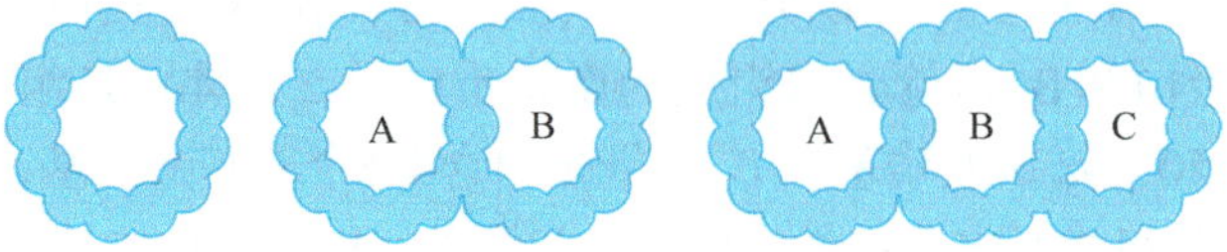

图7-16　微管组装形成的单管、二联管及三联管（参照Lodish et al,，2013）

二、微管的组装

微管的组装是一个复杂而有序的过程，同微丝一样，需要体系中的微管蛋白二聚体达到一定的浓度方可进行，这个浓度称为微管组装的临界浓度。此外，微管的组装还需要适量的镁离子、GTP和适当的缓冲体系。微管的组装对温度十分敏感，通常在低温（4℃）下微管发生解离，而在高温（37℃）下发生聚合。这一特性被用于微管蛋白的分离和纯化，可以通过调节实验体系缓冲液成分和温度，经过多次的聚合/解聚循环，结合层析方法，获得纯度较高的微管蛋白。

微管蛋白在体外组装成微管的过程可以分为三个阶段。第一个阶段是成核阶段。首先α/β-微管蛋白异二聚体形成大量稳定的寡聚体，成为微管继续延长生长的“核”，该过程中α-微管蛋白和β-微管蛋白形成α/β-微管蛋白异二聚体，α/β-微管蛋白异二聚体线性排列形成微管原纤丝；之后微管蛋白异二聚体不断聚合到原纤丝侧面而扩展成为螺旋带，当螺旋带加宽到13根原纤丝时即闭合形成一个短的微管片段。细胞内游离的微管蛋白异二聚体不断添加到微管两端，使微管长度快速增加。最后到达稳态平衡阶段，此时微管蛋白异二聚体聚合与解聚的速率相等，微管长度保持相对稳定（图7-17）。

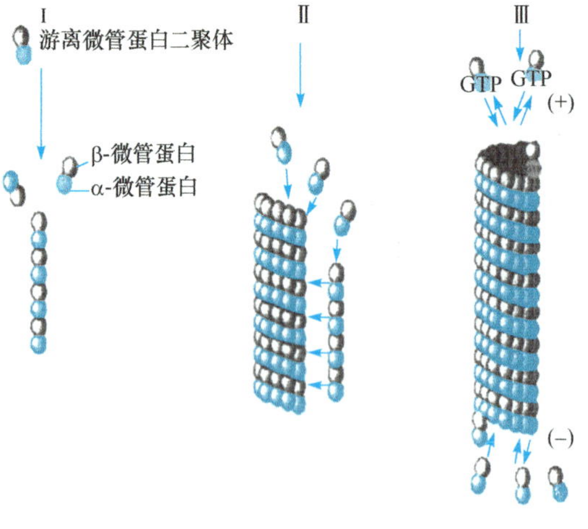

图7-17　微管组装模式图（参照Lodish et al.，2008）

与微丝一样，微管也是一种极性结构，其两端性质不同。极性的微管由于其两端性质的不同，也具有踏车行为。在微管延长的过程中，两端生长速率不同，有

α-微管蛋白的微管负端聚合速率较慢，具有β-微管蛋白的正端聚合速率较快。GTP-微管蛋白亚基不断加到微管的正端，形成“GTP帽”，然后GTP水解为GDP或GTP与微管蛋白分离，而在微管的负端持续解离失去GDP-微管蛋白亚基，这样，从微管正端加入的微管蛋白最终又会从微管的负端脱离，而微管长度保持相对稳定。

在活细胞中，游离GTP的浓度高于GDP的浓度。因此，大多数的游离微管蛋白以GTP结合形式存在。微管中微管蛋白亚基存在的时间越长，其磷酸键水解的可能性就越大。如果新的微管蛋白亚基在前一个亚基的核苷酸水解之前组装到微管末端，微管的末端保持着GTP结合形式，形成GTP 帽，则微管不断延长；反之，如果GTP的水解发生在下一个微管蛋白亚基组装之前，则微管末端呈GDP结合形式，GTP的水解减弱了微管蛋白与相邻蛋白质之间的结合力，则微管蛋白从微管上解离，微管缩短。微管的延伸与缩短还与体系中的微管蛋白浓度相关，若微管蛋白浓度高于微管两端的临界浓度，则微管不断延长；若微管蛋白浓度低于两端的临界浓度，微管不断缩短（图7-18）。

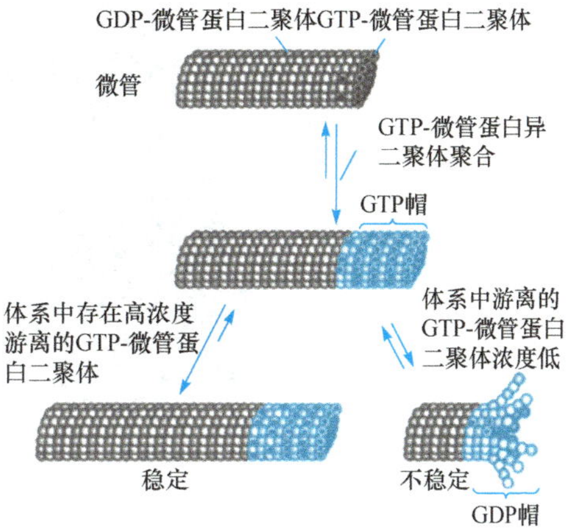

图7-18　微管的延伸与缩短（参照 Lodish et al.，2008）

三、微管组织中心

细胞内，能够起始微管成核，并使之延伸的结构称为**微管组织中心**（microtubule organizing center，MTOC）。中心体是动物细胞中主要的微管组织中心，在动物细胞间期，中心体位于细胞核的一侧，微管由此向外伸出呈辐射状。中心体含一对互相垂直分布的圆柱状结构，即**中心粒**（centriol）。中心粒是一个直径为0.2μm、长为0.4μm的桶装结构。每个中心粒都是由9个三联体微管等间距组合而成的。通过电子显微镜观察发现，在中心粒周围包裹有无定形或纤维形的致密物质（图7-19）。在纤毛和鞭毛的基部也有类似于中心体的结构，称为**基体**（basal body）。基体与中心体的结构类似，也是由9组三联体微管组成的，A管为完全微管，B管和C管均为具有10根原纤丝的不完全微管，A管和B管跨过纤毛板与纤毛轴丝中相应的亚纤维向外延伸而成为纤毛和鞭毛中的二联管，C管止于纤毛板或基板附近。中心粒和基体都具有自我复制的能力。一般在G_1期，互相垂直的一对中心粒开始分开，S期时在每个中心粒的垂直方向复制出一个子中心粒，G_2期时子中心粒延长，此时两对中心粒仍共存于一个中心体中。到M期，两对中心粒携带各自结合的周围物质分离，形成两个中心体。每个中心体各含有一对中心粒。

真菌和高等植物都没有中心粒，但是所有的细胞都含有γ-微管蛋白并利用其成核。高等植物细胞微管组织中心相关物质被认为存在于细胞核表面，其成核位点位于核膜的四周；也有研究认为，植物细胞微管的成核位点弥散分布于整个细胞质中。

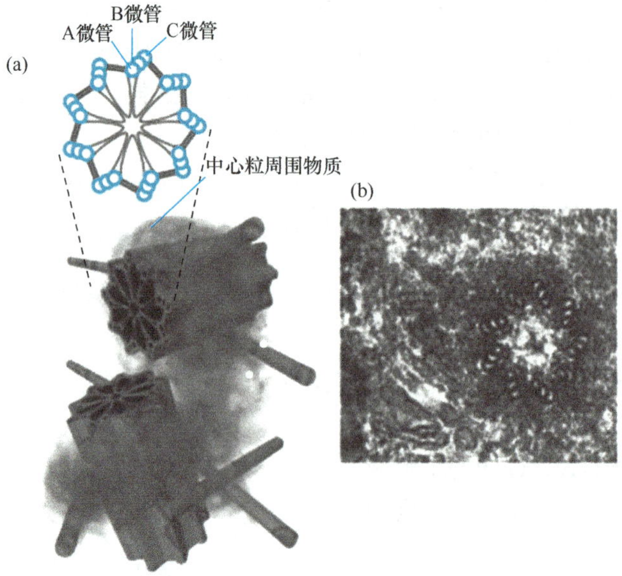

图7-19 中心体结构（参照Karp，2008）

（a）中心体的结构示意图，由相互垂直的一对中心粒构成，周围包裹有中心粒周围物质，每个中心粒由9组三联体微管构成；（b）中心体横切面电子显微镜图，示中心体横切面上的9组三联体微管

四、微管结合蛋白

在提取微管蛋白时，始终有一些蛋白质与微管结合在一起，这类蛋白质被命名为**微管结合蛋白**（microtubule associated protein，MAP）。广义的微管结合蛋白是指一切能调控微管结构和功能的蛋白质，是微管结构和功能所必需的组分，与微管的解聚、聚合有关，或能够使微管之间、微管与其他成分之间发生联系。根据微管结合蛋白的功能，可以将之分为以下几大类。

（一）微管成核相关蛋白

这类蛋白质在微管成核中发挥重要作用，γ-微管蛋白与一些结构上相关的蛋白质形成了γTuRC环状复合体（γ-tubulin ring complex），定位于微管的负端，在起始成核过程中发挥重要的功能。

（二）微管正端聚合促进因子

这类蛋白质能促进新的微管蛋白二聚体加入到微管的正端，促进微管蛋白的聚合。例如，爪蟾XMAP215蛋白，可以结合单根微管原纤丝，稳定微管正端，促进微管聚合；烟草MAP200蛋白也被发现能够促进微管的体外聚合。

（三）微管解聚相关蛋白

这类蛋白质与微管的解聚相关。例如，剑蛋白（Katanin）含有一个剪切微管的AAA ATPase，以异源二聚体的形式存在；一些植物中存在的MAP18蛋白也与微管的解聚有关。

（四）微管正端结合蛋白

这类蛋白质，如微管正端示踪蛋白（MT plus-end-tracking protein，+TIP）是一类结合在微管正端蛋白的统称，在介导微管与细胞质膜、高尔基体、微丝等结构的连接中发挥重要作用。这类蛋白质可以被用于微管正端的示踪。

（五）微管成束蛋白

这类蛋白质在非神经元细胞中过表达时可诱导微管成束，并使微管具有抵抗微管解聚药物的能力，包括传统意义上的MAP，如MAP2、MAP4、Tau等。这类蛋白质的C端为微管结合结构域，N端突出于微管的表面，作用于相邻的微管或其他细胞结构。植物细胞中的MAP65家族蛋白也具有使微管成束的作用。

MAP2只存在于神经细胞的胞体和树突中，在微管之间，以及微管与其他细胞结构之间形成横桥，使微管成束。Tau蛋白定位于神经细胞的胞体和轴突中，可以将相邻的微管交联形成粗大的微管束（图7-20）。MAP2和Tau的C端具有相似的微管结合结构域，但MAP2具有较长的N端结构域，而Tau的N端结构域较短。当将MAP2和Tau转染来源于昆虫卵巢的Sf9细胞时，可以将原本圆形的细胞诱导出类似于神经细胞的树突和轴突样结构。其中，由MAP2诱导产生的微管束中相邻微管间的距离较长，为60~70nm，与神经细胞树突中微管束的结构相似；由Tau蛋白诱导产生的微管束中相邻微管间的距离较短，为20~30nm，与轴突中微管束的结构相似。因此，突出于微管表面的MAP2和Tau的N端结构域决定了神经细胞的树突和轴突中相邻微管之间的距离。

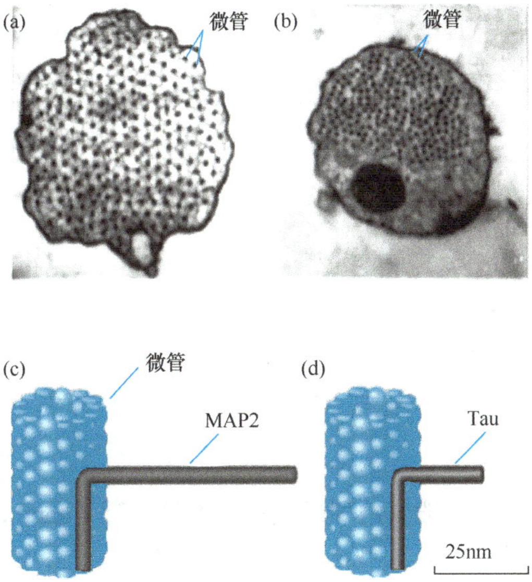

图7-20　微管成束蛋白（参照Lodish et al.，2013）

（a）过表达MAP2的细胞中微管束的横切面；（b）过表达Tau的细胞中微管束的横切面，由于Tau的N端结构域短于MAP2，因此，微管间间距较短；（c）、（d）MAP2或Tau与微管结合并延伸出一个向外突出的结构域，该结构域的末端还具有一个微管结合结构域

（六）微管马达蛋白

微管具有两种类型的马达蛋白：驱动蛋白和动力蛋白。

1. 驱动蛋白

驱动蛋白在结构上与Ⅱ型肌球蛋白相似，由两条具有马达结构域的**重链**（kinesin heavy chain，KHC）和两条具有货物结合能力的**轻链**（kinesin light chain，KLC）组成，是一条长约80nm的杆状结构。头部马达结构域具有两个直径约为10nm的球状结构，具有ATP和微管结合位点，是ATP水解和产生能量的“发动机”；颈部结构域与头部相连；杆状结构域由卷曲螺旋序列二聚化形成；尾部是由重链和轻链组成的扇形结构，尾部结构域的多样性决定了识别所要运输货物的特异性（图7-21）。

根据kinesin马达结构域序列的同源性，可以将其分为14个驱动蛋白家族和1个暂未分组的“orphan kinesin”。大多数驱动蛋白相关蛋白在重链的N 端有一个马达结构域（N-驱动蛋白），可以朝微管的正极移动。另外一些家族成员的马达结构域位于其C端（C-驱动蛋白），能朝微管的负极移动。还有一些家族成员的马达结构域位于多肽链的中部（M-驱动蛋白），其运动方向与N-驱动蛋白相同，朝向微管的正极（图7-22）。

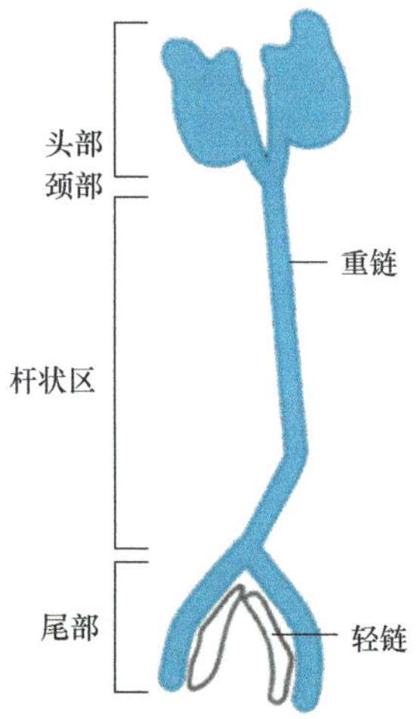

图7-21 驱动蛋白结构示意图（参照Albert et al.，2008）

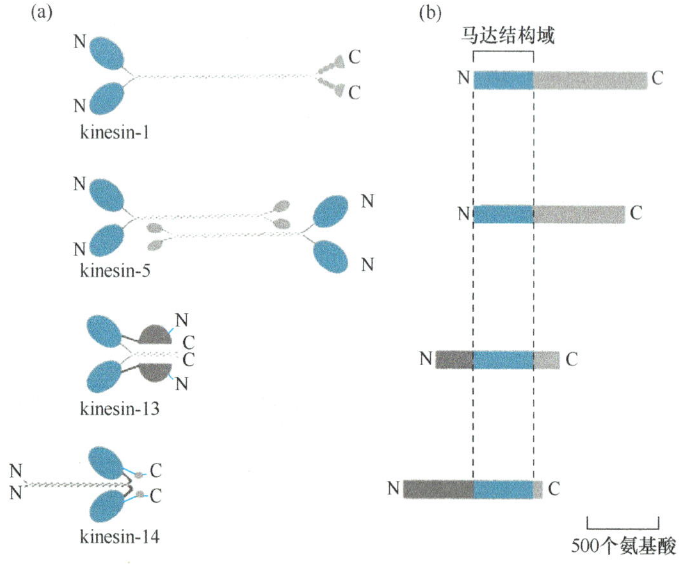

图7-22 驱动蛋白超家族（参照Albert et al.，2014）
（a）驱动蛋白分子结构；（b）驱动蛋白重链动力结构域

驱动蛋白延着微管的运动一般有两种模式：一种是步行（hand over hand）模式；一种是“尺蠖”（inchworm）模式。步行模型认为，驱动蛋白的两个球状头部交替向前运动，后一个头部利用ATP水解释放的能量以2倍的步距，即16nm向前移动。原先领先的头部在下一次循环运动中继续向前运动。“尺蠖”模型认为，始终有一个球状头部在前，一个球状头部在后，每次移动距离为8nm。在这两种模型中，两个球状头部交替与微管相连，以保证驱动蛋白在移动过程中不从微管上脱落下来（图7-23）。

目前，步行模型被大多数人所承认，该模型认为驱动蛋白分子的两个头部以协同方式行动，在任何特定的时刻，两者总是处于化学循环和机械循环的不同阶段。这一过程涉及两个动力结构域上ATP的结合、ATP的水解和ADP的释放，以及与自身构象变化相偶联的一系列过程。同时，两个头部交替与微管结合，确保不在沿着微管移动过程中脱落。驱动蛋白的一个头部在循环开始时，前方或引导头部结合到微管上，另一个头部尾随其后。ATP与前方头部的结合导致后面的头部被向前甩出，超越了原有引导头部的结合位点。位于前方位置的第二个头部释放ADP，位于后面的原有引导头部水解ATP。该循环中，每个头部有一半时间与微管结合，一半时间与微管分离（图7-24）。

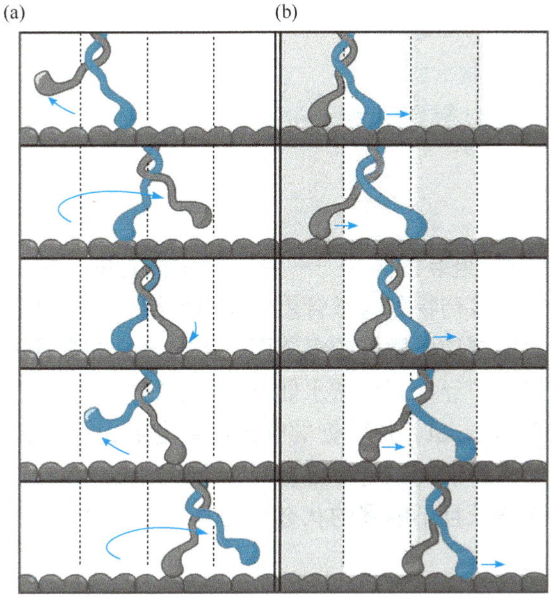

图7-23 驱动蛋白运动的步行模型（a）和尺蠖模型（b）（参照Cassimeris et al.，2010）

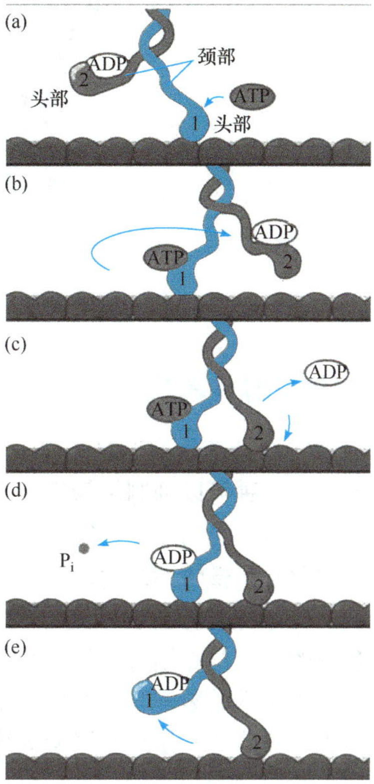

图7-24 驱动蛋白的步行模型（参照Cassimeris et al.，2010）

（a）头部1与微管紧密结合，头部2位于后方，不与微管结合；（b）ATP与头部1的结合，导致位于后方的头部2被向前甩出；（c）头部2与微管下一个结合位点结合，释放ADP；（d）位于后方的头部1水解ATP；（e）结合ADP的头部1从微管释放，整个驱动蛋白沿着微管运动了一步，也就是2个微管蛋白亚基的长度

2. 动力蛋白

动力蛋白负责由微管正极向负极的物质运输，由2条或3条重链、多条相对分子质量不同的轻链及相对分子质量处于轻链和重链之间的中间链组成。动力蛋白家族包括**细胞质动力蛋白**（cytoplasmic dynein）和**轴丝动力蛋白**（axonemal dynein）。与驱动蛋白结构相似，动力蛋白也具有球状头部和一个尾部结构。细胞质动力蛋白的两个马达结构域位于重链的C端，负责将ATP储存的化学能转化为机械能，并介导其延微管运动。中间链和轻链负责调解动力

蛋白活性，帮助动力蛋白在细胞内正确定位。细胞质动力蛋白存在于所有的真核细胞中，参与囊泡沿着微管从正极向负极的运输，与高尔基体在细胞中心处的定位相关。轴丝动力蛋白存在于纤毛和鞭毛内，具有2个或3个头部动力结构域（图7-25），它们可以迅速有效地沿着微管滑动，进而驱动纤毛和鞭毛的运动。

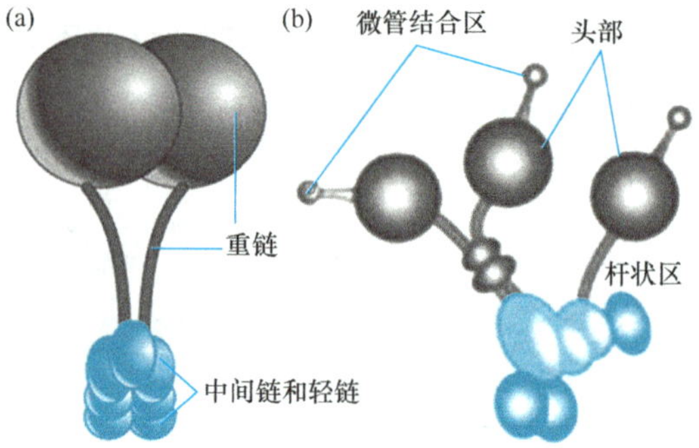

图7-25　动力蛋白的结构示意图

（a）细胞质动力蛋白；（b）轴丝动力蛋白（参照Albert et al.，2008）

五、微管特异性药物

微管特异性药物有两种类型，一种是抑制微管组装的药物，一种是稳定微管的药物。秋水仙碱是一种可以抑制微管组装的特异性药物，该药物可与微管蛋白亚单位结合，结合有秋水仙碱的微管蛋白亚单位结合到微管末端后，抑制该处微管的组装而不影响该处的微管去组装，因此导致微管网络解体。在细胞生物学实验中经常利用秋水仙碱阻碍纺锤体形成的特性，使所有细胞都停止在细胞分裂中期。**紫杉醇**（taxol）是微管的特异性稳定剂，可与β-微管蛋白的特定位点结合，促进微管装配，并使已形成的微管稳定，同时不影响微管蛋白二聚体在微管末端的装配，因此可使微管处于不断增长且不解聚的状态。用紫杉醇处理后的细胞内微管不断聚合，使细胞周期运行停止。

六、微管的功能

微管在细胞内具有重要的功能，主要参与细胞形态的维持、参与细胞内的物质运输、细胞运动、细胞分裂等过程。

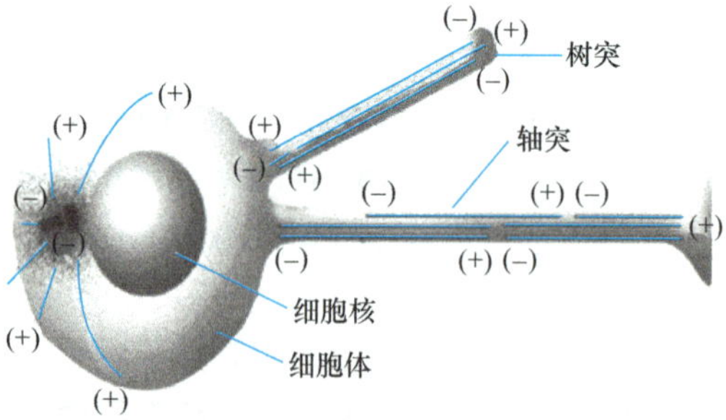

图7-26　神经细胞中的微管（参照Lodish et al.，2008）

（一）细胞结构的支持与组织

微管具有一定强度，可为细胞提供抗压和抗弯曲的机械力。在细胞内，微管围绕细胞核向外呈放射状分布，以维持细胞形态。神经细胞表面具有轴突和树突，无论是树突还是轴突，均由大量束状微管构成。轴突中所有微管的负极均指向细胞体，正极指向轴突末端（图7-26）。轴突内由大约几微米长的微管相互交错排列成部分重叠的序列。与轴突不同，树突中的微管全部平行排列，但它们的极性是随机的，一些微管的正极指向树突末端，一些微管的正极指向细胞体（图 7-26）。此外，微管在细胞纤毛和鞭毛的形成及形态维持中发挥重要作用。植物细胞的微管对细胞形态的维持也有作用。植物细胞质膜内侧的微管骨架，可以作为纤维素合酶复合体移动的轨道，微管在细胞质膜内侧的排列方向控制了纤维素微纤丝的沉积方向，而细胞壁中纤维素纤维的方向对决定细胞的生长特性及形态都具有重要作用。

微管对维持细胞内部的组织也有重要作用。体外实验发现，用秋水仙碱处理使细胞内微管解体，细胞由椭圆形变成圆形，同时内质网回缩到细胞核附近，高尔基体解体成小泡分散分布于细胞质内，说明微管在维持细胞形态、组织细胞内部细胞器进行定位等方面发挥重要作用。

（二）参与细胞内物质运输

在真核细胞内，细胞器分布和内膜系统分布高度区室化，因此新合成的物质需要内膜系统的运输才能到达行使功能的区域。微管以中心粒为中心，向外延伸，为物质运输提供了运输轨道。如果微管结构被破坏，细胞内合成的一些运输小泡、分泌颗粒、色素颗粒等物质的运输将被抑制。微管利用其马达蛋白（驱动蛋白和动力蛋白）ATP水解释放的能量完成物质运输，在运输过程中，一根微管上可以结合多种驱动蛋白和动力蛋白，因此，依赖于微管的物质运输在同一根微管上可以双向进行。

在间期细胞中，微管的负极通常在靠近细胞中央的中心体上，正极向细胞的边缘延伸游离于细胞质中或被固定在某个细胞结构上。细胞器向细胞中央的运动需要动力蛋白或C-驱动蛋白的参与，而朝向细胞周边的运动需要N-驱动蛋白来完成。两栖动物的皮肤中含有特化的色素细胞，这些细胞中色素颗粒沿着微管而转运，可在数秒内迅速分布到细胞各处，也能很快运回细胞中心，而使皮肤颜色发生相应的快速变化，以适应环境的变化。这些细胞中微管的负极集中在中心体上，正极分散在外围。驱动蛋白和动力蛋白都可以与色素颗粒结合，参与不同方向的运输（图7-27）。

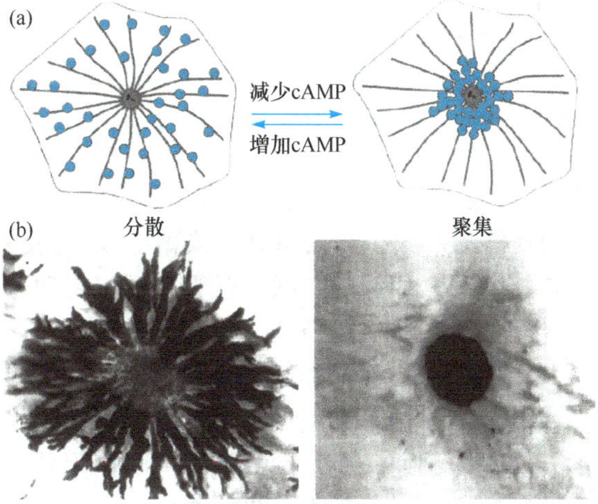

图7-27　鱼色素细胞中黑色素颗粒的运动（参照Albert et al.，2014）

（a）色素颗粒依赖于微管运输的模式图，显示在细胞内cAMP增加时色素颗粒分散于细胞质中，细胞内cAMP减少时色素颗粒聚集于细胞中央；（b）单个细胞的明场图显示色素颗粒分散于整个细胞质中（左），或聚集于细胞中心（右）

（三）纤毛和鞭毛运动

纤毛和鞭毛是由细胞质膜包围，突出于细胞表面的高度特化的细胞结构，其外部包裹的膜是细胞质膜的特化部分，内部则是由微管及动力蛋白等组装成的**轴丝**（axoneme）。轴丝由起源于基体的微管组成，由9组二联微管在外部等间距排列成一圈，在轴丝中央有2个由中央鞘包围的单体微管，形成“9+2”型的轴丝结构。轴丝中央缺乏单体微管时，则构成“9+0”型结构，这类纤毛一般是不动的纤毛。基体内微管的排列也是“9+0”型，但基体内的二联微管被三联微管所取代。一般认为，纤毛和鞭毛的基体与有丝分裂中的中心粒是同源的，结构类似于中心粒。此外，轴丝中央含有4根单体微管时，则形成“9+4”型结构，这一类型较为少见。

轴丝的二联体微管中，亚纤维A，即A管为完全微管；亚纤维B，即B管仅有10个亚基。A管和相邻的B管之间通过两条**动力蛋白臂**（dynein arm）相连，微管连接蛋白形成的**连接丝**（nexin）将相邻二联微管连接在一起，使9组二联微管牢固地捆为一体，并使纤毛和鞭毛具有高度韧性。A管向包裹中间单体微管的中央鞘伸出放射辐条（radial spoke）（图7-28）。

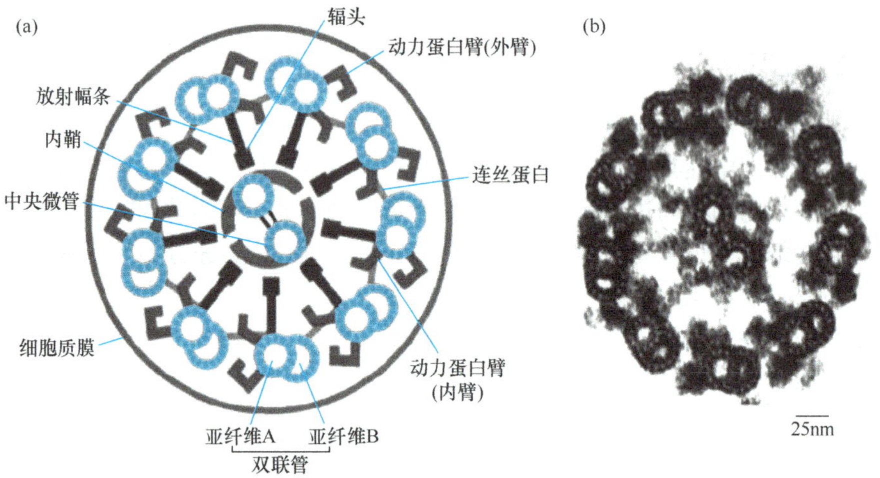

图7-28　纤毛或鞭毛轴丝的结构（参照Albert et al.，2008）

（a）轴丝结构模式图；（b）鞭毛横切图

纤毛和鞭毛的弯曲运动一般以微管滑动模型解释，即纤毛和鞭毛的运动由动力蛋白水解ATP，相邻的双联微管相互滑动所致。当去除纤毛或鞭毛表面的膜结构，并以酶解方法破坏相邻二联体微管之间的连接丝后，相邻的二联体微管之间仅有动力蛋白相连。此时，如有ATP加入，伴随着ATP的结合、水解和ADP释放等过程，其中一个二联体微管的A管所伸出的动力蛋白马达结构域，沿着另一个二联体微管的B管滑行。在完整的纤毛或鞭毛内部，由于相邻双联微管之间有连丝蛋白的连接，其相对滑动受到阻碍，其滑行的动力转变为局部弯曲。此外，辐射状连丝的辐头与内鞘之间也发生周期性的时而附着时而分离的相互作用，从而使双联微管间的相互滑动转变为了纤毛弯曲（图7-29）。

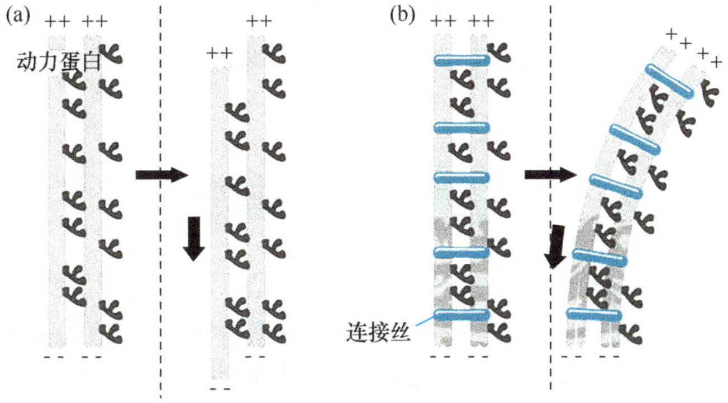

图7-29　纤毛或鞭毛的运动机制（参照Cassimeris et al.，2010）

（a）相邻双联微管之间没有连接丝时，产生相对滑动；（b）相邻双联微管之间由于连接丝的连接，相对滑动受到阻碍，产生弯曲运动

（四）纺锤体与染色体运动

当细胞进入有丝分裂期时，间期细胞内的微管网络解聚为游离的微管蛋白亚基，再组装成纺锤体，介导染色体的排列、移动和向两极运动。染色体的移动主要依赖微管的聚合与解聚。到了细胞分裂末期，纺锤体解聚，重新形成胞质微管网络。动物细胞中，纺锤体包括三类微管：①动粒微管，是连接染色体动粒与两极中心体的微管；②极微管，由细胞两极发出，在赤道区交错排列的微管；③星体微管，由中心体发出，向外辐射状分布的微管（纺锤体与染色体运动参见本书第九章第二节）。

（五）植物细胞微管列阵

植物细胞有丝分裂周期中，微管按照一定的规律排列，形成不同时期独特的微管列阵（array）。高等植物细胞周期中存在4种类型的微管列阵，即间期周质微管列阵（cortical microtubule）、早前期微管带（preprophase band，PPB）、纺锤体微管（spindle microtubule）、成膜体微管（phragmoplast microtubule）（图7- 30）。

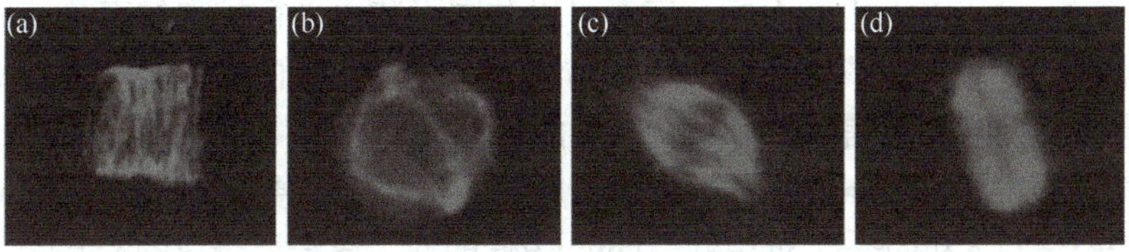

图7-30　植物细胞中的微管列阵

（a）间期周质微管；（b）早前期微管带；（c）纺锤体微管列阵；（d）成膜体微管

各种微管列阵在细胞周期的不同时期执行着相应的功能。间期细胞中，微管大致相互平行地排列在细胞质膜下，方向基本与细胞的伸长纵轴呈垂直排列，这种间期周质微管列阵参与控制细胞的伸长及细胞壁的形成；早前期微管是细胞进入前期时，彼此相互平行、穿插排列、集中围绕细胞“中腰”位置的一圈微管，与同样相互平行、穿插排列的微丝共同形成早前期带，预示了将来细胞分裂面的位置；纺锤体微管的功能是将染色体拉向赤道板或移向两

极；染色体分离之后，有丝分裂纺锤体消失，在两个子细胞核之间近纺锤体赤道面的两侧，微管与微丝形成成膜体，成膜体微管朝向赤道面的一端均为正端。成膜体微管也参与了新细胞板的建成。

第三节 中 间 丝

中间丝是一种直径为10nm的纤丝，在大多数情况下，中间丝在细胞质内形成网络，并伸向细胞边缘，与动物细胞质膜上的桥粒或半桥粒相连。植物细胞的基因组中尚未发现编码中间丝蛋白的基因。中间丝在多种生命活动中发挥重要作用，如提供机械稳定性、参与细胞形态构建、信息传递、细胞分化等。

一、中间丝的类型与结构

（一）中间丝的类型

中间丝是三类细胞骨架纤维中最稳定且化学成分最复杂的一种，目前尚未发现其敏感的特异性药物。组成中间丝的蛋白质分子复杂，不同的组织细胞中表达不同的中间丝蛋白。根据中间丝蛋白的氨基酸序列、基因结构、组装特性，以及在发育过程中组织特异性表达模式等，可将中间丝分为6种主要类型。

Ⅰ型和Ⅱ型分别为酸性角蛋白（keratin）、中性和碱性角蛋白。上皮细胞内，等量的酸性角蛋白与中性或碱性角蛋白组成异二聚体，两个异二聚体连接成四聚体，继而组装形成中间丝。

Ⅲ型中间丝包含多种类型，在不同的细胞内以同源多聚体的形式存在，如波形蛋白（vimentin）、结蛋白（desmin）、胶质细胞原纤维酸性蛋白（glial fibrillary acidic protein，GFAP）和外周蛋白（peripherin）等。其中，波形蛋白主要存在于间质细胞和中胚层来源的细胞中；结蛋白是肌肉细胞特异性的蛋白质；胶质细胞原纤维酸性蛋白存在于中枢神经系统的星形胶质细胞、肠神经胶质细胞中；外周蛋白存在于一些神经元中。

Ⅳ型神经丝蛋白（neurofilament protein）主要分布于神经系统中，由三种神经丝蛋白（NF-ML、NF-M、NF-N）组装而成。三者可以共同组装成平行排列的束状神经丝。轴突生长时，新的中间丝亚单位的掺入使轴突延长与加粗。神经丝蛋白基因的表达水平决定着轴突的直径，轴突直径控制着电信号沿着轴突转导的速率。

Ⅴ型核纤层蛋白（lamina）分布于内层核膜的核纤层，主要有lamin A、lamin B、lamin C三种。其中核lamin A和lamin C近中性，lamin B偏酸性。核纤层蛋白的羧基端具有核定位序列，是目前认为唯一的一类定位于细胞核的骨架蛋白。核纤层蛋白形成的真核细胞核膜下方的网状结构（核纤层），为染色质和核孔提供了锚定位点。

Ⅵ型中间丝蛋白家族成员包括分布于神经干细胞中的“巢蛋白”、联丝蛋白（synemin）及desmuslin。

（二）中间丝的结构

所有中间丝蛋白都具有相似的分子结构，在中间丝蛋白分子肽链中部有一段高度保守的

α螺旋杆状区。中间丝蛋白杆状区由螺旋1和螺旋2构成，中间被一个β片层L12所连接。螺旋1和螺旋2又都可分为A、B两个亚区，L1和L2分别连接1A与1B和2A与2B（图7-31）。中间丝蛋白分子头部（N端）和尾部（C端）的氨基酸顺序及肽链长度在各类不同中间丝蛋白分子中有很大差异。

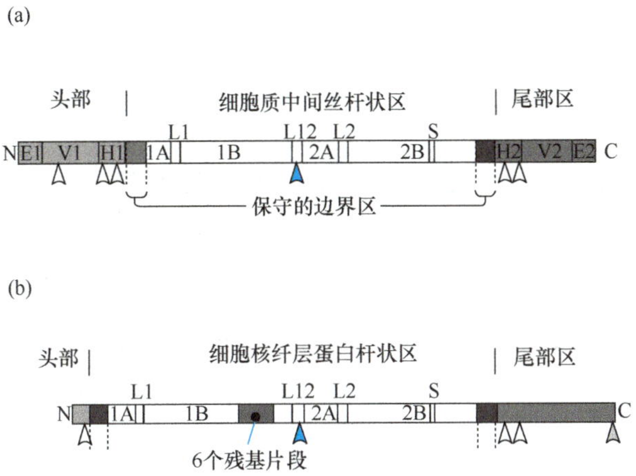

图7-31　中间丝的通用结构示意图（参照Cassimeris et al.，2010）

（a）细胞质中间丝蛋白结构模式图；（b）细胞核核纤层蛋白结构模式图。

1A、1B. 螺旋1的A区、B区；2A、2B. 螺旋2的A区、B区；L1、L2. 螺旋1和螺旋2的A区、B区间的连接区；L12. 螺旋1与螺旋2之间的连接区；△. 通常磷酸化位点；▲. 通常半胱氨酸水解酶酶切位点；△. 脂修饰位点

二、中间丝的组装

与微丝和微管组装相比，中间丝的组装过程不需要ATP或GTP提供能量。其组装过程分为4个阶段：①两个单体中间丝蛋白的杆状区以平行的方式形成双股螺旋状的二聚体，该二聚体可以是同型二聚体（如波形纤维蛋白），也可以是异型二聚体（如角蛋白由一条Ⅰ型角蛋白和一条Ⅱ型角蛋白构成）；②二聚体以反向平行并成半交错的形式组装成四聚体，一般认为，四聚体是细胞质中间丝组装过程中最小的结构单位，由于四聚体是由两个反向平行的二聚体组装而成，因此没有极性；③8个四聚体之间侧向相互作用，形成横截面由32个中间丝蛋白组成的单位长度的中间丝；④最后单位长度的中间丝纵向首尾连接，形成较粗的、松散的未成熟中间丝，经过进一步压缩形成表面光滑的成熟中间丝（图7-32）。

在体内，大部分中间丝蛋白参与中间丝的组装，游离的单体很少，几乎不存在相应的蛋白质库，也不存在踏车行为。细胞内新的中间丝蛋白可以通过交换的方式组装到原有的纤维中去，与微丝和微管只能以末端加入的方式有所不同。在处于细胞分裂周期的细胞质中，中间丝网络结构在分裂前解体，在分裂结束后重新进行组装。目前认为，中间丝的解体与组装是通过中间丝蛋白的磷酸化和去磷酸化而调控的。在有丝分裂前期，中间丝蛋白的磷酸化可导致中间丝网络结构的解体，有丝分裂结束后中间丝蛋白去磷酸化，中间丝网络结构重新组装。

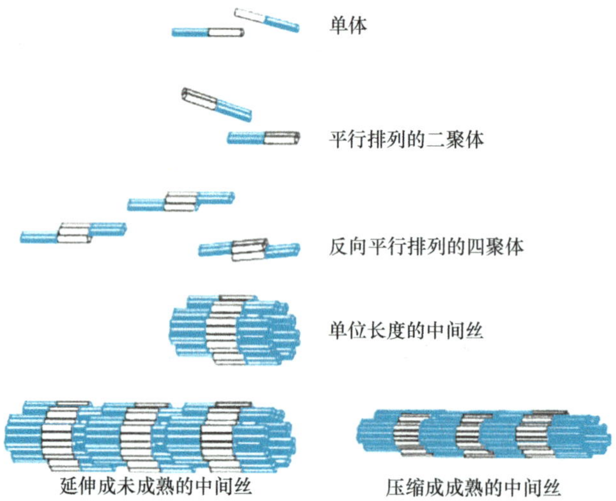

图7-32 中间丝的组装（参照Cassimeris et al.，2010）

三、中间丝结合蛋白

中间丝结合蛋白（intermediate filament associated protein，IFAP）本身并不是中间丝结构组分蛋白，但在结构和功能上与中间丝蛋白有密切联系。中间丝结合蛋白作为细胞质中中间丝蛋白的调节者，可介导中间丝交联成束、成网，并将中间丝连接到细胞质膜或其他细胞骨架上。目前已知约有15种中间丝结合蛋白，分别与特定的中间丝结合。中间丝结合蛋白中研究最为清楚的是网蛋白（plectin），它可以使波形蛋白成束，也可以将中间丝与微管、微丝及Ⅱ型肌球蛋白的纤维连接，还可以介导中间丝与细胞质膜的连接；聚丝蛋白（filaggrin）能够使角蛋白交联成束，赋予皮肤最外层以角质化的分化特异性标志；锚蛋白（ankyrin）可以使波形蛋白与细胞质膜交联；核纤层蛋白B受体（lamin B receptor）能够交联核纤层蛋白与细胞核内表面；中间丝结合蛋白300（IFAP300）将中间丝锚定在桥粒上。与微丝和微管不同，中间丝不具有极性，也不具有马达蛋白。

四、中间丝的功能

（一）提供机械稳定性

中间丝在细胞质中形成一个连续的由核周缘向四周辐射的网状结构，在细胞质中起支架作用并与细胞核定位有关，赋予细胞一定的强度和机械支持力。体外实验证明，在受到较大压力时，中间丝比微管、微丝更不易断裂，同时化学药物耐受力也更强。当中间丝网络结构被破坏后，细胞更容易破碎。在肌肉细胞和皮肤的上皮细胞中，中间丝的含量特别丰富，其主要作用是为细胞提供较大的机械力和剪切力。在神经元轴突中，大量的中间丝起到了增强轴突机械强度的作用。通过转基因技术获得的角蛋白基因缺陷鼠，其表皮细胞形成水泡，并且表皮抗机械力的耐受性急剧下降。说明中间丝在为细胞提供机械强度支持过程中发挥重要作用。

（二）维持细胞核膜稳定

细胞质内中间丝呈绳索状排列分布，许多细胞质内的中间丝源自细胞核周围，而在细胞核内侧面，中间丝呈网格状排列构成核纤层（lamina）。核纤层通过与核膜上的核纤层蛋白受体相连，构成核膜的重要支撑结构。在细胞分裂过成中，核纤层在核膜破碎时发生解聚，当子细胞中核膜形成时，游离的核纤层蛋白A与核膜小泡内的核纤层蛋白B又会重新组装成核纤层。细胞在分裂过程中，通过核纤层蛋白的磷酸化水平调节核纤层的解聚和重组。分裂前期核纤层蛋白的磷酸化水平增加，削弱了四聚体之间的连接，引起核纤层解聚，核纤层蛋白A以可溶性的单体形式弥散在细胞质中，核纤层蛋白B则与核膜解体后形成的核膜小泡结合；分裂末期，核纤层蛋白去磷酸化，结合了核纤层蛋白B的核膜小泡在染色质周围聚集，核纤层又重新组装，新的核膜形成。

（三）参与细胞连接

中间丝参与相邻细胞间、细胞与基底膜间的连接结构的形成，由中间丝参与构成的细胞连接是锚定连接（anchoring junction）的一种。相邻细胞之间通过直径约为1μm的桥粒（desmosome）成纽扣状锚定在一起。电子显微镜下，桥粒处细胞间隙为20~30μm，在细胞质一侧由多种细胞内锚定蛋白形成直径约为0.5μm的致密桥粒斑（desmosomal plaque），成束的中间丝纤维以此为锚定位置向外伸出。桥粒广泛分布于需要承受较大机械力的组织中，如皮肤、食管等上皮细胞间，为其提供坚韧牢固的细胞连接。细胞与基底膜之间通过半桥粒（hemidesmosome）相连，因其结构相当于半个桥粒而得名。半桥粒在细胞质一侧形成的胞质斑主要由一种称为网蛋白（plectin）的锚定蛋白构成，角蛋白与胞质斑相连，向细胞内伸出。半桥粒的主要作用是将上皮细胞与下方的基底膜连接在一起，防止机械力造成的上皮细胞与下方组织的剥离。

（四）参与信号转导

中间丝向外可联系细胞质膜和细胞外基质，向内可连接到细胞核，在细胞内及细胞间建立起一个贯穿膜的信息通道，参与传递细胞内各种机械的或分子的信息。体外实验证明，中间丝蛋白与单链DNA有高度亲和性，在信息传递过程中，中间丝蛋白水解产物可进入细胞核内，通过与组蛋白和DNA的作用调控转录和翻译过程。研究表明，细胞质内的mRNA可锚定在中间丝上进行运输，可能与其在细胞内的定位及翻译有关。

（五）参与细胞分化

中间丝的表达及分布具有严格的组织特异性。研究发现，在发育的不同阶段，中间丝蛋白的表达量及表达类型不同。例如，在小鼠胚胎发育过程中，前8个阶段都没有中间丝蛋白的表达，但在桑葚胚后期，细胞内开始表达部分角蛋白，在胚胎发育到8~9天时，角蛋白的表达量减少，同时波蛋白的表达量增加。上述研究表明，在胚胎发育早期，细胞可通过发育方向决定中间丝蛋白的表达类型及表达量。细胞不同发育阶段可表达不同的中间丝蛋白，这一特性已用于干细胞鉴定和干细胞分化的研究上。在上皮组织的分化过程中，上皮细胞中的Ⅰ型酸性角蛋白和Ⅱ型中性或碱性角蛋白成对表达，并具有特异性，不同上皮细胞表达不同的角蛋白，临床上可利用这一特点来诊断肿瘤的原发部位。

本章提要

细胞骨架是真核细胞中的蛋白质纤维网络结构，广义的细胞骨架系统包括细胞核骨架、细胞质骨架、细胞膜骨架和细胞外基质。狭义的细胞骨架仅指细胞质骨架，包括微丝、微管、中间丝，以及参与这三种骨架结构形成和动态调节的各类骨架结合蛋白，是一类高度动态的细胞结构体系。

微丝是由肌动蛋白组装而成，直径7nm的具有极性的骨架纤维。肌动蛋白聚合形成微丝要经历成核、延伸及延伸终止三个阶段。体外组装过程中，在延伸终止阶段，肌动蛋白不断地在微丝的正端加入，在负端解离，微丝的长度保持不变，此即肌动蛋白组装的踏车行为。细胞内微丝骨架的动态除依赖于细胞内的离子浓度、肌动蛋白浓度之外，还依赖于肌动蛋白结合蛋白的调节。微丝的特异性药物细胞松弛素可以破坏微丝，鬼笔环肽则可以使微丝稳定。微丝在细胞内能够构成细胞的支架并维持细胞形态，通过与其马达蛋白——肌球蛋白的相互作用，在细胞运动、细胞质分裂及肌细胞收缩过程中发挥重要的作用。

微管是由α/β-微管蛋白异二聚体聚合而成，平均外径为24nm的长管状结构，与微丝一样，微管也具有极性。能够起始微管成核，并使之延伸的结构称为微管组织中心，中心体、基体均具有微管组织中心的功能。微管的组装受细胞内离子浓度、微管蛋白亚基浓度、温度及微管结合蛋白的调节。特异性药物秋水仙碱使微管解离，紫杉醇则可以稳定微管。微管与其马达蛋白（驱动蛋白、动力蛋白）结合，参与细胞内的物质运输，此外，微管还参与细胞形态维持和细胞分裂等过程。

中间丝的直径为10nm，包含许多形态上相似，而化学组成上有明显差异的蛋白质，其分布具有组织特异性。中间丝不具有极性，与微丝和微管相比，中间丝更为稳定，但在一定条件下，也会发生组装与解离。中间丝可以通过不同的中间丝结合蛋白与细胞质膜、核膜、微管、微丝等交联，由于尚未发现有关中间丝的特异性药物，其功能研究得尚不清楚，主要能提供机械稳定性、维持核膜的稳定、参与细胞连接的形成、参与信号转导及细胞分化等过程。

思考题

1. 细胞骨架包括哪几种类型？为什么说细胞骨架是细胞内的一种动态结构？
2. 为什么说细胞骨架是细胞结构和功能的组织者？对细胞内细胞器的分布起到什么作用？
3. 微管、微丝、中间丝组装过程中有哪些相似点和不同点？
4. 在细胞骨架研究过程中，有哪些特异性药物对细胞骨架起作用？
5. 简述微管组织中心（MTOC）的结构，以及与鞭毛、纤毛结构的异同点。
6. 简述微管、微丝、中间丝在细胞内的功能。
7. 细胞内哪些细胞骨架结构会随着细胞分裂而周期性解聚和重组？这些结构有什么功能？
8. 简述肌肉收缩的过程。

参考文献

Albert B，Johnson A，Lewis J，et al. 2014. Molecular Biology of the Cell. 6th ed. New York：Garland Science，889-962.

Albert B，Johnson A，Lewis J，et al. 2008. Molecular Biology of the Cell. 5th ed. New York：Garland Science，965-1052.

Cassimeris L，Lingappa V R，Plopper G，et al. 2010. Lewin’s Cells. 2nd ed. Sudbury，MA：Jones & Bartlett Learning.

Karp G. 2008. Cell and Molecular Biology. 5th ed. New Jersey：Von Hoffman Press，328-388.

Lodish H，Berk A，Kaiser C A，et al. 2013. Molecular Cell Biology. 7th ed. New York：W. H. Freeman，773-872.

Lodish H，Berk A，Kaiser C A，et al. 2008. Molecular Cell Biology. 6th ed. New York：W. H. Freeman，779-852.

8 第八章 细胞信号转导

多细胞生物体中，细胞的生长、分裂、分化，甚至死亡都依赖于信息对细胞精细的调控。特别是高等动物和植物由数以亿计的细胞组成，各种特化的细胞有着明确的分工，同时又保持相互间的协调。生命活动的进行常涉及信号分子在细胞间的传递、靶细胞通过受体对信号的感知及信号在靶细胞内的转导，最终使细胞产生特异性的效应。因此，细胞信号转导是生物体中一种十分复杂又高度有序的生命活动。

第一节　细胞信号转导概述

化学信号分子可与细胞内或细胞表面的受体结合形成复合体，并将受体激活，激活的受体可将外界信号转换成细胞内感知的信号，从而使细胞对外界信号产生相应的反应，这一过程称为**信号转导**（signal transduction）。信号转导首先需要有产生信号分子的细胞和接受信号分子作用的靶细胞，在信号分子到达靶细胞之前，存在着信号分子在细胞间的传递，当信号分子与靶细胞中的受体结合并产生作用后，还需经由胞内信号通路的转导，最终产生效应。

一、细胞间的信号传递方式

产生信号的细胞与接受信号的靶细胞之间存在着多种信号传递方式，主要分为两大类：第一类是膜结合信号分子的信号传递；第二类是分泌信号分子的信号传递。第二类信号传递又包括几种不同的方式。

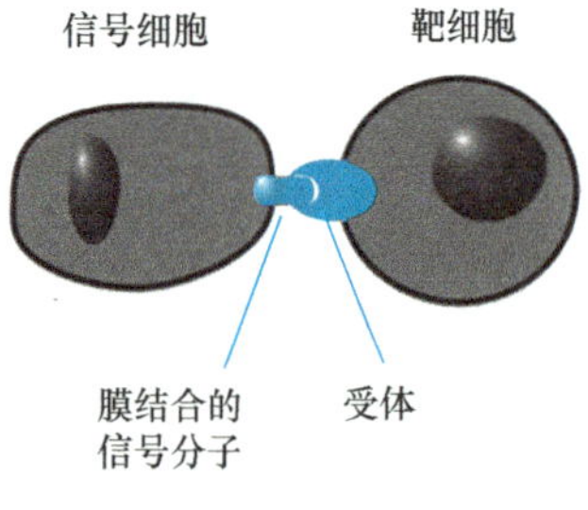

图8-1　膜结合信号的传递

膜结合信号的传递依赖信号细胞与靶细胞细胞质膜与细胞质膜的直接接触

（一）膜结合信号分子的信号传递

膜结合信号传递是信号分子结合在细胞质膜上，通过细胞间的直接接触将信号传递给靶细胞（图8-1）。这类与细胞质膜结合的信号分子在整个信号分子中所占比例较小，大多数信号分子合成后，由细胞分泌出来，通过一定方式的传递到达靶细胞。

虽然接触依赖的信号传递分子在整个信号分子中所占的比例较小，但是，此类信号仍具有其独特的作用，在胚胎发育中，细胞间常通过相互作用来诱导细胞的分化，此过程就包括了膜结合信号的传递。它们还与细胞间的识别及黏合相关，相邻细胞通过细胞质膜上的特异性分子而相识，以至于发生黏合。这种细胞的识别与黏合，对生物的精卵结合、胚胎分化发育、形态发生及免疫细胞的增殖分化有着重要意义。但细胞质膜上结合的分子与一些细胞外分子不易区分，将细胞质膜结合分子分离纯化在技术上具有一定的困难，增加了对这种类型信号传递研究的难度。

（二）分泌信号分子的信号传递

信号分子从细胞中分泌出来，经过一定的距离到达靶细胞，这些信号分子称为分泌化学信号，这种信号传递方式是胞间通讯的最主要的途径，主要包括自分泌信号传递、旁分泌信号传递、突触连接信号传递和内分泌信号传递。

1. 自分泌信号传递

自分泌信号传递（autocrine signaling）是指细胞分泌的信号分子结合到自身的受体上引起反应[图8-2（a）]。例如，在发育过程中，一个细胞一旦进入到特定的分化途径，它就可能会产生自分泌信号，确保细胞按照确定的方向分化。一群同类细胞产生的自分泌信号可相互作用，彼此促进朝着相同方向分化。这也可用来解释发育早期，常常观察到一群细胞对诱导分化的信号同时作出反应，而不是单个细胞的变化。此种类型的信号传递也存在于肿瘤细胞的发展中，肿瘤细胞可高表达生长因子刺激自身，导致持续异常增殖。

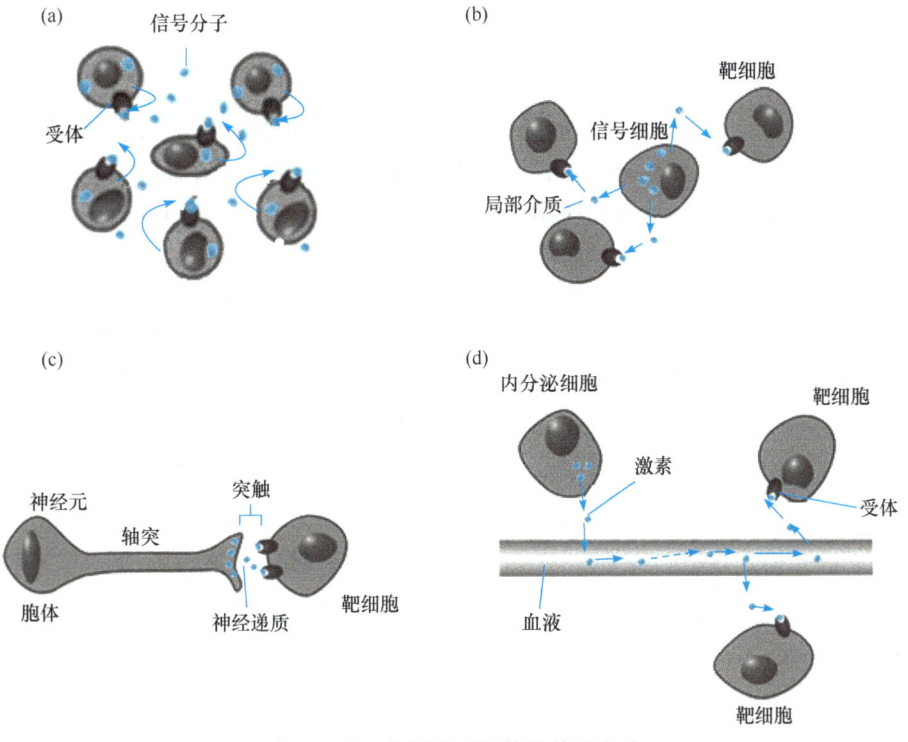

图8-2　分泌信号分子的信号传递方式

（a）自分泌信号传递，信号细胞与靶细胞为同一细胞；（b）旁分泌信号传递，信号细胞产生的信号分子只作用于其附近的细胞；（c）突触信号传递，神经元沿着轴突传递电信号，在轴突处释放神经递质；（d）内分泌信号传递，内分泌细胞分泌激素到血液中，激素随血流传递到身体各个部位。在这几种信号传递方式中，信号传递到它们靶细胞的速率和特异性是不同的

2. 旁分泌信号传递

旁分泌信号传递（paracrine signaling）是指信号细胞分泌局部化学信号分子到细胞外液中，作用于环境中邻近的细胞[图8-2（b）]。这种局部化学介质，有时由特殊功能的细胞分泌，如浆细胞分泌组胺。身体中大多数组织的细胞都可释放局部化学介质，如前列腺释放前列腺素（prostaglandin，PG）等。旁分泌信号只能传递到与信号细胞相邻近的靶细胞，信号分子不能扩散很远。因此它们的信息常常迅速被邻近细胞获取，随后信号分子被细胞外的相关酶分解或被细胞外基质固定。前列腺素除了能控制邻近细胞的活性，还能作用于合成前列腺素细胞自身，即同时具有自分泌信号的性质。

3. 突触连接信号传递

突触信号传递（synapic signaling）是指作为信号分子的神经递质迅速和特异地传递到靶细胞，诱导靶细胞发生反应[图8-2（c）]。对于大的复杂的有机体来说，在进化中产生了一些特殊的细胞，它们在身体各部分间的信号传递中具有特定的作用，这类细胞中最复杂的是神经细胞，神经细胞通过长长的轴索与较远的靶细胞相连，当一个神经细胞被介质中的信号或其他细胞的信号激活后，沿着它的轴索会发出电脉冲，电脉冲到达神经末梢时，会刺激神经末梢分泌出称为神经递质（neurotransmitter）的化学信号，如乙酰胆碱。神经末梢以一种特殊的方式与靶细胞相连，称为突触连接，这种连接方式保证了作为信号分子的神经递质能迅速和特异地作用到靶细胞。

4. 内分泌信号传递

内分泌信号传递（endocrine signaling）是指动物体中内分泌细胞分泌出称为激素的信号分子，进入动物的血液并随血液到达广泛分布在身体各个部位的靶细胞[图8-2（d）]。虽然内分泌细胞和神经细胞都参与调控动物体中各类细胞的活动，但是，它们有着不同的特点。内分泌细胞分泌出多种激素，通过血液传递到靶细胞，靶细胞通过细胞质膜上或细胞质中的特异性受体与信号分子结合，由此保证了特异性。在突触信号传递中，特异性取决于神经细胞与靶细胞的特定接触，通常一种神经细胞释放的神经递质只对与它相接触的靶细胞作用。不同的内分泌细胞常常产生不同的激素，但许多神经细胞却能使用相同的神经递质（图8-3）。

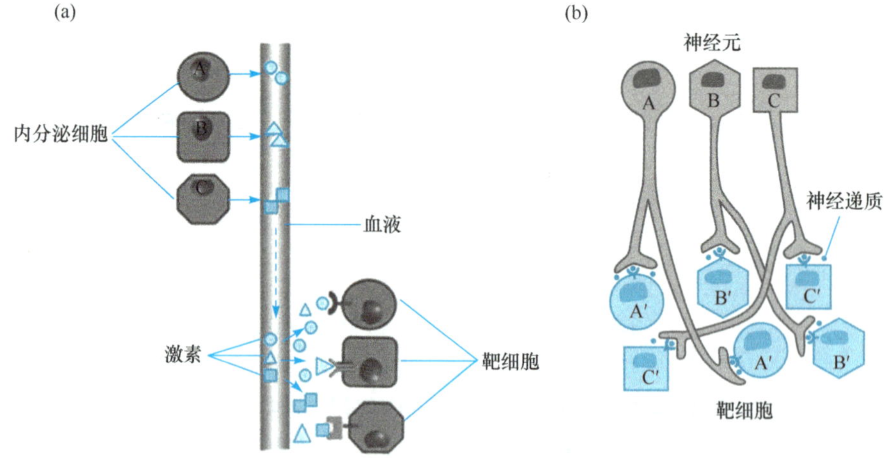

图8-3　突触信号与内分泌信号传递及特异性机制比较

（a）内分泌信号，内分泌细胞分泌激素到血液中，激素作用识别它们的特异靶细胞，这些靶细胞具有结合特异激素的受体；（b）突触信号，特异性是由神经细胞与接受信号的特异靶细胞之间突触连接确定的因为内分泌信号传递依赖于扩散和血液流动，其传递速率相对较慢；与之相比，神经细胞传递信息较为迅速和准确，电脉冲的传播速率可高达100m/s，而且神经递质一旦从神经末梢释放出来，扩散不到100nm就能到达靶细胞，这一过程不超过1ms。内分泌与突触信号传递的另一个差异是激素进入血液或体液后被高倍稀释，所以信号分子能以非常低的浓度发挥作用；神经递质释放后则稀释得很少，它们到达靶细胞时仍有较高的浓度，与此相一致的是神经递质受体与配体的亲和力较低，神经递质能迅速从受体上分离下来，中断信号反应。

相邻细胞可通过连接小体构成间隙连接（gap junction）。这种连接方式在动物细胞中是非常普遍的，这种连接使相邻细胞间形成相互连通的孔道，信号分子通过这些孔道在细胞间传递。植物细胞则是在相邻细胞间形成胞间连丝，这一结构为细胞间提供了物质交流的通路，它不仅可让小分子通过，在某些情况下，大分子也可通过（详见本书第三章）。

二.、信号分子与受体

（一）信号分子的类型与基本特性

按照信号分子的组成与结构来分类，其种类繁多，但根据其溶解性，信号分子可分为亲脂性和亲水性两类。亲脂性小分子的主要代表是甾类激素和甲状腺素，它们相对不溶于水，在血液转运过程中与特殊的载体蛋白结合。在血液中停留时间长，如甾类激素为数小时、甲状腺素为数天，所以它们可以介导较长时间的持续反应。这类分子从血液中的载体蛋白释放出来，很容易穿过靶细胞的细胞质膜进入细胞，与细胞质或细胞核中的受体结合，形成配体/受体复合体。配体/受体复合体通过与DNA的特定控制区结合，改变基因表达模式，通常影响特殊组织的生长与分化。

亲水性信号分子包括神经递质、生长因子、细胞因子、局部化学介质和大多数激素，它们不能穿过靶细胞质膜的双脂层，仅能与细胞表面上的特定受体结合，通过信号转导机制，在细胞内或产生**第二信使**（second messenger），或直接调控蛋白激酶、蛋白磷酸酶及其他相关酶的活性。第二信使很快改变靶细胞中已存在的酶或非酶蛋白的活性，引起细胞对外界信号的反应。蛋白激酶通过蛋白磷酸化级联反应，最后影响基因表达或特定蛋白质活性，引起细胞对外界信号的反应。进入血液中的水溶性激素，一般在几分钟内就能被清除或降解。局部化学介质和神经递质则被清除得更快，当它进入到细胞外液中时，几秒或几毫秒内就被清除。所以水溶性信号分子介导短暂的反应。

虽然亲脂性的小分子能穿过细胞质膜，但大的亲脂性信号分子不能穿过细胞质膜。它们仅能与细胞表面受体结合，引起细胞反应。例如，前列腺素，它是由体内大多数组织产生的一类脂溶性激素的化合物，其前身是细胞中的花生四烯酸和卵磷脂。前列腺素是一群含有20个碳原子的不饱和脂肪酸，人体内至少有16种以上的不同前列腺素，与其他大多数信号分子不同的是，它们不被细胞储存，而是连续地合成并释放到细胞外，在细胞外很快地被酶降解。所以仅能作用于邻近的细胞。前列腺素可以调节其他激素的反应，对许多细胞的生命活动产生较大的效应。例如，一些前列腺素可以启动平滑肌收缩，在婴儿出生时，子宫中产生大量的前列腺素，刺激子宫平滑肌收缩。

此外，气体（如NO、CO、植物中的乙烯）可作为信号分子，由特定细胞产生后穿透细胞质膜进入其他细胞，作为细胞内信使与其相应受体结合，调节靶细胞的功能。

（二）受体的类型与基本特性

受体可以根据其结合的配体或传递信号的方式进行分类，但通常根据其存在的位置分为细胞内受体和细胞表面受体。疏水的小信号分子可穿越靶细胞质膜，进入细胞后直接结合细胞内受体，受体被激活后导致细胞效应的产生。所有亲水性信号分子都与靶细胞表面的特异性受体结合，当受体与细胞外信号分子结合后，可将细胞外信号转变为细胞内信号，通过信号转导通路诱导细胞效应（图8-4）。

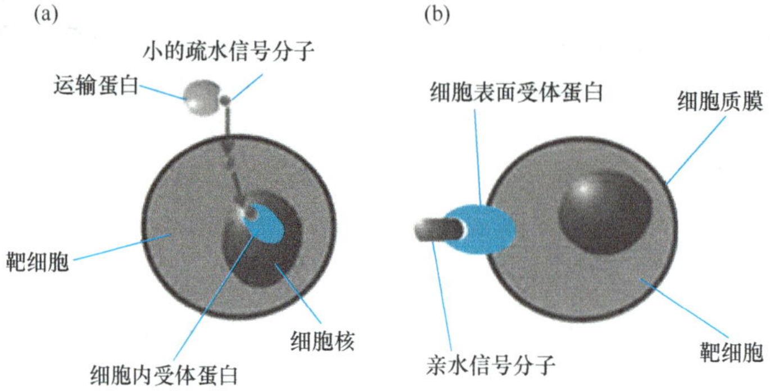

图8-4　胞外信号分子可与细胞内受体或细胞表面受体相结合

（a）信号分子与靶细胞内受体结合，某些小分子可扩散穿越细胞质膜并与靶细胞内的受体结合，疏水性的小分子需与载体蛋白结合，才能在血流中或其他细胞外液中运送，信号分子在进入靶细胞前与载体蛋白解离；（b）信号分子与靶细胞表面受体结合，大多数信号分子是亲水的，不能直接穿过细胞质膜，它们与靶细胞表面受体结合，表面受体激活后在细胞内产生一个或多个信号

根据信号转导机制的不同，大多数细胞表面受体可分为三类（图8-5）。第一类是**离子通道偶联受体**（ion-channel coupled receptor），此类受体参与电兴奋细胞间突触信号的转导。这种信号转导是由少量神经递质介导的，受体与神经递质结合后，构象发生改变，通道被瞬时打开或关闭，从而改变细胞中某种离子的浓度，使突触后细胞发生兴奋。烟碱型乙酰胆碱受体（nicotinic acetylcholine receptors，nAChR）是此类受体中研究得比较清楚的一种，它是神经突触后膜上的整合蛋白，是由α、β、γ、δ 4种亚基组成的五聚体（$\alpha_2\beta\gamma\delta$），各亚基呈环行排列，中间为$Na^+$通道区。实际上，离子通道偶联受体即是一种离子通道蛋白。第二类是**G蛋白偶联受体**（G protein coupled receptor），此类受体激活后通过细胞质膜上的异三聚体G蛋白调节靶蛋白的活性，靶蛋白可以是一种酶或是一种离子通道蛋白，因此受体可调控细胞内酶的活性或离子通道的开关。第三类是**酶偶联受体**（enzyme coupled receptor），此类受体直接具有酶的功能或与某种酶结合，它们在结构上具有细胞外配体结合位点和细胞内催化或酶结合位点，受体的激活直接调控某种酶的活性。还有某些细胞表面受体不属于上述三种类型，它们具有其他的信号转导与作用方式。

每种信号分子都有其特定的靶细胞，这种特异性是由信号分子与靶细胞中的受体共同决定的。因此对于一种信号分子来说，它能使哪种细胞产生效应是确定的，反之，一种细胞能接受哪些信号分子的调控也是确定的，如垂体促甲状腺激素只作用于甲状腺细胞。值得一提的是，有些信号分子的靶细胞可能有多种，而一种靶细胞又会受到多种信号分子的作用。信号分子本身既不具有酶的活性也不能直接激活基因表达，它通过激活靶细胞中的受体来发挥作用。许多信号分子是以非常低的浓度（通常≤10^{-8}mol/L）及非常高的亲合力（亲合系数K_a≥10^8mol/L）与其受体结合。在发育成熟的动物中，大多数细胞已特化，以便完成一种主要的功能。它们通过细胞内或细胞质膜中分布的特定受体，保证细胞仅对那些启动或调节细胞特有功能的信号分子作出反应。

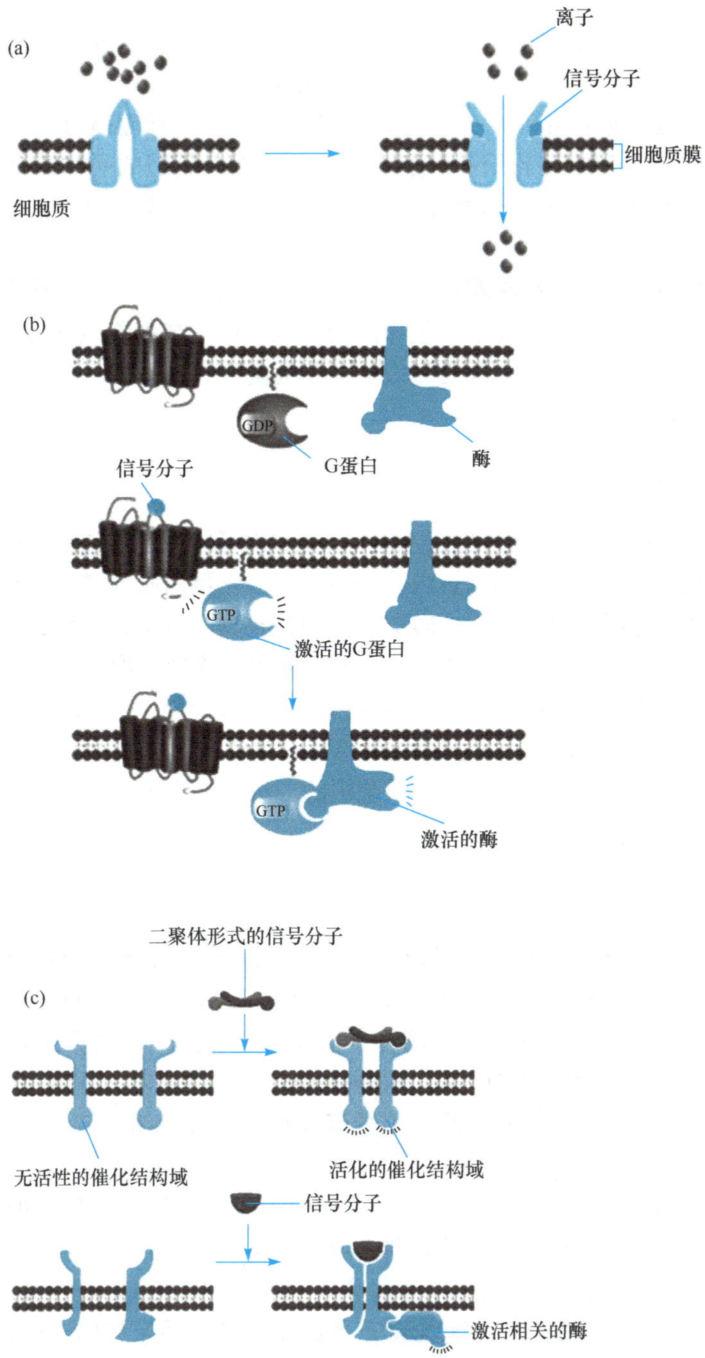

图8-5　三种细胞表面受体与配体结合及其被激活

（a）离子通道偶联受体；（b）G蛋白偶联受体；（c）酶偶联受体

受体能够介导细胞对种类多样的细胞外信号分子作出应答，因此，细胞必须表达多种类型的受体，它们能够与其细胞外作为信号分子的配体相结合，每种受体激活后能够启动特定的细胞应答。受体因此需包含两个功能结构域：一个配体结合结构域和一个效应子结构域。

配体结合和效应子功能的分离能够使受体结合不同的配体，通过少量效应子结构域的活化产生一定量的在进化上保守的细胞内信号。实际上，受体家族的数量是有限的，这与它们保守的结构和信号转导功能有关。一个细胞能够通过调控一种受体的合成或降解，或通过调控受体的活性，来控制其对一个胞外信号的应答。一种配体可以与不止一种受体结合，并可引起多种应答，或是若干不同配体通过与功能上相似的受体结合而产生相同的作用。例如，神经递质乙酰胆碱同两类受体结合，一类受体是离子通道，另一类受体与G蛋白偶联。

受体的两个结构域本质上存在着相关性。两个结构域性质表明，两种应答不同配体的受体通过活化相似的效应子结构域能够产生相同的功能，或一个细胞能够表达两种效应子结构域不同的受体亚型，可应答具有不同细胞效应的相同配体，由此产生由不同效应子结构域介导的特定细胞效应。

三、蛋白质的可逆磷酸化与信号转导

蛋白质磷酸化作用很早就已发现，但蛋白质磷酸化可作为生物体的一种代谢调节机制在20世纪50年代才被确定。蛋白激酶和蛋白磷酸酶负责催化蛋白质的磷酸化和去磷酸化反应。磷酸化反应泛指磷酸基团通过酶促反应转移到其他化合物的过程，如NAD转化成NADP。蛋白质的磷酸化是指由蛋白激酶催化的把ATP的磷酸基团转移到底物蛋白质氨基酸残基上的过程，其逆转过程是由蛋白磷酸酶催化的，称为蛋白质去磷酸化。GTP结合到蛋白质上，以及GTP被水解成GDP是蛋白质磷酸化与去磷酸化的另一种形式（图8-6）。细胞内信号蛋白组成了一个精细的调控系统，当信号传来时，系统中的成员将逐级地被磷酸化或去磷酸化，而蛋白质的磷酸化和去磷酸化又直接影响着它们的活性，这样通过将信号蛋白逐级激活而使信号迅速传递。

蛋白激酶（protein kinases，PK）是一类催化蛋白质磷酸化反应的酶。它能把腺苷三磷酸上的γ-磷酸转移到蛋白质分子的氨基酸残基上。通常这一磷酸化反应是发生在蛋白质的丝氨酸残基和苏氨酸残基或酪氨残基上。 酪氨酸蛋白激酶可以催化自身磷酸化，也可以磷酸化其他的蛋白质。蛋白激酶在细胞内的分布遍及核、 线粒体、微粒体和细胞基质中。目前为止，已发现的蛋白激酶约有300种，这类酶催化从ATP转移出磷酸并共价结合到特定蛋白质分子中某些丝氨酸、 苏氨酸或酪氨酸残基的羟基上，从而改变蛋白质、酶的构象和活性。

蛋白磷酸酶是具有催化已经磷酸化的蛋白质分子发生去磷酸化反应的一类酶分子，与蛋白激酶相对应存在，共同构成了磷酸化和去磷酸化这一重要的蛋白质活性的开关系统。蛋白质磷酸酶根据蛋白质磷酸酶催化亚基和调节亚基所作用的底物分子不同（氨基酸残基种类），可以分为4类蛋白质磷酸酶：丝氨酸/苏氨酸蛋白磷酸酶家族(serine/threonine residues phosphoatases，PSP)、酪氨酸蛋白磷酸酶家族(tyrosine residues phosphoatases，PTP)、双重底物特异性蛋白磷酸酶家族（dual specificity protein phosphatase，DSP）及组氨酸蛋白磷酸酶家族。磷酸化会导致底物蛋白的激活或失活，同样去磷酸化也可发挥激活或失活蛋白质的作用。

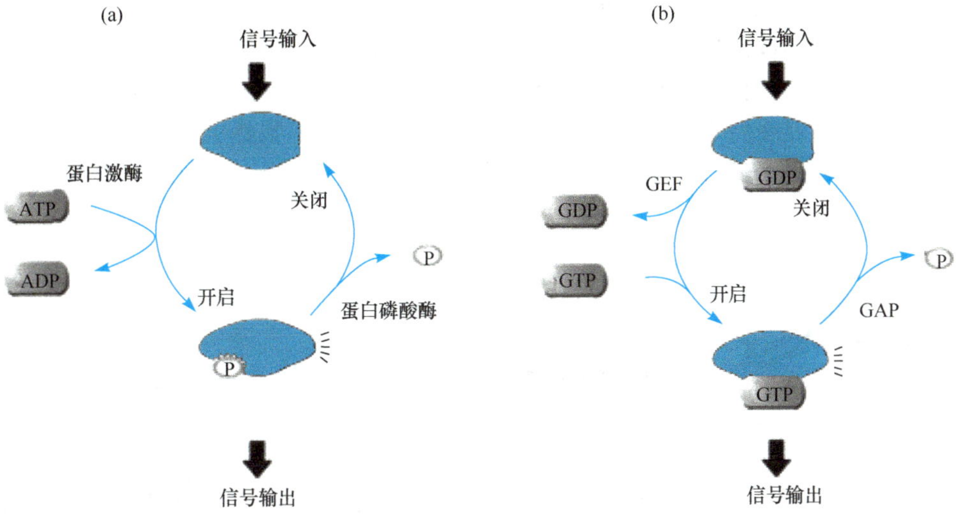

图8-6　通过蛋白磷酸化与去磷酸化调控作为分子开关的胞内信号蛋白

（a）通过蛋白激酶催化，磷酸基团共价连接到蛋白质上，即蛋白磷酸化；通过蛋白磷酸酶催化去除磷酸基团，即蛋白去磷酸化。（b）在GEF的作用下，GDP从G蛋白上脱离，GTP结合到G蛋白上，在GAP作用下，激活G蛋白的GTP酶活性，将GTP水解为GDP，GTP的结合与水解也相当于一个磷酸化与去磷酸化过程

蛋白激酶和蛋白磷酸酶通过将一些蛋白质（包括酶类）磷酸化与去磷酸化，控制着它们的活性，使细胞对外界信号作出相应的反应。与信号传递有关的蛋白激酶类主要受控于胞内信使（cAMP、Ca^{2+}、DG等），这种共价修饰的调节方式显然比变构调节较少受细胞内代谢产物的影响，能比较专一地催化与外界刺激有关的生化反应，使细胞对这些细胞外信号作出准确的应答。此外，蛋白质磷酸化在信号传递中的一个最重要特点是对外界信号具有级联放大作用，因为它是以酶调节反应为基础的。细胞外即使有很微弱的信号也可以通过一系列级联反应得到充分的放大。激酶和磷酸酶通过精确的动态平衡，控制底物蛋白质的磷酸化水平，一旦这个平衡被打破，造成底物蛋白质磷酸化水平的异常，会引起信号转导的紊乱，进而导致细胞周期及细胞生理状态的异常，引发多种疾病。

四、信号转导与细胞效应

在多细胞生物体中，任何一种细胞都会从所处的环境中接触到很多种不同的信号分子，这些信号分子或呈溶解状态，或结合在邻近细胞表面，它们以多种方式发挥作用。细胞根据自身的特点对各种信号作出相应的反应，并通过对一系列信号的反应决定细胞的命运，细胞或增殖、或分化、或凋亡、或产生某些特定功能。

从信号分子作用于细胞到细胞产生效应依赖于每个细胞都含有复杂的信号转导与应答系统。这一系统主要包括与信号分子结合的细胞表面受体或细胞内受体，以及将信号传递到特定位点的细胞内信号蛋白。细胞内信号传递蛋白主要包括蛋白激酶、蛋白磷酸酶、GTP结合蛋白，以及与它们相作用的其他蛋白质。当信号通路处于激活状态时，其末端的靶蛋白活性将因此发生改变，从而改变细胞行为。根据信号的作用，这些靶蛋白可以是基因调控蛋白、离子通道蛋白、某个代谢途径的组分、细胞骨架的组分等（图8-7）。

大多数高等动物细胞都通过一种机制对特定信号作出反应，以维护细胞的正常生存。不同种类的细胞需要不同的生存信号，这样，特定的细胞就只能生活在身体的特定部位。细胞通常接受的不是单一的信号而是特定组合的多种信号，细胞表现出的效应是多种信号的综合效应，即细胞通过接受特定组合的信息而作出反应。这样，细胞就能利用种类不太多的信号分子，通过大量不同的组合产生各种各样的效应，并以此方式高度特异地控制各种细胞行为（图8-8）。

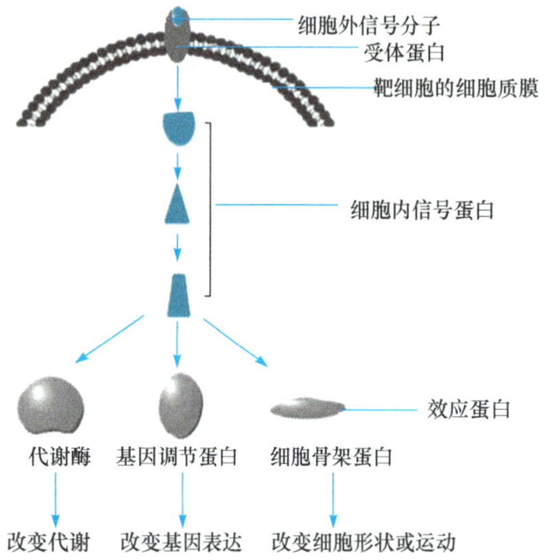

图8-7　由胞外信号分子激活的信号转导通路

信号分子激活受体，从而激活一个由一系列信号蛋白介导的细胞内信号转导通路，最终通过靶蛋白的作用调控靶细胞的行为

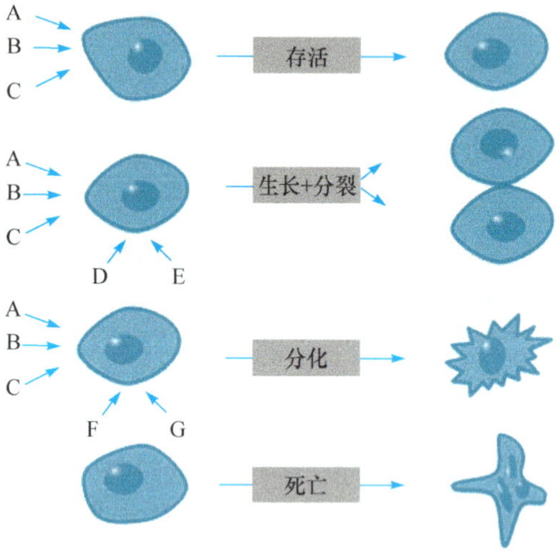

图8-8　多种信号分子对细胞产生综合效应

每种细胞类型都有一整套的受体，从而能对一整套的信号分子作出应答。多种信号分子的综合效应最终确定细胞的行为

细胞由于其类型不同而对其环境作出反应的方式是多种多样的，这样，同一种信号分子常常对不同的靶细胞产生不同的作用。例如，作为神经递质的乙酰胆碱刺激骨骼肌细胞收缩，但却使心肌细胞的收缩速率和收缩力度下降，其原因是由于骨骼肌细胞上的乙酰胆碱受体与心肌细胞上的乙酰胆碱受体不同。但受体的差异不能解释所有效应差异。在有些情况下，相同的信号分子结合到同种受体上却由于靶细胞种类的不同而产生不同的反应。例如，一些分泌细胞上的乙酰胆碱受体与心肌细胞上的相同，但当乙酰胆碱作用于受体时其效应是导致细胞分泌，这反映不同细胞对同一信号作出反应的机制是不同的（图8-9）。这些例子表明，不同细胞对相同信号可作出不同的反应，它们有的是由于受体种类的差异，有的是由于同一种类受体激活不同的信号通路。

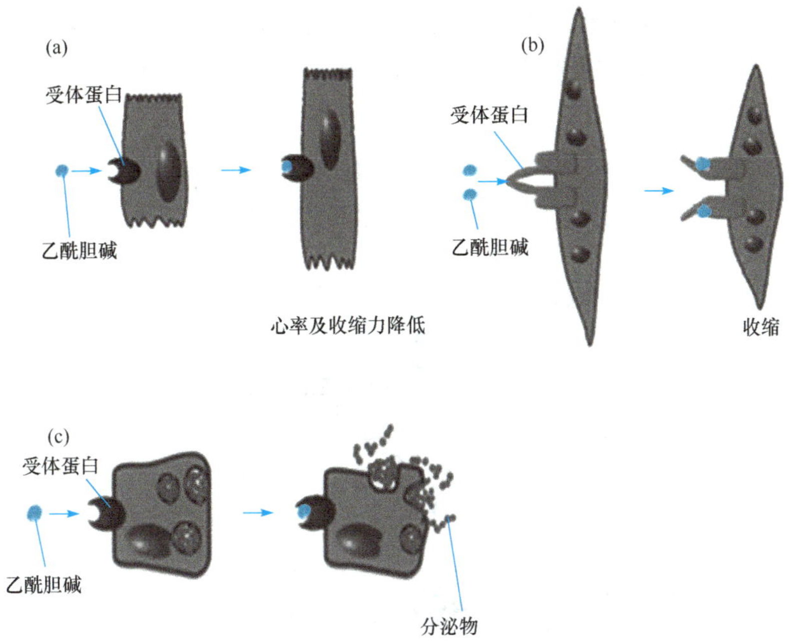

图8-9 不同细胞对乙酰胆碱诱导作出不同的反应

（a）心肌细胞；（b）骨骼肌细胞；（c）唾液腺细胞。不同细胞类型以不同方式应答乙酰胆碱，（a）与（b）是由于乙酰胆碱受体类型不同而出现应答差异；（a）与（c）尽管受体类型相似，但细胞类型不同，也会产生不同的应答

第二节 细胞内受体介导的信号转导

在各类信号分子中，已知有些与细胞内受体相结合，而有些与细胞表面受体相结合。前一类信号分子可直接穿过细胞质膜的脂分子层，与存在于细胞内的受体分子相结合。受体分子被激活后，产生一系列生物学效应。细胞内受体的主要成员为核受体，同时也包括其他类型的受体。

一、核受体的基本特性

核受体是一类由配体调节其活性的转录因子组成的核受体超家族（nuclear receptor superfamily），通过在信号分子与转录应答间建立联系对多种信号做出应答（图8-10）。根据受体的配体类型，核受体超家族可以分为类固醇激素受体（steroid hormone receptor），如糖皮质激素受体（glucocorticoid receptor，GR）、盐皮质激素受体（mineralocorticoid receptor，MR）、雌激素受体（estrogen receptor，ER）、孕激素受体（progestogen receptor，PR）、雄激素受体（androgen receptor，AR）等；非类固醇激素受体，如甲状腺激素受体（thyroid hormone receptor，TR）、视黄醇X受体（retinoid X receptor，RXR）、维生素D_3受体（vitamin D_3 receptor，VDR）等。核受体中还有些为孤儿核受体（orphan receptor），即到目前为止还没有发现其配体的一类核受体成员，如肝受体同系物1（liver receptor homolog-1，LRH-1）、法尼醇X受体（farnesoid X receptor，FXR）等。LRH-1是一

种单体孤儿受体，主要在卵巢、肝脏和小肠表达，是一种组织特异的感应因子，促进胆汁酸的合成。FXR作为核受体包括很多成员，它们在胆汁酸代谢、脂代谢、糖代谢中发挥重要作用。

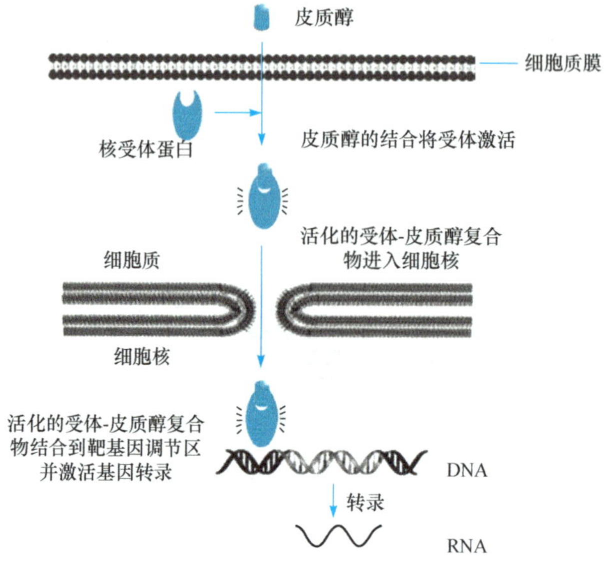

图8-10　核受体作用方式

皮质醇是肾上腺在应激反应时产生的一种类激素，它穿越细胞质膜与细胞内的核受体结合而将受体激活，受体由核孔复合体进入细胞核，并作为转录调控因子启动基因的转录

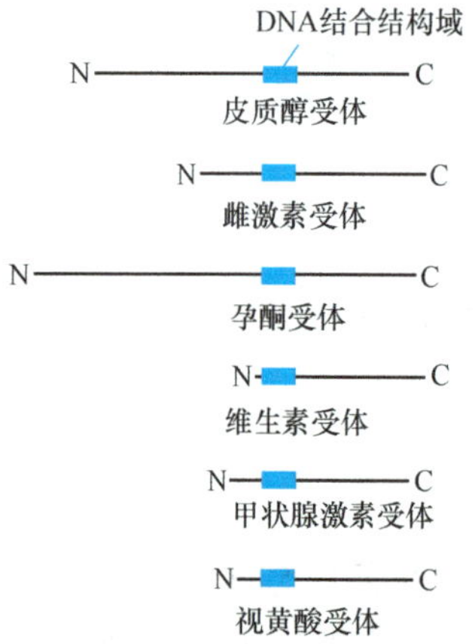

图8-11　典型的核受体超家族蛋白序列中具有DNA结合结构域

核受体在结构上具有相同的特点，组成了核受体超家族（图8-11）。受体与抑制蛋白结合时处于无活性状态，当配体与受体结合成复合体后，引起受体与抑制蛋白解离，使受体结合DNA的部位显露出来而被激活。细胞内受体在结构上都具有短的DNA结合结构域，受体通常以同源二聚体或异源二聚体的形式与DNA结合。

目前已知多种类固醇激素受体的氨基酸顺序，尽管各种受体所含氨基酸数量不等，但都具有一个高度保守的富含半胱氨酸的区域，它由70~80个氨基酸残基组成2个锌指结构。如果将不同类固醇受体的保守区对齐排列，发现它们的C端具有非常高的保守性，而N端保守性较差。类固醇受体有三个功能区：DNA结合区（C区）、激素结合区（E区）和受体调节区（A/B区）。受体调节区具有一个转录激活结构，决定启动子专一性和细胞专一性。激素结合区除激素结构域外，还有转录激活、受体二聚化及抑制蛋白结合的结构域。由于激素结合区缺失的受体有不依赖于激素的转录活性，推测它对DNA结合区（C区）有遮盖作用。受体的抑制蛋白结合到DNA结合区，可阻碍受体与DNA结合，激素的结合改变了受体的构象，使抑制蛋白解离下来，受体DNA结合区暴露从而被活化（图8-12）。

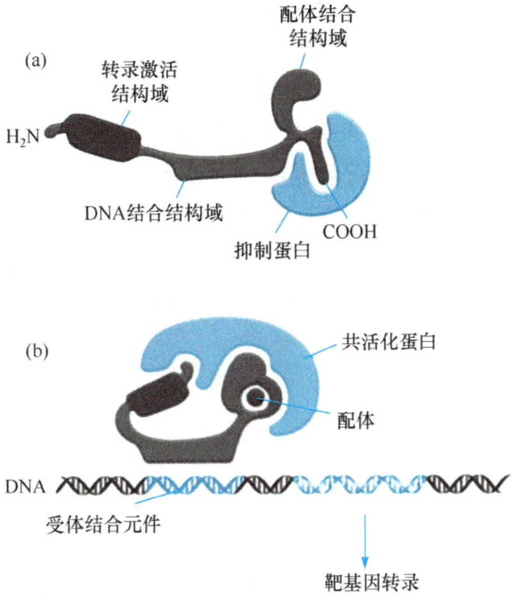

图8-12　核受体的结构与激活

（a）未活化的受体；（b）活化的受体。核受体具有DNA结合结构域、转录激活结构域和配体结合结构域，受体结合抑制蛋白后活性被抑制，配体与受体结合可改变受体构象，使抑制蛋白脱离，显露出DNA结合结构域，启动基因的转录

1999年，核受体系统命名委员会根据核受体的C域和E域的同源性对核受体进行系统命名，用NRxyz表示，其中NR表示核受体，x、z用阿拉伯数字表示，y用字母表示，x代表核受体的亚家族，y代表亚家族中的组别，z代表组别中的成员。在同一个亚家族的核受体中，它们的C域同源性为80%~90%，E域的同源性至少为40%~60%，这也是系统命名的依据。

与核受体结合的信号分子首先要穿越细胞质膜进入细胞内，所以它们通常是疏水性小分子，如类固醇激素（也称为甾类激素）、甲状腺激素、维甲酸、维生素D等，它们在化学结构上和功能上都有很大差别，然而它们都以相似的机制发挥作用，即直接穿过靶细胞质膜并结合到核受体蛋白上，形成复合体，从而将受体激活，然后调控特定基因的转录。类固醇类性激素是在睾丸和子宫中合成的，它们决定雄性和雌性的第二特征。甲状腺素是由酪氨酸合成的，其作用是增加许多细胞代谢的速率。维甲酸是体内维生素A的代谢中间产物，主要影响骨的生长，以及促进上皮细胞增生、分化、角质溶解等代谢作用。维生素D是在皮肤中合成的，它在肝脏或肾脏中转变为活性形式后，调控Ca^{2+}的代谢，促进钙吸收，降低肾中钙的外排。尽管这些信号分子不易溶于水，但它们通过结合特定的载体蛋白而变得可溶，在血液和其他细胞外液体中转运，在进入靶细胞前它们与载体蛋白解离。

用氚标记雌二醇进行的研究中，发现类固醇受体存在于细胞质中，其与类固醇信号分子结合后被激活，分子构象发生变化，通过核孔进入细胞核，并与相应基因的调控区结合，调控基因的表达。进一步的研究发现，不仅有激素结合的受体出现在细胞核中，有些未结合信号分子的受体也存在于细胞核中。因此，受体在结合配体前，有些存在于细胞质中，有些则存在于细胞核中。例如，皮质醇受体最初定位于细胞质，当与配体结合后，便可进入细胞核与DNA结合。而维甲酸受体最初定位于细胞核中，在配体缺乏时与DNA结合，在这种情况中，配体结合可改变受体蛋白的构象，然后激活或抑制基因表达。

许多情况下，类固醇受体调节的基因活化反应包括两步。首先直接诱导少量基因转录，即**原初反应**（primary response）；其次这些基因产物反过来激活其他基因转录，产生一个**次级反应**（secondary response）。这样一种简单的激素诱导因子就能在基因表达的模式上引起非常复杂的变化（图8-13）。例如，果蝇在注射昆虫蜕皮激素后仅5~10min，其唾液腺的巨大染色体上就出现了6个主要的RNA新合成部位（胀泡），再过一定时间后，由初级反应产生的一些蛋白质又进一步诱导出100个左右RNA合成部位。初级反应产物除产生大量次级反应外，还有一部分具有反馈调控的作用，抑制了初级反应基因的进一步转录。在激素诱发的许多哺乳动物细胞的基因转录中，都存在着类似的扩增和调控机制。

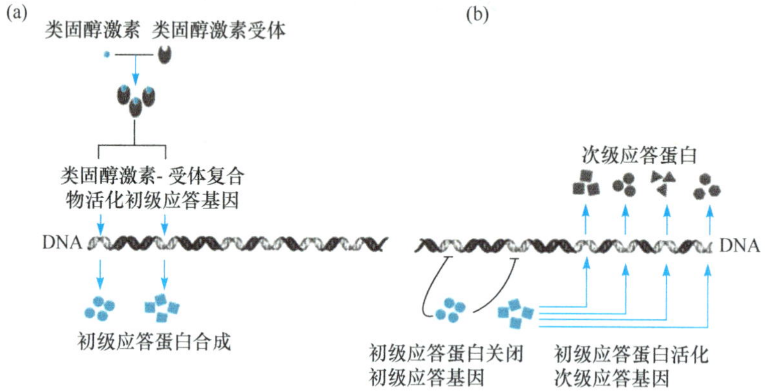

图8-13　类固醇受体调节的基因活化的原初应答和次级应答

（a）对类固醇激素的初级应答；（b）对类固醇激素的次级应答。本图以对类固醇激素应答为例，所有激活该家族受体蛋白的配体都有类似的特点

类固醇、甲状腺素、维生素D等激素所引起的靶细胞效应，与细胞外信号分子引起的效应一样，是由靶细胞的类型和信号分子的性质共同决定的。许多细胞具有相同的细胞内受体，但受体所调节的基因会因细胞不同而不相同。这是因为要激活基因转录，不仅需要一种基因调节蛋白结合到基因调控序列上，而且受体必须与其他基因调控蛋白组成正确组合，许多组合具有细胞类型特异性。

二、一氧化氮激活的信号转导通路

一氧化氮（NO）是一种极易扩散的气体，它参与了大量的生物学过程，其中主要包括血流调节、神经传导及免疫应答等。在哺乳动物中，乙酰胆碱从血管壁的自主神经细胞中释放，作用到内皮细胞受体上，诱导合成并释放NO。NO进入血管平滑肌细胞，结合到细胞中的鸟苷酸环化酶（guanylate cyclase，GC）上将其激活，该酶激活后催化产生cGMP，使细胞内cGMP浓度升高数百倍，继而激活依赖cGMP的蛋白激酶G（protein kinase G），蛋白激酶G将特异性靶蛋白磷酸化产生效应。NO—GC—cGMP信号级联反应的活化使血管平滑肌舒张，导致血压下降。NO还会迅速渗透出平滑肌细胞质膜扩散到血液，进入血小板细胞，使血小板活性降低，抑制其凝集及与血管内皮的黏附，防止血栓的形成和动脉粥样硬化的发生（图8-14）。

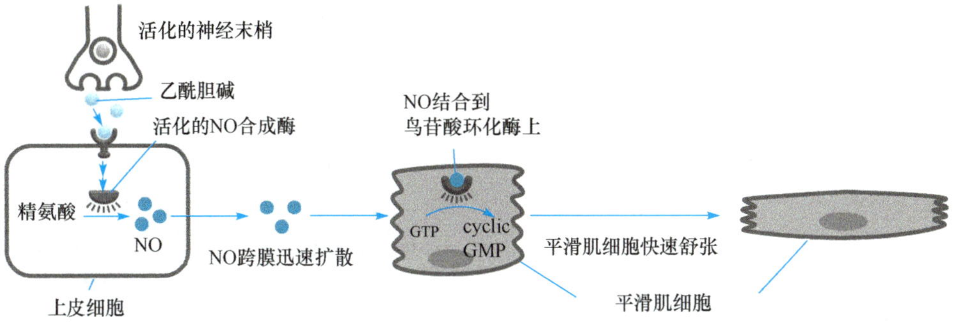

图8-14　NO—GC—cGMP信号级联反应的活化使得血管壁平滑肌细胞舒张

血管壁中神经末梢释放的乙酰胆碱激活血管壁上皮细胞内的NOS，导致上皮细胞产生NO。NO扩散出上皮细胞并进入下面的平滑肌细胞，在平滑肌细胞中NO结合并激活鸟苷酸环化酶产生cGMP，cGMP引发导致平滑肌松弛的反应

NO是由NO合酶（NOS）催化左旋精氨酸脱氨产生的。现已在人体细胞中鉴定出三种NOS异构体，它们是不同基因的产物。三种NOS异构体中有两种为组成型表达NOS（constitutive NOS，cNOS），一种为诱导性表达NOS（inducible NOS，iNOS）。cNOS主要存在于血管内皮细胞和神经细胞，其活性依赖于Ca^{2+}-钙调蛋白。在体内cNOS活性只能维持几秒至几分钟，它们催化生成的NO量较少，但具有广泛的生理功能。iNOS存在于心肌细胞、血管平滑肌细胞、成纤维细胞、内皮细胞及炎症细胞中，其活性与细胞内Ca^{2+}浓度升高无关。这三种NOS在发挥作用时都需形成二聚体才具有活性。

硝酸甘油很早就作为一种扩张血管的药物，后经研究证实，硝酸甘油可在体内转化为NO，NO通过活化可溶性鸟苷酸环化酶而提高cGMP的浓度，最终使血管平滑肌细胞松弛，血管得以扩张。美国的三位科学家Robert F. Furchgott、Loui J. Ignarro和Ferid Murad，由于在NO作为心血管系统的信号分子上的重大发现，而荣获1998年度的诺贝尔生理学或医学奖。

第三节　G蛋白偶联受体介导的信号转导

所有水溶性信号分子，包括神经递质、激素蛋白、生长因子，以及某些脂溶性信号分子都是结合到靶细胞表面特定受体蛋白上，将信息传递给细胞。这些细胞表面受体蛋白作为信号的转导因子，能以高亲和力与信号配体结合，并将细胞外作用转化成一种或多种细胞内信号，G蛋白偶联受体是其中重要的一种。

一、G蛋白偶联受体

G蛋白偶联受体为一条跨越细胞质膜7次的多肽链细胞表面受体，其N端位于细胞外，C端位于细胞内，跨膜的肽链为α螺旋，受体位于细胞外的区域负责与配体结合，与异三聚体G蛋白结合的区域及磷酸化位点位于细胞内（图8-15）。它通过间接作用调节一种与其分离的膜结合靶蛋白，这些靶蛋白可能是一种酶，也可能是一种离子通道。受体对靶蛋白的作用是由异三聚体G蛋白介导的。当配体与受体结合后可改变受体构象，使之与细胞质膜内侧的G蛋白结合，先激活G蛋白再通过G蛋白激活靶蛋白（图8-16）。如果靶蛋白是一种酶，G蛋白激活后，可调控一种或多种细胞内介导因子（intracellular mediators）的活性；如果靶蛋白是离子通道，G蛋白激活后可改变细胞质膜对离子的通透性。

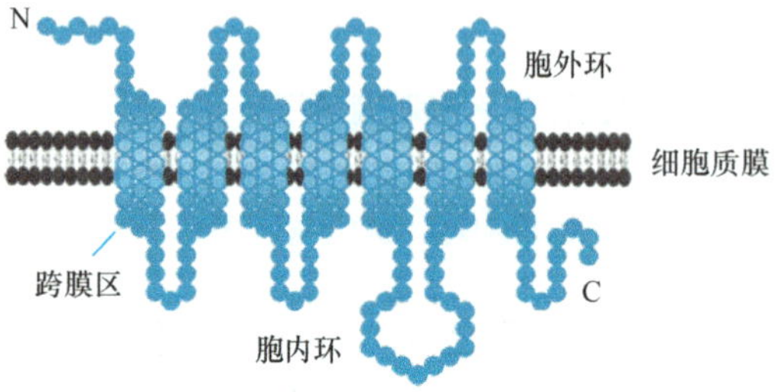

图8-15　G蛋白偶联受体的二维结构图

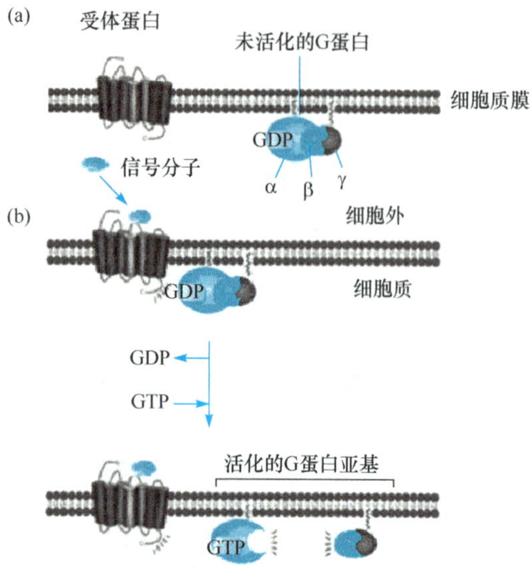

图8-16　G蛋白偶联受体活化后首先激活异三聚体G蛋白

（a）未激活状态的G蛋白偶联受体与G蛋白；（b）G蛋白偶联受体被信号分子激活，随之通过磷酸化将G蛋白激活

G蛋白偶联受体是一个很大的细胞表面受体家族，在哺乳动物细胞中已发现100多个成员，通过此类受体介导产生反应的信号分子有许多种类，它们包括激素、神经递质、局部介导因子，这些信号分子在结构上、功能上都是各不相同的，其中有蛋白质、小肽、氨基酸和脂肪酸衍生物等。同一配体能激活这个家族中的不同成员。例如，至少有9种G蛋白偶联受体能被肾上腺素激活，有5种以上能被乙酰胆碱激活，有15种能被血清素激活。根据受体接受信号后是激活还是抑制相关酶的活性，可将它们分为刺激型（stimulatory receptor，Rs）和抑制型（inhibitory receptor，Ri）。刺激型受体和抑制型受体可分别通过相应的G蛋白激活或抑制靶蛋白的活性，如腺苷酸环化酶的活性调节，从而提高或降低细胞中的cAMP水平。属于刺激型受体的有肾上腺素（β型）受体、后叶加压素受体、胰高血糖素受体、促黄体生长激素受体、促卵泡激素受体、促甲状腺素受体、促肾上腺皮质激素受体及肠促胰酶素受体等，属于抑制型受体的有肾上腺素（α_2型）受体、阿片肽受体、乙酰胆碱（M）受体和生长激素释放的抑制因子受体等。在一个特定的细胞中，可以有多种上述类型受体。例如，大鼠脂肪细胞中至少有5种刺激型受体和2种抑制型受体。

二、G蛋白

G蛋白是一类通过结合其上的GTP或GDP的转换来调控活性的蛋白质，其活化与失活的转换是依靠GTP的结合，以及通过自身的GTP酶活性将GTP水解为GDP来实现的。真核生物细胞中的G蛋白种类很多，由100多个不同基因编码，它们组成了G蛋白超家族。根据序列同源性、分子质量和亚基结构等，可将此超家族分为三类，即三聚体GTP结合调节蛋白（trimeric GTP-binding regulatory protein，简称为G蛋白）、小G蛋白超家族（small G protein superfamily）及其他GTP结合蛋白。它们在功能上具有明显差异，但基本上都参与细胞对细胞外信息的各种应答。作为信号转导分子的三聚体G蛋白是由不同基因编码的三个亚基组成的，分别称为G_α亚基、G_β亚基、G_γ亚基，它们的分子质量分别为39~52kDa、35~37kDa和6~10kDa。三聚体G蛋白位于细胞质膜的细胞质一侧，G_α亚基和G_γ亚基分别以共价键与膜脂分子相连接，G_β亚基与G_γ亚基紧密结合。G_α亚基具有GTPase活性，是结合GTP并可将GTP水解为GDP的亚基。三个亚基中编码基因变化最多的是G_α亚基，目前动物细胞中发现的G_α亚基已有20多种，按其氨基酸序列的相似性和其所调节的效应器产生的功能，可分为$G_{\alpha s}$、$G_{\alpha i/o}$、$G_{\alpha q/11}$、$G_{\alpha 12/13}$等不同种类（表8-1）。除了G_α亚基以外，G_β亚基和G_γ亚基也具有多样性，现已鉴定出多种不同的G_β亚基和G_γ亚基。某些G_β亚基和G_γ亚基可以二聚体的形式作用靶蛋白，转导特定信息。理论上G_α、G_β和G_γ亚基的多样性可使构成G蛋白的三种成分之间有近1000种组合方式，如此大量的组合可能性将有助于信号转导的高度特异性。

表8-1　三聚体G蛋白的4个主要家族

家族	主要家族成员	活性调节亚基	主要功能
Ⅰ	Gs	α	激活腺苷酸环化酶、激活Ca^{2+}通道
	Golf	α	激活嗅觉神经元细胞中腺苷酸环化酶
Ⅱ	Gi	α	抑制腺苷酸环化酶
		βγ	激活K^+通道
	G0	βγ	激活K^+通道、抑制Ca^{2+}通道
		α、βγ	激活磷脂酶C-β
Ⅲ	Gq	α	激活磷脂酶C-β
Ⅳ	G12/13	α	通过激活Rho家族单体GTP酶活性来调节肌动蛋白细胞骨架，而这种调节是通过Rho-GEF来实现的

注：家族成员之间是根据α亚基氨基酸序列的同源性大小进行分类的。表中只包含全部家族中的部分成员。在人类中已经发现有20种α亚基，至少6种β亚基和11种γ亚基

G蛋白将受体与细胞质膜上的相关酶或离子通道相偶联，具有分子开关的功能，当GTP与其结合时处于活性状态。这里的活性通常是指分子作为一种信号启动细胞中的某一事件。当细胞外配体结合到G蛋白偶联受体时，受体改变其构象，并通过使三聚体G蛋白上的GDP脱去，GTP结合其上，将G蛋白激活。当G蛋白水解自身结合的GTP而变为GDP时，就会失去活性。G蛋白在失去活性之前已经与受体脱离，并将信息传给下游因子，或完成了对离子通道开关的调控（图8-17、图8-18）。

已知$G_{\alpha s}$与$G_{\alpha i/o}$上除了GTP结合位点外，还有另外一个可修饰位点。在霍乱毒素（ADP核酸转移酶）催化下，可将ADP核糖基共价结合在$G_{\alpha s}$亚基上，致使$G_{\alpha s}$亚基失去GTP酶活性。在百日咳毒素催化下，可将ADP核糖基共价结合在$G_{\alpha i/o}$亚基上，致使$G_{\alpha i/o}$亚基不能结合GTP。二者的不同之处是$G_{\alpha s}$亚基能被霍乱毒素ADP核糖基化，而$G_{\alpha i/o}$亚基能被百日咳毒素ADP核糖基化。$G_{\alpha s}$亚基与$G_{\alpha i/o}$亚基都能调节与其相应受体的亲合性，以及作用于腺苷酸环化酶。

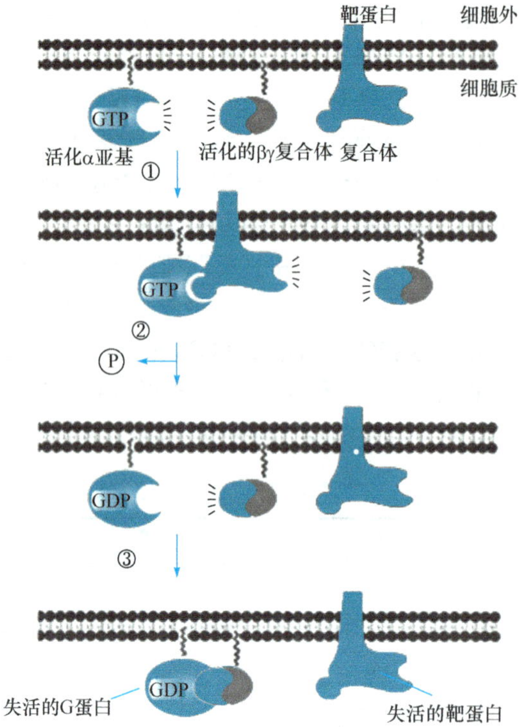

图8-17　活化的G蛋白对靶蛋白活性的调控

①靶蛋白被活化的G蛋白α亚基激活；②α亚基将自身结合的GTP水解使其失去活性，并导致其与靶蛋白解离；③失活的α亚基重新与βγ亚基形成无活性的三聚体G蛋白

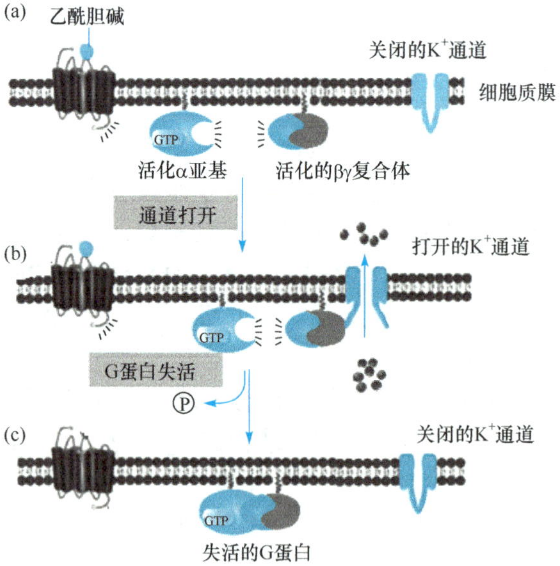

图8-18　活化的G蛋白βγ亚基对离子通道开关的调控

（a）乙酰胆碱与G蛋白偶联受体结合将受体激活，受体激活G蛋白；（b）G蛋白中的βγ复合体将细胞质膜上的K^+通道打开；（c）G蛋白失活后K^+通道关闭

各种受体与不同的配体结合激活后，通过偶联特定的G蛋白产生各种功能。例如，脂肪细胞中腺苷酸环化酶（adenylyl cyclase）活性的调控。通常刺激型受体与Gs相互作用而抑制型受体与Gi相互作用。刺激型受体包含一组不同的受体分子，每种受体分子的序列不同与激素结合位置的特异性不同，但却都与Gs作用。抑制型受体也包含一组不同的受体分子，每种受体激活后都与Gi作用。单个细胞可具有不同类型的刺激型受体和抑制型受体，不同类型的配体通过与相应的受体结合，调控着腺苷酸环化酶的活性（图8-19）。

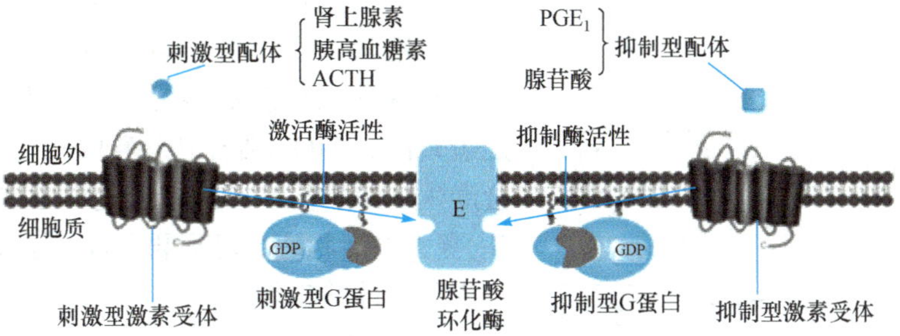

图8-19　不同激素通过受体和G蛋白调控脂肪细胞的腺苷酸环化酶活性

不同类型受体被激活后将激活不同类型的G蛋白，进而根据G蛋白的性质激活或抑制腺苷酸环化酶的活性。ACTH. 促肾上腺皮质激素（adreno cortico tropic hormone）；PGE1. 前列腺素E1（prostaglandin E1）

大多数G蛋白偶联受体激活后都可启动一系列的事件，以改变一种或多种细胞内小信号分子的浓度，这些小信号分子就是细胞内信号介导因子，称为第二信使，它们将信息继续传递，作用最广泛的细胞内信号介导因子是cAMP和Ca^{2+}等。这样大多数G蛋白偶联受体就能够调控cAMP或Ca^{2+}的浓度。它们涉及两个极重要的细胞内信号通路：cAMP信号通路和磷脂酰肌醇信号通路。

三、cAMP信号通路

cAMP信号通路在与G蛋白偶联信号传递中起重要作用，许多细胞外信号通过控制细胞内cAMP的水平来发挥作用。而cAMP是由腺苷酸环化酶催化ATP反应生成，胞内cAMP浓度升高到一定水平将会激活特定的蛋白激酶。

（一）腺苷酸环化酶

腺苷酸环化酶（adenylyl cyclase）是大约由1100个氨基酸残基组成的糖蛋白，分子质量约为150kDa。已发现腺苷酸环化酶有6个亚型，其中有的亚型可被Ca^{2+}、钙调素（calmodulin，CaM）直接激活，不需G蛋白结合。在Mg^{2+}或Mn^{2+}存在下，腺苷酸环化酶催化ATP生成3′，5′-环腺苷酸（cAMP）。作为信号通路细胞内第二信使的cAMP，在细胞内的浓度是被严格控制的（正常状况下≤10^{-6}mol/L），它能够通过浓度变化对细胞外信号产生快速应答。例如，当刺激型激素存在时，cAMP 水平在1s内可增加5倍以上。细胞内另一类型的酶——环核苷酸磷酸二酯酶（cyclic nucleotide phosphodiesterase，PDE）可快速分解cAMP生成5′-腺苷酸（5′-AMP），使细胞内cAMP水平下降（图8-20）。PDE的活性依赖于Ca^{2+}和钙调素，而且细胞内的Ca^{2+}浓度又受其他信号通路调节。细胞中主要是通过改变腺苷酸环化酶活性来控制cAMP的合成，而不是通过改变磷酸二酯酶的活性来控制cAMP的分解。有多种配体通过激活受体来激活腺苷酸环化酶。例如，至少有4种激素能激活脂肪细胞中的腺苷酸环化酶，其方式是它们的受体通过G蛋白与腺苷酸环化酶偶联。当细胞质膜上的受体被配体激活后，$G_{\alpha s}$上的GDP迅速脱离转为结合GTP，这使得$G_{\alpha s}$亚基与$G_{\beta\gamma}$复合体解离，$G_{\alpha s}$亚基与腺苷酸环化酶结合，激活腺苷酸环化酶后，催化产生cAMP。

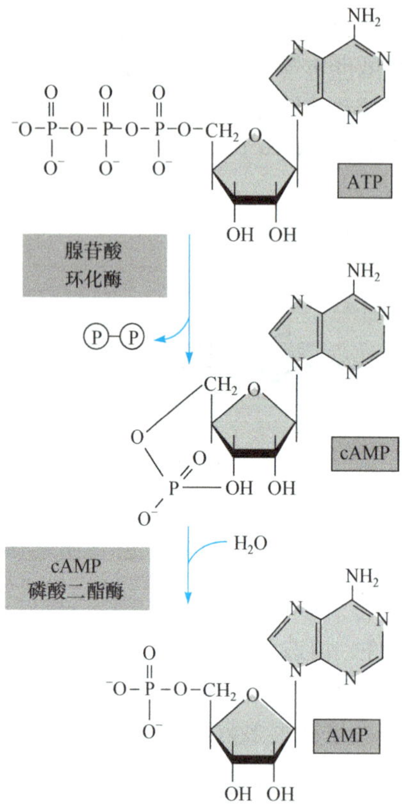

图8-20　细胞中cAMP的合成与分解

腺苷酸环化酶催化ATP生成3′，5′-环腺苷酸（cAMP），cAMP磷酸二酯酶可分解cAMP生成5′-腺苷酸

如果细胞对细胞外信号分子的变化能迅速作出反应，那么信号分子一旦脱离受体后，腺苷酸环化酶的活性状态就应能迅速逆转。细胞确实有这种对变化迅速作出反应的能力。实际上$G_{\alpha s}$的活性形式是短暂的，当$G_{\alpha s}$结合到腺苷酸环化酶上后，$G_{\alpha s}$就会产生GTP酶活性将结合其上的GTP水解成GDP，$G_{\alpha s}$变为失活状态，随后再与$G_{\beta\gamma}$复合体结合，重新组成无活性的Gs蛋白。

需要指出的是，相同信号分子既有可能增加cAMP在细胞内的浓度又有可能降低其在细胞内的浓度，这依赖于信号结合的受体类型。例如，肾上腺激素与β肾上腺素受体结合时，将腺苷酸环化酶激活；而它与α_2肾上腺素受体结合时，却抑制这种酶的活性。这种差异还表现在将受体与腺苷酸环化酶偶联起来的G蛋白种类不同，将β肾上腺素受体与腺苷酸环化酶偶联起来的是Gs，而将α_2肾上腺素受体与腺苷酸环化酶偶联起来的是Gi，Gs与Gi组成上的差异主要是α亚基的不同。

（二）蛋白激酶A

cAMP在细胞中产生效应的方式是它能够将**cAMP依赖性蛋白激酶**（cAMP-dependent protein kinase，PKA）激活，在PKA的催化下，ATP末端的磷酸基团转移到靶蛋白质特定的丝氨酸/苏氨酸残基上。所有动物细胞中都存在PKA，这也说明cAMP的作用具有普遍性。PKA的靶蛋白在不同细胞中具有差别，cAMP的具体作用依赖于靶细胞的类型。

在失活状态时，PKA为含4个亚基的复合体，包括两个催化亚基和两个具有cAMP结合位点的调节亚基，当细胞内cAMP浓度增加到一定值时，即可与调节亚基结合，而一旦发生结合可改变调节亚基的构象，使调节亚基从复合体上分离，释放出的催化亚基产生活性。蛋白激酶A激活后，其催化亚基可进入细胞核中，磷酸化一种称为cAMP应答元件结合（cAMP response element binding，CREB）蛋白，由此将CREB蛋白激活，CREB作为基因转录的调节蛋白识别并结合到靶基因的cAMP应答元件（cAMP response element，CRE）上，启动靶基因的转录（图8-21）。

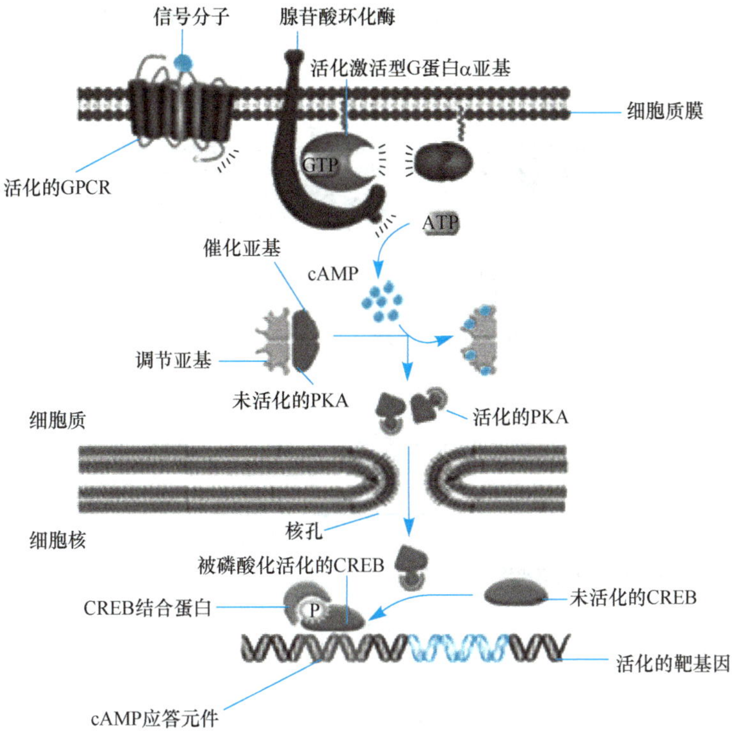

图8-21 cAMP浓度升高对cAMP应答基因转录的激活

活化的PKA还可通过激活某些酶来调控细胞代谢。实际上，cAMP介导的蛋白磷酸化最初是在研究骨骼肌细胞糖原代谢时被证实的，糖原是葡萄糖主要的储存形式，它在骨骼肌细胞中的合成和降解是由肾上腺素调节的。肾上腺素诱导肌细胞分解糖原产生1- P-葡萄糖，同时中断糖原合成，随后葡萄糖被氧化产生ATP，为维持肌肉的收缩提供能量。这样肾上腺素保证了肌细胞的正常活动。肾上腺素是通过与肌细胞表面的肾上腺素受体结合而发挥作用的。当肾上腺素激活受体后，通过G蛋白激活腺苷酸环化酶，使细胞质中的cAMP水平提高，cAMP激活PKA，PKA又将两种酶磷酸化，第一种酶是磷酸酶激酶，磷酸酶激酶将糖原磷酸酶磷酸化，由此将糖原分解成葡萄糖，葡萄糖进入糖酵解过程（图8-22）；第二种酶是糖原合成酶，它是由葡萄糖合成糖原时最后一步所需要的酶，将这种酶磷酸化可抑制它的活性，其结果是中断糖原的合成。通过这种作用方式，cAMP水平的提高既能刺激糖原的分解，又能抑制糖原的合成，使细胞中迅速产生大量的葡萄糖。

四、磷脂酰肌醇信号通路

三聚体G蛋白可将受体与磷脂酶C（phospholipase C，PLC）偶联，通过**磷脂酶C**的激活导致细胞质中Ca^{2+}浓度增加，而Ca^{2+}是一种作用更广泛的细胞内信号介导因子。

（一）磷脂酶C

当磷脂酰肌醇信号通路的相关受体激活后，通过G蛋白（Gq）的偶联作用，将位于细胞质膜的磷脂酶C-β（PLC-β）激活，在磷脂酶C-β的催化下，磷脂酰肌醇-4，5-二磷酸[phosphatidylinositol（4，5）bisphosphate，PIP_2]分解成**三磷酸肌醇**（inositol triphosphate，IP_3）和二酰基甘油（diacylglycerol，DAG），这两种产物分别作用这一通路的两个分支（图8-23）。

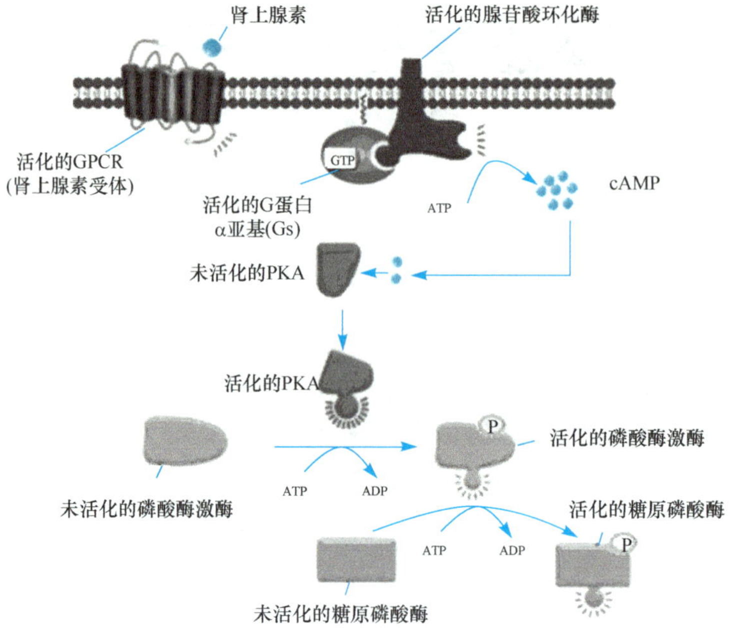

图8-22　活化的PKA对细胞糖代谢的调控作用

cAMP将PKA激活后，活化的PKA通过磷酸化将磷酸酶激酶激活，而活化的磷酸酶激酶又通过磷酸化激活糖原磷酸酶，活化的糖原磷酸酶分解糖原产生葡萄糖

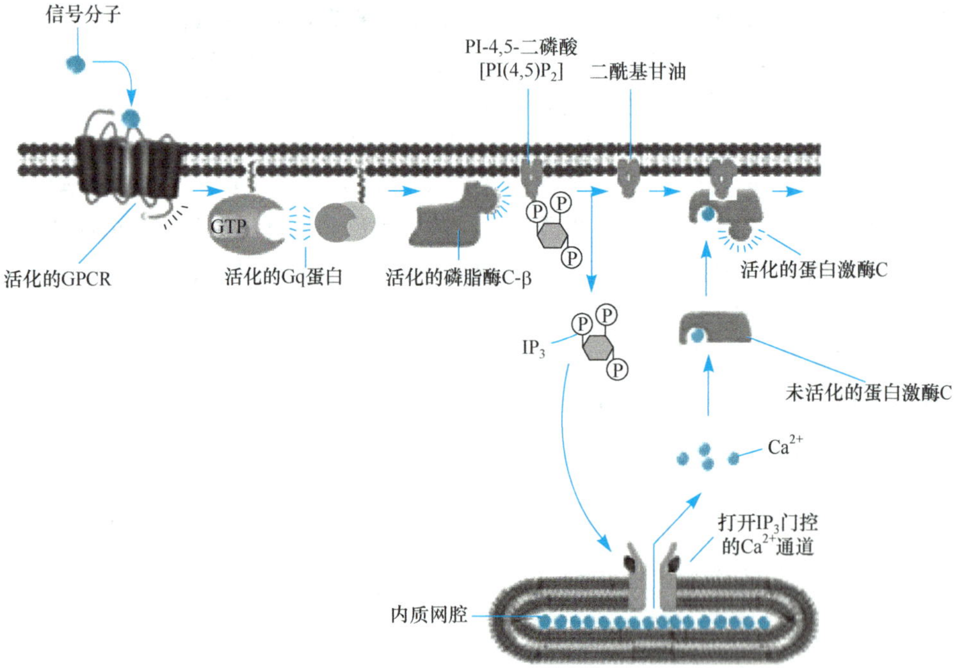

图8-23　磷脂酰肌醇信号通路的两个分支

受体激活后通过G蛋白将细胞质膜结合的磷脂酶C-β激活，对于G蛋白激活磷脂酶C-β的方式，可以是Gq的βγ复合体，也可以是其他G蛋白的α亚基

刺激磷脂酰肌醇代谢的外界信号分子有：神经递质，如毒蕈碱型乙酰胆碱、α_1肾上腺素、5-羟色胺和H1-组胺等；某些多肽激素，如V1-后叶加压素、血管紧张素Ⅱ和促甲状腺素释放因子等；生长因子，如血小板生长因子（PDGF）、T细胞有丝分裂原（植物凝集素和刀豆球蛋白A等）等。这些外界信号分子与其相应的G蛋白偶联受体结合，活化磷脂酰肌醇信号通路。PIP_2是通过两种不同蛋白激酶依次磷酸化磷脂酰肌醇（PI）而形成的。首先PI激酶磷酸化PI成为4-磷酸磷脂酰肌醇（PI_4P或PIP），然后通过第二个激酶磷酸化PIP成为PIP_2。除了这两个激酶之外，还存在相应的磷酸单脂酶，能除掉PIP_2上4位或5位的磷酸，使PIP_2转回到PI。所以细胞质膜中的三种肌醇脂PI、PIP、PIP_2之间处于一种动态平衡状态。在哺乳动物细胞质膜中，PI占总磷脂的5%~7%，PIP占1%，PIP_2占0.4%。所以细胞质膜中两种PI激酶提供了细胞质膜中PIP_2的充分来源，保证了磷脂酰肌醇信号通路的正常运行。

磷脂酶C-β激活后，将PIP_2水解成IP_3和DAG，IP_3在细胞质内扩散，结合到内质网上的Ca^{2+}通道蛋白上，并打开通道释放Ca^{2+}，Ca^{2+}可调控各种Ca^{2+}结合蛋白的活性。DAG保留在细胞质膜内，细胞质中的蛋白激酶C（protein kinase C，PKC）与Ca^{2+}结合后会转位到细胞质膜处，DAG与磷脂酰丝氨酸及Ca^{2+}一起参与激活蛋白激酶C（图8-23）。

（二）Ca^{2+}与钙调素

Ca^{2+}作为细胞内信号介导因子的最初的直接证据，是研究者通过在细胞中注射少量的Ca^{2+}就能引起骨骼肌细胞收缩而获得的。随后的研究表明，Ca^{2+}有着广泛的生理功能，涉及细胞分泌、细胞增殖等。Ca^{2+}信号传递有两种途径，第一种存在于电刺激的细胞中，第二种几乎存在于所有的真核细胞中。第一种途径主要是在神经细胞中发现的，在神经细胞中，细胞质膜的去极化能引起Ca^{2+}进入神经末梢，并导致神经递质分泌，其方式是细胞质膜去极化使电控的Ca^{2+}通道打开，Ca^{2+}通过此通道进入细胞质膜内。第二种途径是细胞外信号分子结合到G蛋白偶联受体上，引起内质网中Ca^{2+}的释放。从细胞外信号激活受体到内质网上Ca^{2+}通道的开放，这之间的联系是由IP_3来完成的。

IP_3是一种小的水溶性分子，它离开细胞质膜后能迅速在细胞液中扩散，与内质网膜上IP_3控制的Ca^{2+}释放通道结合。IP_3调控的内质网Ca^{2+}通道是由4个分子质量为260kDa的糖蛋白组成的四聚体，每个亚基都有IP_3结合的部位，当3个或4个部位被IP_3结合时，受体复合体构象发生改变，打开离子通道，内质网中的Ca^{2+}随即释放，导致细胞溶质中游离Ca^{2+}的浓度迅速提高。Ca^{2+}可活化各种Ca^{2+}结合蛋白引起细胞反应，Ca^{2+}结合蛋白种类较多，分布范围也很广。从功能和性质上划分，有些Ca^{2+}结合蛋白与Ca^{2+}结合后产生构象变化，然后再去激活一些酶或调节离子通道，如钙调素、肌钙蛋白等；有些Ca^{2+}结合蛋白本身就是酶，Ca^{2+}的结合直接调控其活性；还有些Ca^{2+}结合蛋白与Ca^{2+}结合仅仅是为了降低游离钙的浓度。目前对于钙结合蛋白中一种称为钙调素的蛋白质了解地较为清楚。**钙调素**（calmodulin，CaM）是一种耐热、酸性的小分子可溶性球蛋白，由148个氨基酸残基组成，其中30%左右为酸性氨基酸，不含半胱氨酸、色氨酸及羟脯氨酸，通过翻译后修饰在其115位产生一个三甲基赖氨酸，自然界含有这种氨基酸的蛋白质是很少的。钙调素的发现对Ca^{2+}信使功能研究起到了巨大的推动作用。

钙调素的三维结构为哑铃形，每个哑铃球上有两个Ca^{2+}结合位点，长的中心螺旋形成哑铃柄，两个哑铃球依靠它相连。无Ca^{2+}结合时，两个球部沿着中心螺旋折叠，中心螺旋区被遮盖；结合Ca^{2+}后，此区暴露出来，并在钙调素与靶酶相互作用中起重要作用（图8-24）。

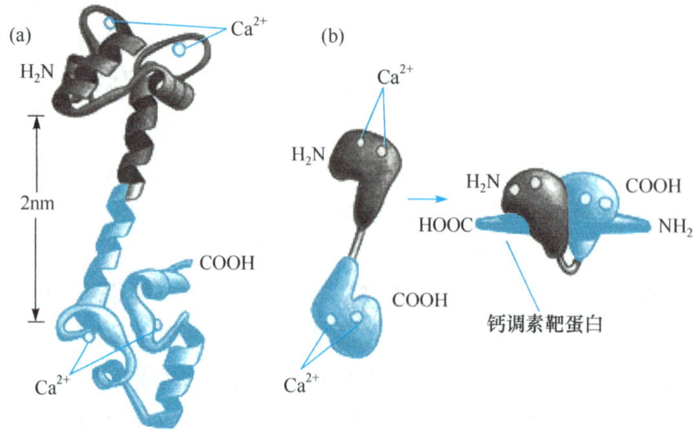

图8-24　钙调素的结构及Ca^{2+}结合后产生的构象变化

（a）钙调素的结构呈哑铃状，具有两个球状末端，中间由一个α螺旋连接，每个末端具有两个Ca^{2+}结合结构域，每个结构域具有一个含12个氨基酸的环，环内的天冬氨酸和谷氨酸的侧链与Ca^{2+}形成离子键；（b）钙调素结合靶蛋白时结构发生变化

钙调素发挥作用的方式有两种：一种是直接与靶酶结合，诱导靶酶的活性变化，从而调节它们的活性，如磷酸二脂酶、cAMP环化酶、Ca^{2+}-ATP酶等；另一种是先活化依赖Ca^{2+}/钙调素的蛋白激酶，再由蛋白激酶磷酸化它们的靶酶，来影响那些酶的活性。正常条件下，这一过程是可逆的，反应方向受细胞溶质内游离Ca^{2+}浓度控制。增加细胞液内的Ca^{2+}浓度，将促使钙调素-酶复合体的形成，降低Ca^{2+}浓度，此复合体趋向解离，这样相关酶的活性也随之处于激活或失活两种状态。

一般来说，细胞溶质中游离Ca^{2+}的浓度非常低（低于10^{-7}mol/L），但它在胞间液中和内质网中的浓度比较高（约10^{-3}mol/L）。这样Ca^{2+}在细胞质膜内外和内质网内外形成一个很高的离子梯度，当一个信号将细胞质膜或内质网膜上的Ca^{2+}通道瞬时打开时，Ca^{2+}就会迅速进入细胞液，并激活钙结合蛋白。Ca^{2+}浓度在细胞基质中上升的程度与持续时间受到严格的调控，细胞质膜和内质网上的Ca^{2+}泵可将细胞基质中的Ca^{2+}泵到细胞外和内质网腔中，使细胞基质中的Ca^{2+}浓度恢复到低水平，这样使活化的钙调素-酶复合体趋向解离，相关蛋白质失去活性。已知所有真核细胞在细胞质膜上都有Ca^{2+}-ATPase，它利用水解ATP产生的能量将Ca^{2+}从细胞液中泵出，对于利用Ca^{2+}信号较多的细胞，如肌肉细胞、神经细胞，还有另外一种Ca^{2+}泵位于细胞质膜上，这个泵将Ca^{2+}的外流与Na^{+}的内流偶联，当细胞基质中Ca^{2+}浓度超出正常水平的10倍时，这个泵便开始启动。内质网膜上的Ca^{2+}-ATPase在维持细胞液低浓度Ca^{2+}的运行机制中也起着重要作用，它能使内质网逆着浓度梯度从细胞液中吸取大量的Ca^{2+}。

一般来说，细胞未受信号刺激时，游离Ca^{2+}浓度约为10^{-7}mol/L，受到刺激后可升到5×10^{-6}mol/L，但是当细胞受到损伤不能将细胞基质中的Ca^{2+}有效地泵出时，Ca^{2+}浓度将超过危害细胞正常生存的水平（$>10^{-5}$mol/L），在这种情况下，位于线粒体内膜中的一种Ca^{2+}的低亲和力、高转移效率的Ca^{2+}泵开始启动，它利用氧化磷酸化电子传递过程中在膜上产生的电化学梯度为能量从细胞液中吸取Ca^{2+}。此外，细胞中还存在着专门结合游离Ca^{2+}从而降低细胞游离Ca^{2+}浓度的蛋白质。

（三）二酰基甘油与蛋白激酶C

二酰基甘油有两种潜在的信号传递作用，它能进一步分解成花生四烯酸，这种酸本身可作为一种信号起作用，更为重要的是它能激活一种关键性的丝氨酸/苏氨酸蛋白激酶，即**蛋白激酶C**（PKC）。PKC存在于细胞溶质中，由单肽链形成，分子质量为80kDa，它有两个功能区，一个是亲水的催化活性中心，另一个是疏水的膜结合区。目前，在哺乳动物细胞中已发现PKC有十几种亚类，其中至少4种是由DG激活的。

在未受到刺激的细胞中，PKC主要分布在细胞溶质中，呈非活性构象。当细胞受到刺激时，PIP_2水解，细胞质膜上DAG瞬间积累。由于内质网中Ca^{2+}的流出，使细胞溶质中Ca^{2+}浓度升高，Ca^{2+}诱导细胞溶质中PKC转位到细胞质膜内表面，在细胞质膜上PKC受Ca^{2+}、DAG和**磷脂酰丝氨酸**（phosphatidylserine，PS）共同作用而被激活。活化的PKC可磷酸化细胞溶质中的底物蛋白。

PKC磷酸化何种靶蛋白与细胞类型有关。脑中PKC的浓度非常高，它磷酸化神经细胞离子通道，改变离子通道的性质，使神经细胞质膜处于激发状态。在许多细胞中，PKC可增强特定基因的转录。目前已至少知道有两条通路可达此目的：一条是PKC活化蛋白激酶的级联反应，最终磷酸化与基因调节序列结合调节蛋白，磷酸化的调节蛋白与基因调节序列结合活化转录；另一条是PKC最终磷酸化与基因调节蛋白结合的抑制蛋白，使细胞质中的基因调节蛋白从抑制状态下释放出来，进入细胞核，刺激特定基因转录（图8-25）。

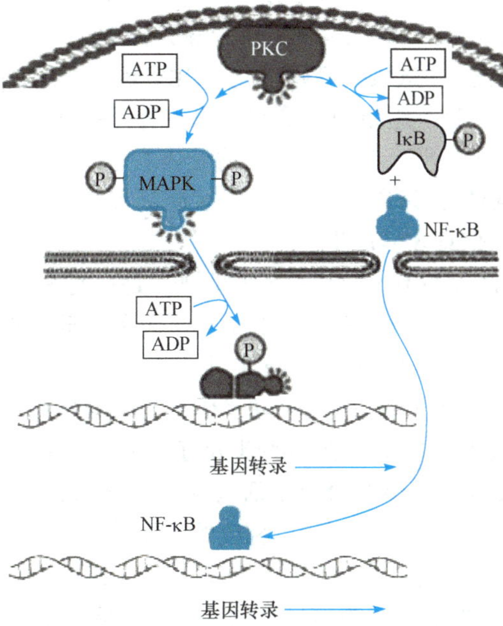

图8-25　活性PKC对特定基因转录的调控

活性PKC通过级联反应将MAP激酶磷酸化从而将MAP激酶激活，激活的MAP激酶通过磷酸化将转录因子激活，进而启动特定基因的转录。活性PKC还可通过级联反应将IκB磷酸化，释放出有活性的NF-κB，启动特定基因的转录

佛波脂（TPA）是一种肿瘤促进剂，在极低浓度下，TPA就可渗入到细胞质膜中，取代DAG与PKC结合，激活PKC。TPA不像DAG那样很快被降解，其代谢非常慢，因此TPA 可长期地使PKC过度的、不可逆地活化，从而导致细胞增殖失控。

第四节　酶偶联受体介导的信号转导

同G蛋白偶联受体一样，**酶偶联受体**（enzyme coupled linked receptor）也是一类跨膜蛋白，但这类受体均为单跨膜肽链，结合配体的区域位于细胞质膜外表面，位于细胞质膜内表面的部分不与三聚体G蛋白偶联。受体自身具有酶的活性，当受体被激活时，便能作为酶行使功能。与其他受体相比，虽然这类受体在作用方式上具有相似的特点，但在结构上是异源性的。

已知的酶偶联受体有4种：①鸟苷酸环化酶受体，催化细胞溶质中cGMP的产生；②酪氨酸激酶受体，将一些细胞内信号传递蛋白特定的酪氨酸残基磷酸化；③酪氨酸磷酸酶受体，能将信号传递蛋白酪氨酸残基上的磷酸基团去除；④丝氨酸/苏氨酸激酶受体，将某些细胞内信号传递蛋白上的丝氨酸/苏氨酸残基磷酸化。此外还有一类受体，其本身无酶的活性，但直接与细胞内的酪氨酸蛋白激酶偶联。

一、受体鸟苷酸环化酶

细胞内有两种形式的**鸟苷酸环化酶**（guanylate cyclase，GC），即与细胞质膜结合的膜结合型鸟苷酸环化酶（membrane-bound form of guanylate cyclase，mGC）和细胞质可溶型鸟苷酸环化酶。作为酶偶联受体信号途径的主要是mGC。mGC的N端在细胞质膜外侧，C端在细胞质膜内侧。受体的细胞外侧部分是配体结合区；细胞质膜内侧部分约为多肽链的1/2，含有鸟苷酸环化酶催化区域。当受体有信号分子结合时，表现出环化酶活性，可直接催化GTP产生cGMP，cGMP可结合到cGMP依赖性蛋白激酶（PKG）上，将PKG激活，被激活的PKG将特定蛋白质上的丝氨酸/苏氨酸残基磷酸化。PKG是一种二聚体，含有一个催化亚基和一个调节亚基。它作用的底物有组蛋白、磷酸化酶激酶、糖原合成酶、丙酮酸激酶、激素敏感性脂肪酶和胆固醇脂水解酶等。鸟苷酸环化酶受体利用cGMP作为细胞内介导因子发挥作用，其作用方式类似于cAMP，只是cGMP由信号刺激具有鸟苷酸环化酶活性的受体直接产生，cAMP要通过G蛋白偶联信息才能产生。

通过鸟苷酸环化酶受体发挥作用的一个典型例子是心房利钠肽（atrial natriuretic polypeptide，ANP）的降血压效应。心房利钠素属于一个多肽激素的家族，当血压升高时，它由心房的肌细胞分泌，ANP刺激肾脏排出Na^+和水，并诱导血管壁中的平滑肌细胞松弛，这两种效应都能降低血压。介导这些反应的ANP受体为鸟苷酸环化酶受体，它们存在于肾细胞和血管壁平滑肌细胞质膜上，位于细胞外的部分有一个结合ANP的位点，细胞内部分为鸟苷酸环化酶催化区域，ANP与受体结合可激活鸟苷酸环化酶活性，催化GTP生成cGMP，cGMP结合并激活cGMP依赖性蛋白激酶而产生相应的生物学效应。

除了作为受体与细胞质膜结合的鸟苷酸环化酶以外，在细胞质中还存在可溶解的鸟苷酸环化酶。如前所述，NO可作为细胞间的信号直接穿过细胞质膜进入细胞，激活作为细胞内受体的鸟苷酸环化酶产生cGMP。

二、受体酪氨酸蛋白激酶

目前已知有多种生长因子与**受体酪氨酸蛋白激酶**（receptor tyrosine kinase）结合，此类受体又称为酪氨酸蛋白激酶受体，受体的细胞外部分被糖基化成为信号结合部位，受体激活时，细胞内的酪氨酸激酶催化区域可将ATP上的磷酸基团转移到靶蛋白的酪氨酸残基上。酪氨酸蛋白激酶受体家族按其结构可分成一些亚家族，哺乳动物中的主要亚家族包括表皮生长因子（epidermal growth factor，EGF）受体、类胰岛素生长因子-1（insulin-like growth factor，ILGF-1）受体、神经生长因子（nerve growth factor，NGF）受体、肝细胞生长因子（hepatocyte growth factor，HGF）受体、血小板衍生生长因子（epithelium-derived growth factor，PDGF）受体、巨噬细胞集落刺激因子（macrophage colony-stimulating factor，M-CSF）受体、成纤维细胞生长因子（fibroblast growth factor，FGF）受体和血管内皮生长因子（vascular endothelial growth factor，VEGF）受体等（图8-26）。

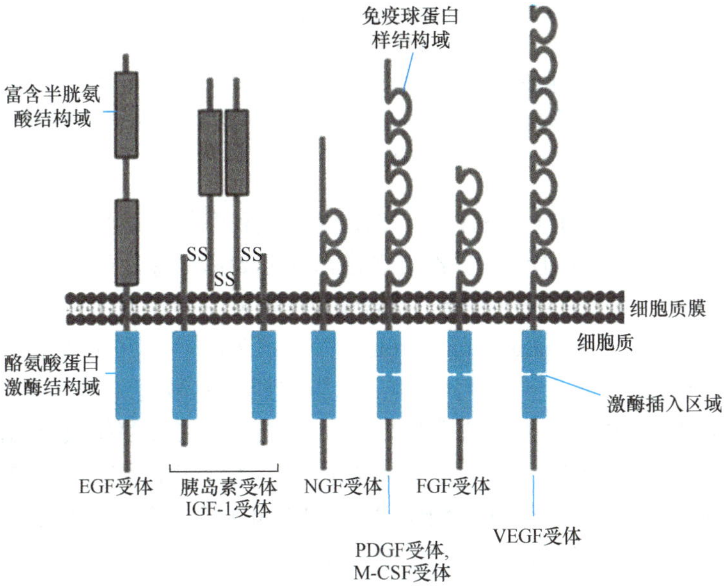

图8-26　受体酪氨酸蛋白激酶的几种亚家族

由于单跨膜蛋白质受体在与配体结合后，仅由一个单链分子的构象变化来传递细胞外信息是困难的，因此，配体结合可诱导两个或多个受体在细胞质膜上形成二聚体或多聚体。通过对EGF受体的细研究发现，配体的结合使单个EGF受体的细胞外部分构象发生变化，受体聚合成二聚体，导致受体细胞内区域互相靠近。还有些受体在配体结合前就可形成二聚体或多聚体。无论以那种形式形成二聚体或多聚体，配体的结合都会使受体的细胞内部分发生重排，启动细胞内信号转导。其具体方式是受体相邻激酶结构域在多个酪氨酸上相互磷酸化，该过程称为**交叉磷酸化**（cross-phosphorylation）或自磷酸化（autophosphorylation）。自磷酸化可通过将激酶结构域内酪氨酸磷酸化使自身激酶活性增强；还可通过将激酶结构域外酪氨酸磷酸化，为靶细胞中多种信号蛋白提供高亲和力的结合位点。这些信号蛋白都含有一个特定的磷酸酪氨酸结合结构域，一旦与活化的激酶结合，其自身的酪氨酸就会被磷酸化，并因此被激活，或仅仅由于与活化的激酶结合它们就被激活。由于不同的受体酪氨酸激酶结合不同的信号蛋白，因此受体酪氨酸激酶会诱导不同的细胞反应（图8-27）。

活化的受体可以使许多细胞溶质中带有SH2结构域的信号蛋白与之结合，将信息传递到下游信号转导蛋白。**SH结构域**是Src同源结构域（Src homology domain）的缩写，编码Src蛋白的基因最初在*Rous sarcoma*病毒中发现，此基因的异常表达与细胞癌变有着直接关系。*Src*基因编码的蛋白质含有几个特殊结构域，从N端开始依次为SH4、SH3、SH2结构域，以及酪

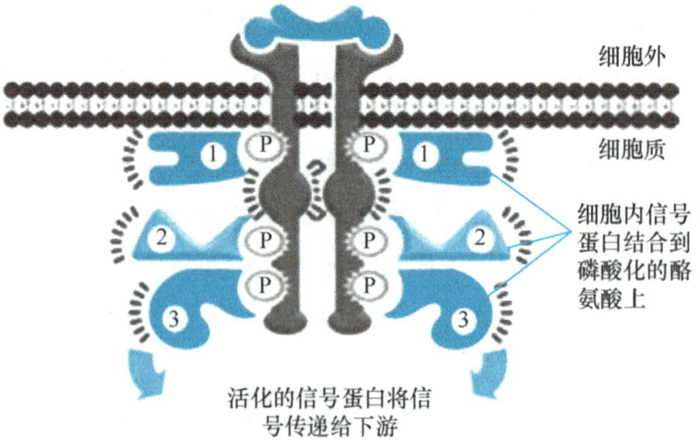

图 8-27　多种细胞内信号蛋白与受体酪氨酸蛋白激酶磷酸化位点的结合

细胞内信号蛋白与活化的受体酪氨酸蛋白激酶的不同位点结合，并由此被激活，随后它们激活下游的信号蛋白，形成信号转导通路

氨酸激酶结构域（催化活性中心，SH1）。SH2结构域和酪氨酸激酶结构域在信号转导中扮演着重要的角色，SH2结构域能识别并结合含磷酸化酪氨酸的短序列，此结构域的磷酸化酪氨酸识别区高度保守。细胞中有多种蛋白质含SH2结构域，如作为接头蛋白的生长因子受体结合蛋白2（growth factor receptor-bound protein 2，Grb2蛋白）、GTP酶活化蛋白（GTPase-activating protein，GAP）、磷脂酶C-γ，磷脂酰肌醇3-激酶（PI_3K）、Syp（synapse associated protein-Ⅰ，一种磷酸酪氨酸磷酸酶）及Src类的非受体酪氨酸蛋白激酶等。这些蛋白质都具有重要的功能。例如，GAP使与Ras蛋白结合的GTP水解成GDP的速率增加。磷脂酶C-γ的作用与磷脂酶C-β一样，可分解PIP_2产生IP_3和DAG，调控细胞中的Ca^{2+}浓度及激活PKC。PI_3K可使磷脂酰肌醇肌醇环上的3位磷酸化，产生PIP_2或PIP_3，PIP_2及PIP_3可作为细胞内信号蛋白的停泊位点，将信号蛋白聚集到一起形成信号转导复合体。酪氨酸磷酸化可调控SH2结合位点的构象，并由此调控一系列刺激依赖性的蛋白质相互作用。SH3结构域选择结合不同的富含脯氨酸的基序，对细胞骨架的重组及Src蛋白的转运具有重要意义。SH4结构域通常豆蔻酰化或棕榈酰化。

活化的酪氨酸蛋白激酶受体经由SH结构域蛋白将信号传到细胞核内调节基因的表达，但最终影响细胞的增殖和分化，还需要其他一系列信号转导蛋白。Ras蛋白是其中一个重要成员。此蛋白质由190个氨基酸组成，分子质量为21kDa，称为$p21^{Ras}$，通过共价键与膜脂分子的戊烯基连接，使之锚定在细胞质膜的细胞质侧面上。Ras蛋白不是蛋白激酶，它能与GDP或GTP结合，属于小G蛋白。所以Ras的功能可视为分子开关，在两种不同构象之间来回转换。细胞中有两类信号蛋白通过影响Ras活化和钝化状态的转换来调节Ras的活性。一类为GAP，可以增强Ras水解GTP的能力，使Ras失活；另一类称为**鸟苷酸释放蛋白**（guanine nucleotide releasing protein，GNRP），又称为鸟苷酸交换因子（guanine nucleotide exchange factor，GEF），能使Ras释放出GDP，随之与GTP结合。GNRP首先是在果蝇R7光受体细胞发育的研究中发现的。R7光受体细胞中*Sev*（sevenless）基因编码酪氨酸蛋白激酶受体，Sev仅在R7前体细胞中表达，其配体是R8细胞质膜上的Boss蛋白。在Sev的信号通路中，需要Ras蛋白及Sos（Son of sevenless）蛋白的参与，研究证实Sos属于鸟苷酸释放蛋白。通过受体下游激酶（downstream of receptor kinases，DRK）偶联Sev受体和Sos，将Sos激活，Sos刺激GDP从Ras中释放出来，细胞溶质中的GTP进而与Ras结合使Ras活化。哺乳动物细胞中有多种生长因子通过活化受体酪氨酸蛋白激酶来激活Ras（图8-28）。

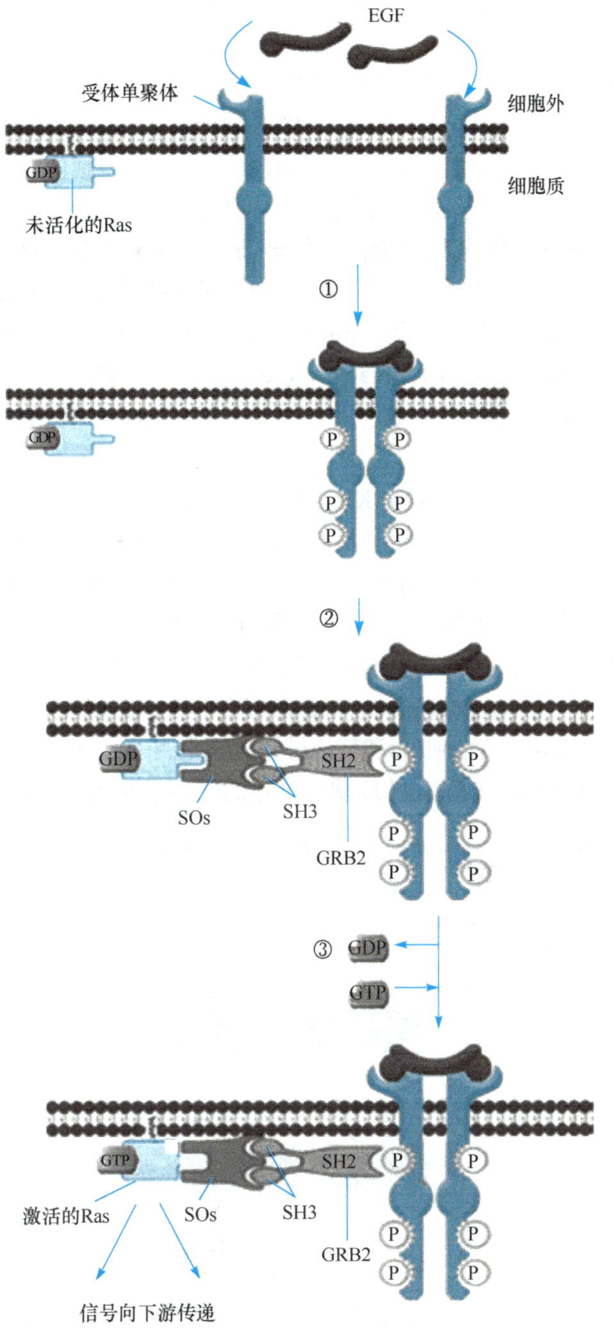

图8-28　EGF通过活化受体酪氨酸蛋白激酶激活Ras蛋白

①EGF的结合诱导受体形成二聚体，并相互在酪氨酸位点上磷酸化；②GRB2和Sos参与结合，将受体与无活性的Ras偶联；③Sos促使GDP从Ras蛋白上解离，GTP结合其上，随后Sos从激活的Ras上解离

在受体酪氨酸蛋白激酶信号转导中，活化的接头蛋白通过本身的SH3与鸟苷酸释放蛋白（GNRP）结合并使之活化，起到连接活化的酪氨酸蛋白激酶受体和GNRP的作用。GNRP使Ras-GDP的GDP释放，细胞溶质中的GTP与Ras结合形成Ras-GTP，因而活化了Ras。目前看

来，受体酪氨酸蛋白激酶活化Ras主要是通过活化GNRP实现的，而不是通过钝化GAP实现的。Ras-GTP存在时间非常短，在1s内GAP与Ras结合增强了Ras的GTP酶活性，使GTP水解成为Ras-GDP，导致Ras钝化。

活化的Ras（Ras-GTP）如何进一步将信号传递到细胞核中调控基因表达呢？由于Ras-GTP的寿命非常短，短寿命的Ras-GTP信号事件必须转变为长寿命的信号事件，维持信号向下游传递。当Ras活化后，位于细胞溶质中的Raf蛋白趋向到细胞质膜的细胞内侧并与Ras结合，Ras使Raf活化。Raf是一种丝氨酸/苏氨酸蛋白激酶，可使靶蛋白上的丝氨酸/苏氨酸残基磷酸化。丝氨酸/苏氨酸残基磷酸化的蛋白质的寿命比酪氨酸残基磷酸化蛋白质的长。在Raf活化后向下游传递信号的过程中包括了许多丝氨酸/苏氨酸残基磷酸化级联反应，其中特别重要的一种是**有丝分裂原活化蛋白激酶**（mitogen-activated protein kinase，MAPK），又称为胞外信号调节的激酶（extracellular regulated protein kinase，ERK）。这些激酶被众多的细胞外诱导细胞增殖和分化的信号激活。其中一些是通过酪氨酸蛋白激酶受体激活的，而另外一些是通过与G蛋白连接的受体的活化激活的。

Raf可使MAP激酶的激酶（MAPKK）的丝氨酸/苏氨酸残基磷酸化，从而活化了MAPKK，所以Raf也可称为MAPKKK。MAPKK磷酸化MAPK的苏氨酸和酪氨酸两个残基使之活化。这种双特异性的磷酸化就保证了MAPK不被其他蛋白激酶磷酸化，一直保持钝化状态，直至MAPKK活化后才能使MAPK活化，所以MAPKK是唯一催化MAPK磷酸化的酶。

活化的MAPK进入细胞核，通过磷酸化其他激酶或基因调节蛋白的丝氨酸/苏氨酸残基来将它们活化（图8-29）。例如，MAPK进入细胞核中，使E1k-1磷酸化并与血清应答因子形成有活性的复合体，复合体持续结合到*Fos*和其他早期应答基因的调节序列上，导致*Fos*等基因的转录。此外，MAPK可磷酸化Jun，磷酸化的Jun和新产生的Fos结合成有活性的基因调节蛋白AP1。

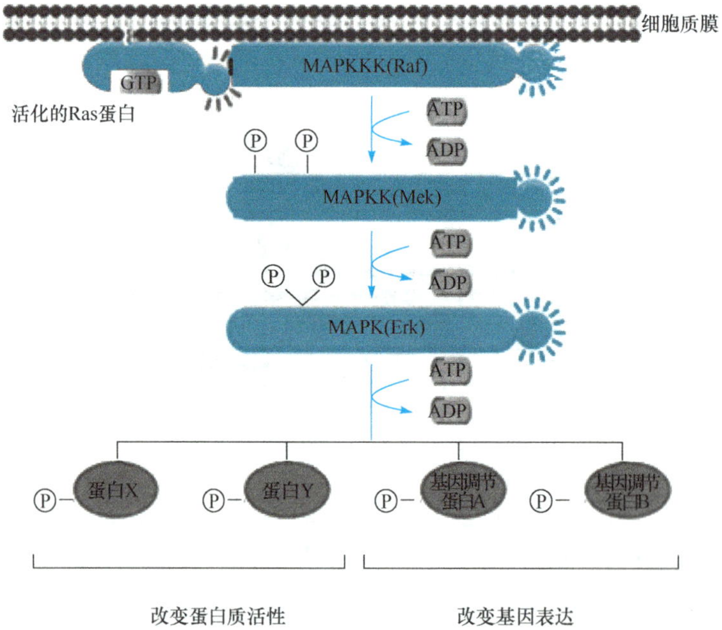

图8-29　活化的Ras蛋白激活MAPK磷酸化级联反应

Ras激活的通路从激活Raf开始，Raf激活Mek，Mek再激活Erk（MAPK），MAPK可磷酸化许多下游蛋白质，包括其他激酶及细胞核内的基因调控蛋白

*Ras*被确定为是典型的癌基因，在25%~30%的人肿瘤中发现有异常的Ras蛋白。在Ras的12位或61位残基上出现点突变，由甘氨酸取代了缬氨酸，突变的Ras蛋白将会抑制本身及GAP刺激的GTP酶的活性，因此不能使Ras-GTP转换成Ras-GDP，导致Ras长期维持其活性状态，不停地向其下游发出激活信号，引起细胞的异常增殖。

三、受体酪氨酸蛋白磷酸酶

受体酪氨酸蛋白磷酸酶（receptor tyrosine phosphatase）激活后，能去除特定蛋白质酪氨酸残基上的磷酸基团，即参与蛋白质的去磷酸化反应。这种受体高度特异的活性保证了酪氨酸磷酸化，仅在需要时短暂存在，这样使静止细胞中酪氨酸磷酸化维持一个较低的水平，此种磷酸酶的作用不是酪氨酸蛋白激酶的一个简单逆反应，在细胞信号传递中，它还有自已独特地作用。

CD45蛋白为具有受体结构的酪氨酸蛋白磷酸酶，它是造血细胞中含量很高的糖蛋白，其细胞外部分为由400个左右的氨基酸组成的糖蛋白，有富含半胱氨酸的重复结构，形成典型的非常保守的“配体结合区”。CD45在免疫T淋巴细胞和B淋巴细胞的活化中具有重要作用。T淋巴细胞的活化，起源于细胞外抗原与T淋巴细胞表面受体TCR/CD3复合体的结合。抗原与TCR/CD3结合后最初引起的细胞反应包括细胞质膜磷酯酰肌醇信号系统的激活，从而导致PKC的激活和Ca^{2+}的释放，最终导致T淋巴细胞活化。在缺失CD45的T淋巴细胞中，以上过程不能进行。研究结果表明，CD45的作用可能是通过对另一种Src酪氨酸蛋白激酶，即淋巴细胞特异性蛋白酪氨酸激酶（lymphocyte specific protein tyrosinekinase，Lck）进行去磷酸化实现的。Lck第505位上的酪氨酸磷酸化使Lck活性受到抑制，CD45则使Lck去磷酸化而使其活化，活化的Lck继而使磷脂酶磷酸化而启动磷酯酰肌醇信号通路，最终诱导T细胞活化。

四、受体丝氨酸/苏氨酸蛋白激酶

受体丝氨酸/苏氨酸蛋白激酶（receptor serine/threonine protein kinase）位于细胞外的区域接受信号，位于细胞内的部分为丝氨酸/苏氨酸激酶催化区域，可催化靶蛋白上的丝氨酸/苏氨酸残基磷酸化。转化生长因子β（transforming growth factor β，TGF-β）的受体就属此类，现以TGF-β受体为例加以介绍。TGF-β对细胞的生存状态影响非常大，它的效应依其作用的细胞类型不同而异，它可通过抑制其他生长因子的效应来抑制细胞的增殖、刺激细胞外基质的合成、刺激骨髓的形成，此外它在胚胎发育中可作为诱导信号。在细胞质中还存在着可溶性的丝氨基/苏氨酸激酶，如MAP激酶。

哺乳动物中存在着一个TGF-β超家族，此超家族包括TGF-β、活化素（acticin）、抑制素（inhibins）、骨形态形成蛋白（bone morphogenetic protein，BMP）、生长分化因子（growth/differentiation factor，GDF）等多个亚家族。TGF-β亚家族的主要成员有$TGF\text{-}\beta_1$、$TGF\text{-}\beta_2$、$TGF\text{-}\beta_3$，成熟的TGF-β以二聚体存在。哺乳动物体内T 淋巴细胞、单核细胞、内皮细胞、纤维母细胞等正常细胞，以及多种肿瘤细胞都能分泌TGF-β，是多种细胞强有力的生长抑制因子。

TGF-β受体（TβR）包括Ⅰ型、Ⅱ 型和Ⅲ型三类。其中Ⅰ型受体（TβRⅠ）和Ⅱ型受体（TβRⅡ）直接参与信号传递，是TGF-β信号传递所必需的。Ⅰ型受体和Ⅱ型受体也是目前唯一发现的具有丝氨酸/苏氨酸激酶活性的跨膜受体。Ⅲ型受体（TβRⅢ）是分子质量最大的受体，对TGF-β特别是TGF-β_2的信号传递起着促进作用。

TGFβ信号转导通路的基本模式为：作为配体的TGF-β首先与Ⅱ型受体结合，再与Ⅰ型受体形成配体受体复合体，TβRⅡ磷酸化Ⅰ型受体的甘氨酸-丝氨酸富集区域（GS序列），激活Ⅰ型受体的丝氨酸/苏氨酸激酶活性，Ⅰ型受体磷酸化受体相关的Smad蛋白，被磷酸化的Smads蛋白转运至细胞核内发挥转录因子的作用，调控多种基因表达（图8-30）。

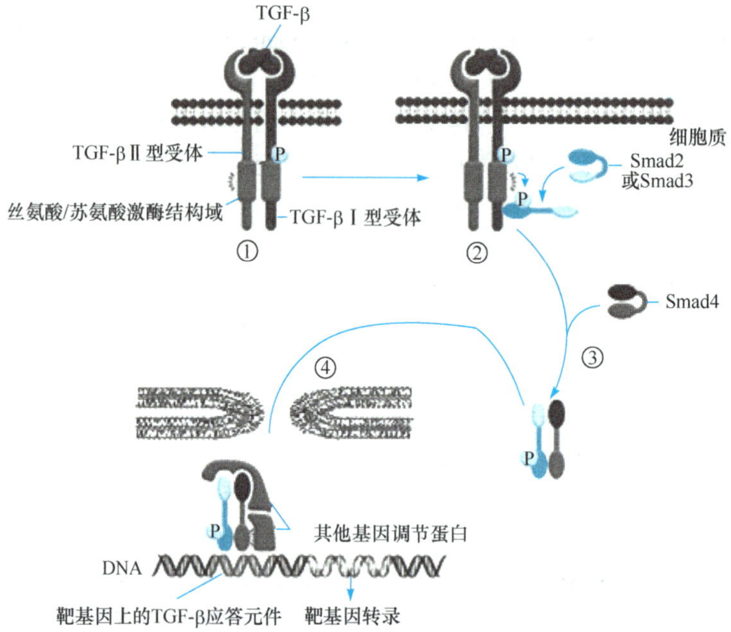

图8-30　TGF-β激活Smad依赖的信号转导途径的基本模式

①TGF-β二聚体与受体结合激活TGF-βⅡ型受体丝氨酸/苏氨酸蛋白激酶活性，进而将Ⅰ型受体磷酸化；②磷酸化的Ⅰ型受体募集并磷酸化Smad2或Smad3；③磷酸化的Smad2或Smad3与受体脱离，与Samd4形成寡聚体；④Smad2/3-Smad4寡聚体转移到细胞核，并与其他基因调控蛋白结合激活特定靶基因的转录

作为首先与TGF-β结合的TGF-βⅡ型受体分子属于糖蛋白，分子质量约为70kDa。TGF-βⅡ型受体的分子结构包括糖基化且富含半胱氨酸的胞外区、单跨膜区和具有丝氨酸/苏氨酸激酶活性的胞内激酶区。在没有TGF-β信号存在时，TGF-βⅡ型受体分子之间能够通过胞外区和跨膜区相互结合，可能以同源二聚体形式存在于细胞质膜上。

TGF-βⅡ型受体能够磷酸化自身的丝氨酸/苏氨酸残基，因而有自磷酸化活性。在TGF-βⅡ型受体分子中，细胞质内近膜区的一个丝氨酸残基（213位）的自磷酸化，以及在激酶区具有底物识别功能的T环结构中的丝氨酸残基（409位）的自磷酸化是激活TGF-βⅡ型受体激酶活性所必需的。响应不同TGF-β超家族配体的不同Ⅱ型受体之间，它们的胞内激酶区具有一定的序列保守性，胞外区序列保守性低，胞内邻近跨膜区和靠近C端的序列也缺乏保守性，这一特征使得Ⅱ型受体可选择与不同TGF-β超家族配体结合，从而特异性传递信号。TGF-βⅠ型受体在大多数细胞中广泛表达，特异性响应TGF-β信号，通过磷酸化下游分子Smad2/3传递信号。

TGF-β的Ⅲ型受体又称为Betaglycan，属于TGF-β的附属受体。Betaglycan是蛋白多糖分子，在多种细胞中都有表达，是细胞中含量最丰富的TGF-β受体。Betaglycan与TGFβ$_1$、TGF-β$_2$、TGF-β$_3$三种亚型都有结合能力，特别是与TGF-β$_2$的结合力最强，能够促进TGF-β，特别是TGF-β$_2$与Ⅰ型、Ⅱ型受体的结合，从而促进TGF-β信号传递。

Smads家族蛋白是Ⅰ型受体激酶的底物，该家族蛋白在将TGF-β信号由Ⅰ型受体传递至细胞核内，进而控制特定基因表达的过程中发挥关键作用。Smads家族蛋白的最早成员是分别在果蝇和线虫中发现的Mad和Soa，而后其相关蛋白质在爪蟾、小鼠、大鼠、人中陆续被发现，整个家族成员以Sma和Mad的缩写Smads命名。

根据功能不同Smads分为三类亚家族：受体调节的 Smads（recepter regulated smads，R-Smads），包括Smad1、Smad2、Smad3、Smad5和Smad8；通用Smads（common Smads，Co-Smads），包括Smad4；抑制性Smads（inhibitory Smads，I-Smads），包括Smad6和Smad7。三类Smads在TGF-β信号通路中分别发挥不同作用，每一类亚家族成员间在进化上具有很强的序列保守性。R-Smads是Ⅰ型受体激酶的直接作用底物，其C端保守序列的后两个丝氨酸能够被Ⅰ型受体激酶区磷酸化。接受不同TGF-β超家族信号受体作用的R-Smads，决定着生物信号传递的特异性。Co-Smads目前在哺乳动物细胞中仅有Smad4被确认，其功能是与磷酸化的R-Smads结合并共同转运至细胞核，在其他转录因子共同作用下特异性调控靶基因的转录。I-Smads在哺乳动物细胞中通过与激活的Ⅰ型受体结合，从而竞争性抑制R-Smads的磷酸化，导致信号通路被阻断。

大多数R-Smads及Smad4能够以序列特异性的方式与DNA结合。Smad结合元件（smad binding element，SBE）在基因组中出现的概率很高，但单个SBE与Smads的结合亲和力低，不足以引起Smads诱导的转录，仅靠Smads与DNA 的直接结合不足以满足Smads对其靶基因的选择性和亲和力的要求，因此Smads主要是作为转录共调节因子影响靶基因转录的。

在细胞核中，Smads在DNA结合蛋白协助下接近靶基因，同时招募其他转录调节因子参与靶基因转录调节。不同的DNA结合蛋白与Smads结合，直接影响其所调控基因的差异。细胞核内的转录激活或转录抑制因子的种类、浓度影响着Smads对靶基因转录促进或抑制的最终作用。由于细胞核内的DNA 结合蛋白和转录调节因子的表达水平受其他多种信号通路调控，并在不同类型细胞中具有细胞表达的特异性，使Smads 对响应TGF-β信号的靶基因的选择和转录调节功能呈现细胞类型特异性。

五、酪氨酸蛋白激酶偶联受体

酪氨酸蛋白激酶偶联受体只有接受信号的区域，缺少催化区域，它们与细胞内无接受信号区域的酪氨酸激酶结合而发挥作用，它们的功能与受体酪氨酸激酶基本相似，只是作为激酶部分的蛋白质与作为受体部分的蛋白质是分别由两个基因编码的两种蛋白质。

这类受体包括造血系统中大多数调节细胞增殖与分化的细胞因子受体、一些激素（如生长激素和催乳素）的受体、B淋巴细胞和T淋巴细胞上的抗原特异性受体。当配体与受体结合时，受体将与其相连的酪氨酸激酶激活，由此磷酸化各种靶蛋白的酪氨酸残基来传递信号。

目前已知与这类受体偶联的酪氨酸激酶有两大类：一类是Src家族蛋白激酶，这类蛋白激酶都含有SH2结构域和SH3结构域，与跨膜受体相互作用，并通过与膜脂分子共价连接而固定在细胞质膜的细胞质面。不同的家族成员可与不同的受体结合。这个家族的一些成员还可与活化的受体酪氨酸激酶结合，彼此促进催化活性，加强和延长相关信号。另一类是Janus激酶（Janus kinase，Jak），当Janus激酶与受体偶联被激活时，可磷酸化并激活称为STAT （signal transducer and activator of transcription）的基因调控蛋白，活化的STAT转移到细胞核，启动特异性基因转录，由此组成了一条Jak-STAT信号转导通路（图8-31）。STAT蛋白在结构上可分为以下几个功能区：N端保守序列、DNA结合区、SH3结构域、SH2结构域及C端的转录激活区。Jak-STAT信号通路最初是在对干扰素的效应研究中发现的，在应答病毒感染过程中白细胞会分泌干扰素，干扰素与未感染的相邻细胞的酪氨酸蛋白激酶偶联受体结合，通过Jak-STAT信号通路诱导这些细胞产生增加对病毒感染的抗性蛋白。除了干扰素之外，其他一些细胞因子也可与此类受体结合发挥效应，如白细胞介素2~7、血小板衍生因子、促红细胞生成素、催乳激素等。

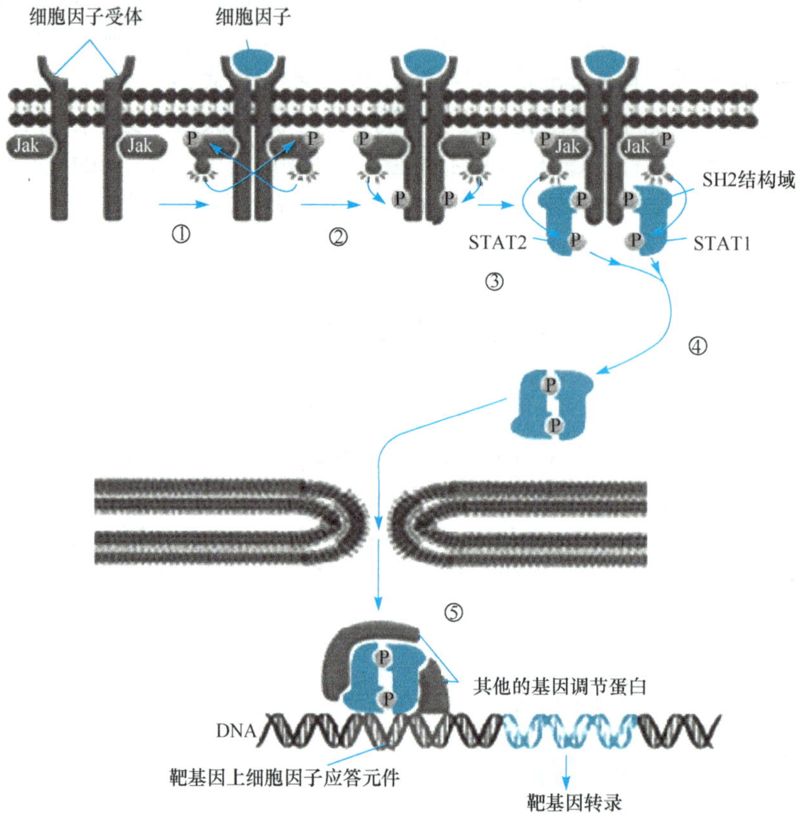

图8-31　细胞因子激活的Jak-STAT信号转导通路

①细胞因子的结合使相邻的受体交联，并使与受体偶联的Jak在酪氨酸位点上相互磷酸化，由此被活化；②活化的Jak在酪氨酸位点上将受体磷酸化；③STAT结合到受体磷酸化位点上，并被Jak磷酸化；④磷酸化的STAT与受体解离，并通过它们的SH2结构域形成二聚体；⑤STAT转移到细胞核，与其他基因调节蛋白一起结合到DNA上，激活基因的转录

第五节　其他类型细胞表面受体介导的信号转导

除了前面介绍的受体外，细胞还存在着由其他类型受体转导的信号通路，这些信号通路可通过调控胞内特定蛋白的降解转导信息，最终调控特定基因的表达。现选择其中的Wnt信号通路和NF-κB信号通路加以简要介绍。

一、Wnt信号转导通路

Wnt信号转导通路（Wnt signaling pathway）的特点是通过抑制作为信号转导因子的转录因子的降解，使转录因子在细胞内聚集并进入细胞核，从而启动特异基因转录。目前已阐明至少4条Wnt信号转导途径，但最清楚的是经典Wnt信号转导通路。

Wnt一词来源于两个同源蛋白，果蝇中的Wingless和小鼠中的Int。最早的*Wnt*基因是在小鼠乳腺癌中发现的，由于该基因的激活依赖小鼠乳腺癌相关病毒基因的插入，因此，当时被命名为*Int1*基因，又发现它与果蝇的无翅（*Wingless*）基因具有高度同源性，因此将*Wingless*与*Int1*结合，称为*Wnt*基因。*Wnt*基因编码一类富含半胱氨酸的分泌型糖蛋白，它与细胞表面受体结合，并启始信号转导。在动物细胞中该家族有多个成员，分别由不同的基因编码。这些富含半胱氨酸的糖蛋白由350~400个氨基酸残基组成，具有23~24个保守的半胱氨酸残基，在内质网上合成通过高尔基体完成最后的糖基化修饰，分泌到细胞外的Wnt作用范围很小，一般认为只在几个细胞直径的范围内起作用，其性质类似生长因子。

Frizzled受体（卷曲蛋白Fz）家族成员是Wnt的细胞质膜受体，为一组7次跨膜蛋白质，结构类似于G蛋白偶联型受体，细胞外N端具有富含半胱氨酸的结构域，能与Wnt高亲和力结合。细胞质膜上还存在着Frizzled的协同受体，即低密度脂蛋白受体相关蛋白（LDL receptor related protein，LRP）。此外，还存在一些Wnt抑制物（如FrzB/FRPWIFl、Cerberus等），它们能与Wnt结合并抑制其与Frizzled受体的相互作用，由此拮抗Wnt信号的功能。

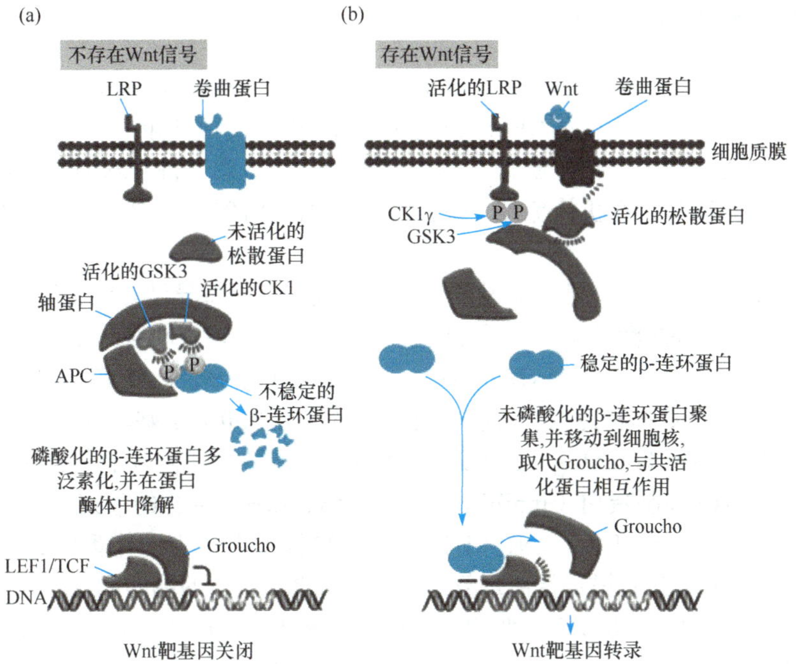

图8-32　经典Wnt信号转导途径

（a）缺少Wnt信号时，β-catenin与Axin复合体结合，并被GSK3和CK1磷酸化，由此引发β-catenin的多泛素化及在蛋白酶体中降解；Wnt应答基因上的基因调控蛋白LEF1/TCF结合着起抑制作用的Groucho蛋白，Wnt靶基因不能转录。（b）Wnt蛋白与受体的结合引起LRP的磷酸化和Fz-LRP复合体的形成，随后Dsh与Fz结合，Axin与磷酸化的LRP结合，导致Axin复合体解体，β-catenin不再被磷酸化和泛素化，细胞中β-catenin含量增加，并进入细胞核与LEF1/TCF结合，使抑制蛋白Groucho与LEF1/TCF相分离，诱导Wnt靶基因转录

经典Wnt信号转导通路中，细胞内β-连环蛋白（β-catenin）水平的调控是关键环节，它受到一系列蛋白质的调节。轴蛋白（Axin，一种支架蛋白）通过不同区域分别结合糖原合成酶激酶3β（glycogen synthase kinase 3，GSK3β）、酪蛋白激酶（casein kinase 1，CK1）、β-catenin及结肠腺瘤样息肉病蛋白（adenomatous polyposis colil protein，APC蛋白）组成Axin复合体，在没有Wnt信号时，细胞质中的Axin复合体处于稳定状态，复合体中的CK1α、GSK3依次磷酸化β-catenin，特定位点发生磷酸化的β-catenin被E3泛素连接酶识别，泛素化后被蛋白酶体降解，使细胞质中的β-catenin维持在较低浓度。

当Wnt信号存在时，Wnt蛋白与受体的结合引起Fz-LRP复合体的形成。随之松散蛋白（dishevelled，Dsh）与Fz结合，同时GSK3及CK1将LRP磷酸化。Axin蛋白与LRP结合并导致Axin复合体解体，β-catenin的降解途径被阻断，从而促进了β-catenin的稳定。β-catenin在细胞质中积累，并进入细胞核与T细胞因子（T cell factor/lymphoid enhancer factor 1，TCF/LEF 1）相互作用，调节靶基因的表达。TCF/LEF 1是一类具有双向调节功能的转录因子，它与Groucho结合抑制基因转录，而与β-catenin结合则促进基因转录（图8-32），调控着大量与生长和代谢相关的靶基因的表达。由于β-catenin是经典Wnt信号转导通路的关键因子，经典Wnt通路又称为Wnt/β-catenin信号转导通路。

Wnt信号通路作为一种在进化中高度保守的信号通路，在细胞生长、发育、代谢和干细胞维持等多种生物学过程中发挥着重要作用。而Wnt通路的失控与癌症、肥胖和糖尿病等疾病的发生有密切联系。

二、核因子-κB信号转导通路

在**NF-κB信号转导通路**（NF-κB signaling pathway）中，NF-κB是一类细胞核转录调节因子，功能十分广泛。活化的NF-κB通过调节细胞因子、趋化因子、黏附分子、免疫受体、细胞周期相关蛋白、氧化应激相关酶、转录因子等一系列特异基因的表达而参与多种生理、病理过程的调节，在机体免疫、炎症反应、细胞增殖和凋亡等方面起着十分重要的作用。

NF-κB作为一种重要的转录调节因子，最初发现它可以特异结合B细胞免疫球蛋白κ轻链基因的增强子序列并激活转录。随后在哺乳动物中陆续发现了NF-κB/Rel家族的5个成员，它们分别是NF-κB1（p50）、NF-κB2（p52）、RelA（p65）、RelB和cRel。NF-κB/Rel家族成员的蛋白质结构基本特点为：N端含有一段大约由300个氨基酸残基组成的高度保守的Rel同源结构域（Rel homology domain，RHD），该结构域包含了形成同源或异源二聚体的序列、与NF-κB抑制蛋白（inhibitor of NF-κB，IκB）结合的序列、细胞核定位信号（NLS）及与DNA结合的序列。NF-κB1和NF-κB2首先表达为前体蛋白，分别为p105和p100，前体分子的C端含有锚定蛋白重复序列，可以封闭分子N端的NLS序列使之处于非活化状态，二者可经蛋白酶切形成成熟的p50和p52，RelA（p65）、RelB和cRel则直接表达为成熟的分子。

NF-κB在体内以多种复合物形式存在。一类是具有活性的、由成熟的NF-κB1/Rel家族成员形成的同源二聚体或异源二聚体复合体，二聚体复合体进入细胞核调节特异基因的转录，此类型复合体存在于活化的细胞中；另一类是无活性的、由两分子成熟蛋白组成的NF-κB二聚体（如p50/p65）和IκB形成的三聚体复合体，存在于静息细胞的细胞质中。此外，NF-κB二聚体也可由一分子成熟蛋白和一分子前体蛋白组成（如p105/p65），存在于静息细胞的细胞质中。在激活过程中，前体分子被磷酸化并降解为成熟分子，形成有活性的NF-κB二聚体复合体。不同组成的二聚体复合体有不同的性质，其中p50/p65、p50/C-Rel、p65/c-Rel等异源二聚体复合体可促进转录．而p50/p50、p52/p52同源二聚体复合体则抑制转录。目前研究最多的是p50/p65，广义的NF-κB包括所有NF-κB/Rel家族成员间形成的二聚体，但习惯上仅称p50/p65为NF-κB。

细胞中存在着一类专门抑制NF-κB活性的蛋白质家族，即NF-κB抑制蛋白（IκB）家族，包括IκBα、IκBβ、IκBγ、IκBε等成员。IκB家族成员的蛋白质结构基本特点为：分子内有5~7个由30~33个氨基酸残基组成的锚定蛋白重复序列，IκB分子通过这些序列结合NF-κB二聚体复合体，封闭NF-κB的细胞核定位信号，并将三聚体定位于细胞质中；N端有两个保守的丝氨酸残基，其磷酸化是IκB分子通过泛素降解途径释放NF-κB所必需的；C端有一个PEST序列，这是IκBα分子迅速降解所需要的。IκB对NF-κB二聚体复合体有选择性，例如IκBα和IκBβ主要结合p50/p65和p50/cRel，IκBε结合p65/cRel。

NF-κB活性调控中还有一种蛋白激酶十分重要，那就是IκB激酶（IκB kinase，IKK）。IKK是IκB分子的上游蛋白激酶，由三个亚基组成，其中IKKα和IKKβ两个亚基为有激酶活性的亚基，IKKγ为调节亚基，IKKγ也称为NF-κB核心调节因子。IKKα亚基和IKKβ亚基可特异地将IκBα、IκBβ及IκBε分子磷酸化，激活NF-κB信号途径。

NF-κB信号通路的激活是通过一系列激酶催化完成的，最终导致具有活性的NF-κB二聚体从抑制蛋白的结合中释放出来。根据上游激酶的不同，目前已阐明至少三条NF-κB信号途径，这里主要介绍经典NF-κB信号途径。这条途径依赖完整的IKK三聚体复合物磷酸化IκB，再通过泛素化降解IκB，释放出有活性的NF-κB二聚体，主要是p50/p65和p50/cRel二聚体。具体过程为：TNF-α等促炎症细胞因子活化膜受体后，募集TNF受体相关死亡结构域蛋白（TNFR1-associated death domain protein，TRADD）、受体相互作用蛋白（receptor-interacting protein，RIP）、TNF受体相关因子2（TNF receptor associated factor 2，TRAF2）等衔接蛋白到细胞质膜上，然后募集并活化完整的IKK三聚体复合体，活化的IKK将IκBα磷酸化，在泛素连接酶的作用下，磷酸化的IκBα在靠近N端处被泛素化修饰，构象发生改变，能被蛋白酶体识别并降解，NF-κB/IκB三聚体复合体变为NF-κB二聚体复合体，暴露出p50的核定位信号和p65的DNA结合位点，二聚体进入细胞核调节特异基因的转录（图8-33）。

TNF-α及其受体都是以三聚体形式结合的，TNF-α与受体的结合使受体构象发生变化而被激活，激活的受体可招募多种细胞内信号蛋白，包括TNF相关的死亡结构域蛋白（TRADD）、受体关联因子2（TRAF2）及IκB激酶激酶（IKKK）等，IKKK磷酸化并激活IKK。IKK是一种异源三聚体，包含两个激酶亚基（IKKα和 IKKβ）和一种NF-κB必须调节蛋白（NF-κB-essential modulator，NEMO）。IKK的β亚基在IκB两个丝氨酸残基上将其磷酸化，磷酸化的IκB被泛素化并在蛋白酶体中降解。释放出的NF-κB转运到细胞核，并与辅助激活蛋白共同作用，调控NF-κB靶基因的转录。

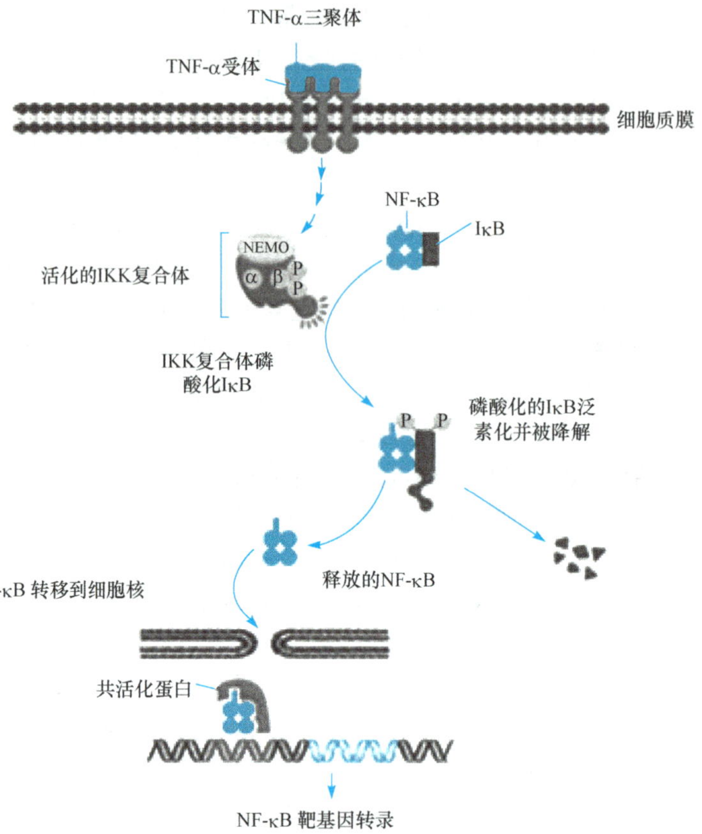

图8-33 TNF-α 激活NF-κB的信号途径

TNF-α 及其受体都是三聚体，TNF-α 结合所诱导的受体胞内结构变化可募集多种信号转导蛋白，导致IKK由于磷酸化而被激活。激活的IKK在两个位点上磷酸化IκB，随后IκB通过泛素化途径降解

第六节 细胞信号转导的调控与整合

细胞会受到多种多样的信号刺激，调节着复杂的基因表达和生理生化反应过程，为了研究和讨论上的方便，通常将细胞的通讯划分成各个系统和途径进行单独讨论，实际上，多样而复杂的细胞外信号分子不可能仅靠线性转导途径来发挥作用。不能简单地认为细胞信号转导仅仅是一种刺激，其通过一种线性的信号转导途径，引起一种细胞反应。信号在转导过程中会受到各种因素的调控，以确保信号转导的精确性。各种细胞信号转导途径间也不是独立存在、互无联系的。在细胞内，各信号转导途径之间通过相互对话（crosstalk）或相互作用（interconnection）形成信号转导网络（signaling network），外界信号通过这种网络的整合作用，能专一性地调节特定基因表达，诱导细胞反应。

一、受体功能的调节

以G蛋白偶联受体为例，受体与配体（如激动剂）结合后其构象会发生明显变化，受体分子上的胞内区、胞外区和跨膜区等多个区域，都可能与限制G蛋白和受体偶联的分子机制相关，这种限制通常随着激动剂与受体的结合而被解除，由此将受体激活。连续或持久的刺激细胞通常会导致细胞对同一激动剂的应答逐渐减弱。细胞这种对后续刺激的敏感性下降的现象称为脱敏。脱敏作用可能是保护细胞防止其过度激化的重要机制之一，尤其是在激动剂的剂量过高或作用时间过长的情况下显得更加重要。

受体早期脱敏反应非常迅速，通常在暴露于激动剂几秒到几分钟内发生，脱敏过程包括由依赖于第二信使的激酶（PKA或PKC）和/或G蛋白偶联受体激酶（GRK1~6）介导的受体磷酸化，磷酸化位于活化受体的胞内结构域，随着磷酸化的进行，受体与各自的G蛋白解偶联，下游的信号转导也随即消失。当受体被大量的特异性激动剂结合后，细胞应答出现的下降被称为同源性脱敏，该脱敏反应发生得非常迅速且持续时间短，半衰期仅为几毫秒到几秒。相比之下，当受体暴露于低浓度激动剂数分钟后，才能观察到的脱敏反应称为异源性脱敏作用，即某种特定激动剂激活其受体之后，细胞对其他受体的激动剂的应答反应也降低。异源性脱敏通常包括受体被第二信使依赖性激酶磷酸化，而同源性脱敏中，第二信使激活的蛋白激酶和GRK可共同参与受体的磷酸化。一旦受体在靠近G蛋白相互作用位点处被磷酸化后，就与一组可溶性的抑制蛋白结合，这种蛋白质的结合扩大了由磷酸化引发的脱敏过程，并通过阻断受体和G蛋白的偶联而封闭受体（图8-34）。短期脱敏受体通过一个复杂的过程被重新致敏，包括受体被一组特殊的膜结合受体磷酸酶去磷酸化。

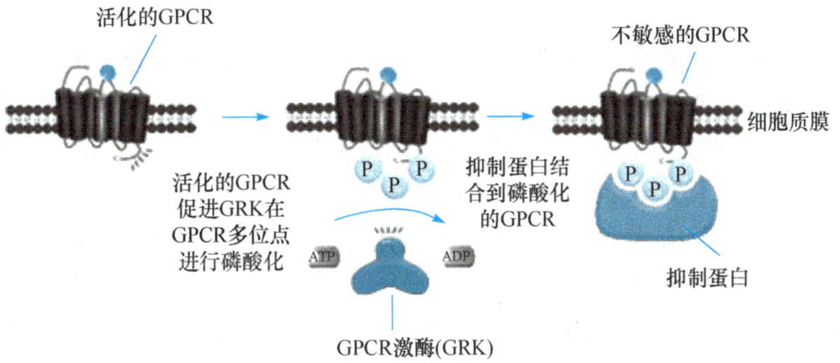

图8-34　G蛋白的偶联受体激酶和抑制蛋白在受体脱敏中的作用

在磷酸化引发的脱敏过程中，可通过抑制蛋白质与磷酸化受体的结合阻断受体和G蛋白的偶联，从而阻止信号的转导

受体调控还存在长期性脱敏，即在暴露于高水平的激动剂几小时或几天后才可检测到。在此过程中，与特定激动剂结合的受体的总量减少，但受体-配体的亲和力并没有改变。促使这种脱敏作用的生化机制包括：功能性受体在细胞中的总量降低和细胞表面受体的减少。长期性脱敏不需受体先被磷酸化。对特定的GPCR而言，受体数量的减少包括受体的细胞内转、隔离、降解，以及通过改变受体mRNA水平和翻译过程，从而改变受体的合成速率等。总体效果是导致细胞表面能与激动剂结合并且激活信号转导的功能性受体在数量上显著减少。

细胞信号转导通路的一个普遍性质是对输入信号的适应。细胞不断调节对信号的敏感性从而保持其应答信号变化的能力。当细胞接受一个新的外界信号时，便启动一个降低敏感性的过程来使细胞应答达到一个新的水平。当该刺激解除，细胞的低敏感状态还会持续，其敏感性将缓慢恢复正常。

细胞信号系统的适应性是生物动态平衡的一个典型范例。细胞通常在较大范围调节其对生理刺激的适应。哺乳动物的视觉反应可以适应超过10^7倍范围的光线。这种非凡的能力可让感光受体细胞探测到单一的光子，从而使人无论在昏暗的光线条件下还是强烈的阳光下都能有一定的视力。适应性的一般机制是负反馈调控，由此在生化水平上获取信号并控制适应过程。适应性随着外来信号的强度和持续时间而变化。较强的、持续时间较长的信号趋于诱导较强的适应性变化，并且该适应性变化持续时间较长。

细胞可以在质量上和数量上变换适应方式，这种变换是通过改变通路中的反馈起始点来完成的。在一个线性通路中，这些关键点将改变适应性的动力学性质和适应范围。在具有支路的通路中，改变这些关键点可以判断适应性是对单一信号输入做出的反应，还是由众多相似信号的输入所驱动的。如果受体活化直接使其脱去敏感状态，或者在没有分支的通路上一个下游事件引发脱去敏感状态，那么只有启动该受体的信号在发挥作用。

反馈调控可选择性地在通路中启动多种受体的下游事件，从而可同时调节启动受体和其他受体。对一个确定的调控点来说，会调节所有可能的输入信号。例如，G蛋白偶联受体可激活蛋白激酶A或蛋白激酶C，这些激酶既可以通过磷酸化削弱受体活性也可以促进受体抑制蛋白的结合。

细胞也通过改变它们对引入信号的应答来达到细胞内平衡，这涉及细胞周期时相、新陈代谢状态或细胞活性的各个方面。此外，这些适应过程可能随不同细胞、不同细胞通路、细胞生命周期中所处的不同外界条件而呈现出不同的适应范围变化。

二、信号在转导中的强度变化

受体在功能上类似于酶或催化剂。一些受体，包括蛋白激酶、蛋白磷酸酶和鸟苷酸环化酶，其自身就是酶，是典型的生化催化剂。然而，更常见的是受体利用较小的配体结合能量来促进特定的反应。例如，组成通道的受体催化离子跨膜转运，G蛋白偶联受体和其他鸟嘌呤核苷酸交换因子催化G蛋白上GDP和GTP间的转换。最终可使转录因子加快形成转录起始复合体。

在所有的信号转导反应中，受体利用它们的催化活性发挥分子放大器的作用。受体直接或间接地产生一种在能量上及单一受体募集的分子数量上都十分大的化学信号。分子水平上的放大是受体和细胞信号转导通路中许多步骤的一个标志。G蛋白偶联受体所引发的信号转导系统依赖于细胞内信号蛋白传递链，与更直接的信号传递途径相比，这些传递链为细胞外信号的扩增提供了更多机会。例如，当细胞外信号分子与通过Gs间接激活腺苷酸环化酶的受体结合时，每个受体蛋白可以激活许多Gs蛋白，每个Gs蛋白能激活一个环化酶分子。每一个环化酶再催化大量ATP 分子转变为cAMP分子。相似的扩增在肌醇磷脂途径中同样起作用。因此，细胞外信号浓度发生纳摩尔级的变化能诱导cAMP或Ca^{2+}浓度发生微摩尔级的变化（图8-35）。

任何这种刺激信号的扩增级联反应都会在级联反应的每一个步骤存在抗平衡机制，从而当刺激停止时将系统恢复到其静息状态。因此，一旦它们被活化后，细胞具有有效的机制以迅速降解环核苷酸，促使细胞质Ca^{2+}的缓冲和去除，以及失活相应的酶和离子通道。这不仅对于关闭反应是必需的，对于界定反应开始的静息状态也是重要的。通常只有失活机制迅速时对刺激的反应才会迅速。

三、细胞内多种信号的整合

一个信号转导通路中的蛋白质通常在细胞内是共定位的，这有利于它们彼此的相互作用，而且将它们同其他蛋白质相互作用的可能性降到最低。许多信号转导通路是由支架结构发挥组织作用的，支架结构增加了信号转导效率，同时增强了信号转导的空间定位特异性。支架结构在一个含多种蛋白质复合体信号转导通路中，通过结合若干组分来增强信号转导的效率。支架结构还能促进彼此亲和力很低的蛋白质间的相互作用，加速整合复合体的活化或钝化，并将信号转导蛋白定位到合适的作用位点（图8-36）。

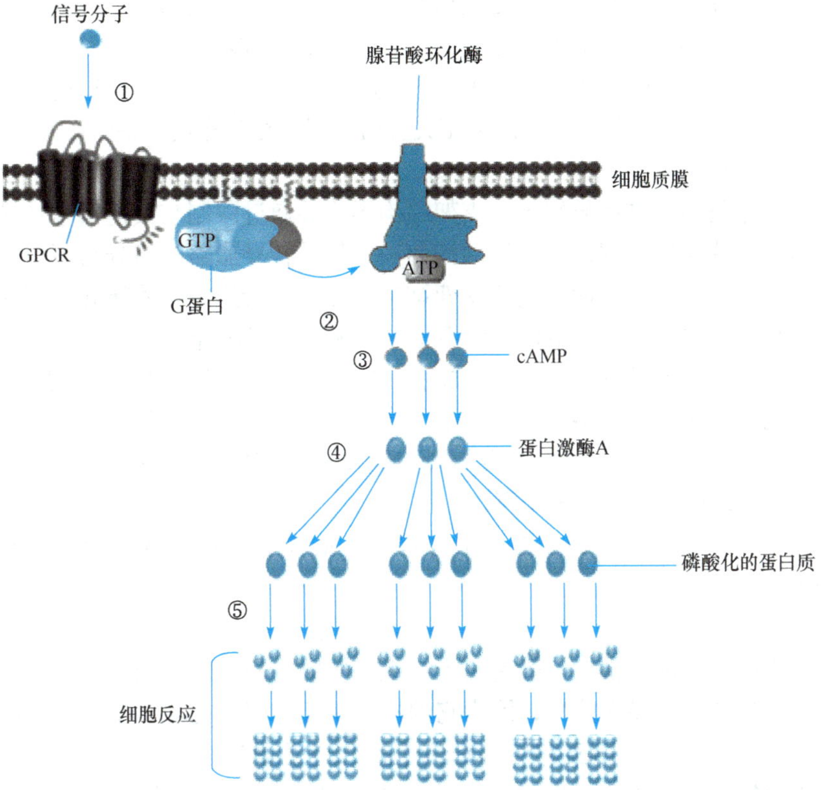

图8-35　G蛋白偶联受体信号转导中的信号放大

①信号分子结合到G蛋白偶联受体，将G蛋白激活；②激活的G蛋白将腺苷酸环化酶激活；③腺苷酸环化酶催化大量ATP反应生成cAMP；④cAMP将蛋白激酶A激活；⑤蛋白激酶A将靶蛋白磷酸化，最终使细胞产生应答。在此过程中，腺苷酸环化酶、蛋白激酶A及下游的酶都可发挥放大信号的作用

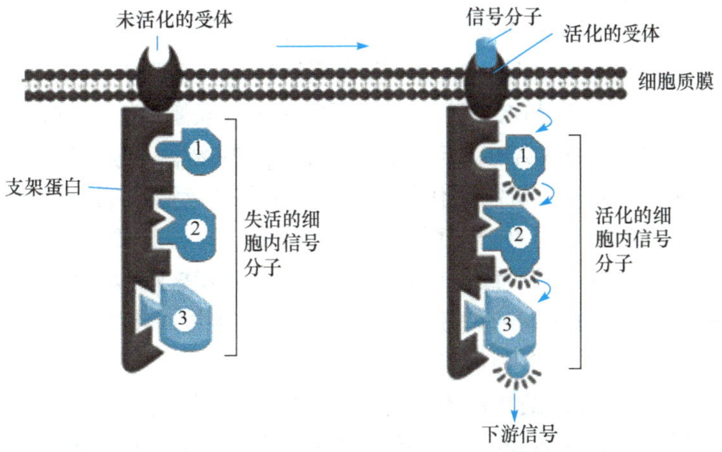

图8-36　支架结构蛋白对信号转导通路中多种组分的整合作用

一个受体和它依次激活的细胞内信号蛋白通过一个大的支架蛋白预装配成信号复合体。当受体激活时，将会迅速激活一组蛋白质，将信号传递到下游分子

支架结构主要通过蛋白质上的蛋白质结合结构域将通路的组分组合在一起。许多支架结构蛋白缺乏固有的酶活性，但是一些信号转导酶可同时具有支架结构的作用。通过结合成支架结构可增加组分的局部浓度从而促进信号转导。在果蝇的光感受器细胞中，信号转导组分的支架结构对信号的快速转导起着很关键作用。光感受器细胞中包含失活无后电位蛋白D（inactivation no after potential D，INAD）支架蛋白，它有5个模块结合结构域，每个结构域都与其靶蛋白的C端基序结合，从而促进相关蛋白质间的相互作用。缺失INAD的突变会产生一种几乎是盲眼的果蝇。

除了在自身通路中促进信号转导，支架结构还能够通过限制与其他信号转导蛋白的相互作用来增强信号的特异性。因此，支架结构使一个信号转导通路的组分与不适当的信号活化和错误的信号输出相分隔。然而，过多支架结构存在时也会抑制信号转导，因为单个信号转导组分通常会与不同的支架蛋白结合，而不是形成单一功能复合体。

信号转导通路中，独立的模块结构域决定蛋白质与蛋白质间的相互作用。模块蛋白相互作用结构域或基序存在于许多信号蛋白中，使其能够结合存在于蛋白质、脂质、核酸等其他生物大分子上的结构基序。模块作用结构域具有较大的选择性，它们识别的不是单一靶分子，而是具有相似结构特点的靶分子群。

对信号转导很重要的模块相互作用结构域，首先是在*Src*编码的一种酪氨酸蛋白激酶中发现的，该酶有三个基本结构域，包括一个具有酪氨酸蛋白激酶活性的结构域，以及两个Src同源结构域（SH2、SH3）。此外，缺乏酶活性的接头蛋白能够通过连接信号转导分子，对外界信号产生应答。接头蛋白一般由两个或更多的模块相互作用结构域构成。与细胞骨架蛋白不同，接头蛋白具有多功能性，因为它的模块相互作用结构域和基序并非高度特异。接头蛋白通过蛋白质与蛋白质相互作用结构域连接两个或更多其他信号蛋白，从而共定位信号蛋白或促进额外的相互作用。如前所述，在EGF受体相关的信号通路转导中，生长因子受体结合蛋白2（Grb2）是一种典型的接头蛋白，因其可与EGF受体C端相结合而得以鉴定。Grb2具有一个SH2结构域和两个SH3结构域，它通过SH2结构域结合蛋白质的酪氨酸磷酸化位点，通过SH3结构域结合到蛋白质富含脯氨酸的特异片段上。Grb2的一个靶蛋白是Sos，在应答EGF传递的信号时，通过Grb2激活的Sos可激活Ras。

信号的整合还包括一些酶在激活时需要多个位点的磷酸化。现以有丝分裂原活化蛋白激酶（MAPK）的激活为例进行说明。MAPK存在于所有真核细胞中，可对许多信号分子作出应答而介导细胞调控事件。MAPK被至少三种蛋白激酶级联激活。MAPK的活化是由MAPK激酶（MAPKK）催化的，而MAPKK自身则是通过MAPK激酶的激酶（MAPKKK）磷酸化而活化的。MAPKKK是由多个机制活化的，MAPKK通过丝氨酸/苏氨酸两个残基上的磷酸化而被活化，然后MAPKK通过在酪氨酸和苏氨酸残基上的双重磷酸化将MAPK活化。每个MAPKK磷酸化有限的MAPK，很少或不磷酸化其他底物。MAPKK最特异之处是保证MAPK不会被不适当的信号激活。而为了使MAPK酶活性达到最大，需要同时将酪氨酸和苏氨酸磷酸化。

通常细胞会通过整合外界多种信号而作出应答。例如，细胞外信号A和B经不同信号通路激活一系列蛋白质磷酸化，最终由不同通路将Y蛋白不同位点磷酸化，使Y蛋白激活（图8-37）。又如，G蛋白偶联受体和酪氨酸激酶偶联受体涉及多条信号通路，有的信号通路是由单个受体引导的，有的信号通路是由两个受体一起引导的，它们之间既相互独立又相互关联（图8-38）。细胞中同一信号通路可能激活不同的靶蛋白，不同信号通路也可能激活相同的靶蛋白。不同信号通路存在着信号的整合与对话，由此构成细胞中的信号网络。

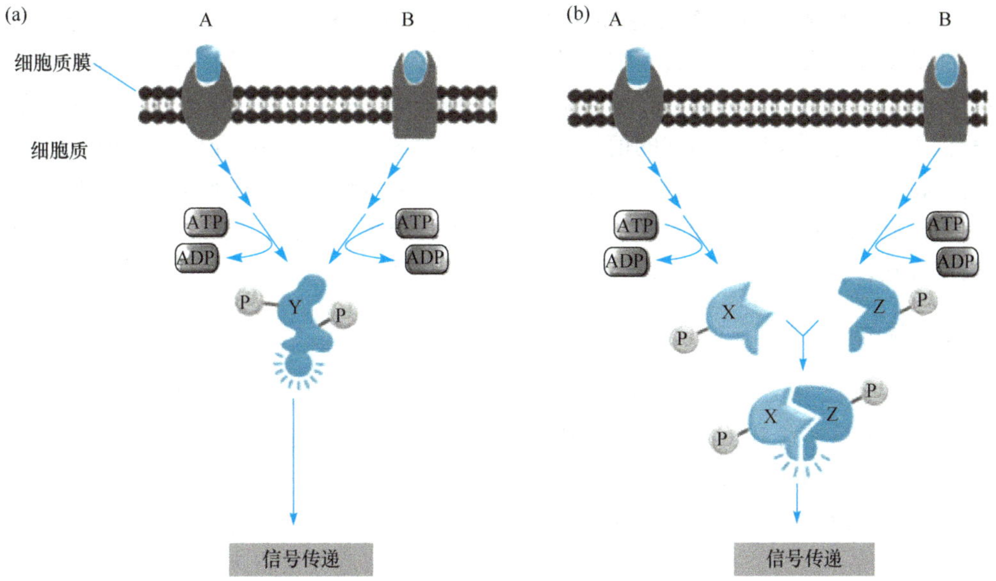

图8-37　信号整合示意图

（a）细胞外信号A和B都激活一系列不同的蛋白质磷酸化，最终分别将蛋白质Y的不同位点磷酸化，而蛋白质Y只有这些位点均被磷酸化才会被激活；（b）细胞外信号A和B分别导致蛋白质X和Z磷酸化，随后磷酸化的蛋白质X和Z结合形成有活性的蛋白质复合体

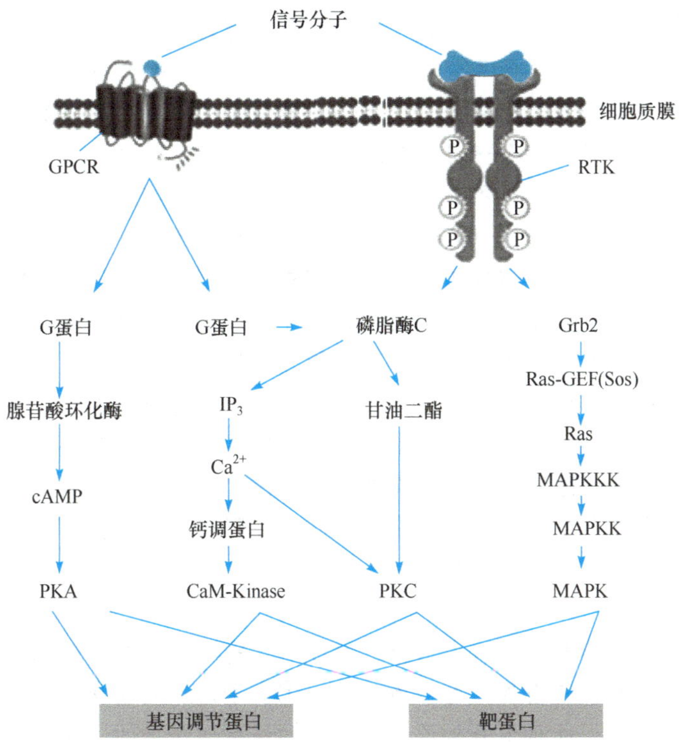

图8-38　G蛋白偶联受体与受体酪氨酸激酶激活的细胞内信号转导通路的相互关联

在G蛋白偶联受体激活的cAMP和磷脂酰肌醇信号通路及受体酪氨酸激酶激活的信号通路中，存在着交叉作用，一条通路中激活的蛋白激酶可磷酸化多个类型的蛋白质，而一种类型的蛋白质也可被多个通路的蛋白激酶磷酸化

生物体中的细胞每时每刻都在接受来自细胞内外的各种各样信号，信号转导是生命活动的一种最基本和最重要的方式。细胞的一切生命活动都与信号有关，信号是细胞一切活动的始动因素，生理反应只是信号作用于细胞的最终结果。相同的信号作用于不同的细胞可以引发完全不同的生理反应；不同的信号作用于同一种细胞却可以引发出相同的生理反应。显然，信号转导系统非常复杂，也非常重要。多年来，信号转导一直是研究热点。阐明细胞信号转导的机制就意味着认清细胞在整个生命过程中的增殖、分化、代谢及死亡等诸方面的表现和调控方式，进而理解机体生长、发育和代谢的调控机制。

本章提要

多细胞生物体中，细胞的生长、分裂、分化，甚至死亡都依赖于信息对细胞精细的调控。因此，细胞信号转导是生物体中一种十分复杂又高度有序的生命活动。

细胞间信号传递的具体传送方式包括：①膜结合信号的传递，信号分子结合在细胞的细胞质膜上，通过细胞间的直接接触将信号传递给靶细胞。与细胞质膜结合的信号分子在整个信号分子中所占比例较小，大多数信号分子合成后由细胞分泌出来，通过传递作用于靶细胞。②分泌信号的传递，信号分子从特定细胞中分泌出来，经过一定的距离到达靶细胞，这种方式是细胞间通讯的主要途径。根据具体的特点，又可将其分为三种类型：第一种类型为自分泌信号传递，即细胞分泌的信号分子结合到自身的受体上引起反应；第二种类型为旁分泌信号传递，即信号细胞分泌的信号分子只作用于环境中邻近的细胞；第三种类型为内分泌信号传递，即信号细胞分泌的信号分子进入动物血液，并随血液到达身体各个部位的靶细胞。此外，还有间隙连接中的信号传递，相邻动物细胞之间可通过连接小体构成间接连接，这种连接在细胞间形成孔道，信号分子可通过这些孔道在相邻细胞间传递。

从化学组成与结构来看，信号分子的种类是非常多的，但是根据其溶解性，可分为亲脂性和亲水性两类，小的亲脂性分子可容易地穿过细胞质膜．通常与细胞内受体结合，亲水性信号分子及大的亲脂性信号分子不能穿过细胞质膜，只能与细胞表面受体结合，引起细胞反应。此外，某些气体分子也可作为信号分子具有调节靶细胞的功能。

受体可以根据其结合的配体或传递信号的方式进行分类，但通常受体根据其存在的位置分为细胞内受体和细胞表面受体。细胞内受体介导的信号传递的特点：与受体结合的是一些小的疏水分子，它们直接穿过细胞质膜进入细胞内。细胞内受体被激活的方式是当信号分子与受体结合后，促使受体抑制蛋白与受体分离，受体被激活并暴露出与DNA结合的部位，受体进入细胞核，还有些受体本身就位于细胞核，它们可启动相关基因的表达。目前认为，作为重要细胞内受体的类固醇激素受体，在调节基因活化反应时包括两个步骤，首先直接诱导少量基因转录，接着这些基因产物反过来激活其他基因转录。这样，一种简单的激素诱导因子就在基因表达模式上引起复杂的变化。

所有亲水性信号分子都与靶细胞表面的特异性受体结合，当受体与细胞外信号分子结合后，可将细胞外信号转变为细胞内信号，通过信号转导通路诱导细胞效应。根据信号转导机制的不同，大多数细胞表面受体可分为三类：①离子通道偶联受体，此类受体参与电兴奋细胞间突触信号的转导。这种信号转导是由少量神经递质介导的，受体与神经递质结合后，构象发生改变，通道被瞬时打开或关闭，从而改变细胞中某种离子的浓度。②G蛋白偶联受体，此类受体激活后通过细胞质膜上的三聚体G蛋白调节靶蛋白的活性，靶蛋白可以是一种酶或是一种离子通道蛋白，因此受体可调控细胞内酶的活性或离子通道的开关。③酶偶联受体，此类受体直接具有酶的功能或与某种酶结合，它们在结构上具有细胞外配体结合位点和细胞内催化或酶结合位点，受体的激活直接调控某种酶的活性。此外，某些细胞表面受体不属于上述三种类型，它们具有其他的作用方式。

信号分子与受体之间的结合是非常特异的，一种信号分子能否作用某种细胞，取决于这种细胞是否带有这种信号分子的受体。同时，一种细胞有可能带有多种受体，并接受多种信号的刺激，所以，细胞的应答常常是多种信号综合作用的结果。

在细胞信号转导中，除受体和第二信使之外，有两组细胞内蛋白质起着分子开关的作用。一类是GTPase开关蛋白，包括三聚体G蛋白和单体G蛋白，如Ras蛋白和类Ras蛋白，这类鸟苷酸结合蛋白的活性转换受鸟苷酸交换因子、GTPase促进蛋白和鸟苷酸解离抑制物的调控；另一类是通过蛋白激酶使靶蛋白磷酸化，通过蛋白磷酸酶使靶蛋白去磷酸化，从而调节蛋白质的活性。

细胞信号转导系统是由细胞内多种不同的信号蛋白组成的信号传递链，通常包括4步反应。①细胞通过特异性受体识别细胞外信号分子。②信号跨膜转导。③通过细胞内级联反应实现信号放大作用，并终致细胞活性改变。④由于信号分子失活，细胞反应终止或下调。细胞的命运取决于对细胞外信号的特殊组合进行程序性反应，由此产生各种效应。

G蛋白偶联受体为一条7次跨膜的多肽链，细胞外部分具有与信号分子结合的结合域，细胞内部分具有激活异三聚体G蛋白的结构域。当受体被激活后，它们可将与其相连的三聚体G蛋白激活，G蛋白又将产生效应的靶蛋白激活。三聚体G蛋白包括α、β和γ个亚基，通常α亚基与GDP结合，G蛋白不表现出活性，当α亚基与GTP结合后便被激活。本章重点介绍了两条与G蛋白偶联受体相关的细胞内信号通路，一条是cAMP信号通路，另一条是磷脂酰肌醇信号通路。cAMP信号通路主要是G蛋白激活腺苷酸环化酶，使细胞内cAMP浓度增加，当cAMP达到一定浓度时，可将蛋白激酶A激活，而蛋白激酶A再将其靶蛋白激活。磷脂酰肌醇信号通路是G蛋白激活磷脂酶C，磷脂酶C的激活一方面可使细胞内Ca^{2+}浓度增加，进而调控细胞内钙依赖性蛋白的活化；另一方面可将细胞内的蛋白激酶C激活。这些方式都能将信号逐级传递，并诱导相应基因的表达。

酶偶联受体自身具有酶的活性，当受体被激活时，便能作为酶行使功能。与其他受体相比，虽然这类受体在作用方式上具有相似的特点，但在结构上是异源性的。已知的酶偶联受体有4种：①受体鸟苷酸环化酶，催化细胞溶质中cGMP的产生；②受体酪氨酸激酶，将一些细胞内信号传递蛋白特定的酪氨酸残基磷酸化；③受体酪氨酸磷酸酶，能将信号传递蛋白酪氨酸残基上的磷酸基因去除；④受体丝氨酸/苏氨酸激酶，将某些细胞内信号传递蛋白上的丝氨酸/苏氨酸残基磷酸化。此外还有一类受体，本身无酶的活性，但直接与细胞内的酪氨酸蛋白激酶相偶联。

除了前面介绍的受体外，细胞还存在着由其他类型受体转导的信号通路，这些信号通路可通过调控蛋白酶解转导信息，本章选择其中的Wnt信号通路和NF-κB信号通路加以简要介绍。Wnt信号转导通路的特点是通过抑制作为信号转导因子的转录因子的降解，使转录因子在细胞内聚集并进入细胞核，从而启动特异基因转录。目前已阐明至少4条Wnt信号转导途径，但最清楚的是经典Wnt信号转导通路。在经典Wnt信号转导通路中，Wnt 受体由Fz和LRP组成，当Wnt信号存在时，Wnt蛋白与受体的结合引起LRP的磷酸化和Fz-LRP复合体的形成。随之松散蛋白与Fz结合，Axin与LRP磷酸化区域结合，同时Axin还可结合GSK3与CK1，引起GSK3及CK1将LRP进一步磷酸化，这会促进更多的Axin与LRP的结合。Axin蛋白与LRP的结合导致了Axin复合物的解体，β-catenin的降解途径被阻断，从而促进β-catenin的稳定性。β-catenin在细胞质中积累，并进入细胞核与T细胞因子相互作用，调节靶基因的表达。

NF-κB信号转导通路中的NF-κB作为一种重要的转录调节因子，最初发现它可以特异结合B细胞免疫球蛋白κ轻链基因的增强子序列并激活转录。随后在哺乳动物中陆续发现了NF-κB/Rel家族的5个成员。NF-κB在体内以多种复合物形式存在。一类是有活性的、由成熟的NF-κB1/Rel家族成员形成的同源二聚体或异源二聚体复合体，二聚体复合体进入细胞核调节特异基因的转录，此类型复合体存在于活化的细胞中；另一类是无活性的、由两分子成熟蛋白组成的NF-κB二聚体和IκB形成的三聚体复合体，存在于静息细胞的细胞质中。此外，NF-κB二聚体也可由一分子成熟蛋白和一分子前体蛋白组成，存在于静息细胞的细胞质中。在激活过程中，前体分子被磷酸化并降解为成熟分子，形成有活性的NF-κB二聚体复合体。

实际上，多样而复杂的细胞外信号分子不可能仅靠线性转导途径来发挥作用。不能简单地认为细胞信号转导仅仅是一种刺激，其通过一种线性的信号转导途径，引起一种细胞反应。信号在转导过程中会受到各种因素的调控，以确保信号转导的精确性。各种细胞信号转导途径间也不是独立存在、互无联系的。在细胞内，各信号转导途径之间通过相互对话或相互作用形成信号转导网络，外界信号通过这种网络的整合作用，能专一性地调节特定基因表达，诱导细胞反应。

思考题

1. 细胞间信号传递的方式有几种？各自具有哪些主要特点？
2. 分泌信号分子传递信号的方式有几种？各自具有的主要特点是什么？
3. 蛋白质磷酸化与去磷酸化在信号传递中如何发挥作用？
4. 何谓信号转导中的分子开关蛋白？举例说明其作用机制。
5. 细胞信号系统包括哪些组成部分？其主要作用是什么？
6. 简述G蛋白偶联受体介导的信号通路的特点及其主要功能。
7. 简述受体酪氨酸激酶介导的信号通路的特点及其主要功能。
8. 比较cAMP信号通路与磷脂酰信号通路的异同。
9. 简述细胞信号的主要整合方式与控制机制。

参考文献

陈晔光，张传茂，陈佺. 2011. 分子细胞生物学. 北京：清华大学出版社.

柳惠图，王永潮，桑建利. 2013. 分子细胞生物学. 北京：高等教育出版社.

孙大业，崔素娟，孙颖. 2010. 细胞信号转导. 第4版. 北京：科学出版社.

Alberts B，Johnson A，Lewis J，et al. 2014. Molecular Biology of the Cell. 6th ed. New York：Garland Science.

Cassimeris L，Lingappa V R，Plopper G. 2011. Lewin' s Cells. 2nd ed.Sudbury，Massachusetts：Jones and Bartlett Publishers.

Conn P M，Means A R. 2000. Principles of Molecular Regulation，New Jersey：Humana Press.

Karp G. 2013. Cell and Molecular Biology. 7th ed. New York：John Wiley and Sons Inc.

Lodish H，Berk A，Kaiser C，et al. 2013. Molecular Cell Biology. 7th ed. New York：WH Freeman and Company.

9 第九章 细胞增殖调控与癌细胞

细胞增殖（cell proliferation）是细胞生命活动的重要特征之一。各种生物依赖细胞增殖维持其生长、生存与繁衍。细胞增殖包含整个细胞的生长、DNA复制和细胞分裂（cell division），这些都体现在细胞周期（cell cycle）进程中，因此细胞增殖是通过细胞周期的运行来实现的。细胞增殖受到严密调控机制的监控，任何细胞，无论是简单的单细胞，还是高等生物体内的细胞，其增殖过程都必须遵循一定的规律，细胞增殖异常将导致机体发生各种变异。

第一节　细胞周期概述

细胞周期是细胞生命活动的基本过程。细胞周期也称为“细胞分裂周期”，是指一个细胞经生长、分裂而增殖成两个细胞所经历的全过程，通常将其分为几个阶段，即G_1期、S期、G_2期、M期及胞质分裂期。细胞在G_1期完成必要的生长和物质准备，在S期完成其DNA的复制，在G_2期为细胞分裂进行必要的检验与准备，然后在M期完成遗传物质均等分配到子细胞中，这样由一个细胞最终分裂产生两个细胞。

一、细胞周期概念的确定

人类认识有丝分裂已有100多年的历史。在Schleiden和Schwann提出细胞学说后，生物学家对细胞的研究日益广泛与深入，从观察细胞的形态结构，发展到跟踪了解细胞生存过程中的各种变化。细胞学家Flemming通过改进细胞的固定和染色技术，首先精确描述了细胞的有丝分裂过程，他把细胞分裂命名为有丝分裂。他与斯特拉斯布格分别在动物材料和植物材料中，利用光学显微镜观察到了染色体在细胞中聚集，然后分离到两个子细胞中，而且细胞核在细胞从一代传到下一代的过程中，保持着物质上的连续性。他们将细胞增殖过程分为两个时期，**有丝分裂期**（mitotic phase）和**间期**（interphase）。有丝分裂期为细胞核中染色体分离的时期，间期在当时被认为是细胞处于无所作为的静止时期。这是由于当时研究手段的限制，人们对有丝分裂之外细胞中生化事件的了解甚少，因而将细胞的增殖过程分为分裂期和静止期。

1953年Howord和Pele用带有^{32}P的磷酸盐作为标记物，浸泡蚕豆实生苗，然后于不同时间取根尖做放射自显影。结果显示在间期的某一阶段，遗传物质DNA发生复制，即染色体的复制。由此确定染色体在间期复制，在分裂期复制产生的两套染色体分别分配到两个子细胞中。DNA的复制阶段称为DNA合成期（DNA synthesis phase，S期），从上一次分裂完成到

S期开始这段时期称为间期Ⅰ（G_1期），DNA合成结束到分裂期开始称为间期Ⅱ（G_2期），随后是有丝分裂期（M期）。这样细胞周期就是指连续分裂的细胞从一次有丝分裂结束到下一次有丝分裂完成所经历的整个过程，它包括4个时期，即G_1期、S期、G_2期和M期，从而完善了细胞周期的概念（图9-1）。在这一发现之后，生物学家用^{3}H标记的胸腺脱氧核苷（^{3}HTdR）证明细胞周期的这几个时相广泛存在于各种动物和植物细胞中。

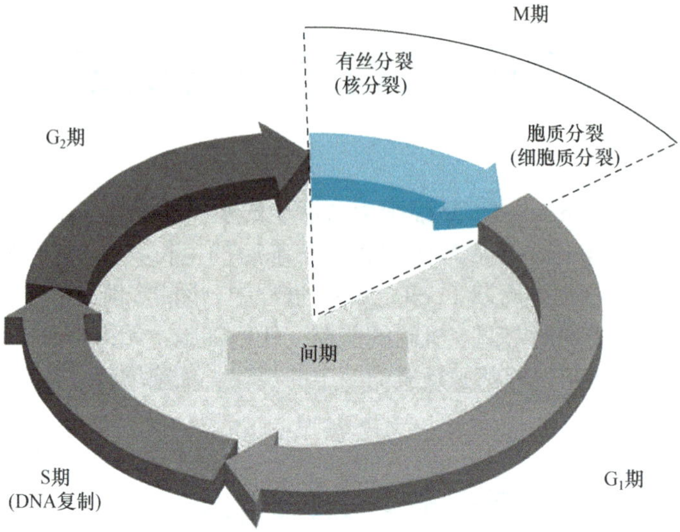

图9-1　细胞周期包括的各个时期

细胞周期由4个时期组成：有丝分裂完成到DNA复制开始为G_1期；DNA复制阶段为S期；DNA复制完成到有丝分裂开始为G_2期；有丝分裂阶段为M期，这一阶段包括细胞核分裂和细胞质分裂

细胞完成一个分裂周期所需的时间，对于不同种类生物的细胞及同一种生物不同类型的细胞来说，存在明显差异，一般由几个小时到上百个小时。生物界中不同种类、不同个体及个体的不同发育阶段细胞周期时间差别很大，周期各时相的持续时间也存在明显差别。一般来说，G_1期持续时间较长，且变化较大；S期、G_2期和M期时间变化较小。一个细胞周期时间的差别主要取决于G_1期的长短。一些特殊细胞的细胞周期表现出鲜明的特色。在个体不同发育阶段，特别是一些海洋无脊椎动物，如海胆和非洲爪蟾等在早期胚胎阶段，与一般体细胞相比，其细胞的G_1期和G_2期非常短。鉴于这些动物所产卵个大且数量多，在体外受精后形成受精卵，受精卵在卵裂过程中可迅速、同步地进行细胞分裂形成很大的细胞群体，科学家们以早期胚胎细胞为模型，通过显微注入、生化分析等技术，进行了细胞周期调控机制的探讨与研究，获得了一系列极其重要的研究结果。

二、不同增殖能力的细胞

（一）连续分裂的细胞

连续分裂的细胞是指在细胞周期中连续运转不断进行分裂的细胞，即正在进行增殖的细胞，如高等动物表皮基底层细胞、部分骨髓细胞、植物的根尖细胞（图9-2）、形成层细胞、顶端分生组织细胞等。细胞增殖是生物体的重要生命特征，细胞以分裂的方式进行增殖。单细胞生物，以细胞分裂的方式产生新的个体。多细胞生物，以细胞分裂的方式产生新的细胞，用来增加机体细胞的数量，或补充体内衰老和死亡的细胞。通过细胞分裂，可以将复制的遗传物质平均分配到两个子细胞中去。因此，细胞增殖是生物体生长、发育、繁殖和遗传的基础。

细胞是生物体在组成和功能上的基本单位，也是个体生长发育的基础。以人为例，一个受精卵不断分裂与分化，使一个成人的细胞总数达到约10^{14}个，种类达到约200种。每个细胞成为多细胞社会中的一个成员，虽然它们有相同的基因组，但各具特性，彼此分工合作以维持机体正常生长、发育、繁殖等各项功能。对于组织来说，很多组织包含着具有增殖能力的细胞。例如，人类小肠上皮细胞，在30h左右可全部脱落，由隐窝部增殖细胞分裂来更新补充；红细胞的平均寿命为120天，每天都有一定数量的红细胞进行更新；皮肤基底细胞是未分化的有活跃分裂能力的细胞，新生细胞在向浅层移动的过程中逐渐分化形成表皮的其余几层细胞。正常表皮基底细胞的分裂周期为13~19天。分裂后形成的细胞由基底层移行至颗粒层需14~42天，从颗粒层移至角质层表面而脱落又约需14天（图9-3）。体内有多种组织在分化过程中，仍然保留了部分未完全分化的细胞，即**成体干细胞**（adult stem cell），它们保持着分裂和自我更新的能力及分化潜力。

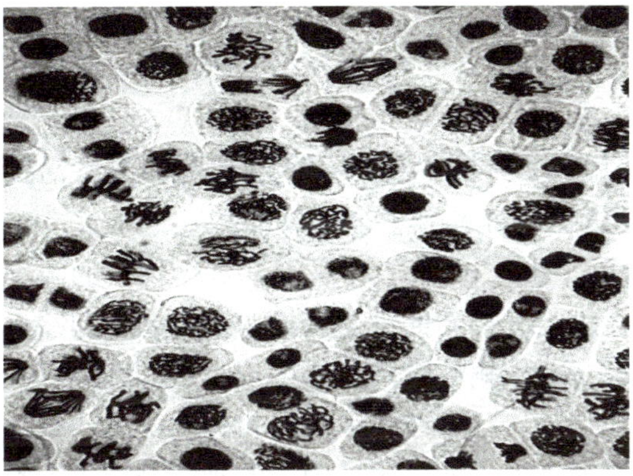

图9-2 植物根尖中的增殖细胞

显示有丝分裂不同时期的细胞

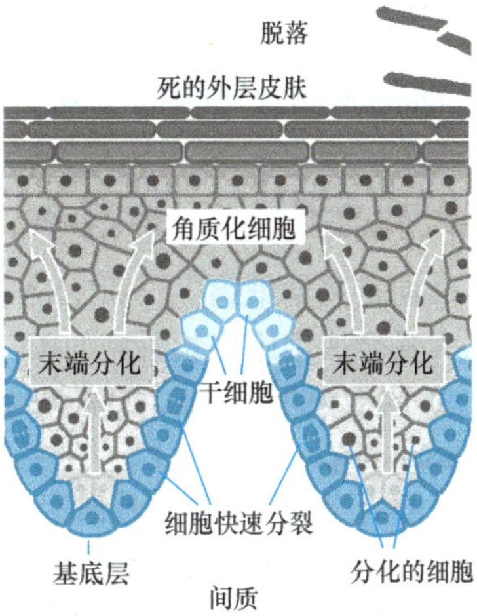

图9-3 皮肤组织中的增殖细胞

皮肤基底层细胞分裂不断产生新细胞，细胞逐渐分化上移最终形成角质层，分化的细胞不再具有增殖能力

（二）G_0期细胞

G_0期细胞（G_0 phase cell）又被称为休眠细胞（resting cell）或静止细胞。这些细胞由于内外因素的影响，暂时脱离细胞周期，但在适当刺激条件下可重新进入细胞周期，如肝细胞、结缔组织中的成纤维细胞，以及某些免疫淋巴细胞等。以肝细胞为例，在正常成年人中，大多数肝细胞通常处于G_0期，但当肝脏被部分切除时，成熟肝细胞在增殖相关生长因子及调节蛋白的作用下，由G_0期状态进入细胞周期进行细胞分裂。通常认为由成熟肝细胞通过增殖产生肝细胞是肝再生和修复过程中最快的也是最有效的途径。当肝再生完成后，肝脏可恢复至接近原来的大小，而这些参与增殖的肝细胞又可返回至G_0期。

此外，体外培养的细胞，当外界环境营养物质缺乏时，细胞也会脱离周期进入G_0期，这些G_0期细胞可保持生存状态但不能进行分裂，当营养物质（如血清或特定的生长因子等）得到补充时，细胞就会返回细胞周期进行分裂。需要指出的是，G_0期不是延长的G_1期，二者有本质区别。但在异常条件时，如在一些致癌因素影响下，可使人体中处于G_0期的细胞不受调控地重返细胞周期，通过异常增殖，恶性生长，导致肿瘤发生。对G_0期及G_0/G_1期转换的研究对揭示细胞增殖与分化的调控机制具有重要意义。

（三）终端分化细胞

终端分化细胞（terminal differentiation cell）是指那些不可逆的脱离细胞周期，丧失分裂能力，分化为具有一定形态结构及生理功能的组织细胞，如神经细胞、肌肉细胞等。在胚胎发育早期（卵裂期），所有细胞均为周期细胞，这时增加细胞的数量是第一位的，随着发育的成熟，某些细胞进入G_0期，某些细胞分化后丧失分裂能力。

在个体发育中，相同细胞的后代，在形态、结构和生理功能上发生稳定性差异的过程，称为细胞分化。细胞分化最终形成的各种特殊结构和特定功能的细胞，属于特化细胞。胚胎细胞、成年动物的干细胞或再生细胞，以及植物的分生细胞等，通过增殖产生的大多数细胞可分化成特化细胞。这些细胞不再增殖，始终停留在G_1期，失去增殖能力。

三、细胞周期各时相的主要事件

（一）G_1期

G_1期是周期细胞生长和DNA合成的准备阶段，这一时期细胞中的物质代谢非常活跃，开始大量合成细胞生长所需的RNA、蛋白质及脂类等各种分子，细胞体积随之增大。G_1期存在一个特定的调控点，如酵母细胞中的起始点（start point）和高等真核生物中的**限制点**（restriction point，R点），细胞通过这一调控点就会开始新的细胞周期。通常认为起始点或R 点之前为生长因子依赖性阶段，之后为生长因子非依赖性阶段。在生长因子的刺激下，细胞通过R点，不可逆地进入细胞周期，细胞进入S期定向进行DNA 复制和有丝分裂。缺乏生长因子刺激和生长条件，G_1期细胞会离开细胞周期进入G_0期。生长因子的刺激是推进细胞周期进程的外在因素，而细胞内与细胞周期进程相关的调节因子的活性是关键因素。在高等真核生物细胞周期进程与运转中，周期蛋白依赖激酶（cyclin dependent kinase，Cdk）和周期蛋白（cyclin）家族发挥核心调节作用（具体作用见本章第三节）。G_1期也是染色质复制的准备阶段，为染色质复制提供各种条件。

（二）S期

真核细胞S期的重要特征和事件就是DNA复制、组蛋白和非组蛋白等合成，以及染色质蛋白质与DNA组装为核小体等染色质结构。真核生物染色体DNA复制在时间上与空间上均具有自身的特点。复制起始点的启动是在细胞周期调控系统下进行的复杂而又有序的过程。这些复制起始点在S期的不同时间被激活与启动。具有转录活性、低凝集状态的常染色质复制较早，而较高凝集状态的异染色质则趋向于在晚S期复制。在S期，染色质复制不仅需要合成DNA，而且需要合成新的染色质蛋白质并与新合成的DNA组装为染色质的基本结构——核小体。细胞中含有每个组蛋白的多拷贝基因，组蛋白合成主要在S期。在S期中，细胞核内进行DNA复制，细胞质中合成组蛋白。当细胞进入S期，真核细胞中组蛋白mRNA水平可增加几十倍。

S期中组蛋白合成的增加还与组蛋白mRNA的加工及稳定性的提高有关。例如，在哺乳动物细胞中组蛋白mRNA半寿期在G_1期约为10min，但在S期可提高为60min。组蛋白合成与DNA合成之间存在联动关系，在S期末DNA合成停止时，大量的组蛋白mRNA可在数分钟内被降解；如果S期细胞被DNA合成抑制剂，如羟基脲等作用，组蛋白mRNA水平会迅速下降。DNA合成与组蛋白合成之间的密切联动关系表明存在一种反馈机制，通过相互制约与联动，监督组蛋白的数量，以保证新合成的组蛋白在数量上能准确地与新复制的DNA数量匹配。S期中的组蛋白合成后要进行多种修饰，它们是一种非常重要的影响基因表达的表观遗传修饰手段，可直接或间接影响染色质的结构和功能。蛋白质的修饰主要有甲基化、乙酰化、磷酸化、泛素化、ADP-核糖（基）化。其中乙酰化、甲基化、磷酸化的修饰被认为是参与了基因表达与细胞周期进行与运转的调节。例如，H3、H4等的乙酰化与甲基化修饰参与了基因转录水平的调节；H1、H3、H2A的磷酸化与染色质的凝集有关等。

（三）G_2期

G_2期主要为细胞进入M期做准备，并对是否达到进入条件进行监控，主要包括细胞进行有丝分裂所需的结构基础的完善及调控系统正常等。例如，染色体和中心体复制完成，参与M期调节的重要因子，如有丝分裂促进因子（maturation promoting factor，MPF）被激活，细胞通过G_2/M期转换点。如果细胞DNA复制或中心体复制未完成，或DNA损伤未能得以修复等，则可通过G_2/M期检控点的作用使细胞停止在G_2期而不能进入M期。

（四）M期

M期是细胞分裂期。真核生物细胞分裂主要包括有丝分裂（mitosis）和减数分裂（meiosis）两种方式。有丝分裂一般在体细胞中进行，减数分裂是细胞有丝分裂的一种特殊形式。M期包括胞核分裂和胞质分裂两个过程，通过M期形成两个子细胞，使复制后的染色体准确地分配至两个子细胞。M期还存在着调控点，以保证M期的正常进行（详细阐述见本章第三节）。

四、细胞同步化

在一个随机的增殖细胞群体中存在着不同周期时相的细胞，这些细胞在形态结构上，特别是在生化代谢方式上各具特点，对外界作用因素，如药物、辐射、细菌与病毒感染等的敏感度也不同。因此，探讨不同周期时相细胞的生命活动规律及其对外界刺激的反应与作用机制，不仅在细胞增殖调控机制的研究上具有理论意义，而且在药物筛选和作用机制的研究上具有实用价值。因此，为了研究工作的需要，各种细胞同步化方法应运而生。

细胞同步化（synchronization of cell）是指在生理过程中自然发生或经人为处理形成的使细胞处于同一细胞周期时相的方法。自然发生的细胞同步化称为自然同步化，人为诱导的细胞同步化称为人工同步化。自然同步化是指自然界中存在着一些细胞群体处于同一周期时相的现象，存在于动物、植物及黏菌等生物中。自然同步化是自然发生的，不受人为条件的干扰，在应用与研究工作受到很大的限制，而人工同步化方法可将大量培养细胞同步化，以满足研究的需要。现简要介绍几种常用的人工同步化方法。人工同步化可分为选择同步化和诱导同步化。

（一）选择同步化

选择同步化是指利用处于不同周期时相细胞物理特性的差别，选择性地从群体中分拣出特定周期时相的细胞，包括**有丝分裂选择法**和**活细胞离心淘洗法**。

1.有丝分裂选择法

在单层培养细胞中，间期细胞一般铺展生长、贴壁牢固，而M期细胞呈圆球状隆起，贴壁附着力弱，通过震动M期细胞会悬浮在培养液中，再经离心便可收集M期细胞。为了大量获得M期细胞可反复上述操作进行多次收集，并将细胞保存放置4℃中。当转入37℃时细胞即开始同步分裂。该法的优点是不受药物等的干扰与伤害，并且同步化程度高；缺点是M期细胞仅占细胞总数的1%~2%，故分离获得的同步化细胞收率较低。

2.活细胞离心淘洗法

该法原理是基于细胞周期不同时相的细胞在体积与质量上存在差异，因而细胞沉降速率不同，可用离心沉降法分拣出处于不同周期时相的细胞。利用该法最后可依次淘洗出处于不同周期时相的细胞（G_1期、S期、G_2+M期）。该法的优点是对活细胞的影响极低，并且分离速率快、时间短、效率高；能选择性地同时获得大量的处于不同周期时相的同步化细胞群体。但是该法需要有专门的淘洗设备，如淘洗转子及整套淘洗装置。

（二）诱导同步化

诱导同步化是指细胞通过药物等处理后被诱导在特定周期时相的同步化方法。其中较广泛应用的有两种方法：**DNA合成阻断法**和**有丝分裂期阻断法**。

1. DNA合成阻断法

DNA合成抑制剂能可逆地抑制DNA合成，但不影响其他细胞周期时相细胞的周期运转，最终将周期运转细胞阻抑在G_1/S交界处，经释放后，获得同步的S期细胞。用于该法的DNA合成抑制剂有羟基脲、过量的胸腺嘧啶核苷（TdR）和5-氟脱氧尿嘧啶等。其中过量的TdR对S期细胞的毒性较小且阻断效果较好。通过实验表明，TdR双阻断法效果更佳，已被广泛应用（图9-4）。具体实验步骤如下：将过量的TdR加入培养细胞中，由于DNA合成被抑制，S期细胞不能继续原有进程，而其他周期时相的细胞沿细胞周期运转，最后被停止在G_1/S交界处。进行第一次阻滞后通过洗涤去除TdR，再加入新鲜培养基进行释放，细胞进入细胞周期运转，当释放时间大于S期所需时间时，则使所有被积累在G_1/S交界处和滞留在S期的细胞都能离开S期，此时第二次加入过量的TdR，进行再阻断，则使全部细胞群体通过G_2期、M期、G_1期运转，最终被阻断在G_1/S交界处。当加入新鲜培养基解除抑制再次释放时，就能得到同步化程度较高的S期细胞。但需指出，这种方法仅适用于$t_{G_1}+t_{G_2}+t_M>t_S$的细胞。该法的优点是同步化程度高，对细胞的毒性较小，且适用于绝大多数体外培养的细胞体系；缺点是由于化学药物的诱导过程会导致细胞非均衡性生长，可能造成同步化细胞群体在细胞周期时间等方面出现一定差异，有时也可能出现染色体的异常等。

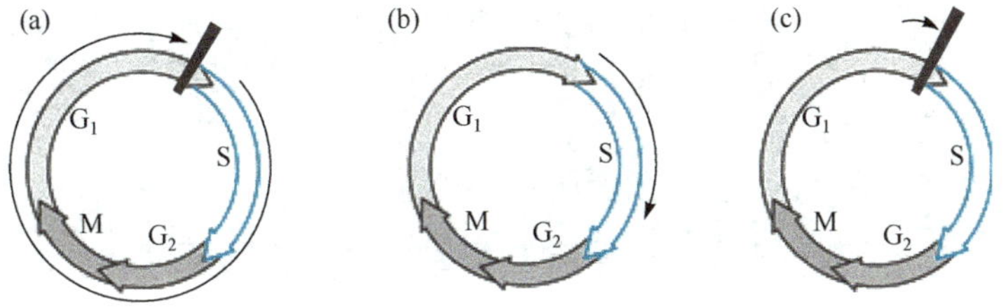

图9-4 TdR双阻断法诱导细胞同步化

（a）将过量的TdR加入培养细胞中，S期细胞被阻滞，其他时相的细胞运行到G_1/S交界处也受到抑制；（b）洗涤去除TdR，再加入新鲜培养基进行释放，细胞进入周期运转；（c）第二次加入过量的TdR，进行再阻断，使全部细胞被阻断在G_1/S交界处

2. 有丝分裂期阻断法

目前常用的方法是用药物，如秋水仙碱、秋水仙酰胺、噻氨酯哒唑（Nocodazole）等处理细胞，通过抑制微管聚合，从而有效地抑制有丝分裂器装置的形成，将细胞阻断在有丝分裂中期。该法的优点是操作简便，且同步效率高；缺点是上述药物的毒性较大，可逆性较差，当作用时间较长时，释放后不少细胞常表现出不能恢复正常进行细胞周期运转的性能和出现异常分裂现象。

实际工作中常将不同同步化方法进行组合应用，能获得更佳的同步化效果，如将有丝分裂阻断法与TdR双阻断法结合。

第二节 细胞分裂

随着复合显微镜的发明和广泛使用，对细胞分裂过程中发生的各种事件的研究越来越细致。1879年，德国解剖学家Flemming提出了“有丝分裂”（mitosis）一词，用来描述蝾螈（salamander）细胞核中配对的线状物经历分裂的现象。在临近分裂的高等动物和植物细胞中首先可以见到的标志性事件是细胞核中染色体的复制。一旦完成复制的染色体凝集（chromosome condensation），包围在细胞核外的核膜就会崩解，染色体随即分散于细胞质中。随之，染色体附着在纺锤体上，并逐渐向纺锤体中部平面排列，同时在纺锤体的作用下染色体分向两极，最终产生两个子细胞。除了有丝分裂外还有少数细胞可进行无丝分裂（amitosis），表现为细胞核伸长，从中部缢缩，然后细胞质分裂，其间不涉及纺锤体形成及染色体凝聚。无丝分裂最早发现于鸡胚血细胞，随后在其他高等动物和植物中也发现了这一细胞分裂方式，如植物的胚乳细胞，以及动物的胎膜、间充组织及肌肉细胞等。此外，高等动物和植物在配子体形成中还有一种特殊的细胞分裂方式，即减数分裂。

一、有丝分裂

（一）有丝分裂过程

有丝分裂整个过程包括前期、早中期、中期、后期、末期，以及胞质分裂。每个时期都有其独特的形态变化，连续进行完成细胞分裂。动物细胞的有丝分裂过程与植物细胞的大致相同，在某些方面存在一定的差异，差异最明显的是它们的胞质分裂（图9-5、图9-6）。

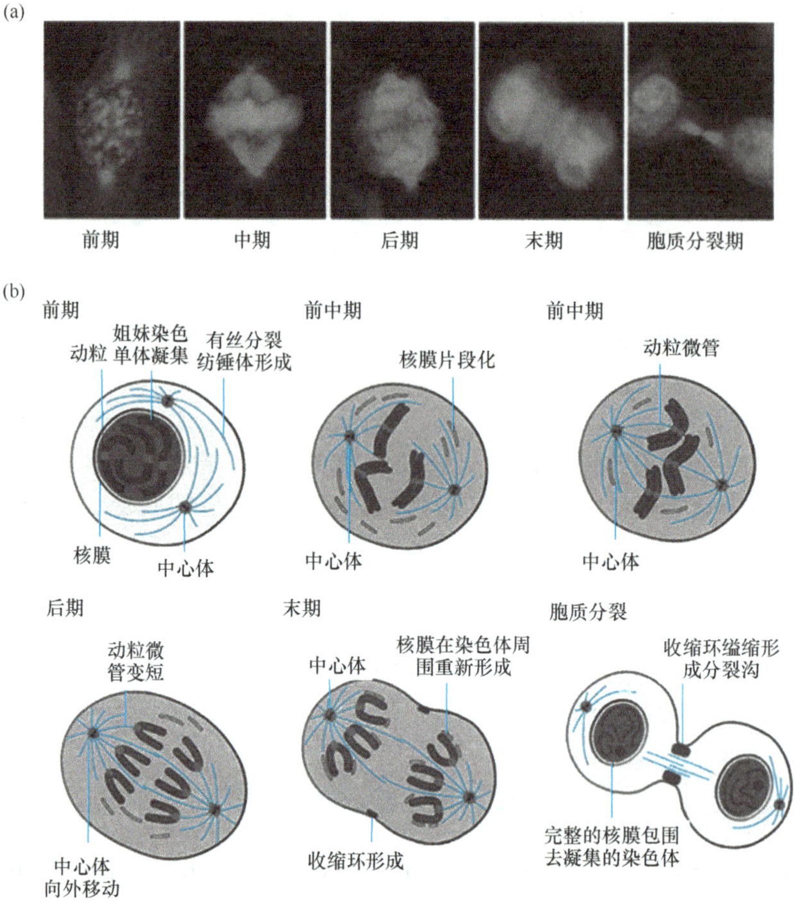

图9-5　动物细胞有丝分裂过程

（a）显微镜下观察到的动物细胞有丝分裂过程；（b）动物细胞有丝分裂模式图

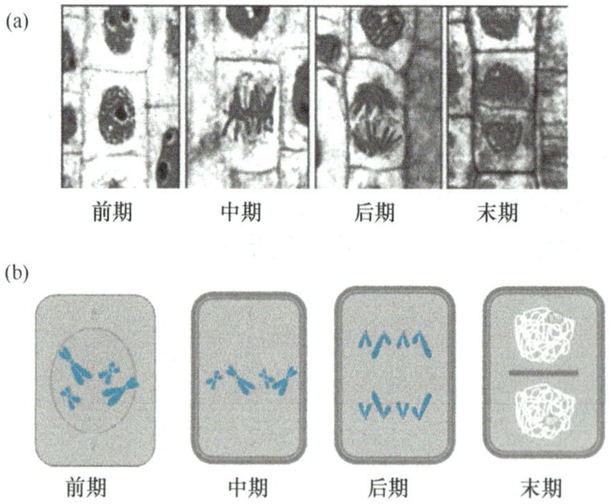

图9-6　植物细胞有丝分裂过程

（a）显微镜下观察到的植物细胞有丝分裂过程；（b）植物细胞有丝分裂模式图

1. 前期

细胞进入有丝分裂前期标志着有丝分裂的开始，这一时期的主要特征是复制的染色质逐渐凝集，有丝分裂纺锤体在晚前期开始在细胞核外组装。S期复制后的染色质处于松散状态，甚至相互间有部分缠绕，这种结构状态不利于染色体顺利地进行分离和准确地分配至子代细胞中。因而当细胞进入M期时，染色体必须进行结构上的重组，如启动染色体凝集、折叠，使染色体缩短变粗，以便在有丝分裂后期时易于分离。

前期中在细胞核外组装的纺锤体与染色体运动及其分离直接相关，特别是在染色单体的分离作用中发挥着重要作用。它主要由微管及其结合蛋白组成。不同种类生物纺锤体的结构及组成机制不同，在脊椎动物细胞中，中心体在纺锤体的装配、形成，以及在细胞中的定位等方面发挥了核心作用。而在高等植物细胞和脊椎动物卵母细胞中不含有中心体，纺锤体的组装依靠细胞中微管自身组织特性和微管相关蛋白，在芽殖酵母中纺锤体完全在细胞核中形成。

2. 早中期

核膜的崩解标志着有丝分裂前中期（prometaphase）的开始。在这一阶段，染色体与两个中心体组装的微管相互作用形成纺锤体。染色体与纺锤体发生附着时，它们会经历一系列复杂的运动，随之向赤道板移动。每条染色体相互独立地运动，到达锤体赤道面上。在大多数细胞中，前中期是有丝分裂中历时最长的阶段，因为它要持续到所有染色体在赤道板区域得以定位。

3. 中期

中期的主要事件与特征是染色体排列在有丝分裂赤道板上。整个中期持续的具体时间长度，依细胞种类的不同而不同。值得一提的是，将细胞带入这个时间点的复杂事件却是可逆的。用能解聚微管的药物（如秋水仙酰胺或nocodazole）处理细胞，破坏处于中期或前中期细胞的纺锤体之后，停止处理纺锤体将重新形成，染色体也会再次进行集合。纺锤体在中期解聚将阻止细胞周期的进展。在实验中产生的被认为阻断在中期的细胞，其实是处于前中期状态，因为它们的凝集染色体在整个细胞质中处于分散状态。

4. 后期

在中期之末，当每条染色体的两条姐妹染色单体分开时，有丝分裂进入后期（anaphase）。尽管每条染色体都在有丝分裂之前进行了复制，组成它的两条姐妹染色单体却只在中期结束时才可被分辨出来。染色单体间连接的解离较为迅速并且同时发生。在后期起始时期染色单体的分离同样标志着有丝分裂的一个不可逆转的时间点，当姐妹染色单体相互分离后，它们便相互远离，各自朝着相对的纺锤体极运动。每条染色单体与纺锤体极之间的距离缩小；同时，两个相对的纺锤体极间距离扩大，使两组染色体相互远离。在两组染色体远离的同时，组成纺锤体的微管开始解聚。

5. 末期

有丝分裂的最后阶段称为末期（telophase），染色体在两极区域形成新细胞核。在末期结束时，胞质分裂也随之完成，两个子细胞形成。在胞质分裂即将完成时会在未来两个子细胞之间形成一束致密的结构，即中体（midbody），这也是连接两个子细胞的最后一个结构。

6. 胞质分裂

胞质分裂（cytokinesis）是细胞分裂的一个必不可少的过程。通过有丝分裂过程使复制的染色体均等分配至两个子细胞核中，形成两个子细胞则由胞质分裂来完成。胞质分裂是一个精确的调节过程，开始于有丝分裂后期，直至形成两个子细胞。胞质分裂的主要过程为：分裂沟（cleavage-furrow）的定位；肌动蛋白与肌球蛋白的聚集和缢缩环的形成；缢缩环的收缩；牵动细胞膜的内陷；胞质分裂的完成及两个子细胞的形成。高等植物细胞胞质分裂的主要过程为：在末期开始时，由自高尔基体产生的包含细胞壁成分的膜泡沿着微管运至赤道板处，膜泡相互融合形成新的细胞壁，即初生细胞壁。细胞质膜与围绕新细胞壁的膜融合，最终形成完整的子细胞（图9-7）。

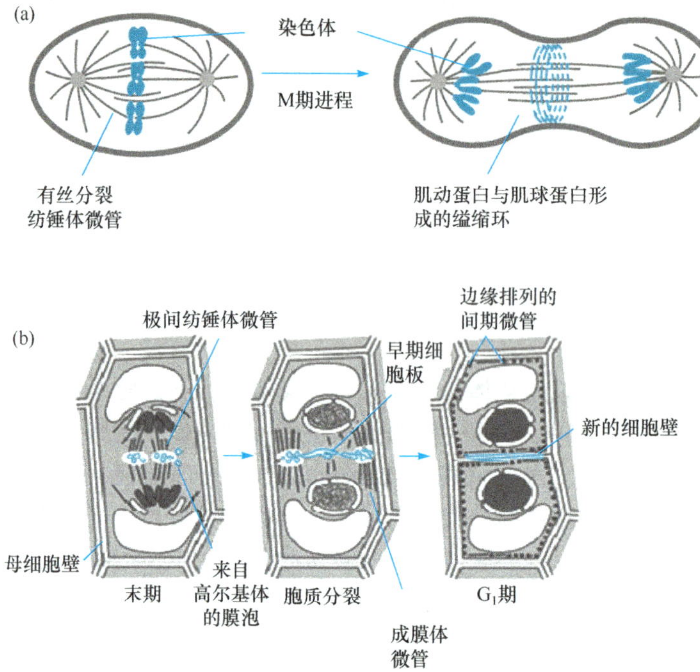

图9-7 动物细胞与植物细胞的胞质分裂

（a）动物细胞缢缩环的形成及牵动细胞膜的内陷，通过纺锤体的作用使染色体分向细胞的两极，同时赤道板处的膜内侧形成缢缩环，缢缩环不断缩小，致使与其连接的细胞质膜内缩，完成胞质分裂；（b）高等植物细胞由来自高尔基体的膜泡在赤道板处形成细胞板，将母细胞的细胞质一分为二

动物细胞在有丝分裂后期胞质分裂开始时，赤道面周围的细胞表面下陷形成分裂沟，随着分裂沟的加深与伸展形成完全环绕细胞的深沟。而分裂沟的形成和逐渐加深与分裂沟处细胞质膜下方形成的环绕细胞一周的**缢缩环**（contractile ring）密切相关。随着缢缩环的收缩，牵拉与缢缩环连接的细胞质膜向内移动，分裂沟不断加深，细胞从圆形变为哑铃状直至最终分离为两个子细胞。胞质分裂位点，即分裂沟的出现直至后期才被确定，这样就保证了分离面的位置在两套染色体之间，分离的时间在两套染色体完全分离之后，以确保子细胞获得一套完整的染色体。

缢缩环包含肌动蛋白丝（actin filament）、肌球蛋白Ⅱ丝（myosin Ⅱ filament）和多种结构蛋白与调节蛋白等。在后期肌动蛋白与肌球蛋白Ⅱ就已开始积累，并在分裂位点快速组装缢缩环，新肌动蛋白丝的组装需要微丝结合蛋白参与。在胞质分裂过程中，缢缩环收缩力的形成和机制与肌肉细胞中肌肉收缩的形成和机制相似，主要是通过作为马达蛋白的肌球蛋白沿肌动蛋白丝滑动而产生的。具有高度动态化的肌动蛋白与肌球蛋白交织成的结构可不断的拆卸和重排，因而收缩中缢缩环的直径变小但厚度并未改变。如果用肌球蛋白Ⅱ及肌动蛋白抗体处理分裂细胞可阻断缢缩环的收缩，细胞可完成核分裂，但是不能正常地分裂为两个子细胞。

胞质分裂过程中涉及细胞质膜的延伸与重排作用。分裂沟的向内运动取决于细胞质膜表面积的增加。而新膜的增加一般是通过膜囊泡与靠近分裂沟内边细胞质膜的融合形成的。这些小膜囊泡是从高尔基体通过微管转运到分裂沟的。胞质分裂完成时缢缩环会随之消失。高等植物细胞胞质分裂具有自身的特点与方式，植物从细胞内部构建新的细胞壁完成胞质分裂。

通常情况下，核分裂与胞质分裂相继发生，但它们属于两个分离过程。在一些细胞中可进行多次核分裂，但不进行胞质分裂。例如，果蝇受精卵的核进行十几次分裂，而不进行胞质分裂，形成了一个大的多核细胞。此外，只有核分裂而无胞质分裂的现象也出现在某些哺乳动物细胞中，如破骨细胞和心肌细胞等。

将有丝分裂作为由一系列阶段组成的事件进行讨论，并对典型的结构形态加以描述，在某种程度上使整个过程由相对静态的、不连续的阶段组合而成。然而，事实上有丝分裂是一个连续的、具有高度动力学特征的过程，有丝分裂图片只能显示整个分裂过程某一瞬间的情形。

（二）有丝分裂相关结构及染色体分离的动力机制

1. 有丝分裂相关结构

1）中心体

在所有动物细胞中，**中心体**（centrosome）的主要结构是一对互相垂直的中心粒加上周围呈透明状的基质。每个中心粒为直径0.2μm、长度0.4μm的圆柱体。一个中心粒内含有9个呈一定角度的三联体微管，与纤毛和鞭毛的基体相似。但在一对中心粒中，其中有一个带有称为卫星小体的结构。需指出的是，不是所有微管组织中心均含有中心粒。例如，高等植物的有丝分裂细胞中，微管末端止于电子密度较低的一定区域，它们完全缺乏中心粒。

每个中心粒周围结合着一团云状的物质，称为中心体基质。中心粒周围物质由大量的附着于一个骨架结构上的蛋白质组成。在中心粒复制完成之前，母中心粒在组成上比其子中心粒含有更多的蛋白质。在中心粒周围的蛋白质中，包含几种类型的微管依赖性马达分子、微管成核作用中需要的γ-微管蛋白，以及酶活性蛋白等。中心粒自身包含着大量特定的结构蛋白，也含有某些酶活性蛋白（图9-8）。

每个细胞在其诞生时都只包含有单一的中心体，它在先前的分裂中确定了纺锤体的两极之一。在不分裂细胞中，这个小型细胞器在正常情况下是驻留于细胞中央附近，紧靠着细胞核的。在分裂间期，中心体发挥着微管组织中心的作用，产生和组织整个细胞中的胞质微管构成。涉及细胞质的组织、细胞器的定位及各种物质在细胞内的转运。如果细胞进入新的细

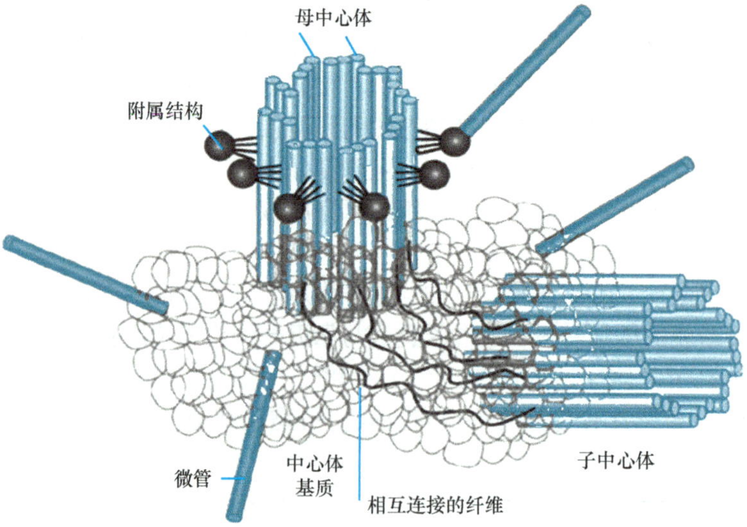

图9-8　中心体的基本结构

胞周期继续分裂，就必须再复制一个中心体才能在有丝分裂时形成完整的纺锤体。中心体要经过一个复杂的发育周期才能被复制并成熟。细胞进入G_1晚期时，中心体中的两个中心粒开始稍稍分离，并成为母中心粒。在S期和G_2期，每个母中心粒上逐渐形成一个相对应的中心粒，所以在一对新中心粒中包括一个母中心粒和一个子中心粒。刚刚复制出的中心粒不是9组三联管，而是9组单联管，长度也短得多。然后逐渐形成双联管和三联管，长度也逐渐增加。一旦新的中心粒开始形成，它们就缓慢地延长直到在接近有丝分裂时达到成熟中心粒的长度。在倍增过程中，子中心粒周围还会有基质成分不断聚集。到G_2末期，细胞包含了两个中心体，每个由一对紧密结合的中心粒和其中心粒周围物质组成（图9-9）。

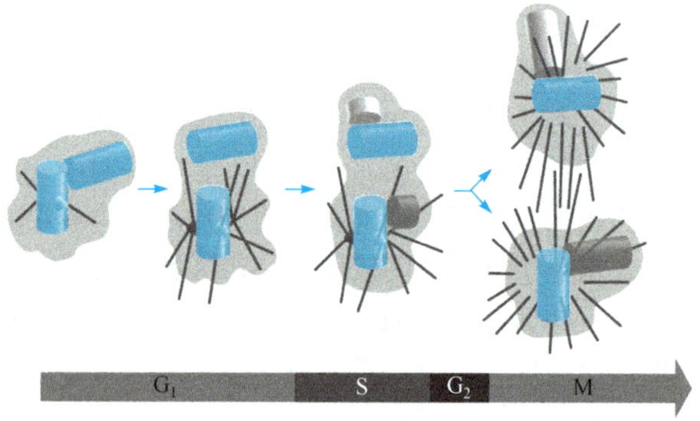

图9-9　中心体的复制及与周期时相的相关性

中心体包含一对中心粒及其相连的基质，G_1后期中心体开始复制时，首先是一对中心粒相互分开几微米，到S期，每个中心粒靠近基部处开始组装出一个子中心粒，子中心粒与母中心粒相互垂直，子中心粒的组装在G_2期完成，并有基质成分聚集，形成了两个中心体

两对中心粒复制完成后将沿着核膜移向两极，当细胞进入M期时，中心体不仅复制完成，而且处在两极的位置。两个中心体分离的时机与核膜崩解是相互协调的，复制的中心体沿核膜移动，呈现在两极的位置，一方面保证了纺锤体的正常形成，另一方面决定了纺锤体

的极，也就最终决定了细胞分裂的方向（图9-10）。

中心粒复制的时间受到一些因子调控。此外，使中心粒能够复制的条件存在于细胞周期的S期，此时细胞的DNA也处于复制阶段。中心体复制的基本调节因子是调控细胞进入S期的cyclinE-Cdk2或cyclinA-Cdk2复合体（cyclin和Cdk的种类与功能详见本章第三节）。这些调控因子在细胞接近S期开始时发生活化，负责使细胞进入DNA合成状态。DNA合成和中心粒复制起始通过共同的调控因子来调控，表明这两种活动相互协调，细胞进入有丝分裂时能够同时保证的中心体和染色体复制。

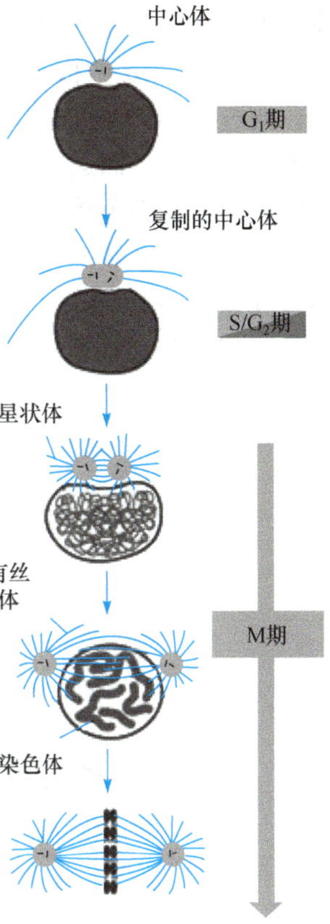

图9-10　中心体复制后的移动及与周期时相的相关性

在M期开始之前，两个中心体紧靠在一起，M期开始后两个中心体沿核膜分开向两极移动，星状体微管不断伸长，一个两极的有丝分裂纺锤体逐渐形成，到了中期，核膜解体，纺锤体微管与染色体相互作用，染色体排列到赤道板上

动物细胞中纺锤体的形成是随着两个中心体的分离而起始的。既然两个中心体将确定纺锤体的极，那么非常重要的一点就是有丝分裂中只能有两个中心体。有丝分裂过程中存在于细胞中的每一个中心体都有形成一个纺锤体极的潜能。正常情况下纺锤体只有两极，因为进入有丝分裂的细胞通常只有两个中心体。如果进入有丝分裂细胞的中心体多于两个，就会产生多极纺锤体，细胞有很大的可能性产生非整倍体后代细胞。为了避免这种情况，存在着一种机制保证在一个细胞周期中中心体只复制一次。如果这种调控机制被破坏，细胞中就会产生过多的中心体，这将导致细胞的异常分裂。

2）纺锤体

纺锤体（spindle）是有丝分裂所必需的结构，它发挥两个方面的功能：一是在核分裂（karyokinesis）中负责将复制的染色体分离到两个子细胞核中；二是发出启动胞质分裂的指令。实验证明，当纺锤体的形成受到阻碍时，染色体仍然可凝集，但不能像正常有丝分裂那样进行移动，有丝分裂进程被阻止。细胞利用纺锤体可将化学能量转化为机械能量，驱动染色体运动和细胞分裂。具有两个极的纺锤体对称结构是有丝分裂能够成功进行的关键。事实上，它确立了细胞分裂的“一分为二”特性，一个细胞和其中复制的DNA被分为两个等分，进入两个分离的子细胞中。

虽然细胞生物学家很早就猜测纺锤体是由纤维状物质组成的，但这一推测直到20世纪50年代才被证实。此时，偏光显微镜的运用使纺锤体能够在活细胞中被观察到。自70年代起，随着强大的荧光标记技术和显微成像技术的发展，能在三维水平上观察到纺锤体的组成成分，甚至能在活细胞中观察到纺锤体。在这些技术的支持下，纺锤体中的一个或多个蛋白质可以被定位，并且可以随着有丝分裂进程而被追踪。同时还可利用电子显微镜对纺锤体进行更细微地观察。

动物细胞中纺锤体由三类微管组成，即极间微管（interpolar microtubule）、动粒微管（kinetochore microtubule）、星状微管（astral microtubule）（图9-11）。**极间微管**分别从纺

锤体两极发出，一端与中心体相连，为微管的负端（minus end）；另一端游离，为微管的正端（plus end）。从两极发出的极间微管的正端在纺锤体中央带（spindle midzone）交错对插排列，通过驱动蛋白[如驱动蛋白（kinesin）-5、驱动蛋白-14]发生相互作用。**动粒微管**的负端与中心体相连，而远离中心体的一端，即正端在驱动蛋白（如驱动蛋白-4、驱动蛋白-10）的作用下结合到染色体动粒上。**星状微管**从两极中心体向外延伸，其负极指向中心体，正极端靠近细胞质膜区域，可通过胞质动力蛋白锚定在细胞质膜上，此类微管与纺锤体在细胞中的锚定和定位密切相关（图9-12）。纺锤体是一种复杂的动态结构，在细胞分裂开始时出现，在分裂过程完成后迅速消失。

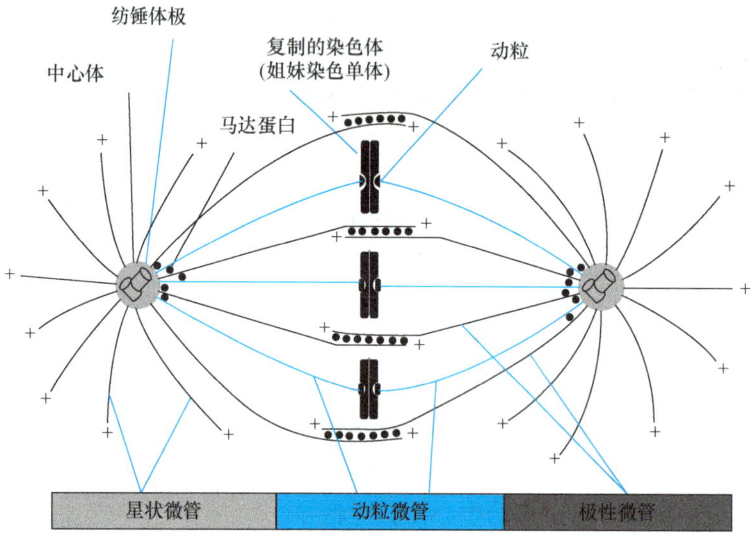

图9-11　纺锤体的基本组成

微管的正端从中心体向外伸长，负端锚定在纺锤体两极。星状微管呈放射状，动粒微管与染色体动粒相连，极间微管在赤道板部位有一段重叠区，由马达蛋白相连，使两端的纺锤体形成一个整体

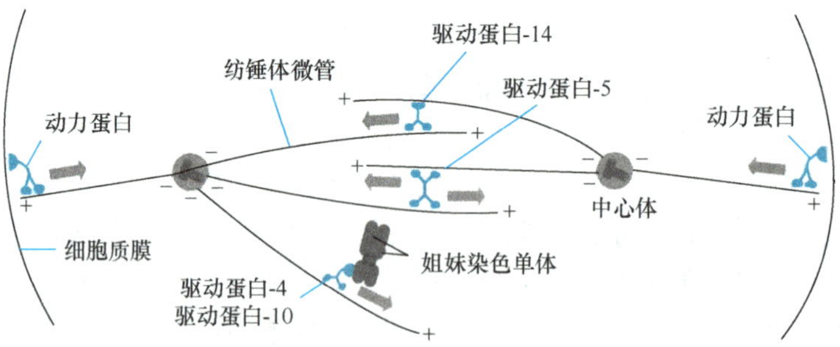

图9-12　纺锤体的形成与功能

纺锤体在形成过程中需要多种马达蛋白的参与，包括极间微管的形成与重叠区连接，动粒微管对染色体的捕获及与动粒的连接，星状微管在细胞质膜上的锚定。驱动蛋白-5交联了反向平行的微管并将纺锤体极推开，驱动蛋白-14也交联极间微管，但它是将纺锤体两极往一起牵拉，由此平衡驱动蛋白-5的作用。胞质动力蛋白将正极锚定在细胞质膜皮层，将负极聚集在纺锤体的极。驱动蛋白-4和驱动蛋白-10将微管连接到染色体臂，并推动染色体的移动

3）着丝粒

有丝分裂的关键事件之一是染色体正确地与纺锤体附着，否则将导致染色体分离错误，给细胞带来潜在的灾难性后果。而正确附着的可靠保障来自每条染色体上与纺锤体微管互作的特殊微小结构，即**着丝粒（centromere）**。着丝粒是每条染色体上与纺锤体微管结合的高度特化区域。在浓缩的染色体上，着丝粒是在光学显微镜下可以清楚观察到的缢缩区域。着丝粒处的缢缩赋予染色体特征性的形状。在不同的染色体上，着丝粒可以位于近中央位置、近端部位置或介于两者之间的其他位置，同一个染色体上着丝粒的位置是不变的。

着丝粒既是有丝分裂时动粒微管附着于染色体的部位，同时又是两条姐妹染色单体连接的部位，它是位于染色体主缢痕处的特殊结构。着丝粒可分为三个结构区，表面是以蛋白质为主的微管附着结构，称为动粒（kinetochore），其下为着丝粒中部区，再下为两个姐妹染色单体相邻处的配对区。在酵母细胞中每个染色体只与一根微管形成的纺锤丝相连，其着丝粒处的DNA包含约110个碱基对。已发现一个由三个多肽组成的蛋白质复合体，可以特异性结合到此段序列，并具有结合微管的能力。在高等真核细胞中，每条染色体通常可与多根微管结合。动粒部分在电子显微镜下又可分出三层板状结构：①与着丝粒中部区相联系的致密内层；②电子密度低呈半透明状的中间层；③致密的外层（图9-13）。

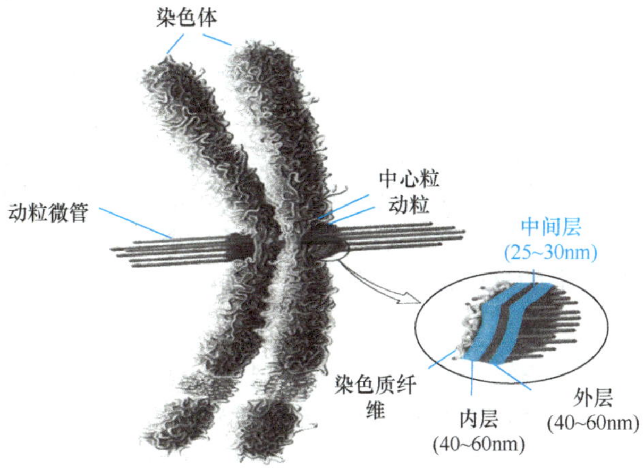

图9-13　位于染色体主缢痕处的着丝粒

着丝粒最外层为动粒结构域，动粒结构域又包括三层结构，即内板、中板与外板

着丝粒区域在DNA序列和蛋白质组成上与染色体其他部分不同，此部位包含数量很大的高度重复的卫星DNA序列，以及一个独特的蛋白质群体，称为着丝粒蛋白（centromere protein，CENP）。例如，CENP-A（一种被修饰的H3组蛋白）、CENP-B和CENP-G（参与卫星DNA包装）、CENP-C（功能未确定）。大多数CENP发挥着结构功能，结合到重复序列上，定位于异染色质（heterochromatin）中。动粒表面会向外延伸出由细纤维组成的致密网络结构，这种网络就是集结成帽状物质结构的纤维冠（corona）。在纤维冠中发现了几种对动粒的功能很重要的蛋白质，包括胞质动力蛋白（一种微管负端马达蛋白）、CENP-E（一种驱动蛋白家族成员、微管正端马达蛋白）、微管解聚酶（depolymerase）、协助微管在动粒上附着的蛋白质，以及纺锤体组装的细胞周期检验点成分。例如，结构保守的Ndc80复合体，此复合体位于动粒的外层，连接动粒和微管。Ndc80复合体包括4个亚单位，组装成一个哑铃状结构，它与动粒-微管连接的稳定性有关，同时还具有纺锤体组装检查点的功能

（图9-14）。纤维冠中发现的大多数蛋白质与纤维冠进行动力学结合，并不断地解离而后又重新结合。这种连续的周转使得动粒成为一个状态稳定的结构，它的总体形态和组成保持不变。

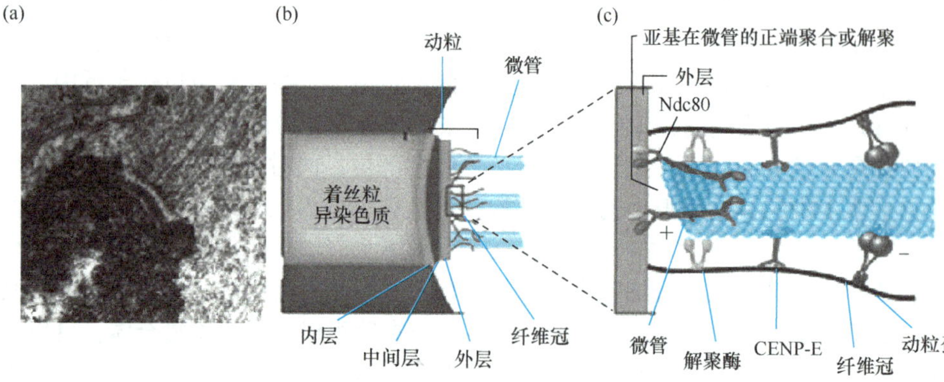

图9-14 动粒微管在动粒结构域的附着

（a）动粒微管与动粒结构域连接的电子显微镜显微图片；（b）动粒微管与动粒结构域结合的模式图；（c）一根微管与动粒结构域结合的模式图，显示相关蛋白质的功能。在动粒微管与动粒结构域的稳定附着，以及促使染色体移动过程中，需要多种特定蛋白质的参与。胞质动力蛋白和驱动蛋白（CENP-E）可促使染色体沿动粒微管移动，微管解聚酶可使与动粒相连的正端微管蛋白解聚，微管不断缩短，Ndc80复合体使动粒与微管高亲和力结合，同时还在纺锤体组装检验点中发挥作用

纤维冠的一部分功能是协助动粒捕捉微管。有丝分裂早期纤维冠的存在大大增加了纺锤体形成期间染色体附着的动粒表面积。纤维冠中与微管结合的马达蛋白和其他蛋白质可使附着过程得以加速，因为它们在每个动粒周围产生了一个大表面。当动粒获得微管并与纺锤体得以附着时，纤维冠中的许多成分开始消失。同时，动粒结合的分子马达蛋白的数量减少。

除了CENP外，着丝粒区域还包含一类其他蛋白质，称为染色体过客蛋白（chromosomal passenger）。与在整个有丝分裂过程中都保留在着丝粒中的CENP不同，过客蛋白只在前期和中期出现在着丝粒上，而在后期开始时再定位到两组处于分离过程中的染色体之间的纺锤体微管上。目前已经鉴定出来的过客蛋白在着丝粒中形成复合体，这种复合体参与有丝分裂早期动粒附着错误的矫正。当复合体移动到纺锤体微管上以后，它们随即又参与胞质分裂。

动粒是高度特异化的结构，对于整条染色体来说，它们是极其微小的，只有用电子显微镜观察，才能看清它们的形状和结构。每个着丝粒形成两个动粒，很精确地处于染色体的相对两侧。动粒是染色体准确附着于纺锤体的部位，而每条染色体的精确定位对有丝分裂的成功起着关键性的作用。

每个着丝粒上结合的两个“姐妹”动粒是背靠背的排列关系，因而处于着丝粒相对的两侧，面朝相反的方向。这种姐妹动粒背靠背的定位关系有利于保证每一个动粒只与一个极的微管附着，使两者附着到不同的极。当一条染色体获得了正常的两极附着，它的两个姐妹动粒才会向纺锤体相反的两极运动。

20世纪80年代，对动粒组成的研究取得了较大的进展。有研究者发现，一些称为CREST综合征（一种系统性硬皮病变异类型）的自身免疫疾病患者血清中含有针对动粒蛋白的抗体。用这些抗体进行间接免疫荧光检测，发现在间期细胞中，染色体已经复制了的细胞核内

有成对毗邻的荧光斑点信号，其数目与细胞核中染色体的数目相等。这些抗体识别间期细胞中的、将要成熟为有丝分裂动粒的前体结构。这些“前动粒”（prekinetochore）包含若干种CENP，在电子显微镜下呈球状，是紧密包装着嵌入着丝粒异染色质的纤维状物质的结构。当细胞进入有丝分裂、染色体开始浓缩时，更多的成分结合到前动粒之中。

2. 染色体分离的动力机制

前中期从中心体发出的大量微管，它们在延伸过程中捕获（capture）已凝集缩短的染色体。首先是来自一极纺锤体微管与姐妹染色单体中的一个动粒结合，而另一极发出的微管则迅速与另一个姐妹染色单体的动粒连接。动粒微管的正端去“捕获”染色单体对上的动粒是随机的，当一对染色单体中的一条染色单体被来自一侧的微管捕获时，动粒面快速地沿着微管向正极方向移动，到达端点时，附着在微管侧面的染色单体动粒转换为与微管正端结合，微管正端伸入到染色单体动粒内特定的微管附着位点。每个附着位点包含一个蛋白质环状物，它围绕微管并靠近它的正端。而从同一极发出的另外微管也附着到动粒上，它包含几根或多根微管。另一条未被微管连接的染色单体上的动粒则被来自相反方向的微管所捕获。结果两条姐妹染色单体通过动粒分别与来自两极的微管连接。在这一过程中，大量微管与动粒连接，数目随细胞种类而异。例如，在人类细胞中，每个动粒连接20~40根微管，而在芽殖酵母中，姐妹染色单体动粒分别仅结合1根微管。

前中期从纺锤体两极发出的微管捕获染色单体与动粒连接时，两条姐妹染色单体的两个动粒分别与来自两极的动粒微管连接，这样才能保证姐妹染色单体正确分向两极。但有时会出现错误的连接或附着，如两个动粒附着至相同的纺锤体极，或一个动粒附着至两个不同方向的动粒微管等。错误的附着常引起附着的不稳定，如果对动粒附着的错误不加以纠正，则会导致异常的有丝分裂与染色单体分离错误，以及影响子代细胞遗传的稳定性等（图9-15）。

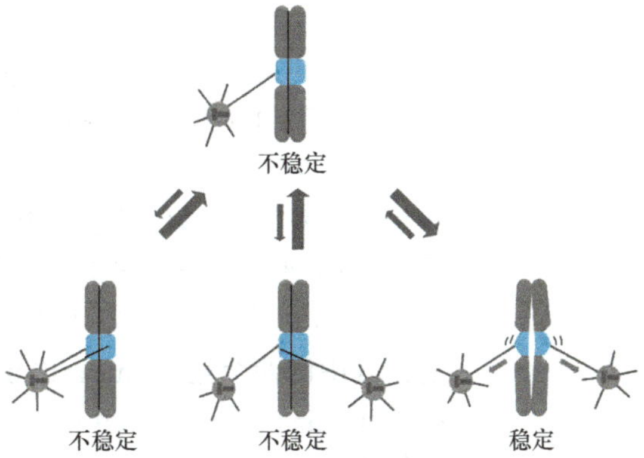

图9-15　动粒微管与姐妹染色单体动粒正确连接的重要性

只有来自两极的动粒微管分别与两个动粒相连，染色体才能正确分离。同一极的动粒微管连接到两个动粒上、来自两极的动粒微管连接到同一个动粒上，或只有一极的动粒微管与某一动粒相连，都将使染色体不能正确分离

动粒微管与动粒连接后分散在原细胞核区的染色体将逐渐向纺锤体中央移动，最终排列在有丝分裂赤道面上。这种染色体的移动与染色体在纺锤体上受到的作用力相关。一种作用力被认为是牵拉力，即染色体在牵拉力的作用下发生移动，作用于每个动粒上的向极拉力的大小与它相连的动粒微管的长度成正比，一个染色体移动到赤道板是因为此处是两极动粒

微管长度相等的地方，染色体受到的净拉力为零。另一种作用力被认为是外推力，即染色体在外推力的作用下移动，离某一极越近受到的外推力越大，染色体位于赤道板时，来自两极的外推力相等，染色体受到的净推力为零（图9-16）。由此染色体排列到赤道板上，等候后期的开始。

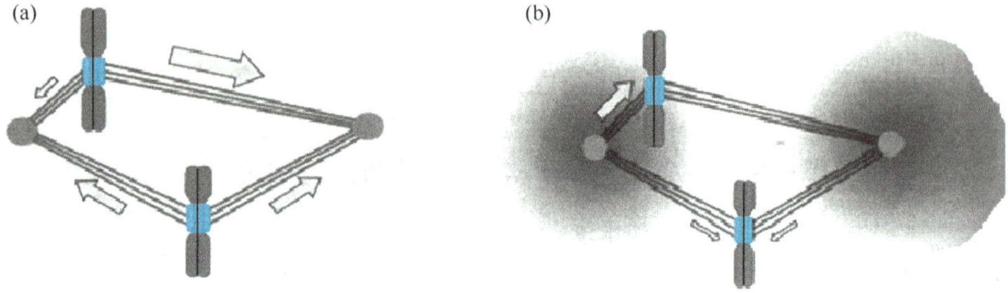

图9-16　染色体在纺锤体上受到的作用力

（a）拉力假说，染色体受到的拉力与动粒微管的长度呈正比；（b）推力假说，星体对染色体的排斥力随着染色体与星体距离的增大而减小

实际上，一旦一个动粒与来自纺锤体一极的微管附着，就会存在作用于动粒上的指向纺锤体极方向的牵引力。这种牵引力一直持续到有丝分裂后期，并且与在前中期染色体移动到赤道板上和后期染色体移向两极所产生的牵引力的机制是一样的。

在染色体移动中，当动粒远离纺锤体某一极时，它与这一极相连的动粒微管就会延长；当一个动粒向纺锤体某一极移动时，相连的动粒微管就会缩短。动粒微管的延长在动粒处发生，依靠添加微管亚单位来实现；动粒微管的缩短既在动粒处发生也在纺锤体的两极发生，依靠微管的解聚来实现。在这两种情况下，为了始终保持和微管连接，当微管在失去或添加亚单位时，动粒必须设法捕获微管的末端。在动粒处附着的微管正端结合蛋白和着丝粒中促进微管正端缩短的蛋白质及驱动蛋白类分子CENP-E参与这一过程。

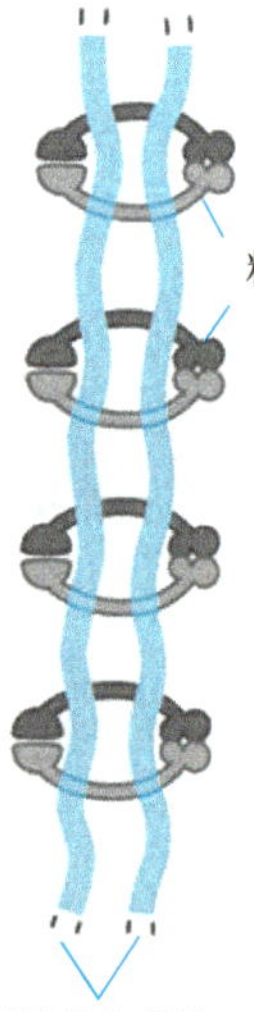

图9-17　粘连蛋白复合体将姐妹染色单体相互粘连

粘连复合体形成一个环状结构将姐妹染色单体结合在一起，有丝分裂进行到后期时，粘连复合体被降解，姐妹染色单体间的连接被解除

进入后期时两个姐妹染色单体通过与纺锤体相互作用分别移至细胞的两极。当细胞进入M期后，直至后期起始前，两条姐妹染色单体通过粘连蛋白复合体（cohesin）联系在一起。已知该蛋白质包含4种核心亚基，其中的两个亚基Smc1和Smc3是染色体结构维持蛋白（proteins for structural maintenance of chromosome）中的成员，其他一个是Kleisin家族蛋白Scc1，还有一个附属亚基是Scc3。S期时，该复合体存在于每个姐妹染色单体的多个位点上，但在有丝分裂时其主要围绕在着丝粒区域，将姐妹染色单体联接在一起（图9-17）。后期启动时，在激活的后期促进复合体（anaphase-promoting complex，APC）的作用下，粘连蛋白复合体降解，使姐妹染色单体间不再相互粘连，只有这样姐妹染色单体才能正常的分向两极（APC活性调控及其功能

见本章第三节中“有丝分裂期的进入及完成”部分）。

后期染色单体分离移动到两极包含两个独立且各具特点的过程，称为后期A和后期B。通过这两个过程，在几种力的作用下，将染色单体分离至两极。后期A主要有两种力作用于染色体的移动：一是基于动粒产生的向极力，主要由在动粒处与动粒附着位点结合的动粒微管正端的解聚作用引起；二是基于微管流动产生的向极力，该力与在纺锤体两极处动粒微管负端发生解聚，致使动粒微管向纺锤体极处流动有关。在动粒微管正端和负端发生解聚的作用下微管缩短，染色单体发生向极移动。后期B通过两种力的作用使纺锤体两极距离延长，加速染色体的分离。一种作用力是极间微管正端延伸，驱动蛋白-5在来自两极微管重叠区间交替排列，促使极间微管相互滑动，所产生的滑动力外推纺锤体两极距离增大。另一种作用力是动力蛋白将星体微管锚定至细胞质膜上，通过牵拉将两极之间的距离进一步拉大（图9-18）。

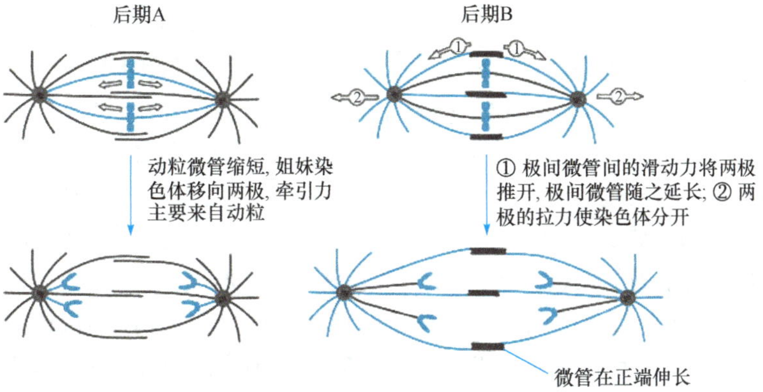

图9-18　哺乳动物细胞有丝分裂后期染色体的分离

后期A，依靠着丝粒处的马达蛋白与动粒微管的相互作用，同时伴随动粒微管的缩短，使染色体向纺锤体的一极移动。后期B，纺锤体两极距离增大促使姐妹染色体向两极移动，这一过程依赖极间微管重叠区的滑动。后期A与后期B的综合作用使染色体能够更快的移动到两极

二、减数分裂

（一）减数分裂概述

生物通过生殖细胞的生长、增殖、受精、受精卵分裂及胚胎发育等过程使种族得到繁衍。生物在繁衍过程中既要通过染色体上携带的基因保持遗传的稳定性，同时又因环境变化的胁迫效应而产生基因突变。伴随着从原核生物进化到初级真核生物、再由初级真核生物进化到高级真核生物的过程，生物体在基因水平上不断进化，调节机制也变得更为精细和复杂。生物体也正是通过不断的进化来适应千变万化的环境。许多无脊椎动物，包括海绵动物、扁形动物、环节动物等，可通过无性生殖的方式来繁殖后代。例如，水螅以出芽的方式进行繁殖；将扁形动物的身体切成几节后，每一节都可通过细胞分裂、分化进而形成一个新的完整个体，而这个新个体的基因组与其亲本完全一致。

有性生殖是生物体通过**减数分裂**产生的雌雄配子（卵子和精子）经过融合形成合子，继而由合子在体内或体外发育成为新个体的一种生殖方式。其中，雄配子（精子）来源于父

本，雌配子（卵子）来源于母本。雌雄配子结合形成的合子包含父母双方的遗传信息，但又不完全与亲本相同。这是因为在精卵的融合过程中经过了复杂的结构和功能的重新组合。无性生殖简单、节能，能够迅速有效地产生后代；有性生殖则比较复杂，但它更具有稳定性和适应性。染色体是基因的载体，染色体在减数分裂过程中的行为与基因的遗传行为是一致的。有性生殖过程中，生殖细胞必须经过减数分裂，以严格保证染色体减少一半，使二倍体变为单倍体，这是减数分裂的本质特征。

二倍体细胞中除了性染色体（sex chromosome）外其他染色体都由两条彼此十分相似的常染色体（euchromosome）组成，其中一条来自父方，一条来自母方，互为同源染色体（homologous chromosome）。每条同源染色体经过一次复制后会形成两条染色单体，即姐妹染色单体（sister chromatid），两条染色单体保持密切的连接。以卵细胞的形成过程为例，在第一次减数分裂中期时，同源染色体以四分体的形式排列在赤道板上，由细胞两极发射出的纺锤丝，通过着丝粒附着于染色体上，以与有丝分裂相似的机制引导染色体向细胞的两极移动。经过第一次减数分裂后形成的较大细胞称为次级卵母细胞，产生的较小细胞称为第一极体。第一极体中含有染色体和少量的细胞质。第一极体和次级卵母细胞的染色体数目均为$2n$。形成的次级卵母细胞紧接着会进行第二次减数分裂。各种动物的次级卵母细胞第二次减数分裂启动的时间长短不一。小鼠次级卵母细胞第二次减数分裂的启动是在第一极体排出后2h，牛、羊大约需要8h，猪大约需要18h。第二次减数分裂与有丝分裂相同，姐妹染色单体彼此分开并到达细胞的两极。经过第二次减数分裂，形成1个卵细胞和1个第二极体，它们的染色体数目均为n。与此不同的是，精子的形成过程是初级精母细胞经过两次减数分裂最终形成4个精子，两次分裂均为均等分裂，在此过程不产生极体。精子所包含的染色体数目为n。

通常，高等生物体细胞染色体的数目为$2n$，即含有两套染色体组。每套染色体组的数目和形态均有物种特异性。以人类为例，体细胞染色体数目为$2n$，即含有46条染色体；性细胞（卵子和精子）染色体数目均为n，即含有23条染色体。精子和卵子融合后成为合子（zygote），染色体数目又恢复到$2n$。如果一个细胞或个体含有3个或3个以上染色体组则称为多倍体（或异倍体）。动物中多倍体很少见，但在植物中却很普遍。一般来说，对减数分裂的介绍都是以二倍体（$2n$）为例。

减数分裂要比有丝分裂复杂得多，必须具备一套特殊机构来保证这种特殊分裂的完成。首先，同源染色体之间会发生基因交换，而基因交换的前提条件是它们能互相识别，并且在排列到赤道面上之前它们在物理结构上要完成配对。其次，配对的同源染色体各为一对姐妹染色单体，它们是通过着丝粒连在一起的，作为一个单位而运动。仅仅在第二次减数分裂时，两个姐妹染色单体才会分开。在减数分裂的粗线期，非姐妹染色单体上对应片段发生的交换，使同源染色体上的遗传物质发生重组，形成不同于亲代的遗传变异。此外，各对非同源染色体之间以自由组合进入配子，形成的配子可产生多种多样的遗传组合，雌雄配子结合后就可出现多种多样的个体，使物种得以进化，为自然选择提供丰富的材料。

有丝分裂转变为减数分裂是生殖细胞发育的本质特征，减数分裂开始前的间期与有丝分裂间期有着很大的不同，减数分裂前要经过一次区别于一般细胞周期的间期，称为减数分裂前间期（premeiosis interphase）。与有丝分裂间期类似，减数分裂前间期也可分为G_1期、S期与G_2期。不同的是减数分裂前间期中的S期特别长，如蝾螈的细胞在进行有丝分裂时其S期仅为12h，但在进行减数分裂时其S期可长达10天。这种现象在其他动物中也很普遍，推测其原因可能与每单位长度DNA中复制单位的启动数量减少有关。目前，人们通过对减数分裂起始的研究已发现了一些相关的调控分子，然而对于减数分裂起始的精确调控机制而言，仍然有大量的关键问题未解释清楚，还需深入细致的研究。例如，精原细胞不断进行有丝分裂，其中部分细胞保持干细胞的特性，而其余部分细胞则转变为初级精母细胞而进行减数分裂。

（二）减数分裂过程

典型的减数分裂包括两次核分裂和胞质分裂，按发生前后顺序分别称为第一次减数分裂及第二次减数分裂，简称为减数分裂Ⅰ及减数分裂Ⅱ。每次分裂都包括前期、中期、后期和末期。第一次减数分裂与有丝分裂有着显著区别，第二次减数分裂与有丝分裂基本相同（图9-19）。

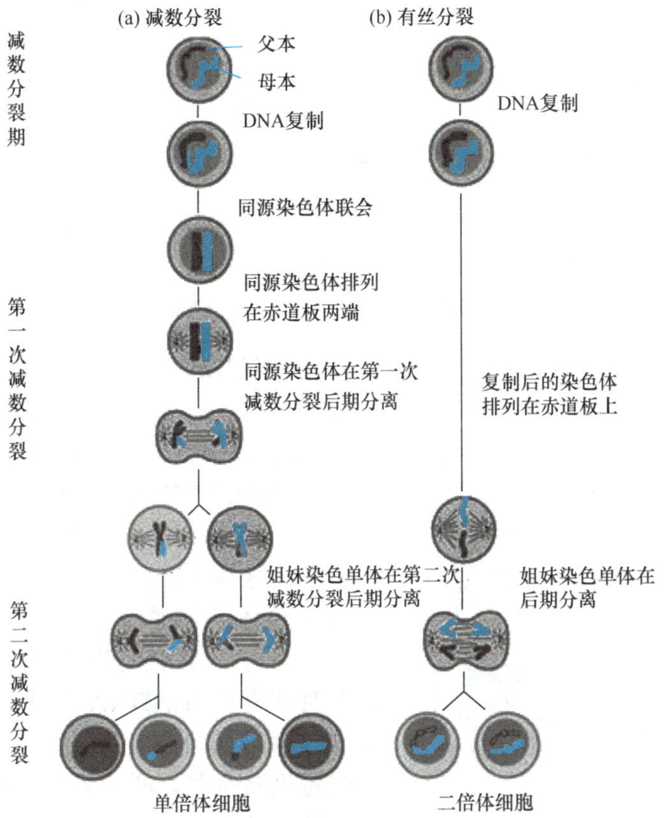

图9-19　细胞减数分裂过程及其与有丝分裂的比较

（a）减数分裂中，DNA复制一次，细胞进行两次分裂，一个二倍体细胞通过减数分裂产生4个遗传上各不相同的单倍体配子；（b）一个二倍体细胞通过有丝分裂产生两个遗传上相同的二倍体细胞

1. 第一次减数分裂

第一次减数分裂时，同源染色体要发生分离并进入到两个子细胞中。第二次减数分裂时，组成每条染色体的两个姐妹染色单体分离，分别进入到两个子细胞中。因为在整个过程中，DNA 只复制一次，但是细胞会分裂两次，因而最终形成的子细胞其染色体数目减半，即由二倍体的合子变成为单倍体的配子。现以动物细胞为例，阐明减数分裂的过程。

1）前期Ⅰ

前期Ⅰ（prophase Ⅰ）变化最为复杂，持续时间也最长。前期Ⅰ传统上可分为5 个期，即细线期（leptotene stage）、偶线期（zygotene stage）、粗线期（pachytene stage）、双线期（diplotene stage）和终变期（diakinesis stage）（图9-20）。

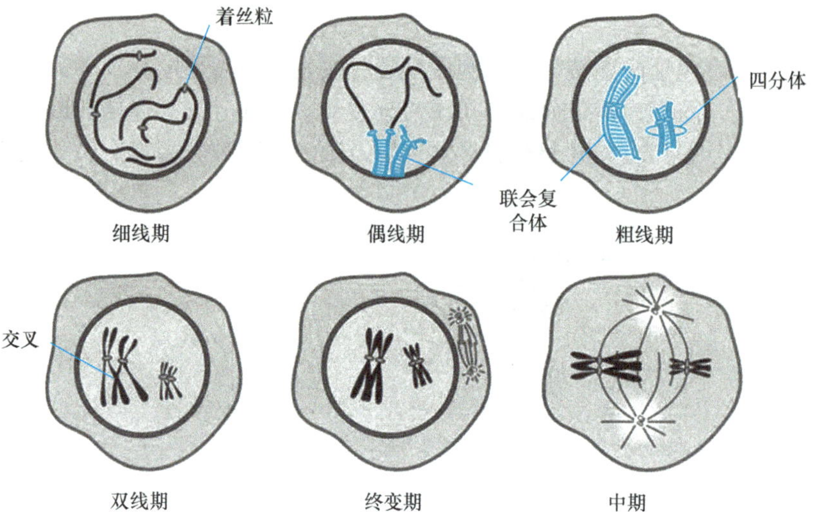

图9-20　减数分裂前期Ⅰ的5个时期

（1）细线期。主要特征为染色质发生凝集。细胞核内出现细长的、线状染色体并逐渐凝集，染色体上出现成对的膨大染色粒（chromomere）。因为DNA 复制已经完成，此时所观察到的每条染色体包括两条姐妹染色单体。细线期细胞核和核仁体积都会增大。

（2）偶线期。进入偶线期之前，一对同源染色体在细胞核中是随机分布的，进入偶线期后，同源染色体侧面紧密相贴进行配对，称为联会（synapsis）。联会使两对同源染色体迅速锁合，这个时期有少量的DNA 合成（0.3%），合成的DNA 被称为zDNA。有人认为zDNA 的合成可能与配对机制有关。联会发生后在联会部位会形成一种特殊结构，称为联会复合体（synaptonemal complex，SC）（图9-21）。SC 沿同源染色体纵轴分布。其两侧为侧生组分（lateral element），宽为20~40nm，电子密度高；两侧生组分之间为中间区（centralspace），宽约为100nm，中间区电子密度较低；中间区的中央为中央组分（central element），宽为30nm，电子密度较高。侧生组分与中央组分之间由横向排列的细纤维相连，大致呈直角，称为L-C纤维，纤维间的距离为20~30nm。SC主要由碱性蛋白、RNA 组成，并且含有微量的

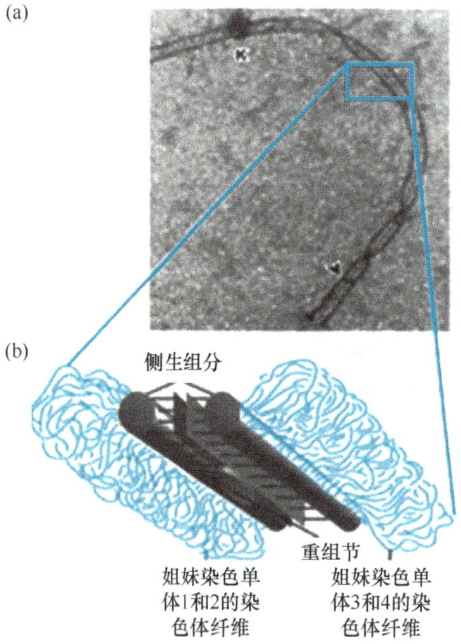

图9-21　联会复合体的结构
（a）人同源染色体在粗线期发生配对的显微图片；
（b）联会复合体模式图

DNA。偶线期因DNA已加倍，发生联会的染色体称为二价体。由于每条同源染色体都具有两条姐妹染色单体，一对同源染色体配对后又称为**四分体**（tetrad），人的初级精母细胞或初级卵母细胞第一次减数分裂前期有23个四分体，共92条姐妹染色单体。人的X、Y染色体形态不一，X染色体大，Y染色体小，联会时只有一小部分同源序列有联会。

（3）粗线期。当联会完成后即开始进入粗线期。此时染色体明显变粗、变短，结合紧密，在SC梯状结构上出现由蛋白质装配成的重组节（recombination nodule）。一个重组节的直径约为90nm，横跨SC的中央组分，呈球状、椭圆形或棒状。它由多种酶组成，与DNA重组有关。在此期间，同源染色体上的某些位点解开，通过重组节酶切断DNA分子，使同源染色体之间产生片段交换（crossover），从而导致基因重组（recombination）。SC在此过程中充当DNA重组的支架。此时还可检测出有DNA和组蛋白的合成。DNA合成发生在许多染色体上，某些DNA合成是在rDNA的区域发生，将rDNA进行扩增，为前期进行的活跃rRNA合成提供保证。这个时期还会合成减数分裂的一些特异性的重组蛋白，推测这些蛋白质涉及重组机制。DNA合成主要用于DNA链修补、连接，称为P-DNA。粗线期同源染色体紧密配对，一直保持与核膜接触，此时核仁较大。

（4）双线期。当双线期开始时SC结构解离，紧密配对的同源染色体彼此分开，而在非姐妹染色单体之间的某些部位上出现交叉现象（chiasmata）（图9-22）。交叉的出现是发生过交换所致。在着丝粒两侧的交叉分别向两端点移动，数目逐渐减少，这种现象称为交叉端化。这种现象是从形态学上提出双线期阶段同源染色体之间发生DNA片段交换的证据。在双线期，染色体的各段呈现程度不同的DNA去凝集状态，卵母细胞发育中所需要的全部mRNA和其他物质都是在此期间合成的。其中，鱼类（如鲨鱼）、爬行动物、两栖动物和鸟类的卵母细胞可形成灯刷染色体。灯刷染色体为二价体，两条同源染色体通过几处交叉而相连，含4条染色单体。灯刷染色体由染色粒串联组成染色单体的主轴，由主轴染色粒向两侧伸出成对的侧环。染色粒是染色单体紧密折叠区域，通常不进行转录。侧环是DNA转录活跃区域。一套灯刷染色体约有100 000个侧环，每个侧环可能包含一个或几个转录单位。每条灯刷染色体的形态和侧环在卵母细胞的生长期是一定的，故可作为编号染色体的标志。

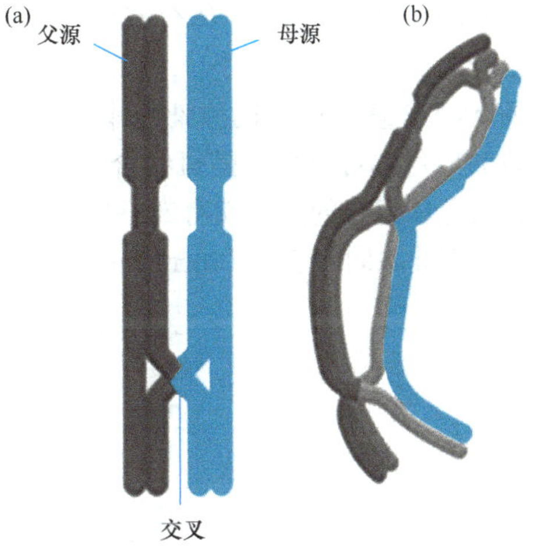

图9-22　减数分裂前期Ⅰ同源染色体间的交叉互换

（a）减数分裂前期Ⅰ同源染色体间配对互换形成交叉，此时两条姐妹染色单体仍紧密相连，同源染色体间通过交叉结合在一起；（b）染色单体1与染色单体3出现交换，染色单体2与染色单体3及染色单体4出现交换，同一条染色体的两条姐妹染色单体之间不会发生交换

（5）终变期。在此时期，染色质再度凝集压缩形成棒状染色体，RNA转录停止，大多数情况下核仁消失，四分体较均匀地分布在细胞核中。由于染色体交叉逐步向染色体端部移行，最后，四分体只靠端部交叉使其结合在一起，姐妹染色单体靠着丝粒结合在一起。终变期的完成标志着第一次减数分裂前期的结束，此过程完成了染色体重组等过程，而且合成了卵母细胞及早期胚胎发育所需的全部或大部分RNA、蛋白质及糖类。

当前期即将结束时，卵母细胞中的中心粒已经复制加倍。随后，中心粒会向细胞两极发生迁移，最终形成纺锤体，这一点与有丝分裂十分相似。卵母细胞中心粒在发育过程中消失。

2）中期Ⅰ

前期Ⅰ结束进入中期Ⅰ（metaphase Ⅰ）的标志是核仁和核膜的消失。像有丝分裂一样，减数分裂也会形成纺锤体，但是与有丝分裂不同的是，减数分裂时同源染色体的着丝粒并不位于赤道板上，而是被定向于距离赤道板等距离的纺锤体长轴中。纺锤体侵入核区，分散于细胞核中的四分体移向纺锤体的中部。此过程与有丝分裂不同的是四分体上有4 个动粒，一侧纺锤体只和一个同源染色体的两个动粒相连，同源染色体仍然以一个单位进行运动。同源染色体随机地面向细胞的任何一极排列，最后染色体排列在赤道面两侧。

3）后期Ⅰ

后期Ⅰ（anaphase Ⅰ）纺锤体牵丝的微管开始缩短，染色体向细胞的两极移动。与有丝分裂不同的是，后期Ⅰ同一极的微管连接同源染色体的两个动粒向细胞的一极运动，这样一对同源染色体就随机的分配到细胞的两极，而有丝分裂后期是姐妹染色单体相互分离（图9-23）。这时四分体染色体分离成二分体染色体，当纺锤体完全缩短时后期即完成。在后期Ⅰ由于同源染色体彼此分开，因此每一极只含有n条染色体，染色体数目由$2n$减至n。但是每极的DNA含量为$2C$。同源染色体分离进入细胞的两极这个过程是独立的，因而来自父方、母方的染色体可以发生随机组合，这有利于基因组的重组和变异。例如，人类有23对染色体，染色体组合的方式就有223种（不包括交换），加之还有父母双方同源染色体的重组等情况，因此除同卵孪生（identical twin）以外几乎不可能得到遗传上完全相同的后代。

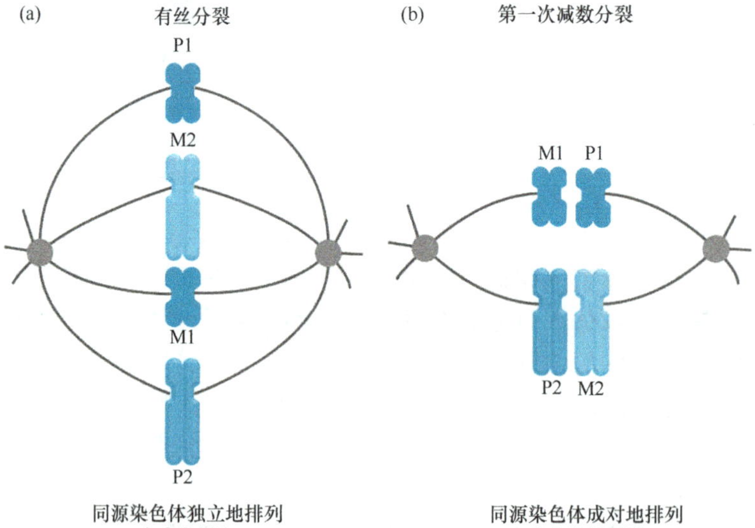

图9-23 第一次减数分裂与有丝分裂中分向两极的染色体

（a）有丝分裂中期，同源染色体随机排列在赤道板，姐妹染色单体动粒分别与来自两极的动粒微管相连；（b）减数分裂中期Ⅰ，同源染色体成对排列在赤道板，两条姐妹染色单体的动粒朝向同侧，只与一侧的动粒微管相连

4）末期Ⅰ及间期

自然界中末期Ⅰ（telophase Ⅰ）及间期有两种类型：一种为没有明显可见的染色体去凝

集现象；另一种为完全逆转到间期的状态。后者围绕子核重新组成核被膜。子核中每一条染色体在第一次减数分裂前已经包含有两条姐妹染色单体并被一个共同的着丝粒结合在一起。因为前期发生了同源染色体的DNA交换，此时两条姐妹染色单体不再是相同的。末期之后会伴随着或长或短的间期，紧接着细胞将进入第二次减数分裂，细胞进入间期前会发生胞质分裂。

2. 第二次减数分裂

第一次减数分裂后，通常会经过一个很短的间期，此期间不进行DNA合成，也不进行染色体的复制，随即第二次减数分裂开始。第二次减数分裂和有丝分裂相似，可分为前期Ⅱ、中期Ⅱ、后期Ⅱ及末期Ⅱ 4个时期，最终形成4个配子，配子为单倍体。DNA含量相当于进入减数分裂期的原G_2期DNA含量的1/4。但形成的4个单倍体配子，在不同动物和植物中命运也有所不同。例如，雄性动物的4 个细胞，经过分化变态，形成4个精子。而雌性动物的卵母细胞由于细胞质的不均等分裂，形成第一极体和第二极体。极体中细胞质很少，缺乏营养物质，很快即退化消失。最终只形成一个大的含丰富营养物质的卵细胞，只有卵细胞才能受精形成合子。

减数分裂中期同源染色体的识别与配对是十分重要的，它保证了同源染色体之间的DNA能够发生交换，使子细胞具有较强的适应环境的能力。DNA 重组过程中重组节起着关键性的作用，它是大的蛋白酶的装配体，重组节功能的研究目前仅来源于一些间接证据。①重组节的总数目与交叉数在总量上是相等的。②重组节在SC上的分布与DNA交换的分布相对应。例如，在SC结合异染色质的部位没有重组节，在此部位也就不发生DNA交换。细胞学和遗传学上的大量研究表明，发生于某处的DNA交换可以阻止邻近染色体位点的再交换。③果蝇的某些突变会引起交叉分布的异常，重组频率因此降低。此时，可见重组节不仅数量减少，分布也发生了变化，这也从另外一个角度证明重组节与染色体交换的发生有关。④遗传重组认为在交换处只有微量的DNA合成。电子显微镜放射自显影也证明放射性DNA 前体优先掺入粗线期有重组节的部位。但有关其机制尚待阐明。交叉对减数分裂过程中同源染色体分离到不同的两个子细胞中起着重要作用。正如有丝分裂中的着丝点一样，它能保证父母双方同源染色体在纺锤体上结合在一起并且一直延续到后期Ⅰ。突变机体在减数分裂过程中DNA 交换频率减少，同时染色体上的交叉也减少。

正常的减数分裂将保证同源染色体能够分配到不同配子中去，否则将造成胚胎的死亡或成体的疾病。例如，人卵细胞减数分裂时21号染色体不分离，就会产生异常卵子，导致21-三体综合征（也称为唐氏综合征）。

第三节　细胞周期调控

真核生物的细胞周期进程是由一系列调控因子有序的聚合和激活来调节控制的。这一机制的核心是**细胞周期蛋白**（cyclin）与**细胞周期依赖性蛋白激酶**（Cdk），cyclin分别在细胞周期的不同时期合成与降解，并对Cdk活性进行调节。此外，Cdk活性还受到磷酸化状态和细胞周期依赖性蛋白激酶抑制蛋白（cyclin dependent kinase inhibitor，CKI）的影响。如果细胞周期调控异常，细胞将表现为细胞增殖阻滞或异常增殖。

一、cyclin与Cdk的特性

（一）细胞周期调控研究初期的重要发现

1. 成熟促进因子的发现

细胞周期引擎分子Cdk和cyclin的研究最早源于促进细胞进入M期的成熟促进因子的发现。生物学家在研究非洲爪蟾卵母细胞减数分裂时发现，未成熟的卵母细胞均停留在第一次减数分裂前的G_2/M转换处，当受到卵泡分泌的孕酮作用后，方能完成转换，开始第一次减数分裂，然后停留在第二次减数分裂中期直到受精。20世纪70年代Masui和Markett用孕酮处理未成熟非洲爪蟾卵母细胞，诱导卵母细胞进入减数分裂，他们将进入减数分裂中期的卵胞质显微注入未成熟的卵母细胞中，发现可诱导其成熟和进行减数分裂。这表明分裂中期的卵胞质中含有一种促使细胞进入减数分裂的活性因子。他们将此种活性因子称为成熟促进因子又被称为**M期促进因子**（M phase promoting factor，MPF）（图9-24）。在同一时期Rao等将M期的HeLa细胞与处于细胞周期不同阶段的袋鼠间期细胞（G_1期、S期、G_2期）融合，这时间期细胞的细胞核处在分裂期细胞的细胞质中，细胞质中的活性物质对间期的细胞核产生了作用。不论这时细胞是处于G_1期、S期，还是处于G_2期，它们的染色体都会像分裂期那样发生凝集，被称为**早熟染色体凝集**（premature chromosome condensation，PCC）（图9-25）。M期细胞可诱导间期细胞产生PCC现象，提示在M期细胞中可能存在一种因子诱导M期的染色质凝集。进一步的实验发现，MPF在真核细胞中具有高度保守性，因此一些研究者力求通过对MPF的提纯研究其性质和功能，并最终获得了成功。

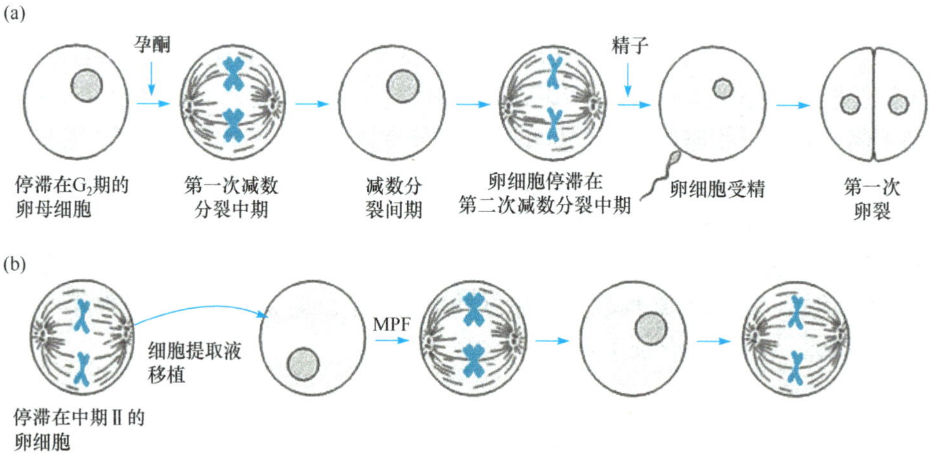

图9-24　通过显微注射实验在非洲爪蟾卵母细胞中发现MPF的存在

（a）卵母细胞在体外成熟：用孕酮处理停滞在G_2期非洲爪蟾卵母细胞，将刺激它们进入第一次减数分裂中期，并持续到第二次减数分裂中期，受精后完成减数分裂，精核与卵核融合并开始第一次受精卵分裂；（b）MPF实验：将第二次减数分裂中期卵胞质注射到停滞在G_2期的卵母细胞中，在无孕酮刺激时，卵母细胞也会启动减数分裂，并延续到第二次减数分裂中期

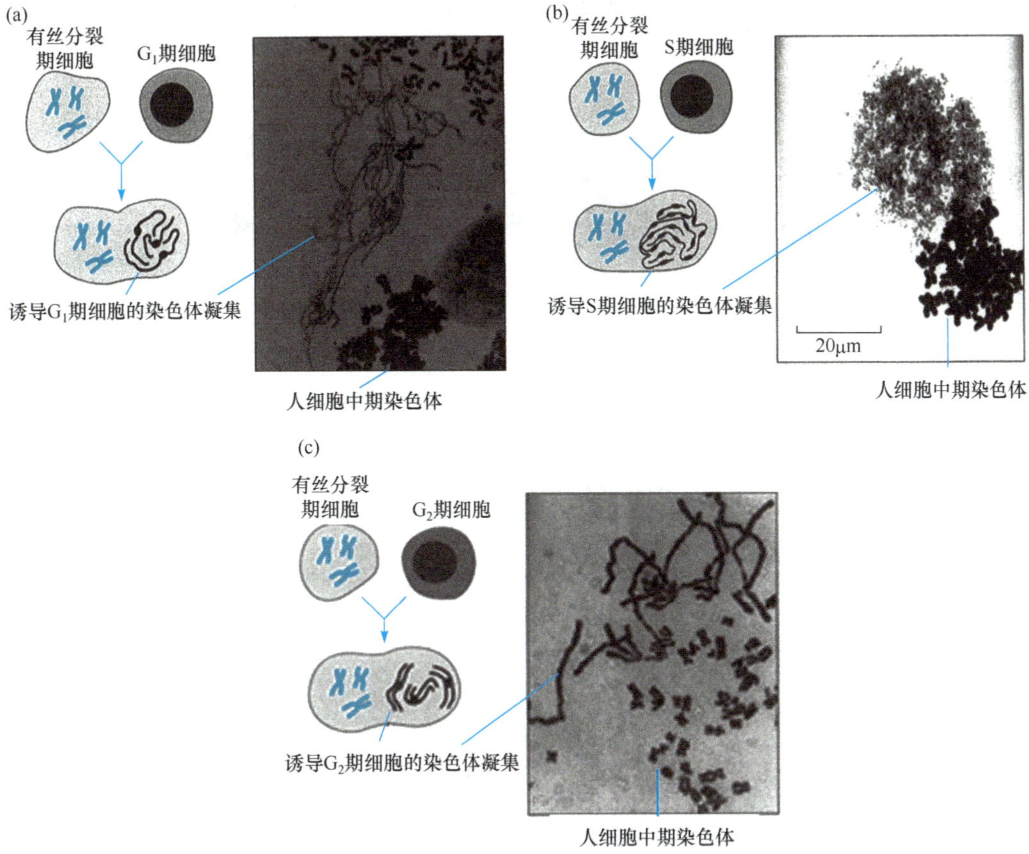

图9-25　M期细胞与G_1、S和G_2期细胞融合诱导早熟染色体凝集

将M期HeLa细胞与袋鼠PtK2细胞融合。（a）M期细胞与G_1期细胞融合；（b）M期细胞与S期细胞的融合；（c）M期细胞与G_2期细胞的融合

2. *cdc2*基因的发现

为了阐明细胞周期调节基因，揭示细胞周期调节的分子机制，L.Hartwell和P.Nurse等生物学家以酵母细胞为模型进行了大量的工作，建立了多种酵母细胞分裂周期相关基因的温度敏感突变株（temperature-sensitive mutant），分离出一系列**细胞分裂周期基因**（cell division cycle gene，*cdc*）。在较高温度培养时（如35℃），这些基因失去原有的功能，但在较低温度培养时（如25℃），这些基因具有保证细胞分裂的功能。在分离出的基因中发现有一个基因对促使细胞完成G_1/S期和G_2/M期转换是必需的。它的功能一旦丧失，细胞就会停止在其中的一个转换处，不能进入下一个时相。这个基因在裂殖酵母中被称为*cdc2*。实验结果显示，在有限制条件下，由于*cdc2*突变株（$cdc2^{ts}$）细胞不能进入M期，但还会继续生长以至于细胞变得很长。相反，显性的*cdc2*突变株，即*cdc2*过度表达（$cdc2^{D}$）突变株，细胞会过早地进入M期，使细胞变得异常小（图9-26）。通过基因筛选，在芽殖酵母中克隆出*cdc2*的同源基因*cdc28*。其方法是利用*cdc28*基因温度敏感型突变株及其野生型基因文库，通过野生型基因对变异基因的补救，可筛选出其野生型基因（图9-27）。利用这一筛选体系，可在很多生物细胞中筛选出同源基因，包括人的细胞分裂周期基因。大量实验证实*cdc2*基因广泛存在于各种真核细胞中。这一家族的基因较为保守，它们编码一种分子质量为34kDa的丝氨酸/苏氨酸蛋

白激酶。p34蛋白在酵母中可作为细胞完成G_1/S期和G_2/M期转换的调控因子，但在高等真核细胞中它仅参与G_2/M转换期的调控。

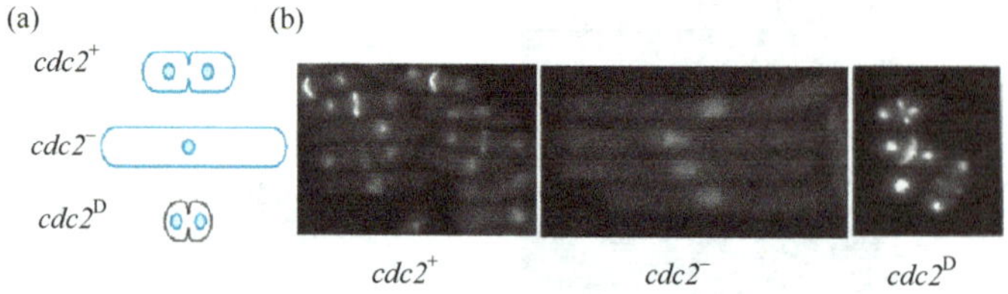

图9-26　裂殖酵母*cdc2*基因变异对细胞形态的影响

（a）示意图；（b）显微图片。野生型细胞（*cdc2*$^+$）分裂形成两个大小正常的子细胞，变异细胞（*cdc2*$^-$）在非许可温度下不能进入有丝分裂，形成伸长的单核细胞，*cdc2*过表达的细胞（*cdc2*^{D}）在G_2期细胞未达到正常大小时，过早进入有丝分裂，子细胞的大小小于正常细胞

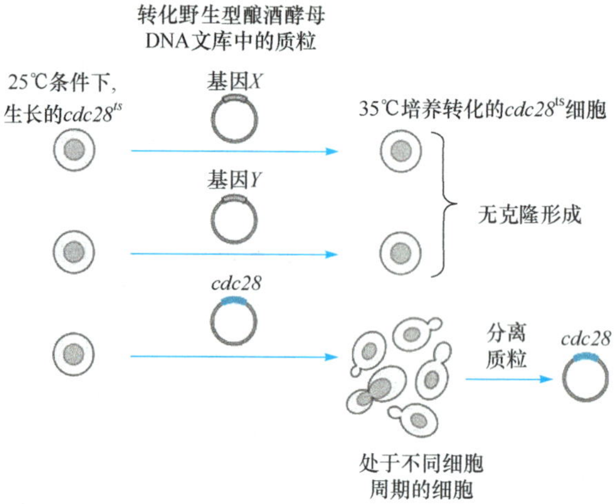

图9-27　从携带细胞分裂周期基因发生温度敏感型突变的酿酒酵母中分离野生型细胞分裂周期基因

向细胞分裂周期基因变异的菌株中转入野生型菌株基因文库，培养在许可温度下（25℃），随后将转化细胞转移到非许可温度下（35℃），每个转化细胞都只含一种带有某个基因组DNA片段的质粒，大多数片段包含的基因不编码cdc蛋白，转入这些片段的细胞在非许可温度下不能形成克隆，很少量的细胞转入了突变基因的野生型拷贝，它们能补救温度敏感型缺陷基因，在非许可温度下形成克隆，从这些克隆中分离出的质粒DNA片段含有野生型*cdc*基因

3. cyclin的发现

20世纪80年代初T.Hunt等通过对海胆等海洋无脊椎动物发育早期卵裂蛋白合成的研究，发现有一类蛋白质的水平随细胞周期的进行在不同时相发生显著变化，间期开始合成，G_2/M期水平急剧升高，M期末突然下降，下一个细胞周期重复出现合成、积累、再下降。由于蛋白质表现出周期性合成与降解的特性，因而将其命名为**周期蛋白**（cyclin）。上述实验结果提示此类蛋白质可能与细胞进入M期有关。进一步实验表明，在非洲爪蟾卵提取液体外实验体系的特定条件下，加入M期周期蛋白mRNA，可使细胞进入M期，MPF也因此被活化。

值得一提的是，1988年MPF终于被高度纯化。通过系列分析表明，MPF由32kDa和45kDa两种蛋白质组成，用抗p34^{cdc2}的抗体验证32kDa蛋白是*cdc2*基因产物。通过分子测序等技术表明45kDa蛋白即为周期蛋白B（cyclinB），最终的结论为MPF是p34^{cdc2}和cyclinB的复合体，它具有丝氨酸/苏氨酸激酶活性，其中$p34^{cdc2}$是催化亚基，cyclinB是调节亚基。两者结合并经进一步活化，细胞才能从G_2期进入M期。由于$p34^{cdc2}$催化亚基具有蛋白激酶活性，其活性有依赖于cyclin，所以将其名改称为周期蛋白依赖性蛋白激酶（cyclin dependent kinase，Cdk）。

（二）cyclin和Cdk的种类与基本性质

在高等的真核细胞中，目前发现cyclin家族有多个成员，分别命名为cyclinA、cyclinB、cyclinC、cyclinD、cyclinE、cyclinF、cyclinG、cyclinH、cyclinI等。在cyclin序列中都含有100~150个氨基酸的保守区，称为细胞周期蛋白盒（cyclin box），具有介导cyclin与Cdk结合的特性。部分cyclin又包含若干亚型。例如，哺乳动物细胞中表达三种cyclinD，即cyclinD1、cyclinD2和cyclinD3，三者的表达具有细胞和组织特异性。cyclinB包括CyclinB1、cyclinB2，也具有其组织特异性，但每种组织至少表达一种亚型。除了cyclin box序列外，多数cyclin中含有PEST序列（一个富含Pro、Glu、Ser和Thr残基的高度保守短序列）。

细胞周期的运行主要依赖于Cdk，Cdk是一类重要的丝氨酸/苏氨酸蛋白激酶，其主要的生物学作用是启动DNA的复制和诱发细胞的有丝分裂。目前已发现Cdk家族的多个成员，第一个被发现的Cdk就是前文提到的cdc2，现已将其称为Cdk1，其余还包括Cdk2、Cdk3、Cdk4、Cdk5、Cdk6、Cdk7等。在基因序列上它们的同源性超过40%。Cdk 的活性受细胞内外多种信号的严密控制，Cdk的活化首先要与正调节亚基cyclin结合。单独的Cdk催化亚基无蛋白激酶活性，cyclin与之结合是Cdk具有激酶活性的必备条件。

在细胞周期进程中，Cdk的量保持基本稳定，cyclin的量随细胞周期进行而发生变化。这样当cyclin合成并与Cdk形成复合体便具有了激酶活性，在复合体完成其功能后，cyclin被分解，Cdk失去激酶活性。在整个细胞周期中有多种cyclin 与Cdk按一定程序形成有活性的复合体，当上一个复合体失去活性，负责下一个控制点的复合体便会形成。这样在一定程度上，细胞周期是由cyclin与Cdk来推动的，所以cyclin与Cdk被形容为细胞周期的“引擎”。

除了与cyclin的结合，Cdk 的活化还受到磷酸化状态的调节。现以MPF为例加以说明。已知MPF是由Cdk1和cyclinB蛋白结合而成的，Cdk1的量在整个细胞周期中基本保持不变，cyclinB的量随细胞周期而发生变化，这样在一定程度上cyclinB的产生及与Cdk1的结合控制着MPF的活性。但进一步的研究发现，MPF的活性受到更精细的调控。cyclinB在S期就开始合成，当达到一定阈值后，开始与Cdk1结合，但随着Cdk1与cyclinB的结合Cdk1蛋白质上14位苏氨酸（Thr14）残基和15位酪氨酸（Tyr15）残基被磷酸化，使得Cdk1与cyclinB结合后也不具有催化活性，因为这时细胞还没有为进入M期做好准备，MPF的活性必须受到抑制。不仅如此，Cdk1 161位的苏氨酸（Thr161）被磷酸化对MPF活性的激活也是必需的。这更增强了MPF活性调控的精确性。这样，只有当cyclinB与Cdk1结合，Cdk1上14位和15位氨基酸的磷酸化被去除，161位上又被磷酸化时，MPF才真正具有了活性，促使细胞进入M期。负责Thr14和Tyr15磷酸化的蛋白激酶是Weel和Mikl，将它们去磷酸化的是*cdc25*基因产物，而负责将Thr161磷酸化的激酶是Cdk激活激酶（Cdk activating kinase，CAK）。CAK是一种蛋白激酶复合体，其催化亚基为Cdk7，调节亚基为cyclinH（图9-28）。

实验证明，当将Thr14和Tyr15突变为非磷酸化残基苯丙氨酸和丙氨酸时，将导致细胞提前进入M期。当DNA合成受到抑制时，细胞可通过使Thr14和Tyr15持续磷酸化而抑制MPF的活性，如果使Thr14和Tyr15突变，即使细胞S期被阻断，细胞仍进入M期。如果将Thy161突

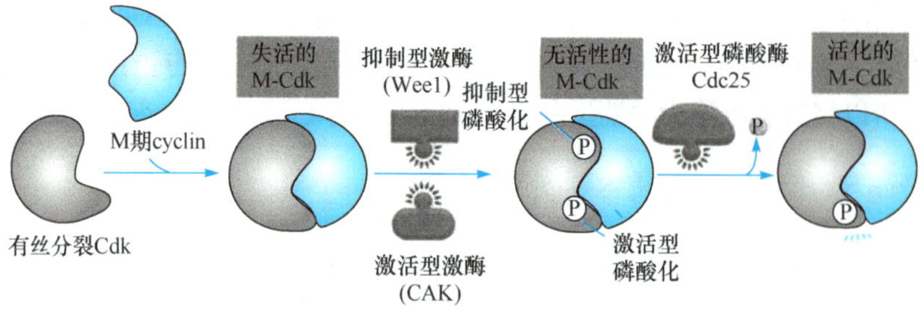

图9-28　M期Cdk活性调控

随着M期cyclin积累到一定量，它与M期Cdk（M-Cdk）结合形成cyclin-Cdk复合体，M-Cdk的一个活性位点被Cdk激活蛋白激酶（Cak）磷酸化，在一对抑制位点被Wee1激酶磷酸化，无活性的M-Cdk在G_2后期通过磷酸酶cdc25将抑制位点的磷酸化去除而被激活。在正反馈效应下，cdc25被激活的Cdk进一步激活，M-Cdk还会抑制Wee1的活性，增强正反馈效应

变为非磷酸化残基，MPF就一直不能被激活，细胞不能进入M期。有关*Weel*、*Mikl*及*cdc2*基因突变的结果表明，*Weel*基因突变使细胞提前进入M期，产生体积较小的细胞。*Weel*和*Mikl*双突变，由于使细胞过快地进入M期而导致细胞死亡。过表达*Weel*使细胞阻断在G_2/M转换处。如果*cdc25*基因发生突变，Thr14和Tyr15上的磷酸不能被去除，MPF因此不能被激活，而使细胞阻断在G_2期。相反*cdc25*基因过表达可加快细胞进入M期。

高等生物细胞特别是哺乳动物细胞，由于其结构与功能的复杂性远大于酵母细胞，其细胞周期的调控也要复杂得多、精细得多。目前已发现的参与细胞周期调控的cyclin与Cdk，有些cyclin只负责控制G_1期，称为G_1期cyclin，主要包括cyclinD、cyclinE；有些cyclin在S期发挥作用，主要包括cyclinA；有些cyclin在G_2/M转换中起作用，称为G_2期cyclin，主要为cyclinB。Cdk也有相应的分工，如G_1期发挥作用的主要是Cdk4、Cdk6、Cdk2等，M期发挥作用的主要是Cdk1。

对于cyclin-Cdk蛋白激酶复合体的深入认识，很重要的一个方面就是对其底物的研究。最早发现的cyclin-Cdk蛋白激酶复合体的底物是Rb蛋白，这种蛋白质的基因最初是从人成视网膜母细胞瘤中分离出来的。研究人员发现，在人成视网膜母细胞瘤中*Rb*基因常出现缺失，所以将它称为成视网膜母细胞瘤抑制基因。随后发现在很多肿瘤细胞中，*Rb*基因出现缺失或变异。现已知当*Rb*两个等位基因丢失或失活时，细胞就易发生癌变。从细胞增殖的角度来说，Rb具有抑制细胞增殖的作用。这主要是因为当Rb蛋白处于低磷酸化状态时，表现出正常活性，它与基因转录因子E2F-1相结合，而使E2F-1失去转录活性；当Rb蛋白被高磷酸化时，就会失去活性而将E2F-1释放出来，E2F-1便可结合到DNA上启动相应基因的表达。cyclinD-Cdk4蛋白激酶复合体可将Rb蛋白高度磷酸化，使Rb蛋白失去对E2F-1的结合，转录因子被释放，启动细胞进入S期所需的基因转录，随后形成的cyclinE-Cdk2复合体会对Rb蛋白进一步磷酸化，增强基因的表达。cyclinB-Cdk1复合体也有多种作用底物被发现，如蛋白H1、核纤层蛋白、核仁蛋白（nucleolin）、p60C-src、C-abl等。

细胞周期进程中cyclin的降解是通过泛素蛋白水解酶复合体通路（ubiquitin proteasome pathway，UPP）来完成的。高度保守的泛素蛋白水解酶复合体通路是真核细胞内溶酶体之外的另一套独立的蛋白水解酶体系，它高度选择性地水解细胞内一些短寿命的功能蛋白，还可在应急状态下降解某些变性、变构蛋白质。UPP参与细胞周期调控蛋白的降解，对细胞周期进程的调控也十分重要。例如，当MPF激活后使细胞进入M期，持续一段时间进入分裂中期后，MPF中的cdc2与cyclinB分离，cyclinB进入UPP途径被降解（图9-29）。这样MPF的活性完全丧失，细胞才能开始分裂后期，最终完成分裂形成两个子细胞。因此，依赖于周期蛋白的Cdk家族蛋白的磷酸化和去磷酸化作用与泛素介导的蛋白质降解作用，在细胞周期运转的调控中均具有重要作用，它们相互协调，共同控制细胞周期运转的调节过程。

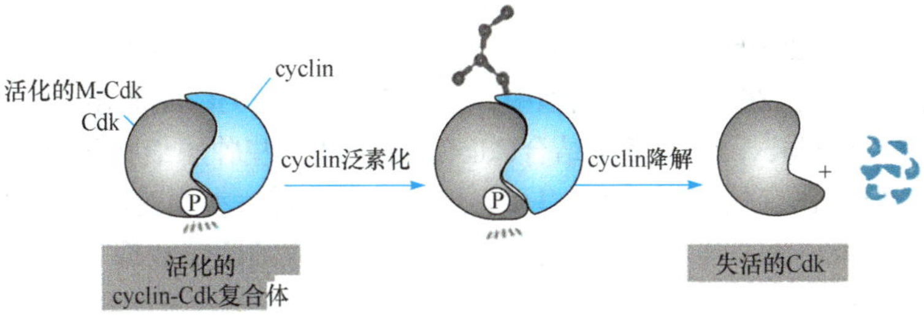

图9-29　cyclin 通过泛素蛋白酶途径降解

二、周期蛋白依赖性激酶抑制因子

周期蛋白依赖性激酶抑制因子（cyclin dependent kinase inhibitor，CKI）是一类Cdk活性抑制因子，按其氨基酸序列的相似性和作用方式，可将细胞内CKI大致分为两大家族：Cip/Kip家族和Ink4家族。Cip/Kip家族成员主要包括p21、p27 和p57等，它们均能通过与cyclin-Cdk复合体结合来改变cyclin-Cdk激酶活性，其靶蛋白较广泛。Ink4家族成员主要包括p16、p15、p18和p19等，它们通过与Cdk4结合，抑制Cdk4激酶活性。CKI通过抑制Cdk的活性来调控细胞周期的进程，特别是在细胞周期运行出现异常时发挥重要作用（图9-30）。

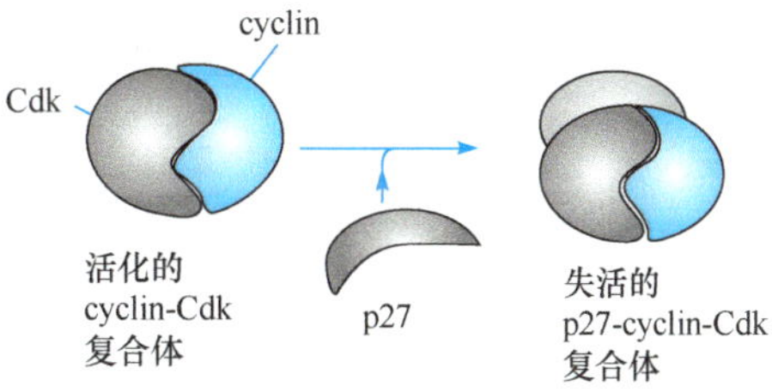

图 9-30　CKI对cyclin-Cdk的抑制作用

图中显示p27可同时结合cyclin和Cdk，抑制cyclin-Cdk的活性

p21是最早发现的一种Cdk抑制因子。1993年世界上几个不同的实验室用不同的方法同时证明了p21是一种CKI，并克隆了其编码基因，分别命名为*cip1*、*sdi1*、*waf1*和*p21*。p21可由抑癌蛋白p53诱导产生，当细胞的DNA受到损伤时，细胞中的p53蛋白质含量增加，稳定性增强，并诱导*p21*基因表达产生p21蛋白。p21通过抑制cyclin-Cdk复合体的活性阻断细胞周期进程。p21的这种表达属于p53依赖性表达。此外，其他一些因素，如分化相关基因，也能诱导p21表达，此为非p53依赖性表达。

实验表明，p21蛋白在体外优先结合Cdk2、Cdk4、Cdk5和Cdk6，与Cdk3和Cdk1也有微弱的结合，p21可抑制cyclinA-Cdk2磷酸化H1组蛋白，还可抑制cyclinA-Cdk2、cyclinE-Cdk2、cyclinD1-Cdk4磷酸化Rb蛋白。p21通过抑制cyclin-Cdk，使其不能磷酸化Rb蛋白，低磷酸化Rb蛋白能与E2F形成复合体并阻止其转录活性，已知E2F是促进细胞进入S期的转录因子，其调控的许多基因与细胞增殖相关。

*p21*基因启动子区含有野生型p53的结合位点，DNA 受损可诱导p53表达，p53又调控p21表达，p21通过抑制Cdk引起细胞周期阻断，使受损DNA有修复的机会。实验表明，p21参与细胞对DNA损伤作出的细胞周期阻断的反应。例如，γ 辐射使人成纤维细胞阻断在G_1期而不

进入S期，细胞周期的阻断与cyclinE-Cdk2失活及p53表达相关，p21被p53诱导并抑制Cdk2活性。尽管如此，p21的表达也有不依赖p53的方式。例如，肌细胞分化过程中p21为肌源性转录因子D（myogenic D，MyoD）调控，在诱导白血病细胞向单核及巨噬细胞分化过程中，p21表达增加但未见p53表达增加，表明此过程p21的表达以不依赖于p53的方式进行。

p21的发现使人们了解到，调控细胞周期进程的因子除具有正调控作用的Cdk及cyclin外，还有负调控因子Cdk抑制因子。继p21发现之后，又有一些Cdk抑制因子被陆续发现，丰富了对CKI功能的认识。在哺乳动物细胞中，至少有4种不同的Cdk抑制因子，即p16、p15、p21和p27被鉴定。p16与cyclinD1竞争结合Cdk4，并发现一些肿瘤细胞系及原发癌中编码p16的基因缺失；p15与p16有较高同源性，只结合Cdk4或Cdk6，在引起G_1期阻断中发挥作用；p27是与p21同源的蛋白质，当培养细胞中加入TGF-β，或细胞接触抑制、血清饥饿时，p27结合Cdk并抑制细胞生长。白细胞介素2（interleukin-2，IL-2）诱导T细胞增殖过程中伴有p27失活。这些结果表明，细胞外信号分子可通过调节Cdk抑制因子调控细胞周期。

在由一个细胞通过有丝分裂产生两个子细胞的过程中，负调控机制保证了基因组的完整和重要细胞器的准确复制与分配。如果某些环节出现错误，通过反馈抑制阻断细胞周期，以保证错误得到纠正后细胞周期重新开始。此外，它们在细胞脱离分裂周期进入分化途径时也发挥着重要作用。实际上Cdk活性受多个层次、多种方式的调控，综合起来包括：cyclin的表达及与Cdk结合；Cdk抑制磷酸化与激活磷酸化，以及抑制磷酸化位点的去磷酸化；CKI与Cdk的结合与解除等（图9-31）。

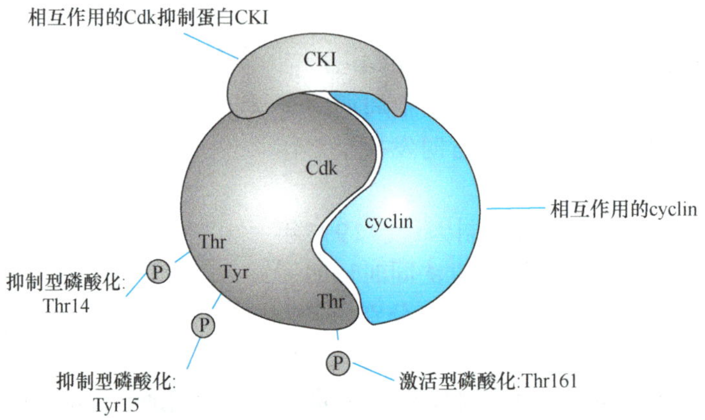

图9-31　Cdk的活性受到多种因素的调控

三、细胞周期运行调控

当细胞完成分裂后，子细胞所面临的一个非常重要的问题就是能否进入新的细胞周期。实际上子细胞有多个选择，它们可以不再分裂而是开始分化，最终分化成为某种特定细胞；可以进入G_0期成为休眠细胞，待有相关因素刺激时，重新启动进入细胞周期；可以立即开始一个新的细胞周期，表现出增殖细胞的特征。这些选择是通过细胞内外多种因素共同作用来决定的。如果细胞开始一个新的细胞周期，首先就要通过一个称为限制点的调控点（又称为起始点），细胞只有通过限制点才能进入一个新的分裂周期。如果休眠期细胞进入细胞周期开始细胞分裂，还需先通过泛素介导将起抑制作用的CKI降解。已知不同种类的cyclin-Cdk复合体活性调控着整个细胞周期的运行，它们不仅调控限制点的通过，还调控着G_1/S期的转换及S期的完成、G_2/M期的转换及M期的完成（图9-32）。

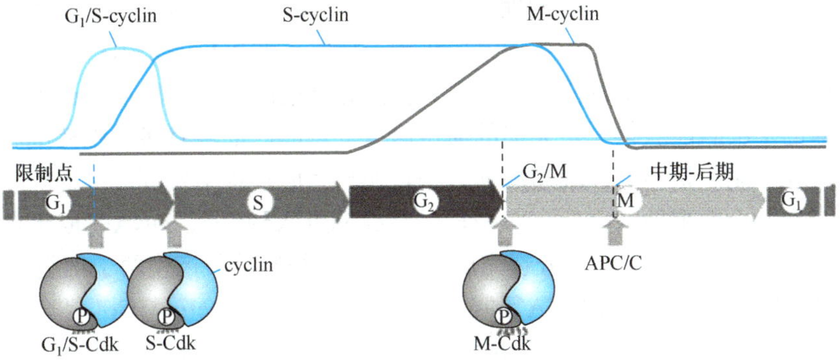

图9-32　cyclin-Cdk复合体活性调控细胞周期限制点与周期进程

（一）细胞周期限制点

内外分裂信号的刺激均可通过信号转导产生效应，使cyclinD与Cdk4形成有活性的复合体，导致Rb磷酸化解除其抑制效应，释放转录激活因子E2F，从而使细胞通过限制点。细胞一旦通过限制点，无论刺激分裂的信号是否存在，细胞都会不可逆的按细胞周期进程运行。在快速增殖的细胞通过限制点时至少表达cyclinD中的一种。一般情况下，一种细胞仅表达两种cyclinD，即cyclinD3和cyclinD1或cyclinD2。cyclinD抗体显微注射和cyclinD编码基因的反义RNA显微注射等实验表明，cyclinD为启动细胞周期所必需，同时还需要与之形成复合体的Cdk4 或Cdk6。

已知有多种生长因子参与调控细胞增殖，如PDGF、EGF等均是较强的促有丝分裂因子。它们与酪氨酸激酶偶联受体结合后，通过Ras激活MAPK信号通路，刺激*c-fos*、*c-jun*、*c-myc*等基因的表达。c-jun与c-fos蛋白是转录因子AP-1的组成成员，c-myc也是转录因子，它们分别与增殖相关的基因启动子结合，通过刺激基因表达参与细胞增殖调控。cyclinD就是一个关键的细胞增殖信号的感受因子（图9-33）。多种生长因子与激素及其他一些与增殖相关因子的作用可刺激*cyclinD*、*Cdk4*基因的表达，还可抑制*CKI*基因的表达，以及促使CKI蛋白的降解。

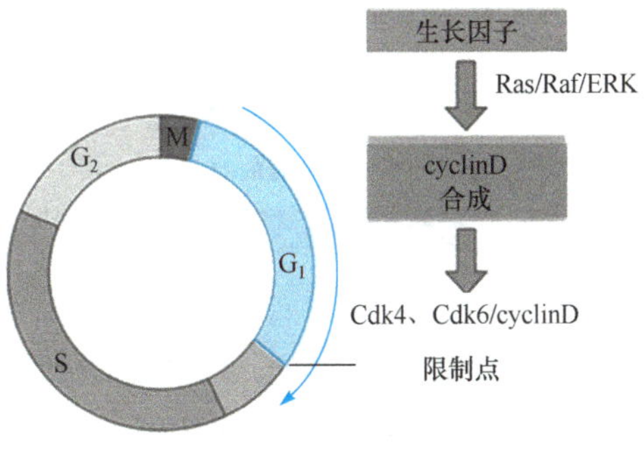

图9-33　生长因子经由cyclin-Cdk复合体诱导细胞通过限制点

细胞周期的启动还会受到一些生长负调因子的调节，如TGF-β。在TGF-β作用下，TGF-β受体丝氨酸/苏氨酸激酶被激活，磷酸化Smad2（或Smad3），后者通过与Smad4结合，移位至细胞核中，它们与转录因子Miz-1协同，通过与$p15^{INK4b}$和$p21^{cip1}$基因启动子结合激活*p15*、*p21*基因表达，将细胞阻止在G_1期。磷酸化的Smad3蛋白还可与抑制型E2F4/5/PRB107结合形成转录抑制复合体，抑制*c-myc*基因的表达，限制了c-myc蛋白促进生长的效应。TGF-β的这些作用均导致细胞被阻滞在G_1期。

（二）DNA复制期的进入及完成

细胞周期的正常运行受到**细胞周期检验点**（cell cycle checkpoint）的控制，检验点是一类维持细胞内事件之间正常依赖关系的调控机制。检验点调控机制是由一些细胞内信号转导途径来实现的，在某些早发事件未完成之前，就具有延缓或阻断细胞周期进展的作用，以确保细胞分裂后的子细胞能获得完整无损的遗传信息。目前已证实有多种维持细胞周期正常运转的检查点调控机制。检验点在细胞周期时相转换与完成过程中发挥关键性作用。细胞进入细胞周期后存在两个重要阶段。第一个阶段是从G_1期进入到S期，DNA完成正常复制，另一个阶段是从G_2期进入到M期，有丝分裂完成，由一个母细胞分裂产生两子细胞。

细胞由G_1期进入S期，以及DNA复制的完成，除了G_1期cyclin与Cdk复合体的激活，如cyclinD-Cdk4复合体的活化外，还需要S期cyclin与Cdk复合体的激活，如cyclinE、cyclinA与Cdk2形成有活性的复合体。细胞完成由G_1期到S期的转化，其重要标志是细胞启动DNA的复制。一般认为细胞由G_1期向S期转化主要受G_1期cyclin及其Cdk所控制。在哺乳动物细胞中，cyclinD主要与Cdk4或Cdk6结合，其活性是细胞通过限制点所必需的，同时又参与推进细胞由G_1期进入S期。但DNA复制的真正启动及完成需要先后激活cyclinE-Cdk2复合体与cyclinA-Cdk2复合体（图9-34）。

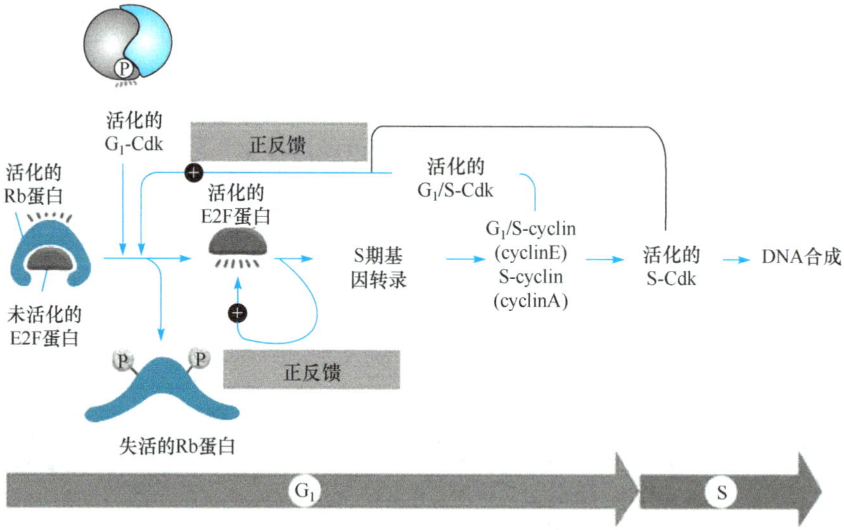

图9-34　cyclin-Cdk复合体激活促使细胞进入S期

激活的G_1-Cdk可将Rb蛋白磷酸化，使Rb失去结合E2F的活性，释放出的E2F可激活S期所需基因的转录，这些基因包括G_1/S-cyclin（cyclinE）和S-cyclin（cyclinA）的基因，由此产生的G_1/S-Cdk和S-Cdk活性可进一步提高Rb的磷酸化，形成正反馈调节

cyclinE在G_1期的晚期开始合成，并一直持续到细胞进入S期。当细胞进入S期后，cyclinE就很快被降解。因而，cyclinE-Cdk2复合体激酶活性峰值时间为G_1期晚期到S期的早期阶段。cyclinE-Cdk2复合体激酶活性为S期启动所必需得到了一系列实验的证实。在果蝇胚胎发育过程中，如果将*cyclinE*基因突变，胚胎细胞就会被阻滞在G_1期。如果将抗cyclinE的特异抗体显微注射到细胞中，被注射的细胞也会停留在G_1期。在用非洲爪蟾卵提取物进行细胞核重建和DNA复制实验中，如果事先将cyclinE从卵提取物中用免疫沉淀方法去除，重建

的细胞核不能复制DNA。此外，有研究结果显示，cyclinE在肿瘤细胞中的表达量明显高于正常细胞。细胞中提高cyclinE的表达，将使细胞快速进入S期，而且对生长因子的依赖性降低。

cyclinE-Cdk2复合体可以作用类Rb蛋白p107，与Rb相似，p107可以与转录因子E2F结合成复合体。Cdk2激酶催化p107磷酸化，使p107失去抑制作用，E2F被释放，作为转录因子促进与DNA复制有关的基因转录，促使细胞周期由G_1期向S期转化。此外，cyclinE-Cdk2复合体还参与了中心体复制的起始调控。

当cyclinE与Cdk2分离降解后，cyclinA与Cdk2结合，形成cyclinA-Cdk2复合体。cyclinA的合成开始于G_1/S转化时期。进入S期后，cyclinA-Cdk2复合体激酶成为这一时期主要的Cdk激酶。cyclinA-Cdk2与DNA复制的完成相关。在S期，cyclinA-Cdk2复合体位于DNA复制中心，如果将抗cyclinA的抗体注射到细胞中将会抑制细胞DNA的合成。此外，cyclinA-Cdk2复合体也具有磷酸化p107释放E2F的功能。当S期完成时，cyclinA与Cdk2分离并被降解。G_1期cyclin是通过泛素化途径降解的，但与M期cyclin的降解有所不同，因为G_1期cyclin中不含有破坏框序列，而是含有PEST序列，它们的降解需要特殊的E2和E3泛素连接酶。

对于保证细胞中DNA正常复制来说，除了G_1期cyclin依赖性Cdk参与调控外，细胞内还有多种因素对DNA复制起始活性进行综合调控，使DNA在一个细胞周期中不仅能复制而且只能复制一次。为此，Blow等提出了DNA复制执照假说（DNA a replication licensing theory）。该假说认为，在细胞中存在一种因子，能够在G_1期前或G_1期与染色质结合，相当于发给染色质DNA复制的“执照”，引导DNA复制的起始；一旦DNA复制完成，染色质上不再结合有此类因子，允许复制的“执照”即行失效，避免DNA再行复制，即当DNA复制结束，进入G_2期的细胞核不再持有“执照”，DNA便不会再次起始复制。当细胞进入M期后，细胞核膜破裂，染色体分离进入子细胞，细胞质中合成的执照因子会与子细胞中的染色质结合，子细胞染色质又获得了DNA复制所必需的“执照”，当细胞通过G_1期进入S期时，DNA又可起始复制。

执照因子的主要成分目前已知包括微小染色体支撑蛋白（minichromosome maintenance protein，Mcm）、复制起始点识别复合体（origin recognition complex，Orc）、cdc6（cell division cycle 6）、Cdtl（Cdc10 dependent transcript 1）等。Orc含有6个亚单位（Orcl~6）。Orc能够识别DNA复制起始位点并与之结合。当Orc与DNA复制起始点结合后，cdc6和Cdtl被募集到该起始点上。cdc6的结合可改变Orc的构象，并连同Cdtl共同促进Mcm蛋白复合体结合到DNA复制起始位点上，此时便形成了前复制复合体（pre-replication complex，Pre-RC），DNA复制的起始则获得了“执照”。Mcm蛋白复合体由6个亚基组成（Mcm2~7），Mcm蛋白复合体具有解旋酶功能，参与DNA复制起始过程中的DNA解旋。随着DNA复制的进行，Mcm蛋白分子从染色质上不断脱落，在DNA复制结束时Pre-RC解体失去功能。

细胞限制每次组装的前复制复合体只能行使一次功能，阻止在一个S期内发生多次DNA复制，其机制主要包括cyclinA-Cdk2将Cdc6磷酸化，cdc6从细胞核内向细胞质运输或发生降解。一种定位于细胞核内的多功能小分子蛋白质Geminin蛋白通过与Cdtl结合，抑制Cdtl与染色质的结合。这样cdc6和Cdtl均与染色质脱离，有效地阻止了Mcm蛋白与染色质再结合，在细胞有丝分裂完成前阻止前DNA复制复合体组装。

前DNA复制复合体的组装只是标志着DNA复制起始的潜在位点所在，DNA真正开始复制还需其他因子的参与。在前DNA复制复合体形成的基础上，在S期Cdk激酶和DDK激酶

（Dbf4 dependent kinase）及Mcml0参与下，募集cdc45与复制起始点染色质结合，形成前起始复合体（preinitiation complex，pre-IC）。Mcm复合体与Cdc45形成的紧密复合结构具有解旋酶活性。Mcm从一个pre-RC装配因子转变成一个解旋酶，并成为延伸复合体的组成部分。DNA解旋后，单链结合蛋白复制蛋白A（replication protein A，RPA）和DNA聚合酶ε（Polε）结合于DNA复制起始点处，并进一步募集DNA聚合酶α（Pol α）。Pol α具有引物酶活性，负责合成起始引物。复制因子C（replication factor C，RFC）也随之结合到已结合有引物的模板上，并进一步募集增殖细胞核抗原（proliferating cell nuclear antigen，PCNA）和DNA聚合酶δ（Pol δ），DNA开始进行复制（图9-35）。

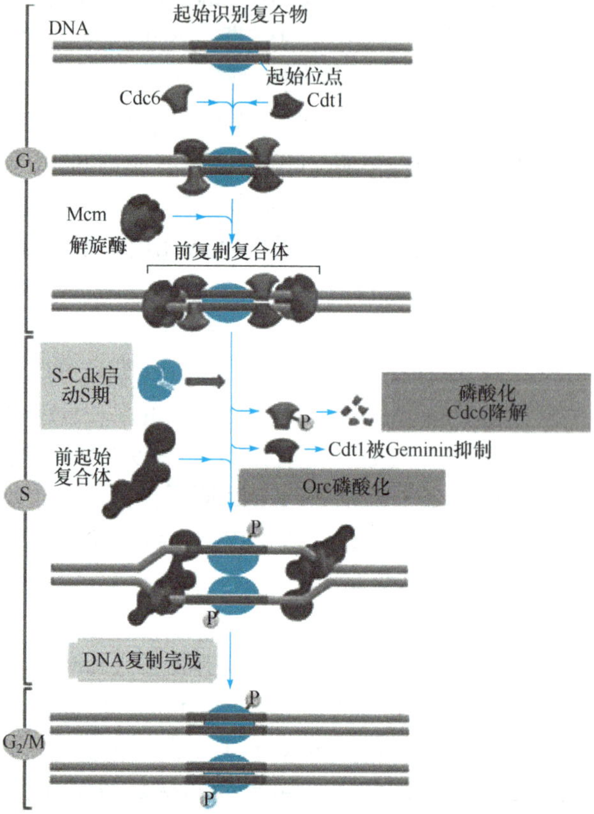

图9-35　前复制复合体与Cdk参与DNA复制调控

（三）有丝分裂期的进入及完成

在促进细胞G_2/M期的转换中，起主要作用的是MPF，由cyclinB和Cdk1形成的复合体。已知Cdk1蛋白在细胞周期中的含量相对稳定，而cyclinB的含量则呈现周期性变化。Cdk1激酶活性首先依赖于cyclinB含量的积累。cyclinB一般在G_1期的晚期开始合成，且含量不断增加，到G_2期时其含量达到最大值。当cyclinB含量达到一定程度，Cdk1激酶活性开始出现。G_2期晚期时，Cdk1活性达到最大值并一直维持到M期的中期。有研究结果显示，cyclinA也可以与Cdk1结合成复合体将Cdk1激活。

cyclinB-Cdk1复合体通过将其靶蛋白磷酸化，实现其对细胞周期的调节。已知Cdk1可以使许多蛋白质磷酸化，其中包括组蛋白H1、核纤层蛋白、核仁蛋白（nucleolin）、p60c-src、

C-abl等。组蛋白H1磷酸化，促进染色质凝集；核纤层蛋白磷酸化，促使核纤层解聚；核仁蛋白磷酸化，促使核仁解体；p60c-src蛋白磷酸化，促使细胞骨架重排；C-abl蛋白磷酸化，促使细胞形态调整；等等。有丝分裂进入到中期后，cyclinB通过泛素化途径降解，Cdk1失去活性，被Cdk1磷酸化的蛋白质将会去磷酸化，有丝分裂由中期向后期转化。如果MPF持续保持活性，细胞将会停留在中期，不能进入后期。M期周期蛋白在泛素化途径降解过程中，其分子中的破坏框起着重要的调节作用。用基因突变方法将破坏框去除，所得到的突变分子将不能通过泛素化途径被降解，而是较长时间地保持活性。

20世纪90年代，有两个实验室在细胞中分离出具有泛素E3连接酶活性的蛋白质复合体，根据功能将其称为**后期促进复合体**（anaphase-promoting complex，APC）。在E1、E2、泛素和ATP再生体系存在的情况下，APC可以将泛素连接到cyclinB或cyclinA上，通过蛋白酶体将cyclinB或cyclinA降解（图9-36）。同时本章前面部分还提到APC与姐妹染色单体间的粘连蛋白复合体（cohesin）的降解相关。cohensin降解的机制主要与APC能促使几种重要的有丝分裂调节蛋白，如分离酶抑制蛋白（securin）、cyclinB或cyclinA泛素化降解有关。在有丝分裂进入后期前分离酶抑制蛋白与染色单体分离酶（separase）结合并抑制分离酶的活性，当M期向后期转移时，分离酶抑制蛋白通过APC的泛素化作用而降解，释放出有活性的分离酶，并通过将粘连蛋白复合体中的Scc1等亚基降解，从而解除姐妹染色单体间的粘连（图9-37）。已知在哺乳动物中分离酶的活性还可被Cdk1的磷酸化所抑制，但由于APC的激活也可使cyclinB降解，使Cdk1失去活性，解除了Cdk1对分离酶的磷酸化，保证了姐妹染色单体的分离。

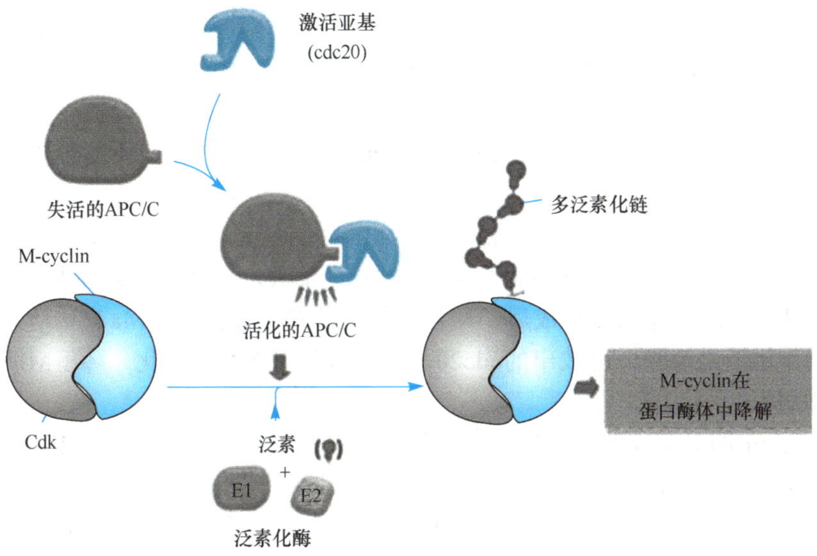

图9-36　APC的激活及其对M-cyclin降解的调节

作为激活亚基的cdc20与无活性的APC/C结合而将APC/C激活，激活APC/C作为E3连接酶将cyclin泛素化，cyclin因此被降解

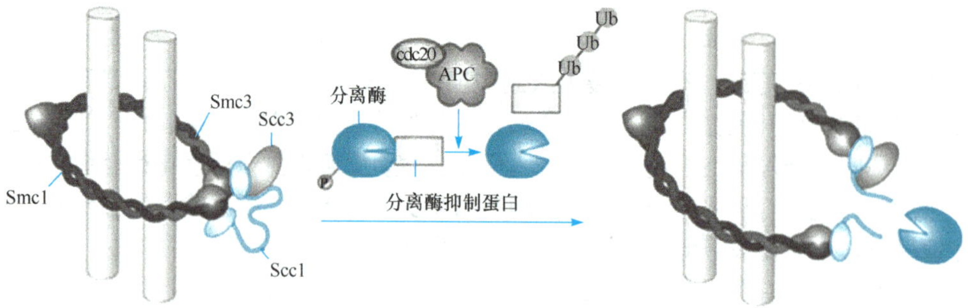

图9-37　活性APC诱导粘连蛋白复合体降解

APC的发现表明有丝分裂中期向后期转化受到精密调控。APC至少由15种成分组成，分别称为APC1~15。这些蛋白质成分的大部分已在不同物种中被鉴定出来。实验结果显示，如果抑制APC中某些成员的功能，可以使APC的泛素化活性丧失，M期周期蛋白将不会被降解。APC除了调节M期周期蛋白泛素化途径降解之外，还可调节其他一些与细胞周期调控有关的非周期蛋白类蛋白质的降解。

APC活性受多种因素的综合调节。细胞中存在正、负两类APC活性调节因子。激活APC的正调控因子有cdc20/Fizzy和Cdh1/Fzy等，负调控因子有Emil（early mitotic inhibitor 1）、Emi2、Mad2、BubR1等。已知APC各个成分在分裂间期表达，但只有到达M期后才表现出活性，M期Cdk激酶活性对APC的活性起着调节作用。实验结果表明，在体外APC可以被M期Cdk激酶活性所激活，且APC的多个成分可被M期Cdk激酶磷酸化，活化的APC则被磷酸酶作用而失活。作为APC正调控因子的cdc20主要位于染色体动粒上，为姐妹染色单体分离所必需。Cdk1激酶通过磷酸化APC核心亚基增强了APC与cdc20的结合，形成激活态的APC。APC活性也受到纺锤体组装检验点（spindle assembly checkpoint）的检控。纺锤体组装不完全，或动粒未被动粒微管全部捕捉，APC则不能被激活。染色单体也不能分离，后期不能被启动。

在纺锤体组装检验点，作为负调控因子的Mad2蛋白起着重要作用。纺锤体组装不完全，动粒不能被动粒微管捕捉，Mad2则不能从动粒上消失。Mad2与cdc20结合，可有效地抑制cdc20的活性。当纺锤体组装完成后，动粒全部被动粒微管捕捉，Mad2从动粒上消失，对cdc20的抑制作用随之解除，释放出的cdc20与APC结合而将APC活化，降解M期周期蛋白，使M期Cdk激酶失活。

APC对cyclinB的降解导致了Cdk1激酶的钝化，也降低了它对APC的磷酸化作用，有丝分裂后期cdc20从APC中解离，随之降解。这时APC的另一个活化因子Cdh1取代了cdc20，继续活化APC直至G_1期，从而在G_1期维持了APC的活性，也保证了cyclinB或cyclinA在G_1期降解作用的维持，以及有利于S期pre-RC的组装等周期事件的进行。在晚G_1期，cyclinE-Cdk2复合体通过磷酸化Cdh1使其与APC分离，导致APC钝化直至到M中期重新激活。

（四）细胞周期运行中的DNA损伤与复制检验点

细胞增殖信号通过cyclin-Cdk复合体促使细胞进入细胞周期，同时还通过cyclin-Cdk复合体推动细胞周期进程，但细胞周期调控体系在整个细胞周期中会不断接受反馈调控。只要有一个事件仍在进行，信号将会传递到调控体系，从而阻止下一个事件的起始。只有当一个事件成功完成后，这种抑制信号才会消除并允许细胞进入下一个时期。在整个细胞周期中存在着若干个检验点，这些检验点监控着细胞周期的正常进程，并在异常情况出现时作出反应。细胞会抑制cyclin-Cdk复合体的活性，将细胞周期阻断，并为修复缺陷提供条件（图9-38）。例如，DNA损伤与复制检验点，当DNA受到损伤或复制不完全时显示出活性，在问题解决之前会阻止细胞进入有丝分裂。又如，有丝分裂检验点，它能监控染色体与有丝分裂纺锤体的附着，并在每条染色体与两极纺锤体微管正确连接之前，阻止姐妹染色单体分离。因此，检验点保证了每个子细胞获得一个正确且完整的染色体组。这里主要阐述DNA损伤与复制检验点。

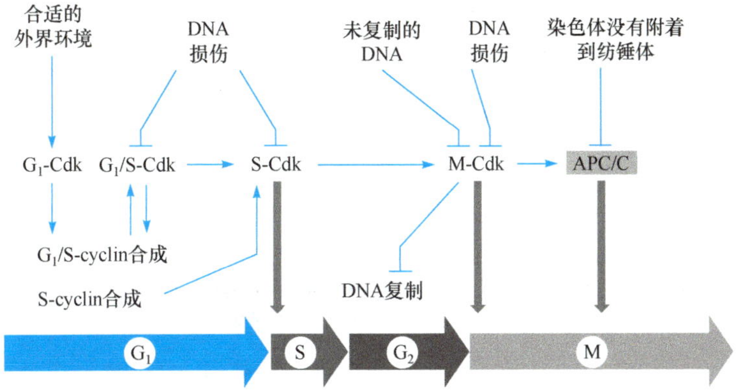

图9-38　细胞周期检验点对细胞周期的调控

cyclin-Cdk复合体是推进细胞周期调进程的核心动力，复合体的活性受到正反两个方面多种因素的调控

对细胞来说，DNA的完整性是至关重要的，因此基因组会受到持续的监控。有大量蛋白质参与细胞对DNA损伤或DNA复制抑制的应答。DNA结构的改变，如局部单链DNA（ssDNA）或双链DNA断裂（DSB）可以被DNA损伤检验点识别。这些异常结构的形成导致对共济失调毛细血管扩张突变相关激酶ATM（ataxia telangiectasia- mutated，ATM）和共济失调毛细血管扩张与Rad3相关激酶（ataxia telangiectasia and Rad3 related，ATR）的募集和活化。例如，哺乳动物细胞用γ射线照射产生DSB，导致ATM激酶活性增加，随之ATR激酶活性也增加。现已确定，ATM激酶和ATR激酶在感受损伤和检验点应答中发挥了关键性作用。原子力电子显微镜的观察结果表明，ATM激酶可以直接与一个DSB的DNA末端结合，ATR激酶可结合紫外线诱导的损伤DNA结构，而这些结合与随后激酶活性的提高和信号扩增相关联。

检验点介导因子在损伤被感应到以后才会发挥作用，它们对DNA损伤识别、信号转导和DNA修复是十分重要的。在这组蛋白质中，检验点功能和DNA修复功能之间的界线很模糊，因为有些蛋白质在这两种功能中都很重要。介导因子也可能通过组成稳定的多蛋白质信号转导复合体参与对DNA损伤的应答。在DNA损伤和DNA复制检验点中的主要传感器是Chk1激酶和Chk2激酶，它们直接磷酸化细胞周期引擎的组分从而阻止其活化。

哺乳动物细胞中，通过抑制G_1期cyclin-Cdk复合体的活性可延迟S期的进入。G_1期停滞的发生至少有两种方式。一种应答DNA损伤延迟G_1/S期转换的方式是抑制G_1期cyclin-Cdk复合体的活化。ATM激酶与ATR激酶的活化导致效应子激酶Chk2（checkpoint kinase 2）和/或Chk1（checkpoint kinase 1）的磷酸化和活化。这些激酶随后将cdc25A磷酸化，并使其从细胞核中排出，通过泛素介导的蛋白质水解作用降解，使cyclinE-Cdk2复合体维持在非活化的酪氨酸磷酸化状态。另一种应答DNA损伤延迟G_1/S期转换的方式是上调CKI表达的转录。随着检验点的激活，经由ATM/ATR和Chk1/Chk2相继激活进而将p53磷酸化，磷酸化的p53与Mdm2（Murine double minute 2）分离，随后在细胞核中积累。这导致p53调控的靶基因转录增加，其中包括p21，p21可以抑制G_1期cyclin-Cdk复合体活性（图9-39）。因此，两个单独的路径促进了对DNA复制所必需的 cyclin-Cdk复合体的抑制。

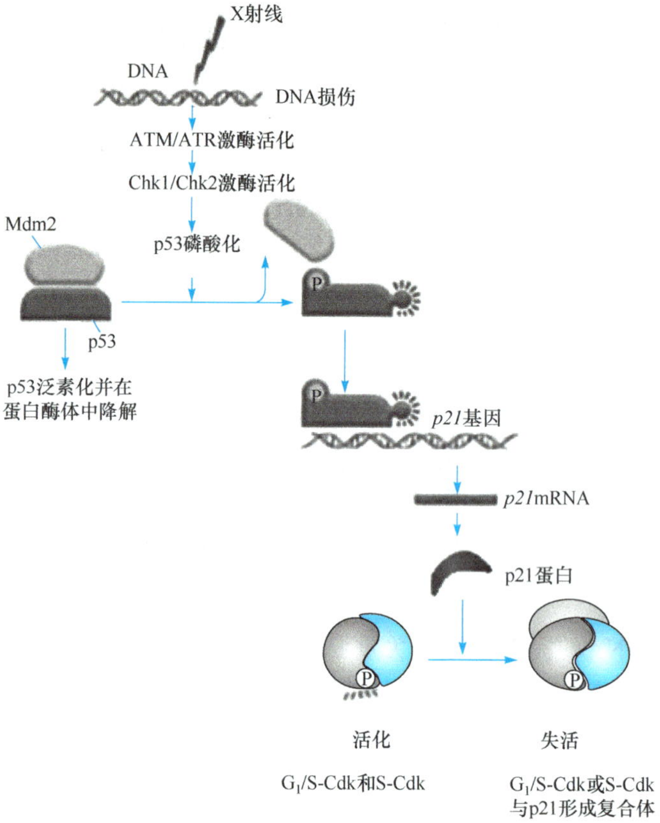

图9-39　DNA损伤诱导CKI的表达

DNA受到损伤时，通过与DNA损伤修复直接相关的蛋白激酶ATM/ATR和Chk1/Chk2的相继激活，而将p53磷酸化，p53由此与Mdm2分离而避免了被泛素化降解，处于稳定的活性状态。p53高水平积累可启动*p21*基因的转录，p21蛋白与cyclin-Cdk复合体结合并抑制复合体的活性，阻断细胞周期，促使DNA损伤的修复

由于DNA损伤时间的不同，p21会以不同方式发挥作用。当细胞在进入S期前DNA损伤时，p21通过抑制cyclin-Cdk活性使细胞停止进入DNA合成期。当细胞在S期发生DNA损伤时，则通过p21结合增殖细胞核抗原（proliferating cell nuclear antigen，PCNA）直接抑制DNA复制元件。体外实验表明，在无cyclin-Cdk存在的条件下，p21可与PCNA直接结合并抑制DNA聚合酶δ活性。p21蛋白既可结合cyclin-Cdk调节细胞周期，又可结合PCNA抑制DNA复制，这两种功能分别由位于p21 N端和C端的结构域完成。p21 可通过UPP降解，从而解除其抑制功能。这种降解作用也是调控细胞周期的重要方式之一。

由S期和G_2/M期DNA损伤检验点引起的应答，在本质上与G_1期DNA损伤检验点相似。S期检验点的功能主要是检测到DNA损伤后，延迟后面DNA复制起始点的启动。G_2/M期检验点与G_1期和S期检验点类似，阻断细胞周期进程，修复损伤的DNA。在这些检验点中ATM/ATR-Chk1/Chk2通路的激活，都会导致对cyclin-Cdk复合体的抑制。此外，ATM/ATR可将组蛋白H2AX的C端磷酸化形成γ-H2AX，检验点蛋白质在聚集点的持续存在及检验点应答都依赖它。因此，γ-H2AX可能组织了一个检验点和修复蛋白的信号中心，监控DNA修复的高效进行。

DNA复制开始后，如果在其复制叉区域DNA合成不能正常进行，将会激活DNA复制检验点。羟基脲（hydroxyurea，HU）是一种核苷二磷酸还原酶抑制剂，可阻止核苷酸还原为脱氧核苷酸，用羟基脲处理细胞可在复制叉形成后阻碍DNA合成，激活DNA复制检验点。一些复制酶的突变也会由于DNA复制中止而激活检验点。其中的很多成员属于复制检验点和DNA损伤检验点共同拥有，并都将使细胞周期阻断。例如，检验点激酶ATR或其同源物、Chk1或其同源物将信号传递给cdc25家族成员抑制cyclinB-Cdk活性，阻止细胞进入有丝分裂。

第四节　癌　细　胞

生物体中所有细胞的增殖与分化都受到严格调控，以保证各种组织与器官能行使正常的功能。但是在各种因素的作用下，细胞的增殖与分化会出现失控，即细胞出现恶性增殖并且不能正常分化。同时这些细胞又不能被生物体清除，这些细胞就可能成为肿瘤细胞，恶性肿瘤细胞也称为**癌细胞**。

一、癌细胞的基本特征

（一）癌细胞的起源

对癌细胞的起源有两种见解，其一认为来源于去分化的体细胞，其二认为来源于干细胞。虽然在某些低等动物中已分化的细胞可以去分化，但是在哺乳动物中通常已分化的细胞不再具备自我更新能力，即使发生突变也只是功能异常而不至于转化，而干细胞一直存在并增殖产生新的细胞，突变更容易在干细胞中累积，所以倾向于认为肿瘤来源于发生恶性变异的干细胞（图9-40）。有些组织虽然不具有干细胞，但是其细胞在特殊情况下也具有分裂能力。干细胞是体内具有定向分化能力和分裂能力的细胞，如骨髓细胞可以分化出各种血细胞。肿瘤细胞和干细胞有很多相似之处，如持续的增殖能力、较高的端粒酶活性、相同的调节自我更新的信号转导途径等。

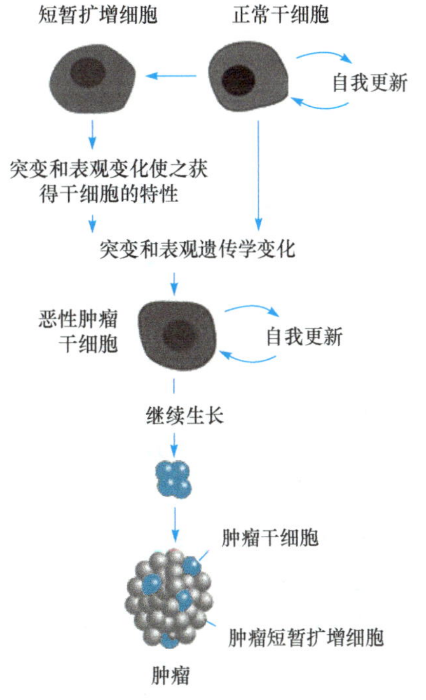

图9-40　正常干细胞变异导致癌细胞的形成

由正常细胞转变成癌细胞是多个关键基因变异共同作用的结果。例如，将*myc*和*ras*基因分别连接上功能较强的启动子，将重组的DNA分子转入鼠卵，重组DNA分子可整合到染色体上，如果*myc*和*ras*是分别转入，在发育成熟的鼠中有些携带了强表达的

*myc*基因，有些携带了强表达的*ras*基因，这些鼠肿瘤的发生率较正常鼠高，但并不一定产生肿瘤。如果将这两种鼠交配，产生的子代中肿瘤发生的比例就非常高。如果将这两个基因同时转入一种正常的培养细胞中，细胞就容易发生转化。再如，B细胞淋巴瘤就是由于*myc*和*bcl-2*两个基因共同作用所致，Bcl-2蛋白是细胞程序性死亡的抑制因子，它的变异会使细胞产生不死性，但细胞还未癌化，*myc*的超表达会使细胞同时出现异常分裂。但如果只有*myc*基因变异，而*bcl-2*表达正常，这些异常分裂细胞就会进入程序性死亡，但如果这两个基因均发生变异，肿瘤发生的概率就会大大增加。

由于正常细胞转变成癌细胞涉及多个基因的突变，因而是一个渐进的复杂过程。多次突变形成肿瘤细胞的异质性，其中少量的细胞具有很强的增殖能力，被称为**肿瘤干细胞**（tumor stem cell）。早在20世纪70年代Park等研究发现，从小鼠腹水中分离得到的骨髓瘤细胞移植到体内，只有1%~4%的骨髓瘤细胞能在脾脏形成克隆，这些骨髓瘤细胞与通常造血细胞一样，能形成克隆的骨髓瘤细胞很可能就是骨髓瘤干细胞。根据干细胞理论，传统的治疗方法并没有将肿瘤干细胞完全杀死，它们仍具有无限增殖能力，肿瘤治疗关键是杀伤肿瘤干细胞。

现已发现各种类型的细胞均可发生癌变。英文的cancer是一种泛称，具体来讲，起源于上皮的cancer称为carcinomas，起源于结缔组织或肌肉细胞的cancer称为sarcomas，来源于造血细胞的cancer称为leukemias。每种器官都会出现癌细胞，起源于各种组织的癌细胞虽有共性，但也常带有原细胞的一些个性。例如，黑色素瘤由于起源于皮肤色素细胞，癌变后仍能产生少量色素；再如，血细胞处于悬浮状态，血癌细胞培养时是不贴壁的。

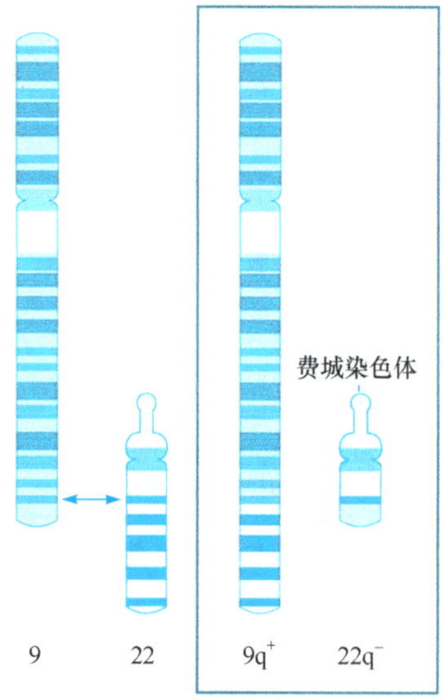

图9-41　9号与22号染色体长臂间的易位造成异常染色体

染色体易位后余留的22号异染色体由于首先是在美国费城（Philadelphia）发现的，故命名为费城染色体。最初认为是22号染色体的长臂缺失所致，后经显带证明是9号和22号染色体长臂易位的结果。易位使9号染色体长臂上的原癌基因*abl*和22号染色体上的*bcr*（break point cluster region）基因重新组合成融合基因。*bcr*导致*abl*表达显著上升，成为慢性粒细胞性白血病发病的主要原因

身体中的肿瘤块有很多细胞，但最初形成时并不是由于很多细胞发生了癌变，而是由于单个细胞发生变异而产生的，关于这一点已有明确的实验证据。①来自细胞DNA的分析。几乎所有白血病患者的白细胞中带有特定的异常染色体，这些异常染色体是由于9号与22号染色体长臂间的易位造成的。有人将包含易位点的DNA片段克隆出来并测定其序列，结果显示，对于某个患者来说，他的所有白血病细胞中易位片段的断点和连接点都是一样的（图9-41）。②利用失活的X染色体为标志的分析。一个正常妇女的体细胞中包括两种随机混合的细胞，一种细胞是母体的X染色体失活，另一种细胞是父本的X染色体失活，这在胚胎期就已决定，不能改变，这样可将失活的X染色体作为一种标志。结果发现，一个患有肿瘤的妇女，她所有的肿瘤细胞中失活的X染色体是一致的（图9-42）。

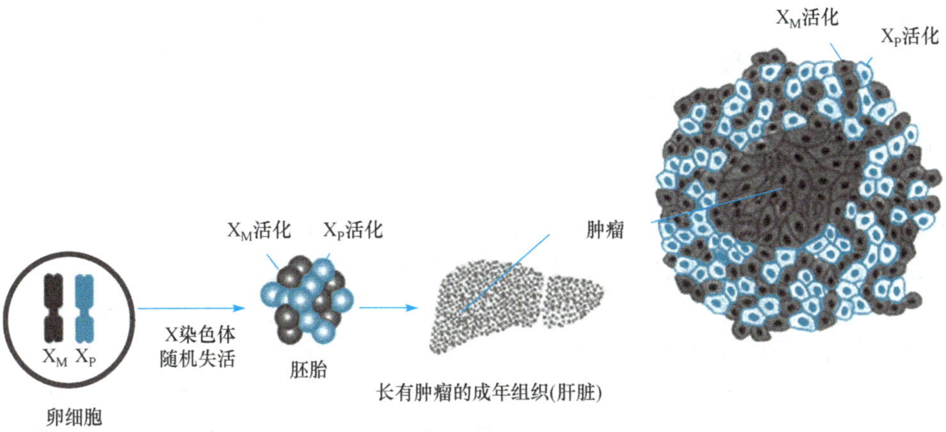

图9-42　肿瘤细胞中显示同一种失活的X染色体

检测癌细胞中的X染色体时，常常发现这些细胞中同一种X染色体失活，暗示着这些肿瘤细胞来自单个癌变细胞

人的一生中大约有10^{16}次细胞分裂，在DNA复制和细胞分裂中不可避免的会出现变异，如果一出现变异，细胞就癌化，那生命将是非常脆弱的，而实际上并非这样。很多证据表明，在一个细胞中几种至关重要的基因变异都出现了，细胞才会癌变。一般认为，导致血癌发生所涉及的基因的变异数少于实体瘤。这里变异包括癌基因和抑癌基因。由于细胞癌变是由多种因素促成的，它的形成也是多阶段的，即由最初小的变异逐渐形成大的变异，由单基因的变异到多基因的变异，等等。有的是由良性转成恶性，如宫颈癌的形成（图9-43）。

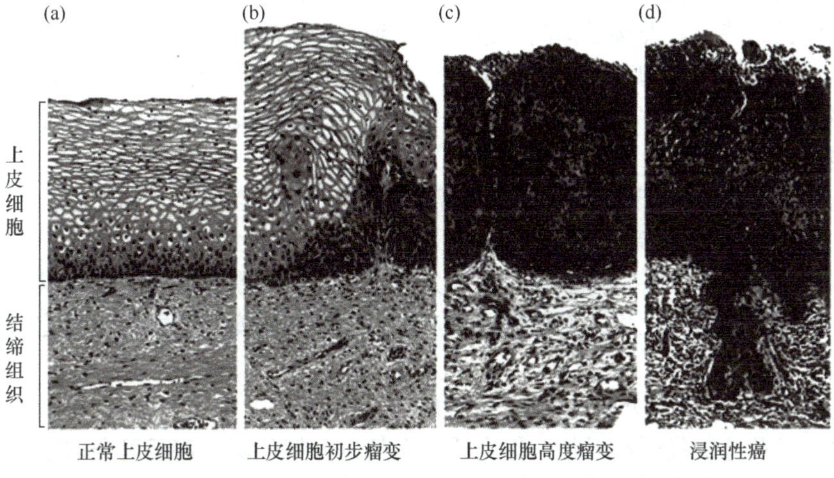

图9-43　子宫颈上皮组织细胞发生癌变的渐进阶段

（a）正常上皮组织；（b）低度恶性上皮内瘤；（c）高度恶性上皮内瘤；（d）浸润性癌组织

（二）癌细胞的形态结构变化

与正常细胞相比，癌细胞的大小、形态及结构会发生明显变化，通常细胞体积变大，细胞出现多种形状且大小不等。癌细胞的核质比显著高于正常细胞，有些可达1∶1，而正常分化细胞的核质比为1∶4~6。并且癌细胞分化越差，核质比例失常越明显。癌细胞的细胞核形态不一，并可出现巨核、双核或多核现象。由于各个癌细胞核增大程度不一致，同一视野

的癌细胞核大小相差悬殊。癌细胞核可出现明显的畸形，表现为细胞核形态不规则，呈结节状、分叶状等；核膜出现凹陷、皱褶，使核膜呈锯齿状。因细胞核内染色质分布不均，细胞核的染色深浅不一。细胞核内的染色体呈非整倍态（aneuploidy），某些染色体缺失，而有些染色体数目增加。细胞核中的染色质边移，出现巨大核仁及异常核分裂。

癌细胞质膜上的主要组织相容性抗原会出现丢失，同时产生一些新的膜抗原。这些新的膜抗原是由正常细胞表面的糖蛋白修饰而成的。癌细胞质膜形成的膜泡增多，细胞质膜中蛋白质流动性增强，使表面蛋白更易被相应抗体所凝集。细胞表面黏附性降低，细胞外水解酶增加。癌细胞中线粒体表现为多型性、肿胀、增生，如肝癌细胞中出现巨线粒体。

癌细胞的细胞质中肌动蛋白丝量减少，细胞骨架结构紊乱。细胞中微管变短，排列紊乱，微丝也发生结构异常。由于细胞骨架结构紊乱，导致细胞外形也发生改变。例如，培养中的正常成纤维细胞呈扁平梭形，但被鸟类肉瘤病毒（含*src*癌基因）转化后，则变成球形，表面出现小泡，此即由于细胞骨架成分紊乱所致。

（三）癌细胞生长与增殖变化

癌细胞的细胞周期出现失控，不受正常生长调控系统的控制，能持续的分裂与增殖。在适宜条件下，癌细胞能无限增殖，成为永生细胞。正常细胞都具有一定的最高分裂次数，如人的细胞分裂50~60次便很难再分裂。然而，癌细胞却失去了最高分裂次数。例如，在1951年由一位黑人妇女的宫颈癌细胞分离建立的HeLa细胞系，在几十年的时间里不断传代使用，至今保持增殖能力。

癌细胞可高密度生长，接触抑制丧失。正常细胞在体外培养时表现为贴壁生长和汇合成单层后停止生长的特点，即接触抑制现象，而癌细胞即使堆积成群，仍然可以生长。正常细胞的生长依赖于生长因子的刺激，而癌细胞对生长因子依赖性降低，能在低血清培养基中生长，体外培养的癌细胞对生长因子的需要量显著低于正常细胞，这是因为自分泌或其细胞增殖的信号途径不依赖于生长因素。

癌细胞锚定依赖性降低，体外培养的癌细胞不贴壁也能生长，正常真核细胞，除成熟血细胞外，大多需黏附于特定的细胞外基质上才能抑制凋亡而存活，即显示出**锚定依赖性**（anchorage dependence）。肿瘤细胞失去锚定依赖性，可以在琼脂、甲基纤维素等支撑物上生长。癌细胞中，细胞凋亡相关的信号通路产生障碍，细胞变异不能启动细胞凋亡过程，导致癌细胞具有不死性。

癌细胞代谢旺盛，其DNA和RNA聚合酶活性均高于正常组织，核酸分解过程明显降低。蛋白质合成及分解代谢都增强，但合成代谢超过分解代谢，甚至可夺取正常组织的蛋白质分解产物。即使在氧供应充分的条件下也主要以糖酵解途径获取能量。糖酵解关键酶，如已糖激酶、磷酸果糖激酶和丙酮酸激酶活性增加，同工酶谱改变，以及糖原异生关键酶活性降低。

癌细胞显示去分化现象，已知癌细胞中表达的胎儿同工酶达20余种。胎儿甲种球蛋白是胎儿所特有的，但在肝癌细胞中表达，因此可做肝癌早期检定的标志特征。白血病就与细胞分化失控密切相关。患者的白细胞不能达到终端分化程度，不能在有限的分裂之后死亡，而是不断的分裂产生不具有正常功能的细胞。

（四）癌细胞的迁移性

癌细胞具有迁移性，这是由于与细胞黏着和连接相关的成分，如细胞外基质、细胞黏附分子发生变异或缺失，相关信号通路受阻，细胞失去与细胞间和细胞外基质间的联结，易于从肿瘤上脱落。许多癌细胞具有变形运动能力，并且能产生酶类，使血管基底层和结缔组织穿孔，使它向其他组织迁移。

迁移是癌细胞的主要特征之一。由于这一特征，使外科手术很难将癌细胞清除干净，为癌症的治疗带来了困难。**癌细胞迁移**（cancer cell migration）的过程首先是细胞间的连接变得松弛，使癌细胞从原来的组织上脱落下来，穿过其他组织到达血管或淋巴管，再穿过血管或淋巴管壁进入循环，这样癌细胞就会出现在新的部位。

癌细胞完成转移需要很多步骤，每一步都表现出特定的性质。例如，上皮细胞间连接的松弛，是由于这些细胞间的连接分子（E-cadaerin）不能表达造成的，而它要穿透组织还要依靠能分解细胞间基质的蛋白水解酶。现以癌细胞穿过基底层细胞为例，在癌细胞膜上存在着基底层特定蛋白的受体，通过这些受体将癌细胞固定在基底层上，而且在癌细胞的表面还带有胶原酶，可将基底层消化，从而使其穿过基底层（图9-44）。

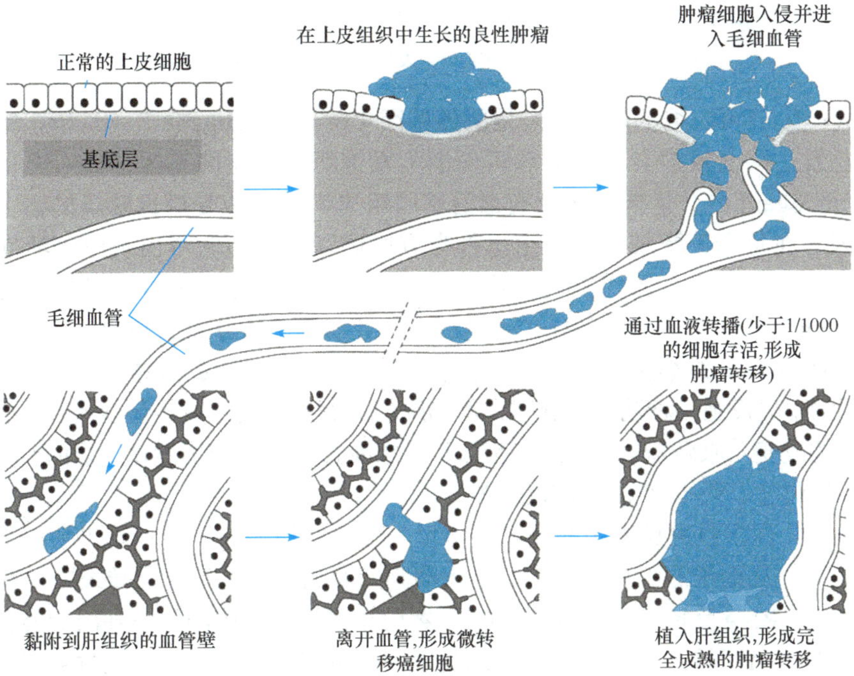

图9-44　癌细胞通过多个步骤完成转移

图中显示肿瘤细胞从一个器官转移到另一个器官的过程，如从肺到肝脏。肿瘤细胞通过横跨血管壁，或横跨淋巴管壁直接进入血流。进入淋巴管的肿瘤细胞常常在淋巴结中被捕获，因而发生淋巴结转移

二、癌基因的种类与激活方式

如前文所述，多种基因变化的积累才能导致细胞生长和分化的机制紊乱，使细胞的增殖失控而癌变。这些变异基因主要包括两类：癌基因（oncogene）及抑癌基因（cancer suppressor gene），也称为肿瘤抑制基因（tumor suppressor gene）。这两类基因在导致细胞癌变的方式上有着不同的特点（图9-45）。

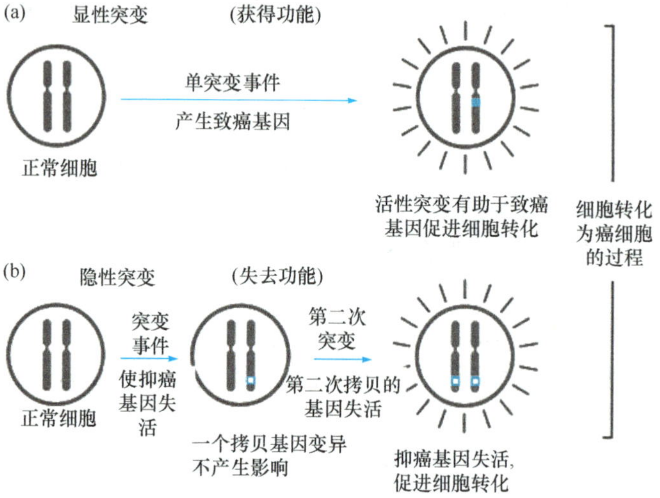

图9-45　癌基因与抑癌基因导致细胞癌变的不同方式

（a）癌基因常以显性方式发挥作用，关键癌基因单一拷贝发生突变就可促使细胞发生癌变；（b）抑癌基因通常以隐性方式发挥作用，关键抑癌基因两个等位基因都发生突变才可能促使细胞发生癌变

癌基因产生于两大类基因：一类是**原癌基因**（proto-oncogene），是指正常细胞基因组中，一旦发生突变或被异常激活后可使细胞发生恶性转化的基因；另一类是**病毒癌基因**（viral oncogene），是指反转录病毒的基因组里带有可使受病毒感染的宿主细胞发生癌变的基因。在每个正常细胞基因组里都带有原癌基因，但它不出现致癌活性，只是在发生突变或被异常激活后才变成具有致癌能力的癌基因。癌基因有时又被称为转化基因（transforming gene），因为已活化的癌基因或从肿瘤细胞里分离出来的癌基因，可将已建株的NIH3T3小鼠成纤维细胞或其他体外培养的哺乳类细胞转化成为具有癌变特征的肿瘤细胞。癌基因的形成反映一种功能的获得，即细胞的原癌基因被不适当地激活后，会造成蛋白质产物结构的改变、原癌基因出现组成型激活，以及过量表达或不能在适当的时刻关闭基因的表达等。目前已识别的原癌基因有100多个。

研究表明，许多致癌病毒中的癌基因不仅与致癌密切相关，而且与正常细胞中的某些DNA顺序同源，从而推测病毒癌基因起源于细胞的原癌基因。首先反转录RNA病毒感染宿主细胞后将病毒RNA反转录成双链的DNA，然后在宿主染色体的原癌基因旁整合。在病毒成熟前，病毒DNA要转录成RNA，但将原癌基因也一起转录下来；后经过突变，使原癌基因突变成癌基因，成为病毒RNA的一部分被包装进入病毒的蛋白质外壳内。

有很多基因可能成为癌基因（图9-46），概括起来癌基因主要包括以下种类。

（1）生长因子。有些癌基因是由编码生长因子的基因变异而来的。总的来说这类癌基因不多。研究的比较清楚的有*sis*基因，它编码一种来自血小板的生长因子（PDGF），此基因的产物是一种分泌蛋白，它可结合到相应受体上刺激细胞增殖。

（2）生长因子和激素的受体。信号分子通过与相应的受体结合而将信息传给细胞，对细胞增殖与分化起调控作用。例如，酪氨酸激酶偶联受体，如果这种受体蛋白所对应的基因发生变异，会使受体在无信号刺激下仍保持活性，使细胞持续增殖。

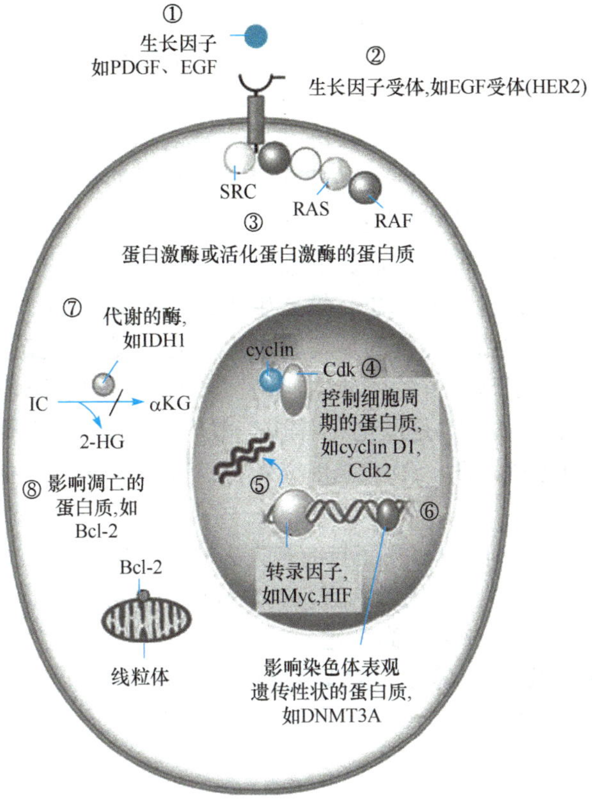

图9-46　癌基因编码的主要蛋白质种类

①生长因子；②生长因子受体；③蛋白激酶和它们的激活蛋白；④调控细胞周期的蛋白质；⑤转录因子；⑥染色体修饰蛋白；⑦参与代谢的酶；⑧细胞凋亡抑制蛋白

（3）蛋白激酶及其激活蛋白。细胞中编码蛋白激酶的基因变异就有可能引起细胞癌变，如蛋白激酶C（PKC）在很多癌细胞中高表达。有一些将蛋白激酶激活的细胞内信号传递因子，其基因变异后可成为癌基因，如ras蛋白编码基因变异使其成为典型的癌基因。

（4）细胞周期调控蛋白。细胞由静止状态（G_0期）进入分裂期，以及整个细胞的运行是受严格调控的，其调控因子，如cyclin、Cdk等如果发生变异，将导致细胞癌变。例如，在一些癌细胞中发现了*cyclinD1*基因的扩增和高表达。

（5）基因转录因子。这类癌基因蛋白通过直接控制DNA的转录来改变细胞的生长发育状态，如c-Jun、c-Fos、c-Myc等。c-Jun与c-Fos可组成二聚体复合体，这一类复合体可以结合到许多基因的启动子或增强子序列上，调节基因表达。正常细胞中，当它们受到一定因素刺激后，出现有活性的c-Jun、c-Fos蛋白，开启相应的基因表达后，这种调控蛋白即被降解，所以它们在细胞中的水平是有时序性的，但由于特定序列的缺失可使这些基因的蛋白质产物保持长久的活性。例如，缺氧是中晚期实体肿瘤的普遍特征。缺氧将激发肿瘤新生血管、增强转移能力等系列适应性应答反应；作为转录因子的低氧诱导因子1α (hypoxia inducible actor 1α, HIF1α)在其中发挥关键作用。

（6）染色体修饰蛋白。细胞癌变不仅包括基因突变和染色体畸变，而且包括表观遗传学改变，其机制是染色体的修饰，如DNA甲基化、组蛋白修饰和染色质构型的改变等，它们同样可以引起原癌基因的异常活化和肿瘤抑制基因的失活。DNA甲基化

（DNA methylation）是基因组表观遗传修饰的重要组成部分。在细胞正常功能维持、个体胚胎发育及人类疾病发生等方面具有重要作用。在肿瘤发生中，DNA甲基转移酶3A（DNA methyltransferase 3A， DNMT3A）可以与细胞内的转录因子、组蛋白甲基转移酶及MicroRNA作用，共同完成对肿瘤相关基因的调控。随着研究的迅速进展，癌变的表遗传学机制已得到广泛的承认，并认为癌症是遗传学和表观遗传学疾病。

（7）参与代谢的酶。代谢异常是癌细胞的一个重要特征，癌细胞能量代谢调控失常有可能导致许多代谢信号发生改变，从而影响细胞增殖和凋亡等各种生物学过程。例如，糖酵解增强是癌细胞的一个典型代谢标志，糖异生（gluconeogenesis）是指非糖前体，如乳酸、烯丙醇、糖氨基酸和甘油等转变为葡萄糖或糖原的过程。肝脏是糖异生的主要场所，而肝癌细胞丧失了正常肝细胞具有的糖异生活动。又如，三羧酸循环中的异柠檬酸脱氢酶1(isocitrate dehydrogenase 1, IDH1)是催化α-酮戊二酸生成的酶，其编码基因突变在胶质瘤中发生频率很高,具有胶质瘤特异性。*IDH1*基因突变可激活HIF-1α信号通路，这可能是脑胶质瘤发生发展的重要原因。

（8）细胞凋亡相关蛋白。细胞癌变与细胞失去凋亡功能相关。例如，抑制细胞凋亡的基因异常表达，将会阻止发生变异的细胞进入凋亡程序，最终可能导致细胞癌变。现已在很多癌细胞中发现凋亡抑制基因*bcl-2*的高表达。

已知原癌基因只有发生变异或表达异常时才会成为癌基因，即癌基因的激活（图9-47），主要包括以下方式。

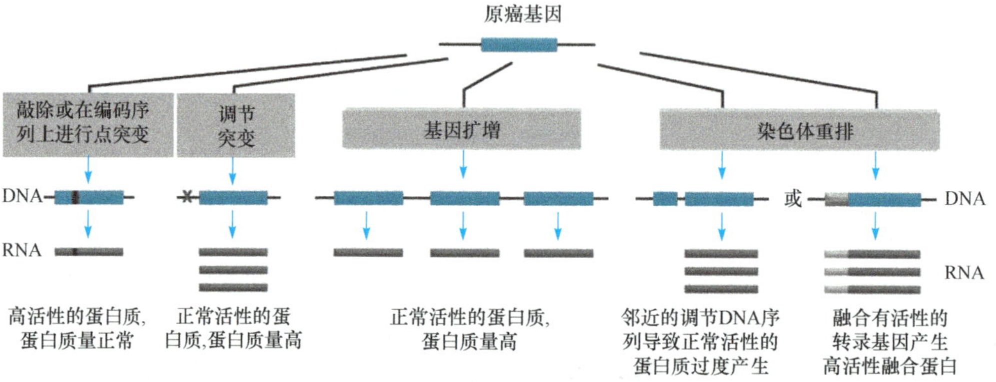

图9-47　原癌基因的主要激活方式

（1）原癌基因突变。原癌基因中某一个密码发生变化就会使它的蛋白质产物中的某个氨基酸残基发生变化，如果这个氨基酸残基对蛋白质的活性来说非常重要，蛋白质的活性就会发生极为明显的变化，结果导致细胞癌变。例如，*ras*基因编码一种21kb的蛋白质，这种蛋白质的12位上是甘氨酸，由于基因突变，编码甘氨酸的密码（GGG）变成了编码缬氨酸的密码（GTG），这时Ras蛋白的活性便失去了控制，原癌基因变成了癌基因。

（2）原癌基因的缺失。细胞表面受体的基因缺失使受体失去接受信号部分，受体持续保持活性，导致细胞增殖失控。例如，EGF受体细胞外与EGF结合的区域缺失，使受体在没有EGF作用时，它的催化部位也具有活性，即它的活性不再受调控。

（3）强启动子和增强子的插入。在原癌基因前插入功能很强的启动子，或在其附近插入增强子就会使这个基因的转录水平大幅度上升，这干扰了正常的调控机制。强启动子的插入主要是由肿瘤病毒感染引起的。例如，*myc*基因调控序列插入的病毒启动子，导致*myc*基因异常表达。

（4）染色体重排。由于染色体的重排，使得某些原癌基因接到了强启动子的后面，这样这个基因由原来的不表达或低表达变成了高表达。例如，淋巴细胞中*myc*基因位于8号染色体上，由于染色体易位而将它接在了免疫球蛋白基因强启动子的后面，这样使它的转录活性大大提高，导致了淋巴细胞的癌变。

（5）基因扩增。染色体结构的变化会使某些基因扩增，即复制数增加，如果原癌基因因此而扩增，它转录出的mRNA的量就会大量增加。

（6）原癌基因的低甲基化。一些致癌因素可使原癌基因的甲基化程度降低，导致原癌基因异常表达而成为癌基因，这是因为致癌因素降低了甲基化酶的活性。

三、抑癌基因的种类与作用方式

抑癌基因（tumor suppressor gene，或anti-oncogene）的产物是抑制细胞增殖、促进细胞分化、抑制细胞迁移，因此起负调控作用。通常认为抑癌基因的突变是隐性的，当同源染色体上的一对等位基因都失去功能时，细胞癌变就易于发生（图9-48）。

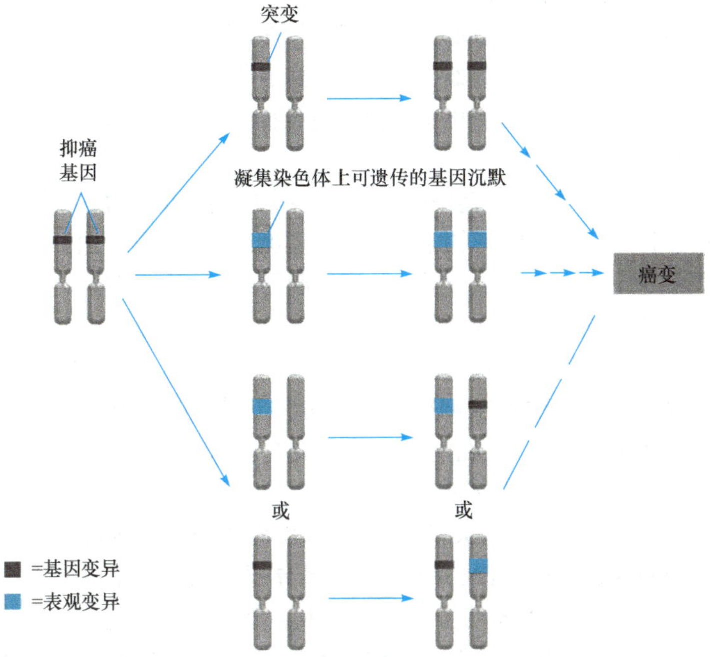

图9-48 肿瘤抑制基因的两个等位基因均突变时易导致细胞癌变

肿瘤抑制基因主要是一些能抑制细胞增殖的基因，它们有的在静止期细胞里抑制细胞进入分裂周期，只有细胞受到生长刺激后，才会解除抑制；有的在细胞周期中对周期的进程起监控作用，当细胞受到损伤时阻断细胞周期，以保持新增殖的细胞为正常细胞。

早在20世纪60年代，有研究者就将癌细胞与同种正常成纤维细胞融合，所获杂种细胞的后代只要保留某些正常亲本染色体就可表现为正常表型，但是随着染色体的丢失又可重新出现恶变细胞。这一现象表明，正常细胞染色体内可能存在某些抑制肿瘤发生的基因，它们的丢失、突变或失去功能，使激活的癌基因发挥作用而致癌。

通过多年研究发现了大量的抑癌基因，这些抑癌基因的产物主要包括以下几种。

（1）转录调节因子。例如，p53、Rb，p53是一种转录因子，以序列特异的形式与细胞DNA结合。在人类的癌瘤中观察到*p53*基因有极高的突变和重排的发生率，它是迄今为止最重要的肿瘤抑制基因。p53的缺失与变异将增加遗传不稳定性，同时还与细胞凋亡相关。在细胞周期进程中如果DNA受到损伤，p53就能阻断细胞周期的进行，受损伤的细胞或修复或死亡。p53的功能如果丧失，DNA上的各种变异就保留下来，最终导致细胞癌变。*Rb*基因是成视网膜母细胞瘤抑制基因，是最早被克隆的抑癌基因。当Rb蛋白有活性时，可结合基因转录因子，如E2F-1使这些转录因子活性受到抑制。当细胞需增殖时，cyclin/Cdk蛋白激酶复合体可通过磷酸化使Rb蛋白失活，转录因子释放出来呈现出活性。如果Rb蛋白由于变异体而永久性失活，转录因子就会长久的保持活性。*Rb*虽然是在成视网膜细胞瘤中发现的，但它是一种广泛的肿瘤抑制基因。在肺癌、乳腺癌、腺体癌中*Rb*基因的缺失，是肿瘤发生的主要因素之一。*Rb*基因几乎在所有的细胞中都表达，它控制着细胞周期的进行。

（2）负调控转录因子。例如Wilms肿瘤基因（Wilms’ tumor gene，WT1），Wilms瘤是儿童最常见的恶性实体瘤，*WT1*基因是从Wilms瘤中克隆出的一种抑癌基因，可以抑制胰岛素样生长因子Ⅱ、集落刺激因子等多种生长因子及受体基因的转录。

（3）周期蛋白依赖性激酶抑制因子。例如，p15、p16、p21等，这类因子主要是通过与Cdk结合抑制Cdk的活性，阻断细胞周期进程，防止细胞异常增殖。

（4）信号通路的抑制因子。例如，Ras GTP酶活化蛋白，可使Ras蛋白上的GTP水解为GDP而失去活性，如果Ras GTP酶活化蛋白由于变异而失去功能，将会使Ras蛋白保持异常活性，而Ras蛋白是主要的癌基因之一。

（5）DNA修复因子。例如，与乳腺癌发生有密切关系的*BRCA1*（乳腺癌1号基因）基因为抑癌基因 ,对肿瘤生长起负性调节作用。*BRCA1*基因编码一种核蛋白，它是一种肿瘤抑制基因，具有维持基因组稳定性的功能，与其他肿瘤抑制因子和信号传感器等组成复合物，在基因转录、DNA损伤修复及重组中扮演重要作用。1990年，研究者发现了一种直接与遗传性乳腺癌有关的基因，命名为乳腺癌1号基因，称为*BRCA1*。1994年，又发现另外一种与乳腺癌有关的基因，称为*BRCA2*。缺少BRCA1/BRCA2的细胞在同源重组的修复DNA双链断裂上存在功能缺陷，这会导致DNA位点上存在潜在的基因突变。这种基因组不稳定性构成了BRCA1/BRCA2突变引起肿瘤易感性的遗传学基础。

（6）与发育和干细胞增殖相关的信号通路介导因子。例如，腺瘤息肉病基因*APC*（adenomatous polyposis coli），APC是Wnt信号转导通路的重要组成分子。APC蛋白可控制β-catenin在细胞内的含量，在Wnt信号转导通路中起负向调节作用。*APC*基因突变或APC蛋白异常可使Wnt信号转导通路异常激活。多种原癌基因持续转录而导致肿瘤发生。

抑癌基因正常时起抑制细胞增殖和肿瘤发生的作用。在许多肿瘤中发现抑癌基因的两个等位基因缺失或失活，即基因突变是一种隐性突变，只有两个等位基因都发生变异，细胞增殖才会失控。细胞失去增殖负调节因子，导致细胞的异常增殖及癌变。有些抑癌基因在其中一个等位基因突变，另一个等位基因为野生型并表达的情况下，正常基因表达的蛋白质功能受到较大影响，仍有可能使细胞出现恶性表型。总之，细胞癌变常涉及多种类型的多个基因的变异。

本章提要

细胞增殖是细胞生命活动的重要特征之一。各种生物依赖细胞增殖维持其生长、生存与繁衍。细胞增殖包含着整个细胞的生长、DNA复制和细胞分裂，这些都体现在细胞周期进程中，因此细胞增殖是通过细胞周期实现的。细胞增殖受到严密调控机制的监控，任何细胞，无论是简单的单细胞，还是高等生物体内的细胞，其增殖过程都必须遵循一定的规律，细胞增殖异常将导致细胞发生各种变异。

细胞周期是细胞生命活动的基本过程。细胞周期也称为“细胞分裂周期”，是指一个细胞经生长、分裂而增殖成两个细胞所经历的全过程，通常将其分为几个阶段，即G_1期、S期、G_2期、M期及胞质分裂期。每个时期都有相关的事件发生，G_1期是周期细胞生长和DNA合成准备阶段，这一时期细胞中的物质代谢非常活跃，开始大量合成细胞生长所需的各种RNA、蛋白质及脂类等各种分子，细胞体积随之增大。G_1期存在一个特定的调控点，如酵母细胞中的起始点和高等真核生物中的限制点，如果细胞通过这一调控点就会开始新的细胞周期。真核细胞S期的重要特征和事件就是DNA复制、组蛋白和非组蛋白等合成，以及染色质蛋白质与DNA组装为核小体等染色质结构。真核生物染色体DNA复制在时间上与空间上均具有自身的特点。复制起始点的启动是在细胞周期调控系统下进行的复杂而又有序的过程。G_2期主要为细胞进入M期做准备，并对是否达到进入条件进行监控，主要包括细胞进行有丝分裂所需的结构基础的完善及调控系统的正常等，如染色体和中心体复制的完成，参与M期调节的重要因子，如有丝分裂促进因子（MPF）的组成等。M期是细胞分裂期，包括核分裂和胞质分裂，它被人为划分为前期、前中期、中期、后期、末期和胞质分裂6个时期，通过与有丝分裂进行有关的细胞器的作用，以及一系列精确、复杂的细胞水平与分子水平的调控过程，最终将已复制的染色体DNA平均分配至两个子细胞中。

在一个随机的增殖细胞群体中存在着不同周期时相的细胞，这些细胞在形态结构上，特别是在生化代谢方面各具特点，为了研究工作的需要，各种细胞同步化方法应运而生。细胞同步化是指在生理过程中自然发生或经人为处理形成的使细胞处于同一细胞周期时相的方法，自然发生的称为自然同步化，人为诱导的称为人工同步化。人工同步化又可分为选择同步化和诱导同步化。

与有丝分裂密切相关的结构为中心体、纺锤体和着丝粒。在所有动物细胞中，中心体的主要结构是一对互相垂直的中心粒加上周围呈透明状的基质。每一个细胞在其诞生时都只包含有单一的中心体，它在先前的分裂中确定了纺锤体的两极之一。在不分裂细胞中，这个小型细胞器在正常情况下是驻留于细胞中央附近、紧靠着细胞核的。如果细胞进入新的细胞周期继续分裂，就必须再复制一个中心体才能在有丝分裂时形成完整的纺锤体。中心体要经过一个复杂的发育周期才能被复制并成熟。两对中心粒复制完成后将沿着核膜移向两极，当细胞进入M期时，中心体不仅复制完成，而且处在两极的位置。

动物细胞中纺锤体的形成是随着两个中心体的分离起始的。在有丝分裂过程中，存在于细胞中的每一个中心体都有形成一个纺锤体极的潜能。纺锤体是有丝分裂所必需的结构，它发挥两方面功能：一是在核分裂中负责将复制的染色体分离到两个子细胞核中；二是发出启动细胞质分裂的指令。动物细胞中的纺锤体由三类微管组成，即极间微管、动粒微管和星体微管。

有丝分裂的关键事件之一是染色体正确地与纺锤体附着。而正确附着的可靠保障来自于每条染色体上与纺锤体微管互作的特殊微小结构，即着丝粒。这是每条染色体上与纺锤体微管结合的高度特化的区域。在浓缩的染色体上，着丝粒位于缢缩区域。着丝粒既是有丝分裂时染色体微管附着于染色体的部位，同时又是两条姐妹染色单体连接的部位。着丝粒可分为三个结构区，表面是以蛋白质为主的微管附着结构，称为动粒，其下为着丝粒中部区，再下为两个姐妹染色单体相邻处的配对区。着丝粒区域在DNA序列和蛋白质组成上与染色体其余部分不同，此部位包含数量很大的高度重复的卫星DNA序列，以及一个独特的与这些序列相结合的蛋白质群体，称为着丝粒蛋白。

染色体分离的动力机制已被初步揭示。前中期从中心体发出的大量微管，它们在延伸过程中捕获已凝集缩短的染色体。首先是来自一极的纺锤体微管与姐妹染色单体中的一个动粒结合，而另一极发出的微管则迅速与另一个染色单体的动粒连接。动粒微管与动粒连接后分散在原细胞核区的染色体将逐渐向纺锤体中央移动，最终排列在有丝分裂赤道面上。这种染色体的移动与染色体在纺锤体上受到的作用力相关。一种作用力被认为是牵拉力，即染色体在牵拉力的作用下发生移动；另一种作用力被认为是外推力，即染色体在外推力的作用下移动。进入后期时两个姐妹染色单体与纺锤体互作分别移至细胞的两极。细胞进入M期后，直至后期起始前，两条姐妹染色单体均通过粘连蛋白复合体联系在一起。当后期启动时，在激活的后期促进复合体的作用下，粘连蛋白复合体降解，使姐妹染色单体间不再相互粘连。后期中染色单体分离并向两极移动包含了两个独立并各具特点的过程，即后期A和后期B。通过上述两个过程，在几种力的作用下，染色单体分离至两极。

细胞的分裂类型除了有丝分裂外还有无丝分裂和减数分裂。无丝分裂只是在极少数细胞上发生的细胞分裂形式。减数分裂是细胞有丝分裂的一种特殊形式，它是随配子生殖而出现的，各类生物的减数分裂过程和内容基本一致。减数分裂与有丝分裂的主要不同在于，减数分裂时连续进行两次核分裂，但染色体只在减数分裂前S期复制一次，结果使所形成的配子染色体数目减少一半。减数分裂前期I历时较长，经细线期、偶线期、粗线期、双线期和终变期，染色体发生复杂变化，如同源染色体配对联会、交叉互换、重组、分离等。通过减数分裂使有性生殖物种染色体数目保持相对稳定，同时也是增加变异的一种机制，物种变异的增加有益于进化及对环境的适应。

真核生物的细胞周期进程是由一系列调控因子有序的聚合和激活来调节控制的。这一机制的核心是细胞周期蛋白（cyclin）与细胞周期依赖性蛋白激酶（Cdk），cyclin分别在细胞周期的不同时期合成与降解，并对Cdk活性进行调节。此外，Cdk活性还受到磷酸化状态和细胞周期依赖性蛋白激酶抑制蛋白（CKI）的影响。

在高等真核细胞中，目前发现细胞周期蛋白家族有多个成员，分别命名为cyclinA、cyclinB、cyclinC、cyclinD、cyclinE、cyclinF、cyclinG、cyclinH、cyclinI等。cyclin序列都含有100~150个氨基酸的保守区，称为细胞周期蛋白盒，具有介导cyclin与Cdk结合的特性。细胞周期的运行主要依赖于Cdk，Cdk是一类重要的丝氨酸/苏氨酸蛋白激酶，其主要的生物学作用是启动DNA的复制和诱发细胞的有丝分裂。目前发现多个Cdk成员，第一个被发现的Cdk是cdc2，现已将其称为Cdk1，其余还包括Cdk2、Cdk3、Cdk4、Cdk5、Cdk6、Cdk7等。在细胞周期进程中，Cdk的量保持基本稳定，cyclin的量随细胞周期进行而发生变化。这样当cyclin合成并与Cdk形成复合体时，才会使Cdk具有激酶活性，在复合体完成其功能后，cyclin被分解，Cdk失去激酶活性。

周期蛋白依赖性激酶抑制因子（CKI）是一类Cdk活性抑制因子，按其氨基酸序列的相似性和作用方式，可将细胞内CKI大致分为两大家族：Cip/Kip家族和Ink4家族。Cip/Kip家族成员主要包括p21、p27 和p57等，它们均能通过与cyclin-Cdk复合体结合来改变cyclin-Cdk激酶活性，其靶蛋白较广泛。Ink4家族成员主要包括pl6、pl5、p18 和p19等，它们通过与Cdk4结合，抑制Cdk4激酶活性。CKI通过抑制Cdk的活性来调控细胞周期的进程，特别是在细胞周期运行出现异常时发挥重要作用。

当细胞完成分裂后，子细胞将面临是否进入新的细胞周期的选择。这一选择是通过细胞内外多种因素共同作用来决定的。如果细胞开始一个新的细胞周期，首先就要通过一个称为限制点的调控点，细胞只有通过限制点才能进入一个新的分裂周期。如果休眠期细胞进入细胞周期开始细胞分裂，还需先通过泛素介导将起抑制作用的CKI降解。已知不同种类的cyclin-Cdk复合体活性调控着整个细胞周期的运行，它们不仅调控细胞通过限制点，还调控着G_1/S期的转换及S期的完成、G_2/M期的转换及M期的完成。

内外分裂信号的刺激均可通过信号转导产生效应，使cyclinD与Cdk4形成有活性的复合体，导致Rb磷酸化解除其抑制效应，释放转录激活因子E2F，从而使细胞通过限制点。细胞由G_1期进入S期及DNA复制的完成，除了G_1期cyclin与Cdk复合体的激活，如cyclinD-Cdk4复合体的活化外，还需要S期cyclin与Cdk复合体的激活，如cyclinE、cyclinA与Cdk2形成有活性的复合体。细胞完成由G_1期到S期转化，其重要标志是细胞启动DNA的复制。对于保证细胞中DNA正常复制来说，除了G_1期cyclin及对应的Cdk参与调控外，细胞内还存在其他多种因素对DNA复制起始活性进行综合调控，使DNA在一个细胞周期中不仅能复制而且只能复制一次。在细胞中存在一种因子，能够在G_1期前或G_1期与染色质结合，相当于发给染色质DNA复制的“执照”，引导DNA复制的起始；一旦DNA复制完成，染色质上不再结合有相关因子，允许复制的“执照”即行失效，避免DNA再行复制。

在促进细胞G_2/M期的转换中，起主要作用的是MPF。已知Cdk1蛋白在细胞周期中的含量相对稳定，而cyclinB的含量则呈现周期性变化。Cdk1激酶活性首先依赖于cyclinB含量的积累。cyclinB一般在G_1期的晚期开始合成，其含量不断增加，到G_2期时其含量达到最大值。当cyclinB含量达到一定程度的，Cdk1激酶活性开始出现。G_2期晚期时，Cdk1活性达到最大值并一直维持到M期的中期。当有丝分裂进入后期时，后期促进复合体将泛素连接到cyclinB或cyclinA上，通过蛋白酶体将cyclinB或cyclinA降解。分离酶抑制蛋白通过APC的泛素化作用而降解，释放出有活性的分离酶，并通过将粘连蛋白复合体中的Scc1等亚基降解，从而解除姐妹染色单体间的粘连。

细胞周期调控体系在整个细胞周期中会不断接受反馈调控。只要有一个事件仍在进行中，信号就会传递到调控体系，从而阻止下一个事件的起始。只有当一个事件成功完成后，这种抑制信号才会消除并允许细胞进入下一个时期。在整个细胞周期中存在着若干个检验点，这些检验点监控着细胞周期的正常进程，并在异常情况出现时做出反应。

生物体中所有细胞的增殖与分化都要受到严格调控，以保证各种组织与器官能行使正常的功能。但是在各种因素的作用下，细胞的增殖与分化会出现失控，即细胞出现恶性增殖并且不能正常分化。同时这些细胞又不能被生物体清除，这些细胞就可能成为肿瘤细胞，恶性肿瘤细胞也称为癌细胞。

与正常细胞相比，癌细胞会发生一系列的变化，主要表现为细胞出现多种形状且大小不等、细胞周期出现失控、细胞锚定依赖性降低、细胞代谢旺盛、细胞具有迁移性等。

癌基因产生于两大类基因：一类是原癌基因，是指正常细胞基因组中，一旦发生突变或被异常激活后可使细胞发生恶性转化的基因；另一类是病毒癌基因，是指反转录病毒的基因组里带有可使受病毒感染的宿主细胞发生癌变的基因。有很多基因可能成为癌基因，概括起来其主要种类包括生长因子、生长因子和激素的受体、蛋白激酶和它们的激活蛋白、细胞周期调控蛋白、基因转录因子、染色体修饰蛋白、参与代谢的酶、细胞凋亡相关蛋白。只有当原癌基因发生变异或表达异常时才会成为癌基因，即癌基因的激活，其主要方式包括原癌基因的突变、原癌基因的缺失、强启动子和增强子的插入、染色体重排、基因扩增、原癌基因的低甲基化。

抑癌基因产物的作用是抑制细胞增殖、促进细胞分化、抑制细胞迁移，因此起负调控作用。通常认为抑癌基因的突变是隐性的，当同源染色体上的一对等位基因都失去功能时，细胞癌变就易于发生。肿瘤抑制基因主要是指一些能抑制细胞增殖的基因，它们有的在静止期细胞里抑制细胞进入分裂周期，只有细胞受到生长刺激后，才会解除抑制；有的在细胞周期中对周期的进程起监控作用，当细胞受到损伤时，阻断细胞周期，以保持新增殖的细胞为正常细胞。抑癌基因的产物主要包括转录调节因子、负调控转录因子、周期蛋白依赖性激酶抑制因子、信号通路的抑制因子、DNA修复因子、与发育和干细胞增殖相关的信号通路介导因子。

思考题

1. 细胞周期各时相中的主要事件有哪些？
2. 细胞周期同步化有哪些常用方法？比较其主要优缺点。
3. 细胞通过什么机制将染色体排列到赤道板上？
4. 试述细胞分裂后期染色单体分离及向两极移动的运动机制。
5. 减数分裂与有丝分裂过程有何异同点？
6. 试述联会复合体的基本结构及在同源染色体重组中的作用。
7. 细胞周期引擎分子Cdk激酶活性的调节因素有哪些？
8. 试述cyclin的基本性质及在细胞周期调控中的作用。
9. 细胞周期中有哪些主要检验点，各起何作用？
10. 试述Cdk激酶在细胞周期进程中的功能。
11. 癌基因与抑癌基因的主要特点是什么？
12. 试述癌基因的主要种类及特点。

参考文献

陈晔光，张传茂，陈佺. 2011. 分子细胞生物学. 北京：清华大学出版社.

柳惠图，王永潮，桑建利. 2013. 分子细胞生物学. 北京：高等教育出版社.

Alberts B，Johnson A，Lewis J，et al. 2014. Molecular Biology of the Cell. 6th ed. New York：Garland Science.

Cassimeris L，Lingappa V R，Plopper G. 2011. Lewin’s Cells. 2nd ed.Sudbury，Massachusetts：Jones and Bartlett Publishers.

Conn P M，Anthony，Means A R. 2000. Principles of Molecular Regulation. New Jersey：Humana Press.

Karp G. 2013. Cell and Molecular Biology. 7th ed. New York：John Wiley and Sons Inc.

Lodish H，Berk A，Kaiser C，et al. 2013. Molecular Cell Biology. 7th ed. New York：WH Freeman and Company.

Morgan D.O. 2007. The Cell Cycle：Principles of Control.Oxford：Oxford University New Science Press Limited.

10 第十章 细胞衰老与细胞死亡

衰老（aging，senescence）通常是指在正常状况下生物发育成熟后，随年龄增加，自身机能减退，内环境稳定能力与应激能力下降，结构、组分逐步退行性变化，趋向死亡，不可逆转的现象。疾病或异常因素可引起病理性衰老（senility），可使上述现象提早出现。衰老过程可在整体、组织、细胞，乃至分子等不同水平上体现。衰老时细胞增殖能力下降，功能细胞数逐渐减少，蛋白酶活性降低，胶原、弹力蛋白、结缔组织互相交联，使脏器萎缩，功能下降。细胞死亡（cell death）也是一种重要的生命现象，有多种原因会最终导致细胞死亡。各种细胞致死因子的作用达到一定强度或持续一定时间，使细胞代谢停止，结构损伤，就会引起细胞的死亡。正常组织中经常发生细胞死亡，这是维持组织机能和形态所必需的，包括细胞凋亡和细胞坏死等。

第一节 细胞衰老

一、细胞衰老概述

细胞衰老（cellular aging，cell senescence）是机体在退化时期生理功能下降和紊乱的综合表现，是不可逆的生命过程。人体是由细胞构成的，组成细胞的化学物质在运动中不断受到内外环境的影响而发生损伤，造成细胞功能退行性下降而老化。细胞的衰老与死亡是生物新陈代谢的自然现象，对多细胞生物而言，细胞的衰老和死亡与机体的衰老和死亡是两个不完全相同的概念，机体的衰老并不等于所有细胞的衰老，但是细胞的衰老又是与机体的衰老紧密相关的。

衰老是生物界的普遍规律，细胞作为生物有机体的基本单位，也在不断地新生、衰老及死亡。生物体内的绝大多数细胞，都会经过增殖、分化、衰老、死亡等几个阶段。可见细胞衰老是一种正常的生命现象。生物体内每时每刻都有细胞在衰老、死亡，同时又通过增殖产生新的细胞。

细胞衰老是一个过程，其长短随细胞种类而异，同时也受环境条件的影响。高等动物体细胞的分裂次数存在一定限度，细胞分裂一旦达到限定的次数就很难再继续分裂。各种动物的细胞最大分裂次数各不相同，人细胞为50~60次。一般来说，细胞最大分裂次数与动物的平均寿命成正比。

组成人体组织细胞的寿命有显著差异，根据细胞的增殖能力、分化程度、生存时间，可将人体的组织细胞分为四类。①更新组织细胞，是执行某种功能的特化细胞，经过一定时间后衰老死亡，由新细胞分化成熟补充，如上皮细胞、血细胞等。构成更新组织的细胞又可分为三类：第一类是干细胞，能进行增殖又能进入分化过程；第二类是过渡细胞，来自干细胞，是能伴随细胞分裂趋向成熟的中间细胞；第三类是成熟细胞，不再分裂，经过一段时间后衰老和死亡。②稳定组织细胞，是分化程度较高的组织细胞，功能专一，正常情况下没有明显的衰老现象，细胞分裂较少出现，但在某些细胞受到破坏丧失时，其余细胞也能进行分裂，以补充失去的细胞，如肝细胞、肾细胞等。③恒久组织细胞，属高度分化的细胞，破坏或丧失后很难由这类细胞分裂来补充，如神经细胞，骨骼细胞和心肌细胞等。④可耗尽组织细胞，如人类的卵巢实质细胞，在一生中逐渐消耗，而不能得到补充。

二、细胞衰老的基本特征

（一）形态结构的变化

细胞衰老时细胞体积增大、不均一性增加、染色体畸变及溶酶体增多。体外培养的成纤维细胞会出现体积变大，形态更为伸展，细胞质膜黏度增加、流动性降低，膜通透性、脆性增加。细胞质中有色素积聚及空泡形成，并伴随细胞核和核仁变大、溶酶体和高尔基体数目增多，以及影响细胞迁移性的细胞骨架成分改变等结构上的变化。生长停滞是细胞衰老的突出表现，也是引起生物衰老诸因素中的重要一环。由于细胞衰老使有功能的细胞数逐渐减少，所以细胞的增殖能力减退，甚至完全停滞，使功能细胞难以更新，脏器萎缩、机能衰退。衰老细胞的另外一个显著特征是脂褐素（lipofuscin）的形成。脂褐素呈棕黄色，主要成分是不溶性的脂蛋白颗粒，电子显微镜下观察为单位膜包裹的不规则小体，电子密度高。脂褐素的生成与年龄增长成正比。总体来说衰老细胞的各种结构呈退行性变化。

（二）分子水平的变化

衰老细胞中的脂类、蛋白质和DNA等细胞成分出现损伤或变异，细胞代谢能力降低，主要表现为：①DNA复制与转录受到抑制，但也有个别基因会异常激活，端粒DNA序列缩短，线粒体DNA特异性缺失，DNA出现氧化、断裂、缺失和交联，甲基化程度降低。②mRNA和tRNA含量降低。③蛋白质合成下降，主要是因为核糖体的翻译效率降低，以及蛋白质合成过程中肽链延伸因子的数量和活性降低等，细胞内蛋白质发生糖基化、氨甲酰化、脱氨基等修饰反应，导致蛋白质的稳定性、抗原性、可消化性下降，自由基使蛋白质肽断裂，或发生交联变性。④酶分子活性中心被氧化，金属离子Ca^{2+}、Zn^{2+}、Mg^{2+}、Fe^{2+}等丢失，酶分子的二级结构、溶解度、等电点发生改变，总的效应是使酶失活，但也可能使某些酶活性异常变化。例如，与衰老相关的β-半乳糖苷酶（senescence-associated β galactosidase，SA-β-gal）通常在pH 4.0的条件下表现出活性，而在衰老细胞中其在pH 6.0的条件下表现出活性，加入底物即可显色。酶的表达及催化底物反应水平随着细胞代龄的增加日益显著，因此成为细胞衰老最典型和常用的生物学标记之一。⑤脂类不饱和脂肪酸被氧化，引起膜脂之间或与脂蛋白之间交联，膜的流动性降低。

三、细胞衰老机制

关于细胞衰老的机制有着多种学说，其中主要的有**差错学说**（error theory）和**遗传学说**（genetic/programmed theory）两大类，前者强调衰老是由于细胞中的各种错误和损伤积累引起的，后者强调衰老是遗传决定的自然演进过程。其实，这两种学说并不对立，甚至有很多方面是相互统一的。每种对衰老机制的解释都有一定的实验证据支持，但都只是说明了衰老机制的某个方面。

（一）差错学说

各种细胞成分在受到内外环境的损伤作用后，因缺乏完善的修复，使“差错”积累，最终导致细胞衰老。根据对导致“差错”的主要因子的认识不同，又可分为不同的解释。

1. 代谢废物积累

细胞代谢废物积累（waste product accumulation）至一定量后会危害细胞，引起衰老，哺乳动物脂褐质的沉积就是一个典型的例子。脂褐质沉积于神经、心肌、肝脏等组织衰老细胞中的黄褐色不规则小体，内容物为电子密度不等的物质、脂滴、小泡等，是溶酶体作用后剩下的不再能被消化的物质而形成的残余体。其积累随年龄增长而增多，是衰老的重要指征之一。由于脂褐质结构致密，既不能被彻底水解，又不能排出细胞，结果在细胞内沉积增多，阻碍细胞的物质交流和信号传递，最后导致细胞衰老。其在体内分布甚广，尤其在不分裂的神经细胞和肌肉细胞内更易堆积，推测这可能是引起神经元数目减少的原因。

2. 生物分子自然交联

生物体中的各种分子具有大量的活泼基团，它们可相互作用发生化学反应使生物分子缓慢交联以趋向化学活性的稳定，即随着时间推移按一定自然模式发生进行性自然交联，并且随着时间的推移，交联程度不断增加，生物分子的活泼基团不断减少，原有的分子结构逐渐改变，并使其活性也随之改变，这些变化的积累会使生物组织逐渐出现衰老现象。例如，胶原分子随时间的推移发生进行性交联键合，胶原长度缩短，变得坚韧，结构晶体化，活力减退。又如，随着时间的推移，细胞核染色质由疏松、均匀、细致逐渐变得粗糙、致密和凝缩，细胞核的许多区域完全异染色质化，体积明显缩小。染色质的这些变化一方面可能会表达出不同活性甚至功能异常基因产物；另一方面可能会影响RNA聚合酶与DNA的结合，从而影响转录活性，这使得细胞、组织发生进行性和规律性的表型变化。人类毛发随着年龄的增长会逐渐地由黑变白而难以回复，黑发和白发的一个主要不同点是白发不含黑色素，这表明有关细胞合成毛发黑色素的基因随着年龄增长丧失了活性。因此，各种生物大分子中化学活泼基团相互作用而导致的进行性分子交联是细胞衰老的重要因素。

延缓生物分子的自然交联能有效地延缓衰老进程。例如，金属离子，特别是重金属离子具有促交联作用，它能促进生物分子的交联并加速这一进程，将金属离子螯合或络合起来，继而将它们排出体外，从而有效延缓衰老。有研究者用柠檬酸盐作为络合剂来排除动物体内有害或过剩的金属离子，成功地使受试轮虫寿命延长了50%。但是，自然交联学说仍然缺乏分子交联导致衰老的直接依据，也未能提供用分子交联方法建立的从生长、发育到衰老死亡的实验模型。

3. 自由基的损伤作用

自由基（free radical）是一类瞬时形成的含不成对电子的原子或功能基团，主要包括氧自由基（如羟自由基·OH）、氢自由基（·H）、碳自由基、脂自由基等，其中羟自由基的化学性质最活泼。人体内自由基的产生来自两个方面：一是环境中的高温、辐射、光解、化学物质等引起的外源性自由基；二是体内各种代谢反应产生的内源性自由基。内源性自由基是人体自由基的主要来源，其产生的主要途径有：①线粒体呼吸链电子泄漏产生；②过氧化物酶体中的混合功能氧化酶（mixed-functional oxidase，MFO）等催化底物羟化产生。此外，机体血红蛋白、肌红蛋白中还可通过非酶促反应产生自由基。

自由基含有未配对电子，具有高度反应活性，可引发链式自由基反应，引起DNA、蛋白质和脂类，尤其是多不饱和脂肪酸（polyunsaturated fatty acid，PUFA）等大分子物质变性和交联，损伤DNA、生物膜、重要的结构蛋白和功能蛋白，从而引起各种衰老现象的发生。实验表明，DNA氧化损伤重要的生物标记物8-羟基脱氧鸟嘌呤核苷（8-hydroxydeoxyguanosine，OH8dG）随着年龄的增加而增加。OH8dG完全失去碱基配对特异性，不仅OH8dG被错读，与之相邻的胞嘧啶也被错误复制。正常细胞内存在清除自由基的防御系统，包括酶系统和非酶系统。酶系统包括超氧化物歧化酶（superoxide dismutase，SOD）、过氧化氢酶（catalase，CAT）、谷胱甘肽过氧化物酶（glutathione peroxidase，GSH-PX）等，非酶系统包括维生素E、醌类物质等电子受体。有研究者将铜锌超氧化物歧化酶（copper-zinc superoxide dismutase）基因导入果蝇，使转基因果蝇具有三个拷贝的SOD基因，其寿命比野生型延长1/3。这个实验为衰老的自由基学说提供了证据。

4. 线粒体DNA突变

在线粒体氧化磷酸化生成ATP的过程中，有1%~4%的氧转化为氧自由基，因此线粒体是自由基浓度最高的细胞器。mtDNA裸露于基质，缺乏结合蛋白的保护，最易受自由基伤害，而催化mtDNA复制的DNA聚合酶γ不具有校正功能，复制错误频率高，同时缺乏有效的修复酶，故导致mtDNA突变（mitochondrial DNA mutation）。mtDNA突变使呼吸链功能受损，进一步引起自由基堆积，如此反复循环。衰老个体细胞中mtDNA缺失表现明显，并随着年龄的增加而增加，许多研究显示，mtDNA缺失与衰老及伴随的老年衰退性疾病有密切关系。人类的脑、心、骨骼肌的氧负荷最大，因而是最容易衰老的组织，这也可作为mtDNA与衰老密切相关的一个间接证据。

5. 体细胞突变与DNA修复

外源的理化因子、内源的自由基均可损伤DNA，导致体细胞突变。例如，辐射可以导致年轻的哺乳动物出现衰老症状，这与个体正常衰老非常相似。正常机体内存在DNA的修复机制，可使损伤的DNA得到修复，但是随着年龄的增加，这种修复能力下降，导致DNA的错误累积，最终细胞衰老死亡。DNA的修复并不均一，转录活跃基因被优先修复，在同一基因中转录区被优先修复，而彻底的修复仅发生在细胞分裂的DNA复制时期，这也被认为是干细胞能保持青春的原因之一。对早老综合征（progeria syndrome）的研究发现，其至少与4个基因的突变有关，其中淀粉样蛋白前体（amyloid precursor protein，APP）基因的突变，导致基因产物β淀粉蛋白易于在脑组织细胞中沉积，最终引起早老综合征。

（二）遗传学说

遗传学说认为衰老是遗传决定的自然演进过程，一切细胞均有内在的预定程序决定其寿命，而细胞寿命又决定种属寿命的差异，外部因素只能使细胞寿命在限定范围内变动。根据不同的研究结果，此学说对衰老又有多种解释。

1. 程序性衰老

程序性衰老（programmed senescence）理论认为，生物的生长、发育、衰老和死亡都是由基因程序控制的，衰老实际上是某些基因依次开启或关闭的结果。例如，在小鼠肝中，胚胎早期表达的胞质丙氨酸转氨酶（cytosolic alanine aminotransferase，cAAT）为A型，随后停止表达，在衰老时则表达B型cAAT。其他类似的衰老标志物（senescence marker）也有报道，如肝脏中的衰老标志蛋白2（senescence marker protein 2）也是在老年期表达的。

2. 复制性衰老

根据L.Hayflick的报道，在体外培养时人的成纤维细胞增殖次数是有限的。许多实验证明，正常的动物细胞无论是在体内生长还是在体外培养，其分裂次数总存在一个“极值”，此值被称为**Hayflick极限**，也称为最大分裂次数。例如，人胚成纤维细胞在体外培养时只能增殖60~70代。

随后有研究者提出细胞增殖次数与端粒DNA长度有关。Harley等1991年发现体细胞染色体的端粒DNA会随细胞分裂次数增加而不断缩短。细胞DNA每复制一次端粒就缩短一段，当缩短到一定程度至Hayflick点时，可能会启动DNA损伤检测点（DNA damage checkpoint），激活p53，引起p21表达，导致细胞不可逆地退出细胞周期，进入衰亡过程，这就是所谓的**复制性衰老**（replicative senescence）。可见染色体的端粒有细胞分裂计数器的功能，能记忆细胞分裂的次数。

端粒的长度还与端粒酶（telomerase）的活性有关，端粒酶是一种反转录酶，能以自身的RNA为模板合成端粒DNA，在精原细胞、干细胞和肿瘤细胞（如HeLa细胞）中有较高的端粒酶活性，而正常体细胞中端粒酶的活性很低，呈抑制状态。

3. 寿命基因调控

基因可影响生物的衰老及寿命已被大量研究所证明。20世纪90年代，人类病理性衰老相关基因的研究取得了重大突破。Werner早老综合征（Werner’s syndrome）是一种隐性遗传病，患者的DNA损伤修复、转录等都出现异常，其细胞体外可传代数也远低于同龄人。研究发现，该综合征是位于8 号染色体短臂的一种DNA解旋酶（helicase）基因突变所致。某些老年病相关基因也可看成是衰老基因。例如，载脂蛋白（apolipoprotein，APO）水平升高时，发生冠状动脉粥样硬化性心脏病与阿尔茨海默病的可能性增高。但是，衰老并非单一基因决定，衰老相关基因很可能是一个基因群。此外，衰老相关基因也应有“长寿基因”与“衰老基因”之分。

统计学资料表明，各种动物都有相当恒定的平均寿命和最高寿命。Werner早老综合征患者平均39岁时出现衰老，47岁左右生命结束；患婴幼儿早衰症（Hutchinson-Gilford syndrome）的小孩在1岁时出现明显的衰老，12~18岁即过早夭折。由此看来，物种的寿命主要取决于遗传物质，DNA链上存在的一些“长寿基因”或“衰老基因”决定着个体的寿限。

4. 表观遗传学修饰改变

对一些双胞胎及长寿家族的研究发现，人类寿命长短的差异只有20%~30%受基因因素决定，而有70%~80%是受随机事件的影响，如环境及其他一些非基因因素。在细胞水平的研究中发现，各种外界因素，如电离辐射、紫外线照射、氧化反应、营养失衡、培养条件不当等都可以引发细胞衰老。而这些因随机事件或环境因子所引发的衰老大多都伴随着表观遗传学修饰的改变。因此，表观遗传学修饰改变逐渐被认为是造成衰老表型的最主要因素之一。

表观遗传学改变是指由非DNA序列发生变化所导致的表型或基因表达的改变。对表观遗传学的研究主要集中于DNA和组蛋白的共价修饰和一些非共价修饰。共价修饰主要包括DNA的甲基化，以及组蛋白的甲基化、乙酰化、磷酸化、泛素化、糖基化等。非共价修饰包括染色质重塑、非编码RNA（noncoding RNA，NcRNA）对基因表达的调控及端粒的变化等。它们都可以通过影响染色体结构从而对基因表达进行调控。部分衰老进程中基因表达的改变是由于影响基因表达的表观遗传学修饰的改变所引起的。

衰老过程中某些特异基因位点表现为DNA甲基化水平升高。例如，一些代谢调节关键基因启动子区域CpG岛DNA高甲基化，从而降低该类基因的表达，导致机体一系列与衰老相关的代谢改变。组蛋白的修饰与基因的活化与抑制相关。组蛋白尾部和球体部分的修饰联合在一起，决定着特定DNA区域染色质状态的开放或闭合，因此也决定着基因转录活性的强弱。衰老过程中组蛋白的甲基化形式发生了改变。在大鼠组织中，甲基化组蛋白H4-K20的甲基化水平不仅在整体上随着年龄的增长而上升，而且其甲基化形式也有改变。在正常大鼠的肾脏和肝脏中，H4-K20的双甲基化是其主要的甲基化形式，其单甲基化形式存在的数量很少，三甲基化形式则更少。然而在老年动物体细胞中，H4-K20的三甲基化形式有明显增加，而单甲基化和双甲基化形式没有明显变化。

组蛋白N端赖氨酸残基的乙酰化可以中和正电荷，因此可以减弱组蛋白和DNA之间基于电荷的相互作用。这有利于染色质的解聚，促使RNA聚合酶和转录因子与启动子的结合。乙酰化的赖氨酸可以被特定转录调节因子或含有特殊蛋白质结构域的重塑酶识别并作为靶点而起作用。在大多数情况下，组蛋白的乙酰化可以增强转录，而组蛋白的去乙酰化则抑制转录。对衰老动物模型的研究发现，锌金属蛋白酶基因缺陷的早老小鼠中存在组蛋白H4乙酰化下降的现象，尤其是H4-K16位点的乙酰化降低最为明显，同时催化H4-K16乙酰化的乙酰基转移酶MOF减少，而乙酰基转移酶MOF与细胞增殖、染色质结构和DNA损伤修复等有密切关系。过表达乙酰基转移酶MOF或抑制H4-K16去乙酰化，都可改善早老症状。

表观遗传学通路相互交叉、相互作用，共同控制着细胞的命运和疾病状态。细胞中包括衰老在内的许多重要事件都要受这些表观遗传调控因子在时空上的共同调节，这体现了环境和随机事件引发生物体衰老现象的重要性。

一些引起细胞衰老的因素导致细胞衰老涉及多条信号转导通路，其中最主要的两条分别由p53和p16/Ink4a-Rb介导。p53信号通路参与细胞衰老调控的基本过程为：端粒功能异常和/或DNA损伤将p53的损伤应答激活，依赖于p53信号的相关基因（如*p21*）进行转录，编码表达一系列蛋白质产物，这些功能蛋白诱导细胞出现衰老样生长停止（senescent-like growth arrest）。此种衰老行为并不能被促细胞分裂剂所逆转，而只有在p53失活的情况下，细胞才会重新进入分裂周期。p16/Ink4a-Rb信号通路参与细胞衰老调控的基本过程为：致癌基因表达、染色体变构和/或多种胁迫（stress）因素诱导*p16*基因表达，并将Rb激活，它们对促进细胞生长的基因产生抑制作用，阻断细胞继续分裂。在Rb参与的衰老调控中，即使采用将p53或/和Rb失活的方式，细胞也无法重新获得生长能力。上述两条信号通路被认为在大多数情况下是平行的，但也可能出现重叠和交叉（图10-1）。

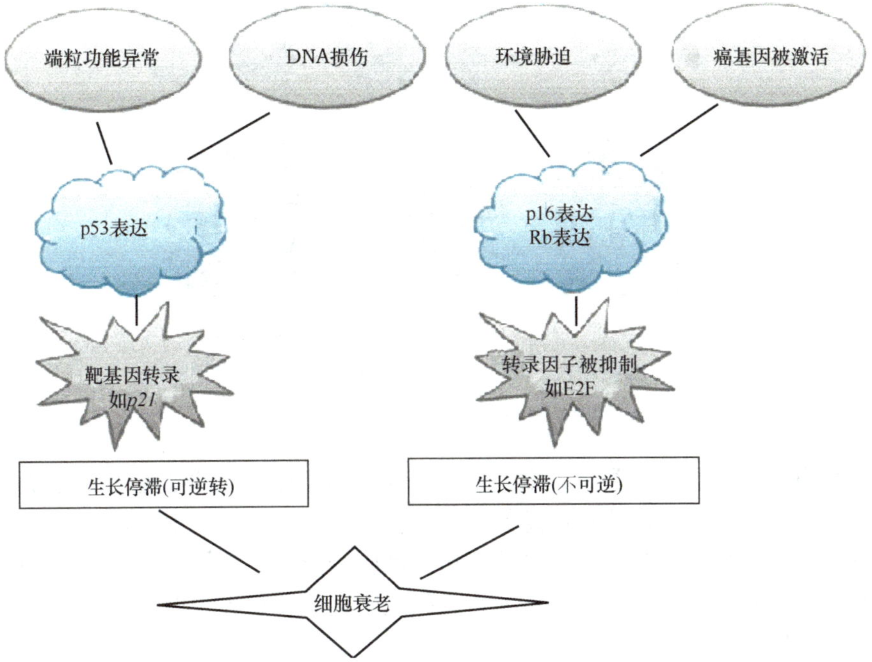

图10-1　p53和p16/Ink4a-Rb信号通路参与细胞衰老

第二节　细 胞 凋 亡

细胞死亡是生物体中一个重要的生命活动。在多细胞生物发育过程中，会有很多细胞在生成后被选择性地消除以形成组织和器官等。而且在整个生命进程中，身体不同组织和器官中原有细胞的死亡与新细胞的产生以动态的方式达到平衡。细胞死亡调控的异常通常与一些疾病的发生和发展密切相关。

细胞死亡的常见类型为细胞凋亡（apoptosis）、细胞坏死（necrosis）和自噬性细胞死亡（autophagic cell death）（图10-2）。**细胞凋亡**是细胞接受某种信号或受到某些因素刺激后，为维持内环境稳定而发生的一种主动性的消亡过程，是受内在基因控制的程序性死亡方式。细胞凋亡在生物体的生长发育和一些疾病发生过程中扮演重要角色，具有重要的生物学意义。经过多年的研究，人们对细胞凋亡的分子机制有了日渐深入的认识，揭示了一系列与凋亡相关的重要蛋白质分子（如caspase家族、Bcl-2家族等）和信号通路（如死亡受体通路、线粒体通路、内质网通路等）。**细胞坏死**是由一些外部因素导致的细胞被动死亡，是不受细胞自身调控的非程序性死亡方式，物理性或化学性的损害因子及缺氧与营养不良等均可导致细胞坏死。坏死细胞的膜通透性增加，致使细胞肿胀，细胞器变形或肿大，早期核无明显形态学变化，最后细胞破裂。另外，坏死的细胞裂解要释放出内含物，常引起炎症反应。**自噬性细胞死亡**是与凋亡显著不同的一种程序性细胞死亡形式。自噬是指部分细胞质成分或细胞器被转入溶酶体/液泡中降解，由此对大分子进行再循环利用。适度自噬通常促进细胞在某些应激情况下的生存，但过度自噬会引起细胞死亡。

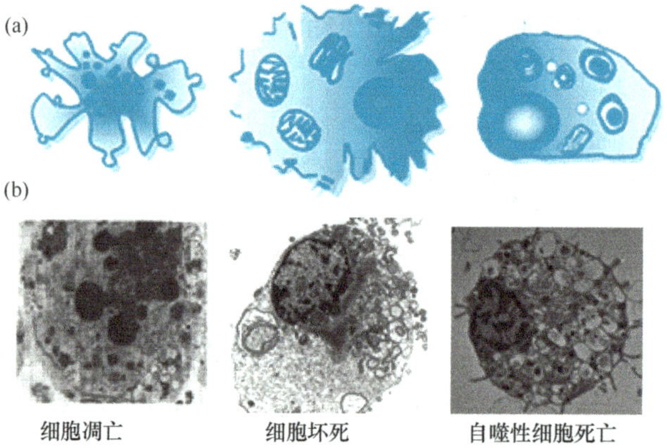

图10-2　细胞凋亡、细胞坏死与自噬性细胞死亡的典型形态

（a）典型形态模式图；（b）典型形态电子显微图片

作为三种重要的细胞死亡类型，细胞凋亡、细胞坏死和自噬性细胞死亡通常可以依据经典的形态特征来进行区分。但值得注意的是，在科研工作中各种细胞死亡机制往往是被独立分析的，即使受到同样的刺激，无论是体外培养细胞的死亡还是体内组织中细胞的死亡都可能是由多种机制导致的，而且各种细胞死亡途径之间存在着相当程度的交织。本节重点介绍细胞凋亡及其机制。

一、细胞凋亡的基本特征及其生物学意义

（一）细胞凋亡的概述

细胞凋亡一词源自古希腊语，意指花瓣或树叶的脱落、凋零。选用这一名词，是强调这一过程是一种自然的生理学过程。细胞凋亡是一个主动的由基因决定的自动结束生命的过程。由于细胞凋亡受严格的由遗传机制决定的程序性调控，所以也常常被称为细胞编程性死亡（programmed cell death，PCD）。PCD最初是发育生物学中提出的概念，其含义是发育过程中（如幼虫发育为成虫）发生的某类细胞（如肌肉细胞）的大量死亡。

细胞凋亡现象最早是Kerr在1965年观察到的。他发现大鼠肝细胞，在局部缺血条件下连续不断地转化为小的圆形的细胞质团，这些细胞质团由膜包裹的细胞碎片（包括细胞器和染色质）组成。当时他称这种现象为“皱缩型坏死”，但后来他觉得这一名称并不恰当，因为这些圆形细胞质团是在生理条件下产生的。经过反复思考后，他于1972年将这一现象重新定名为细胞凋亡。此后，细胞凋亡逐渐受到生物学家的重视，对凋亡特征及调控机制进行了深入的研究。进入20世纪90年代，有关细胞凋亡的研究取得了一系列重要成果。现在人们对细胞凋亡的机制已经有了比较清晰的认识，对细胞凋亡与疾病关系的研究也已取得了长足的进展。

动物在发育过程中一些细胞会死亡。在胚胎发育、变态发育及组织转化过程中，不需要的细胞会被清除，这个过程被称为**程序性细胞死亡**。程序性细胞死亡一般是以细胞凋亡的

机制发生的。在凋亡过程中，细胞出现皱缩，细胞质膜出泡（blebbing）、细胞核及细胞通常会裂解并且染色质发生凝集。最终，凋亡细胞会裂解成膜包裹的碎片并被周围细胞所吞噬（图10-3）。

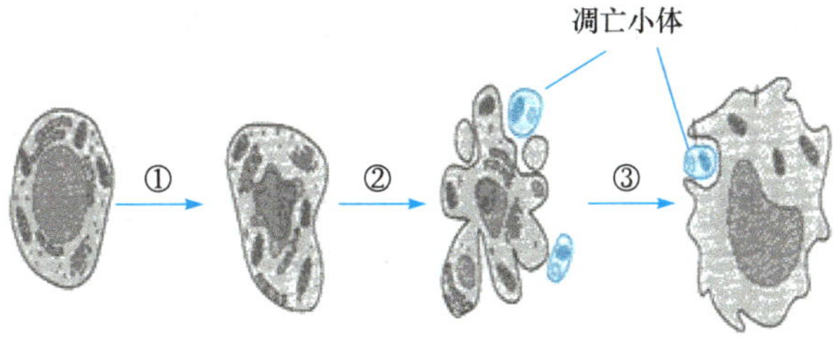

图10-3　细胞凋亡过程中的形态变化

①染色质凝集，细胞核皱缩；②染色质断裂，细胞核被拆分，细胞质膜出泡并包裹部分细胞核及细胞质，形成凋亡小体；③凋亡小体被巨噬细胞吞噬

凋亡并不局限于发生在发育过程中由程序控制其死亡的细胞中。除了环境信号，还有一系列刺激因素可以引发细胞凋亡，如必需生长因子的缺乏、糖皮质激素的刺激、γ射线或化疗药物引起的DNA损伤、影响细胞骨架的药物、内质网功能障碍、热刺激、冷刺激，以及作用于细胞的其他多种胁迫等。

在免疫系统中，细胞毒淋巴细胞会攻击靶细胞并启动这些靶细胞的凋亡通路。细胞凋亡也是清除肿瘤细胞的重要机制。例如，抑癌基因*p53*具有引发凋亡的能力，这种能力是防御癌症的一种关键机制。因此，细胞凋亡不仅对组织发育是至关重要的，并且对免疫防御和清除癌细胞也尤为重要。尽管如此，细胞凋亡必须受到精细的调控。凋亡异常活化会对机体造成损伤，这可见于一些神经退行性疾病，以及局部贫血对大脑、心脏和其他器官引发的后续损伤事件中。

细胞中存在许多凋亡相关分子，它们组成的信息转导通路，参与各种因素诱导的细胞凋亡。在很大程度上，脊椎动物、昆虫（主要是果蝇）及线虫（秀丽隐杆线虫）细胞内凋亡的分子通路已被清楚地阐述。许多凋亡的关键执行者尽管在具体角色和功能上存在很大的差别，但在进化上却是高度保守的。

（二）凋亡细胞的基本特征

凋亡细胞的基本特征包括：①染色质断裂、凝集、靠近核膜，最后细胞核断裂，细胞通过出芽的方式形成许多凋亡小体；②凋亡小体内有结构完整的细胞器，还有凝缩的染色体，可被邻近细胞吞噬消化，因凋亡小体始终有膜封闭，没有内容物释放，故不会引起炎症；③凋亡细胞中仍合成一些蛋白质，但是在坏死细胞中ATP和蛋白质合成受阻或终止；④内切核酸酶活化，导致染色质DNA在核小体连接部位断裂，形成约200bp整数倍的核酸片段，凝胶电泳图谱呈梯状，由此梯状条带（DNA ladder）成为鉴定细胞凋亡的常用方法；⑤凋亡细胞中组织转谷氨酰胺酶（tissue transglutaminase，tTG）积累并达到较高的水平，此酶催化某些蛋白质的翻译后修饰，其结果导致蛋白质聚合。这类蛋白聚合物不溶于水，不为溶酶体的酶所降解，它们进入凋亡小体有助于保持凋亡小体暂时的完整性，防止有害物质的逸出。正常细胞中，由于Ca^{2+}浓度较低，tTG的活性很低；当凋亡起始时，Ca^{2+}浓度上升，从而使tTG活化。

细胞凋亡的发生过程，在形态学上可分为三个阶段。①凋亡的起始。这一阶段的形态学变化表现为细胞表面的特化结构。例如，微绒毛消失、细胞间接触消失，但细胞质膜依然完整，未失去选择透性；细胞质中，线粒体大体完整，但核糖体逐渐从内质网上脱离，内质网囊腔膨胀，并逐渐与细胞质膜融合；染色质固缩，沿着核膜分布。②凋亡小体的形成。这时，核染色质已断裂为大小不等的片段，被核膜包裹着，与某些细胞器，如线粒体一起聚集，由细胞质膜包围。从外观上看，细胞表面产生了许多泡状或芽状突起，然后逐渐分隔，形成单个的凋亡小体。③凋亡小体逐渐为邻近的细胞或巨噬细胞所吞噬并消化。从细胞凋亡开始，到凋亡小体出现所需的时间不长，但整个细胞凋亡过程可能延续数个小时。

（三）凋亡细胞的清除

将凋亡细胞从体内清除是一个主动过程。清除死亡的细胞是凋亡的最终目的，这些细胞会被几乎不留痕迹地从体内清除。这是通过吞噬作用（phagocytosis）来完成的，参与吞噬作用的既可以是专门的吞噬细胞，如巨噬细胞、树突状细胞；也可以是其他细胞，如上皮细胞。有效清除凋亡细胞是很重要的，DNA会被切割成小片段以利于消化，细胞会裂解成大小不完全相等的若干部分，每一部分都由细胞质膜包裹，即形成凋亡小体，这样凋亡细胞以膜包裹状态被清除，而且细胞还会产生信号来诱导自身被吞噬，最后的这个过程可以被总结为细胞产生“发现自己”的信号和“吞噬自己”的信号，以及破坏“不要吞噬自己”的信号。

对秀丽隐杆线虫（*Caenorhabditis elegans*）的研究发现了在清除凋亡细胞方面具有重要作用的基因，它们分为两组。第一组基因在早期的识别和传递信号中发挥作用，第二组基因可能参与吞噬器的形成而不具有识别作用。所有这些基因都在吞噬过程中发挥作用，它们能影响吞噬细胞识别和吞噬死亡细胞的能力。

对哺乳动物细胞进行的研究表明，死亡细胞中一个关键的“吞噬自己”的信号就是外翻的磷脂酰丝氨酸，当效应胱天蛋白酶（cysteine aspartic acic specific protease，caspase）的作用引起细胞质变化而挤压到细胞质膜时，就会发生磷脂酰丝氨酸外翻。磷脂酰丝氨酸在正常情况下是通过一种ATP依赖的“翻转酶”（ATP-dependent “flippase”）定位于细胞质膜内侧的，如果这种移位酶失活，磷脂酰丝氨酸就会缓慢出现在细胞表面。在细胞凋亡过程中，磷脂酰丝氨酸的外翻快速发生，并且以一种caspases依赖型的方式发生。

哺乳动物细胞表面的磷脂酰丝氨酸可以结合一些可溶性分子，这些可溶性分子能够作为连接吞噬细胞的桥梁。MFG-E8（milk fat globule epidermal growth factor 8）就是这种可溶性分子中的一种，它存在于细胞外液中。MFG-E8不仅可以与死亡细胞上的磷脂酰丝氨酸结合，也可以与吞噬细胞上的整合素受体结合。缺乏MFG-E8的小鼠在凋亡细胞的清除方面显示出明显的缺陷。利用与荧光染料相偶联的磷脂酰丝氨酸结合蛋白——膜联蛋白-Ⅴ（annexin Ⅴ）可以检测到凋亡细胞所发生的磷脂酰丝氨酸外翻。

不发生凋亡的细胞会表达“不要吞噬自己”的信号，这个信号在细胞发生凋亡时可能会失活。分化抗原簇引黏附分子（cluster of differentiation 31，CD31）就是这样一种“不要吞噬自己”的信号，CD31又称为血小板-内皮细胞黏附分子（platelet endothelial cell adhesion molecule-1，PECAM-1/CD31），在结构上属于免疫球蛋白超家族成员，它既存在于吞噬细胞中又存在于大多数健康细胞中。CD31分子自身间的相互作用可以抑制健康细胞被吞噬清除。

（四）细胞凋亡的意义

在生物的生长发育过程中，细胞有丝分裂增加细胞数量固然十分重要，但细胞凋亡也是不可或缺的一个重要方面。细胞凋亡对多细胞生物个体发育的正常进行、自稳平衡的保持及抵御外界各种因素的干扰方面都起着非常关键的作用。通过细胞凋亡，有机体得以清除不再需要的细胞，而不引起炎症反应。在发育过程中，幼体器官的缩小和退化，如蝌蚪尾的消失等，都是通过细胞凋亡来实现的。在成熟个体的组织中，细胞的自然更新、被病原体感染细胞的清除等也是通过细胞凋亡来完成的。在发育过程和成熟组织中发生凋亡的细胞数量是很大的。例如，脊椎动物的神经系统在发育过程中，约有50%的细胞凋亡，通过细胞凋亡来调节神经细胞的数量，使之与需要神经支配的靶细胞的数量相适应（图10-4）。胚胎在发育过程中产生了过量的神经细胞，它们竞争靶细胞所分泌的生存因子。只有接受了足够量的生存因子的神经细胞才能存活，其他的细胞则发生凋亡。实际上，发育过程中手和足的成形过程就伴随着细胞的凋亡。胚胎时期，它们呈铲状，以后指或趾之间的细胞凋亡，才逐渐发育为成形的手和足（图10-5）。淋巴细胞的克隆选择过程中，细胞凋亡更是起着关键的作用。

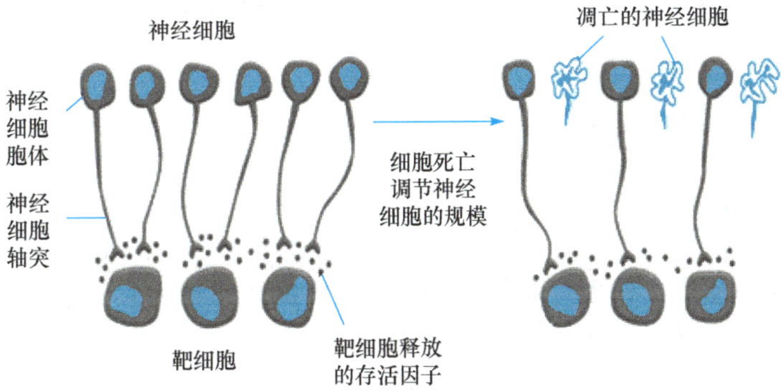

图10-4 神经系统在发育过程中部分细胞发生凋亡

靶细胞通过释放生存因子控制神经细胞的数量，有些细胞接受不到足够的生存因子而发生凋亡，通过这种过量产生神经细胞及选择，保证了所有靶细胞与神经细胞正确相连

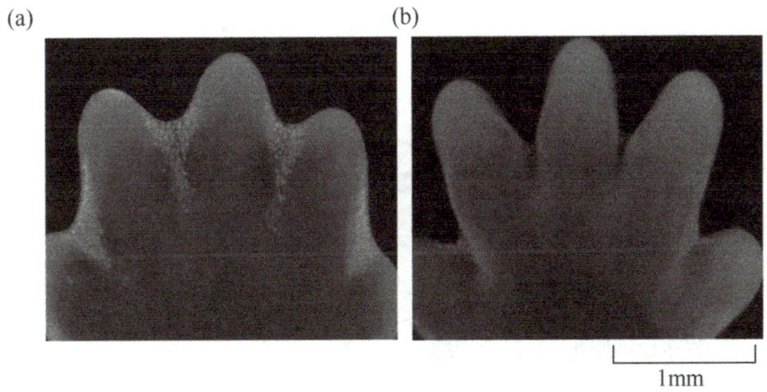

图10-5 小鼠的脚在发育过程中通过细胞凋亡使脚趾分开

（a）小鼠胚胎脚趾间的细胞被一种特异标记细胞凋亡的染料染色；（b）脚趾间细胞的凋亡可除去发育过程中出现的脚趾间组织

细胞凋亡还可用来清除发生变异或被病毒感染的细胞，由此维持各种组织和器官的正常功能。细胞凋亡的失调包括不恰当的激活或抑制会导致疾病，如Alzheimer氏病、各种肿瘤、艾滋病及自身免疫病等。在病毒感染或细胞癌变的情况下，凋亡通路可能会被阻断，使对机

体有害的细胞不能被清除。

宿主细胞的死亡是清除病毒感染的一种策略，因为病毒只有保持在宿主细胞中才能存活。很多病毒通过抑制细胞凋亡来达到存活的目的。昆虫杆状病毒就是通过表达一种可以抑制蜕化素诱导的果蝇caspase（ecdysone-inducible Drosophila caspase，DRONC）和效应caspase的凋亡蛋白抑制因子（inhibitor of apoptosis protein，IAP）来阻止细胞凋亡发生的。通过抑制caspase的活性，这些病毒可以保持宿主细胞的生存直到产生足够量的病毒导致细胞裂解。通常，脊椎动物细胞中的病毒不采用上述方式，因为caspase的抑制并不能阻止线粒体外膜通透化的发生，也不能阻止不依赖于caspase的细胞死亡。一些脊椎动物的病毒可产生抗凋亡的Bcl-2蛋白，这些病毒Bcl-2蛋白可以阻止线粒体外膜通透化和细胞凋亡。

细胞癌变与细胞凋亡机制密切相关，且关系复杂。抑癌基因*p53*在大约50%的人类癌症中都发生了突变，p53能够发挥其抑癌效应的部分原因在于它可以诱导转化细胞的凋亡。抗凋亡的Bcl-2蛋白最初也是在B细胞淋巴瘤（follicular B cell lymphomas）中发现的。有些基因不仅可以促进细胞增殖也可以促进细胞凋亡，如*c-myc*。细胞对于那些使它们进入细胞周期的信号所引起的凋亡很敏感，它们是生是死取决于周围组织向细胞传递的生存信号，如生长因子等，这些因子受到限制时，正在周期运转中的细胞就会发生凋亡，这可以抑制细胞的异常增殖。

二、细胞凋亡相关基因与通路

（一）线虫凋亡基因

秀丽隐杆线虫是研究个体发育和细胞程序性死亡的理想材料。其生命周期短，细胞数量少，在发育过程中，成体的1090个体细胞（somatic cell）中有131个会通过死亡被消除，而且这些细胞是在预先确定的时间和地点发生死亡的。这种发育过程中的细胞死亡是通过细胞凋亡的方式来进行的（图10-6）。秀丽隐杆线虫细胞凋亡通路上的特定分子是这一程序性细胞死亡所必需的。对秀丽隐杆线虫中细胞凋亡的遗传学研究，为理解脊椎动物的细胞凋亡通路奠定了基础。

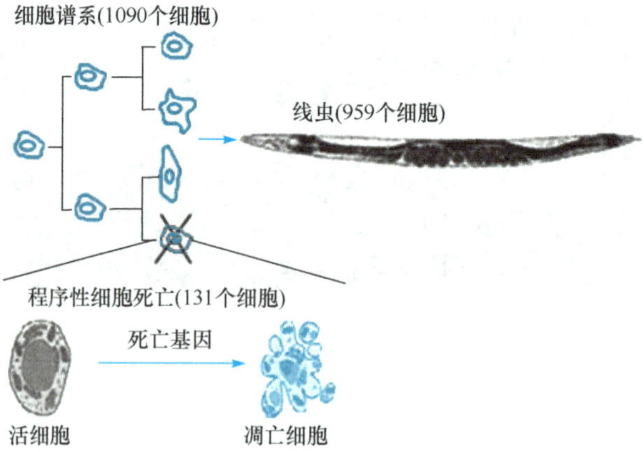

图10-6 线虫发育过程中出现的细胞凋亡

最常见的秀丽隐杆线虫雌雄同体成虫成熟后，含有959个体细胞，在从幼虫发育成成虫的过程中有131个体细胞发生凋亡。细胞谱系（cell lineage）是指受精卵从第一次卵裂时起，直到最终分化为组织和器官细胞时为止的发育史

罗伯特·霍维茨的实验室采用体细胞突变的方法发现共有14个基因在秀丽隐杆线虫细胞凋亡中起作用，其中在细胞凋亡实施阶段起作用的主要有3个：*Ced3*、*Ced4*和*Ced9*。*Ced3*和*Ced4*的作用是诱发凋亡，在缺乏*Ced3*、*Ced4*的突变体中不发生凋亡，会有多余细胞存在。*Ced9*抑制*Ced3*、*Ced4*的作用，使凋亡不能发生，*Ced9*功能缺失导致胚胎因细胞过度凋亡而死亡。负责细胞死亡的基因*Ced3*的产物（CED3）包含一个CARD结构域，并且通过二聚化被活化，CED4是负责活化CED3的接头分子，CED4可能需要dATP的参与来实现其寡聚化，而CED4的寡聚化又是CED3活化所需要的。CED9通过直接与CED4结合来调控凋亡。这种结合能够被程序性细胞死亡激活因子EGL1（Egg-laying defective protein 1）阻断，EGL1是一种只含BH3结构域的蛋白质。当细胞表达EGL1时，EGL1就可以将CED4从CED9那里置换出来，这样CED4就可以活化CED3，从而使细胞死亡。

秀丽隐杆线虫细胞程序化死亡的研究促进了其他动物，特别是哺乳动物细胞凋亡的研究。线虫体内的细胞凋亡通路比较简单，而且与脊椎动物体内细胞凋亡的线粒体通路有相似性。

（二）caspase家族

1. caspase的基本特点

caspase属于半胱氨酸蛋白酶，其功能相当于线虫中的CED3，是引起细胞凋亡的关键酶，一旦被信号通路激活，能通过切割蛋白导致细胞凋亡。caspase一词是从cysteine aspartic acic specific protease的词头和词尾缩写衍生而来，中文全称为天冬氨酸特异性半胱氨酸蛋白酶，简称为胱天蛋白酶，它们具有以下特点：①酶活性依赖于半胱氨酸残基的亲核性；②总是在天冬氨酸之后切割底物，通常情况下，caspase切割底物的位点为Asp-Xaa-Xaa-Asp/Gly、Asp-Xaa-Xaa-Asp/Ser或Asp-Xaa-Xaa-Asp/Asp（“/”表示裂解位点，Xaa代表任何氨基酸）；③活性的caspase都是由两个大亚基、两个小亚基组成的异四聚体，大、小亚基由同一个基因编码，其前体被切割后产生两个活性亚基。由于这些特异性，使caspase能够高度选择性地切割某些蛋白质，这种切割只发生在少数位点上，这些位点主要存在于结构域间，切割的结果或是活化某种蛋白质，或是使某种蛋白质失活，但从不将任何一种蛋白质完全降解。

caspase是一个家族，包含多个成员。依据功能的不同，caspase主要分为三种类型，即起始caspase、效应caspase和炎症相关caspase。最早发现的哺乳动物细胞中与线虫CED3同源的基因是白细胞介素-1β转换酶（interleukin-1β-converting enzyme，ICE）基因，ICE能将白细胞介素前体切割为活性分子。通过cDNA杂交和查找基因组数据库，在人类细胞中已发现11个ICE同源物，其蛋白质产物可分为两个亚族，CED3亚族和ICE亚族，前者参与细胞凋亡，后者参与炎症反应。前者又可分为两类：一类为执行者caspase（executioner或effector），如caspase-3、caspase-6、caspase-7，它们可直接切割细胞内多种不同的结构蛋白和功能蛋白，引起细胞凋亡，其中caspase-3和caspase-7具有相近的底物和抑制剂特异性，它们切割多聚ADP核糖聚合酶（poly ADP-ribose polymerase，PARP）及DNA片段化因子45（DNA fragmentation factor 45，DFF-45），导致DNA修复的抑制并启动DNA的降解，而caspase- 6的底物是核纤层蛋白A（lamin A）和角蛋白18（keratin 18），它们的降解导致核纤层和细胞骨架的崩解，但它们不能通过自催化（autocatalytic）或自剪接的方式激活；另一类为起始者caspase（initiator），如caspase-8、caspase-9、caspase-10，接受到信号后，能通过自剪接而激活，然后引起caspase级联反应，如caspase-8可依次激活caspase-3、caspase-6和caspase-7。ICE亚族的蛋白酶，如caspase-1、caspase-11，参与加工细胞因子而不是调控细胞凋亡，在炎症反应中发挥了重要的作用。

2. caspase的活化

细胞中合成的caspase以无活性的酶原（caspase前体）状态存在，经活化方能执行其功能。一般的蛋白酶在活化时，只是将N端的肽段切除，而caspase的活化则需在前体的两个天冬氨酸位点进行切割，产生三个肽段，通常N端的一段肽链在活化时会被除去，其余为大、小两个肽段，由两个前体产生的4个肽段组成异四聚体，成为有活性的酶。目前认为细胞凋亡的起动者（caspase-2、caspase-8、caspase-9和caspase-10）和执行者（caspase-3、caspase-6和caspase-7）之间存在着上下游关系，即起始者活化执行者（图10-7）。

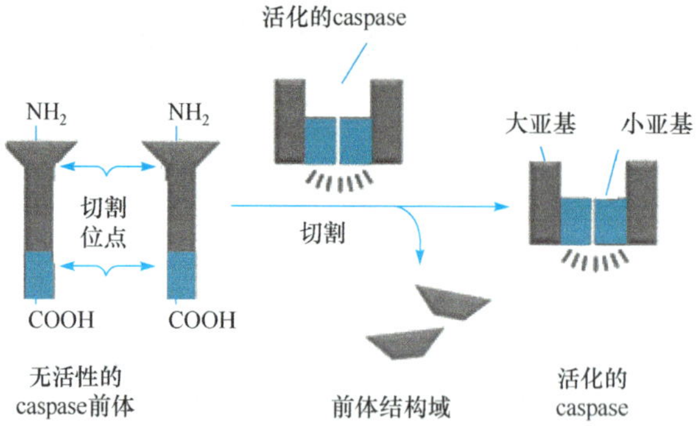

图10-7　caspase前体通过切割被激活

caspase前体上有两个切割位点，可切割出三个片段，N端的片段被去除，两个前体分子其余的两个片段形成有活性的四聚体

在哺乳动物中，效应caspase（caspase-3、caspase-7和caspase-6）酶原（zymogen）前体以无活性的二聚体形式存在于细胞中。每个酶原分子在大亚基和小亚基之间特异的天冬氨酸位点裂解可以使其活化，这是因为酶原的裂解可使位于大亚基上的蛋白酶催化活性位点与小亚基上结合底物的区域相互接近，活性部位得以形成，从而成为成熟的、活化的效应caspase。在细胞凋亡过程中，活化的caspase-3和caspase-7可以通过裂解作用将caspase-6活化。而caspases-3和caspase-7活化通常是通过起始caspases所介导的。

起始caspase具有大的前结构域（prodomain），这种前结构域上有蛋白质-蛋白质相互作用的区域（protein-protein interaction motif），如caspases募集结构域（CARD）、死亡效应结构域（DED）等。所有这些区域在结构上都是相关的，它们被统称为死亡折叠结构域（death fold）。某一特定起始caspase的前结构域与一个特定的接头分子（adaptor molecule）相互作用可以确定凋亡通路。与效应caspase不同，起始caspase（如哺乳动物细胞中的caspase-2、caspase-8、caspase-9、caspase-10）在细胞中是以无活性的单体（monomer）形式存在的。裂解这些单体并不能在这些蛋白酶上形成活性部位，但是，当两个起始caspase单体诱导形成二聚体时发生的在分子内部天冬氨酸处的裂解可以稳定已形成的二聚体结构，并通过相互作用产生活性部位从而使之活化。

在哺乳动物细胞中，已发现大量caspase的底物，这些底物因裂解而产生凋亡效应。例如，凋亡过程中DNA的片段化就是由caspases介导的。在细胞中，依赖于caspase的DNase（caspase-activated DNase，CAD）与其抑制剂ICAD（inhibitor of caspase-activated DNase）以复合体的形式存在。当ICAD被效应caspase裂解后CAD被活化。活化的CAD进入细胞核在核小体之间的位点酶解DNA分子，导致DNA断裂并形成特征性的梯状条带（ladder）。肌球蛋白轻链激酶ROCK-1也是效应caspase的一个底物，caspase对ROCK-1的裂解作用激活了该激酶的活性。凝溶胶蛋白（gelsolin）也以相似的方式被caspase裂解而活化。这两种酶的活化可以引起细胞骨架的变化，从而使凋亡细胞产生出特征性的细胞质膜出泡现象。

尽管caspase对底物的裂解可能都参与了凋亡特征的形成，但没有任何一种底物或底物的聚合物显示出可以单独引起细胞死亡。caspase最终导致细胞死亡可能是由于许多不同的底物裂解事件作用的结果，到目前为止，还不能通过调节任何已知的特异底物来有效地抑制由caspase引起的细胞死亡。这要么是因为有很多的底物作用于细胞凋亡，要么是因为人们还没有发现那些最为重要的底物。

3. 天然的caspase抑制剂

生物体可通过细胞凋亡来清除病毒，防止其进一步侵染，而病毒也发展出一种对抗机制，来逃避或阻止凋亡的发生，即抑制caspase的活性。痘病毒蛋白CrmA和杆病毒蛋白p35就是天然的caspase抑制剂。CrHA能有效地抑制caspase-1和caspase-8，但对caspase-3、caspase-7和caspase-9的抑制作用很弱。杆病毒蛋白p35则对大多数caspase有较强的抑制作用。

目前已知的哺乳动物细胞内源的caspase抑制剂是编程性细胞凋亡抑制因子（inhibitor of apoptosis，IAP）家族，包括人细胞中的X-连锁凋亡抑制因子（X-linked inhibitor of apoptosis protein，XIAP）、cIAP1和cIAP2。它们特异地抑制caspase-3和caspase-7，而对caspase-1、caspase-8和caspase-10无抑制作用。此外还发现IAP能抑制caspase-9的活化，在与其他蛋白质的协同作用下也能抑制caspase-8的活化。

第一个凋亡蛋白抑制因子（IAP）是在一种昆虫杆状病毒（baculovirus）中发现的，其功能是阻止被感染的细胞发生凋亡。随后，通过序列同源性分析，在其他生物，包括哺乳动物体内鉴定出了多种IAP分子。有一些IAP分子，如在哺乳动物体内发现的XIAP，是caspase的有效抑制因子，尤其可有效抑制起始caspases-9和效应caspases-3、caspase-7的活性。因此，caspase的活化抑制因子参与了细胞凋亡的调控。

（三）部分其他凋亡相关基因

1. Apaf1

Apaf1被称为**凋亡酶激活因子-1**（apoptotic protease activating factor-1），在线虫中的同源物为CED4，在线粒体参与的凋亡途径中具有重要作用，编码Apaf1的基因敲除后，小鼠神经细胞过多，脑畸形发育。Apaf1含有三个不同的结构域：①caspase募集结构域（caspase recruitment domain，CARD）结构域，能募集caspase-9；②CED4同源结构域，能结合ATP/dATP；③C端结构域，含有色氨酸/天冬氨酸重复序列，当细胞色素c结合到这一区域后，能引起Apaf1多聚化而激活。Apaf1具有激活caspase-3的作用，而这一过程又需要细胞色素c（Apaf2）和caspase-9（Apaf3）参与。Apaf1/细胞色素c复合体与ATP/dATP结合后，Apaf1就可以通过其CARD结构域募集caspase-9，启动caspase级联反应，形成凋亡体（apoptosome）。

1997年，从人细胞提取物中发现了三种，在加入dATP时能使caspase-3活化，它们分别被称为Apaf1、Apaf2和Apaf3。CED4的哺乳动物细胞中的同源物被证明是Apaf1，有趣的是发现Apaf2就是细胞色素c，而Apaf3为caspase-9。

2. Bcl-2家族

现已发现Bcl-2至少有19个同源物，组成一个Bcl-2家族，在线粒体参与的凋亡通路中起调控作用，能控制线粒体中细胞色素c等凋亡因子的释放。Bcl-2家族成员都含有1~4个Bcl-2同源结构域（BH1~4），并且通常有一个羧端跨膜结构域（transmembrane region，TM）。其中BH4是抗凋亡蛋白所特有的结构域，BH3是与促进凋亡有关的结构域。根据功能和结构可将Bcl-2蛋白家族分为两类，一类具抗凋亡作用（anti-apoptotic），如Bcl-2、Bcl-X_L、Bcl-W等，其功能相当于线虫细胞中的CED 9；一类具促进凋亡作用（pro-apoptotic），如Bax、Bak、Bad、Bid、Bim等，在促凋亡蛋白中还有一类仅含BH3结构，如Bid、Bad、p53上调凋亡调控因子（p53 upregulated modulator of apoptosis，Puma）等（图10-8）。

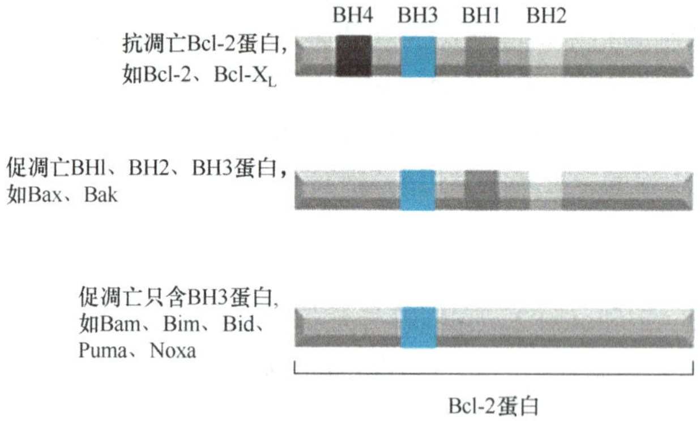

图10-8 Bcl-2蛋白的三种类型

BH3结构域是唯一所有Bcl-2家族成员都具有的结构域，此结构域直接介导了促凋亡与抗凋亡成员之间的相互作用

大多数促凋亡蛋白主要定位于细胞质，一旦细胞受到凋亡因子的诱导，它们可以向线粒体转位，通过寡聚化在线粒体外膜形成跨膜通道，从而导致线粒体中的凋亡因子释放，激活caspase，最终诱导细胞凋亡（图10-9）。Bcl-2家族蛋白对跨膜通道的开放和关闭起着关键的调节作用，促凋亡类蛋白促使通道开放，而抗凋亡类蛋白可通过阻止通道形成发挥其抗凋亡效应（图10-10）。

Bcl-2由于能抑制细胞凋亡而成为一种原癌基因，与一般的癌基因不同，Bcl-2能增强细胞的生存能力，而不是促进细胞的增殖速率。

3. *p53*基因

*p53*是肿瘤抑制基因，其产物主要存在于细胞核内。*p53*基因是人肿瘤相关基因中突变频率最高的基因。人类肿瘤有50%以上是由*p53*基因的缺失造成的。如果将*p53*基因重新导入已转化的细胞中，则可能产生两种不同的结果：生长阻遏或细胞凋亡。前者是可逆的，后者是不可逆的。两种结果的导向取决于生理条件及细胞类型。在皮肤、胸腺及肠上皮细胞中，DNA的损伤导致p53蛋白的积累并伴随着细胞凋亡，说明在这些细胞中，细胞凋亡是依赖于p53蛋白的。然而在另外一些条件下，p53蛋白并不是细胞凋亡的必要条件，如糖皮质激素诱导的胸腺细胞凋亡就与p53蛋白无关。缺少*p53*基因的小鼠发育过程基本正常，说明正常发育过程中出现的各种细胞凋亡并不要求p53必须参与。在依赖于p53蛋白的细胞凋亡中，*p53*基因是通过调节*Bcl-2*和*Bax*基因的表达来影响细胞凋亡的。p53蛋白能特异地抑制Bcl-2的表

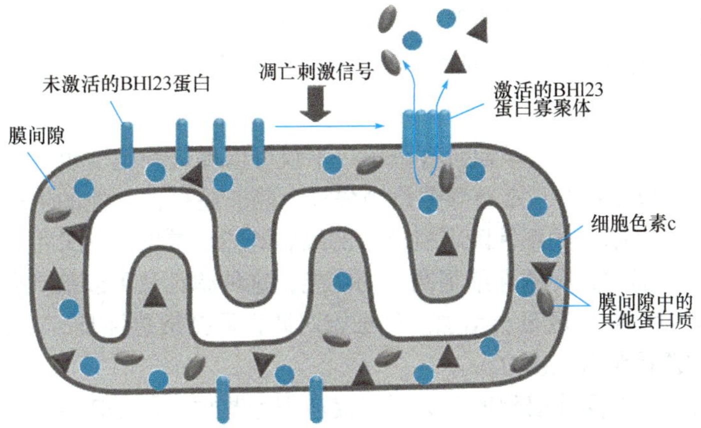

图10-9　含结构域BH123的促凋亡Bcl-2蛋白在线粒体膜间隙蛋白释放中的作用

当BH123蛋白被凋亡刺激激活后聚集在线粒体外膜形成，细胞色素c和其他蛋白质从膜间隙中释放

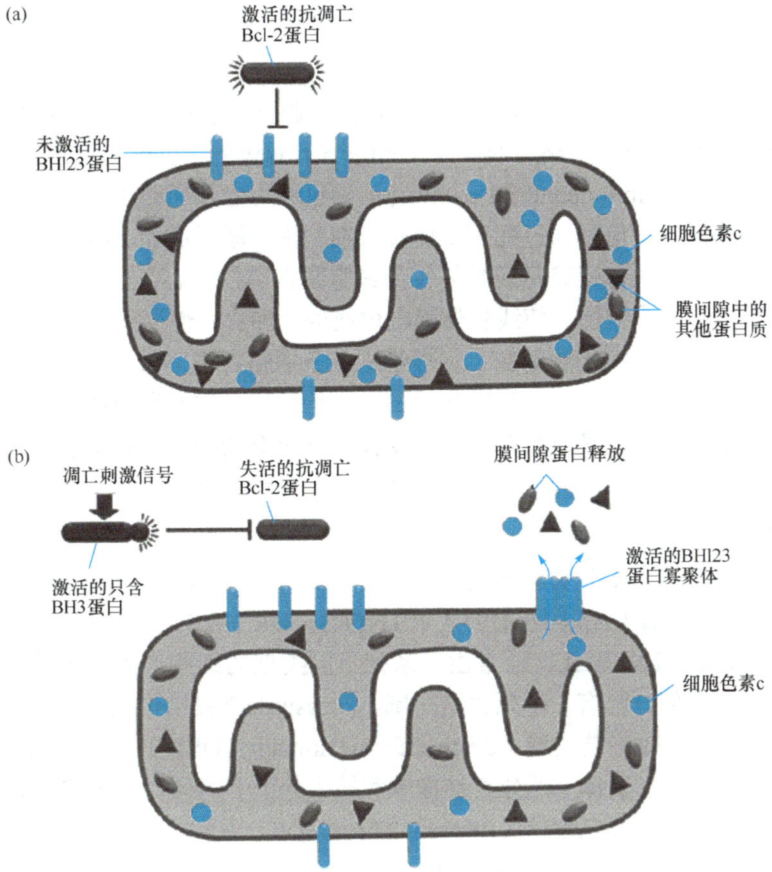

图10-10　只含BH3的促凋亡蛋白与抗凋亡的Bcl-2蛋白在调控膜间隙蛋白释放中的作用

（a）在缺少凋亡信号刺激时抗凋亡Bcl-2蛋白结合并抑制线粒体外膜上的BH123蛋白；（b）当受到凋亡信号刺激时只含BH3的蛋白质被激活，并结合到抗凋亡的Bcl-2蛋白上，使之失去抑制BH123蛋白的作用，BH123蛋白激活并在外膜上聚集成通道，导致膜间隙蛋白的释放

达，相反对Bax的表达则有明显的促进作用。有研究显示，p53蛋白是*Bax*基因的直接转录活化因子。在这些细胞中，p53蛋白的积累和活动引起了细胞凋亡。

4. *c-myc*基因

c-Myc蛋白作为细胞增殖早期应答因子，不仅可以促进细胞增殖也可以促进细胞凋亡。因此，单纯表达c-Myc并不一定会导致增殖失控，除非还存在其他的生存信号。细胞周期和细胞凋亡之间的这个基本关系保障了机体中的细胞既能正常增殖而又不易癌变。促进细胞进入细胞周期的分子同时具有诱导细胞凋亡的功能，这种凋亡又可以被抗凋亡信号所抑制。当细胞凋亡被抑制时，细胞数量会增加。使细胞对凋亡保持敏感性是c-Myc的基本特性，与它促进细胞增殖的调控没有主次之分。

尽管c-Myc既可以促进细胞增殖又可以促进细胞凋亡，但是Bcl-2或Bcl-X_L与c-Myc共同作用时，通过抑制细胞凋亡来促进致癌作用。事实上，在人类癌症中，抗凋亡的Bcl-2家族成员经常发生表达上调。这两类原癌基因之间的相互作用决定了细胞的命运。通常，原癌基因既可以像*c-myc*既促进增殖又促进凋亡，也可以像*Bcl-2*抑制凋亡但不促进增殖，还可以在多重信号的作用下既抑制凋亡又促进增殖。

（四）细胞凋亡通路

在脊椎动物细胞中，caspase的活化是由不同的凋亡通路引起的。已有两条通路得到了确定，它们分别是死亡受体通路（death receptor pathway），也称为外部通路（extrinsic pathway）；线粒体通路（mitochondrial pathway），也称为内部通路（intrinsic pathway）。**死亡受体通路**是细胞外死亡信号通过死亡受体转入细胞内，激活起始caspase，进而引发级联反应，导致细胞凋亡。**线粒体通路**是线粒体作为细胞凋亡调控中心，在凋亡发生过程中，多种促凋亡的蛋白质转移至线粒体，使线粒体膜电位通透性和完整性受到破坏，Bcl-2家族蛋白通过调节线粒体的功能来调控细胞的凋亡。尽管这两条通路在很多重要的方面不同，但它们也有相似之处。在每条通路中，都首先是起始caspase的活化，进而导致效应caspase的活化。这两条凋亡通路间还存在“交叉调控”，死亡受体通路也有线粒体通路的参与。此外，一些维持细胞生存的因子可通过激活特定的信号通路，阻止细胞的凋亡。

1. 细胞凋亡的死亡受体通路

细胞表面的凋亡受体属于肿瘤坏死因子受体（tumor necrosis factor receptor，TNFR）超家族的跨膜蛋白，包括Fas（Apo-1/CD95）、TNFR1、DR3/WSL、DR4/TRAIL-R1和DR5/TRAIL-R2。其配体属于TNF家族，通常由一系列不同类型的细胞产生，包括免疫系统的细胞。死亡受体的细胞内部分都有一个死亡结构域。同caspase募集结构域（caspase recruitment domain，CARD）、死亡效应结构域（death effector domain，DED）一样，死亡结构域也是一种死亡折叠结构域，死亡受体上的死亡结构域和接头分子上的死亡结构域能够相互作用。

在细胞表面，死亡受体以三聚体（trimer）的形式存在，配体可能是以簇（cluster）的形式与受体结合从而将两个或更多的受体三聚体交联（crosslink）在一起。这一簇集方式暴露出死亡结构域，使其可与细胞内的蛋白质相互作用。Fas/CD95和TRAIL受体上的死亡结构域在交联后通过与接头蛋白Fas相关死亡结构域（Fas-associated death domain，FADD）上的死亡结构域相互作用从而结合到FADD上，这使得细胞内的FADD分子聚集在一起，同时也暴露出FADD分子中含DED的区域。

接头蛋白FADD上的DED随即可与caspase-8（或caspase-10）单体前结构域上的DED结合，从而使caspase-8二聚化并将其活化。发生交联的死亡受体、接头蛋白FADD及caspase-8组成了死亡诱导信号复合体（death-inducing signaling complex，DISC）。活化的caspase-8又可以裂解并活化细胞中的底物分子，包括效应caspase-3和caspase-7，最终降解细胞内的结构蛋白和功能蛋白，导致细胞凋亡（图10-11）。

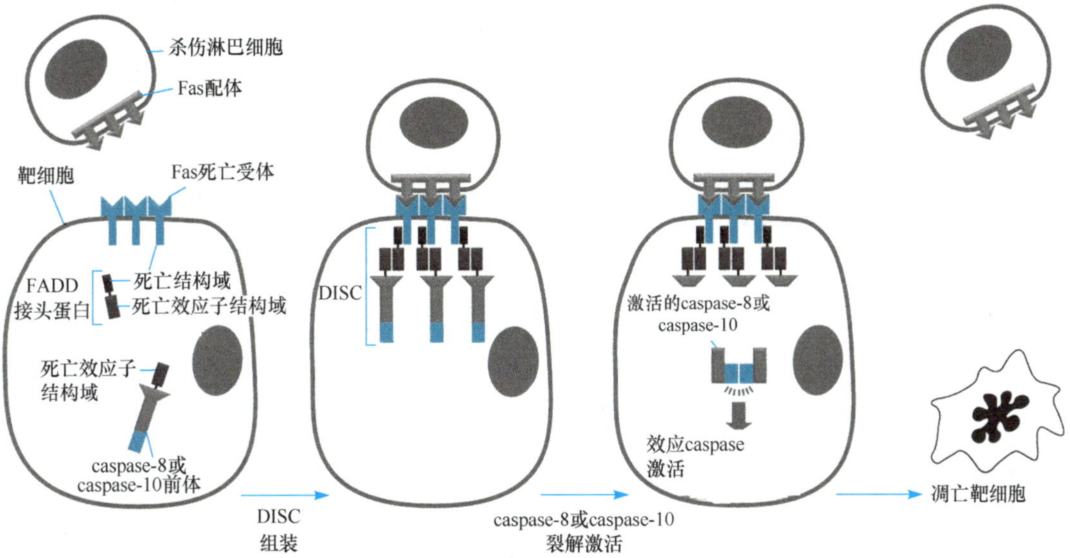

图10-11 死亡受体诱导起始caspase活化导致细胞凋亡

Fas/FasL系统在免疫系统中具有重要的作用：其一是参与免疫调节。活化成熟的外周T细胞主要通过Fas/FasL系统介导的细胞凋亡清除与自身抗原有交叉反应的克隆和由自身抗原激活的细胞克隆，限制T细胞克隆的无限增殖，防止对自身组织的损伤。淋巴细胞凋亡异常导致的免疫耐受失控，是自身免疫性疾病的主要病因。其二是细胞毒T细胞（cytotoxic T cell，CTL）可以通过FasL诱导靶细胞凋亡，不幸的是某些肿瘤细胞也可以通过这一途径诱导淋巴细胞凋亡，从而逃脱免疫监控。

2. 细胞凋亡的线粒体通路

细胞应激反应或凋亡信号能引起线粒体细胞色素c释放，作为凋亡诱导因子，细胞色素c能与Apaf1、caspase-9前体、ATP/dATP形成凋亡体（apoptosome），然后募集并激活caspase-3，进而引发caspase级联反应，导致细胞凋亡。这主要是释放出的细胞色素c会引起细胞质中Apaf1的活化，而活化的Apaf1可以结合并激活caspases-9。其具体过程为：在细胞质中，成熟的细胞色素c与Apaf1结合，从而使Apaf1发生构象改变，这种构象的变化使dATP结合到Apaf1上。而这又使Apaf1的结构进一步发生变化，并暴露出寡聚化结构域，从而形成了由7个Apaf1分子组成的复合体，该复合体被称为凋亡体。凋亡体的中心具有暴露的caspase活化与募集结构域（caspase-activiting and recruitment domain，CARD），它们可以与作为起始caspase的caspase-9的CARD结构域结合，这种结合使caspase-9发生二聚化，最终导致caspase-9的活化。caspase-9一旦被活化，就会裂解并激活效应caspase，如caspase-3和caspase-7，进而引起细胞凋亡（图10-12）。

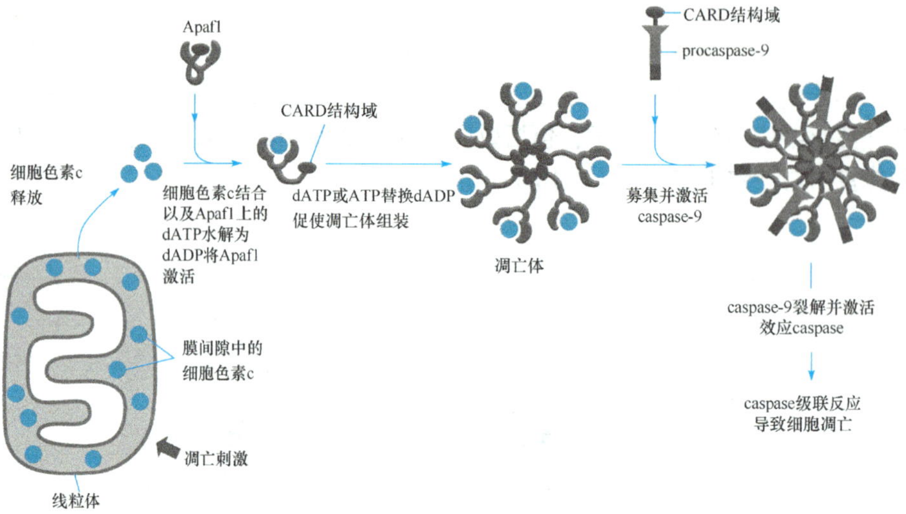

图10-12　线粒体中的细胞色素c释放诱导caspase激活

细胞色素c从线粒体释放出来后，与Apaf1形成复合体，使Apaf1自身结合的dATP水解成dADP，dATP或ATP替换其上的dADP可诱导7个Apaf1与细胞色素c的复合体形成凋亡体，再由促凋亡体募集caspases-9并将其切割激活

在脊椎动物中，多数细胞凋亡并不是由死亡受体引发的，而是由线粒体通路介导的。线粒体外膜的通透化（mitochondrial outer membrane permeabilization，MOMP）成为这条通路中的特征性事件，这样MOMP必然受到严格调控。Bcl-2家族蛋白在线粒体凋亡通路中居核心地位，其功能决定着MOMP。尽管人们早就认识到Bcl-2家族的蛋白质在凋亡调控中发挥重要作用（正调控或负调控），但直至线粒体通路被阐明，它们的功能才被逐步揭示。抗凋亡的Bcl-2蛋白拥有BH4结构域并能够阻止MOMP，而促凋亡的Bcl-2蛋白缺少BH4结构域并且能够促进MOMP。然而，并不仅仅只有BH4结构域在抑制MOMP中发挥作用。Bax和Bak是MOMP所必不可少的，也是线粒体凋亡通路所必需的。Bax和Bak是 Bcl-2家族中的两个多结构域蛋白质。这两种蛋白质能导致MOMP，并在膜上形成孔道，线粒体膜间隙中的蛋白质借此可以扩散出来。在只含BH3结构域的蛋白质（如Bid蛋白）存在的情况下，Bax和Bak会被诱导在线粒体膜处发生寡聚化。

Bcl-2家族的抗凋亡成员阻止由Bax和Bak引起的MOMP，主要是结合到活化的Bax和Bak上，以及结合到Bax和Bak的活化因子上（如Bim、Bid），抑制它们的功能。通过这种途径，抗凋亡的Bcl-2蛋白可以抑制MOMP并最终抑制细胞凋亡。

在对Fas应答的细胞中，有些细胞，如胸腺细胞，被Fas活化的caspase-8有足够的活性，高表达Bcl-2不能抑制Fas诱导的细胞凋亡。而有些细胞，如肝细胞中，Fas介导的caspase-8活化不能达到足够的水平，因此这类细胞中的凋亡信号需要借助凋亡的线粒体途径来放大。活化的caspase-8将细胞质中的Bid剪切，形成活性分子tBid（truncated Bid），tBid进入线粒体，导致细胞色素c释放，使凋亡信号放大。

由于死亡受体交联而活化的caspase-8能够裂解只含有BH3结构域的Bid蛋白，从而导致Bid蛋白的活化。随后，Bid可以活化Bax和Bak，使Bax和Bak发挥作用，引起MOMP，从而启动了线粒体凋亡通路。因此Bid成为两条凋亡通路的连接者。此外，还有一些蛋白酶可以裂解并激活Bid，从而通过线粒体通路引起MOMP及细胞凋亡，如组织蛋白酶

（cathepsin）、钙蛋白酶（calpain）等。

在细胞毒淋巴细胞（细胞毒T细胞和自然杀伤细胞）的溶胞颗粒（granules）中存在着一种蛋白酶——粒酶B（granzyme B），可以裂解并激活效应caspase。当细胞毒淋巴细胞锁定某一靶细胞时（如被病毒感染的细胞），就会释放粒酶B到靶细胞的细胞质中。粒酶B可以直接活化靶细胞中的效应caspase从而导致细胞凋亡。

细胞中维持生存的信号也是很重要的，需要将各种性质的信号相互结合全面的理解。促进或抑制细胞凋亡的信号通路对于组织的正常发育是至关重要的，如果出现异常，就会导致不必要的组织增生甚至导致癌症。尽管人们已经了解了许多这样的机制，但它们的精确途径及相互关系还需要深入研究。

第三节　细胞坏死与细胞自噬

细胞坏死是细胞的一种死亡方式，细胞自噬也可导致细胞死亡。这两种细胞死亡方式由不同的原因引起，具有不同的特征，各自具有特定的生物学意义。本节介绍细胞坏死与细胞自噬的主要特征，简要阐明凋亡、坏死和噬亡之间的区别及联系，认识与细胞死亡相关的蛋白质分子功能和信号转导通路。

一、细胞坏死

（一）细胞坏死概述

通常当细胞受到的损伤程度达到已无法使细胞存活时，就会发生**细胞坏死**（necrosis）。坏死一词源于希腊文对尸体的描述“nekros”。多种因素都可引发细胞坏死，包括机体的物理或化学性损伤、缺氧、感染和有毒物质侵害等。典型的坏死起始于细胞膨胀、染色质降解、细胞质膜和细胞器膜受到破坏，坏死的后期则表现为大量DNA发生降解、内质网成泡、细胞器解体，最终细胞溶解（图10-13）。在细胞质膜破损后会释放细胞内物质到周围的组织中，尤其是坏死引发的溶酶体膜损伤会使得其内部的酶释放出来，从而引起炎症和连续性的细胞死亡。坏死最初被认为是由外因引起的、不受细胞自身调控的非程序性死亡方式。新的研究表明，细胞坏死不仅在非生理条件（如机械力、热或冷处理等）和病理条件下发生，而且在正常生理条件下也会出现，并受到细胞内和细胞外信号调节。在细胞坏死过程中，一些基因产物诱导不可逆的能量丧失导致细胞死亡，而另一些基因产物选择性地被释放到细胞外环境中以刺激机体发生反应。坏死可以使机体在遭受损伤或侵入的部位展开积极地防御或修复反应。细胞坏死可以使机体拥有一种早期的预警系统，来识别和防御可能造成整体危害的因素，通过这种**程序性细胞坏死**（programmed cell necrosis）机体可维持其完整性。程序性细胞坏死被认为在多种疾病，如血管阻塞性疾病、神经退行性疾病、感染和炎症疾病及癌症中都具有重要作用。

坏死细胞的形态改变主要是由两种病理过程引起的，即酶性消化和蛋白质变性。参与此过程的酶，如果来源于死亡细胞本身的溶酶体，则称为**细胞自溶**（autolysis）；如果来源于浸润坏死组织内的白细胞溶酶体，称为**异溶**（hctcrolysis）。

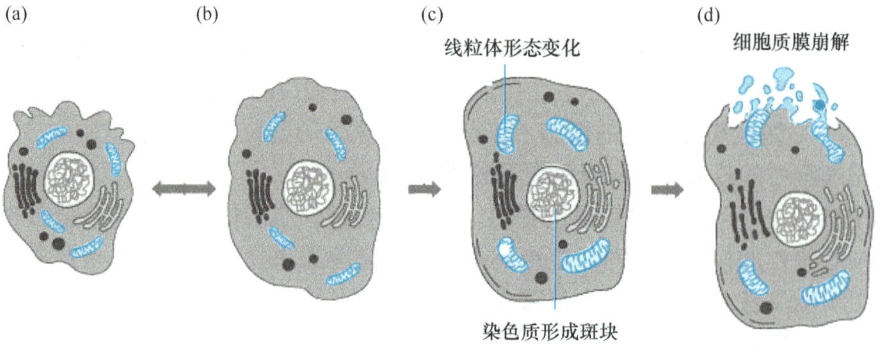

图10-13 细胞坏死过程与特征

（a）正常细胞；（b）细胞肿胀，膜结构变化；（c）线粒体形态发生变化，染色质凝集成块；（d）细胞质膜破裂，细胞解体，内含物释放

作为一种重要的细胞死亡形式，某些细胞的坏死会有利于整个机体生存，如坏死诱导的促炎症反应。尽管在坏死过程中许多细胞内物质被释放到细胞外，但只有其中某些分子参与坏死诱导的免疫反应。在这些免疫刺激分子中目前研究最清楚的是高迁移率族蛋白1（high-mobility group protein B1，HMGB1），HMGB1与巨噬细胞结合可以刺激炎症分子和促存活细胞因子的产生。除了促炎症反应，坏死过程释放的细胞内的分子，能够通过活化信号通路，促进损伤区域神经的修复，同时也可以诱导细胞的迁移。

（二）细胞坏死的分子机制

细胞坏死的核心事件是细胞生物能量和细胞质膜完整性的丧失，这些可归因于细胞中一系列分子的作用，包括线粒体活性氧（reactive oxygen species，ROS）产物的增加、细胞质基质Ca^{2+}浓度改变、非凋亡的蛋白酶的活化及ATP生成机制的破坏等。这些坏死的调控因子通常在细胞中同时发生并相互促进，从而导致细胞的死亡。

1. 抑制呼吸作用导致细胞坏死

线粒体呼吸链将电子由NADH-$FADH_2$传递给O_2，同时H^+由线粒体内膜的内侧泵到外侧，建立跨线粒体内膜的膜电势，由此产生的电化学梯度推动H^+经由F_0F_1-ATPase回到基质合成ATP。抑制线粒体呼吸链的活性会引起细胞内ATP水平的下降，导致细胞坏死的发生。

细胞内Ca^{2+}浓度和ROS等的刺激可以打开线粒体内膜上线粒体通透性转运孔（mitochondrial permeability transition pore，MPTP），导致质子梯度的丧失，阻断通过氧化磷酸化生成ATP。打开MPTP可以释放线粒体凋亡因子来促进细胞凋亡，但是它的持续性开放会导致细胞坏死。亲环素D（cyclophilin D，CypD）是MPTP的组成部分，环孢霉素A（cyclosporin A，CyA）可以与CypD结合，抑制MPTP的形成。过表达CypD可以使神经细胞对线粒体通透性转运，以及Ca^{2+}、ROS诱导的坏死变得更敏感，而*CypD*基因缺失的细胞可以抵抗因H_2O_2和Ca^{2+}超负荷引起的坏死。但在TNF-α等凋亡信号刺激下，*CypD*基因缺失的细胞其细胞色素c的释放及caspase的活化均能正常发生。这些结果表明，CypD通过参与线粒体呼吸链的调控，在细胞坏死调控中发挥重要的作用。

2. DNA损伤诱导的坏死

射线和氧化剂处理等刺激因素可以造成DNA损伤。聚腺苷二磷酸核糖聚合酶（poly ADP-ribose polymerase，PARP）识别损伤的DNA片段，通过与DNA断裂处的结合被激活。PARP将烟酰胺腺嘌呤二核苷酸（nicotinamide adenine dinucleotide，NAD）转化为烟酰胺和ADP-核糖，并催化多种蛋白质发生聚腺苷二磷酸核糖基化[poly（ADP）-ribosylation]修饰，参与DNA的修复。由于细胞质与线粒体的NAD不能自由地通过线粒体内膜进行交换，PARP优先消耗细胞质的NAD而不影响线粒体中的NAD。而细胞质中NAD的缺乏抑制了葡萄糖的代谢，阻止了葡萄糖依赖的ATP的产生。如果细胞中的PARP过度活化，就造成糖酵解阻断，从而导致ATP的水平迅速降低，诱发细胞坏死。凋亡过程中，活化的caspase-3将PARP切割成24kDa和89kDa两个片段，其中N端24kDa的片段具有与DNA断裂处结合的能力，可以抑制野生型PARP的激活和DNA的修复。这样，凋亡中效应casapse的活化使PARP失活，抑制了细胞坏死，同时维持了细胞内的能量，确保ATP依赖的凋亡过程的执行。

3. ROS与坏死

线粒体是细胞中产生ROS的主要部位。过多的ROS可以造成DNA链的切割、DNA-蛋白质的偶联和嘌呤碱基氧化等DNA损伤，引发包括p53和PARP的活化等DNA损伤应答。p53的活化可以引起凋亡和细胞周期的停滞，而PARP的过度活化则会导致细胞坏死。

ROS也可以修饰脂类，多不饱和脂肪酸的双键是ROS作用时的首要靶点。脂类的氧化作用会导致细胞质膜和细胞内膜结构丧失其完整性，造成细胞内蛋白酶外漏或是Ca^{2+}涌入，引发细胞坏死。ROS的另一个靶点是含硫的氨基酸残基或带有巯基的蛋白质。ROS可以打断氢硫键，从而改变被修饰蛋白质的功能。ROS介导的蛋白质修饰可以通过改变Ca^{2+}通道引起坏死的发生。内质网和细胞质膜上的Ca^{2+}通道会由于产生的过多ROS而改变，由此可引发Ca^{2+}涌入细胞质基质，导致细胞坏死。

4. Ca^{2+}介导的细胞坏死

Ca^{2+}是参与多种细胞应答的重要信号分子，其中包括细胞死亡的调控。Ca^{2+}不能自由透过活细胞的细胞质膜和细胞内膜。大多数细胞内的Ca^{2+}都储存在内质网中，当内质网中的Ca^{2+}释放或细胞外的Ca^{2+}穿过细胞质膜进入细胞质基质，细胞就会由于Ca^{2+}依赖的蛋白酶的活化，或由于线粒体Ca^{2+}超负荷导致的线粒体通透性转变，ATP合成被抑制，引发细胞死亡。与其他损伤一样，细胞质基质中Ca^{2+}浓度的升高可以引起细胞发生凋亡或坏死，这主要由细胞质基质中Ca^{2+}的浓度来决定的。低浓度的Ca^{2+}（200~400nmol/L）可以触发凋亡，更高浓度的Ca^{2+}（>1μmol/L）则与坏死相关。因此，从内质网释放Ca^{2+}时多数发生细胞凋亡，而从细胞质膜上产生的Ca^{2+}流则常与坏死相关。此外，线粒体的代谢状况也会影响线粒体对Ca^{2+}的敏感程度，从而影响细胞的死亡形式。

Ca^{2+}浓度导致细胞坏死的一个典型例子就是哺乳动物中兴奋性氨基酸（excitatory amino acid，EAA）诱导的兴奋毒性神经元死亡。兴奋性中毒是过多神经递质释放，以及细胞质膜受体与兴奋性氨基酸作用的结果。兴奋性毒素可以通过诱导内质网钙库的释放或细胞外Ca^{2+}的转入，使细胞内Ca^{2+}浓度显著升高，从而引发兴奋毒性细胞死亡，这种死亡表现出坏死的特征。

5. 蛋白酶参与细胞坏死

许多蛋白酶参与坏死，钙激活酶（calpain）和组织蛋白酶（cathepsin）是坏死中的主要蛋白酶。钙激活酶是一组依赖于Ca^{2+}的半胱氨酸蛋白酶，目前已发现十几个成员，分成两个亚家族：μ-钙激活酶和m-钙激活酶。μ-钙激活酶能够被微摩尔级的Ca^{2+}活化，而m-钙激活酶能够被毫摩尔级Ca^{2+}活化。这两个家族的成员具有一个共同的30kDa调节亚基和一个不同的80kDa催化亚基。钙激活酶以无活性形式位于细胞质中，当细胞质基质里Ca^{2+}浓度增加时，钙激活蛋白会转位到细胞内膜上，并通过自我催化水解转变成活化形式。钙激活蛋白的底物包括细胞骨架蛋白、膜蛋白、黏附分子、离子转运分子、激酶、磷酸酶和磷脂酶等。钙激活酶介导细胞质膜上Na^{+}/Ca^{2+}交换器的切割，导致细胞内Ca^{2+}增加及细胞坏死的产生。钙激活酶能够通过改变溶酶体膜通透性，导致溶酶体内蛋白酶的释放和细胞坏死。

健康细胞中组织蛋白酶位于溶酶体中，在溶酶体内的酸性环境中组织蛋白酶完全活化，负责分解吞噬的大分子。当溶酶体膜的完整性被破坏后，组织蛋白酶就从溶酶体中释放出来，降解细胞内分子，导致细胞坏死。调节溶酶体膜的通透性（lysosomal membrane permeability，LMP）对决定细胞死亡模式具有关键作用。鞘脂类代谢物鞘氨醇是一个能够调节LMP的分子。鞘脂是细胞中膜的组成成分，在细胞死亡刺激下溶酶体中的鞘磷脂酶被活化，将鞘磷脂转变为神经酰胺，神经酰胺在神经鞘氨醇酶的作用下进一步转变为鞘氨醇。神经酰胺和鞘氨醇都是诱导凋亡的重要信号分子。此外，鞘氨醇能够引起LMP和细胞坏死。在低浓度下（$<20\mu mol/L$）鞘氨醇诱导部分溶酶体破裂和凋亡；在高浓度下（$>20\mu mol/L$）鞘氨醇能够导致溶酶体严重破裂和坏死。由此可见，溶酶体在调控细胞命运上具有关键控制作用，凋亡、坏死和自吞噬都与溶酶体相关，而LMP的程度决定细胞进入哪一种死亡模式。

（三）细胞坏死与细胞凋亡的关系

通过光学显微镜或电子显微镜从形态上的观察是确定坏死形态特征的最有效方法。凋亡细胞在形态学上表现出的核固缩、核酸片段化及形成凋亡小体等特点。而在电子显微镜下坏死细胞表现出细胞器膨胀，并且丧失细胞质膜的完整性。坏死有别于凋亡的显著特征表现在坏死细胞的细胞膜电势丧失，细胞无法维持自身的电化学势能导致细胞质膨胀、细胞质膜破裂及细胞溶解。由于这些细胞形态及启动机制方面的差异，出现凋亡与坏死之分。然而，有研究表明细胞接受到一些死亡信号时，通常会发生连续的凋亡和坏死。许多损伤可以在程度低时引发凋亡而程度高时会引发坏死，甚至在同一死亡诱导剂的作用下细胞中都可以共存有凋亡和坏死的特征。另外，如果凋亡细胞没有被吞噬，在凋亡的最后阶段就会因其丧失能量及细胞质膜的不完整，表现出坏死的特征。

凋亡和坏死通常可以由相同类型的损伤引起，有时只是在损伤的剂量和程度上有所区别。细胞死亡存在不同的途径，使细胞在遭受损伤时即使其中一条通路出现问题也可以保证机体将那些受损或不需要的细胞清除。对于相同的损伤类型，不同的损伤剂量可使凋亡转变成为坏死，同时也可以使机体的损伤程度发生改变，从而进一步确定是否启动修复机制来保持生物体的完整性。为了使生物机能不受影响，凋亡的细胞被吞噬清除，而细胞坏死将启动炎症反应，抵抗组织细胞损伤。

能量衰竭是导致坏死的重要原因，ATP匮乏时细胞质膜上的ATP-依赖型离子泵功能下降，打开细胞质膜上的“死亡通道”，该通道对阴离子具有选择透过性并可以被甘氨酸所抑制。“死亡通道”的打开造成阳离子的进入，使细胞质膜膨胀并最后彻底破裂。营养或氧气缺乏等胁迫可以导致ATP减少，在肿瘤组织的中间区域营养和氧气供给有限，细胞出现坏死现象。营养缺乏或生长因子去除能够导致促凋亡的Bcl-2家族蛋白开启细胞凋亡程序，如果此时过表达抗凋亡蛋白Bcl-2和Bcl-X_L，或敲除促凋亡蛋白Bax和Bak，细胞能够暂时通过自噬消耗细胞内的大分子物质来为细胞提供能量，维持细胞的存活。但是，当细胞内的代谢底物被耗尽，没有外源营养物质或生长因子的补充，细胞就会坏死。因此，抑制其他细胞死亡途径也可导致细胞坏死，细胞坏死可能是一种备份的细胞死亡途径，由于会给细胞环境带来严重的后果（如炎症），在生命过程中一般被避免，但在其他机制失败的紧急情况下可以被激活。此外，参与坏死调控的Ca^{2+}及ROS等同样也在凋亡中发挥作用。与其他细胞死亡方式一样，坏死也具有重要的生理和病理意义。

二、细胞自噬

（一）细胞自噬概述

自噬（autophagy）一词来源于希腊语，其中“auto”表示自己，“phagy”代表吞食。**自噬作用**是一个分解代谢的过程，主要是细胞通过溶酶体代谢机制降解细胞内组分的过程。在个体的生长、发育及细胞稳态的调控中，自噬都是一个正常的高度可调控的进程，从而保证细胞内物质的合成、降解及随后再循环利用之间的平衡。20世纪60年代人们就发现在细胞中存在自噬现象，随后观察到自噬在个体发育、人类疾病及细胞应对饥饿过程中都发挥重要的作用。由自噬而导致的程序性细胞死亡称为**自噬性细胞死亡**（autophagic cell death），因有别于细胞凋亡，被称为Ⅱ型程序性细胞死亡，细胞凋亡被称为I型程序性细胞死亡。自噬性死亡的细胞在形态上的主要特点是细胞质基质中出现大量囊泡结构，囊泡包裹着细胞质基质和细胞器，并进一步与溶酶体融合，溶酶体对囊泡内部成分进行降解。

自噬现象是一种高度保守的细胞行为，几乎存在于所有的物种，与细胞的生长、增殖，以至肿瘤的发生过程关系密切。主要参与细胞内大分子物质的循环及再利用、受损细胞器的清除，在维护细胞内环境稳态方面起重要作用，并且是完整细胞器和大分子蛋白质降解的主要途径。随着酵母模型的建立和基因技术的发展，以及对哺乳动物细胞的大量研究，人们对自噬分子机制和形态特点的了解逐渐深入，揭示出自噬体的形成与自噬相关基因（autophagy-related gene，Atg）密切相关。目前为止酵母中已经有30多种细胞自噬相关基因被发现，它们分别参与自噬的启动、自噬体成核、延展、成熟与液泡的融合等过程。

真核生物细胞中主要存在三种类型的自噬，即巨自噬（macroautophagy）、微自噬（microautophagy）和分子伴侣介导的自噬（chaperone-mediated autophagy，CMA），它们在作用机制上各不相同（图10-14）。巨自噬和微自噬均涉及动态的膜重排来吞食部分细胞质，并且它们能够隔离大的结构，如整个细胞器。微自噬是在溶酶体的表面通过溶酶体膜的内陷、突出和分隔来直接吞食细胞质。巨自噬是将部分细胞质隔离到一种从头合成的称为自噬体（autophagosome）的双层膜囊泡中，随后闭合的自噬体与溶酶体融合，将具有单层内膜的囊泡释放到溶酶体腔中。无论是巨自噬还是微自噬，所形成的自噬体的膜均发生溶解，并将内含物分解，而产生的大分子通过膜通透酶转运回到细胞质基质中重新利用。分子伴侣介导的自噬并不涉及类似的膜重排过程，而是由细胞质分子伴侣Hsc73识别底物蛋白质分子的特定氨基酸序列，并与之结合，随后分子伴侣-底物复合体与溶酶体膜上的受体溶酶体相关膜蛋白2a（lysosome-associated membrane protein 2a，Lamp2a）结合，底物去折叠并由溶酶体分子伴侣Hsc70介导其在溶酶体上发生转位进入溶酶体，底物蛋白质分子在溶酶体中被分解。分子伴侣介导的自噬具有选择性，主要降解蛋白质而非细胞器。

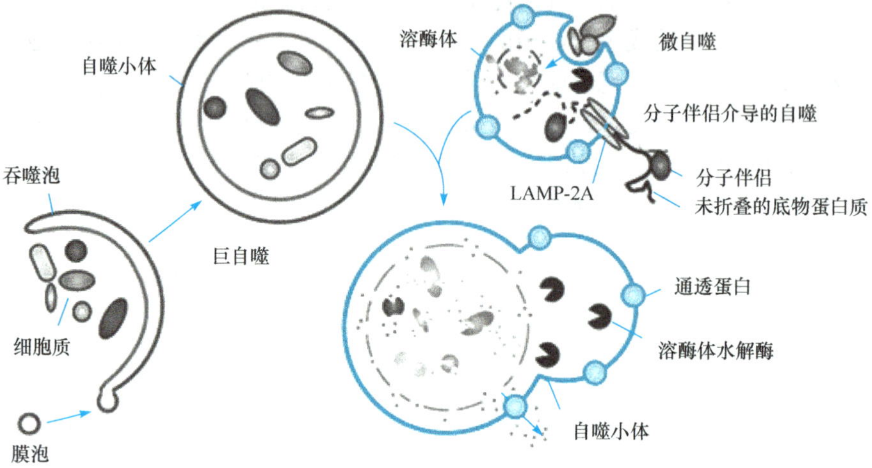

图10-14　真核生物细胞中存在的三种类型的自噬

真核生物中存在的自噬类型包括巨自噬、微自噬和分子伴侣介导的自噬，它们通过特定的方式分别将细胞器、病原体、生物大分子降解，以维护细胞内环境稳定，保证重要生命活动的进程

自噬是细胞生长和个体发育中的正常现象，并在对抗饥饿等应急条件时发挥作用。在饥饿状态下增强的自噬作用可以导致非必需组分的分解及营养的释放，从而保证重要生命活动的进程。在营养缺乏的环境中，自噬相关基因突变的酵母细胞因其发生自噬的能力减弱会导致快速死亡。同时，自噬可通过降解受损的细胞器和蛋白质起到修复的作用，自噬作用的受损被认为是细胞损伤累积及衰老的主要原因之一。因此，自噬被认为是一种有利于细胞存活的生命维持机制，然而过度的自噬，特别是过度的巨自噬，可以导致细胞死亡。在一些细胞死亡过程中可以观察到自噬体数量显著增加，由于细胞在经历程序性死亡的过程中具有自噬的这一特点而将其称为自噬性细胞死亡。

自噬可以用来降解细胞内病原体，包括细胞内细菌和病毒。自噬能够在病原体入侵时促进细胞的存活：一方面通过增强降解细胞内的病原体从而降低微生物的复制；另一方面通过促进对特异性致病微生物的细胞毒性产物的降解，降低对细胞的危害。然而，有些细胞内细菌（如结核分支杆菌）可以通过抑制自噬过程，在细胞内存活并保持一种不生长的持留状态。因此，为了阐明自噬在病原体入侵时的作用，还需要对宿主的自噬机制及病原体对该机制的调控进行更深入的研究。

自噬调控机制的失调与多种疾病的发生、发展有关，如神经变性性疾病、自身免疫病、恶性肿瘤、衰老、病原微生物感染、肌细胞功能失调等，特别是自噬与肿瘤的关系引起了广泛的关注。在肿瘤发展的早期，自噬抑制肿瘤的形成，此时阻碍自噬导致癌前病变的发展，自噬相关基因在多种恶性肿瘤中存在着单染色体缺失、相对表达量相应减少。自噬在肿瘤发生过程中的主要作用体现在：自噬通过调节细胞内过氧化物浓度，改变体内蛋白质代谢紊乱状态、保持内环境稳定、抑制肿瘤的形成；自噬功能降低会增加氧化应激，增加致瘤性突变的积累。自噬现象贯穿于真核细胞正常生长增殖和病理生理过程，对细胞的作用具有双重性，在疾病进展的不同阶段，或细胞周围环境发生变化和治疗干预措施不同时，对细胞会产生不同的影响。

哺乳动物细胞中也发现了大量自噬相关基因，其命名与酵母基本形同，但也有些差异。例如，酵母的*Atg1*在哺乳动物细胞中的同系物为*Ulk1*（uncoordinated-51 like kinase 1）、*Atg17*为*FIP200*/*PBICC1*、*Atg6*为*Beclin1*等。自噬相关基因的种类、性质及主要功能见表10-1。*Atg*基因编码的蛋白质构成几个功能性的组群来参与自噬的诱发，以及自噬小体的产生、成熟和再利用过程，酵母与哺乳动物细胞的自噬过程具有相似的分子机制，只是哺乳动物细胞的自噬机制更为复杂，其生理功能更为多样。

表10-1　自噬基因的主要种类

酵母	人	蛋白质类型
起始复合物（激酶活性）		
Atg1	*ULK1*	丝氨酸/苏氨酸激酶
Atg1	*ULK2*	丝氨酸/苏氨酸激酶
Atg13	*Atg13*/*FLJ20698*	调节亚基
Atg17	*FIP200*/*RB1CC1*	ULK复合体
—	*Atg101*/*C12orf44*	Atg13相互作用蛋白质
Atg5：*Atg12*：*Atg16*复合体形成（泛素样）		
Atg7	*Atg7*	E1样连接酶
Atg10	*Atg10*	E2连接酶
Atg5	*Atg5*	连接到Atg12
Atg12	*Atg12*	泛素样
Atg16	*Atg16L1*	Atg5复合体、WD40
Atg8/*MAP-LC3*连接与脂化（泛素样）		
Atg4	*Atg4A*	C-54半胱氨酸蛋白酶
Atg4	*Atg4B*	C-54半胱氨酸蛋白酶
Atg4	*Atg4C*	C-54半胱氨酸蛋白酶
Atg4	*Atg4D*	C-54半胱氨酸蛋白酶
Atg7	*Atg7*	E1样连接酶
Atg3	*Atg3*	E2样连接酶
Atg8	*MAP1LC3A*	泛素样，PE脂化
Atg8	*MAP1LC3B*	泛素样，PE脂化
Atg8	*MAP1LC3B2*	泛素样，PE脂化
Atg8	*MAP1LC3C*	泛素样，PE脂化

续表

酵母	人	蛋白质类型
脂质信号与招募		
Atg9	*Atg9A/ABCB6*	膜蛋白质
Atg9	*Atg9B*	膜蛋白质
Atg2	*Atg2A*	
Atg2	*Atg2B*	
Atg18	*WIPI1/Atg18A*	WD40重复蛋白质
Atg21	*WIPI2/Atg18B/Atg21*	WD40重复蛋白质
Vps15	*PI3KR4*	PI3K亚基，p50
Vps34	*PI3KC3/MEM3*	磷脂酰肌醇三磷酸激酶
成核与溶酶体融合		
Atg6	*BECN1/Vps30*	Beclin-1
Atg14	*Atg14L/Barkor*	BECN1复合物
	RUBICON	BECN1复合物
	AMBRA1	BECN1调节者
	LAMP1	溶酶体蛋白-1
	LAMP2	溶酶体蛋白-2
	DRAM1	损伤调控自噬调节物1
RAB7	*RAB7A*	RAS-GTP结合蛋白
选择性自噬		
	ALFY/WDFY3	自噬连接的FIVE
	SQSTM1/p62	死骨片-1
Pex5	*Pex5*	过氧化物酶因子5

（二）细胞自噬的调控与发生过程

1. 细胞自噬的调控

经过多年的研究，酵母已成为细胞自噬分子机制研究最为充分的模式生物，其细胞巨自噬的整个过程基本可以分为：①细胞自噬的调控；②自噬体在前自噬体结构（preautophagosomal structure，PAS；或称为phagophore assembly site）处形成；③自噬体与液泡融合及内含物的降解与循环利用。需要指出的是，细胞自噬的调控并非仅限于自噬体形成的某一特定阶段，而是贯穿于细胞自噬的整个过程。

生理条件下，细胞巨自噬受到严格的调控。现在了解得比较多的细胞自噬调控通路主要有两条：雷帕霉素靶蛋白（target of rapamycin，TOR）通路和磷脂酰肌醇3-激酶（phosphoinositide 3-kinase，PI3K）通路。很多细胞自噬调控信号直接或间接的通过这两条通路发挥作用。TOR是一个在进化上与PI3K 有亲缘关系的丝氨酸/苏氨酸蛋白激酶，对细胞自噬起负调控作用。在正常生长条件下，TOR处于激活状态，细胞自噬受到抑制；当细胞处于饥饿或受到雷帕霉素（Rapamycin）刺激时，TOR被抑制，这增强了对细胞自噬的诱导。在酵母中，*TOR*有两个同源基因，即*TOR1*与*TOR2*，它们可以形成两种蛋白质复合体：TORC1与TORC2。两种复合体都参与细胞生长与细胞内新陈代谢的调节，而TORC1 对雷帕霉素更加敏感。同时，TORC1可以感受细胞外的营养条件，当细胞处于饥饿条件时TORC1被抑制，细胞自噬诱导发生，因此TORC1是细胞自噬的主要调节因子。哺乳动物细胞中TOR称为mTOR，其复合体称为mTORC，也形成mTORC1和mTORC2两种复合体。

TORC1对细胞巨自噬的调节，目前研究比较清楚的是它通过Atg1与Atg13、Atg17相互作用来调节细胞自噬水平。Atg1是细胞自噬非常关键的一个蛋白质，属于丝氨酸/ 苏氨酸蛋白激酶，它的激活可诱导细胞自噬的发生。Atg13是TORC1的底物，在酵母中TORC1可以磷酸化Atg13 上至少8 个丝氨酸位点。在营养丰富的条件下，Atg13高度磷酸化，这时它与Atg1仅有非常低的结合能力，因此Atg1的酶活性也很低，自噬保持极低水平。Atg17也是一个很关键的蛋白质，它可与Atg1~Atg13形成复合体，并且这种相互作用在饥饿条件下明显升高，增强Atg1的酶活性。当Atg17作用减弱时Atg1的酶活性受到抑制，Atg17的突变体在饥饿条件下形成自噬体的能力受到很大限制，这表明Atg17参与复合体的形成也是细胞自噬的一个调控因素。当细胞用雷帕霉素处理或处于饥饿条件时，TORC1被抑制，Atg13迅速部分的去磷酸化，其与Atg1的结合能力增强，加之Atg17的作用使Atg1 酶活性显著提高，细胞自噬水平迅速上升。TORC1调节细胞自噬的另一条通路涉及Tap42 和PP2A（protein phosphatase type 2A）磷酸酶。TORC1可以磷酸化Tap42，磷酸化的Tap42 可以激活PP2A磷酸酶，PP2A 磷酸酶对细胞自噬起负调控作用。

哺乳动物细胞中的TOR蛋白（mTOR）能感知营养状况并调控自噬，但是调控机制比真菌更为复杂。提供营养和胰岛素通路的激活可通过mTORC1活性来抑制自噬，而营养缺乏或雷帕霉素处理可诱导自噬复合体的形成导致自噬。ULK1与Atg13、Atg101、FIP200蛋白形成复合体，与ULK/Atg1相互作用的蛋白质通过调控ULK/Atg1的磷酸化及与Atg13的作用调节Atg1的酶活性。此外，通过mTORC1活性的调节ULK1能与AMPK（AMP-activated protein kinase）相互作用并被磷酸化，缺乏营养时ULK1-AMPK复合体迅速解离，导致ULK1-Atg13-Atg101-JIP200复合体形成，进而诱导自噬体形成。

2. 自噬体的形成、成熟与再利用

细胞自噬曾被长期认为以非选择性为主，但随着研究的深入，选择性细胞自噬的生理意义越发显著。酵母中的选择性细胞自噬主要有细胞质液泡靶向自噬（cytoplasm to vacuole targeting，Cvt）、线粒体自噬（mitophagy）、过氧化物酶体自噬（pexophagy）等途径。

酵母Cvt途径是目前较为清楚的选择性细胞自噬。它的主要功能是将细胞质中的氨基肽酶1（aminopeptidase 1，Ape1）、α-甘露糖苷酶（ α-mannosidase，Ams1）等的前体用膜泡包裹定向送到液泡，使其激活并发挥其水解酶活性。特异降解线粒体的选择性细胞自噬称为线粒体自噬。线粒体是细胞内物质新陈代谢的主要细胞器，为细胞提供能量，同时也是细胞内ROS的主要来源。ROS 可以造成线粒体的损伤，及时清除这些受损伤的线粒体，维持线粒体的正常功能与数量对细胞是至关重要的。线粒体自噬是一种选择性细胞自噬，除了需要细胞自噬共用的蛋白质外，还需要一些起介导作用的特异性蛋白质。过氧化物酶体负责脂类代

谢与细胞内过氧化物的降解，其生成与降解受到严格的调控。酵母可以通过细胞自噬降解多余及受损伤的过氧化物酶体。

自噬体的形成是细胞自噬的关键步骤，自噬体的大小与数量可反映细胞自噬发生的水平，自噬体并不是从已有的细胞器上“出芽”产生的，而是重新合成的。酵母自噬体形成的起始是由空泡分选蛋白34（vacuolar protein sorting 34，Vps34）的活化调控的。Vps34是一种Ⅲ型磷脂酰肌醇3-磷酸激酶（classⅢ PI3K），可磷酸化磷脂酰肌醇生成3-磷酸磷脂酰肌醇（phosphatidylinositol 3-phosphate，PI3P）。PI3P募集细胞质基质中含“—FYVE—”或“—PX—”基序的蛋白质，用于自噬体膜的形成。酵母中自噬体的形成开始于自噬体组装位点（preautophagosomal structure，PAS），自噬体前体膜囊（phagophore/isolation membrane）在相关蛋白质的作用下扩展，生长成双层膜结构的自噬体，细胞质物质同时被包裹进自噬体内腔，随后自噬体的外膜与溶酶体/液泡融合，其内膜与内含物被水解酶降解为氨基酸等小分子物质，被细胞重新利用（图10-15）。

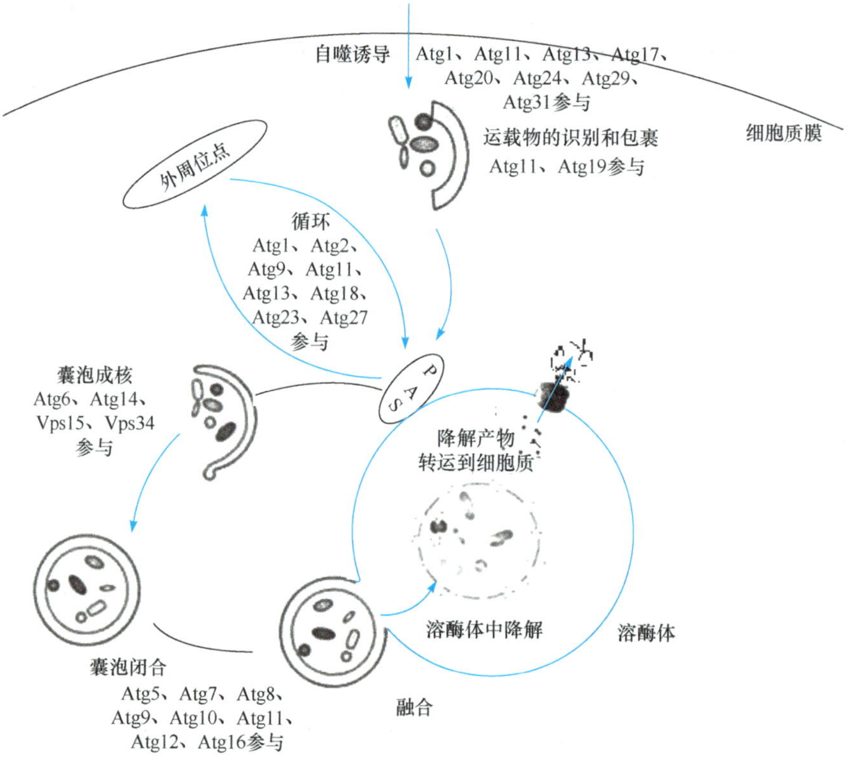

图10-15 酵母巨自噬相关途径

酵母巨自噬包括自噬的诱导、运载物的识别、囊泡成核；囊泡扩展及闭合、Atg蛋白的循环、囊泡与液泡/溶酶体融合、囊泡分解及分解产生的大分子再循环利用。根据Atg蛋白在不同步骤中的功能，可将其分为不同的群，Atg1可在多个步骤发挥作用，包括诱导和Atg循环

自噬体形成过程涉及的蛋白质可分为几个系统。①PAS的组装支架（scaffold/adaptor）。PAS 是自噬体形成的位点，它通常出现在靠近溶酶体/液泡的位置。用荧光显微镜观察到，大部分Atg蛋白都可以共定位到PAS。目前为止，PAS的定位看来是一个酵母特有的现象，其他物种自噬体的产生位点遍布于细胞质中，而不是局限在有限的位点。一般认为Atg 蛋白在PAS的组装起始于几个重要的骨架蛋白，其具体过程依赖于细胞自噬的调控诱导

条件。在富营养生长条件下发生的Cvt途径中，PAS的组装信号来自该途径运送的货物——Cvt复合体，它逐渐围绕Cvt复合物形成特化的自噬体——Cvt囊泡。②Ⅲ型PI3K（class Ⅲ phosphatidylinositol 3-kinase）信号系统。PI3K 是一类重要的胞内信号调控分子，它们通过对膜上的磷酸肌醇进行磷酸化修饰控制细胞生长、分化、细胞内物质的运输等过程。在细胞自噬中，Atg14将PI3K复合体定位于PAS位点，通过其产物PI3P可募集含有PI3P结合域的蛋白质，促进自噬相关蛋白结合到膜上，形成前自噬结构。细胞自噬发生时，PI3P募集Atg18，使其定位于PAS组成Atg2-Atg18复合体并在Atg9的循环中起作用。它们中任何一个组分的缺陷都会导致Atg9聚集在PAS位点而无法返回外周膜，从而影响自噬体的形成。③Atg9循环系统。Atg9是一个整合膜蛋白，在相关蛋白质的协助下，它在PAS与外周膜结构（如线粒体、内质网、高尔基体）之间往复循环，参与自噬体的形成过程，Atg9从外周膜结构到PAS的运输需要其他蛋白质的协助来完成，不同条件下需要的协助蛋白也不同。当自噬体形成时，Atg9并不留在自噬体膜上，而是从PAS返回细胞质中的膜结构。④泛素样蛋白结合系统。细胞自噬中，两个类泛素样蛋白Atg12、Atg8分别在泛素样酶的作用下与Atg5、磷脂酰乙醇胺（phosphatidylethanolamine，PE）结合，促进自噬前体囊膜的不断延伸。

自噬体在靠近液泡的PAS形成后，最终与溶酶体融合。这个融合过程与细胞中其他囊泡与液泡的融合相类似，该过程涉及的蛋白质有可溶性*N*-乙基马来酰亚胺敏感因子附着蛋白受体（soluble *N*-ethylmaleimide-sensitive factor attachment protein receptor，SNARE）蛋白、小GTP酶、同型融合与液泡蛋白分选复合体（homotypic fusion and vacuole protein sorting complex，HOPS复合体）等。融合的结果是自噬体的外膜成为液泡膜的一部分，其内膜小泡和内含物在液泡内被降解。

除了Atg8外，其他参与自噬囊泡形成的Atg蛋白都不与成熟的自噬体结合，表明这些Atg蛋白在自噬囊泡成熟前或成熟时与其解离，可以被重新利用。因此GFP-Atg8在荧光显微镜下的点状分布被认为是自噬小体标志。

哺乳动物自噬由一系列相似的程序性细胞事件组成，包括聚合的未折叠蛋白、损伤细胞器、部分细胞质被双层膜的自噬体结构隔离、自噬体与溶酶体溶酶体融合、内吞物被降解等。自噬级联反应开始于内质网相关膜结构的成核，形成所谓的分离膜（isolation membrane，IM）或吞噬泡，IM或吞噬泡延展，新月形的双层膜两端融合形成封闭的双层膜结构，即**自噬泡**。自噬泡与晚胞体或溶酶体融合形成自噬溶酶体，内含物及自噬泡内膜被溶酶体中的酶所消化，降解产物被细胞利用（图10-16）。

（三）自噬性细胞死亡与凋亡的关系

自噬能够保护细胞免于死亡，但是在一些特殊条件下它也能够介导细胞死亡。首先，自噬引起的细胞死亡可直接通过自我破坏能力造成。自噬能够破坏细胞质中的大部分成分和细胞器，严重的自噬可以形成大量的自噬空泡，当这种作用超过一个阈值，就会引起不可逆的细胞损伤，导致细胞死亡，即自噬性细胞死亡。自噬性死亡与凋亡这两种程序性细胞死亡方式在形态特征、生化指标及分子机制等方面均存在显著地不同，两者之间存在着复杂的相互关系。具体表现在：①同样的诱导因素在不同细胞中可分别诱发自噬性死亡或凋亡；②自噬性死亡和凋亡二者可以相互拮抗或促进，可以先后发生或同时存在于同一种细胞；③参与自噬性死亡和凋亡的分子存在交叉，并在两者的相互转换中发挥作用。

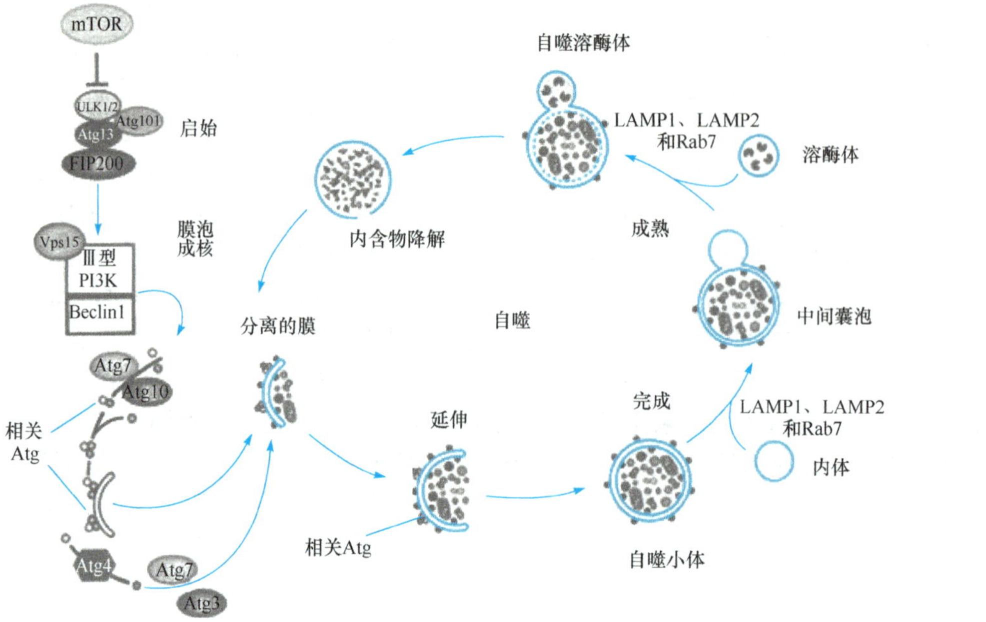

图10-16 哺乳动物细胞自噬概图

自噬分为几个阶段，包括自噬的起始、膜泡成核、吞噬泡形成、吞噬泡伸长、双层膜自吞噬泡形成与封闭、自吞噬泡分别与胞内体和溶酶体融合形成自噬偶合体（amphisome）和自噬溶酶体、内含物的消化与营养物的再利用。至少有4种自噬相关蛋白参与此过程，包括ULK1/2、PI3K/VPS34复合体、Atg12与Atg8、溶酶体相关膜蛋白家族成员，如LAMP1、LAMP2和Rab7。吞噬泡外膜上的寡聚Atg12-Atg5-Atg16复合体增强LC3C端与PE脂质化，自噬体封闭，Atg12-Atg5-Atg16和LC3通过Atg4去脂质化，并被循环利用

凋亡和自噬有很多诱导因子是相同的。然而在许多情况下，凋亡和自噬之间拮抗会引起这两个过程间的选择。刺激的类型可决定哪个过程占主要地位。例如，在营养缺乏时，自噬占主要地位，并具有抗凋亡功能，成功地去除受损的细胞器使细胞存活，而如果不能重建细胞稳态则会导致细胞凋亡。相反，一些信号（如DNA损伤或死亡受体活化）所启动的通路是凋亡途径，这是一个快速的、级联反应过程，自噬难以形成。所以在不同刺激信号作用下，自噬性细胞死亡和凋亡的信号通路间存在互动，其中一些精确的分子机制能够决定凋亡和自噬之间的选择。ROS能够促进凋亡通路的MOMP，同时也能刺激Atg4的裂解活性，从而产生自噬。胞浆内Ca^{2+}浓度的增加、线粒体内过多的Ca^{2+}都能够产生凋亡信号。另外，Ca^{2+}增加也能诱导自噬，这个过程可能是由于活化了钙调素-依赖的蛋白激酶β。转录因子p53是重要的肿瘤抑制因子和凋亡促进因子，p53又能够活化溶酶体蛋白DRAM的转录，参与自噬的调控。

自噬性细胞死亡和凋亡还存在相互拮抗作用。抑制凋亡可以诱导自噬性细胞死亡，反之抑制自噬也可以诱导凋亡。当使用广谱的caspase抑制剂Z-VAD-FMK处理小鼠L929纤维瘤细胞和人Jurkat T淋巴瘤细胞时，能够引起自噬性细胞死亡。在细菌脂多糖（lipopolysaccharide，LPS）处理的U937单核细胞和巨噬细胞中，Z-VAD-FMK能够诱导细胞自噬性死亡，并且Z-VAD-FMK诱导自噬需要*Beclin 1*基因的参与。Bax和Bak是Bcl-2家族成员，它们能够调节MOMP，从而调节凋亡的启动阶段。$Bax^{-/-}Bak^{-/-}$基因敲除小鼠胚胎成纤维细胞（MEF）对很多凋亡诱导剂具有抵抗性。用DNA损伤剂处理$Bax^{-/-}Bak^{-/-}$ MEF，细胞

没有产生凋亡，而是表现出自噬现象。进一步敲除自噬的重要基因*Beclin1*和*Atg5*能够降低etoposide诱导的$Bax^{-/-}Bak^{-/-}$ MEF细胞死亡。当HeLa细胞处于营养缺乏的培养状况下时，它们能够快速产生自吞噬现象，从而循环使用重要的代谢物（如脂类和氨基酸）来维持重要生物能量的合成，如果抑制自噬就会导致细胞快速死亡，并伴随出现凋亡特征。抑制自噬后细胞可能由于能量短缺而产生凋亡，或由于细胞不能清除损伤的细胞器或错误折叠的蛋白质，从而产生凋亡。

Atg5在自吞噬和凋亡过程中具有双重角色。Atg5是自噬过程中的重要分子，在自噬过程中Atg12-Atg5形成泛素样的共价连接，并与Atg16结合形成Atg16-Atg12-Atg5蛋白复合体，该复合体的形成对前自噬小体膜的延伸是必需的。然而，在死亡胁迫下钙蛋白酶（calpain）可以切割Atg5，使全长为33kDa的Atg5去除C端一段序列，产生一个24kDa的片段，该片段失去了诱导自噬的活性，但可以转移到线粒体上并与$Bcl\text{-}X_L$相互作用，通过抑制$Bcl\text{-}X_L$来增加MOMP，从而促凋亡的发生。因此，在特定条件下Atg5能够参与诱导凋亡，它可能是凋亡和自吞噬之间相互抑制的一个关键分子。

Beclin1/Atg6与VPS34和辐射抗性相关基因蛋白（UV radiation resistance associated gene protein，UVRAG）的结合在自噬的起始阶段起重要作用。UVRAG能够诱导VPS34与Beclin1的作用，同时也能激活VPS34的酶活性。同时，Beclin1被确定为一个仅含有BH3结构域的Bcl-2家族蛋白新成员。与其他只含BH3结构域的蛋白一样，通过BH3结构域与抗凋亡Bcl-2蛋白（主要是Bcl-2和$Bcl\text{-}X_L$）结合。Beclin1诱导自噬的能力能够被Bcl-2和$Bcl\text{-}X_L$抑制，但是Bcl-2和$Bcl\text{-}X_L$抑制自噬的作用依赖于它们在细胞中的定位，只有定位于内质网（而不是线粒体）的Bcl-2和$Bcl\text{-}X_L$能够抑制自噬。其他的仅含有BH3结构域的Bcl-2家族蛋白，能够通过竞争结合Bcl-2、$Bcl\text{-}X_L$，将Belcin1从抑制复合体中释放出来，使Belcin1活化VPS34从而促进自噬的产生。因此，那些仅仅与促凋亡的Bcl-2家族蛋白结合的只含BH3结构域的蛋白质就只可能诱导凋亡（通过增加MOMP），而能够与抗凋亡和抗自噬的Bcl-2家族蛋白结合的只含BH3结构域蛋白，则既能诱导凋亡又能诱导自噬，如何选择可能还要取决于死亡信号的种类、强度，以及细胞中各类信号分子的表达和修饰。

因此，自噬性细胞死亡是与凋亡不同的程序性细胞死亡的一种独立的形式，但它们之间并不是毫无关联。它们的通路并不是独立并行的，两者有着共同的刺激因子和调节蛋白，两通路之间存在着错综复杂的对话。在各种细胞类型中，有可能发生混合性细胞死亡。此外，一个细胞能在凋亡和自噬间转换，使其作为细胞死亡的主要形式。细胞可能通过一个非caspase 依赖性的自噬过程死亡，表现出或不表现出凋亡标志。在某些情况下，细胞可能在自噬和凋亡中选择一种死亡途径，但细胞死亡的两种程序之间可能会有适当的重叠或相互依赖。

本章提要

衰老过程可在整体、组织、细胞，乃至分子等不同水平上体现。随年龄的增加，器官、组织的实质细胞数、反应敏感性及功能均逐渐下降。衰老时细胞增殖能力下降，功能细胞数逐渐减少，蛋白酶活性降低，胶原、弹力蛋白、结缔组织互相交联，使脏器萎缩，功能下降。死亡也是一种重要的生命现象，会在不同层次上发生，从细胞水平来看，有多种原因会最终导致细胞死亡。

细胞衰老是机体在退化时期生理功能下降和紊乱的综合表现，是不可逆的生命过程。人体是由细胞构成的，组成细胞的化学物质在运动中不断受到内外环境的影响而发生损伤，造成功能退行性下降而老化。细胞衰老时表现为细胞体积增大、不均一性增加、染色体畸变及溶酶体增多等。衰老细胞会出现脂类、蛋白质和DNA等细胞成分损伤，细胞代谢能力降低。

关于细胞衰老的机制有着多种学说，其中主要有差错学说和遗传学说两大类，前者强调衰老是由于细胞中的各种错误和损伤积累引起的，后者强调衰老是遗传决定的自然演进过程。

差错学说认为，各种细胞成分在受到内外环境的损伤作用后，因缺乏完善的修复，使“差错”积累，最终导致细胞衰老。根据对导致“差错”的主要因子和主导因子的认识不同，又有不同的解释，包括代谢废物积累、生物分子自然交联、自由基的损伤作用、线粒体DNA突变、体细胞突变与DNA修复。

遗传学说认为衰老是遗传决定的自然演进过程，一切细胞均有内在的预定程序决定其寿命，而细胞寿命又决定种属寿命的差异，外部因素只能使细胞寿命在限定范围内变动。根据不同的研究结果，此学说又有多种解释，包括程序性衰老、复制性衰老、寿命基因调控、表观遗传学修饰改变。

细胞死亡通常被分为细胞凋亡、细胞坏死和自噬性细胞死亡。细胞凋亡是细胞接受某种信号或受到某些因素刺激后，为维持内环境稳定而发生的一种主动性的消亡过程，是受内在基因控制的程序性死亡方式。在凋亡过程中，细胞出现皱缩，细胞质膜出泡，细胞核及细胞通常会裂解，染色质发生凝集。最终凋亡细胞会裂解成膜包裹的碎片并被周围细胞所吞噬。细胞凋亡的发生过程，在形态学上可分为三个阶段，即凋亡的起始、凋亡小体的形成、凋亡小体逐渐为邻近的细胞或巨噬细胞所吞噬并消化。

在生物的生长发育过程中，细胞有丝分裂增加细胞数量固然十分重要，但细胞凋亡也是不可或缺的一个重要方面。细胞凋亡对多细胞生物个体发育的正常进行、自稳平衡的保持及抵御外界各种因素的干扰方面都起着非常关键的作用。通过细胞凋亡，有机体得以清除不再需要的细胞，而不引起炎症反应。在发育过程中，幼体器官的缩小和退化，都是通过细胞凋亡来实现的。在成熟个体的组织中，细胞的自然更新、被病原体感染细胞的清除也需要通过凋亡来完成。

细胞凋亡相关基因最初是在线虫中发现的，霍维茨的实验室采用体细胞突变的方法发现共有14个基因在线虫细胞凋亡中起作用，其中在细胞凋亡的实施阶段起作用的主要有3个：*Ced3*、*Ced4*和*Ced9*。*Ced3*和*Ced4*的作用是诱发凋亡，在缺乏*Ced3*、*Ced4*的突变体中不发生凋亡，会有多余细胞存在。*Ced9*抑制*Ced3*、*Ced4*的作用，使凋亡不能发生，*Ced9*功能缺失导致胚胎因细胞过度凋亡而死亡。线虫细胞程序化死亡的研究促进了其他动物，特别是哺乳动物中细胞凋亡的研究。哺乳动物细胞中最重要的凋亡相关基因是caspase编码基因，caspase属于半胱氨酸蛋白酶，相当于线虫中的CED3，这些蛋白酶是引起细胞凋亡的关键酶，一旦被信号途径激活，就会使细胞不可逆的走向死亡。依据功能的不同，caspase主要分为三种类型：起始caspase、效应caspase和炎症相关caspase。细胞中合成的caspase以无活性的酶原状态存在，经活化方能执行其功能。一般的蛋白酶活化时，只是将N端的肽段切除，而caspase的活化则需在两个亚基的连接区的天冬氨酸位点进行切割，结果产生由两个亚基组成的异二聚体，这种异二聚体成为有活性的酶。

其他主要的凋亡相关基因还包括：*Apaf1*，被称为凋亡酶激活因子-1，在线虫中的同源物为CED4，在线粒体参与的凋亡途径中具有重要作用。*Bcl-2*，为凋亡抑制基因，其产物为膜的整合蛋白，其功能相当于线虫中的CED9。现已在哺乳动物细胞中发现至少19个同源物，它们在线粒体参与的凋亡通路中起调控作用，能控制线粒体中细胞色素c等凋亡因子的释放。根据Bcl-2家族成员的作用性质，可将它们分为抑制凋亡与促进凋亡两种类型。DNA的损伤导致p53蛋白的积累并伴随着细胞凋亡。c-Myc蛋白不仅可以促进细胞增殖，在其异常表达时也可以促进细胞凋亡。促进细胞进入细胞周期的分子同时具有诱导细胞凋亡的功能，这种凋亡又可以被抗凋亡信号所抑制。

在脊椎动物细胞中，caspase的活化是由不同的凋亡通路引起的。有两条通路得到了确定，它们分别是死亡受体通路（也称为外部通路）及线粒体通路（也称为内部通路）。尽管这两条通路在很多重要的方面不同，但它们也有相似之处。在每条通路中，都首先是起始caspase的活化，并进而导致效应caspase的活化。此外，这两条凋亡通路间还存在“交叉调控”，死亡受体通路也有线粒体通路的参与。在细胞表面，死亡受体以三聚体的形式存在，而配体可能是以簇的形式与受体结合，从而将两个或更多的受体三聚体交联在一起。这一簇集方式暴露出死亡结构域，使其可与细胞内的蛋白质相互作用，将caspase-8二聚化并使其活化。细胞应激反应或凋亡信号能引起线粒体细胞色素c释放，作为凋亡诱导因子，细胞色素c能与Apaf-1、caspase-9前体、ATP/dATP形成凋亡体，然后召集并激活caspase-3，进而引发caspase级联反应，导致细胞凋亡。

细胞坏死与自噬性细胞死亡由不同的原因引起，具有不同的特征，各自具有特定的生物学意义。通常当细胞受到的损伤程度达到已无法使细胞存活时，就会发生细胞坏死。坏死细胞的形态改变主要是由两种病理过程引起的，即酶性消化和蛋白质变性。细胞坏死的核心事件是细胞生物能量和细胞质膜完整性的丧失，这些可归因于细胞中一系列分子的作用，包括线粒体ROS产物的增加、细胞质基质Ca^{2+}浓度改变，非凋亡蛋白酶的活化及ATP生成机制的破坏等。这些坏死的调控因子通常在细胞中同时发生并相互促进，从而导致细胞的死亡。

自噬作用是一个分解代谢的过程，主要是细胞通过溶酶体代谢机制降解细胞内组分的过程。在个体生长、发育及细胞稳态的调控中，自噬都是一个正常的高度可调控的进程，从而保证细胞内物质的合成、降解及随后再循环利用之间的平衡。真核生物细胞中主要存在三种类型的自噬，即巨自噬、微自噬和分子伴侣介导的自噬，它们的作用机制不同。巨自噬和微自噬均通过动态的膜重排来吞食部分细胞质，并且它们能够隔离大的结构，无论是巨自噬还是微自噬，所形成的自噬小体的膜均发生溶解，并将内含物分解，而产生的大分子通过膜通透酶转运回到胞浆中重新利用。分子伴侣介导的自噬并不涉及类似的膜重排过程，而是由胞浆分子伴侣Hsc73识别底物蛋白质分子的特定氨基酸序列，并与之结合，随后分子伴侣-底物复合体与溶酶体膜上的受体，即溶酶体相关膜蛋白2a 结合，底物去折叠并由溶酶体分子伴侣Hsc70介导其在溶酶体上发生转位进入溶酶体，底物蛋白质分子在溶酶体中被分解。这种自噬具有选择性，主要降解蛋白质而并非降解细胞器。

经过多年的研究，酵母已成为细胞自噬分子机制研究最为充分的模式生物。酵母细胞自噬的整个过程基本可以分为：①细胞自噬的调控；②自噬体在前自噬体结构处形成；③自噬体与液泡融合及内含物的降解与循环利用。

哺乳动物自噬由一系列与酵母相似的程序性细胞事件组成，其过程和调控机制更为复杂。包括聚合的未折叠蛋白质、损伤细胞器、部分细胞质被双层膜的自噬体结构隔离、自噬体与溶酶体溶酶体融合、内吞物被降解等。自噬级联反应开始于内质网相关膜结构的成核，形成所谓的分离膜或吞噬泡，吞噬泡不断延展，其双层膜两端融合形成封闭的自噬泡。自噬泡与晚胞体或溶酶体融合形成自噬溶酶体，内含物及自噬泡内膜被溶酶体中的酶所消化，降解产物被细胞利用。

自噬能够保护细胞免于死亡，但是在一些特殊条件下它也能够介导细胞死亡。首先，自噬引起的细胞死亡可直接通过自我破坏能力造成。自噬能够破坏细胞质中的大部分成分和细胞器，严重的自噬可以形成大量的自噬空泡，当这种作用超过一个阈值，就会引起不可逆的细胞损伤，导致细胞死亡，即自噬性细胞死亡。自噬性细胞死亡是与凋亡不同的程序性细胞死亡的一种独立形式，但它们之间并不是毫无关联。某些细胞死亡既表现出凋亡的特征，也表现出自噬的特征。

思考题

1. 细胞衰老的主要特征有哪些？
2. 细胞衰老的可能机制是什么？
3. 何谓细胞凋亡？有哪些形态特征？
4. 对于多细胞生物，细胞凋亡的生理意义何在？
5. 试述caspase的基本特征、激活方式及在细胞凋亡中的作用。
6. 动物细胞凋亡的基本通路有哪些？不同通路间有哪些差异及相关性？
7. 试比较细胞坏死与细胞凋亡的主要不同点。
8. 何谓细胞自噬？自噬有哪些类型？
9. 试述细胞自噬发生的基本过程。

补充材料：细胞凋亡的基本检测方法

细胞凋亡的检测主要是基于凋亡细胞所形成的形态学、生物化学和分子生物学的特征，检测方法较多，这里简要介绍常用的检测方法。

1. 形态学观察

应用各种染色法可观察到凋亡细胞的各种形态学特征。荧光染料染色：常用的DNA特异性染料有Hoechst33342、Hoechst33258、4′，6-二脒基-2-苯基吲哚（4′，6-diamidino-2-phenylindole，DAPI）。三种染料与DNA的结合是非嵌入式的，主要结合在DNA的A-T碱基区。紫外线激发时发射明亮的蓝色荧光。吖啶橙（AO）染色：活细胞核呈黄绿色荧光，凋亡细胞细胞核染色质浓聚在核膜内侧，细胞质膜呈泡状膨出，有凋亡小体形成。Gienlsa染色法：可以观察到染色质固缩、趋边、凋亡小体的形成等形态。透视和扫描电子显微镜观察：可观察凋亡细胞核的形态、结构变化，如染色质固缩、凋亡小体的形成、细胞发泡等现象。两种染料复染：可更可靠地确定细胞凋亡的变化。例如，用吖啶橙和溴化乙锭进行复染，吖啶橙只进入活细胞，正常的细胞核及处于凋亡早期的细胞核呈绿色；溴化乙锭只能进入死细胞，将死细胞及凋亡晚期细胞的核染成橙红色。

2. DNA片段化检测

细胞发生凋亡时，DNA发生特征性的核小体间的断裂，产生大小不同的片段，但都是180~200bp的整数倍。凋亡细胞中提取的DNA在进行常规的琼脂糖凝胶电泳，并使用溴化乙锭进行染色时，这些大小不同的DNA片段呈现出梯状条带。大多数凋亡细胞中DNA的断裂都表现出这种特征。而坏死细胞的DNA断裂点为无特征的杂乱片段，利用此特征可以确定群体细胞的死亡，并可与坏死细胞区别。如果细胞量很少，还可在分离提纯DNA后，用^{32}P-ATP和脱氧核糖核苷酸末端转移酶（TdT）对DNA标记，然后进行电泳和放射自显影，观察凋亡细胞中DNA梯状条带的形成。

最常用来分析细胞凋亡的流式细胞技术就是根据凋亡细胞DNA断裂和丢失，采用碘化丙锭染色使DNA产生激发荧光，用流式细胞仪既能检出凋亡的亚二倍体细胞，同时又能观察细胞的周期状态。

3. 磷脂酰丝氨酸外翻分析（Annexin-V法）

磷脂酰丝氨酸（PS）正常位于细胞质膜的内侧，但在细胞凋亡的早期，PS可从细胞质膜的内侧翻转到细胞质膜的表面，暴露在细胞外环境中。Annexin-V是一种分子质量为35~36kDa的Ca^{2+}依赖性磷脂结合蛋白，能与PS高亲和力特异性结合。将Annexin-V进行荧光素，如异硫氰酸荧光素（FITC）或biotin标记，以被标记的Annexin-V作为荧光探针，同时结合使用PI染色（因坏死细胞PS也暴露于细胞质膜外侧，且对PI高染），凋亡细胞双染法后用流式细胞仪即可检测凋亡细胞。正常活细胞Annexin-V、PI均低染；凋亡细胞Annexin-V高染、PI低染；坏死细胞Annexin-V、PI均高染。除了流式细胞仪检测，还可通过荧光显微镜观察。

4. DNA断裂的原位末端标记法

DNA断裂的原位末端标记法是指末端脱氧核苷酸移换酶介导的dUTP缺口末端标记测定法（terminal -deoxynucleotidyl transferase mediated nick end labeling，TUNEL）。这一方法能对DNA分子中3′ -OH断裂缺口进行原位标记。凋亡细胞的核DNA断裂时产生的3′ -OH端，可借助一种可观测的标记物，如荧光素进行原位标记，并用荧光显微镜进行观察。

由于正常的或正在增殖的细胞几乎没有DNA断裂，因而没有3′ -OH形成，很少能够被染色。TUNEL实际上是分子生物学与形态学相结合的研究方法，对完整的单个凋亡细胞核或凋亡小体进行原位染色，能准确地反映细胞凋亡典型的生物化学和形态特征，可用于石蜡包埋组织切片、冰冻组织切片、培养细胞和从组织中分离的细胞的细胞形态测定，并可检测出极少量的凋亡细胞，因而在细胞凋亡研究中被广泛采用。

5. caspase-3活性的检测

caspase家族在介导细胞凋亡的过程中起着非常重要的作用，其中caspase-3为关键的执行分子，它在凋亡信号转导的许多途径中发挥功能。caspase-3通常以酶原（32kDa）的形式存在于胞浆中，在凋亡的早期阶段，它被激活，活化的caspase-3由两个大亚基（17kDa）和两个小亚基（12kDa）组成，裂解相应的底物蛋白质，最终导致细胞凋亡。但在细胞凋亡的晚期和死亡细胞中，caspase-3的活性明显下降。

利用荧光分光光度计分析可检测caspase-3的活性。活化的caspase-3能够特异切割底物DEVD-X序列中的D-X肽键。根据这一特点，设计出荧光物质偶联的短肽Ac-DEVD-AMC[一种含乙酰基（Ac）的caspase-3荧光底物]。在共价偶联时，AMC不能被激发荧光，短肽被水解后释放出AMC，自由的AMC才能被激发发射荧光。根据释放的AMC荧光强度的大小，可以测定caspase-3的活性，从而反映caspase-3被活化的程度。

参考文献

柳惠图，王永潮，桑建利. 2013. 分子细胞生物学. 北京：高等教育出版社.

Alberts B，Johnson A，Lewis J，et al. 2014. Molecular Biology of the Cell. 6th ed. New York：Garland Science.

Cassimeris L，Lingappa V R，Plopper G. 2011. Lewin's Cells. 2nd ed.Sudburv，Massachusetts：Jones and Bartlett Publishers.

Conn P M，Means A R. 2000. Principles of Molecular Regulation. New Jersey：Humana Press.

Hayat M A. 2014. Autophagy. London：Elsevier Inc.

Karp G. 2013. Cell and Molecular Biology. 7th ed. New York：John Wiley and Sons Inc.

Lenine B，Yoshimari T，Deretic V. 2009. Autophagy in Infection and Immunity. London，New York：Springer-Verlag Berlin Heidelberg.

Lodish H，Berk A，Kaiser C，et al. 2013. Molecular Cell Biology. 7th ed. New York：WH Freeman and Company.

Melino G，Vaux D. 2010. Cell Death. Hoboken，New Jersey：John Wiley and Sons Ltd.

11 第十一章 细胞分化与干细胞

具有同一基因组的细胞群体在形态、生理和生化特征上各自发生独特变化的过程称为**细胞分化**。细胞分化是多细胞生物的基本特征，是多细胞生物不同细胞分工合作，构建组织、器官、系统的前提。细胞分化过程和方向的编码指令存在于基因组中，但又受到预存的细胞质成分和周围细胞的诱导和调控。细胞分化主要见于受精卵起始的胚胎发育过程中，但细胞分化在个体生长乃至整个生命过程中一直在进行。细胞分化既基于组织、器官和机体构建的需要，也是机体中细胞更替、组织和器官损伤修复不可或缺的环节，其中伴随着细胞分裂、细胞相互识别、细胞信号传递和细胞凋亡。胚胎发育时期的细胞分化主要服从于起源于细胞核的内在分化程序和指令；成体细胞分化主要是对组织细胞损伤的修复；有些细胞分化的产生和方向来主要来自对外来刺激的反应和诱导，如免疫反应中免疫细胞的选择性扩增和分化。

动物细胞分化具有一定程度的单向性，在时间上从同质细胞向分化细胞发展，使细胞朝着种类越来越多、分工越来越细、分化潜能越来越窄、组织结构越来越复杂的方向发展。具有分化潜能的细胞称为干细胞。在细胞分化过程中干细胞形成了一系列处于不同分化阶段的干细胞谱系。一般来讲，这一过程通常是不可逆的。当细胞分化到终末，即形成具有特定功能的细胞时，细胞失去继续分裂的能力，也就丧失了分化的潜能。但分化的单向性不是绝对的。在实验室中已经做到使分化终末细胞，如上皮细胞逆转为干细胞。在体内也有可能有类似的过程。另外，已证明细胞分化并不是单纯的树枝状分支和发展的过程，机体在发育过程中有可能根据需要将细胞从一个分化方向转向另一个分化方向，即所谓转分化。对于植物细胞，细胞分化一般是可逆的，在一定条件下植物细胞可返回未分化状态重新发育。

未分化的细胞常具有较强的增殖分裂能力，随着细胞分化，其增殖能力逐渐降低，而其执行特定生理功能的能力增强。肿瘤发生的一种可能是细胞分化异常所致，其机制可能涉及某种干细胞受到干扰进入异常分化途径，如导致畸胎瘤的产生，或停止分化而转入增殖；另一种可能是已分化的细胞在某些因素的作用下重新回到某种未分化状态并开始异常增殖。因此肿瘤可以看成是细胞分化异常的疾病状态。

细胞分化一般不涉及基因组的改变，只涉及细胞内，包括细胞核内非DNA物质的改变。细胞核基因组保持不变，这种性质被称为细胞核的全能性。如果将已分化细胞的细胞核取出转到未分化细胞的细胞质中，在未分化细胞质成分的作用下，有可能使细胞核基因表达的内容和顺序发生改变，称为对细胞核的重新编程。可以利用这一原理使用动物体细胞进行动物克隆繁殖，即人工操作下的无性繁殖。克隆羊多利是第一个成功进行体细胞克隆的哺乳动物。

不同生物体结构的复杂性不同，细胞分化的水平也不同。一般来讲，低等生物的细胞分化水平较低，细胞的种类较少。实际上人们就是根据细胞分化的总体水平来判定低等动物和高等动物等动物的等级水平的。当提到海绵是最低等的多细胞动物时，是指其细胞分化程度很低，不能构成组织和器官。高等生物具有较多的细胞分化谱系，形成较多的细胞类型，如人类成体就具有200多种不同的分化细胞。同时高等生物的体型也较大。

有科学家认为即使是单细胞生物也会产生某种程度的分化，这种分化不是基于不可逆的发育模式，而是对环境的一种适应。例如，细菌形成菌落时处于菌落中心的细菌与处于外围的细菌在结构和生理上均有所不同。在不同环境下单细胞生物形成不同的形态和代谢类型。例如，一些革兰氏阳性杆菌在外界条件不利时可形成低代谢活性、抗逆性强的芽胞，当条件好转时再形成营养细胞。这是对外界条件的一种适应，涉及外界因素对基因表达的调控。这样的过程是否算作细胞分化可根据细胞分化的定义而定。多细胞生物的细胞分化是个体生长的必要条件，更主要的是受到内在发育程序的制约。这与单细胞生物随环境而改变自身有本质的区别。无论哪种细胞结构和功能的改变都是在给定的环境下基因选择性表达和特异蛋白质产生的结果。单细胞生物经常性的聚集和功能分化在进化过程中逐渐被持久化和固定化，最终导致多细胞生物的诞生和具有不可逆特征的胚胎发育。

第一节　胚胎发育与细胞分化

胚胎发育早期是细胞分化的重要时期。有两个主要过程主导了早期胚胎发育：①细胞数目的大量扩增；②从单一的未分化细胞分化为众多的、功能各异的组织细胞。配子发生是产生新一代的全能细胞的过程。在这一过程中原始生殖细胞核重新编程为具有最高分化潜能的生殖细胞。卵母细胞中除积累了大量胚发育所需的营养物质外，还积累了初始细胞分化所需的所有细胞质成分。细胞分化的过程犹如建造楼房，前面的工作是后面的前提。基础正确无误，上层才能继续。胚胎发育作为一个逐渐展开的过程，越早期的细胞分化越显得重要。早期发育的任何错误都会对随后的细胞分化产生严重的影响，甚至终止发育。本节首先简要介绍胚胎发育的基础知识，包括配子发生、受精和早期胚胎发育过程，然后介绍细胞分化的基本概念和特点。

一、个体早期发育的基本过程

多细胞生物存在世代繁衍的现象。在19世纪末，德国生物学家A.魏斯曼提出了种质连续学说。该学说认为世代之间的联系是遗传性状的传递，每一个有机体都由种质和体质两部分组成。体质是个体的身体结构，种质是亲代传递给后代的遗传物质。种质可以发育为后代的体质，但一部分仍旧留在种质传递的谱系中作为产生后代的基础；体质可以通过生长和发育形成为新个体的各个组织和器官，但它不能产生种质，也就不能传给后代，其最终命运是走向死亡。只有种质是连接世代的基础。这一学说对后来染色体遗传理论的建立和细胞分化学说的发展具有重要的影响。有关“种质”的现代理解就是从受精卵在胚胎发育中形成生殖细胞系，再产生配子和受精卵的周期性细胞延续性过程中传递的遗传物质。有些植物也可通过无性生殖的方式由单个体细胞承担种质的功能，通过分裂和分化形成下一代的个体。

个体发育涉及受精卵通过细胞分裂的方式扩增细胞数量，同时通过基因选择性表达使扩增的细胞群体呈现不同的形态和生理特征。通过细胞不断分裂、分化和迁徙，形成不同的组织、器官、系统，最终形成具有一定寿命的个体。这是一个连续变化的过程，但为了研究和叙述方便，可以人为地将整个过程区分为不同的时期。以下就个体发育的几个主要过程进行简单的描述。

（一）配子发生

有性生殖的动物和植物所形成的单倍体成熟性细胞称为**配子**。雄性配子被称为精子，雌性配子被称为卵子。配子的形成过程称为**配子发生**。在胚胎发育的早期就已经决定哪些细胞最终能发育成配子。这些向配子发育的原始细胞称为原生殖细胞（primordial germ cell，PGC）。这类细胞含有一种被称为生殖质的物质，决定了这些细胞向配子方向分化。在线虫、果蝇和两栖动物中，生殖质已经预存在卵细胞中。受精后细胞质的生殖质不平均分布，细胞分裂后得到生殖质的细胞将发育成原生殖细胞。在雌雄个体体内原生殖细胞向不同方向发育，最终形成雄性配子和雌性配子。

1. 卵子发生

多数动物的卵子在卵巢中由原生殖细胞增殖和分化形成，其过程分为增殖期、生长期和成熟期。在增殖期，原生殖细胞分化为卵原细胞，卵原细胞通过有丝分裂增加细胞数量，然后分化为初级卵母细胞，此时做好第一次减数分裂的准备。哺乳动物卵巢内的卵原细胞在胚胎期就已完成增殖期。例如，人类胚胎在5个月时就已形成数百万个初级卵母细胞，此后多数初级卵母细胞发生凋亡，只有少数进入减数分裂。在胎儿出生前绝大多数卵母细胞已进入第一次减数分裂的双线期，然后长期停留在那里。出生后这些处于双线期的卵母细胞继续退化、凋亡。到青春期时只剩下3万~4万个初级卵母细胞。然后依次在不同月经周期中逐个成熟。

多数脊椎动物初级卵母细胞停留在第一次减数分裂的双线期后进入积累营养物质的生长期。这一时期的时间跨度依不同寿命的动物从数日到几十年不等。生长期卵母细胞的细胞核膨大，核仁增多，这种细胞核被称为生发泡（germinal vesical，GV）。与之伴随的是合成活跃，细胞体积增大，营养物质积累。这些营养物质为将来发育的胚胎提供养分。卵生动物的卵需要备足整个胚胎发育所需的营养物质，因此形成较大的卵（蛋）。这些营养物质除了卵母细胞自身合成少部分外，多数在肝脏合成，以卵黄生成素的形式通过血液运输，再通过卵母细胞的内吞作用进入卵母细胞。而哺乳动物胚胎在母体内发育，只需储备在着床前胚发育所需的养分，所以卵母细胞相对较小，但也会达到一般细胞体积的数百倍。不管是哪种未成熟卵都只有一个细胞核，所携带的遗传信息与普通细胞相同。

成熟期是指初级卵母细胞经过两次减数分裂形成可以受精的成熟卵母细胞的过程。因此卵母细胞的减数分裂又称为成熟分裂。减数分裂从双线期再次启动需要一定的激素刺激。垂体分泌的促性腺激素可促使卵母细胞周围的卵泡细胞分泌类固醇激素，后者启动减数分裂的恢复。哺乳动物中，垂体的卵泡刺激素（FSH）和黄体生成素（LH）的周期性分泌导致卵母细胞的成熟和排卵，并形成月经周期。卵母细胞减数分裂中的细胞质分裂具有显著不对称性，形成一个较大的次级卵母细胞和很小的第一极体，第一极体虽然很小，但带走了一半的遗传物质。次级卵母细胞随后进行第二次减数分裂，到第二次减数分裂中期时发生停滞，此时哺乳动物排卵。未受精的次级卵母细胞退化。如果发生受精，则完成第二次减数分裂，形成受精卵和第二极体。

2. 精子发生

精子发生由原生殖细胞开始，在曲精小管中完成。当哺乳动物的原生殖细胞到达生殖腺后首先分化，形成精原细胞。然后精原细胞通过有丝分裂扩增并继续分化，根据精原细胞分化的不同阶段又可分为A型精原细胞、过渡型精原细胞、B型精原细胞等。B型精原细胞再分裂形成初级精母细胞。随后开始两次减数分裂，第一次减数分裂形成次级精母细胞，第二次减数分裂形成精细胞。

从遗传学的角度看，精母细胞的减数分裂与卵母细胞的意义相同，都是形成遗传物质减半的配子。两者不同的是：第一，精原细胞的扩增和随后的减数分裂在成年后的整个生殖期持续进行，因而可以产生数量很多的精细胞；第二，因为没有为胚胎发育提供营养的义务，精子发生过程中不存在积累营养物质的生长期；第三，基于同样理由，与卵母细胞为保存富含营养物质的细胞质而发生不均等的细胞质分裂不同，精子发生时的减数分裂是均等分裂，形成4个同样具有形成配子能力的精细胞。不仅如此，所形成的精细胞还要进一步通过又一次细胞质分裂，弃掉多余的细胞质，只保留最重要的细胞核，以及精子运动与受精所必需的成分和结构。精细胞核中的组蛋白被精蛋白置换，目的是使细胞核高度浓缩，以减少体积，增加精子的运动能力。精细胞的核致密化、丢失细胞质、结构改变、形成精子尾巴的过程称为精子形成，最终形成的细胞称为精子。

（二）受精和卵裂

雌性配子和雄性配子相互融合的过程称为受精，所形成的受精卵恢复为二倍体，其中携带下一代发育所需的全部遗传指令。需要注意的是，参与受精的雌性配子并非真正意义上的单倍体细胞，而是处于第二次减数分裂中期的细胞。受精触发卵母细胞第二次减数分裂的完成。如果受精后第二极体没有排出，将造成三倍体胚胎的发育，最终导致流产或先天缺陷。随着精子细胞核的穿入和卵母细胞进入间期，在受精卵中出现两个细胞核，一个称为雄性原核，另一个称为雌性原核。在受精后第一次有丝分裂开始时两个原核的核膜破裂，两性的染色体共同排列到赤道板上。在2细胞胚形成时雌雄遗传物质开始位于同一个细胞核中。

受精时发生的一系列生理机制如下所述。

（1）顶体反应。顶体是位于精子头部的由高尔基体特化形成的充满水解酶的细胞器，在精卵相遇时通过顶体释放水解酶来酶解卵泡细胞间质和透明带，帮助精子到达卵母细胞表面。

（2）精卵的相互识别和质膜融合。在精子和卵子质膜的接触中存在特异受体和配体的相互作用。卵质膜上的这些受体称为精子受体，包括整合素类受体、免疫球蛋白超家族类受体、选择素家族受体等，而在精子质膜表面存在相应的配体。这种特异分子的相互识别一方面保证同种精卵的结合，另一方面也触发精卵的相互激活。

（3）皮层反应。在卵细胞的外周质膜下存在皮质颗粒，当卵子接受了一个精子后，皮质颗粒会快速释放到卵细胞的表面，改变透明带的结构，阻止多精受精。

受精卵形成后即开始通过有丝分裂扩增细胞数量。哺乳动物从受精卵形成到着床的胚发育阶段称为卵裂。由于卵裂时的胚尚未能从母体得到营养供给，只能消耗受精卵本身储存的营养物质。因此，卵裂时细胞的快速分裂只是受精卵不断分割成体积越来越小的细胞，整个胚的体积在着床前不会增大。这一时期主要是DNA和组蛋白合成旺盛，以适应形成新的细胞核所需。由众多胚细胞形成的球状实心胚称为桑椹胚，随后桑椹胚内出现偏于一侧的充有液体的空泡，此时称为囊胚（blastula）。囊胚的形成标志着卵裂结束。

（三）原肠作用和胚层分化

在卵裂期每次细胞分裂形成的两个子细胞所得到的细胞质成分存在差异，从而决定不同细胞的发育方向。随着细胞数量的增多，细胞分化的程度逐渐明显。囊胚中靠外部的细胞分化为滋养层细胞，靠内的细胞为内细胞团。随后囊胚细胞要经过一系列的复杂运动使不同胚细胞的空间结构关系改变，这一细胞重新排列组合的过程称为**原肠作用**（gastrulation）。这一过程中进入胚内部的细胞分化形成内胚层和中胚层，而在胚胎表面的细胞形成未来的外胚层，该阶段的胚称为原肠胚。

造成原肠作用的细胞运动方式有多种，主要包括：①**外包**（epiboly），为表层细胞层扩展并包围内层细胞的过程；②**内陷**（invagination），一部分细胞一起向里面陷进，所围成的腔为原肠腔，向外的通道称为胚孔；③**内卷**（involution），扩展的外层细胞向内卷入，并沿着外层细胞的内表面扩展；④**内移**（ingression），胚胎表面的单个细胞向内迁移；⑤**分层**（delamination），一个细胞层分离为两层或多层细胞的过程；⑥**集中延伸**（convergence extension），细胞向中轴线迁移，使前后轴逐渐延长（图11-1）。

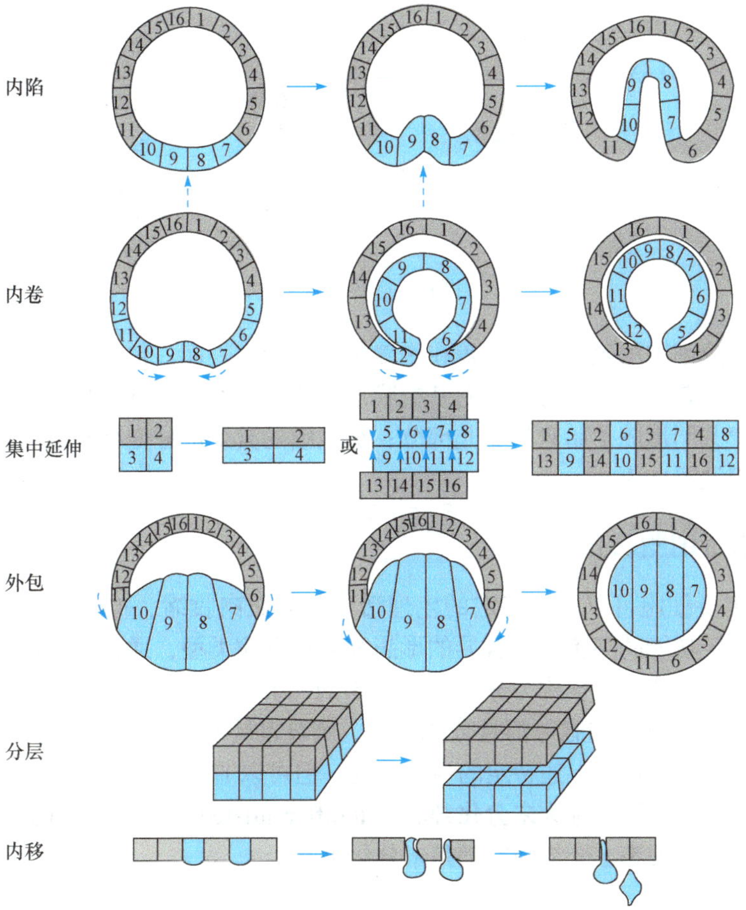

图11-1　原肠作用的细胞运动方式

不同动物的原肠作用的过程各有不同。就哺乳动物而言，由于胚胎在母体内发育，囊胚的一部分与母体子宫的基蜕膜共同发育，形成专司吸收母体营养物质的器官，即胎盘。胎盘的胎儿部分主要由胚胎滋养层细胞和内细胞团形成的胚外中胚层细胞发育而来。

在囊胚的晚期，内细胞团和周围囊胚细胞之间形成了一个新的间隙，逐渐发育成羊膜腔，包绕羊膜腔的细胞构成羊膜。腔内的液体称为羊水，胚胎就在羊水中发育长大。存在于羊膜腔与原有的囊胚腔之间的内细胞团形成了两层细胞的胚盘。羊膜腔的一面为上胚层，将来发育成胚体；囊胚腔的一面为下胚层，将来发育成卵黄囊，参与胚外器官的构建。原肠作用开始时，在上、下胚层之间形成一条纵行的原条。上胚层细胞增殖并迁徙，其中一部分细胞进入下胚层并逐渐取代下胚层细胞，形成一层新的细胞，称为内胚层；另一部分细胞在上、下胚层之间形成了第三层细胞，称为胚内中胚层，此时上胚层改称为外胚层。至此胚盘有内胚层、中胚层和外胚层三个胚层。在随后的胚胎发育中，内胚层将发育成呼吸道和消化道的上皮细胞、各种消化腺（如肝脏、胰脏等）、各种内分泌腺（如甲状腺、甲状旁腺等）等；中胚层分化成软骨组织、骨组织、肌肉、结缔组织、造血组织及泌尿生殖系统等；外胚层形成身体表皮、表皮的附属器官（如毛、齿、甲等）及神经系统（图11-2）。

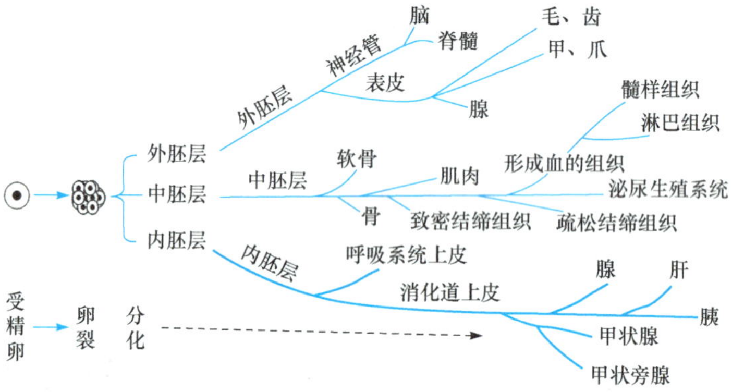

图11-2　胚层分化

下胚层的部分细胞增殖并逐渐覆盖在滋养层细胞的内表面，包裹卵黄囊。滋养层细胞发育形成绒毛膜。随着胚胎的发育，面向基蜕膜部分的绒毛发育旺盛，分支广泛，形成叶状绒毛膜，它与羊膜共同形成了胎盘的胎儿部分；绒毛膜的其余部分变得平滑，成为胎膜的组成部分。整个过程见图11-3。

二、细胞分化与细胞决定

身体内的主要细胞可以完成特定的生理活动，如肌肉收缩、神经信号转导、腺体分泌等，这类执行特定功能的细胞具有各异的形态和生化反应类型，通常不能进行细胞分裂，也不易改变自身的功能状态，被称为**分化细胞**（differentiated cell），肌肉细胞、神经细胞、血细胞、肝肾细胞、内分泌细胞等都是分化细胞，哺乳动物有超过200种分化细胞。另有一类细胞则相反，自身并不执行上述特定的生理功能，但可以通过细胞分裂改变自身的状态，逐渐变成分化细胞。这类细胞称为**未分化细胞**（undifferentiated cell），或称为分化前体细胞，受精卵、卵裂期的胚细胞、干细胞等都是未分化细胞。

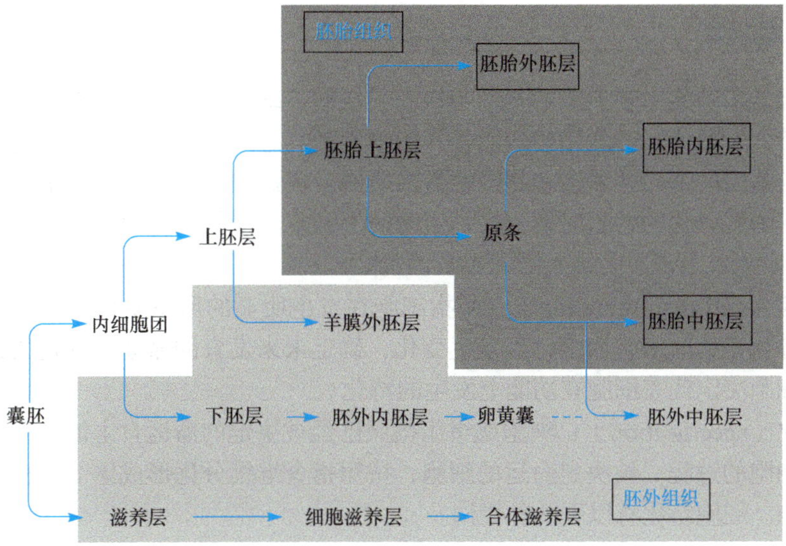

图11-3 人类和灵长类胚胎衍生示意图

受精卵经过卵裂形成的囊胚细胞继续分化，将产生两类组织：胚胎组织和胚外组织。胚胎组织最初分化成外胚层、中胚层和内胚层三个胚层，通过生长和细胞的进一步分化，最终发育成胎儿；胚外组织最初包括羊膜外胚层、卵黄囊、胚外中胚层、合体滋养层等成分，最终发育成各种胎儿附属物，包括胎盘、胎膜、脐带和羊水等

（一）细胞分化

细胞分化（cell differentiation）就是未分化细胞通过细胞分裂，在形态、生化组成和代谢上向专一和特定方向分化，或由简单的可塑性的细胞状态向异样的、稳定的细胞状态发展的过程。细胞的全能性是指某些细胞具有产生完整有机体的潜能或特性，即可分化出机体所有类型细胞的能力。

细胞分化是分阶段进行的，开始由具有最广泛分化潜能的未分化细胞开始，分化成只具有一定分化潜能的未分化细胞；再继续分化成分化潜能更窄的细胞；最终形成具有特定功能，但基本失去分裂能力的分化细胞。一些分化细胞，如骨骼肌和神经元，在完全分化后便不再分裂。功能相近的不同分化细胞常具有共同的分化前体细胞。例如，白细胞和红细胞是两种不同的分化细胞，但它们的分化前体细胞造血干细胞是一致的，彼此难以区分。细胞的分化状态常与细胞的分裂能力反相关，越是分化的终末细胞，其分裂能力越弱。

细胞分化主要发生在胚胎发育过程中，其分化的起点是受精卵。受精卵是具有最高分化潜能的细胞。一般认为在早期卵裂阶段，细胞只发生有限的细胞分化。在8细胞胚或16细胞胚中的每一个胚细胞仍然保持其分化的全能性。如果将8细胞胚或16细胞胚的细胞人为分开，每一个细胞都可以分化发育成一个完整的个体。到了囊胚形成时，不同胚细胞开始向不同方向分化。细胞分化不仅仅发生在胚胎时期。出生后细胞分化仍在不断进行，以适应个体生长的需要。即使到了成体阶段，体内仍保持一定数目的未分化细胞（干细胞），以待分化细胞被磨损、死亡时再进行细胞分裂和分化过程，补充损毁的细胞。经常需要通过细胞分化补充的细胞包括表皮细胞、消化道内皮细胞、血细胞、免疫细胞等。当组织器官出现大面积损伤时，如出现肝脏大范围坏死或手术切除时，可以通过干细胞的分裂和分化修复形成新的组织器官。可以说，细胞分化贯穿于个体的一生。

（二）细胞决定

细胞分化是多细胞生物形成的基础与核心。任何多细胞生物都是由种类繁多的细胞类型之间的有序结合所形成。这些结构功能各异的细胞都具有共同的基因组，因此细胞分化的关键在于细胞内基因的特异性表达和特异性蛋白质的合成。细胞分化基本上是一个单向过程。特异性基因在细胞分化的特定时期，在一定时间上和空间上的组合地表达，决定了细胞分化的方向和命运。

细胞决定（cell determination）：是指细胞在发生明显的形态变化之前就已受到约束而向特定方向分化，这时细胞内部已经发生变化，确定未来发育的命运。分化的方向一般不会中途改变。细胞决定代表细胞在功能上发生的特化。

细胞特化（specification）：细胞或组织按照已经被决定的命运自主地进行分化，形成特异性组织或细胞的过程。被决定命运的细胞，按照指令继续分化形成体节、特定的组织、器官等不同结构。细胞特化有以下几种机制。

（1）**自主特化**（autonomous specification）。这种特化是由细胞质成分决定的。细胞分裂时细胞质内容的不等分配造成自主特化，较少受到相邻细胞的影响。例如，海鞘、线虫等动物，细胞决定的时间很早。当移走部分细胞时，由于细胞决定已经完成，周围的细胞不能替代和补偿已移走细胞的功能。这种发育形式称为镶嵌型发育。海鞘胚胎在8细胞时期如果将4对裂球相互分开，每对裂球都会继续形成独特的结构部分。

（2）**条件特化**（conditional specification）。通过与周围的细胞相互作用来决定细胞分化的方向。如果移去早期胚的部分卵裂细胞，早期胚的其他细胞可以改变原有的发育命运，填补移走细胞留下的发育空缺。在水母、水螅、海胆和脊椎动物的胚胎发育过程中都有这种较强的细胞间相互作用和作为胚胎整体的调节能力。这种发育形式称为调整型发育。但在调整型发育物种的胚胎发育中，由细胞质成分造成的自主特化仍然是存在的，且随着胚胎发育的进程，胚胎细胞的调整能力会逐渐降低。例如，将原肠期早期的神经外胚层细胞移动到表皮，这些细胞会分化成表皮细胞；但在原肠胚的后期，进行同样的实验，被移植的细胞只能分化形成神经板组织，而不再改变原有的细胞决定类型。

（3）**合胞特化**（syncytial specification）。大多数昆虫的卵都进行表面卵裂，这种卵裂首先发生DNA的复制和细胞核的分裂，形成含有许多细胞核的合胞体。然后这些细胞核转移到合胞体表面，形成合体胚层。随后核之间的卵膜内陷，进行胞质分裂，细胞质膜包绕每个细胞核，形成细胞化的胚。虽然在合胞体阶段，这些细胞核的细胞质没有分开，但细胞质并不是均质的，而是有特定的功能分区。每个细胞核周围都有自己的细胞质区域，它们之间由细胞骨架彼此分开。这种细胞质的不均质性造成在合胞体胚层阶段已决定了将来每个细胞的命运，称为合胞特化。

三、细胞分化的基本特点

（一）细胞分化的稳定性

在胚胎发育的过程中，细胞分化主要受到细胞内程序的控制，外部因素作用较少。对于外界的扰动，胚胎常有能力做出相应的调整，保持固定的分化方向。例如，在16个细胞胚的阶段，如果将胚胎切割成两部分，这两部分通常可以各自独立完整发育，形成正常个体；反之，如果在囊胚中注入外源细胞，这些不同来源的细胞可以相互配合，组合成一个胚胎发育。不同类型的动物胚胎抗外界干扰的能力不同。秀丽隐杆线虫的胚胎发育过程极为稳定，每个受精卵固定发育成含有959个不同类型分化细胞的成体，这一过程几乎不受外界因素的扰动。人类胚胎的发育也具有稳定性，但由于人类胚胎发育时间长，过程要复杂得多，某些外界因素可能造成发育障碍。例如，某些病毒感染胚胎后，影响胚胎细胞的分化和发育，造成先天性心脏病等先天畸形的产生。

（二）细胞分化伴随细胞分裂

细胞分裂是发生细胞分化的前提。早期胚胎是细胞分裂最旺盛的时期，也是细胞分化最关键、最广泛的时期。细胞质的不等分裂造成众多子代细胞细胞质成分或大或小的差异，影响细胞核的活动，导致不同细胞的基因转录的内容不同，使子细胞成为不同类型的细胞。细胞分化程度越低，细胞分裂越旺盛。个体发育过程中细胞分裂一旦停止，细胞分化即告完成。

（三）细胞分化贯穿多细胞生物体生命的始终

尽管细胞分化主要发生在胚胎发育时期，但机体终生都会发生细胞分化，产生各种有特定功能的分化细胞，以补充在生理活动中损失的组织和细胞。血细胞和上皮细胞是两类机体日常损失较多，需要不断补充的细胞，需要骨髓造血细胞和上皮基底细胞通过不断的细胞分化加以补充。如果发生组织器官的意外丢失，如手术切除器官，在组织中存在的各种未分化的干细胞会通过细胞分化形成新的组织，补充器官的损失。随着个体年龄的增长，细胞分化的能力逐渐下降，组织器官死亡的细胞得不到完全补充，就将进入机体衰老阶段。

（四）细胞的转分化和去分化

一般来讲，细胞分化具有稳定的方向性，且不可逆。一旦发生细胞决定，一个细胞就会在特定渠道上继续单向地分化下去。但在特定条件下，处于特定分化渠道的细胞可转而分化为其他细胞，或逆分化为更低分化层次的细胞。例如，将造血干细胞从骨髓中取出放入脑组织中，这些造血细胞就可能在新的环境诱导下分化成神经细胞。不同的生物细胞转分化和去分化的能力不同。植物细胞较易发生转分化和去分化，分离出的植物细胞可以去分化成全能细胞，重新发育出枝丫。一些爬行动物，如蜥蜴，在损失肢体时，剩余身体中的细胞可转变成未分化细胞，再增殖分化成新的肢体。高等哺乳动物细胞转分化和去分化的能力较差，但在体外培养环境下，通过与去分化相关基因的导入，可逆分化成干细胞。

（五）细胞分化的时空性

每个胚胎细胞沿着特定分化渠道分化，形成一系列不同分化阶段的细胞，这些不同类型细胞的序列在时间发生上是固定的、不能调换的，每个特定细胞什么时候向下一阶段分化具有严格的时间性。另外，细胞什么时候分化，向哪个方向分化也受该细胞在胚胎中的位置的影响，受到周围细胞或组织的诱导而分化，就是说细胞分化具有严格的空间特征。

四、细胞分化与再生

再生（regeneration）是机体的组织或器官发生损伤或磨损后，剩余部分通过细胞增殖与分化过程补充损失的细胞、组织与器官的修复过程。再生可以分成：①生理性再生，用以补充正常耗损的细胞，如肠道内皮再生以补充每日的磨损、脊髓组织每天产生新的红细胞以补充循环系统中损失的红细胞等；②修复性再生，失去组织器官后，剩余部分又生长出与丢失部分在结构和功能上相似的组织或器官的过程。狭义的再生就是指修复性再生。

植物细胞具有较强的再生能力。在植物组织受到损伤后，植物中去分化的细胞成为薄壁细胞，形成愈伤组织，然后发生再分化。

不同动物再生能力的大小差异很大。蝾螈具有较强的再生能力，当蝾螈的一个肢体被切断后，可以通过再生发育出一个完整的肢体。哺乳动物再生能力较弱，但也可以通过存在于组织器官中的成体干细胞的增殖分化补充损失的组织器官。例如，在肝脏损伤或切除后，通过保留在肝组织中的干细胞增殖并分化，形成新的肝细胞和附属组织，完成肝脏的再生。一般来讲，高等动物的再生能力低于低等动物，脊柱动物的再生能力低于非脊椎动物，成体动物的再生能力低于幼年动物。

再生可以是完全的，也可以是不完全的。上文提到的蝾螈肢体再生是完全再生的例子。发生不完全再生时，再生不能完全恢复原有组织的结构和功能，只能实现部分修复。有时机体的某些器官只有特定的结构可以再生，另一些结构不能再生，或只能在特定条件下再生。例如，人的脚趾甲在拔除后可以再生，但整个脚趾是难以再生的。再如，肋骨损伤后，如果骨膜保持完整，则肋骨可以再生，但如果骨膜损伤了，就无法实现再生。有时损伤缺失的部分通过由纤维化形成的瘢痕组织来补充。

再生涉及存留组织的重排、成体干细胞的分裂和分化、细胞的去分化和转分化等。再生需要多种未分化细胞相互配合，引起定向分化，产生重新构建组织器官所需的特化细胞。在这一过程中与分化相关的基因选择性地打开或关闭是促成再生的关键。在蝾螈肢体的再生过程中，原来在肌细胞中表达的*MRF4*和*MRF5*基因表达下降，而与胚芽肢体增生有关的*msxl*的表达上升，由此形成去分化细胞。各种去分化细胞在截面处形成增殖团块，其中的细胞称为胚芽细胞。胚芽细胞的生长依赖于神经的存在。神经元可以释放神经胶质生长因子（GGF），用于刺激胚芽细胞的增殖。在刺激细胞生长的基因表达的同时，细胞生长分裂的抑制因子，如p21的表达下降。

第二节　细胞分化的机制和调控

细胞分化主要与特定基因表达有关。每种分化细胞都有特定的基因活性模式，这一套基因表达模式在分化过程中逐步建立，并且这种基因表达模式可以随着细胞分裂向下一代细胞传递。子代细胞在原有基因表达模式之上保持或有所改变，使细胞维持原有的分化状态或进一步分化。因此，研究在细胞分化过程中基因表达的调控过程就显得十分重要。在进化过程中生物体发展出一套高效的基因表达的调控方式，利用少量的调控因子即可调控众多细胞类型的分化过程。基因表达调控可以在许多层次上进行，如转录水平、转录后加工水平、翻译和翻译后加工水平等的调控，其中转录水平的调控是主要的调控环节。有越来越多的研究表明，近年来备受关注的小RNA对细胞分化过程中基因的表达也具有明显的调控作用。分化相关基因的表达产物并不均匀地分布在细胞内，而是具有特异性的分布和结构构造，这种特异性分布和细胞分裂时细胞质的不均等分裂会对细胞分化方向产生影响。

一、细胞分化中基因组的活动模式

（一）从母型基因调控到合子型调控

在受精时，精子的细胞核进入卵母细胞，刺激卵母细胞完成第二次减数分裂。减数分裂后形成的单倍体染色体去凝集，核膜重新形成，包绕雌性染色体形成雌性原核。此时雄性细胞核在卵母细胞质的作用下去致密，精蛋白被组蛋白重新替换，形成雄性原核。这些组蛋白分子是卵母细胞合成的，受精后进入雄性细胞核内置换精蛋白。随后雌、雄原核中都发生DNA复制。雌、雄原核相互靠近，在受精卵第一次细胞分裂时，雌性原核和雄性原核的核膜消失。两套染色体均在中心体发出的纺锤体的组织下组成一个赤道板。第一次卵裂完成后，雌性和雄性的染色体共同组合在一个细胞核内。随后发生DNA合成和细胞分裂交替的卵裂过程。

早期胚胎发育的基因表达：在早期卵裂阶段，除了DNA合成旺盛之外，基因转录活动十分微弱。如果使用抑制基因转录的药物放线菌素D，并不影响海胆受精卵蛋白质的合成和卵裂，说明卵母细胞在受精前已积累了大量供早期胚胎发育所需的mRNA，受精后这些mRNA才被翻译。这在海胆卵，两栖动物和哺乳动物的卵母细胞中都得到了证实。在卵母细胞成熟过程中，除mRNA外，rRNA也大量合成。在爪蟾卵母细胞形成的过程中，rDNA大量扩增，形成很多核仁，在其中5S rRNA、18S rRNA、28S rRNA大量合成，卵母细胞成熟后便停止了这种合成。

母型基因调控（maternal regulation）：有关发育的信息是以母型mRNA形式被早期胚胎继承下来，并通过这些mRNA指导蛋白质合成来调控胚的发育和早期分化过程的。这些来自于母亲的基因产物决定了早期胚胎发育的基本结构，如头尾、肚腹的确定。例如，爪蟾有丝分裂引擎分子之一的cyclin即是母型的，其中cyclinB2以蛋白质的形式储存，cyclinA、cyclinB1则以mRNA的形式存在，被储存的cyclin mRNA在细胞周期中定期被翻译合成，调控细胞的分裂活动。又如，果蝇胚胎在发育中细胞、组织、器官的空间排列机制称为图式形成，这一过程是在母型mRNA指导下进行的。已发现30多种母型基因影响胚胎体轴的形成，这些基因如果发生突变均会导致发育异常。在卵的细胞质中储存有未加工的hnRNA。U1 RNA在卵裂早期的合成可使这些hnRNA被加工成成熟的mRNA。

卵裂开始后尽管缺乏mRNA的合成，但DNA和组蛋白合成旺盛，其他蛋白质也广泛合成。到囊胚初期才开始合成mRNA的前体hnRNA；在囊胚中期tRNA、5S RNA合成增加；进入原肠期后其他rRNA的合成量才上升。因此在此之前，蛋白质的合成是靠母体的核糖体进行的。此后合子型基因被活化，所合成的RNA是在合子型基因，也就是父母双方来源基因的指导下进行的。母型基因调控逐渐过渡为**合子型调控**（zygotic regulation）。

（二）管家基因和组织特异性基因

在基因组中绝大多数基因都与特定的细胞分化类型有关，如果比较所有类型细胞中表达的基因范围，就会得到一个在所有细胞，包括各种未分化细胞中都表达的基因系列，这就是

管家基因（housekeeping gene）。

管家基因是一类典型的结构性基因，它们对体内任何细胞维持其基本功能都是必需的，在多细胞有机体的每种细胞中都得到表达。这些基因如果失活，细胞将不能存活。尽管一些管家基因存在CpG岛，但它们在正常情况下不发生甲基化。目前已知的管家基因编码的蛋白质包括一些转录因子、与RNA剪切有关的基因、翻译因子、核糖体蛋白质、RNA聚合酶、与蛋白质翻译后加工有关的蛋白质、一些热休克蛋白质、组蛋白、细胞周期相关蛋白质、DNA复制和修复相关蛋白质、一些细胞骨架蛋白质、细胞基本的代谢所需的蛋白质等，这些管家基因的表达量差别很大。有的管家基因，如*GAPDH*、*HSP90*和*β-actin*等在所有细胞内表达相对恒定。可以利用这一特点，在对细胞内蛋白质进行分析时将它们作为固定表达量的内参，对其他蛋白质作定量分析。其他的管家基因则随着细胞环境和状态的不同表现出较大的表达差异。

组织特异性基因（tissue-specific gene）也称为奢侈基因（luxury gene），是指在不同细胞类型中特异性表达的基因，其表达产物赋予各种类型细胞特异的形态、结构特征与功能。细胞分化的关键在于特异性蛋白质的合成并发挥作用，其本质就是各种组织特异性基因在时间和空间上的差异性表达。不同类型的细胞表达不同的组织特异性基因。例如，血红蛋白基因仅在红细胞中表达，而胰岛素基因只在胰腺的β细胞中表达，等等。

在胚胎发育和细胞分化过程中相继出现的不同分化细胞类型是有关的组织特异性基因按一定的顺序相继活化的结果，这种现象称为基因的差次表达（基因的顺序表达）。以珠蛋白基因表达为例，珠蛋白是构成血红蛋白的亚基，分为α珠蛋白和β珠蛋白两个家族。α珠蛋白基因家族有*α*和*ζ*两种珠蛋白基因，而β珠蛋白基因家族有*γ*、*δ*和ε三个成员。血红蛋白是由两个α珠蛋白家族成员和两个β珠蛋白家族成员形成的四聚体。不同的α珠蛋白家族和β珠蛋白家族成员之间可以组合成6种不同的血红蛋白，出现在生命的不同时期。人类珠蛋白基因的表达顺序是：在胚胎早期，*ζ*和ε首先表达，它们两两聚合形成血红蛋白gower1（$\zeta_2\varepsilon_2$）；然后是*α*、*γ*和*δ*表达，形成血红蛋白gower2（$\alpha_2\varepsilon_2$）、血红蛋白portland（$\zeta_2\gamma_2$）、血红蛋白F（$\alpha_2\gamma_2$）等类型；到成年期，*β*基因表达上升，而其他基因除了*α*外表达都下降，因此成年的血红蛋白类型主要是血红蛋白A（$\alpha_2\beta_2$），以及很少量的血红蛋白A2（$\alpha_2\delta_2$）。这些血红蛋白具有不同的携氧功能，在身体发育的不同时期起作用。

DNA的甲基化是调节组织特异性基因活性的重要手段，组织特异性基因通过选择性去甲基化得以表达。在胚胎发育的不同阶段，组织特异性基因以不同的方式组合，共同表达。这种组合表达需要特定的基因表达调控机制。

（三）组合调控与细胞分化

组合调控（combinational control）是指有限数量的调控蛋白通过它们之间的不同组合，启动为数众多的特异细胞类型分化的调控机制。每种调控蛋白可以启动多种细胞的分化，而每类细胞分化又是由多种调控蛋白共同调节完成的，这是一种经济有效的调节方式。例如，人体有至少200种不同的分化细胞，即使每种细胞只需要一个特定的调控蛋白，也需要200种以上的有关基因存在。组合调控通过不同调控蛋白的组合，可以以少量的调控蛋白引发不同的组织特异性基因的表达，完成对众多细胞类型的分化调控。在发育过程中，借助于组合调控，一旦某种关键性基因调控蛋白与其他调控蛋白形成适当的调控蛋白组合，不仅可以将一种类型的细胞转化成另一种类型的细胞，而且遵循类似的机制，甚至可以诱发整个器官的形成。下面以果蝇的胚轴形成过程为例说明组合调控（图11-4）。

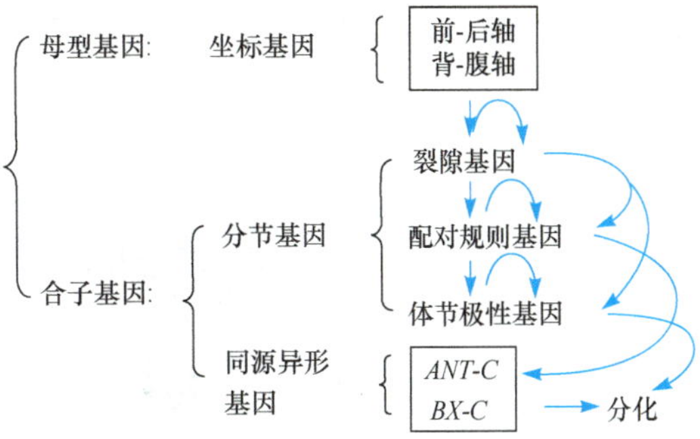

图11-4　调控体轴分化的基因

坐标基因属于母型基因，决定前后轴和背腹轴的形成；分节基因属于合子型基因，其表达受到母型基因产物浓度梯度的控制。三种分节基因（裂隙基因、配对规则基因、体节极性基因）和同源异形基因的表达都分别受到上一级基因的调控。各箭头指示基因表达之间的调控方向

1. 母型基因与前-后轴、背-腹轴的形成

果蝇形体模式的形成是沿着前-后轴、背-腹轴进行的，其中前-后轴显示出有规律的分节。有4组母型基因参与果蝇胚轴的形成，其中前端系统、后端系统和末端系统与前-后轴形成有关，背腹系统决定背-腹轴的形成，这些基因称为坐标基因。*bicoid*基因属于母型基因的前端系统，最开始在卵巢营养细胞中转录。*bicoid*的mRNA转运至卵细胞中，受精后在卵的前端迅速翻译形成Bicoid蛋白。Bicoid蛋白从受精卵的前端向后端进行梯度扩散，形成浓度梯度。前端系统另外三种不同的基因响应不同浓度的Bicoid蛋白，在三个不同位置表达，决定果蝇前端的初步形成。果蝇胚胎的后端图式和背-腹轴的形成也以相似的机制形成：*nanos*基因在胚的后端表达，向前形成浓度梯度，调控一系列的基因表达，与*bicoid*基因产物协同作用导致前-后轴生成；背部基因蛋白和腹部基因蛋白形成的浓度梯度，则决定了背部结构和腹部结构的形成。

2. 分节基因与胚胎体节的形成

根据基因突变分析，果蝇约有60个分节基因，可分为三类，裂隙基因（gap gene）、配对规则基因（pair-rule gene）和体节极性基因（segment polarity gene），它们都属于合子型基因，其转录依赖于母型基因产物在胚胎内的梯度分布。这些基因的异常导致不同的发育异常。裂隙基因发生突变时，由于某种结构不能形成，胚胎体节将出现裂隙。例如，*Hunchback*基因突变时，胚胎不能形成口和胸。配对规则基因受裂隙基因调控，出现突变时导致胚胎体节的缺失。体节极性基因进一步受配对规则基因的调控，保持体节中重复结构的一致性。例如，*engrail*基因产物负责保持前后体节的分界，该基因突变导致胚胎缺失每一体节的后半部分。

3. 同源异形基因

同源异形基因（homeotic gene，*hox*基因）的表达受配对规则基因和体节极性基因调控。胚胎体节的划分确定后，同源异形基因负责确定每个体节的特征结构和它的发育方向。*hox*基因有多种，在发育过程中每一种控制身体各部位形成的位置，若发生突变，会使一个体节上长出另一个体节的特征结构，造成某一部位的器官出现在另一个部位。例如，果蝇的*Antp*基因（触角基因）控制腿的形成，如果发生突变导致该基因在触角部位错误表达，将使一对触须被两条腿取代（图11-5）。

所有的同源异形基因的3′端都包含一个180个碱基的、被称为同源异型框（homeobox）的保守序列，编码60个氨基酸序列。该序列可形成同源异型结构域，具有这一结构域的蛋白质可形成螺旋-转角-螺旋结构，与DNA或RNA结合。因此*hox*基因产物具有结合DNA的能

力，基本上都是转录因子。由于它们可识别特定基因的启动子序列，从而在转录水平上调节基因的表达。

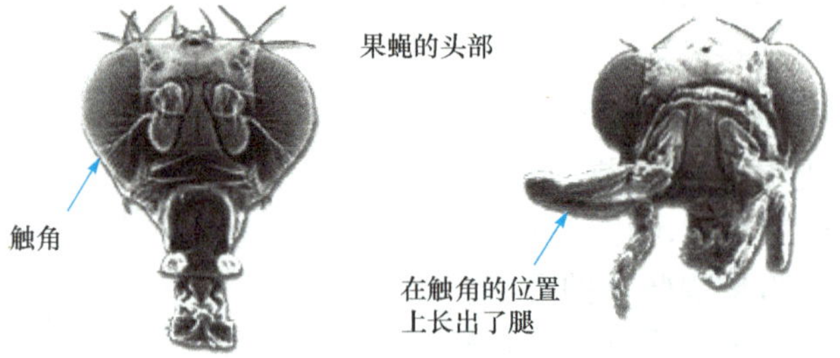

图11-5　果蝇的*Antp*基因发生突变，使一对触须被双腿取代

*Antp*基因是一种同源异形基因，控制腿的形成，发生突变时在触角部位错误表达，使果蝇在本应生长触须的位置生出两条腿

*hox*基因在基因组中成簇排列，基因之间距离很近，其线性排列顺序与在胚胎中各自表达的区域相一致。例如，果蝇染色体5′端的*hox*基因在接近尾部的区域表达，而位于3′端的*hox*基因在接近头部的区段表达。同源异型框具有高度保守性，在所有脊椎动物和绝大部分非脊椎动物中都存在，而且不同物种的某个特定Hox蛋白的同源异型框域之间的相似性要大于一个物种不同的同源异型框之间的相似性，说明不同动物的*hox*基因执行了相似的功能，是一种十分古老的胚胎发育调控机制，也提示不同动物早期胚胎发育机制具有很大的共性。有关同源异形基因的发现和研究工作获得了1995年诺贝尔生理学或医学奖。

二、细胞质在早期细胞分化方向上的作用

细胞分化除了与细胞所处的位置和周围的调控因子有关外，还与细胞质的结构与内容密切相关。不同的细胞质成分可以与细胞外因素相互作用，特异地调节基因的表达模式，维持分化状态或进一步分化。不同细胞之间细胞质成分的差异除了与细胞本身的已分化程度有关外，还与细胞分裂时的细胞质不等分裂有关。细胞质内容物分布的不均一也促成了细胞质的不等分裂。例如，蛙卵具有颜色较深的动物极和颜色较浅的植物极即代表了细胞质内容的差异。卵裂后出现动物极细胞和植物极细胞，动物极由于卵黄较少，细胞分裂较快（图11-6）。

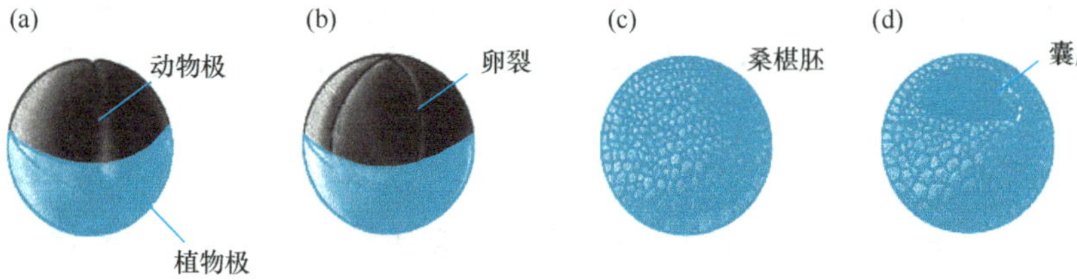

图11-6　两栖动物卵动物极和植物极所决定的卵裂方式

卵裂期细胞的不等分裂，是造成细胞分化的原因之一。卵裂时各种物质往往沿卵轴形成浓度梯度。动物极卵黄较少、颜色较深，细胞分裂速率较快，所形成的细胞也较小。植物极含较多卵黄颗粒，分裂速率慢。由于卵黄密度大，植物极总是朝向下方

胚胎细胞质分裂的不对称性，造成两个子细胞所得到的细胞质内容不同。不同的细胞质诱导不同的基因表达，引起细胞分化方向的差异。这些影响分化方向的细胞质成分称为**细胞质决定子**（cytoplasmic determinant）。

秀丽隐杆线虫是研究细胞分化的好材料。其发育是完全程序化的，也就是说很少受到外

界的干扰，便于分析与细胞分化相关的细胞质因素。在秀丽隐杆线虫的卵细胞内存在一种称为P颗粒的细胞质决定子。在卵裂时，P颗粒总是只存在于一个细胞中，该细胞保持未分化状态，而另一个缺乏P颗粒的细胞则进入分化，这一过程受到*Par*基因的调控。P颗粒内含RNA和RNA结合蛋白质，它的存在保证了细胞处于未分化状态。在细胞质分裂前，细胞的一极缺乏P颗粒，细胞质这一部分存在的P颗粒事先被溶解掉。只有带有P颗粒的细胞才能发育成生殖细胞，不带有P颗粒的细胞都分化成体细胞。

前文讲到，多数昆虫都是不完全卵裂，表现为在细胞核最初分裂时并不伴随细胞质的分裂，形成多核的合胞体胚胎。以后细胞核移向胚胎表面，再进行细胞质分裂，使每个细胞核周围包上细胞质膜。结果在胚的边缘形成细胞胚层。这些细胞的发育命运取决于进入这些细胞的细胞质成分。例如，果蝇胚中，细胞核迁入到卵后端极质中时，与该部位的细胞质一起分化发育成生殖细胞。这一分化过程是由极质中存在的一种称为极粒颗粒的物质决定的。

三、细胞间相互作用与细胞分化

（一）细胞相互作用的方式

在多细胞生物中，细胞间的信号传递和相互作用是影响细胞生长和分化的重要因素。在细胞分化过程中，一类细胞可以促进另一类细胞的分化，称为细胞诱导。细胞与细胞的作用方式有通过信号分子的体液传递、不同细胞表面直接接触及通过细胞间隙连接传递信号三种方式（参见本书第八章）。

不同细胞之间可以通过直接接触而产生相互作用。细胞彼此接触时，通过细胞表面的膜蛋白分子之间的相互作用而实现信号的跨膜转导。可以根据是接受信号还是传递信号将这些分子称为受体或配体，应注意的是，有时细胞表面的信号分子相互作用对两个细胞都会产生一定的效应，虽然还将它们分别称为受体或配体，但其含义已经有了变化。在细胞之间发生接触时，有时不仅仅是两个细胞的细胞质膜蛋白之间发生相互作用，还有可能发生部分细胞质膜的转移，从一个细胞转到另一个细胞，成为后者细胞质膜的一部分，并通过这种方式改变该细胞的特性。例如，在抗原提呈细胞激活T淋巴细胞过程中，抗原提呈细胞的部分细胞质膜连同主要组织相容性复合体、CD80等膜分子一起转移到T淋巴细胞质膜上，导致T淋巴细胞的激活分化。细胞间膜的转移除了通过两个细胞直接接触外，有时还可通过产生外吐小体（exosome）的形式转移生物膜。外吐小体是供体细胞通过胞吐作用产生的直径为30~100nm的囊泡。这种囊泡可以与受体细胞发生融合而实现细胞质膜的转移。目前认为外吐小体是一种细胞之间信号传递的方式，造血干细胞和上皮细胞都会产生这种外吐小体。外吐小体不但可以介导生物膜蛋白的转移，其本身还可以作为生物大分子的运载体。例如，有些外吐小体可以携带mRNA，影响接受细胞的蛋白质合成。树突状细胞所产生的外吐小体的膜上含有主要组织相容性复合体等膜蛋白，而囊泡则包裹HSC70、Gi2α、Actin、Annexin等蛋白质分子，这些蛋白质分子与抗原肽的结合、信号转导、细胞骨架及膜融合等有关。

间隙连接（gap junction）是借助连接蛋白建立的两个相邻细胞之间的亲水性跨膜通道。无机离子和cAMP等小分子信号分子可以通过间隙连接进入另一个细胞质中，实现细胞间的信号传递。在哺乳动物卵泡中包绕卵母细胞的颗粒细胞之间，以及颗粒细胞和卵母细胞间存在间隙连接，通连各自的细胞质，用以传递促进卵母细胞发育的信号分子和营养物质，并协调不同颗粒细胞之间的功能（图11-7）。在胚胎发育的早期，通过间隙连接实现相邻细胞的信号共享，可以保持不同细胞在生长、分化和组织构建等方面的协调一致，并为相邻细胞提供共同的分化指令。在胚胎细胞分化和组织器官的建立过程中，同一组织类型的细胞之间通常建立间隙连接，而不同类型的相邻细胞之间不存在间隙连接，由此调节不同细胞向各自的方向分化。

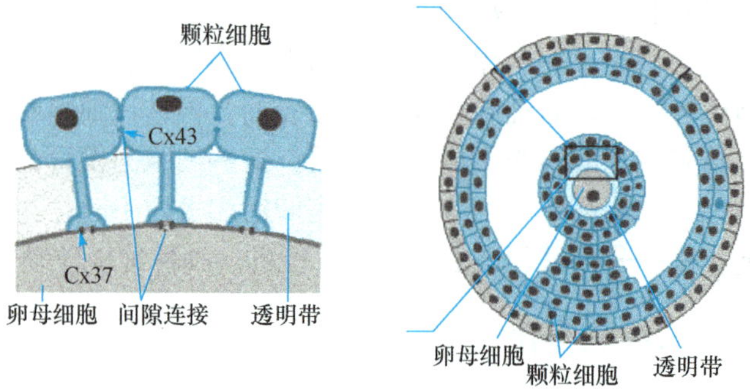

图11-7 哺乳动物卵泡模式图，显示间隙连接的存在

左图显示一个卵泡的模式图，其中的卵母细胞被颗粒细胞所包裹。在卵母细胞与颗粒细胞之间、不同颗粒细胞之间均存在间隙连接，用以传递信号分子和营养物质，颗粒细胞通过这种方式调节卵母细胞的成熟过程

（二）细胞诱导

细胞诱导是一种通过细胞间的相互作用造成某些细胞分化的过程。很多器官，如肝脏、肾脏、胰脏、眼睛等的形态发生主要是通过上皮细胞和其下方的间充质细胞的有序相互作用而逐渐形成的。在这一过程中，一类分化细胞和组织的形成依赖于其他细胞或组织的诱导作用。这种诱导可以通过激素或旁分泌机制，或通过细胞间的直接作用而起作用。在这一过程中，发出或传递分化信号的细胞或组织称为诱导者（inducer），而接受这些信号并做出相应分化反应的细胞或组织称为反应者（responder）或反应组织。诱导者和反应者之间具有一定的特异性。前者只能诱导特定的细胞发生相应的改变，它所发出的诱导信号是否起作用取决于被诱导细胞所处的状态。只有特定分化阶段的细胞在特定情况下才会接受诱导，这种现象称为感应性（competence）。诱导依赖于合适的受体、信号传递途径和特异基因表达所需的转录因子；最终形成细胞分化所需的组织特异性蛋白。例如，蛙的视泡可诱导与其接触的外胚层分化为晶状体。如果将视泡移到胚胎头部的其他地方，它也可以诱导其下方的外胚层细胞形成晶状体；如果将视泡移到胚胎头部之外的任何其他地方，视泡将失去这种诱导能力。这里视泡是诱导者，外胚层是反应组织，两者之间具有特异性。视泡不能诱导头部外胚层之外的组织形成晶状体，外胚层细胞在缺乏视泡时也不能自行分化成视网膜。头部外胚层具有感应性。

诱导者所发出的同一种信号分子，在胚胎的不同的位置，针对不同的细胞，可以产生不同的效应，产生不同的分化类型。这取决于具有感应性的细胞或组织所处的发育时期和状态。这体现了生物在进化过程中的经济原则，一种信号分子体系一旦被建立，在胚胎发育过程中将被不断地重复利用。

细胞诱导可以借助细胞间的相互接触、细胞间建立的间隙连接，以及信号的体液传递来完成。细胞之间相互接触或建立间隙连接对建立精细的组织和器官结构非常重要。每一类组织或器官都是不同的分化细胞在空间位置上精细排列的结果。这要求每个细胞在分化时间和分化方向的选择上依赖与周围细胞的接触，并感知各自的位置和分化状态。后肾的发生是细胞间接触诱导的良好例证。首先形成输尿管胚芽，输尿管胚芽深入到附近的生后肾间充质内，通过细胞间的接触和相互诱导，使各自的细胞群体朝着各自方向分化，形成包括输尿管、肾盂、肾实质等不同的特化结构，最终形成肾脏。细胞通过信号的体液传递诱导时，除了通过血液进行远程信号传输外，还可以通过信号分子扩散所产生的浓度梯度作用实现细胞诱导。例如，前文提到的果蝇胚前端形成的Bicoid蛋白通过扩散形成的浓度梯度，可以决定距离前端不同距离的胚体向不同的方向分化。

四、细胞分化的基因差异表达调控主要发生在转录水平

（一）真核生物基因表达涉及多水平的调控

真核生物基因表达调控包括：①转录前调节，染色质的结构状态和DNA与蛋白质的化学修饰水平影响基因的转录活性。细胞核内的染色质根据其结构的疏松状态可以分为常染色质（euchromatin）和异染色质（heterochromatin）。常染色质结构疏松，有较高的转录活性；异染色质结构紧密，所在基因的转录活性低。当需要转录时，一些异染色质可以松散开来形成常染色质，停止转录后再次形成异染色质。在细胞分化过程中染色质的动态变化称为**染色质的重塑**（chromatin remolding）。一般来说，胚胎细胞与成体细胞相比，基因表达旺盛，细胞核内常染色质较多；分化的成熟细胞行使特定的细胞功能，常染色质较少。DNA甲基化水平和组蛋白修饰可以影响染色质的状态，并调控基因的表达。②转录调节，通过DNA和蛋白质之间的相互作用，控制基因表达的过程。③转录后调控，包括mRNA的储存、运输、剪切、降解过程的控制。④翻译调控，包括何时起始翻译、翻译效率调节等。⑤翻译后调控，包括新形成多肽的折叠，化学修饰、转运、降解的调节等。在以上的调控环节中，转录水平的调控最为主要，特异性最强。

细胞分化的转录调控元件包括顺式作用元件和反式作用因子。顺式作用元件是指存在于DNA分子上的特定序列，这些序列不是编码序列，但与基因表达有关，它们与所调控的基因处于同一个DNA分子中。反式作用因子是与转录有关的蛋白质分子，也称为转录因子。转录因子通过与特定顺式作用元件结合而发挥调节转录的作用。编码转录因子的基因与被转录因子调控的基因不一定在同一染色体上，而可能在基因组的各个地方。

（二）顺式作用元件

顺式作用元件包括启动子、增强子、上游调控序列、绝缘子等。①启动子，是指与RNA聚合酶相互识别、结合，开始转录的一段DNA序列，如TATA框（TATA box）等。②上游启动子元件，TATA框上游的保守序列称为上游启动子元件。③增强子（enhancer），是指增强它附近的基因转录频率的DNA序列，可以位于基因的5′端、3′端或内含子中。增强子必须与特异性的转录因子结合后才能发挥作用，其作用方式涉及与基本转录元件的相互作用。增强子序列通常是组织特异性调节的靶点。④绝缘子，是指阻隔转录作用的元件。绝缘子位于增强子和启动子之间时阻断前者对启动子的转录增强作用；绝缘子位于活性基因和异染色质之间时，能提供防止异染色质失活效应延伸的屏障，以保护活性基因的转录。

（三）反式作用因子

激活或抑制转录的蛋白质因子，通过与靶基因的顺式作用元件结合而起作用。转录因子一般存在两个结构域：DNA结合结构域和转录活化结构域。不同转录因子的DNA结合结构域样式不同，主要样式包括螺旋-转角-螺旋、锌指结构、亮氨酸拉链、螺旋-突环-螺旋等。它们与DNA上的特异序列识别并结合。转录活化结构域通过与RNA聚合酶或其他转录因子的相互作用激活转录。转录因子的种类繁多，它们可以组合成不同的基因家族。同一基因家族成员在蛋白质结构上具有同源性，如类固醇激素受体家族、AP1家族等。

转录因子可以分为如下几类：①普遍转录因子，在任何转录过程中都使用到的转录因子，没有基因特异性，具有识别启动子序列的功能，与RNA聚合酶Ⅱ共同构成转录起始复合体，如TFⅡD、TFⅡA、TFⅡF、TFⅡE、TFⅡH等，这类转录因子与细胞特异性分化关系不大；②特异性转录因子，只与特定类型基因的转录有关，能识别增强子或沉默子序列，这类转录因子与基因表达的组织特异性有关，如成红细胞中存在表达血红蛋白所需的EF1因子、胰岛细胞中存在表达胰岛素所需的Isl因子、骨骼肌中有表达肌球蛋白所需的MyoDI因子等，在决定一个基因是否转录时，通常有不同的特异性转录因子联合作用，一些转录因子本身不与DNA结合，而只与其他转录因子结合，进而影响转录的活性。

转录因子本身可被诱导合成，然后再调控其他基因的转录，形成基因转录激活的级联过程，其活性也受诸多因素的调节。例如，类固醇激素受体是细胞内受体，多为转录因子，在与类固醇激素结合后启动初级响应基因的转录，一些初级响应基因作为转录因子再启动次级响应基因的转录，进而形成细胞对激素的完整反应。

目前的研究发现，除了蛋白质因子外，一些小的RNA分子也具有调控转录功能，所以有时也将具有转录调控作用的RNA分子归入反式调控元件。在下一小节作专门介绍。

五、RNA干涉在细胞分化中的作用

（一）RNA干涉

RNA干涉（RNAi，也称RNA干扰）是指小RNA分子特异性地抑制特定基因表达的过程。与mRNA同源的短链RNA可使该mRNA降解而造成基因表达的沉默，在调节胚胎时序发育、细胞增殖、不对称发育、树突状脊的发育、肿瘤的发生发展、干细胞分化及抗病毒等过程中起着重要的调控作用。参与作用的RNA主要包括小干涉RNA（small interfering RNA，siRNA）和微RNA（microRNA，miRNA）等。

miRNA基因广泛存在于基因组中，约占基因组的1%。它们有的成簇存在，在动物细胞中可形成多顺反子结构，即转录形成的前体RNA可加工成多个miRNA。首先由Ⅱ型RNA聚合酶负责转录，形成长约数百个碱基，具有帽子结构（^{7}MGpppG）和多聚腺苷酸尾巴的pri-miRNA，然后在动物中通过被称为Drosha的RNA酶Ⅲ切割成具有发卡结构的pre-miRNA的中间体，转移到细胞质中由另一种RNA酶Ⅲ成员Dicer切割，形成约为22个核苷酸长度的双链miRNA。在植物中pri-miRNA则通过类Dicer酶——DCL1的作用在细胞核中形成pre-miRNA和双链miRNA。双链miRNA解链后与RNA诱导沉默复合体（RISC）的核糖核蛋白结合形成miRNP。在动物细胞，成熟的miRNA与靶mRNA发生部分互补结合，主要通过阻止核糖体在mRNA上的移动而抑制翻译过程。在植物细胞，miRNA与靶mRNA产生较完全的碱基互补结合，除了抑制翻译过程外，还利用RISC的核糖核酸酶降解靶mRNA。在裂殖酵母，miRNA可与另一个蛋白质复合体RITS（RNA-induced transcriptional silencing）结合，解离后形成的一条单链miRNA与同源DNA或RNA聚合酶II结合的mRNA结合，降解mRNA；而RITS可募集组蛋白甲基转移酶使组蛋白H3的赖氨酸9发生甲基化，导致异染色质形成，抑制该基因的转录。

miRNA与其靶分子组成复杂的调控网络，一个miRNA可以调节多个mRNA的活性，不同的miRNA也可以结合在一条mRNA链上。miRNA的表达具有时序性和组织特异性，在生物发育的不同阶段不同的组织中有不同的miRNA表达，提示它们调控组织特异性基因的表达。

siRNA的形成机制与miRNA相似，也是双链RNA分子经过Dicer切割，形成20~25个碱基的双链RNA，并结合RISC的核酸酶。所不同的是siRNA是外源的，来自病毒或人工合成，通过转染进入细胞。siRNA通过完全互补的方式与靶mRNA结合并切割降解mRNA，或抑制转录过程（图11-8）。

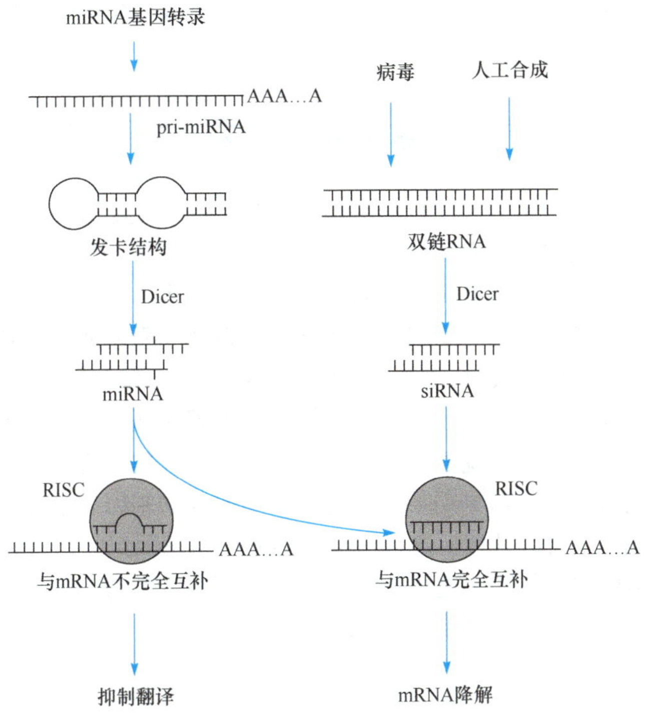

图11-8　RNA干涉造成的基因沉默

与mRNA同源的短链RNA抑制该mRNA的翻译或使之降解的过程称为RNA干涉，是基因表达调控的一种方式，参与RNA干涉的RNA主要包括siRNA和miRNA。miRNA基因的转录本首先被加工成pri-miRNA，然后经Dicer切割形成约为22个核苷酸的双链miRNA。双链miRNA在解链后与RISC结合形成miRNP，抑制靶mRNA的翻译过程或降解靶mRNA。siRNA是外源性的短链RNA，经过与miRNA类似的步骤形成siRNA。siRNA与靶mRNA结合并降解mRNA

（二）RNA干涉调控组织特异性基因的表达，在个体发育过程中起重要作用

在植物，RNA干涉通过调节细胞内信号、激素信号的转导、植物生长素等控制植物的细胞分裂和生长发育过程，包括叶片的发育、花的发育等。例如，许多生长素反应因子

（ARF）是miRNA的目标基因，RNAi通过影响ARF达到控制植物发育的作用。

RNA干涉最早发现于秀丽隐杆线虫的早期发育中。*Lin-14*基因编码一种转录因子，该转录因子特异性地促进早期幼虫器官蛋白质的合成。但在后续的发育过程中，尽管仍可检测出*Lin-14*的mRNA，但无法检测出Lin-14蛋白。后来发现存在一个22个核苷酸的miRNA，特异性地抑制*Lin-14* mRNA的翻译。如果Lin-14蛋白持续表达，秀丽隐杆线虫的幼虫将停留在早期发育阶段。

在动物胚胎的不同组织和不同发育时期，miRNA的表达水平有很大的差异。如果使用基因敲除技术去掉某些miRNA基因，将导致小鼠胚胎不能发育。通过这项技术已鉴定出一系列与细胞分化相关的miRNA。例如，miR-1能促进肌细胞的分化，抑制细胞增殖；miR-150影响淋巴细胞的发育和免疫应答反应等。一些miRNA在发育过程中可视为一种抑癌基因，抑制原癌基因表达；另一些miRNA也可视为一种原癌基因，抑制抑癌基因。由此可见miRNA调节细胞的生长分化，并与肿瘤的发生有潜在相关性。近年来，在哺乳动物的生殖细胞和干细胞中还发现了一种称为piRNA（Piwi-interacting RNA）的非编码小RNA，长度在30个核苷酸左右。通过与表观遗传的调控因子Piwi蛋白结合形成piRNA复合物（piRC），造成靶基因的沉默，在配子发生过程中起重要的作用。

第三节　细胞分化与表观遗传学

在细胞分化过程中，一个引人注目的事实是，分化的细胞尽管在结构和功能上变得彼此不同，但在绝大多数生物中，它们的基因组没有发生变化，每个分化了的细胞都带有一个完整的基因组，每个基因的DNA序列不会随着细胞决定而发生改变。显然，不同类型分化细胞所发生的特异性改变不能从传统的基因决定性状上去解释，而要从不同基因的选择性表达去理解。不但由一个受精卵可分裂分化成结构和功能各异的细胞，由单个受精卵发育而来的同卵双生子，由于生长环境的差异，彼此在身体结构、生理特征、性格特点等方面也会出现一定的差异，这些差异说明某些环境因素会造成基因表达模式的改变，进而影响机体的发育。近年来的一些研究还表明，生命早期某些环境因素所造成的基因表达和发育模式的改变，有可能连续向后代传递，并持续几代。这样一类表型效应与基因组的结构和DNA序列的变化无关，而涉及基因表达模式的传递。这种不涉及DNA序列改变的遗传变异称为表观遗传变异，研究这类遗传变异的学科是**表观遗传学**（epigenetics）。

一、表观遗传变异

基因的DNA序列不发生改变，但是由于DNA和组蛋白的化学修饰、RNA选择性剪接、RNA编辑等作用，使基因选择性表达的方式发生可遗传改变的现象，称为**表观遗传变异**（epigenetic variation）。表观遗传变异类型可以通过细胞分裂而向子细胞传递，造成细胞分化的改变。分化的细胞在结构和功能上具有稳定性的分子机制是某种表观遗传变异的存在。随着细胞的不断分化，表观遗传变异的内容也在持续改变。

多数表观遗传变异伴随个体的一生，但其在生殖细胞形成过程中DNA和组蛋白的化学修饰被抹去，因此表观遗传变异不会通过生殖细胞向后代传递，但也有一些表观遗传变异可以在不同代次间连续传递。例如，研究发现，在儿童期经历过19世纪饥荒年代的瑞典男性，其孙子患心血管疾病的死亡率降低，而在胚胎期经历饥荒的女性，其孙女的寿命会缩短，说明某些基因表达的变异可以向后代传递，这种传递不涉及DNA序列的改变，因而不属于孟德尔遗传学意义上的遗传，而属于表观遗传现象。

表观遗传学研究与DNA序列无关的基因活性和表达的调节。表观遗传学为研究细胞的结构与功能、分化与调控提供了新的洞察和解释。它不但使我们加深对细胞分化和发育现象的理解，还对各种疾病的发病机制和防治、发育异常与肿瘤发生，以及生物进化的研究都有重要的影响。

二、DNA的甲基化

DNA的甲基化（DNA methylation）修饰广泛存在于生物体中，除了与DNA复制起始及其错误修正的定位有关外，DNA的甲基化还阻碍了基因表达，是造成表观遗传变异的主要原因。例如，在人类成红细胞系中，合成珠蛋白的基因几乎不发生甲基化，使珠蛋白合成旺盛；而在不合成珠蛋白的其他分化细胞中，珠蛋白基因则发生高度甲基化。DNA的甲基化抑制基因表达的机制包括：①DNA的甲基化位点阻碍了DNA与转录因子的结合，抑制或降低基因的转录水平；②与甲基化结合蛋白结合，后者是转录抑制因子；③DNA甲基化与异染色质的形成有关。

DNA发生甲基化的位置主要是在CpG序列上。DNA链上该位置上的胞嘧啶被甲基化酶添加甲基，形成5-甲基胞嘧啶。DNA甲基化能影响DNA构象、DNA的稳定性，以及DNA与蛋白质的相互作用，进而引起染色质结构的改变和基因转录的抑制。由于碱基互补，DNA一条链上的CpG序列在另一条链上对应位置也是CpG序列。这两个CpG序列中的一个发生甲基化时称为半甲基化。真核细胞内促使DNA甲基化的酶有两种：从头合成甲基转移酶可以使DNA双链未甲基化的CpG序列中的一个产生甲基化，形成半甲基化的CpG序列。而日常型甲基转移酶可使半甲基化的CpG序列的另一个胞嘧啶也发生甲基化。日常型甲基转移酶保证了在DNA半保留复制后，在甲基化了的DNA旧链的作用下，使两条链都发生甲基化，使DNA甲基化模式在DNA复制和细胞分裂过程中得以维持，传递给子细胞和后代（图11-9）。

5-甲基胞嘧啶像正常胞嘧啶一样，仍然与鸟嘌呤配对，因此胞嘧啶甲基化没有改变DNA的碱基序列，在一定条件下，如生殖细胞形成时可以在酶的作用下脱去甲基，还原成非甲基化状态。但甲基化的胞嘧啶易自发性脱氨形成胸腺嘧啶，从而产生基因突变。因此在高等生物DNA中，CpG序列远少于碱基随机分布所预期的频率。通常在基因转录起始点附近，有高度密集的 CpG重复序列，容易被甲基化，因而该序列的存在与基因转录活性调节有关，被称为CpG岛，或HTF岛（HpaII tiny fragment-island）。利用 CpG串联序列的存在，可以作为筛选基因的遗传标记。

三、基因组印记

基因组印记（genomic imprinting）又称为遗传印记（genetic imprinting），是指不同亲代来源的染色体上的等位基因因不同的甲基化状态而产生的差异性表达。造成基因组印记的甲基化产生于配子形成时期，如果母源染色体上的等位基因甲基化失活，父方等位基因得到表达，称为母系印记；如果父源染色体上的等位基因甲基化失活，而母方来源的等位基因得到表达，称为父系印记。被印记的基因在受精后和细胞增殖过程中保持失活状态，造成在胚胎发育过程中，父母的一对等位基因中只有一方得到表达。在后代生殖系发育过程中，造成基因组印记的DNA甲基化会被抹去，然后根据个体的性别重新发生选择性甲基化，在生殖细胞的基因组中打上自己性别的印记。

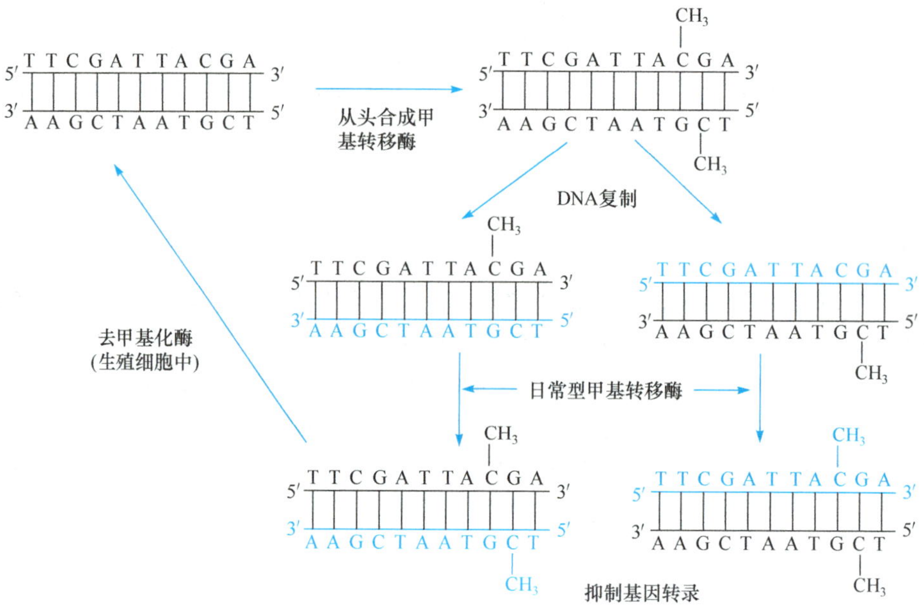

图11-9　DNA的甲基化和去甲基化

DNA甲基化抑制基因的转录。造成DNA甲基化的酶有两种：从头合成甲基转移酶和日常型甲基转移酶。前者在CpG岛处使DNA双链对称位置上的胞嘧啶甲基化；后者在已经甲基化的DNA复制之后，在新链上依照原有链的甲基化信息促使相应的胞嘧啶甲基化。在生殖细胞内甲基化的DNA在去甲基化酶的作用下脱去甲基

由于基因组印记的存在，使得父母双方基因组中的印记基因在胚胎发育过程中执行了不同的功能，两套基因组缺一不可。Prader-Willi综合征（PWS）和Angelman综合征（AS）是两种不同的遗传病。它们都是15号染色体同一区域的基因异常所致。父源的15号染色体该部位缺失时导致PWS，而母源的15号染色体相同片段的缺失却引起AS。研究发现，在这一区段存在一些印记基因。其中*UBE3A*基因在母亲来源的染色体上被甲基化印记，父亲来源的表达。如果父亲来源的这一基因由于某种原因不能表达，如这一基因缺失或发生基因突变，则在后代细胞内*UBE3A*基因不能有效表达，就会患PWS。另一个印记基因是*SNRPN*，它在精子内处于甲基化失活状态，胚胎中只有母亲的同一基因表达。如果母亲来源的*SNRPN*基因不能表达，则后代患有AS。这是*SNRPN*基因未能表达时所出现的病症。

基因组印记是造成哺乳动物难以被克隆繁殖的重要原因。研究发现，凡是发生基因组印记的物种，其克隆繁殖都十分困难，原因就在于印记基因在不同性别中的选择性失活，使得无论是从雄性取得的体细胞还是从雌性取得的体细胞对其进行克隆繁殖时，都会有一部分基因因为印记失活而影响胚胎发育。而两栖动物由于不存在基因组印记而较容易被克隆繁殖。

被印记的基因究竟具有哪些功能？在20世纪80年代末期，研究者通过细胞核移植技术交换小鼠不同受精卵中的雌雄原核，使得一种受精卵中含有两个雄性原核，而没有雌性原核；而另一种受精卵则带有两个雌性原核而不带有雄性原核。这样所发育的两种小鼠的胚胎，一种的两套染色体都来自雄性亲本，另一种的全套染色体都来自雌性亲本。两类小鼠均在胚胎期死亡，但情况有所不同。只有父源染色体而无母源染色体的胚胎具有一个相对较大的胎盘和发育不良的胚体；只有母源染色体而无父源染色体的胚胎胎盘发育不良，但胚胎本身结构

大致正常。该实验说明，父源基因组中的某些基因对胎盘和胎膜十分重要，但在母源染色体中发生印记失活；而母源基因组对受精卵的早期发育非常重要。

根据上述实验结果，来自剑桥大学的大卫・黑格推测，是母体与胚胎的利益冲突导致了基因组印记的发生。他认为胎盘作为由受精卵发育形成的，胚胎摄取母体营养的器官，父方的基因和母方的基因对它的贡献是不同的。父方的基因倾向于决定形成一个较大的胎盘，这样有利于胚胎对母体营养的摄取。胎盘除了是胚胎摄取营养的器官外，还分泌许多激素，这些激素导致母体血压和血糖浓度的提高，有利于胚胎摄取母体营养和胚胎的发育，但这损害母体的健康。因而母方的与胎盘发育有关的等位基因通过甲基化失活，以防止过大的胎盘出现。同时，母方基因组表达一些抑制胎盘生长的基因，这些基因在父方的基因组中被印记。

遗传印记只在有胎盘的哺乳动物和种子依赖母体存活的植物中存在，这一情况支持大卫・黑格的理论，即基因组印记的存在与像胎盘之类的胚胎摄取母体营养器官的形成有关，雄性生殖细胞所带基因倾向于决定形成较大的摄取母体营养的器官，而雌性生殖细胞所带基因的作用则相反。这种情况在体外受精和发育的物种，如两栖类动物中不存在，因而不存在基因组印记。

印记基因（imprinting gene）遍布于整个基因组中，据估计人类基因组约有100多个印记基因。

四、组蛋白修饰

组蛋白可以通过翻译后的化学修饰改变与DNA和其他核蛋白之间的相互作用。作为核小体核心颗粒成分的组蛋白H3和H4具有从核小体伸出的长尾，可以进行甲基化、乙酰化、磷酸化、泛素化、瓜氨酸化、ADP核苷化等类型的共价修饰。组蛋白H2A、H2B和H3的核心部分也可以被共价修饰。通过组蛋白修饰，可影响与其结合的基因的表达水平、DNA损伤修复、染色体浓缩等过程。组蛋白的不同修饰方式的影响各不相同。例如，不同类型组蛋白的特定赖氨酸的单甲基化修饰和乙酰化修饰通常可以激活转录，而赖氨酸发生二甲基化或三甲基化时，有些激活转录，而有些则抑制转录。再如，组蛋白H3的9位和14位赖氨酸通过组蛋白乙酰转移酶（HAT）的作用发生的乙酰基化与转录活性增强有关。这是因为赖氨酸残基乙酰化后不再具有正电性，组蛋白与DNA的亲和力下降，使转录因子和RNA聚合酶容易与DNA的启动子结合，起始转录。组蛋白修饰的形式繁多。不同化学修饰样式对不同基因的表达产生不同的调节作用，称为组蛋白密码（histone code）。

五、X染色体失活

1948年，加拿大学者穆雷・巴尔（Murray Barr）在雌猫的细胞核内发现深染的小体，这种小体在雄性动物细胞核中找不到。后人将这种小体命名为**巴氏小体**（Barr body）。1955年，巴尔等在人类女性的口腔上皮细胞核膜内侧发现同样的小体，而在男性细胞内不存在。以后的研究表明，巴氏小体就是一条在细胞分裂间期保持浓缩状态的X染色体。

1960年英国科学家莱昂提出了一个假说（Lyon hypothesis），解释了巴氏小体的起源：雌性胚胎在发育早期，细胞核内的两条X染色体会有一条随机失活，并浓缩成巴氏体，一条X染色体一旦失活就会保持终生，由这些细胞分裂形成的子细胞都带有同一条X染色体失活浓缩形成的巴氏体，细胞内只有一条X染色体基因得以正常表达，影响细胞表型。由于不同细胞内两条X染色体失活的随机性，一个雌性个体的不同细胞呈现两群不同细胞的嵌合状态。

在X染色体上存在一个“X失活中心”（X inactivation center，Xic），其上有*Xist*基因，

其转录形成的RNA不会翻译成蛋白质，而是包裹转录其自身的X染色体，促使其失活，浓缩成巴氏小体。在Xist的作用下，X染色体发生化学修饰，包括组蛋白H3的甲基化、组蛋白H2A的泛素化、DNA的CpG位点的甲基化等，抑制了这条X染色体基因的表达。*Tsix*基因是*Xist*的反义序列，其转录形成的RNA序列与Xist正好相反，对Xist产生抑制作用，为其负向调节因子。雌性细胞内两条X染色体中，一条高表达*Xist*，低表达*Tsix*，而另一条则相反，最终造成一条X染色体的失活，这一过程称为莱昂化。

X染色体的剂量补偿。无论细胞中有几个X染色体，除了一条保持转录活性外，其余X染色体都发生莱昂化，形成巴氏小体。因此具有3条、4条或更多条X染色体的个体的细胞内，除了一条X染色体保持转录活性外，其余X染色体都失活，将会出现2个、3个或更多的巴氏小体。这可以保证无论雌、雄细胞，X染色体上基因的表达量都基本一致，保证了不同性别细胞内生理活动的稳定和一致。这一原理称为X染色体的剂量补偿。

DNA的表观遗传改变可以通过细胞分裂传给子细胞，甚至通过生殖细胞向后代传递，对几代人产生影响。但组蛋白修饰是否可遗传尚无定论。DNA和组蛋白的修饰调节造成细胞分化，在全能干细胞分化成多能干细胞到单能干细胞的过程中，基因组中不同的基因发生不同内容的修饰，使细胞向不同的分化方向发展。

第四节　干　细　胞

干细胞生物学是一门全新的、发展迅速的学科。它的快速发展离不开两个方面的需求。一方面，干细胞的生物学特性是理解个体发育过程的金钥匙。干细胞作为个体发育的初始和各个细胞分化阶段的中间细胞，其基本生物学特性，促进干细胞增殖和分化的分子机制，分化的诱导过程、分化方向、分化异常与肿瘤等疾病的发生，等等，都是值得深入研究的课题。干细胞所具有的分化成多样性细胞的能力还可为各种基础性研究和临床研究提供不同的细胞模型，用于新药物的筛选、药效学研究、细胞毒理研究等。另一方面，干细胞研究具有诱人的、广泛的应用前景。其应用范围包括临床的细胞治疗、组织和器官移植、基因治疗等，畜牧业的动物繁育、对濒危物种的保护、转基因动物等，生物技术领域的高效生物产品的生产等。

干细胞在再生医学上的应用前景尤其引人注目。长期以来，医学对于疾病的治疗只限于对病源的清除和对现有组织和器官的保护，对各种组织器官不可逆性的损伤常常无计可施。虽然近几十年来器官移植发展迅速，但不同个体组织器官的免疫排斥反应始终是绕不过去的问题；由于器官移植时只能取自其他个体的器官，而器官来源的限制极大地制约了再生医学技术的应用。干细胞技术的发展可以绕过这些技术难题。干细胞所具有的强大的增殖能力、多向分化的潜能，加上在体外开发的可控诱导分化技术，为将来在实验室中按照人们的意愿定向培养出所需的细胞、组织、器官，在临床上用于替代损失掉或衰老的各种组织器官，达到治愈疾病，实现在器官水平上的返老还童提供了诱人的前景。

干细胞作为在发育过程中存在的多发育潜能细胞的概念，已经有上百年的历史，但真正实现对干细胞的分离和体外分化则是近半个世纪的事情。1970年Evan成功地从小鼠胚胎中分离出胚胎干细胞，并于1981年建立了小鼠胚胎干细胞系。1998年Thomson等首次建立了人胚胎干细胞系。由于这些干细胞具有的多向分化潜能，其应用价值受到了广泛的关注。随后的研究发现，培养的干细胞可以跨系谱分化，如小鼠神经干细胞可以转变为造血干细胞、小鼠骨骼肌干细胞可分化为血液样的细胞等。干细胞转分化的发现深化了对干细胞的认识，并扩展了成体干细胞的应用范围。2006年，日本科学家山中伸弥等使用4种转录因子，成功地将小鼠成纤维细胞进行重新编程，逆分化为诱导多能干细胞。这种干细胞可以在体外分化成三个胚层来源的各种细胞。这一成果极大地拓展了干细胞的来源，绕过了此前通过人体胚胎取得胚胎干细胞的伦理争议，为干细胞的临床应用敞开了大门。20世纪末开始快速发展的哺乳动物克隆技术与干细胞技术相互结合，为应用克隆技术实现克隆动物和转基因动物的生产，以及实现利用治疗性克隆技术的再生医学铺平了道路。

干细胞（stem cell）是一类本身不执行具体生理功能，分化程度较低，但具有自我更新和继续分化潜能的细胞；是形成各种组织、器官的原初细胞。这类细胞具有较强的分裂能力，在一定刺激因素的作用下可以定向地分化成分化程度相对较高，但分裂能力相对较低的细胞。动物所有组织和器官的细胞都来源于干细胞。干细胞不仅用于在胚胎和个体发育时期的组织和器官的构建，也用于修复和补充各种衰老、受损或丢失的细胞和组织。

一、干细胞的分类

体内有许多种干细胞。可依照干细胞所能分化的细胞类型和分化能力命名不同的干细胞。应该说明的是，命名方式并不是唯一的，可以根据不同的分类标准和使用目的将同一种细胞归入不同的命名体系中。例如，一个位于囊胚内细胞团中的、可以分化成任意一种细胞的干细胞既可以归入胚胎干细胞，也可以称为全能干细胞。一般来讲，分化潜能越高的干细胞其分化程度越低，反之亦然。下面介绍依据不同的分类方式对干细胞的分类。

（一）根据干细胞的分化潜能划分

根据干细胞的分化潜能可将干细胞分为**全能干细胞**（pluripotent stem cell）、**多能干细胞**（multipotent stem cell）和**单能干细胞**（monopotent）。

全能干细胞是指能够通过细胞分裂，产生机体任何分化细胞的干细胞。其分化潜能最高，分化程度最低。哺乳动物胚在8~16细胞的桑椹胚阶段之前都是全能的，其中的任何细胞都可以独立发育成一个完整个体。同卵双生子或同卵多生子产生的原因就是在这一胚发育阶段的不同全能干细胞彼此分开，在子宫不同位置上着床，分别发育成不同的个体所致。在畜牧业中为了能大量繁殖家畜，利用这一时期细胞的全能性，借助显微镜使用胚胎分割技术将早期胚胎切割成多份，再移植给受体母畜，可获得同卵双胎或多胎家畜。

多能干细胞的分化潜能低于全能干细胞，可以分化为一些类型的细胞，而不能分化为另一些类型的细胞，也就是说其分化的方向受到了一定的限制。将不同分化潜能的多能干细胞进一步分类，又可分为三胚层多能干细胞和单胚层多能干细胞等。前者有向任何一种胚层细胞分化的潜能，早期囊胚和内细胞团的细胞即属于三胚层多能干细胞；而后者只能分化为同一胚层的不同细胞类型。

单能干细胞的分化潜能最低，只能分化成特定类型的体细胞。

机体的细胞种类繁多。越接近于分化终端的细胞种类越多，越是具有全能性的细胞种类越少。所有的细胞构成了一个不同分化阶段的系谱结构，每类细胞都可以在这个系谱结构中找到各自的位置。在这一细胞系谱结构中，一种低分化的细胞可以分化成若干种高分化的细胞。整个系谱形成树状分支结构，意味着处于某一个系谱中的细胞不能分化成另一个系谱的细胞，细胞的分化也只能是单向性的，不能由高分化细胞向低分化细胞逆行转变。但这种传统观点正在受到挑战。新的研究表明，成体干细胞的发育潜能有可能跨越组织和胚层的界限。例如，将小鼠脑组织中分离的神经干细胞移植到经过X射线照射而去除了原有的骨髓细胞的小鼠骨髓后，可以分化出造血细胞，还可以分化成骨骼肌细胞等。而造血干细胞在体外既可以分化成神经原、少突胶质细胞和星形胶质细胞三种神经组织细胞，也可分化出骨骼肌细胞、心肌细胞和肝细胞等。细胞横向分化的发现表明细胞在一定条件下可分化成另一个系谱的细胞。一种组织来源的干细胞具有分化成其他类型细胞的这种能力称为干细胞的可塑性。

（二）根据干细胞的来源划分

根据干细胞的来源可将干细胞大致分为胚胎干细胞、成体干细胞、核移植干细胞等。

胚胎干细胞不是指存在于胚胎中的干细胞，而是指来源于囊胚内细胞团的细胞，有时也将原始生殖细胞经过体外培养形成的干细胞，以及畸胎瘤中分离的多能干细胞称为胚胎干细胞。受精卵通过细胞分裂，首先形成称为桑椹胚的尚未分化的细胞团，随后桑椹胚内形成空腔，此时的胚称为囊胚。位于囊胚腔一侧的成团细胞称为内细胞团。将此细胞团取出体外培养，就可以得到胚胎干细胞。胚胎干细胞具有全能性。

成体干细胞广泛存在于不同组织内，如皮肤、胃肠、脑、骨髓、骨组织、肝脏、胰腺、脂肪、心脏、呼吸道、血液、血管、骨骼肌中都广泛存在干细胞，它们的作用是补充各种分化细胞的损失，修复组织器官损伤，维持其所在组织结构和功能的完整。原位的成体干细胞只可以分化成所在组织器官的特定细胞类型。近年来的研究发现，如果在体外施加不同的培养条件，一些成体干细胞具有多向分化潜能，可以转分化成其他类型的分化细胞。这是利用成体干细胞进行再生医学治疗严重组织器官损伤疾病的生物学基础（图11-10）。

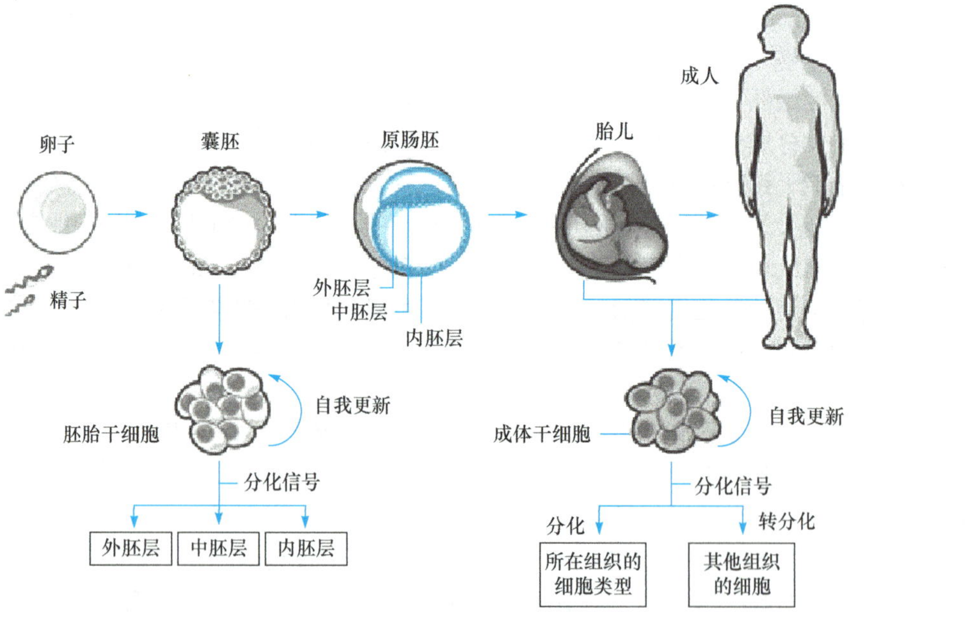

图11-10　胚胎干细胞和成体干细胞

来自囊胚内细胞团的干细胞被称为胚胎干细胞，来自胎儿或出生后个体的干细胞称为成体干细胞的。胚胎干细胞的分化程度低于成体干细胞的，可以分化成不同的胚层；而成体干细胞一般分化成特定组织类型的细胞，或转分化成其他组织类型的细胞

核移植干细胞是通过核移植技术产生的干细胞。其基本技术方法是取出体细胞核，导入到去细胞核的卵子中，在体外刺激细胞分裂，得到细胞克隆，这些克隆细胞即成为高分化潜能的干细胞。核移植干细胞的主要应用领域是再生医学，当患者的某些组织器官已经损坏，需要移植新的组织器官时，可以从患者身上得到体细胞，通过核移植技术产生核移植干细胞，再经过适当的诱导分化形成所需要的组织器官。以进行器官移植为目的产生的细胞克隆称为治疗性克隆。核移植技术在医学上的最大用途就是产生治疗性克隆。

（三）根据干细胞的基本分化方向划分

根据干细胞的基本分化方向将干细胞分为骨髓间充质干细胞、神经干细胞、造血干细胞、脂肪干细胞、表皮干细胞、角膜缘干细胞、胰腺干细胞等。这些干细胞在需要时分化成一定范围的分化细胞。例如，神经干细胞可以分化成神经元细胞、神经胶质细胞等；造血干细胞可以分化为红细胞、白细胞、血小板、淋巴细胞等血液系统的细胞等。一些干细胞具有较广泛的分化潜能。例如，骨髓间充质干细胞位于骨髓腔内，既可以分化为与骨骼代谢有关的细胞，如成骨细胞和破骨细胞，也可以分化为脂肪细胞，在一定条件下还可以分化为造血细胞等。这些干细胞含量很低，一般情况下不活跃。当组织器官出现耗损或异常损伤时，成体干细胞进入增殖和分化阶段，通过细胞分裂，产生新的功能细胞，补充原有损耗的细胞。例如，在部分切除肝脏后，保存在肝组织中的干细胞即开始增殖和分化，形成新的肝细胞，使肝脏恢复到原有的大小。

干细胞作为一类可进一步分化的细胞，既可以依据正常的内在或外在指令，依据机体的需要分化成不同的正常组织和器官。也可以在存在遗传缺陷和某些外界因素作用下异常分化，形成肿物。例如，畸胎瘤即是体内生殖细胞癌变后，经过异常分化所致。在畸胎瘤中能分离出干细胞，但具有恶性增殖倾向，分化潜能也差。一些耗损较大，经常需要补充的细胞，如血细胞、上皮细胞等，其上游干细胞，即造血干细胞和上皮基底膜干细胞等始终处于增殖和分化的活跃状态，如果出现不受控制的增殖，而分化能力下降，则会出现癌症。上皮组织和造血组织都是肿瘤的好发部位。

二、干细胞生物学特性

（一）干细胞的增殖特征

干细胞是多细胞机体内具有自我更新和多向分化潜能的未分化或低分化细胞。根据机体发育、组织器官形成、更替耗损组织和细胞的不同需要，不同时期的干细胞可以保持静止状态、通过自身分裂增加细胞数量或通过细胞分裂进入分化状态。如果干细胞的分裂仅仅是维持或增加干细胞的数量，则干细胞分裂形成两个与母细胞相同的干细胞；如果干细胞向下分化，则可以进行非对称分裂，形成的两个子细胞一个继续保持与母细胞生物学特征相似的状态，另一个则成为分化程度相对较高的细胞。干细胞端粒酶活性较高，因而具有较持久的分裂能力。

（二）干细胞的标志物

由于干细胞通常不具备特殊的形态特征，利用在干细胞中表达的各种标志物就成为鉴定干细胞的重要方法。在胚胎和个体发育的不同阶段，干细胞表面出现不同的抗原物质，用于细胞间的黏附、通信，并接受生长和分化信号。可以利用这些抗原鉴定不同时期的干细胞。例如，在人胚胎干细胞表面可鉴定出SSEA3、SSEA4、TRA1等抗原，在鼠胚胎干细胞表面存在SSEA1等抗原，但不表达SSEA3和SSEA4。一旦胚胎干细胞发生分化，这些抗原即表达下降。在胚胎干细胞内存在的一些特异性转录因子，如Oct-3、Oct-4等，也可以用于鉴定胚胎干细胞。

（三）干细胞的分化及分子调控

体内干细胞的分化受到微环境中各种因素的制约，如生长因子、激素、周围细胞的诱导与抑制等。在体外，胚胎干细胞可自发进入分化状态，形成三个胚层的各种类型的分化细胞。若将胚胎干细胞接种到免疫缺陷或同系小鼠的皮下，可形成包括三个胚层的多种细胞构成的畸胎瘤。

如果将小鼠胚胎干细胞注射到另一个小鼠的囊胚中，再将囊胚移植到假孕小鼠子宫。所产生的后代小鼠将是一个嵌合体，其体内除了原有胚胎所分化的细胞外，还带有外源胚胎干细胞分化形成的细胞。这些外源细胞如果参与形成生殖腺中的卵子或精子，就可以在下一代出现外源胚胎干细胞来源的个体。如果事先对胚胎干细胞进行了转基因操作，就可以用这种方法得到转基因动物。

体外培养的干细胞通过使用不同的培养条件可诱使干细胞定向分化。干细胞的定向诱导分化涉及复杂的机制。除了特定诱导条件外，细胞本身的反应能力也非常重要。只有特定分化状态的干细胞才会受到特定分化条件的诱导而进一步分化。诱导物的专一性必须与被诱导细胞的反应能力在时空上精确配合，才能保障被诱导的干细胞向确定的方向分化。在体外分化胚胎干细胞常使用的诱导方式有：使被诱导的干细胞产生可逆性的轻度损伤，从而刺激干细胞分化，这些因素包括无机物、有机酸、醇、亚甲基酸等；或施加各种分化因子，常见的有类固醇激素、维甲酸衍生物、生长因子（如bFGF、TGF-β等）等，这些分化因子与干细胞质膜表面受体结合，诱使细胞分化，也可以向细胞内转入特异基因诱使其定向分化。

诱导分化举例：TGF-β诱导胚胎干细胞分化产生内皮和血管样结构。将心肌细胞的肌球蛋白重链的启动子导入胚胎干细胞，促使肌球蛋白基因表达，可得到心肌细胞。将神经元专一性的转录因子导入胚胎干细胞，可诱导分化，使90%的细胞表达神经元的特异标记。

（四）成体干细胞的可塑性

体外培养的各种成体干细胞，当移植到体内的不同位置，通过所在微环境的诱导，可形成不同类型的细胞。例如，骨髓的间充质干细胞移植到脑中后，可分化为神经元和神经胶质细胞。当间充质干细胞被注射进囊胚后，可参与大多数体细胞的分化。造血干细胞在不同环境下可分化成心肌、骨骼肌、肝细胞和神经细胞等。

也可以通过使用不同的诱导分化培养液使成体干细胞向特定方向分化。例如，可以设计生长培养基使骨髓间充质干细胞在体外保持生长增殖，设计不同类型的分化培养基使骨髓间充质干细胞分化成成骨细胞或脂肪细胞等。神经干细胞在不同生长因子、激素、微环境下可分别分化为神经原、神经胶质细胞、骨骼肌和造血细胞等。成体干细胞分化技术的发展为替代胚胎干细胞分化出临床所需的多种组织细胞所提供的前景，可克服胚胎干细胞在应用上面临的伦理问题。

三、干细胞体外培养和鉴定

在应用干细胞技术进行再生医学时需要大量的干细胞。由于体内干细胞含量稀少，提纯困难，获取大量干细胞成为制约其临床应用的瓶颈之一。体外干细胞培养技术是提高干细胞数量的重要手段。一个主要问题是干细胞在体外容易自行分化。需要采用特殊的培养条件，抑制组织特异基因的表达以抑制细胞分化，主要方法包括使用饲养层细胞、条件培养基，在培养液中加入成分明确的抑制分化的细胞因子等。

常用的饲养层细胞是受到射线照射或丝裂霉素处理而不能分裂的小鼠成纤维细胞，饲养层细胞可供胚胎干细胞贴附，并提供细胞分裂所需的生长因子。条件培养基是将细胞生长到对数期后取的培养液，其中含有细胞释放的生长因子。培养液中添加白血病抑制因子（LIF）可抑制细胞分化。在这种条件下胚胎干细胞生长形成巢状集落，将这些巢状集落挑出，胰蛋白酶消化后接种在新的饲养层细胞上，数天后又可以形成各个巢状集落（图11-11）。

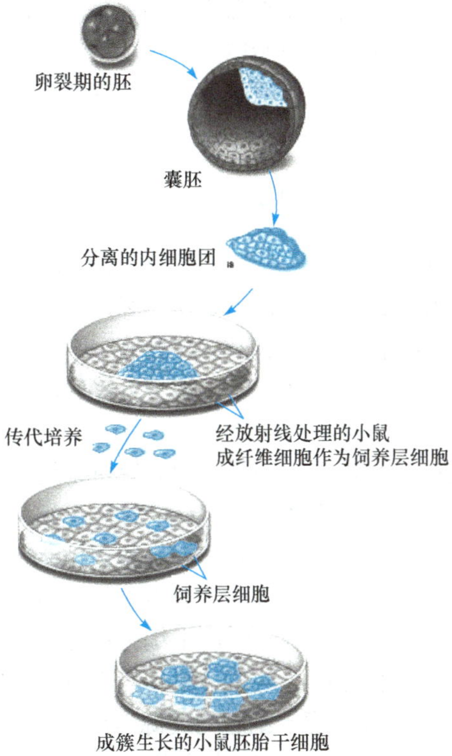

图11-11　胚胎干细胞的体外培养

体外干细胞培养技术是获得足够干细胞的重要手段。胚胎干细胞来自囊胚的内细胞团。分离得到的胚胎干细胞需要生长在饲养层细胞上以防止其发生分化。饲养层细胞在受到射线照射后本身丧失了分裂能力，与胚胎干细胞一起培养时就只有胚胎干细胞才能发生分裂。经过传代培养，胚胎干细胞的数量得以扩大

培养的干细胞分化状态的鉴定方法包括：①分子标记物的检测；②将培养细胞转入体内，看是否产生分化和分化的方向；③分化细胞特性的检测。例如，对由间充质干细胞分化成骨细胞时可检测到钙质沉着，分化成脂肪细胞时检测到细胞内的脂肪，等等。

四、干细胞分化异常与肿瘤发生

（一）肿瘤是细胞分化异常的疾病

终末分化细胞一般缺乏增殖能力，因此肿瘤细胞属于不同程度上的未分化细胞。这些具有未分化特点的肿瘤细胞失去了正常的分化渠道，不能分化成某种成熟的功能细胞，而一直保持增殖状态，因此可以说肿瘤是一种细胞分化异常导致的疾病。

（二）肿瘤细胞起源于干细胞

肿瘤细胞是在组织更新或修复损伤时，由干细胞产生分化异常的细胞。在成体组织中存在各种成体干细胞，在组织损伤和需要更新时分裂并分化，补充损失的细胞。如果干细胞发生异常改变，丧失了细胞内外各种因素对它的调节和正常分化的能力，就变成自行其是，不受控制增殖的肿瘤细胞。肿瘤细胞的性质与其来源的干细胞有关。例如，来自肝脏的成体干细胞异常增生后一般形成肝癌，来自造血干细胞形成的肿瘤细胞产生白血病，等等。若将小鼠胚胎生殖脊进行异位移植，则可导致畸胎瘤的发生。另外，形成的肿瘤的恶性程度与此前干细胞的分化程度有关，干细胞的分化程度越低，恶性变之后的恶性程度越高。分化程度较高的干细胞转化后产生恶性程度较低的肿瘤或良性肿瘤。

（三）肿瘤内具有不同分化阶段的细胞

肿瘤细胞在生长过程中形成不同分化状态的各种细胞群体，包括：①具有无限增殖能力的肿瘤干细胞，用于维持肿瘤的自主生长和更新；②过渡细胞，这些细胞由干细胞分化而来，其分裂能力受到一定的限制；③分化成熟的细胞，丧失了继续分裂的能力；④处于G_0期，暂时不分裂的肿瘤细胞，这些细胞在一定条件下可以脱离G_0期进入分裂状态。因此在肿瘤组织中不同类型细胞的增殖速率是不同的。

在上述不同类型的细胞中，肿瘤干细胞是使肿瘤保持不受限制地生长的细胞类型，肿瘤干细胞来源于正常的干细胞。存在于机体不同组织的成体干细胞在各种物理的、化学的或生物的诱变因素的作用下，发生若干次与细胞癌基因或肿瘤抑制基因的突变后转化为肿瘤干细胞。这些细胞保留了普通干细胞未分化的特点，但丧失了对机体正常生长调控的响应和定向分化的能力，其生长和分化过程失去控制。肿瘤干细胞一方面进行自我增殖，另一方面分化成其他的肿瘤细胞。这些异常分化形成的肿瘤细胞一般不具有正常分化细胞所具有的各种生理功能。图11-12所示为对癌细胞和肿瘤干细胞的起源做出的简要说明。

了解了肿瘤发生于细胞分化过程的异常，就可以将诱导肿瘤细胞分化作为治疗肿瘤的一种方式。通过设计分化诱导剂，诱导肿瘤细胞分化成正常细胞。目前诱导分化治疗肿瘤已有众多的实验和临床研究。其中研究最深入是全反式维甲酸对人急性早幼粒细胞性白血病的诱导分化治疗，全反式维甲酸可以诱导白血病细胞沿着粒细胞分化渠道分化。后来发现一些细胞因子，小剂量化疗药都有对肿瘤细胞诱导分化的效应，这为肿瘤诱导分化治疗提供了良好的前景。有人甚至提出可以诱导肿瘤细胞形成干细胞或成熟细胞，应用于临床的细胞替代疗法。

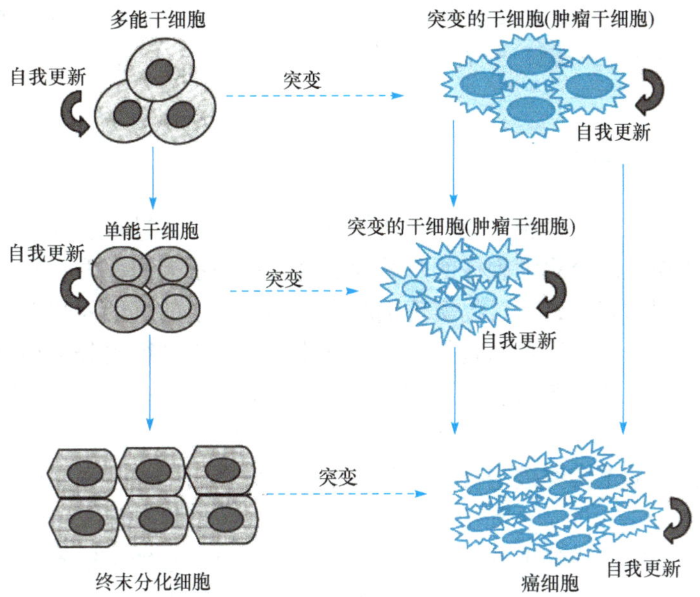

图11-12 癌细胞和肿瘤干细胞的起源

肿瘤细胞起源于干细胞。在干细胞分化的任何阶段发生的基因突变，都可能导致肿瘤干细胞的产生。肿瘤干细胞具备一般干细胞所具有的无限增殖能力，但不接受机体对其分裂增殖的控制，并丧失在各种因素作用下分化成终末细胞的能力。肿瘤干细胞扩增和异常分化，导致肿瘤的发生

五、干细胞技术的应用

通过诱导干细胞定向分化，使之成为具有不同功能的分化细胞，甚至组织、器官，就可以对因组织、细胞损伤而导致的各种疾病进行替代治疗。治疗的疾病包括帕金森病、外伤性脊髓损伤、糖尿病、心脏病等。

（一）胚胎干细胞和成体干细胞

在对干细胞进行临床应用上，胚胎干细胞和成体干细胞有各自的优缺点。

（1）分化类型：理论上讲，胚胎干细胞可以分化成身体所有类型的细胞，而成体干细胞通常只能分化成几种类型的细胞，主要取决于成体干细胞的来源。随着干细胞技术的提高，成体干细胞可以分化为越来越多的细胞类型，大大地增加了成体干细胞的应用范围。

（2）面对干细胞数量的需求：胚胎干细胞在体外持续生长，可建系传代，增殖能力强，因而易于获得较大量干细胞；而成体干细胞在成熟组织中数量非常有限，分离纯化困难，在体外培养中增殖能力有限，因而限制了它的应用。

（3）免疫排斥：胚胎干细胞常来源于其他个体，使用上存在免疫排斥反应，需要使用免疫抑制剂，如果采用治疗性克隆技术，使胚胎干细胞来自自身的细胞，可以克服免疫排斥反应，问题是克隆技术还不完善，动物性克隆成功率低，存在体细胞的端粒较短、产生非整倍体和畸胎瘤，以及难以解决的伦理问题等。而成体干细胞的优点是它可以来自患者自身的细胞，通过细胞培养并适当分化，再输回患者体内，由此可以有效地克服不同个体间的免疫排斥效应，在临床治疗上可以避免长期使用免疫抑制剂给患者带来的损害。

（4）胚胎干细胞的分化过程带有某种不确定性，目前还不能准确地使胚胎干细胞在特定组织中分化为所需要的细胞，并容易导致畸胎瘤的发生；而成体干细胞一般不存在这种问题。

（二）细胞的重编程技术

干细胞的全能性依赖于细胞质成分。在体细胞克隆中，通过将已分化的细胞核移植到去核卵子中，即可实现对已分化细胞核的重编程。这一点提示人们如果改变细胞质成分，或特异性地改变某些基因的表达，就可以实现细胞在某种程度上的重编程和去分化，并再分化成所需的体细胞。干细胞重编程技术就是对已经分化了的细胞进行去分化和再分化的技术。其方法包括在细胞中导入特定基因、通过细胞融合影响染色质的表观遗传修饰、调节基因的表达与沉默等。

细胞重编程技术的重大突破来自2006年日本京都大学山中伸弥和高桥和利的工作，他们将4种基因*Oct-3/4*、*Sox2*、*c-myc*和*Klf4*通过一种反转录病毒载体转入到皮肤成纤维细胞中，产生了带有胚胎干细胞特征的细胞，这种细胞被命名为**诱导多能干细胞**（induced pluripotent stem cell，iPSC），用其培养出血小板。将iPSC注射在裸鼠体内，可以产生含有三个胚层的畸胎瘤。这些研究说明分化细胞在一定条件下可以逆分化成某种类型的干细胞。

山中伸弥等使用的*Oct-3/4*、*Sox2*、*c-myc*和*Klf4*基因的表达产物都属于转录因子，在导入细胞后通过调节靶基因的转录与表达，决定了染色质的重编程和细胞新的分化潜能。其中Oct-3/4和Sox2的表达使细胞保持未分化的状态并促进其增殖。c-Myc和Klf4相互作用可抑制细胞凋亡（图11-13）。

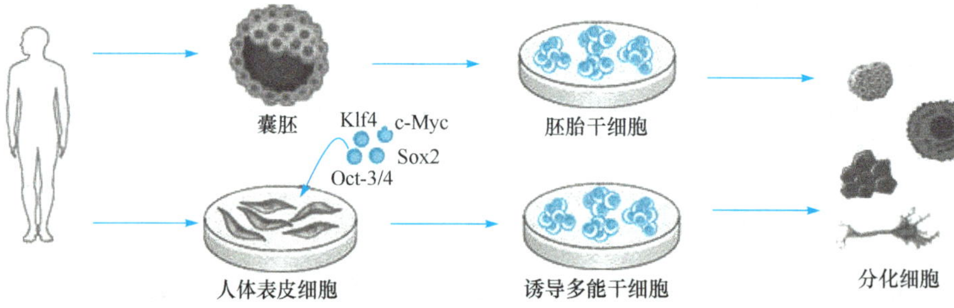

图11-13　诱导多能干细胞（iPSC）

在*Oct-3/4*、*Sox2*、*c-myc*和*klf4*这4种基因的作用下，人体表皮细胞可转变为iPSC能干细胞。这种细胞具有与胚胎干细胞相似的特性，可进一步分化成不同的组织、细胞

iPSC技术为干细胞和克隆技术的应用提供了更广阔的前景。首先，这项技术可以为临床治疗提供新的、更加广泛的干细胞来源；其次，这项技术可以绕过临床使用胚胎干细胞技术所涉及的伦理问题，即胚胎是否应算作一个个体，对人类胚胎进行操作是否道德的问题。目前使用iPSC还有许多问题需要解决，如iPSC有可能导致肿瘤发生的问题、使用病毒载体所带来的安全问题等。这些问题的解决将为iPSC临床应用铺平道路。

（三）干细胞技术应用于替代疗法

干细胞技术临床应用的重要领域是对损伤组织器官的替代疗法。从20世纪80年代起，造血干细胞移植已经是治疗癌症、造血系统疾病、自身免疫性疾病的重要手段。目前，造血干细胞可以来源于外周血，也可以来源于脐带血。其中脐带血富含干细胞，采集容易，对供者无损伤。通过建立脐带血库，使之成为造血干细胞的广泛来源。随着人类健康水平的提高和老龄化社会的到来，帕金森综合征等神经退行性病变成为威胁人类健康的主要疾病，通过神经干细胞的研究，已经给这些疾病的治疗提供了新的前景。对神经干细胞实施的诱导分化，能产生多巴胺神经元，用于治疗帕金森病。神经干细胞还可用于脊髓损伤的修复。骨髓干细胞则可对进行性肌营养不良进行治疗；在治疗心肌梗死时能够再生心肌。

干细胞技术为组织器官的替代治疗、延缓衰老提供了诱人的前景，但干细胞的诱导分化是一项非常复杂和精细的技术。在每项干细胞技术应用于临床之前，都有大量的基础性研究工作要做。特别需要注意的是，干细胞在分化过程中具有潜在的致瘤作用，因此需要对干细胞正常分化和异常分化的机制有充分的了解和正确的评估。

干细胞技术的另外一个应用领域是与体细胞克隆技术结合，可大量生产克隆动物和转基因动物。体细胞克隆技术依目的可分为生殖性克隆和治疗性克隆两类。生殖性克隆技术为形成大量品种单一的实验动物和繁殖稀少动物提供了诱人前景，其缺点是成功率低和动物早衰。使用干细胞进行核移植可以大大克服这些缺陷。这是因为干细胞作为低分化细胞，更容易做到去分化，并且其较长的端粒可以使后代的寿命延长，提高克隆动物的寿命。还可以使用转基因的胚胎干细胞进行核移植，产生遗传背景单一的转基因克隆动物，用于生物学基础研究、生产生物活性物质、保护濒危物种和高效畜牧产品的生产。在治疗性克隆中，从克隆形成的胚胎中分离胚胎干细胞，进行体外培养，然后将其定向分化成所需的不同组织和器官，用于替代患者已经损失的组织器官。由于这种组织器官来自患者本人，可以有效地解决免疫排斥问题。

（四）干细胞技术和组织工程

组织工程是在体外通过细胞生长和分化重新构造组织或器官的工程技术。组织工程的三要素是细胞、生物材料支架、生长和分化调节因子。干细胞的可分化性和可塑性使之成为组织工程中的理想细胞。将生物材料支架做成待形成的组织器官的形态，用于工程细胞的三维贴附生长。组织工程使用的支架材料可以是人工或天然生物材料，基本要求是生物相容性和可降解性，对细胞和机体没有危害。在生长调节因子的作用下，特定的干细胞在生物材料支架生长并分化成组织器官所需要的相应细胞，最终形成人造的组织器官，用于组织器官移植。

（五）干细胞技术在基础研究和其他研究方面的应用

干细胞的研究对理解生物体的发育过程也非常重要。一些像肿瘤和先天性发育不全等人类重大疾病都涉及发育过程的种种异常，通过在实验室对干细胞的研究，加深对细胞分化过程的理解，尤其是对所涉及的基因调控机制和信号转导过程的认识，将有助于揭开这些谜团，并为这些疾病的防治提供科学基础。

干细胞还可以用于构建各种细胞模型。这些细胞模型可用于新药物的筛选、药效学研究、毒物的细胞毒理研究，以及出生缺陷研究等。例如，通过这类研究可揭示哪些药物对胎儿发育有影响。

本章提要

细胞由未分化或低分化状态向高分化状态变化的过程称为细胞分化。细胞分化是多细胞生物构建和维持身体形态与功能的基础，贯穿个体生命的始终，但以胚胎发育为最重要的细胞分化时期。

配子的形成过程称为配子发生。其中最重要的过程是通过有丝分裂积累较多的原始生殖细胞和通过减数分裂导致生殖细胞内遗传物质减半，奠定受精和胚胎发育的遗传基础。受精时发生的一系列反应保障了同一物种的精卵结合、精子穿卵和防止多精受精。受精卵的早期细胞增殖过程称为卵裂，囊胚的形成标志着卵裂的结束，囊胚中的内细胞团是将来分化成胚胎的部分。随后发生的原肠作用和胚层分化是最早发生的细胞分化过程，原肠作用形成了最初的胚胎结构。

多细胞生物体内的细胞具有共同的基因组，细胞分化的关键在于基因组中特异性基因的表达和特异性蛋白质的合成，它们确定了细胞分化的方向，称为细胞决定。细胞形成特异性组织或细胞的过程称为细胞特化，分为自主特化、条件特化、合胞特化等不同形式。

细胞分化的基本特点包括细胞分化的稳定性、细胞分化伴随细胞分裂、细胞分化贯穿多细胞生物体生命的始终、细胞可以转分化和去分化、细胞分化具有时空性等。此外，细胞分化与机体的组织或器官结构的再生有关。

细胞分化受到特定基因表达的调控。基因表达调控可以在转录前水平、转录水平、转录后加工、翻译和翻译后加工水平生进行。其中转录水平的调控是主要的调控环节。在早期胚胎发育时期细胞分化主要受母型基因调控的作用，在囊胚初期时过渡到合子型调控。基因组中的基因分为管家基因和组织特异性基因，只有后者参与细胞分化活动。

通过少数调控蛋白的不同组合，启动为数众多的特异细胞类型分化的调控机制称为组合调控。在胚胎发育过程中较重要的调控蛋白包括坐标基因、分节基因、同源异形基因等。在细胞分裂时细胞质的不等分裂所造成的调控蛋白和其他细胞质成分在子细胞中的不等分配是细胞分化的重要因素。

细胞分化的方向与细胞在胚胎中所处的位置密切相关。相邻细胞间的相互作影响了细胞分化。其机制是细胞间的分子信号传递。其传递方式包括细胞质膜成分的直接接触、体液传递和细胞间隙连接传递信号三种方式。细胞借助信号传递可以诱使相邻细胞向特定方向分化，称为细胞诱导。通过细胞逐级诱导逐渐形成复杂的组织和器官。间隙连接是相邻细胞共同发育的基础。

细胞转录水平的调控涉及各种生物大分子与靶DNA的相互作用。有关的DNA序列称为顺式作用元件；与之作用的蛋白质因子称为反式作用因子。一些小RNA分子可以特异性地抑制特定基因的表达，称为RNA干涉。这类小RNA主要包括miRNA和siRNA。它们通过抑制转录或切割RNA来抑制特定基因的表达。

基因的选择性表达还受到DNA和组蛋白的化学修饰、RNA选择性剪接、RNA编辑等作用的影响，其效应称为表观遗传变异。其中重要的是DNA特定位点的甲基化修饰，它造成了相关基因表达抑制。基因组印记是指两性基因甲基化修饰方式不同所造成的父源和母源基因表达的差异。女性的一条X染色体失活也属于表观遗传效应。

干细胞是各种未分化细胞的总称，是各个细胞分化阶段的中间细胞。依照干细胞分化能力，可将干细胞分为全能干细胞、多能干细胞和单能干细胞；根据其来源可大致分为胚胎干细胞、成体干细胞、核移植干细胞等；根据干细胞所能分化的细胞类型可分为骨髓间充质干细胞、神经干细胞、造血干细胞、脂肪干细胞等。

干细胞具有持久的增殖能力，并在一定条件下分化。可以通过不同分化阶段和不同分化方向干细胞所具有的特定抗原标志物鉴定干细胞。干细胞的分化方向具有一定可塑性，视诱导分化条件而定。干细胞的分化异常与肿瘤发生有关。

由于干细胞的分化潜能，为组织器官的再造和移植带来了希望，是再生医学重点研究对象。通过细胞的重编程技术可以将已分化的细胞逆转成干细胞，为临床干细胞来源问题的解决提供新的方案。干细胞的应用还包括与体细胞克隆技术结合大量生产克隆动物和转基因动物、为发育生物学的研究提供有力武器等。

思考题

1. 试述精子和卵子发生的基本过程。它们的相同点和不同点是什么？
2. 试述细胞分化和细胞决定的概念，分化细胞与未分化细胞有哪些区别？
3. 试述胚层分化的基本过程，它们是如何由受精卵一步步分化成三个胚层和胚外组织的？
4. 试述细胞分化发生的时间。成体组织中存在细胞分化吗？细胞分化的特点和意义是什么？细胞分化与再生的关系是什么？
5. 试述表观遗传变异的概念。这种变异是如何发生的？
6. DNA的甲基化是如何发生并维持的？DNA的甲基化与基因表达的关系是什么？
7. 试述基因组印记的概念和分类。它的产生过程。基因组印记的生物学意义是什么？
8. 试述组蛋白修饰的类型和作用。
9. 试述管家基因和组织特异性基因的概念。它们与细胞分化的关系是什么？
10. 什么是组合调控？同源异形基因是如何控制体节发育的？
11. 试述细胞质组分在决定细胞分化上的作用？
12. 细胞间是如何发生相互作用的？它与细胞分化的关系如何？
13. 什么叫细胞诱导？细胞诱导是如何实现的？
14. 真核生物基因表达调控在哪些水平上发生？各自的机制是什么？
15. 什么是RNA干涉？它们的基本过程和作用方式有哪些？
16. 什么是干细胞？干细胞的种类有哪些？干细胞研究的意义是什么？
17. 干细胞具有哪些生物学特性？如何鉴定干细胞？
18. 干细胞技术具有哪些应用价值？干细胞技术与组织工程的关系是什么？
19. 肿瘤的产生与细胞分化之间的关系是什么？

参考文献

艾伯茨，布雷，霍普金，等. 2012. 细胞生物学精要. 3版. 北京：科学出版社.

陈晔光，张传茂. 2011. 分子细胞生物学. 2版. 北京：清华大学出版社.

何玉池，刘静雯. 2014. 细胞生物学. 武汉：华中科技大学出版社.

何玉池. 2012. 细胞生物学辅导与题解. 武汉：华中科技大学出版社.

李瑶，吴超群，沈大棱. 2013. 细胞生物学. 2版. 上海：复旦大学出版社.

卢因 B，卡西梅里斯 L，林加帕 V R，等. 2009. 细胞. 桑建利，连幕兰译. 北京：科学出版社.

梅肖勒，普拉思. 2014. 干细胞的细胞生物学. 韩忠朝，李宗金译. 北京：科学出版社.

杨恬. 2014. 医学细胞生物学. 3版. 北京：人民卫生出版社.

翟中和，王喜忠，丁明孝. 2011. 细胞生物学. 4版. 高等教育出版社.

Verma P S，Agarwal V K. 2012. Cell Biology，Genetics，Molecular Biology，Evolution and Ecology. New Delhi：S. Chand & Company Ltd.

《细胞生物学》教学课件索取表

凡是使用本书作为教材的院校教师，均可免费赠送由我社提供的配套教学课件一份。欢迎来函、来电联系。本课件知识产权属于本书作者，禁止用于其他商业用途。本活动解释权在科学出版社。

读者反馈表

姓名：	职称 / 职务：
大学：	院系：
电话：	传真：
电子邮件（重要）：	
通讯地址及邮编：	
所授课程（一）：	人数：
课程对象：□研究生 □本科（____年级） □其他_______	授课专业：
使用教材名称 / 作者 / 出版社：	
所授课程（二）：	人数：
课程对象：□研究生 □本科（____年级） □其他_______	授课专业：
使用教材名称 / 作者 / 出版社：	
您对本书的评价及修改意见：	
贵校（学院）开设的与生命科学相关课程有哪些？使用的教材名称/作者出版社？	
推荐国外优秀教材：作者 / 书名 / 出版社：	

表格回执地址：北京市东黄城根北街16号 科学出版社，邮编 100717

联系人：刘畅 Tel：010-64030233 E-mail：liuchang@mail.sciencep.com